〖明文 中國正史 大系〗

原文 譯註

後漢書(六)

(南朝)宋 范 曄 著
唐 李 賢 註
陶硯 陳起煥 譯註

明文堂

銀虎(은호)
漢代, 높이 7cm, 길이 11cm, 陝西省(섬서성) 출토.

五銖錢 鎔范(오수전 거푸집)
漢代, 陝西省 출토.

音師俑(설서용)
後漢, 높이 36cm, 貴州省博物館.

說書俑(설서용)
後漢, 陶質.

錯銀銅牛燈(착은동우등)
後漢, 높이 46cm, 길이 36.4cm, 南京博物院.

〖明文 中國正史 大系〗

原文 譯註

後漢書(六)

(南朝)宋 范 曄 著

唐 李 賢 註

陶硯 陳起煥 譯註

明文堂

[차례]

●《後漢書(六)》

원문 역주

후한서 (六)

42 光武十王列傳
〔광무십왕열전〕

原文

光武皇帝十一子, 郭皇后生東海恭王彊,沛獻王輔,濟南安王康,阜陵質王延,中山簡王焉, 許美人生楚王英, 光烈皇后生顯宗,東平憲王蒼,廣陵思王荊,臨淮懷公衡,琅邪孝王京.

| 註釋 | ○郭皇后 – 郭聖通(? – 52년, 재위 26 – 41년), 光武帝 劉秀의 2번째 아내이자 첫 번째 황후. 아들을 먼저 낳았기에 陰貴人이 皇后자리를 사양했다. 황후에서 폐위되면서 태자도 폐위되었다. ○光烈皇后 – 陰麗華(음려화, 서기 5 – 64년, 재위 41 – 57년)는 明帝 등 아들 5명 출산. 광무제가 즉위하기 전에 "벼슬을 한다면 꼭 집금오가 되어야 하고, 아내를 얻는다면 응당 음려화를 얻어야 한다."고 말할 정도였으니, 중국 역사에서 미모로 칭송을 듣는 여인이었고 동시에 현숙한 아내이고 황후였다.

[國譯]

光武皇帝는 아들 11명을 두었는데, 郭(곽)皇后는 東海 恭王 劉彊(유강), 沛 獻王 輔(보), 濟南 安王 康(강), 阜陵(부릉) 質王 延(연), 中山 簡王 焉(언)을 낳았고, 許美人은 楚王 英(영)을, 光烈(陰)황후는 顯宗과 東平 憲王 蒼(창), 廣陵 思王 荊(형), 臨淮 懷公 衡(형), 琅邪(낭야) 孝王 京(경)을 낳았다.

❶ 東海恭王 劉彊

原文

東海恭王彊. 建武二年, 立母郭氏爲皇后, 彊爲皇太子. 十七年而郭后廢, 彊常戚戚不自安, 數因左右及諸王陳其懇誠, 願備蕃國. 光武不忍, 遲回者數歲, 乃許焉. 十九年, 封爲東海王, 二十八年, 就國. 帝以彊廢不以過, 去就有禮, 故優以大封. 兼食魯郡, 合二十九縣. 賜虎賁,旄頭, 宮殿設鐘虡之縣, 擬於乘輿. 彊臨之國, 數上書讓還東海, 又因皇太子固辭. 帝不許, 深嘉歎之, 以彊章宣示公卿.

初, 魯恭王好宮室, 起靈光殿, 甚壯麗, 是時猶存, 故詔彊都魯. 中元元年入朝, 從封岱山, 因留京師. 明年春, 帝崩. 冬, 歸國.

| 註釋 | ㅇ而郭后廢 – 光武 郭皇后는 更始 2년(서기 24)에 光武 劉秀가

아내로 맞이했다. 稱帝 후 貴人이었다가 건무 2년(서기 26)에 황후에 즉위, 그 후 총애를 잃고 건무 17년(서기 41)년에 폐위, 아들 劉輔가 중산왕이 되었다가 沛王에 봉해졌기에 沛 태후로 불리다가 이때 건무 28년(서기 52)에 죽었다. ㅇ遲回者數歲 - 遲는 늦을 지. 꾸물대다. ㅇ虎賁,旄頭 - 虎賁(호분)은 虎賁郎, 황제 禁衛兵(1,500人). 虎賁中郎將(질록 比2천석)이 지휘. 호분은 꿩의 꽁지 깃털〔旄尾(할미)〕을 꽂은 호위 勇士. 鶡(산새 이름 할)은 꿩보다 크고 성질이 사나워 끝까지 싸우는 새. 旄頭(모두)는 털이 검고 꼬리가 긴 소(犛, 야크 리)의 꼬리로 장식한 깃발. 鍾虡之樂(종거지악)은 악기, 虡는 鐘이나 磬(경)을 거는 틀 거.

[國譯]

東海國 恭王 劉彊(유강). 建武 2년(서기 26)에 母親 郭氏(곽씨)가 황후에 책립되자 유강은 황태자가 되었다. (건무) 17년(서기 41) 郭皇后를 폐위하자, 황태자 彊(강)은 늘 근심하며 불안하게 생각하여 여러 번 측근과 다른 왕들에게 그 진심을 말하면서 蕃國(번국, 제후국)에 나가려 했다. 광무제는 차마 그리하지 못하고 여러 해를 미루다가 나중에 허락하였다. (建武 19년) 東海王에 봉해졌고, 28년에 封國에 부임하였다. 광무제는 유강의 과오로 폐위한 것이 아니기에 거취에 예를 지켜 크게 봉하였다. 동해국 외에 魯郡을 포함하여 총 29개 현을 식읍으로 주었다. 그 외 虎賁과 旄頭(모두)를 하사하였고, 궁전에 鐘虡(종거)의 예악을 설치하였고, 乘輿(승여)는 황제와 비슷하였다. 유강은 동해국에 부임해서도 자주 상서하여 東海郡을 반환하려 했고 황태자에 비견하는 대우를 고사하였다. 그러나 광무제는 허락하지 않고 깊이 감탄하며 유강의 상주문을 공경에게 보여주었다.

그전에 (前漢의) 魯 恭王(공왕)은 궁궐을 잘 꾸며서 매우 장려한 靈光殿을 지었는데 이때도 남아있어 유강에게 조서를 내려 魯에 도읍하게 하였다. 中元 원년에 入朝하였고 광무제의 岱山(대산, 泰山)에서의 봉선례에 수행하였고, 이어 京師에 머물렀다. 明年(서기 57년) 봄에 광무제가 붕어했다. 겨울에 동해국으로 돌아갔다.

原文

永平元年, 彊病, 顯宗遣中常侍鉤盾令將太醫乘驛視疾, 詔沛王輔,濟南王康,淮陽王延詣魯. 及薨, 臨命上疏謝曰,

「臣蒙恩得備蕃輔, 特受二國, 宮室禮樂, 事事殊異, 巍巍無量, 訖無報稱. 而自修不謹, 連年被疾, 爲朝廷憂念. 皇太后,陛下哀憐臣彊, 感動發中, 數遣使者太醫令丞方伎道術, 絡驛不絶. 臣伏惟厚恩, 不知所言.

臣內自省視, 氣力羸劣, 日夜浸困, 終不復望見闕庭, 奉承帷幄, 孤負重恩, 銜恨黃泉. 身旣夭命孤弱, 復爲皇太后,陛下憂慮, 誠悲誠慙.

息政, 小人也, 猥當襲臣後, 必非所以全利之也. 誠願還東海郡. 天恩愍哀, 以臣無男之故, 處臣三女小國侯, 此臣宿昔常計. 今天下新罹大憂, 惟陛下加供養皇太后, 數進御餐. 臣彊困劣, 言不能盡意. 願並謝諸王, 不意永不復相見也.」

| 註釋 | ○中常侍鉤盾令 – 中常侍(秩 千石, 宦者, 後增 秩 比二千石) 아래에 鉤盾令(구순령, 질록 6백석, 본래 苑囿 관리 책임자). ○巍巍無量 – 巍巍(외외)는 산이 높고 큰 모양. 혼자 우뚝 선 모양. ○日夜浸困 – 밤낮으로 점점 노곤하다. 浸은 점점(漸也). ○臣無男之故 – 無男은 아들이 많지 않다는 뜻. ○處臣三女小國侯 – 부인도 제후가 되었다. 고조의 처제 呂須(여수)는 臨光侯였고, 蕭何의 부인도 소하 사후에 酇侯(찬후)에 봉해졌다. ○新罹大憂 – 광무제의 붕어를 의미. 罹는 근심 이. 겪다.

[國譯]

(明帝) 永平 원년(서기 58), 劉彊(유강)이 병이 나자 顯宗(明帝)은 中常侍의 鉤盾令(구순령)을 보내 太醫와 함께 驛車를 타고 가서 병을 치료케 하였고, 조서를 내려 (同母弟인) 沛王 輔(보), 濟南王 康(강), 淮陽王 延(연, 阜陵 質王)을 魯에 가서 만나게 하였다. 유강은 죽기 직전에 상소를 올려 사례하였다.

「臣은 성은을 받아 제후가 되었는데 특별히 二國(東海, 魯)을 받았고, 궁실이나 禮樂 등 모두가 다른 제후와 달랐고 특별하신 皇恩이 끝이 없었지만 끝내 보답도 못했습니다. 그리고 제 몸을 잘 간수하지 못하여 해마다 병에 걸려 조정에서도 걱정하게 만들었습니다. 皇太后(陰太后)와 폐하께서는 저를 걱정하시어 저를 감격케 할 진심으로 여러 번 사자와 太醫令이나 여러 의원과 도사를 보내시니 길에서 연락부절하였습니다. 臣은 후은에 감사하며 무슨 말을 해야 할지 모르겠습니다.

臣의 생각으로도 이미 기력이 다하여 밤낮으로 점점 쇠약해지니 끝내 궁궐에서 다시 뵙고 뜻을 받들지 못할 것이며, 큰 은택을 입고 보답도 못한 한을 품고 황천에 갈 것 같습니다. 몸은 이미 명이 다하여 외롭고 약해졌는데 다시 황태후와 폐하께 걱정만 끼쳐드리니 참으로 슬프고 부끄러울 뿐입니다.

아들 政(정)은 어리지만 나의 지위를 계승해야 하는데 제대로 지켜내지 못할 것 같습니다. 그리고 東海郡을 진정으로 반환하고 싶습니다. 天恩이 저를 불쌍히 여겨서 臣의 아들이 많지 않으며, 臣의 어린 세 딸은 小國侯에 봉해 주셨으니 크신 은덕은 신이 매일 생각하며 잊지 않고 있습니다. 지금 天下가 큰 우환을 당한 지 얼마 되지도 않았으니, 폐하께서는 더욱 황태후를 잘 봉양하시고 폐하께서도 御餐(어찬)을 자주 드시길 바라옵니다. 臣 彊(강)은 지치고 힘들어 제 뜻을 다 말씀드리지 못합니다. 여러 왕들에게도 감사하오며 다시 볼 수 있으리라고 영원히 생각 못할 것 같습니다.」

原文

天子覽書悲慟, 從太后出幸津門亭發哀. 使大司空持節護喪事, 大鴻臚副, 宗正,將作大匠視喪事, 贈以殊禮, 升龍,旄頭,鸞輅,龍旂,虎賁百人. 詔楚王英,趙王栩,北海王興,館陶公主,比陽公主及京師親戚四姓夫人,小侯皆會葬. 帝追惟彊深執謙儉, 不欲厚葬以違其意, 於是特詔中常侍杜岑及東海傅相曰,

「王恭謙好禮, 以德自終, 遣送之物, 務從約省, 衣足斂形, 茅車瓦器, 物減於制, 以彰王卓爾獨行之志. 將作大匠留起

陵廟.」

| 註釋 | ㅇ津門亭 - 낙양성 남쪽 성곽의 서쪽에 있는 문 밖의 亭. 황태후와 황제가 여기에 와서 發喪하고 애도를 표했다는 뜻. ㅇ升龍,旄頭,鸞輅,龍旗,虎賁百人 - 升龍은 승천하는 용 그림, 旄頭(모두)는 털이 검고 꼬리가 긴 소(犛, 야크 리)의 꼬리로 장식한 깃발. 鸞輅(난로)의 鸞은 방울 란(난), 輅는 수레 이름. 龍旂(용기)는 교룡을 그린 깃발. 虎賁(호분, 儀仗兵) 1百人. 이상 모두는 천자의 用品이나 전임 황태자였기에 특별히 하사하였다. ㅇ館陶公主,比陽公主 - 광무제의 공주. ㅇ四姓夫人,小侯 - 황제의 외척인 樊氏(번씨, 광무제의 외가), 郭氏(곽황후 친정), 陰氏(음황후 친정), 馬氏(명제 명덕마황후) 등 4姓의 부인과 자제. 아직 나이가 어려 列侯(諸侯)가 아니기에 小侯라 하였다.

[國譯]

天子는 서신을 읽고 비통하였고 (陰)태후를 모시고 幸津門(행진문) 밖 亭에서 發哀(발애)하였다. 명제는 大司空에게 부절을 주어 喪事를 주관하고 大鴻臚가 돕게 하였으며, 宗正, 將作大匠이 喪事를 집행케 하였는데 특별한 禮器인 升龍(승룡), 旄頭(모두), 鸞輅(난로), 龍旗(용기)를 하사하였고 虎賁(호분) 병사 1백 명을 보냈다. 조서로 楚王 英(영), 趙王 栩(허), 北海王 興(흥), 館陶公主와 比陽公主 및 京師의 親戚과 四姓(外戚)의 夫人과 小侯까지 모두 장례에 참석케 하였다. 명제는 유강이 겸손하고 절약을 철저히 했던 점을 생각하여 厚葬(후장)을 하여 고인의 뜻을 어기지 않게 하려고 특별히 中常侍 杜岑(두잠)과 東海國 師傅와 相에게 명령했다.

「王께서는 恭謙(공겸) 好禮하였고, 시종일관 덕을 베푸셨으니 장례 기물은 검소하고 절약할 것이니 수의는 시신을 덮으면 되고 간소한 수레와 瓦器를 사용할 것이며 禮制보다 물자를 아껴 왕의 특별한 獨行 의지를 알리도록 하라. 將作大匠은 남아서 능의 묘당을 짓도록 하라.」

原文

彊立十八年, 年三十四. 子靖王政嗣. 政淫慾薄行. 後中山簡王薨, 政詣中山會葬, 私取簡王姬徐妃, 又盜迎掖庭出女. 豫州刺史,魯相奏請誅政, 有詔削薛縣.

立四十四年薨, 子頃王肅嗣. 永元十六年, 封肅弟二十一人皆爲列侯. 肅性謙儉, 循恭王法度. 永初中, 以西羌未平, 上錢二千萬. 元初中, 復上縑萬匹, 以助國費, 鄧太后下詔褒納焉.

立二十三年薨, 子孝王臻嗣.

| 註釋 | ㅇ元初 – 安帝의 연호(서기 114 – 119). ㅇ縑萬匹 – 縑은 합사비단 겸.

[國譯]

劉彊(유강)은 책립 18년, 나이 34세였다. 아들 靖王 劉政(유정)이 계승했다. 유정은 음욕이 많고 덕행이 없었다. 뒷날 中山國 簡王(간왕)이 죽었을 때, 유정은 장례에 참석하였는데 몰래 簡王의 姬妾 徐

妃(서비)를 취했고, 또 그 掖庭(액정)에서 여인을 훔쳐 데려왔다. 豫州 刺史와 魯國 相이 유정을 주살해야 한다고 주청하였으나 조서로 薛縣(설현)을 삭감하였다. 靖王 劉政은 책립 44년에 죽었다. 아들 頃王(경왕) 劉肅(유숙)이 계승했다. (和帝) 永元 16년, 유숙의 동생 21인을 모두 列侯에 봉했다. 유숙은 성격이 겸손 검소하여 恭王(공왕, 劉彊)의 法度를 지켰다. (安帝) 永初 연간에, 西羌(서강)을 평정 중이었는데 금전 2천만 전을 국용에 보태라고 바쳤다. (安帝) 元初 연간에도 다시 비단 1만 匹(필)을 바쳐 국고에 보태게 하였는데 鄧太后가 조서를 내려 칭송하고 받았다. 頃王(경왕)은 재위 23년에 죽었고, 아들 孝王 劉臻(유진)이 계승하였다.

原文

永建二年, 封臻二弟敏,儉爲鄉侯. 臻及弟蒸鄉侯儉並有篤行, 母卒, 皆吐血毁瘠. 至服練紅, 兄弟追念初喪父, 幼小, 哀禮有闕, 因復重行喪制. 臻性敦厚有恩, 常分租秩賑給諸父昆弟. 國相籍褒具以狀聞, 順帝美之, 制詔大將軍,三公, 大鴻臚曰,

「東海王臻以近蕃之尊, 少襲王爵, 膺受多福, 未知艱難, 而能克己率禮, 孝敬自然, 事親盡愛, 送終竭哀, 降儀從士, 寢苫三年. 和睦兄弟, 恤養孤弱, 至孝純備, 仁義兼弘, 朕甚嘉焉. 夫勸善厲俗, 爲國所先. 曩者東平孝王敞兄弟行孝, 喪母如禮, 有增戶之封.《詩》云, '永世克孝, 念茲皇祖.' 今

增臻封五千戶, 儉五百戶, 光啓土宇, 以酬厥德.」

立三十一年薨, 子懿王祇嗣. 初平四年, 遣子琬至長安奉章, 獻帝封琬汶陽侯, 拜爲平原相.

祇立四十四年薨, 子羨嗣. 二十年, 魏受禪, 以爲崇德侯.

| 註釋 | ㅇ鄕侯 – 제후 중 王은 劉氏뿐이다. 왕은 郡 단위의 封地를 받는다. 그 나머지 列侯는 공로에 따라 縣侯, 都鄕侯, 鄕侯, 都亭侯, 亭侯로 구분했다. 縣侯도 그 봉지를 國이라 표기하였지만 王과는 격이 크게 달랐다. ㅇ吐血毁瘠 – 피를 토하고 바짝 여위다. 瘠은 파리할 척. ㅇ至服練紅 – 1주년이 될 때까지 황색에 붉은 천을 댄 옷을 입다. 練은 小祥 때 입는 상복 연. ㅇ未知艱難 – 가난을 모르다. 艱難은 힘들고 고생하다. 우리말 '가난'의 어원. ㅇ寢苫三年 – 이엉을 덮고 자다. 寢은 잠잘 침. 苫은 이엉 점. 이엉은 짚이나 풀을 엮은 것. ㅇ《詩》云 –《詩經 周頌 閔予小子》. ㅇ魏受禪 – (建安) 25년(서기 220), 魏王 曹操가 時年 66세로 죽고, 아들 曹丕(조비, 187 – 226년, 재위, 220 – 226)가 즉위하면서 헌제는 조비에게 선양했다.

[國譯]

(順帝) 永建 2년(서기 127), 劉臻(유진)의 두 아우 劉敏(유민)과 劉儉(유검)이 鄕侯가 되었다. 유진과 아우 蒸鄕侯(증향후) 유검은 둘 다 행실이 돈독하였는데 모친이 죽자 모두 피를 토하며 몸이 너무 쇠약해졌다. 소상 때까지 상복을 입었는데 형제는 그전에 부친이 돌아가셨을 때 나이가 어려 상장제례가 소홀했다 하여 모친상에 이어 다시 부친 상복을 입었다. 유진은 성격이 돈후하고 은택을 베풀어 부세로

거둬들이는 몫을 나눠 여러 당숙이나 형제들에게 나눠주었다. 國相 籍褒(적포, 籍이 성씨)가 상세한 상황을 보고하자, 順帝는 형제를 칭송하며 조서를 내려 大將軍과 三公, 大鴻臚(대홍려)에게 명했다.

「東海王 劉臻(유진)은 가까운 제후의 존장자로 젊어 왕위를 세습한 후 많은 복을 받았으니 가난을 모르지만 극기복례하며 자연으로 효도경애하며 사친하고 우애를 지켰으며 상례에 슬픔을 다하고 자신을 낮춰 士人과 교제하면서 3년을 이엉을 덮고 잤다. 형제가 和睦하고 고아나 노약자를 긍휼히 부양하였고 돈독한 효행을 다했으며 仁義를 실천하였기에 짐은 이를 크게 칭송한다. 대체로 권선과 교화는 나라의 중요한 일이다. 옛날 東平孝王 劉敞(유창) 兄弟가 효도를 다하고 모친상에 예를 다하자 식읍을 늘려 봉했었다. 《詩經》에서도 '영원토록 효도를 하며 조상을 생각합니다.' 라고 하였다. 이번에 유진에게 식읍 5천 호를 유검에게 5백 호를 증액하여 봉하니 그들 영역을 넓혀 그 덕에 보답을 내린다.」

劉臻(유진)은 재위 31년에 죽었고, 아들 懿王 劉祗(유지)가 계승했다. 유지는 (獻帝) 初平 4년(서기 193년), 아들 劉琬(유완)을 장안에 보내 상주문을 올렸는데 獻帝는 유완을 汶陽侯(문양후)에 봉하고 平原相을 제수하였다.

유지는 재위 44년에 죽고, 아들 劉羨(유선)이 계승했다. 재위 20년에 魏는 漢의 선양을 받았는데, 유선은 崇德侯가 되었다.

❷ 沛獻王 劉輔

原文

沛獻王輔, 建武十五年封右翊公. 十七年, 郭后廢爲中山太后, 故徙輔爲中山王, 並食常山郡. 二十年, 復徙封沛王.

時禁網尙疏, 諸王皆在京師, 競修名譽, 爭禮四方賓客. 壽光侯劉鯉, 更始子也, 得幸於輔. 鯉怨劉盆子害其父, 因輔結客, 報殺盆子兄故式侯恭, 輔坐繫詔獄, 三日乃得出. 自是後, 諸王賓客多坐刑罰, 各循法度. 二十八年, 就國.

| **註釋** | ㅇ中山國 – 治所는 盧奴縣, 今 河北省 직할 定州市, 保定市와 石家莊市 중간. ㅇ劉盆子 – 漢의 宗室, 赤眉軍에 의해 제비뽑기로 15살에 천자로 옹립. 서기 25 – 27년 재위. 연호 建世. 11권, 〈劉玄劉盆子列傳〉에 입전.

[國譯]

沛國(패국) 獻王 劉輔(유보)는 建武 15년에 右翊公(우익공)에 봉해졌다. 17년, 郭황후가 폐위되어 中山太后가 되었기에, 유보를 中山王으로 옮겼고 常山郡의 부세까지 받게 하였다. 20년에 다시 沛王으로 옮겨 봉했다.

그때는 禁網이 오히려 느슨하여 여러 왕들이 京師에 머물면서 명예를 얻기 위하여 사방의 빈객들을 예우하였다. 壽光侯인 劉鯉(유리)는 更始의 아들이었는데 유보의 신임을 받고 있었다. 유리는 劉盆子(유분자)의 赤眉(적미) 무리가 경시제를 살해했다 하여 원한을 품고 있었으며, 유보를 이용하여 빈객을 모아 유분자의 형인 故 式侯였던 劉恭을 죽였는데, 유보는 이와 연관하여 詔獄에 갇혔다가 3일 만에 나왔다. 이후로 여러 왕들의 많은 빈객들이 형벌을 받자 모두가 법도를 지키게 되었다. 건무 28년에, 유보는 패국에 부임하였다.

原文

中元二年, 封輔子寶爲沛侯. 永平元年, 封寶弟嘉爲僮侯.

輔矜嚴有法度, 好經書, 善說《京氏易》,《孝經》,《論語》傳及圖讖, 作《五經論》, 時號之曰《沛王通論》. 在國謹節, 終始如一, 稱爲賢王. 顯宗敬重, 數加賞賜.

立四十六年薨, 子釐王定嗣. 元和二年, 封定弟十二人爲鄕侯.

定立十一年薨, 子節王正嗣. 元興元年, 封正弟二人爲縣侯.

正立十四年薨, 子孝王廣嗣. 有固疾. 安帝詔廣祖母周領王家事. 周明正有法禮, 漢安中薨, 順帝下詔曰, "沛王祖母太夫人周, 秉心淑愼, 導王以仁, 使光祿大夫贈以妃印綬."

廣立三十五年薨, 子幽王榮嗣. 立二十年薨, 子孝王琮嗣. 薨, 子恭王曜嗣. 薨, 子契嗣, 魏受禪, 以爲崇德侯.

| 註釋 | ㅇ釐王(이왕) – 釐는 다스릴 이. ㅇ鄕侯 – 제후 중 王은 劉氏뿐이다. 왕은 郡 단위의 封地를 받는다. 그 나머지 열후는 공로에 따라 縣侯,

都鄕侯, 鄕侯, 都亭侯, 亭侯로 구분했다. 縣侯도 그 봉지를 國이라 표기하였지만 王과는 격이 크게 달랐다.

[國譯]

(光武帝) 中元 2年, 劉輔(유보)의 아들 劉寶(유보)를 沛侯로 봉했다. (明帝) 永平 원년, 劉寶(유보)의 동생 劉嘉(유가)를 僮侯(동후)에 봉했다.

劉輔(유보)는 엄격 근엄하고 법도를 잘 지켰으며 經書를 좋아하였으며 《京氏易》과 《孝經》, 그리고 《論語》 및 여러 傳과 圖讖(도참)에도 밝았는데 《五經論》를 저술하였다. 당시 사람들은 이를 《沛王通論》이라고 불렀다. 治國에 근신하고 절의가 한결같아 賢王이라 일컬었다. 顯宗(明帝)도 공경하고 존중하며 자주 상을 하사하였다.

劉輔는 재위 46년에 죽었고, 아들 釐王(이왕) 劉定(유정)이 계승하였다. (장제) 元和 2년에, 劉定의 동생 12인이 鄕侯가 되었다.

劉定이 재위 11년에 죽자, 아들 節王 劉正(유정)이 계승하였다. (和帝) 元興 원년(서기 105년), 劉正의 동생 2인이 縣侯가 되었다.

劉正(유정)은 재위 24년에 죽고, 아들 孝王 劉廣(유광)이 계승하였다. 劉正은 고질병이 있었다. 安帝는 조서를 내려 劉廣의 祖母 周(주)가 왕가의 일을 다 주관케 하였다. 周(주)는 예법에 밝고 잘 지켰으며 (順帝) 漢安 연간에 죽자 順帝가 조서를 내렸다.

「沛王의 祖母인 太夫人 周(주)는 마음이 선량 근신하여 왕을 仁愛로 孝王을 이끌었으니 光祿大夫를 보내 태부인에게 왕비의 인수를 증여한다.」

유광은 재위 35년에 죽었다. 아들 幽王(유왕) 劉榮(유영)이 계승하였다. 유왕은 재위 20년에 죽었다. 아들 孝王 劉琮(유종)이 계승하였다. 유종이 죽자, 恭王 劉曜(유요)가 계승하였다. 유요가 죽자, 아들 劉契(유계)가 계승하였는데 魏가 건국되자 崇德侯가 되었다.

❸ 楚王 劉英

原文

楚王英, 以建武十五年封爲楚公, 十七年進爵爲王, 二十八年就國. 母許氏無寵, 故英國最貧小. 三十年, 以臨淮之取慮,須昌二縣益楚國. 自顯宗爲太子時, 英常獨歸附太子, 太子特親愛之. 及卽位, 數受賞賜. 永平元年, 特封英舅子許昌爲龍舒侯.

| **註釋** | ㅇ臨淮之取慮,須昌 – 臨淮는 前漢의 군명. 후한에서는 下邳國. 치소는 取慮는 현명. 今 安徽省 북부 宿州市 관할 靈壁縣.

[國譯]

楚王 劉英(유영)은 建武 15년에 楚公이 되었고, 17년에 왕으로 작위가 올랐는데, 28년에 就國했다. 유영의 모친 許氏가 총애를 받지 못하여 유영의 봉국은 가장 가난한 지역이고 또 작았다. 건무 30년 臨淮郡의 取慮(취려)와 須昌(수창, 昌陽의 착오) 2개 현을 楚國에 더 보태주었다. 顯宗이 태자가 될 때부터 유영만은 태자를 따랐기 때문에

태자도 유영을 특별히 친애하였다. (明帝) 永平 원년에, 유영의 외삼촌 아들(외사촌) 許昌(허창)을 특별히 龍舒侯에 봉했다.

原文

英少時好遊俠, 交通賓客, 晚節更喜黃老, 學爲浮屠齋戒祭祀. 八年, 詔令天下死罪皆入縑贖. 英遣郎中令奉黃縑白紈三十匹詣國相曰, "托在蕃輔, 過惡累積, 歡喜大恩, 奉送縑帛, 以贖愆罪." 國相以聞. 詔報曰, 「楚王誦黃老之微言, 尙浮屠之仁祠, 絜齋三月, 與神爲誓, 何嫌何疑, 當有悔吝? 其還贖, 以助伊蒲塞桑門之盛饌.」

因以班示諸國中傅. 英後遂大交通方士, 作金龜玉鶴, 刻文字以爲符瑞.

| **註釋** | ㅇ黃老 – 黃帝와 老子의 사상. 無爲와 養性을 중시하는 사상. 道家 사상의 주류. 前漢 文帝와 景帝는 道家의 無爲사상을 바탕으로 백성을 休養生息케 하여 漢代 태평성세인 文景之治를 이루었다. ㅇ齋戒祭祀(재계제사) – 齋戒는 不淨한 일을 멀리하고 심신을 깨끗하게 하다. 여기 祭祀는 佛供(불공). ㅇ浮屠之仁祠 – 불교 사원, 절. 浮屠는 梵文 Buddha(已經覺醒, 깨우친 자)의 음역. 佛陀, 浮陀, 浮圖, 佛로 표기. 후한 明帝 永平 10년(서기 67)에 명제가 서역에 사람을 보내 불승을 초빙했고 이들이 불경과 불상을 싣고 와서 白馬寺에 안치하였다. 단 〈明帝本紀〉에는 기록이 없다. ㅇ絜齋(결재) – 음식을 삼가고 몸가짐을 바로하다. 潔齋(결재), 齋戒(재계)와 同. 絜은 깨끗할 결. 헤아릴 혈. ㅇ伊蒲塞桑門之盛饌 – 伊蒲塞는

優婆塞(우바새), 출가하지 않은 佛子, Upasaka(近住)의 音譯. 桑門은 沙門(Sramana의 음역). 출가하여 불도를 닦는 사람. 승려. 盛饌은 飯僧.

[國譯]

劉英은 젊어 遊俠(유협)을 좋아하여 빈객과 널리 교제했고, 만년에는 黃老를 더 좋아하였으며 浮屠(부도, 부처)와 齋戒(재계), 祭祀(佛供)도 배웠다. 8년에, 명제는 천하의 死罪에 해당하는 자는 비단을 바쳐 속죄할 수 있게 명하였다. 유영은 郎中令을 시켜 黃縑(황겸)과 白紈(백환) 비단 30필을 楚國 相에게 보내며 말했다.

"이 몸이 藩國에 있지만 그동안 많은 죄를 지었기에 지금 폐하의 大恩에 크게 기뻐하면서 비단을 보내 그동안의 허물과 죄를 속죄하고자 합니다."

國相이 이를 조정에 보고하였다. 명제가 회보하였다.

「楚王은 黃老의 微言을 읽고 浮屠(부도, 부처)의 인자한 말을 숭상하며 3달이나 재계를 하며 그런 神과 서약도 했다는데, 무엇을 혐오하고 무엇을 후회하겠는가? 속죄 비단을 돌려주고 伊蒲塞(優婆塞 우바새, 在家佛子)나 桑門(沙門, 出家修行者)에게 풍성한 음식을 제공하는데 보태도록 하라.」

그러면서 조서를 각 제후국의 中傅(중부)에게 알리도록 하였다. 유영은 이후 方士들과 크게 교류하며 金龜와 玉鶴을 만들고 글자를 새겨 符瑞(부서)로 갖고 다녔다.

原文

十三年, 男子燕廣告英與漁陽王平,顏忠等造作圖書, 有逆謀, 事下案驗. 有司奏英招聚姦猾, 造作圖讖, 擅相官秩, 置諸侯王公將軍二千石, 大逆不道, 請誅之. 帝以親親不忍, 乃廢英, 徙丹陽涇縣, 賜湯沐邑五百戶. 遣大鴻臚持節護送, 使伎人奴婢鼓吹悉從, 得乘輜軿, 持兵弩, 行道射獵, 極意自娛. 男女爲侯主者, 食邑如故. 楚太后勿上璽綬, 留住楚宮.

| **註釋** | ㅇ男子燕廣 - 男子는 각 家戶의 어른 가장. 秦漢代의 일반 백성(평민)은 신분상 등급이 있었는데, 1등급(公士)에서부터 8등급〔公乘(공승)〕까지는 일반 백성(男子)의 등급이다. 국가에 경사가 있으면 나라에서 백성에게 작위를 하사하였다. 燕廣(연광)은 초왕을 고발한 공로로 다음 해에 折姦侯가 되었다. ㅇ丹陽涇縣 - 丹陽郡의 치소는 宛陵縣, 今 安徽省 동남부의 宣城市. 涇縣(경현)은 今 安徽省 宣城市 관할 涇縣 서북. ㅇ湯沐邑 - 公主의 식읍과 湯沐(탕목)을 위한 봉지는 邑이라 하는데, 縣과 함께 郡國의 하부 행정단위이다. ㅇ得乘輜軿 - 輜軿(치병)은 가림막을 둘러친 수레.

[國譯]

(永平) 13년, 燕廣(연광)이란 男子가 유영이 漁陽의 王平(왕평), 顏忠(안충) 등과 함께 圖書를 조작하고 역모를 꾀한다고 고발하여 사안을 조사하게 하였다. 담당자는 유영이 간악 교활한 무리를 모아 도서를 새로 만들고 관리 질록을 마음대로 변경했으며 제후와 왕공, 장군, 二千石을 두었으니 大逆不道한 일이라서 처형해야 한다고 주청하였다. 그러나 명제는 가까운 血親이라 차마 죽일 수가 없어 유

영을 폐위하여 丹陽郡 涇縣(경현)에 이주시키게 하고 湯沐邑 5백 호를 하사하였다. 그리고 大鴻臚를 보내 부절을 갖고 가 호송케 하되 樂人이나 노비가 피리를 불면서 가림막을 친 수레에 태워 병기와 활을 들고 사냥을 나가는 것 즐겁게 호송케 하였다. 또 남녀 시중을 드는 자나 식읍은 이전과 같게 하였다. 楚太后(許氏)는 璽綬(새수)를 반환하지 말고 楚宮에 그대로 머물게 하였다.

原文

明年, 英至丹陽, 自殺. 立三十三年, 國除. 詔遣光祿大夫持節吊祠, 贈賵如法, 加賜列侯印綬, 以諸侯禮葬於涇. 遣中黃門占護其妻子. 悉出楚官屬無辭語者.

制詔許太后曰,「國家始聞楚事, 幸其不然. 旣知審實, 懷用悼灼, 庶欲宥全王身, 令保卒天年, 而王不念顧太后, 竟不自免. 此天命也, 無可柰何! 太后其保養幼弱, 勉彊 飮食. 諸許願王富貴, 人情也. 已詔有司, 出其有謀者, 令安田宅.」

於是封燕廣爲折姦侯. 楚獄遂至累年, 其辭語相連, 自京師親戚諸侯州郡豪桀及考案吏, 阿附相陷, 坐死徙者以千數.

| **註釋** | ○ 占護 – 守護, 보호하다. ○ 無可柰何 – 어쩔 수가 없었다. 柰何(나하)는 어찌. 奈何(나하)와 同. 反問의 뜻이 있음. 柰는 어찌 나. 능금나무 내.

[國譯]

다음 해, 劉英은 丹陽郡에서 자살했다. 왕에 책립된 지 33년에 나라가 없어졌다. 조서로 光祿大夫에게 부절을 보내 제사하게 하고 법에 의거 증여하고 열후의 인수를 추가하였고 제후의 예로 涇縣(경현)에 장례했다. 中黃門을 보내 그 처자를 보호하였다. 楚의 관리 중 관련이 없는 자는 모두 내보냈다. 명제가 許太后에게 조서를 내렸다.

「조정에서 楚事를 보고받고 그렇지 않기를 바랐습니다. 조사한 사실을 알고서는 슬픈 마음으로 처리하며 초왕의 육신을 지켜 천수를 누리게 하려 했지만 楚王은 태후를 생각하지 않고 끝내 자살하였습니다. 이는 천명이니 어찌할 수 없었습니다. 태후께서는 다른 아들을 지키시며 억지로라도 식사를 하셔야 합니다. 다른 許氏로 부귀를 원했던 사람은 人情에 따른 것입니다. 담당자에게 명하여 공모자는 색출하지만 田宅은 그대로 두겠습니다.」

그 뒤에 (고발한) 燕廣(연광)을 折姦侯(절간후)에 봉했다. 楚王의 獄事는 여러 해 진행되었고 조사에서 나온 말들이 서로 연관되어 경사로부터 제후와 친척, 州郡의 호걸이나 심문을 한 관리까지 아부하거나 서로 모함하여 처형 또는 강제 이주된 자가 수천 명이었다.

原文

十五年, 帝幸彭城, 見許太后及英妻子於內殿, 悲泣, 感動左右.

建初二年, 肅宗封英子種楚侯, 五弟皆爲列侯, 並不得置相臣吏人. 元和三年, 許太后薨, 復遣光祿大夫持節吊祠, 因留護喪事, 賻錢五百萬. 又遣謁者備王官屬迎英喪, 改葬彭城, 加王赤綬羽蓋華藻, 如嗣王儀, 追爵, 謚曰楚厲侯. 章和元年, 帝幸彭城, 見英夫人及六子, 厚加贈賜.

種後徙封六侯. 卒, 子度嗣. 度卒, 子拘嗣, 傳國於後.

| **註釋** | ○彭城 – 군명. 治所 彭城縣, 今 江蘇省 북부 徐州市. 前漢 楚國. ○六侯 – 六은 현명. 후한에서는 六安으로 개명. 廬江郡 六安縣은 今 安徽省 중서부의 六安市, 서쪽은 湖北省 黃岡市, 河南省 信陽市와 접경.

[國譯]

(明帝 永平) 15년, 명제는 彭城(팽성)에 행차하여 許太后와 劉英의 妻子를 內殿에서 불러 만났는데 슬피 울어 좌우 측근도 감동하였다.

(章帝) 建初 2년(서기 77), 肅宗은 劉英의 아들 劉種(유종)을 楚侯에 봉했고, 그 5명의 동생도 모두 列侯로 봉했으나 相臣이나 관리를 두지 못하게 하였다. (章帝) 元和 3년(서기 86), 許태후가 죽자, 다시 光祿大夫를 보내 부절을 갖고 가서 조문을 하고 남아서 喪事를 주관케 하였고 금전 5백만을 賻儀로 주었다. 또 謁者를 보내 楚의 관리를 데리고 가서 유영의 관을 (涇縣에서) 모셔다가 팽성에 개장하면서 왕의 赤綬(적수)와 羽蓋(우개) 및 여러 장식을 하사하여 왕위를 계승자의 의례로 거행하였고 작위를 추가하고 시호를 楚 厲侯(여후)라 하였다. (章帝) 章和 원년, 章帝가 彭城에 행차하여 유영의 부인과 여섯 아들을 불러 만나며 후한 상을 내렸다.

劉種(유종)은 뒤에 六侯(六安侯)로 옮겨 봉했다. 유종이 죽자, 아들 劉度(유도)가 계승했다. 유도가 죽자, 아들 劉拘(유구)가 계승하여 후대에 이어졌다.

❹ 濟南安王 劉康

原文

濟南安王康, 建武十五年封濟南公, 十七年進爵爲王, 二十八年就國. 三十年, 以平原之祝阿,安德,朝陽,平昌,隰陰, 重丘六縣益濟南國. 中元二年, 封康子德爲東武城侯.

康在國不循法度, 交通賓客. 其後, 人上書告康招來州郡姦猾漁陽顔忠,劉子産等, 又多遺其繒帛, 案圖書, 謀議不軌. 事下考, 有司擧奏之, 顯宗以親親故, 不忍窮竟其事, 但削祝阿,隰陰,東朝陽,安德,西平昌五縣.

| **註釋** | ㅇ濟南安王康 – 광무제와 곽황후 소생. 濟南國 치소는 東平陵縣. 今 山東省 중북부 濟南市 관할 章丘市.

[國譯]

濟南 安王 劉康은 建武 15년 濟南公에 봉해졌고, 17년에 작위가 올라 王이 되었으며 28년에 就國했다. 30년, 平原郡의 祝阿, 安德, 朝陽, 平昌, 隰陰(습음), 重丘의 6縣을 제남국에 늘려주웠다. (광무제) 中元 2년, 유강의 아들 劉德(유덕)은 東武城侯가 되었다.

劉康은 번국에서 법도를 지키지 않으면서 빈객들과 왕래하였다. 그 뒤에 어떤 사람이 상서하여 유강이 州郡의 협잡배인 漁陽의 顔忠(안충)과 劉子產(유자산) 등과 어울리며, 또 그들에게 많은 비단을 증여하고 圖書를 만들고 불충을 모의한다고 상서하였다. 사건을 조사하게 하였고 담당자가 보고를 하자, 현종은 가까운 친족이라 그 사안을 끝까지 캐지 못하고 다만 祝阿, 隰陰, 東朝陽, 安德, 西平昌의 5현을 삭감하였다.

原文

建初八年, 肅宗復還所削地, 康遂多殖財貨, 大修宮室, 奴婢至千四百人, 廐馬千二百匹, 私田八百頃, 奢侈恣欲, 遊觀無節. 永元初, 國傅何敞上疏諫康曰,

「蓋聞諸侯之義, 制節謹度, 然後能保其社稷, 和其民人. 大王以骨肉之親, 享食茅土, 當施張政令, 明其典法, 出入進止, 宜有期度, 輿馬臺隸, 應爲科品. 而今奴婢廐馬皆有千餘, 增無用之口, 以自蠶食. 宮婢閉隔, 失其天性, 惑亂和氣. 又多起內第, 觸犯防禁, 費以巨萬, 而功猶未半. 夫文繁者質荒, 木勝者人亡, 皆非所以奉禮承上, 傳福無窮者也. 故楚作章華以凶, 吳興姑蘇而滅, 景公千駟, 民無稱焉. 今數游諸第, 晨夜無節, 又非所以遠防未然, 臨深履薄之法也. 願大王修恭儉, 遵古制, 省奴婢之口, 減乘馬之數, 斥私田之富, 節遊觀之宴, 以禮起居, 則敞乃敢安心自保. 惟大王深

慮愚言.」

康素敬重敞, 雖無所嫌牾, 然終不能改.

| 註釋 | ○國傳 何敞(하창) – 43권, 〈朱樂何列傳〉에 立傳. ○輿馬臺隸 – 臺隸(대예)는 賤職의 여러 종사자들. ○蠶食(잠식) – 누에가 뽕잎을 먹듯 조금씩 계속 줄어들고 있다는 뜻. ○費以巨萬 – 費는 소비한다. 巨萬은 萬의 萬倍. 巨는 大의 뜻. ○木勝者人亡 – 木은 토목공사. 백성의 노력과 재물이 소진되어 망하게 된다는 뜻. ○故楚作章華以凶 – 楚 靈王은 章華臺를 짓고 난 다음에 피살되었다. ○吳興姑蘇而滅 – 吳 闔閭(합려)는 姑蘇臺(고소대)를 짓고 越에게 패망했다. ○景公千駟 – 齊景公有馬千駟, 死之日, 無德而稱焉.《論語 季氏》.

[國譯]

(章帝) 建初 8년, 肅宗은 삭감했던 封地를 다시 돌려주자, 劉康은 더 많은 재산을 늘려가며 궁궐을 크게 지었으며, 노비가 1,400명이나 되었고 마구간의 말이 1,200필, 私田이 8백 頃(경)이나 되었으며 마음대로 사치하고 무절제하게 놀러 다녔다. (和帝) 永元 초에, 國傅인 何敞(하창)이 상소하여 유강에게 충간하였다.

「臣이 알기로, 제후의 大義란 예절과 법도를 준수하여 사직을 보전하고 백성을 평화롭게 살게 하는 일입니다. 大王은 骨肉之親으로 제후의 식읍을 받았으니 응당 백성을 잘 다스려야 하고 나라의 법도를 철저하게 지켜야 하며, 出入과 진퇴에 일정한 절도가 있고 車馬나 천한 직분에 관해서도 일정한 규정이 있습니다. 그런데 지금 奴婢나 마구간 말의 수는 1천여 명이 넘는데도 소비하는 입만 계속 늘어나서 나라살림을 잠식하고 있습니다. 宮 안의 婢女(비녀)들은 갇혀 살기에 그 본성을 잃어(결혼을 못한다는 뜻) 天地의 和氣를 손상케 합니다. 또 궁 안에 규정을 어겨가면서 많은 저택을 짓느라고 거만의 재산을 소비하지만 아직 그 절반도 이루지 못했습니다. 대체로 꾸밈(文)이 번화하면 바탕이 황폐해지고, 토목공사가 많으면 백성이 망하게 되는데, 이런 일은 예의를 지켜 上天을 모시지 않아 앞으로 만세 후손에 전할 복록을 지키는 길이 아닙니다. 옛날 楚에서는 章華臺(장화대)를 짓고 왕이 피살되었고, 吳에서는 姑蘇臺(고소대)를 짓고 멸망하였으며, (齊) 景公은 말이 千駟(천사, 4천 필)이나 있었지만 백성은 아무런 칭송도 없었습니다. 지금 밤낮을 가리지 않고 여러 저택에 유람하느라고 절도가 없으며 먼 지방에 큰 일이 발생하지도 않았는데, 지금 깊은 물가를 걷거나 얇은 얼음을 밟는 것처럼 지내고 있습니다. 바라건대, 대왕께서는 공손 검약하시며 옛 법제를 따르고 노비 숫자와 승마의 숫자를 줄여야 하며, 私田의 부유한 재물도 줄이고 유람과 잔치도 조절하며 일상생활에 예의를 지켜주신다면 저도 안심하고 지낼 수 있을 것입니다. 대왕께서는 저의 어리석은 말을 깊이 생각해 주셔야 합니다.」

유강은 평소에 何敞(하창)을 공경하고 존중하였는데 비록 혐오하지는 않았었지만 끝내 그 행실을 고치지 않았다.

原文

立五十九年薨, 子簡王錯嗣. 錯爲太子時, 愛康鼓吹妓女宋閏, 使醫張尊招之不得, 錯怒, 自以劒刺殺尊. 國相擧奏,有詔勿案. 永元十一年, 封錯弟七人爲列侯. 錯立六年薨, 子孝王香嗣.

永初二年, 封香弟四人爲列侯. 香篤行, 好經書. 初, 叔父篤有罪不得封, 西平昌侯昱坐法失侯, 香乃上書分爵土封篤子丸,昱子嵩, 皆爲列侯. 香立二十年薨, 無子, 國絶.

永建元年, 順帝立錯子阜陽侯顯爲嗣, 是爲釐王. 立三年薨, 子悼王廣嗣. 永建五年, 封廣弟文爲樂城亭侯. 廣立二十五年, 永興元年薨, 無子, 國除.

| **註釋** | ㅇ簡王錯嗣 - 簡王 劉錯(유조). 錯는 둘 조(七故反, 措也). 섞일 착(錯誤, 錯雜).

[國譯]

劉康(유강)은 재위 59년에 죽었는데, 아들 簡王 劉錯(유조)가 계승했다. 유조가 태자일 적에 아버지의 피리 부는 기녀 宋閏(송윤)을 좋아하며 의원인 張尊(장존)을 시켜 차지하려 했으나 뜻대로 되지 않자 직접 칼로 장존을 찔러 죽였다. 國相이 이를 고발 상주하였지만 조사하지 못하게 하였다. (和帝) 永元 11년, 유조의 동생 7명이 열후가 되었다. 유조가 재위 6년에 죽자, 아들 孝王 劉香(유향)이 계승했다.

(安帝) 永初 2년(서기 108), 유향의 아우 4명이 열후가 되었다. 유향은 행실이 돈독하고 경서를 좋아하였다. 그전에 叔父인 劉篤(유독)이 죄를 지어 책봉을 받지 못했고 西平昌侯인 劉昱(유욱)은 법을

어겨 제후를 상실하였는데, 유향은 상서하여 자신의 爵土(작토)를 나눠 유독의 아들 劉丸(유환)과 유욱의 아들 劉嵩(유숭)을 모두 열후가 되게 하였다. 유향은 재위 20년에 죽었는데 아들이 없어 나라가 단절되었다.

(順帝) 永建 원년(서기 126), 順帝는 유조의 아들 阜陽侯(부양후) 劉顯(유현)이 뒤를 잇게 하였는데, 이가 釐王(이왕)이다. 이왕은 재위 3년에 죽고, 아들 悼王 劉廣(유광)이 계승했다. 永建 5년, 유광의 동생 劉文(유문)이 樂城亭侯가 되었다. 유광은 재위 25년인 (桓帝) 永興 원년에 죽었는데 아들이 없어 나라가 없어졌다.

❺ 東平憲王 劉蒼

原文

東平憲王蒼, 建武十五年封東平公, 十七年進爵爲王. 蒼少好經書, 雅有智思, 爲人美須髯, 要帶八圍, 顯宗甚愛重之. 及卽位, 拜爲驃騎將軍, 置長史掾史員四十人, 位在三公上.

| 註釋 | ㅇ東平憲王蒼 - 顯宗(明帝)의 同母弟. 재위 서기 41-83년. 東平國 治所는 無鹽縣, 今 山東省 중부 泰安市 관할 東平縣.

[國譯]

東平 憲王 劉蒼(유창)은 建武 15년 東平公에 봉해졌다가 17년에

작위를 높여 왕이 되었다. 유창은 젊어 경서를 좋아하였고 평소 지혜와 사려가 많았으며, 생김새는 멋진 수염에 허리둘레가 8길이나 되어 顯宗(明帝)이 매우 아꼈다. 현종이 즉위하며 驃騎將軍이 되었는데, 長史와 掾史 인원이 40명이었으며 지위는 三公보다 높았다.

原文

永平元年, 封蒼子二人爲縣侯. 二年, 以東郡之壽張,須昌, 山陽之南平陽,橐,湖陵五縣益東平國. 是時中興三十餘年, 四方無虞, 蒼以天下化平, 宜修禮樂, 乃與公卿共議定南北郊冠冕車服制度, 及光武廟登歌八佾舞數, 語在〈禮樂〉,〈輿服志〉. 帝每巡狩, 蒼常留鎭, 侍衛皇太后.

| 註釋 | ○四方無虞 – 無虞(무우)는 근심 걱정이 없다. ○〈禮樂〉,〈輿服志〉 –《後漢書》〈禮樂志〉 上, 中, 下卷. 〈輿服志〉는 上, 下卷.

[國譯]

(明帝) 永平 원년, 유창의 두 아들은 縣侯가 되었다. 2년에, 東郡의 壽張(수장), 須昌(수창), 山陽郡의 南平陽, 橐(탁), 湖陵(호릉)의 5개 현을 東平國에 합쳐주었다. 이때는 후한 건국 30여 년이 지나 사방에 걱정거리가 없어 유창은 천하가 화평하니 응당 예악을 정비해야 한다고 생각하여 공경과 함께 南北 郊祀 외에 冠冕(관면) 車服 제도 및 光武帝 廟堂 登歌와 八佾舞(팔일무) 數 등을 협의하여 결정하였는

데, 이는 〈禮樂志〉와 〈輿服志〉에 기록했다. 명제가 巡狩(순수)할 때마다 劉蒼은 낙양을 진수하며 皇太后를 모셨다.

原文

四年春, 車駕近出, 觀覽城第, 尋聞當遂校獵河內, 蒼卽上書諫曰,

「臣聞時令, 盛春農事, 不聚衆興功. 傳曰, '田獵不宿, 食飮不享, 出入不節, 則木不曲直.' 此失春令者也. 臣知車駕今出, 事從約省, 所過吏人諷誦〈甘棠〉之德. 雖然, 動不以禮, 非所以示四方也. 惟陛下因行田野, 循視稼穡, 消搖仿佯, 弭節而旋. 至秋冬, 乃振威靈, 整法駕, 備周衛, 設羽旄. 《詩》云, '抑抑威儀, 惟德之隅.' 臣不勝憤懣, 伏自手書, 乞詣行在所, 極陳至誠.」

帝覽奏, 卽還宮.

| **註釋** | ㅇ觀覽城第 – 城第는 성 안의 저택. 甲乙의 등급이 있다 하여 第라 하였다. 例, 甲第는 제일 좋은 집. ㅇ盛春農事, 不聚衆興功 – 《禮記 月令》의 글. ㅇ諷誦〈甘棠〉之德 – 《詩經 召南 甘棠》, 成語 '甘棠遺愛'. 《史記 燕召公世家》 참고. ㅇ《詩》云 – 《詩經 大雅 抑》.

[國譯]

(永平) 4년(서기 61) 봄, 황제가 궁 밖 가까운 곳에 행차하여 성 안

의 저택을 둘러본 뒤에 가까운 시일에 河內郡에서 사냥을 하는 것이 어떠냐고 물어보았는데, 유창은 즉시 간언을 올렸다.

「臣이 듣기로, 時令에 仲春은 농사철이니 민중을 모아 행차하지 않는다고 하였습니다. 傳에는 '사냥이 계절에 맞지 않고, 음식에 헌향하는 예를 행하지 않거나 출입에 절제가 없으면, 수목도 곧거나 굽지도 않는다.' 고 하였습니다. 이는 모두 春令을 어긴 것입니다. 臣이 알기로, 車駕의 이번에 행차는 모든 의례절차를 생략하고 간소화한 것으로 지나는 곳의 관리나 백성이 모두 폐하께서 〈甘棠(감당)〉의 德이 있다고 칭송하였습니다. 그러나 거동에 禮가 아니라면 이로써 사방 백성에 보여줄 것이 없습니다. 폐하께서 농촌 마을에서 농사를 시찰하고 잠시 소요하셨으니 빨리 황궁으로 돌아가셔야 합니다. 그러나 가을이나 겨울이라면 위의를 크게 떨치시며 法駕를 모두 동원하고 守衛의 경비를 엄히 하며 여러 깃발을 모두 다 세워야 합니다. 《詩》에서도 '빈틈없는 威儀를 지닌 분은 그 덕도 반듯하시네!' 라고 하였습니다. 신은 격정을 이기지 못하여 직접 제 손으로 써서 폐하가 계신 곳에 나아가 저의 진심을 모두 말씀드립니다.」

명제는 상주한 글을 보고 즉시 환궁하였다.

原文

蒼在朝數載, 多所隆益, 而自以至親輔政, 聲望日重, 意不自安, 上疏歸職曰,

「臣蒼疲駑, 特爲陛下慈恩覆護, 在家備命導之仁, 升朝蒙爵命之首, 制書褒美, 班之四海, 擧負薪之才, 升君子之器.

凡匹夫一介, 尙不忘簞食之惠, 況臣居宰相之位, 同氣之親哉! 宜當暴骸膏野, 爲百僚先, 而愚頑之質, 加以固病, 誠羞負乘, 辱汚輔將之位, 將被詩人'三百赤紱'之刺. 今方域晏然, 要荒無儆, 將遵上德無爲之時也, 文官猶可並省, 武職尤不宜建.

昔象封有鼻, 不任以政, 誠由愛深, 不忍揚其過惡. 前事之不忘, 來事之師也. 自漢興以來, 宗室子弟無得在公卿位者. 惟陛下審覽虞帝優養母弟, 遵承舊典, 終卒厚恩. 乞上驃騎將軍印綬, 退就蕃國, 願蒙哀憐.」

帝優詔不聽. 其後數陳乞, 辭甚懇切. 五年, 乃許還國, 而不聽上將軍印綬. 以驃騎長史爲東平太傅, 掾爲中大夫, 令史爲王家郎. 加賜錢五千萬, 布十萬匹.

| 註釋 | ㅇ擧負薪之才 - 負薪(부신)은 나뭇단을 등에 지다. 평민의 일. ㅇ簞食之惠 - 簞食(단사)는 대나무 광주리에 담은 밥을 먹여준 은혜. 簞은 밥그릇 단. 竹器. ㅇ三百赤紱 - 德行도 없으며 요직을 차지한 사람이 많다는 풍자. 赤紱(적불)은 大夫의 복장. '彼候人兮, 何戈與祋. 彼其之子, 三百赤芾(紱).'《詩 曹風 候人》. ㅇ要荒無儆 - 要服과 荒服의 변방에서도 경계하지 않는다. 儆은 경계할 경(警과 同). 변경도 태평하다. ㅇ有鼻(유비) - 國名.

[國譯]

劉蒼(유창)은 몇 년간 조정에 근무하면서 정사에 유익한 일이 많았으나 황제 至親으로 정무를 보좌하며 날로 높아지는 명성이 마음에 부담이 되어 사직을 주청했다.

「臣 蒼(창)은 나약하고 우둔하나 폐하께서는 특별히 자애로운 은덕으로 감싸주셨으니, 가족에서는 저를 가르치시고 조정에서도 제일 높은 작위를 내려 制書로 격려해주시고 四海에 널리 알게 하셨으니 미천한 재능으로 군자의 大器처럼 쓰였습니다. 무릇 일개의 匹夫일지라도 오히려 簞食(단사)의 은혜를 잊을 수 없거늘, 하물며 臣은 宰相 자리에 올랐고 친 同氣이니 어찌 잊겠습니까! 응당 모든 신하보다 제일 먼저 야전에서 싸우다 죽어야 하는데, 어리석고 우매하고 또 오랜 병도 있어 차지한 요직이 실로 부끄러우며 폐하를 보필한 자리를 더럽혔기에 詩人이 말한 '三百 赤紱(적불)'의 조롱을 받아야 할 것입니다. 지금 나라 안이 태평하고 먼 변방도 무사하기에 上德을 따르며 無爲의 治를 펼 때이며, 文官은 업무를 겸직 처리하고 武職도 새로 설치할 필요가 없습니다.

옛날에 (舜임금의 동생) 象(상)을 有鼻(유비)에 봉했지만 정사를 맡기지 않았으니, 그 뜻은 동생을 많이 아껴 동생의 과오를 드러내지 않으려는 뜻이었습니다. 前事를 잊지 않는 것은 앞으로 있을 일에 대비하기 위한 것입니다. 漢의 中興 이래로 宗室子弟를 公卿에 자리에 임명하지 않았습니다. 다만 폐하께서는 虞帝(舜)가 養母의 弟(이복동생 象)를 아껴준 옛일을 생각하시고 (漢의) 옛 법제를 따르시어 (저에 대한) 후한 은택을 거둬주셔야 합니다. 驃騎將軍의 印綬을 반납하고 蕃國으로 물러나기를 간청하오니 불쌍히 여겨 받아주시기 바랍니다.」

명제는 優渥(우악)한 조서를 내려 허락하지 않았다. 그런 뒤에도 여러 번 애걸하였는데 문사가 너무 간절하였다. (永平) 5년에야 還國을 허락하였지만 將軍의 인수 반환은 수락하지 않았다. 驃騎長史를 東平王의 太傅로, 그리고 掾吏를 中大夫로, 令史을 王家의 낭관으로 임명하였다. 금전 5천만과 布 10만 필을 하사하였다.

原文

六年冬, 帝幸魯, 徵蒼從還京師. 明年, 皇太后崩. 既葬, 蒼乃歸國, 特賜宮人奴婢五百人, 布二十五萬匹, 及珍寶服御器物.

十一年, 蒼與諸王朝京師. 月餘, 還國. 帝臨送歸宮, 淒然懷思, 乃遣使手詔國中傅曰,

「辭別之後, 獨坐不樂, 因就車歸, 伏軾而吟, 瞻望永懷, 實勞我心, 誦及〈采菽〉, 以增歎息. 日者問東平王處家何等最樂, 王言爲善最樂, 其言甚大, 副是要腹矣. 今送列侯印十九枚, 諸王子年五歲已上能趨拜者, 皆令帶之.」

十五年春, 行幸東平, 賜蒼錢千五百萬, 布四萬匹. 帝以所作〈光武本紀〉示蒼, 蒼因上〈光武受命中興頌〉. 帝甚善之, 以其文典雅, 特令校書郎賈逵爲之訓詁.

| 註釋 | ㅇ誦及〈采菽〉 - 〈采菽〉은 《詩 小雅》의 편명. 제후가 입조하였으나 제대로 대우하지 않은 幽王(유왕)을 풍자한 시. '采菽采菽, 筐之筥之. 君子來朝, 何錫予之? ~' ㅇ賈逵(가규, 30 - 101년) - 전한 賈誼의 후손. 逵는

한 길(큰 길) 규. 經學者, 천문학자. 36권, 〈鄭范陳賈張列傳〉에 立傳.

[國譯]

(永平) 6년(서기 63) 겨울, 明帝는 魯에 행차하여 劉蒼(유창)을 불러 만나서 데리고 경사로 돌아왔다. 다음 해 (母親, 陰) 皇太后가 붕어했다. 장례를 마친 뒤 유창이 歸國하려 하자 명제는 특별히 宮人奴婢 5백 명과 布 25만 필과 珍寶, 服御, 器物을 하사하였다.

11년, 유창과 다른 왕들이 京師에 입조하였다가 한 달 뒤에 환국했다. 명제는 유창을 전송하고 궁에 돌아와 슬피 그리워하다가 직접 조서를 작성하여 東平國 中傅(중부)에게 보냈다.

「헤어진 뒤에 조정에 홀로 앉아 울적하니, 돌아오는 수레에 손잡이를 잡고 읊었고, 멀리 보내고 그리니 내 마음이 아파 〈采菽(채숙)〉을 읊조리며 크게 탄식하노라. 일전에 東平王이 궁에 있으며 무엇을 가장 좋아하느냐고 물었더니, 왕은 '善을 행하는 일이 가장 즐겁다.' 대답하니, 그 말이 매우 지대하며 왕의 진심이리라. 지금 列侯 인수 19매를 보내니 왕의 아들이 5살이 되어 어전에서 빨리 걷고 절을 올릴 수 있다면 모두 허리에 차게 하라.」

15년 봄, 明帝는 東平國에 행차하여 蒼(창)에게 금전 1,500만과 布 4만 필을 하사하였다. 명제는 그간 편찬한 《光武本紀》를 유창에게 보여주었고, 유창은 이를 보고 〈光武受命中興頌〉을 지어 올렸다. 명제는 이를 크게 칭찬하고 그 문장이 매우 典雅하다면서 校書郞 賈逵(가규)에게 특별히 명하여 訓詁(훈고, 주석)를 달게 하였다.

原文

肅宗卽位, 尊重恩禮踰於前世, 諸王莫與爲比. 建初元年, 地震, 蒼上便宜, 其事留中. 帝報書曰,

「丙寅所上便宜三事, 朕親自覽讀, 反覆數周, 心開目明, 曠然發蒙. 閒吏人奏事, 亦有此言, 但明智淺短, 或謂儻是, 復慮爲非. 何者? 災異之降, 緣政而見. 今改元之後, 年饑人流, 此朕之不德感應所致. 又冬春旱甚, 所被尤廣, 雖內用克責, 而不知所定. 得王深策, 快然意解. 《詩》不云乎, '未見君子, 憂心忡忡, 旣見君子, 我心則降.' 思惟嘉謀, 以次奉行, 冀蒙福應. 彰報至德, 特賜王錢五百萬.」

| **註釋** | ㅇ《詩》不云乎 -《詩 召南 草虫》 ㅇ忡忡 - 걱정으로 불안한 모양(衝衝也). 근심할 충. ㅇ我心則降 - 降(항)은 下. 마음이 놓인다는 뜻.

[國譯]

肅宗(章帝)이 즉위하고서도 (劉蒼에 대한) 尊重과 恩禮는 전대보다 더 했으니 다른 왕 누구도 비교가 되지 않았다. 建初 원년(서기 76)에 지진이 일어나자, 유창은 국가에 도움이 될 건의를 하였는데 그것은 궁중에 보관케 하였다. 그리고 장제가 회신하였다.

「丙寅年에 건의하신 3건도 짐이 친히 열독하며 몇 번이나 반복하니 마음과 눈이 확연히 밝아졌습니다. 앞서 관리가 보고한 내용에도 왕께서 올리신 말씀과 같은 내용도 있었으나 다만 지혜가 깊지 못하여 어떤 자는 옳다 하고 다시 생각하면 그르다고도 하는데, 왜 그렇겠습니까? 하늘이 내리는 재이는 정사에 따를 것입니다. 이번에 開元 이후에(章帝의 즉위 이후) 흉년이 들고 유민이 발생하였으니, 이는 모두 짐이 부덕한 소치일 것입니다. 또 지난겨울과 봄 이후로 가뭄이 심하여 그 피해지역도 아주 넓어 비록 짐이 스스로 자책하지만 어찌할 바를 모르겠습니다. 왕께서 보내주신 심오한 방책을 읽고서야 마음이 확연하게 트인 것 같습니다. 《詩》에서도 '君子를 만나지 못해 마음이 울적하더니 군자를 만나니 마음이 놓인다.' 고 하였습니다. 왕의 훌륭하신 방책을 받들어 시행하면서 하늘의 복이 있기를 기원합니다. 왕의 크신 덕행을 널리 표창코자 王錢 5백만을 특별히 보내드립니다.」

原文

後帝欲爲原陵,顯節陵起縣邑, 蒼聞之, 遽上疏諫曰,

「伏聞當爲二陵起立郭邑, 臣前頗謂道路之言, 疑不審實, 近令從官古霸問湟陽主疾, 使還, 乃知詔書已下. 竊見光武皇帝躬履儉約之行, 深覩始終之分, 勤勤懇懇, 以葬制爲言, 故營建陵地, 具稱古典, 詔曰 '無爲山陵, 陂池裁令流水而已'.

孝明皇帝大孝無違, 奉承貫行. 至於自所營創, 尤爲儉省, 謙德之美, 於斯爲盛. 臣愚以園邑之興, 始自彊秦. 古者丘隴且不欲其著明, 豈況築郭邑, 建都郛哉! 上違先帝聖心, 下造無益之功, 虛費國用, 動搖百姓, 非所以致和氣, 祈豐

年也. 又以吉凶俗數言之, 亦不欲無故繕修丘墓, 有所興起. 考之古法則不合, 稽之時宜則違人, 求之吉凶復未見其福. 陛下履有虞之至性, 追祖禰之深思, 然懼左右過議, 以累聖心. 臣蒼誠傷二帝純德之美, 不暢於無窮也. 惟蒙哀覽.」

帝從而止. 自是朝廷每有疑政, 輒驛使諮問. 蒼悉心以對, 皆見納用.

| **註釋** | ㅇ原陵,顯節陵 – 原陵은 광무제의 능, 今 河南省 洛陽市 관할 孟津縣 소재. 顯節陵은 明帝 劉莊의 陵園, 今 河南省 洛陽市 孟津縣 소재. ㅇ道路之言 – 길에서 사람들이 하는 말. 풍문. ㅇ從官古霸 – 古霸(고패)는 인명. 古가 성씨. ㅇ涅陽主 – 열양공주, 광무제의 딸. 竇固의 妻. ㅇ深覩始終之分 – 深覩는 깊이 깨닫다. 始終之分은 生死의 차이. ㅇ奉承貫行 – 모두를 따라 시행하다. ㅇ丘隴且不欲其著明 – 묘에 봉분을 만들지 않았다는 뜻. ㅇ豈況築郭邑, 建都郛哉 – 郭邑은 황릉 주변 마을. 都는 사람이 모여 사는 곳. 郛(외성 부)는 郭(성곽 곽)과 同. ㅇ追祖禰之深思 – 祖禰는 선대의 조상. 禰는 사당에 모신 아버지 네.

[國譯]

그 뒤에 章帝가 (光武帝) 原陵과 (明帝) 顯節陵(현절릉)에 縣邑(陵縣)을 설치하려 했는데, 劉蒼이 이를 알고서는 서둘러 諫하는 상소를 올렸다.

「삼가 二陵에 성읍을 설치하는 일에, 臣은 전에도 지나가는 말로 확실하지 않다고 생각했습니다만, 이번에 從官 古霸(고패)를 보내

涅陽(열양) 公主를 문병케 하였는데 돌아와서는 조서가 이미 내려졌다고 들었습니다. 저의 소견으로 光武皇帝께서는 몸소 근검절약하셨고 생사의 이치를 깊이 깨달으셨기에 아주 진심으로 장례를 당부하시면서 무덤을 만들되 옛 제도에 따르라 하셨으니, '山陵 같은 봉분을 만들지 말고 연못을 파더라도 물만 흐르면 된다.' 고 하셨습니다. 孝明皇帝께서도 大孝라서 어김없이 그대로 일관되게 시행하셨습니다.

명제께서는 자신의 무덤을 만들면서 더욱 절약하고 겸손의 미덕을 지켜 누구보다 더 철저하셨습니다. 臣의 어리석은 생각이지만 (능 주변에) 園邑을 만들기는 포악한 秦에서 시작되었습니다. 옛날에는 무덤이 특별하지 않아 봉분도 아니 만들었는데, 하물며 마을에 도시나 성곽을 만들었겠습니까! (城邑 축조는) 위로는 先帝의 聖心에 어긋나고, 아래로는 만들어도 무익하고 국용을 낭비하며 백성을 동요케 하니, 이는 和氣를 이루어 풍년을 비는 뜻도 아닐 것입니다. 또 길흉을 따지는 속세 술수로 보더라도 아무 까닭도 없이 무덤을 고치거나 새로 지으려 하지 않을 것입니다. 옛 법제에도 맞지 않고 時宜를 따져도 백성의 뜻에 어긋나고 길흉의 수를 보더라도 좋은 점을 찾기 어려울 것입니다. 폐하께서는 有虞(舜)의 순후한 性情을 따르시고 윗대 조상의 깊은 뜻을 생각하시되, 좌우 측근의 지나친 의논이 聖心에 누가 되지 않아야 합니다. 蒼(창)은 진심으로 광무제와 명제의 훌륭하신 聖德이 후손에 전해지지 못할까 걱정이 됩니다. 가여운 뜻으로 신의 글을 읽어주시기 바랍니다.」

章帝는 건의를 받아들여 중지하였다. 이후로 조정에 판단이 어려운 정사에 대하여 매번 역마로 사자를 보내 자문하였다. 유창은 늘 성심으로 대답했고 모두가 받아들여졌다.

原文

三年, 帝饗衛士於南宮, 因從皇太后周行掖庭池閣, 乃閱陰太后舊時器服, 愴然動容, 乃命留五時衣各一襲, 及常所御衣合五十篋, 餘悉分佈諸王主及子孫在京師者各有差. 特賜蒼及琅邪王京書曰,

「中大夫奉使, 親聞動靜, 嘉之何已! 歲月騖過, 山陵浸遠, 孤心悽愴, 如何如何! 閒饗衛士於南宮, 因閱視舊時衣物, 聞於師曰, '其物存, 其人亡, 不言哀而哀自至.' 信矣. 惟王孝友之德, 亦豈不然! 今送光烈皇后假紒帛巾各一, 及衣一篋, 可時奉瞻, 以慰〈凱風〉寒泉之思, 又欲令後生子孫得見先后衣服之制. 今魯國孔氏, 尙有仲尼車輿冠履, 明德盛者光靈遠也. 其光武皇帝器服, 中元二年已賦諸國, 故不復送. 並遺宛馬一匹, 血從前髆上小孔中出. 常聞武帝歌天馬, 霑赤汗, 今親見其然也. 頃反虜尙屯, 將帥在外, 憂念遑遑, 未有閒寧. 願王寶精神, 加供養. 苦言至戒, 望之如渴.」

| **註釋** | ○五時衣各一襲 – 五時衣는 春靑, 夏朱, 季夏黃, 秋白, 冬黑. 옷의 홑옷(單衣)과 겹옷(複衣)을 一襲(일습)이라 했다. ○五十篋 – 50상자. 篋은 상자 협. ○琅邪王(낭야왕) – 琅邪國 治所는 開陽縣, 今 山東省 남부의 臨沂市(임기시). ○歲月騖過 – 騖는 달릴 무. ○假紒帛巾各一 – 假는

임시의, 紒는 상투를 틀 계. 束髮하다, 帛巾은 비단 수건. ㅇ〈凱風〉寒泉之思 – 〈凱風〉은《詩經 邶風》의 편명. 凱風(개풍)은 南風. 7명의 효자가 어머니의 은덕을 기린 시. 寒泉은 맑은 샘물. 어머님의 은혜. '爰有寒泉 在浚之下. 有子七人 母氏勞苦.' ㅇ霑赤汗 – 霑은 젖을 점. 赤汗은 붉은 색의 땀방울. 汗血馬. ㅇ憂念遑遑 – 遑遑은 마음이 급하여 허둥대는 모양. 遑은 허둥거릴 황.

[國譯]

(章帝 建初) 3년, 장제는 南宮에서 衛士를 위해 잔치를 열어주고 겸해서 皇太后(明德馬皇后)를 따라 掖庭池(액정지)의 누각에서 陰太后(光烈陰皇后)의 옛 기물과 의복을 보고서는 슬픔이 잠겨, 곧 五時의 의복을 각 한 벌씩 남겨두라고 명령하고 평상시에 입었던 의복 50상자를 洛陽에 있는 諸王의 공주와 자손에게 각각 차등을 두어 나눠주게 하였다. 특별히 동평왕 蒼(창)과 琅邪王 京(경)에게는 서신을 보냈다.

「中大夫를 보내 안부를 여쭈옵나니 평온하신지요! 세월이 빨리 달려 산천도 점점 멀어지고 외로운 마음 처량하오니 어찌, 어찌하겠습니까? 얼마 전에 南宮에서 衛士를 위해 잔치하고 겸해서 옛 의복을 보았습니다만 스승에게서 들어 본 '물건은 남았지만 주인은 가고 없네. 슬픈 말을 안 해도 저절로 슬퍼지네.' 라는 말 그대로였습니다. 大王의 효성과 우애 덕을 생각하니, 아니 그러하겠습니까! 이번에 光烈皇后께서 쓰시던 束髮(속발)하는 비단 수건을 각 한 벌과 의류 한 상자를 보내드리오니 수시에 꺼내 보시면서 〈凱風〉 시의 寒泉(모친의 사랑)을 생각하시고, 또 뒤에 자라나는 자손들이 先后

의 衣服制度를 볼 수 있게 해 주십시오. 지금 魯國의 孔子 저택에는 아직도 仲尼의 車輿와 冠과 신발이 남아있어 훌륭한 덕을 보여주신 분 신령의 광휘가 아직 전하고 있습니다. 光武皇帝의 기물과 복장은 中元 2년(서기 57)에 이미 여러 나라에 보내 돌려받지 않았습니다. 아울러 大宛(대원) 產 汗血馬(한혈마) 1필을 보내드립니다만, 피 같은 땀이 앞 어깻죽지의 작은 구멍에서 나옵니다. 늘 武帝께서 天馬를 읊은 노래를 늘 들었지만 붉은 땀이 배어나오는 것을 보니 사실이었습니다. 얼마 전에 반역한 적도가 아직 남아있고 장수가 변경에 나가있기에 걱정이 좀 되어 평온치는 않습니다. 대왕께서는 노심초사 하지 마시고 섭생에 유념하시길 빕니다. 苦言과 엄한 훈계를 갈구하옵니다.」

原文

六年冬, 蒼上疏求朝. 明年正月, 帝許之. 特賜裝錢千五百萬, 其餘諸王各千萬. 帝以蒼冒涉寒露, 遣謁者賜貂露, 及太官食物珍果, 使大鴻臚竇固持節郊迎. 帝乃親自循行邸第, 豫設帷牀, 其錢帛器物無不充備. 下詔曰,

「《禮》云, '伯父歸寧乃國', 《詩》云 '叔父建爾元子', 敬之至也. 昔蕭相國加以不名, 優忠賢也. 況兼親尊者乎! 其沛, 濟南, 東平, 中山四王, 讚皆勿名.」

蒼既至, 升殿乃拜, 天子親答之. 其後諸王入宮, 輒以輦迎, 至省合乃下. 蒼以受恩過禮, 情不自寧, 上疏辭曰,

「臣聞貴有常尊, 賤有等威, 卑高列序, 上下以理. 陛下至德廣施, 慈愛骨肉, 旣賜奉朝請, 咫尺天儀, 而親屈至尊, 降禮下臣, 每賜燕見, 輒興席改容, 中宮親拜, 事過典故. 臣惶怖戰慄, 誠不自安, 每會見, 踧踖無所措置. 此非所以章示群下, 安臣子也.」

帝省奏歎息, 愈褒貴焉. 舊典, 諸王女皆封鄕主, 乃獨封蒼五女爲縣公主.

|註釋| ○貂裘 – 담비 털가죽으로 만든 갖옷. 貂는 담비 초. 裘는 갖옷 구. ○伯父歸寧乃國 – '伯父가 돌아와 너의 나라를 돌아보다.' ○《詩》云 '叔父建爾元子' – 《詩經 魯頌 閟宮(비궁)》云 '王曰, 叔父시여, 建爾元子하여 ~' 叔父는 周公. 元子는 周公의 아들 伯禽(백금). ○讚皆勿名 – 讚은 기릴 찬. 밝히다. 讚者가 이름을 부르지 않는다는 뜻. ○賤有等威 – 等威는 威儀에도 等差가 있다는 뜻. ○踧踖無所措置 – 踧踖(축적)은 겸양하고 삼가는 모양. 踧은 삼갈 축, 평평할 적. 踖은 밟을 적.

[國譯]

(章帝 建初) 6년 겨울, 劉蒼(유창)은 上疏하여 입조하겠다고 요청하였다. 다음 해 정월 장제가 허락하였다. 장제는 특별히 여행 비용으로 천 5백만 전을, 다른 왕들에게는 천만 전을 하사하였다. 장제는 유창이 추위를 무릅쓰고 먼 길을 온다 하여 謁者(알자)를 시켜 貂裘(초구)를 하사하였고, 太官을 시켜 음식과 진기한 과일을 보냈으며, 大鴻臚인 竇固(두고)를 보내 부절을 가지고 교외에 마중케 하였다. 장제도 친히 유창의 사저를 돌아보면서 휘장이나 침상 등을 확

인하였으며 그 밖에 금전이나 비단, 기물 등 갖춰지지 않은 것이 없었다. 그리고 조서를 내렸다.

「《禮記》에서 '백부가 너의 나라를 둘러본다.' 고 하였고, 《詩經 魯頌》에서도 '叔父시여, 당신의 元子를 책봉하여~' 라고 하였으니, 이는 아주 큰 공경이다. 종전에도 蕭相國(蕭何)은 특별한 은사로 이름을 부르지 않았는데, 이는 忠賢을 우대한 것이다. 더군다나 친족 어른은 더 말할 것이 있는가! 沛, 濟南, 東平, 中山의 四王은 讚者가 이름을 부르지 말라.」

유창이 도착하여 대전에 들어와 배례하자 天子도 친히 답례하였다. 이후로 다른 왕도 입궁할 때 輦車(연거)로 궁문을 들어와 省門에서 輦을 내렸다. 유창은 황제의 은택이 통상의례를 벗어난 厚待라서 마음이 편치 않아 상소하여 이를 사양하였다.

「臣이 알기로, 지위가 높은 사람은 늘 존귀하고 지위가 낮은 사람도 등급에 따라 威儀를 달리하며 고저와 서열에 따라 상하관계가 다스려져야 합니다. 폐하께서는 크신 덕을 널리 베푸시고 골육을 자애로 대해주시며, 이미 봄가을 입조를 허락하시어 天儀를 지척에서 모실 수 있습니다. 또 지존을 몸소 낮추시어 下臣에게도 예를 표하시며, 매번 편한 연석에서 뵐 때에도 폐하께서는 자리에서 일어나시며 中宮(皇后)께서도 친히 배례하게 하시니 모두가 옛 전고보다 지나치십니다. 신은 황공하여 전율하며 진심으로 편안치 못하오며 매번 뵐 때마다 삼가 어찌할 바를 모르겠습니다. 이는 많은 아랫사람에게 보이거나 신하를 편안케 하는 방법이 아닙니다.」

장제는 상주를 읽고 탄식하며 유창을 더욱 존중하였다. 옛 법제에 제후 왕의 딸은 모두 鄕을 공주의 식읍으로 내렸지만 유독 유창의 딸 5명은 縣을 공주 식읍으로 하사하였다.

原文

三月, 大鴻臚奏遣諸王歸國, 帝特留蒼, 賜以秘書,列僊圖, 道術秘方. 至八月飮酎畢, 有司復奏遣蒼, 乃許之. 手詔賜蒼曰,

「骨肉天性, 誠不以遠近爲親疏, 然數見顔色, 情重昔時. 念王久勞, 思得還休, 欲署大鴻臚奏, 不忍下筆, 顧授小黃門, 中心戀戀, 惻然不能言.」

於是車駕祖送, 流涕而訣. 復賜乘輿服御, 珍寶輿馬, 錢布以億萬計.

| **註釋** | ㅇ列僊圖 – 여러 신선 그림. 僊은 신선 선(仙), 춤출 선. ㅇ八月飮酎畢 – 酎는 세 번 빚은 술 주. 진한 醇酒. 정월에 담가 8월에 익은 술을 酎라 한다. 畢은 마칠 필. ㅇ祖送 – 祖祭(조제)를 지내고 전송하다. 祖祭는 먼 길 떠나는 사람의 一路平安을 기원하는 일종의 路祭. 共公氏의 아들 修(수)는 먼 곳 여행을 즐겨 배나 수레, 사람의 발길이 닿는 모든 곳을 가보았다. 때문에 祖神으로 모셔진다. 祖는 徂(갈 조), 길 제사 지낼 조, 行路神 조.

[國譯]

(建初 7년) 3월, 大鴻臚에서 모든 왕을 封國으로 돌려보내야 한다고 상주하였으나 章帝는 특별히 유창을 남게 하여 여러 秘書나 列僊

圖(열선도), 道術秘方에 관한 책을 하사하였다. 8월에 (종묘에서) 음주를 마치자, 담당자가 유창을 보내야 한다고 다시 상주하니 그때서야 허락하였다. 장제는 조서를 직접 써서 하사하였다.

「骨肉의 天性은 진정 遠近이 친소는 아닌 것 같으니 자주 얼굴을 뵐 수 있었던 지난날의 정이 더 그립습니다. 대왕의 오랜 노고를 생각하면 환국하여 쉬셔야 하지만 대홍려의 상주를 결재하고도 붓을 놓을 수가 없으며 글을 갖고 갈 小黃門을 바라보면서도 그립고, 또 그리우며 안타까움에 말을 못하겠습니다.」

그리고는 노제를 지내 전송하며 눈물을 흘리며 헤어졌다. 장제는 다시 수레와 옷과 珍寶와 輿馬, 錢布 등 억만으로 헤아릴 만큼 하사하였다.

原文

蒼還國, 疾病, 帝馳遣名醫, 小黃門侍疾, 使者冠蓋不絶於道. 又置驛馬千里, 傳問起居. 明年正月薨, 詔告中傅, 封上蒼自建武以來章奏及所作書,記,賦,頌,七言,別字,歌詩, 並集覽焉. 遣大鴻臚持節, 五官中郎將副監喪, 及將作使者凡六人, 令四姓小侯諸國王主悉會詣東平奔喪, 賜錢前後一億, 布九萬匹. 及葬, 策曰,

「惟建初八年三月己卯, 皇帝曰, 咨王丕顯, 勤勞王室, 親受策命, 昭於前世. 出作蕃輔, 克愼明德, 率禮不越, 傳聞在下. 昊天不弔, 不報上仁, 俾屛余一人, 夙夜煢煢, 靡有

所終. 今詔有司加賜鸞輅乘馬, 龍旂九旒, 虎賁百人, 奉送王行. 匪我憲王, 其孰離之! 魂而有靈, 保茲寵榮. 嗚呼哀哉!」

| **註釋** | ㅇ傳聞在下 – 백성에게 널리 칭송이 알려졌다. 傅는 펼 부, 스승 부. ㅇ俾屛余一人 – 俾는 ~로 하여금. 使也. 屛은 가릴 병. 숨기다. ㅇ夙夜煢煢 – 夙 일찍 숙. 아침. 煢煢(경경)은 외롭고 의지할 데 없는 모양. 煢은 惸(외로운 경)과 同. 근심하다. ㅇ龍旂九旒 – 龍旂(용기)는 날아오르고 내려오는 용을 그린 붉은 깃발. 九旒(구류)는 9종류의 깃발. 旒는 깃발 류. 여기서는 九旒冕(구류면)의 뜻이 아님. ㅇ匪我憲王 – 匪는 非. ㅇ其孰離之 – 孰은 누구 숙. 離는 당하다. 입다. 받다.

[國譯]

劉蒼은 還國하고 병이 났는데, 장제는 名醫와 小黃門을 보내 간병하게 하였는데 사자의 수레가 길에 연달았다. 또 천 리 길에 驛馬를 설치하고 소식과 안부를 전달케 하였다. 유창은 다음 해(建初 8년, 서기 83) 정월에 죽었는데, (東平國) 中傅(중부)에게 명하여 유창이 建武 이래로 상주한 문장이나 각종 書, 記, 賦, 頌, 七言, 別字, 歌詩 등을 한데 모아 올리게 하였다. 아울러 대홍려가 부절을 갖고 가서 五官中郎將을 副職으로 함께 喪事를 감독케 하였으며, 將作使者 총 6명과 四姓小侯와 諸國 王과 공주 등이 동평국에 복상토록 하였으며 전후에 걸쳐 1억 전, 布 9만 필을 하사하였다. 장례에 책서를 내렸다.

「惟 建初 8년 3월 己卯日, 皇帝가 말하노라. '왕께서는 위대하신

분이며 왕실을 위해 부지런히 애를 쓰셨고 친히 책명을 수행하였으니 前世에 공적이 더 뚜렷했도다. 蕃輔(번보)로 나가서는 신중한 언행에 덕을 베풀고 예를 지켜 법도를 넘지 않아 백성의 칭송을 들었도다. 하늘이 돕지 않아 上等 仁人에 보답하지 않고 짐 혼자만을 남겨놓았으니, 밤낮으로 근심걱정에 끝이 없도다. 이제 유사에게 명하여 鸞輅(난로)와 乘馬, 龍旗(용기) 등 九旒(구류)와 虎賁(호분) 용사 1백명을 보내 왕의 가는 길을 모시도록 하라. 나의 憲王(劉蒼)이 아니시라면 누가 이를 받으시겠는가! (헌왕의) 혼령이 있으시니 이 은총과 영광을 누리소서. 嗚呼哀哉(오호애재)라!」

原文

立四十五年, 子懷王忠嗣. 明年, 帝乃分東平國封忠弟尙爲任城王, 餘五人爲列侯.

忠立十一年薨, 子孝王敞嗣. 元和三年, 行東巡守, 幸東平宮, 帝追感念蒼, 謂其諸子曰, "思其人, 至其鄕, 其處在, 其人亡." 因泣下沾襟, 遂幸蒼陵, 爲陳虎賁,鸞輅,龍旗, 以章顯之, 祠以太牢, 親拜祠坐, 哭泣盡哀, 賜御劒於陵前.

初, 蒼歸國, 驃騎時吏丁牧,周栩以蒼敬賢下士, 不忍去之, 遂爲王家大夫, 數十年事祖及孫. 帝聞, 皆引見於前, 旣愍其淹滯, 且欲揚蒼德美, 卽皆擢拜議郞. 牧至齊相, 栩上蔡令.

永元十年, 封蒼孫梁爲矜陽亭侯, 敞弟六人爲列侯. 敞喪母至孝, 國相陳珍上其行狀. 永寧元年, 鄧太后增邑五千戶, 又封蒼孫二人爲亭侯.

敞立四十八年薨, 子頃王端嗣. 立四十七年薨, 子凱嗣, 立四十一年, 魏受禪, 以爲崇德侯.

| **註釋** | ㅇ任城王 - 任城縣, 亢父縣, 樊縣의 3개 현을 관할하는 소국. 임성국 治所는 任城縣, 今 山東省 서남부 濟寧市. ㅇ沾襟 - 沾은 적실 첨, 더할 첨. 襟 옷깃 금. ㅇ以章顯之 - 章은 밝게 하다. 드러내다. 彰과 通. ㅇ愍其淹滯 - 愍은 불쌍히 여길 민. 淹滯(엄체)는 오래 승진하지 못하다.

[國譯]

(東平憲王 劉蒼) 재위 45년이었고, 아들 懷王 劉忠(유충)이 계승하였다. 明年, 장제는 東平國을 나눠 劉忠의 동생 劉尙(유상)을 任城王에 봉했고, 다른 5인은 열후가 되었다.

유충이 재위 11년에 죽자, 아들 孝王 劉敞(유창)이 계승했다. (章帝) 元和 3년(서기 86), 장제가 동쪽을 순수하며 동평궁에 행차하여 劉蒼(유창)을 추념하며 그 아들들에게 말했다. "그분이 그리워 여기 왔으나 땅은 그대로나 그분은 없도다." 그러면서 눈물로 옷깃을 적시고 유창의 능에 행사하여 虎賁 병사를 배치하고, 鸞輅(난로)와 龍旗를 세워 헌왕의 덕을 현창하고 太牢(태뢰)로 제사하며 친히 절을 올리고 슬피 울며 애통해하였고 御劍을 능에 바쳤다.

그전에, 劉蒼이 동평국에 올 때, 표기장군 시절의 관리였던 丁牧(정목)과 周栩(주허)는 유창이 아랫사람에게도 예를 갖춰 대우하자 차마 떠날 수가 없어 동평 왕가의 대부가 되었는데 수십 년 동안 조부에서 손자까지 모시었다. 장제가 듣고서는 불러 만나보고 오랫동안 승진하지 못한 것을 안타깝게 여기고, 또 유창의 미덕을 현창하기 위하여 바로 발탁하여 議郞을 제수하였다. 정목은 齊相에 이르렀고 주허는 上蔡令이 되었다.

(和帝) 永元 10년(서기 98), 劉蒼의 손자 劉梁(유량)은 矜陽亭侯(긍양정후)가 되었고, 劉敞(유창)의 동생 6명은 列侯가 되었다. 劉敞은 모친상에 효도를 다했는데 國相 陳珍(진진)은 그 行狀을 올렸다. (安帝) 永寧 원년(서기 120)에 鄧太后는 식읍을 5천 호 늘려주었다. 또 劉蒼의 손자 2명은 亭侯가 되었다.

劉敞은 재위 48년에 죽었고, 아들 頃王 劉端(유단)이 계승했다. 유단은 재위 47년에 죽었고, 아들 劉凱(유개)가 계승하여 재위 41년에 漢이 魏에 선양하자 崇德侯가 되었다.

原文

論曰, 孔子稱 '貧而無諂, 富而無驕, 未若貧而樂, 富而好禮者也.' 若東平憲王, 可謂好禮者也. 若其辭至戚, 去母后, 豈欲苟立名行而忘親遺義哉! 蓋位疑則隙生, 累近則喪大, 斯蓋明哲之所爲歎息. 嗚呼! 遠隙以全忠, 釋累以成孝, 夫豈憲王之志哉! 東海恭王遜而知廢, '爲吳太伯, 不亦可乎!'

|註釋| ㅇ貧而無諂 ~ -《論語 學而》. ㅇ東海恭王遜而知廢 - 東海國 恭王(공왕, 劉彊)은 황태자의 자리를 스스로 물러난 것은 겸손을 실천한 것이며, 또 모후가 폐위되었기에 자신의 자리도 온전할 수 없다는 이치를 알고 있었다는 말. 東平 恭王 劉曜(유요)가 아님. ㅇ爲吳太伯 - 吳 太伯은 周 泰伯, 周 太王(古公亶父, 文王의 祖父)의 장남. 동생 仲雍(중옹)과 함께 막냇동생 季歷(계력)이 후계자가 될 수 있게 하려고 당시로서는 야만의 땅이던 長江 하류로 移居하여 文身을 하고 살았다.

[國譯]

范曄(범엽)의 史論 : 孔子는 '가난해도 아첨하지 않고, 부유해도 교만하지 않은 것은 가난하면서도 즐길 수 있고, 부유하면서도 禮를 좋아하는 것만 못하다.' 고 하였다. 東平憲王의 경우 好禮者라고 할 수 있다. 그의 문사는 아주 애통한데, 母后 곁을 떠나면서도 어찌 지조와 바른 행실을 실천하며 모친에 대한 情보다 예의를 갖출 생각을 했겠는가! 대체로 지위에 대한 의심이 있다면 틈이 날 수 있고 의심이 많으면 잃는 것이 많으니, 이는 대체로 明哲한 사람도 탄식하는 것이다. 嗚呼라! 멀리 떨어져 있어도 충성을 다하고 의심을 풀고 효도를 실천하는 것은 아마 憲王의 본심일 것이다. 東海 恭王(劉彊)은 겸손하면서도 黜廢(출폐)의 이치를 알았으니 吳 太伯(泰伯)이나 그러할 수 있었으리라!

❻ 任城孝王 劉尙

原文

任城孝王尙, 元和元年封, 食任城,亢父,樊三縣. 立十八年薨, 子貞王安嗣. 永元十四年, 封母弟福爲桃鄕侯. 永初四年, 封福弟亢爲當塗鄕侯. 安性輕易貪吝, 數微服出入, 遊觀國中, 取官屬車馬刀劒, 下至衛士米肉, 皆不與直. 元初六年, 國相行弘奏請廢之. 安帝不忍, 以一歲租五分之一贖罪. 安立十九年薨, 子節王崇嗣.

順帝時, 羌虜數反, 崇輒上錢帛佐邊費. 及帝崩, 復上錢三百萬助山陵用度, 朝廷嘉而不受. 立三十一年薨, 無子, 國絶.

延熹四年, 桓帝立河閒孝王子參戶亭侯博爲任城王, 以奉其祀. 博有孝行, 喪母服制如禮, 增封三千戶. 立十三年薨, 無子, 國絶.

熹平四年, 靈帝復立河閒貞王建子新昌侯佗爲任城王, 奉孝王後. 立四十六年, 魏受禪, 以爲崇德侯.

| **註釋** | ㅇ任城孝王尙 – 東平憲王 劉蒼의 아들. 東平 懷王 劉忠(유충)의 동생. 東平國을 분할한 소국. ㅇ皆不與直 – 直은 値(값 치).

[國譯]

任城孝王 劉尙(유상)은 (章帝) 元和 원년(서기 84)에 봉해졌는데

任城, 亢父(항보), 樊(번) 3현을 식읍으로 받았다. 재위 18년에 죽어 아들 貞王 劉安(유안)이 계승했다. (和帝) 永元 14년(서기 102)에, 母弟 劉福(유복)이 桃鄕侯(도향후)가 되었다. (安帝) 永初 4년(서기 110), 유복의 동생 劉亢(유항)은 當塗鄕侯(당도향후)가 되었다. 유안은 성격이 경박하고 탐욕 인색하였는데 자주 미복으로 나라 안을 돌아다니며 官屬의 車馬나 刀劍(도검), 심지어는 衛士의 쌀이나 고기를 뺏으면서도 그 값을 주지 않았다. (安帝) 元初 6년(서기 119), 國相인 行弘(행홍)이 폐위할 것을 주청하였다. 安帝는 차마 그럴 수 없어 1년 치 부세 수입의 5분의 1로 속죄케 하였다. 유안이 재위 19년에 죽자, 아들 節王 劉崇(유숭)이 계승하였다.

順帝 때, 강족이 자주 반기를 들자 유숭은 매번 금전과 비단을 戰費로 내었다. 안제가 붕어하자, 다시 금전 3백만을 장례비용으로 바쳤는데 朝廷에서는 가상히 여기면서도 받지는 않았다. 유숭은 재위 31년에 죽었는데, 아들이 없어 나라가 단절되었다.

(桓帝) 延熹(연희) 4년, 환제는 河間孝王의 아들 參戶亭侯 劉博(유박)을 任城王에 봉하여 그 제사를 받들게 하였다. 유박은 孝行이 있어 모친상에 예법대로 복상하여 (조정에서) 식읍 3천 호를 늘려주었다. 재위 13년에 죽었는데, 아들이 없어 나라가 끊겼다.

(靈帝) 熹平(희평) 4년(서기 175), 靈帝는 다시 河間 貞王 劉建(유건)의 아들 新昌侯 劉佗(유타)를 任城王에 봉해 孝王의 제사를 받들게 하였다. 재위 46년에, 魏(위)가 漢의 선양을 받자 유타는 崇德侯가 되었다.

❼ 阜陵質王 劉延

原文

阜陵質王延, 建武十五年封淮陽公, 十七年進爵爲王, 二十八年就國. 三十年, 以汝南之長平,西華,新陽,扶樂四縣益淮陽國.

延性驕奢而遇下嚴烈. 永平中, 有上書告延與姬兄謝弇及姊館陶主婿駙馬都尉韓光招姦猾, 作圖讖, 祠祭祝詛. 事下案驗, 光,弇被殺, 辭所連及, 死徙者甚衆. 有司奏請誅延. 顯宗以延罪薄於楚王英, 故特加恩, 徙爲阜陵王, 食二縣.

| **註釋** | ㅇ阜陵質王延 – 光武帝의 七子, 郭皇后 소생. 阜陵(부릉)은 九江郡의 현명, 侯國名. 今 安徽省 중동부 滁州市(저주시) 관할 全椒縣(전초현). 劉延(유연)은 41–92년 재위.

[國譯]

阜陵(부릉) 質王 劉延(유연)은 建武 15년에 淮陽公에 봉해졌고, 17년에 작위가 올라 왕이 되었고 28년에 봉국에 부임하였다. 30년에 汝南郡의 長平, 西華, 新陽, 扶樂의 4현을 淮陽國에 보태주었다.

유연은 성격이 교만 사치하고 아랫사람에게 매우 엄격하였다. (明帝) 永平 연간에, 어떤 사람이 유연과 그의 姬妾(희첩)의 오빠인 謝弇(사엄)과 누나인 館陶公主(관도공주)의 사위인 駙馬都尉 韓光(한광) 등이 불량배들을 불러들여 圖讖(도참)을 작성하고 제사하며 저주한다고 고발하였다. 이 사건을 조사하여 한광과 사엄은 처형되었는데 조사 내용이 파급되어 죽거나 강제 이주된 자가 매우 많았다. 담당자가 유연을 주살해야 한다고 상주하였다. 顯宗은 유연의 죄가 楚王 劉英(유영)보다는 경미하다 하여 특별한 은택을 내려 阜陵王으로 옮기고 2개 현을 식읍으로 주었다.

原文

延旣徙封, 數懷怨望. 建初中, 復有告延與子男魴造逆謀者, 有司奏請檻車徵詣廷尉詔獄. 肅宗下詔曰,

「王前犯大逆, 罪惡尤深, 有同周之管,蔡, 漢之淮南. 經有正義, 律有明刑. 先帝不忍親親之恩, 枉屈大法, 爲王受愆, 群下莫不惑焉. 今王曾莫悔悟, 悖心不移, 逆謀內潰, 自子魴發, 誠非本朝之所樂聞. 朕惻然傷心, 不忍致王於理, 今貶爵爲阜陵侯, 食一縣. 獲斯辜者, 侯自取焉. 於戲誡哉!」

赦魴等罪勿驗, 使謁者一人監護延國, 不得與吏人通.

| **註釋** | ㅇ漢之淮南 – 劉長(고조의 막내아들. 前 198 – 174)은 前 196년에 淮南王(시호 厲王)이 되었다. 國都는 壽春(今 安徽省 淮南市 관할의 壽縣). 영지는 九江郡, 衡山郡, 廬江郡(여강군), 豫章郡의 四郡. 反, 회남왕 劉長의 長子가 바로 《淮南子》의 저자인 劉安이다. 淮南王 劉安(前 179 – 122)은 고조의 손자로 문재가 뛰어났고, 문객과 함께 《淮南子(原名, 鴻烈)》를 저술했다. 武帝도 학문을 좋아했기에 유안을 諸父(숙부)로 받들었고, 언변에 박식하고 文辭가 뛰어난 유안을 매우 존중하였다. 무제 元狩元年(前 122)에 반란 계획이 드러나자, 아들과 함께 자살했다. 그러나 민

간에서는 得道하여 신선이 되었다고 믿었다.('一人得道, 雞犬升天' 의 주인공). 두부를 최초로 만들었기에 지금도 두부 집에서는 神으로 모신다. 《漢書》 44권, 〈淮南衡山濟北王傳〉에 立傳.

[國譯]

劉延(유연)은 옮겨 봉해진 뒤에도 자주 감정을 품고 원망하였다. (章帝) 建初 연간에, 또 다시 유연은 아들 劉魴(유방)과 함께 역모를 꾸미고 있다고 고발하자, 유사가 유연을 함거에 태워 정위의 조옥에 보내야 한다고 상주하였다. 이에 숙종(장제)이 조서를 내렸다.

「부릉왕은 앞서 대역을 범하였으니 그 죄악이 매우 크며 周의 管叔(관숙), 蔡叔(채숙), (前)漢의 淮南王(劉安)과 같도다. 經에는 正義가 있고 나라의 律에는 분명한 형벌이 있다. 先帝께서는 親親의 은택을 베풀어 나라의 大法을 어겨가면서 부릉왕의 죄를 용서하였기에 많은 신하들이 의혹을 갖지 않는 자가 없었다. 지금 왕은 이전의 과오를 뉘우치지 못하고 모반을 마음에 품고 있어 아들 魴(방)이 일을 꾸몄으니 실로 本朝에서 들을 수 있는 소식이 아니었다. 짐은 불쌍하면서도 마음이 아프지만 왕을 법대로 다스리지 않을 수 없기에 이번에 왕의 작위를 阜陵侯로 폄하하며 식읍은 1개 현으로 하겠다. 이런 죄 값을 자신이 스스로 취한 것이다. 於戲(어희)라! 조심할지어라!」

그리고 劉魴(유방) 등의 죄는 더 조사하지 않게 했으나 謁者 1인으로 하여금 유연의 나라를 감독하며 다른 관리나 백성들과 왕래하지 못하게 하였다.

原文

章和元年, 行幸九江, 賜延書與車駕會壽春. 帝見延及妻子, 愍然傷之, 乃下詔曰,

「昔周之爵封千有八百, 而姬姓居半者, 所以楨幹王室也. 朕南巡, 望淮,海, 意在阜陵, 遂與侯相見. 侯志意衰落, 形體非故, 瞻省懷感, 以喜以悲. 今復侯爲阜陵王, 增封四縣, 並前爲五縣.」

以阜陵下濕, 徙都壽春, 加賜錢千萬, 布萬匹, 安車一乘, 夫人諸子賞賜各有差. 明年入朝.

立五十一年薨, 子殤王沖嗣. 永元二年, 下詔盡削除前班下延事.

沖立二年薨, 無嗣. 和帝復封沖兄魴, 是爲頃王. 永元八年, 封魴弟十二人爲鄕,亭侯. 魴立三十年薨, 子懷王恢嗣. 延光三年, 封恢兄弟五人爲鄕,亭侯. 恢立十年薨, 子節王代嗣. 陽嘉二年, 封代兄便親爲勃遒亭侯. 代立十四年薨, 無子, 國絶.

建和元年, 桓帝立勃遒亭侯便親爲恢嗣, 是爲恭王. 立十三年薨, 子孝王統嗣. 立八年薨, 子王赦立, 建安中薨, 無子, 國除.

| 註釋 | ㅇ九江 - 郡名. 治所 陰陵縣, 今 安徽省 중동부 滁州市(저주시) 관할 定遠縣 서북. ㅇ壽春 - 九江郡의 縣名. 今 安徽省 六安市 관할 壽縣.

○楨幹 – 楨幹은 줄기. 근본. 지탱하다. 楨은 기둥 정.

[國譯]

(章帝) 章和 원년(서기 87), 九江郡에 행차하여 유연에게 서신을 보내 수춘에서 황제를 뵙게 하였다. 장제는 유연과 처자를 보고서 불쌍하고 마음이 아파, 곧 조서를 내렸다.

「옛 周의 爵封 1천 중 8백이 姬姓(희성)으로 절반이 넘었던 것은 왕실의 기둥이었기 때문이다. 짐이 남쪽을 순수하며 淮水와 長江를 바라보면 마음은 阜陵(부릉)에 있었는데 이제 만났도다. 부릉후의 기개도 약해졌고 몸도 예전과 같지 않으며 옛일을 마음에 반성하고 있으니 기쁘면서도 서글프도다. 이제 부릉후를 다시 부릉왕으로 올리고 4개 현을 추가하여 전과 같이 5개 현으로 하라.」

그리고 부릉은 지형이 낮고 습하다 하여 도읍을 壽春으로 옮기게 하고 금전 千萬과 布 1만 필, 安車 1승을 하사하고 夫人과 여러 아들에게도 차등을 두어 하사하였다. 부릉왕은 다음 해 입조하였다. 부릉왕은 재위 51년에 죽었는데, 아들 殤王(상왕) 劉沖(유충)이 계승하였다. (和帝) 永元 2년, 조서를 내려 이전에 유연에게 내렸던 각종 조치를 모두 삭제하였다.

유충이 재위 2년에 죽어 후사가 없었다. 和帝는 다시 유충의 형 劉魴(유방)을 봉하니, 이가 頃王(경왕)이다. 永元 8년, 유방의 아우 12명을 鄉侯나 亭侯에 봉하였다. 유방 재위 30년에 죽자, 아들 懷王 劉恢(유회)가 계승하였다. (安帝) 延光 3년(서기 124), 유회의 형제 5명이 향후나 정후가 되었다. 유회는 재위 10년에 죽었고, 아들 節王 劉代(유대)가 계승하였다. (順帝) 陽嘉 2년(서기 133), 유대의 형 劉便

親(유편친)이 勃遒亭侯(발내정후)가 되었다. 유대는 재위 14년에 죽었는데 아들이 없어 나라가 단절되었다.

(桓帝) 建和 원년(서기 147), 환제는 발내정후 유편친을 봉해 劉恢(유회)를 계승케 하였으니, 이가 恭王(공왕)이다. 공왕이 재위 13년에 죽자, 아들 孝王 劉統(유통)이 승계하였다. 재위 8년에 죽자, 아들 劉赦(유사)가 왕이 되어 (獻帝) 建安 연간에 죽었는데 無子하여 나라를 없앴다.

❽ 廣陵思王 劉荊

原文

廣陵思王荊, 建武十五年封山陽公, 十七年進爵爲王. 荊性刻急隱害, 有才能而喜文法. 光武崩, 大行在前殿, 荊哭不哀, 而作飛書, 封以方底, 令蒼頭詐稱東海王彊舅大鴻臚郭況書與彊曰,

「君王無罪, 猥被斥廢, 而兄弟至有束縛入牢獄者. 太后失職, 別守北宮, 及至年老, 遠斥居邊, 海內深痛, 觀者鼻酸. 及太后屍柩在堂, 洛陽吏以次捕斬賓客, 至有一家三屍伏堂者, 痛甚矣! 今天下有喪, 弓弩張設甚備. 閒梁松勑虎賁史曰, '吏以便宜見非, 勿有所拘, 封侯難再得也.' 郎官竊悲之, 爲王寒心累息. 今天下爭欲思刻賊王以求功, 寧有量邪!

若歸並二國之衆, 可聚百萬, 君王爲之主, 鼓行無前, 功易於太山破雞子, 輕於四馬載鴻毛, 此湯,武兵也. 今年軒轅星有白氣, 星家及喜事者, 皆云白氣者喪, 軒轅女主之位. 又太白前出西方, 至午兵當起. 又太子星色黑, 至辰日輒變赤. 夫黑爲病, 赤爲兵, 王努力卒事.

高祖起亭長, 陛下興白水, 何況於王陛下長子, 故副主哉! 上以求天下事必擧, 下以雪除沈沒之恥, 報死母之讎. 精誠所加, 金石爲開. 當爲秋霜, 無爲檻羊. 雖欲爲檻羊, 又可得乎! 竊見諸相工言王貴, 天子法也. 人主崩亡, 閭閻之伍尙爲盜賊, 欲有所望, 何況王邪! 夫受命之君, 天之所立, 不可謀也. 今新帝人之所置, 彊 者爲右. 願君王爲高祖,陛下所志, 無爲扶蘇,將閭叫呼天也.」

彊得書惶怖, 卽執其使, 封書上之.

| **註釋** | ○廣陵思王荊 – 廣陵國 治所는 廣陵縣, 今 江蘇省 서남부 揚州市. 劉荊은 음황후 소생 光武帝의 第八子, 明帝의 同母弟, 반역을 꿈꾸다가 자살했다. ○大行在前殿 – 광무제는 서기 57년 2월에 붕어했다. 大行은 돌아오지 않는다는 뜻. 죽은 뒤 시호를 올리기 전의 황제를 지칭. 梓宮(재궁, 죽은 천자의 棺). ○飛書 – 匿名(익명)의 투서. ○及太后屍柩在堂 – 곽황후는 광무 17년에 폐위되었고, 光武 27년(서기 51)에 죽었다. ○梁松(양송) – 광무제의 맏딸 舞陽長公主의 남편이니 광무제 맏사위, 明帝 때 나라를 비방한 죄로 처형되었다. 34권, 〈梁統列傳〉에 입전. ○喜事者 – 好事者. ○精誠所加, 金石爲開 – 정신을 모아 호랑이를 쏘았더니 화살에 바위

에 박혔다. 확인 후 다시 한 번 쏘았으나 실패했다는 식의 이야기. ㅇ檻羊 – 짐승우리 안의 양. 남에게 통제당하다. 檻은 우리 함. ㅇ無爲扶蘇, 將閭 叫呼天也 – 扶蘇(부소)는 진시황의 태자. 진시황이 병사할 때 부소는 목염과 함께 長城을 쌓고 있었다. 將閭(장려)는 진시황의 서자. 장려 등 형제 3인은 내궁에 갇혀 있었는데, 胡亥(호해)가 '너희는 불충하였으니 죽어야 한다고 말하자 장려는 하늘을 올려다보며 '하늘이여! 저는 죄가 없습니다.' 라고 3번 소리를 지른 다음 자결했다.

[國譯]

廣陵 思王 劉荊(유형)은 建武 15년 山陽公에 봉해졌고, 17년에 작위가 올라 王이 되었다. 유형의 성격은 각박하고 陰害를 잘했으며 재능이 있고 법률을 좋아하였다. 광무제가 붕어하여 梓宮(재궁, 大行)이 아직 前殿에 있을 때 유형은 건성으로 곡을 하면서 익명의 투서를 만들어 밑이 4각인 자루에 봉을 한 다음에 蒼頭(창두, 하인)을 시켜 東海王劉彊(유강)의 외숙인 大鴻臚 郭況(곽황)에게 보내 유강에게 전달하였는데 그 투서에서 말했다.

「君王(東海王)께서는 無罪이며 아무 까닭도 없이 배척 폐위되었고 형제는 체포되어 옥에 갇힌 자도 있습니다. (郭)太后께서는 常位를 잃고(廢位) 따로 北宮에 계시다가 늙은 나이에 멀리 변방(中山國太后)으로 밀려났으니 온 나라 사람들이 심히 슬퍼하였고, 아는 자는 가슴이 찡할 뿐이었습니다. (郭)太后의 屍柩(시구)가 아직 궁 안에 있을 때, 洛陽의 관리는 순차적으로 빈객들을 체포하고 斬殺(참살)하니 심지어 一家에 시신 3구가 대청에 널려있기도 했으니 너무 서글픈 일이었습니다. 지금 天下가 국상을 당했는데 무장 경비가 아주 삼엄합니다. 최근에 梁松(양송)은 虎賁衛 관리에게 '관리가 일상 직무에서 잘못을 했다면 구속되지는 않겠지만 제후가 되기는 어려울 것이다.' 라고 말했는데, 낭관은 혼자 크게 슬퍼하면서 대왕(東海王)이 안타까워 여러 번 탄식하였답니다. 지금 천하는 대왕을 각박하게 해치는 것으로 공을 세우려 하니 그런 일이 어찌 끝이 있겠습니까? 만약 지금 돌아가 두 나라(동해국과 광릉국)의 군사를 합친다면 백만의 군사를 모을 수 있고, 君王(東海王 彊)께서 주체가 되어 북을 울린다면 전진하지 않더라도 그 성공은 태산으로 계란을 깨트리기보다 더 쉬우며, 四馬가 끄는 수레에 기러기 털 하나를 실은 것보다 가벼우며, 湯王이나 武王의 군사와도 같을 것입니다. 今年에 軒轅星(헌원성)에 白氣가 모였는데 점성가나 好事家들은 모두 白氣란 패망이며, 軒轅(헌원)은 女主의 지위라고 말했습니다. 또 太白星이 西方에 먼저 나타난 것은 午時에 전쟁이 발생할 것이라 하였습니다. 또 太子星의 色이 검어지다가 辰日(진일)에 갑자기 적색으로 바뀌었습니다. 검은색이란 질병에 걸린다는 뜻이고, 적색은 兵亂이니 왕께서는 용기를 내어 일을 마무리 지어야 합니다.

高祖께서는 亭長에서 입신하셨고, 陛下(光武帝)께서는 白水鄕(백수향)에서 일어나셨는데, 하물며 대왕께서는 폐하의 장자이시며 부황제였습니다! 위로는 하늘을 통해 천하대사를 이루려 하니 필히 성공할 것이며, 아래로는 침몰의 치욕(太子 폐위)을 설욕해야 하고 돌아가신 모친의 원수를 갚아야 합니다. 정성이 보태진다면 바위도 갈라집니다. 응당 秋霜(추상) 같은 위세로 몰아가야지, 울타리 안의 양을 다른 사람이 죽이게 해서는 안 됩니다. 만약 우리 안에 갇힌 羊이 되고자 한다면 그렇게는 되겠습니까? 제가 볼 때 여러 관상가들은 대왕의 존귀한 상은 天子의 법도라고 하였습니다. 人主가 죽었다고 하면 閭閻(여염, 마을)의 무리들이라도 도적질을 하려고 하는데, 하물며 큰 뜻을 염원하는 대왕은 말할 것도 없을 것입니다. 천명을 받은 주군은 하늘이 세우는 것이지 인력으로 도모할 수 없습니다, 지금 새로운 황제를 백성들이 모시려 하는데 强者가 유리할 것입니다. 바라옵나니, 대왕께서는 高祖나 폐하(광무제)의 뜻을 품어야 하며 扶蘇(부소)나 將閭(장려)처럼 하늘을 보고 소리나 질러서는 안될 것입니다.」

유강은 서신을 받고 크게 두려워하며 그 심부름꾼을 잡아놓고 봉서를 바쳤다.

原文

顯宗以荊母弟, 秘其事, 遣荊出止河南宮. 時西羌反, 荊不得志, 冀天下因羌驚動有變, 私迎能爲星者與謀議. 帝聞之, 乃徙封荊廣陵王, 遣之國. 其後荊復呼相工謂曰,

"我貌類先帝. 先帝三十得天下, 我今亦三十, 可起兵未?"

相者詣吏告之, 荊惶恐, 自繫獄. 帝復加恩, 不考極其事, 下詔不得臣屬吏人, 唯食租如故, 使相,中尉謹宿衛之. 荊猶不改. 其後使巫祭祀祝詛, 有司擧奏, 請誅之, 荊自殺. 立二十九年死. 帝憐傷之, 賜謚曰思王.

十四年, 封荊子元壽爲廣陵侯, 服王璽綬, 食荊故國六縣, 又封元壽弟三人爲鄉侯. 明年, 帝東巡狩, 徵元壽兄弟會東平宮, 班賜御服器物, 又取皇子輿馬, 悉以與之.

建初七年, 肅宗詔元壽兄弟與諸王俱朝京師. 元壽卒, 子商嗣. 商卒, 子條嗣, 傳國於後.

| 註釋 | ㅇ祝詛 – 빌며 저주하다. 詛는 저주할 저.

[國譯]

顯宗(明帝)은 劉荊(유형)이 同母弟이기에 그 일을 비밀에 부치고 유형을 河南의 별궁으로 내보냈다. 그 무렵 西羌(서강)족이 반란을 일으켰는데, 유형은 뜻을 이루지 못하자 천하가 강족의 반란으로 변고가 일어나기를 기대하면서 몰래 천문에 밝은 자를 초빙하여 모의하였다. 명제가 알고서는 유형을 바로 廣陵王으로 옮겨 봉국에 보냈다. 그런 뒤에도 유형은 다시 관상가를 불러 말했다.

"내 모습이 先帝(광무제)와 닮았다. 선제께서는 30에 천하를 차지하셨고 내가 지금 30이니 기병하면 성공 못하겠는가?"

관상가가 관가에 나아가 사실을 말하자, 유형은 두려워 떨며 스스로 옥에 들어갔다. 명제가 다시 은전을 베풀어 사안 조사를 중지시키고 조서로 예하 관리를 두지 못하게 하고 食邑 收租는 이전과 같으나 相과 中尉로 숙위하게 하였다. 유형은 그래도 고치지 않았다. 그 뒤에도 무당을 불러 제사하며 저주하자, 담당자가 주살해야 한다고 상주하자 유형은 자살하였다. 책립 29년에 죽었다. 명제는 유형을 불쌍히 여겨 思王이라는 시호를 내렸다.

(明帝, 永平) 14년, 유형의 아들 劉元壽(유원수)를 廣陵侯에 봉하고 왕의 璽綬(새수)를 패용케 하였고, 식읍은 유형의 옛 6현으로 하였으며 또 유원수의 동생 3명도 鄕侯에 봉했다. 明年에 명제가 동쪽

을 巡狩(순수)하면서 유원수 형제를 東平宮으로 불러 御服과 기물 등을 나눠주었고, 또 皇子의 수레와 말도 모두 나눠주었다.

(章帝) 建初 7년, 肅宗(章帝)는 조서를 내려 유원수 형제와 다른 왕들을 모두 京師에 입조케 하였다. 유원수가 죽자, 아들 劉商(유상)이 계승하였다. 유상이 죽자, 아들 劉條(유조)가 계승하며 후세에 이어졌다.

❾ 臨淮懷公 劉衡

原文

臨淮懷公衡, 建武十五年立, 未及進爵爲王而薨, 無子, 國除.

[國譯]

臨淮 懷公(회공) 劉衡(유형)은 建武 15년에 책립되었으나 왕이 되기 전에 죽었고, 아들이 없어 나라를 없앴다.

❿ 中山簡王 劉焉

原文

中山簡王焉, 建武十五年封左翊公, 十七年進爵爲王. 焉以郭太后少子故，獨留京師．三十年，徙封中山王．永平二年冬，諸王來會辟雍，事畢歸蕃，詔焉與俱就國，從以虎賁官騎．焉上疏辭讓，顯宗報曰，

「凡諸侯出境，必備左右．故夾谷之會，司馬以從．今五國各官騎百人，稱娖前行，皆北軍胡騎，便兵善射，弓不空發，中必決眥．夫有文事必有武備，所以重蕃職也．王其勿辭.」

帝以焉郭太后偏愛，特加恩寵，獨得往來京師．十五年，焉姬韓序有過，焉縊殺之，國相擧奏，坐削安險縣．元和中，肅宗復以安險還中山．

| 註釋 | ○夾谷之會 － 夾谷(협곡)은 춘추시대 魯國의 땅，今 山東省 萊蕪市 齊와 魯 定公의 회담. 이때 공자는 국상의 업무를 수행(攝相事)하였다. ○司馬以從 － 司馬는 무관. ○稱娖前行 － 稱娖은 앞길을 치우다. 娖은 삼갈 착. 정돈하다. ○中必決眥 － 決眥(결제)는 눈언저리. 眥는 눈초리 제. 눈 흘길 자. ○安險縣 － 중산국의 현명.

[國譯]

中山 簡王 劉焉(유언)은 建武 15년에 左翊公(좌익공)이 되었다가 17년에 작위가 올라 王이 되었다. 劉焉은 郭太后의 막내아들이라서 혼자 京師에 남아있었다. 건무 30년, 中山王으로 옮겨 봉했다. (明帝) 永平 2년 겨울, 여러 제후 왕들이 辟雍(벽옹)에 모였다가 행사를 마치고 돌아갈 때 유언도 다른 제후와 함께 封國에 돌아가게 하면서 虎賁衛의 기병이 호위토록 하였다. 이에 유언은 사양한다는 상소를 올렸지만 顯宗이 일러 말했다.

「모든 제후가 국경을 나갈 때는 좌우 측근이 꼭 따라야 한다. 그래서 (齊와 魯의) 夾谷(협곡)의 회담에 司馬가 따라갔던 것이다. 지금 다른 제후도 모두 官騎가 1백 명씩 동행하며 앞길을 치우는 것이며, 이번 동행 군사는 北軍의 흉노족으로 구성된 기병으로 모두가 활을 잘 쏘아 헛쏘는 화살이 없고 맞혔다면 꼭 눈을 꿰뚫는다. 文事를 갖추었다면 반드시 武備가 있어야 하나니, 그래야만 제후의 직분을 잘 수행할 수 있다. 왕은 사양하지 말라.」

명제는 유언이 郭太后의 많은 사랑을 받았다 하여 특별한 은총을 내려 혼자서라도 경사에 왕래할 수 있었다. (永平) 15년, 유언의 희첩인 韓序(한서)가 잘못을 저질러 유언이 목을 매여 죽였다고 중산국 相이 보고하자 (중산국의) 安險縣(안험현)을 삭제하였다. 元和 연간에, 肅宗(章帝)가 안험현을 다시 중산국에 돌려주었다.

原文

立五十二年, 永元二年薨. 自中興至和帝時, 皇子始封薨者, 皆賻錢三千萬, 布三萬匹, 嗣王薨, 賻錢千萬,布萬匹. 是時竇太后臨朝, 竇憲兄弟擅權, 太后及憲等, 東海出也, 故睦於焉而重於禮, 加賻錢一億. 詔濟南,東海二王皆會. 大爲修冢塋, 開神道, 平夷吏人冢墓以千數, 作者萬餘人. 發常山, 鉅鹿,涿郡柏黃腸雜木, 三郡不能備, 復調餘州郡工徒及送致者數千人. 凡徵發搖動六州十八郡, 制度餘國莫及.

子夷王憲嗣. 永元四年, 封憲弟十一人爲列侯. 憲立二十二年薨, 子孝王弘嗣. 永寧元年, 封弘二弟爲亭侯. 弘立二十八年薨, 子穆王暢嗣. 永和六年, 封暢弟荊爲南鄕侯. 暢立三十四年薨, 子節王稚嗣, 無子, 國除.

| 註釋 | ㅇ大爲修冢塋 – 무덤을 크게 만들다. 冢은 무덤 총(塚 通). 冢(덮어쓸 몽)은 전혀 다른 字. 塋은 무덤 영. ㅇ開神道 – 봉분 앞 묘역의 입구에 세운 石柱에서 봉분까지 연결된 길을 神道라 한다. ㅇ平夷吏人冢墓 – 관리나 백성의 무덤을 파내어 평평하게 하다. 平夷는 평평하다. ㅇ柏黃腸雜木 – 나무 속살(木心)이 황색인 측백나무와 다른 잡목. 柏은 측백나무.

[國譯]

재위 52년인 (和帝) 永元 2년(서기 90)에 죽었다. 中興 이후로 和帝 때까지 皇子로, (封國) 최초 왕이 죽으면 모두 부의로 금전 3천만, 布 2만 필을, 계승한 왕이 죽으면 부의금 1천만 전과 布 1만 필을 하사하였다. 이때는 竇(두) 태후가 臨朝聽政하고 竇憲(두헌) 형제가 권력을 장악하고 있었는데, 太后와 두헌은 東海郡 출신이라서 (中山國의) 유언과 화목했기에 禮을 더하여 부의금 1억 전을 보내주었다. 또 조서로 濟南와 東海 國王이 장례에 참석케 했다. 무덤을 크게 만들고 神道를 마련하였으며, 관리나 백성의 수천 무덤을 파내어 평평하게 하고 인부 1만여 명을 동원하였다. 常山, 鉅鹿(거록), 涿郡(탁군)의 柏黃腸(백황장, 측백나무)과 雜木을 징발하였고, 3개 군 징발로도 부족하여 다른 주군에서도 징발한 자가 수천 명이었다. 이런 동원에 6개 주 18개 군이 소란하였으니 이번 제도가 다른 나라에 큰 영향을 주었다.

아들 夷王 劉憲(유헌)이 계승했다. 永元 4년, 유헌의 동생 11인이 列侯가 되었다. 유헌이 재위 23년에 죽자, 아들 孝王 劉弘(유홍)이 승계했다. (安帝) 永寧 원년(서기 120), 유홍의 두 동생이 亭侯가 되었다. 유홍 재위 28년에 죽자, 아들 穆王 劉暢(유창)이 계승했다. (順帝)永和 6년(서기 141), 유창의 동생 劉荊(유형)을 南鄉侯에 봉했다. 유창이 재위 34년에 죽고, 아들 節王 劉稚(유치)가 계승했으나 無子하여 나라가 없어졌다.

⑪ 琅邪孝王 劉京

原文

琅邪孝王京, 建武十五年封琅邪公, 十七年進爵爲王. 京性恭孝, 好經學, 顯宗尤愛幸, 賞賜恩寵殊異, 莫與爲比. 永平二年, 以太山之蓋,南武陽,華, 東萊之昌陽,盧鄉,東牟六縣益琅邪. 五年, 乃就國.

光烈皇后崩, 帝悉以太后遺金寶財物賜京. 京都莒, 好修宮室, 窮極伎巧, 殿館壁帶皆飾以金銀. 數上詩賦頌德, 帝嘉美, 下之史官. 京國中有城陽景王祠, 吏人奉祠. 神數下言, 宮中多不便利, 京上書願徙宮開陽, 以華,蓋,南武陽,厚丘,贛榆五縣易東海之開陽,臨沂, 肅宗許之. 立三十一年薨, 葬東海即丘廣平亭, 有詔割亭屬開陽.

| 註釋 | ㅇ琅邪國 – 治所는 開陽縣, 今 山東省 남부의 臨沂市(임기시). ㅇ莒(거) – 현명. 前漢 城陽國의 도읍지, 今 山東省 서남쪽 끝의 荷澤市 동북. ㅇ即丘 – 현명. 今 山東省 남부의 臨沂市(임기시) 郯城縣 동북.

[國譯]

琅邪國(낭야국) 孝王 劉京(유경)은 建武 15년에 琅邪公으로 책봉되었다가 17년 왕이 되었다. 천성이 공손 효도하고 경학을 좋아하여 顯宗이 특별히 아꼈기에 賞賜나 恩寵이 남달라 다른 사람에 비할 바가 아니었다. 永平 2년, 太山郡(泰山郡)의 蓋縣(개현), 南郡의 武陽과 華縣, 東萊군의 昌陽, 盧鄕(노향), 東牟(동모)의 6현을 琅邪國에 보태주었다. 5년에, 封國에 부임하였다.

光烈(陰)皇后가 붕어하자, 명제는 太后가 남긴 金寶와 財物을 모두 유경에게 하사하였다. 유경의 도읍은 莒縣(거현)이었는데, 궁실을 지으면서 온갖 치장을 다하였으며 건물 벽면 기둥도 모두 금은으로 장식하였다. (劉京은) 자주 詩賦를 지어 명제의 덕을 칭송하자 명제가 칭찬하며 사관에게 보관케 하였다. 劉京의 영역에 옛 城陽國 景王의 사당이 있고 관리나 백성이 제사를 지냈다. 그런데 그 사당의 神이 이런저런 뜻을 전달하여 궁중에 이롭지 못하다 생각하여 유경은 궁궐을 開陽縣으로 옮기고, 華縣, 蓋縣, 南郡의 武陽, 厚丘, 贛榆(장유) 등 5縣을 東海국의 開陽, 臨沂縣과 바꾸고 싶다고 상서하였다. 肅宗이 허락하였다. 유경은 재위 31년에 죽었는데 東海郡 即丘縣(즉구현)의 廣平亭에 장례하였는데 조서로 광평정을 할양하여 개양현에 소속시켰다.

原文

子夷王宇嗣. 建初七年, 封宇弟十三人爲列侯. 元和元年, 封孝王孫二人爲列侯. 宇立二十年薨, 子恭王壽嗣. 永初元年, 封壽弟八人爲列侯. 立十七年薨, 子貞王尊嗣. 延光二年, 封尊弟四人爲鄕侯. 尊立十八年薨, 子安王據嗣.

永和五年, 封據弟三人爲鄕侯. 據立四十七年薨, 子順王容嗣. 初平元年, 遣弟邈至長安奉章貢獻, 帝以邈爲九江太守, 封陽都侯. 容立八年薨, 國絶.

初, 邈至長安, 盛稱東郡太守曹操忠誠於帝, 操以此德於邈. 建安十一年, 復立容子熙爲王. 在位十一年, 坐謀欲過江, 被誅, 國除.

| 註釋 | ㅇ邈 – 멀 막. 아득하다. ㅇ位十一年, 坐謀欲過江, ~ – 헌제 건안 21년(서기 216)에 曹操는 魏王이 되었다. 劉熙는 이해에 피살된다. '謀欲過江' 의 내용은 미상.

[國譯]

아들 夷王 劉宇(유우)가 계승했다. (章帝) 建初 7년(서기 82), 유우의 동생 13인이 列侯가 되었다. (章帝) 元和 元年, 孝王의 손자 2명이 列侯가 되었다. 유우가 재위 20년에 죽고, 아들 恭王 劉壽(유수)가 계승했다. (安帝) 永初 元年(서기 107), 유수의 아우 8명이 열후가 되었다. 재우 17년에 죽고, 아들 貞王 劉尊(유존)이 계승했다. (安帝) 延光 2년, 유존의 아우 4명이 열후가 되었다. 유존이 재위 18년에 죽자, 아들 安王 劉據(유거)가 계승했다.

(順帝) 永和 5년, 유거의 동생 3명이 鄕侯가 되었다. 유거가 재위 47년에 죽자, 아들 順王 劉容(유용) 계승했다. (獻帝) 初平 원년(서기 190), 유용은 동생 劉邈(유막)을 장안에 보내 헌제에게 상주문과 특산물을 바쳤는데, 헌제는 유막을 九江太守에 임명하고 陽都侯에 봉했다. 유용은 재위 8년에 죽었고 나라는 단절되었다.

그전에 유막이 長安에 와서 東郡太守 曹操(조조)의 충성을 헌제에게 크게 칭송하였는데, 조조는 이 때문에 유막을 고맙게 생각하였다. (獻帝) 建安 11년(서기 206) 다시 劉容의 아들 劉熙(유희)를 왕으로 봉했다. 유희는 재위 11년에 長江을 건너가려다가 주살되었고 나라는 없어졌다.

原文

贊曰, 光武十子, 胙土分王. 沛獻尊節, 楚英流放. 延既怨詛, 荊亦觖望. 濟南陰謀, 琅邪驕宕. 中山,臨淮, 無聞夭喪. 東平好善, 辭中委相. 謙謙恭王, 寔惟三讓.

| 註釋 | ㅇ胙土 - 땅을 나눠받다. 胙 제사 지낸 고기 조. ㅇ驕宕 - 교만과 방탕. 宕은 방탕할 탕.

[國譯]

贊曰,

光武帝의 아들 10명은 땅을 나눠 왕에 봉해졌다.

沛獻王은 지조를 지켰고, 楚 劉英은 방축되었다.
阜陵 劉延은 불평분자, 廣陵 劉荊도 불만이 많았다.
濟南(劉康)의 음모, 琅邪(劉京)의 교만 방탕.
中山과 臨淮王은 일찍 죽어 명성도 없었다.
東平憲王은 선행에 바른말로 나라를 보필했다.
겸양겸손의 東海恭王, 이것이 바로 三讓이로다.

43 朱樂何列傳
〔주,악,하열전〕

❶ 朱暉

原文

朱暉字文季, 南陽宛人也. 家世衣冠. 暉早孤, 有氣决. 年十三, 王莽敗, 天下亂, 與外氏家屬從田閒奔入宛城. 道遇群賊, 白刃劫諸婦女, 略奪衣物. 昆弟賓客皆惶迫, 伏地莫敢動. 暉拔劒前曰,

"財物皆可取耳, 諸母衣不可得. 今日朱暉死日也!"

賊見其小, 壯其志, 笑曰, "童子內刀." 遂捨之而去.

初, 光武與暉父岑俱學長安, 有舊故. 及卽位, 求問岑, 時已卒, 乃召暉拜爲郞. 暉尋以病去, 卒業於太學. 性矜嚴, 進止必以禮, 諸儒稱其高.

| 註釋 | ㅇ朱暉(주휘) – 暉는 빛날 휘. 暈(햇무리 훈)과는 다른 글자. ㅇ南陽宛 – 南陽군 치소 宛縣, 今 河南省 서남부 南陽市. 남양군은 광무제의 故郡이라서 후한 초에 남양 출신의 인재가 크게 득세했었다. ㅇ家世衣冠 – 衣冠은 의관을 차려입은 관리. ㅇ父岑 – 岑은 봉우리 잠. ㅇ尋以病去 – 尋은 얼마 아니 있을 심. 갑자기. 보통.

[國譯]

朱暉(주휘)의 字는 文季로, 南陽郡 宛縣 사람이다. 대대로 관리 가문이었다. 주휘는 어려 부친을 여의었지만 기백이 있었다. 13살 때 왕망이 망하면서 천하가 혼란하였는데, 주휘는 외가 식구들과 함께 농촌에서 완성으로 피난을 갔다. 가는 도중에 도적을 만나 도적이 칼로 부녀자를 협박하며 의복이나 재물을 약탈하려고 했다. 형제나 빈객은 모두 두려워 땅에 엎드려 감히 움직이지 못했다. 주휘가 칼을 빼들고 앞으로 나가며 말했다.

"재물이야 뺏을 수 있지만 부인의 옷은 뺏을 수 없다. 오늘이 주휘가 죽는 날이다!"

도적 무리는 어린 주휘를 보고 그 뜻이 장하다 생각하며 웃으면서 말했다. "동자는 칼을 거두어라." 그리고는 그냥 떠나갔다.

그전에 光武와 주휘의 부친 朱岑(주잠)은 함께 長安에 유학하여 친분이 있었다. 광무제가 즉위하여 주잠을 찾았는데, 주잠은 이미 죽었기에 주휘를 불러 낭관을 제수하였다. 주휘는 얼마 안 있어 병으로 사직했고 나중에 太學을 마쳤다. 주휘는 점잖고 엄격한 성격이었고 행실이 예법에 맞아 태학생들은 그의 높은 의기를 칭송하였다.

原文

永平初, 顯宗舅新陽侯陰就慕暉賢, 自往候之, 暉避不見. 復遣家丞致禮, 暉遂閉門不受. 就聞, 歎曰, "志士也, 勿奪其節."

後爲郡吏, 太守阮況嘗欲市暉婢, 暉不從. 及況卒, 暉乃厚贈送其家. 人或譏焉, 暉曰, "前阮府君有求於我, 所以不敢聞命, 誠恐以財貨汚君. 今而相送, 明吾非有愛也."

驃騎將軍東平王蒼聞而辟之, 甚禮敬焉. 正月朔旦, 蒼當入賀. 故事, 少府給璧. 是時陰就爲府卿, 貴驕, 吏慠不奉法. 蒼坐朝堂, 漏且盡, 而求璧不可得, 顧謂掾屬曰, "若之何?" 暉望見少府主簿持璧, 卽往紿之曰, "我數聞璧未嘗見, 試請觀之." 主簿以授暉, 暉顧召令史奉之. 主簿大驚, 遽以白就. 就曰, "朱掾義士, 勿復求." 更以它璧朝. 蒼旣罷, 召暉謂曰, "屬者掾自視孰與藺相如?"

帝聞壯之. 及當幸長安, 欲嚴宿衛, 故以暉爲衛士令. 再遷臨淮太守.

| **註釋** | ○新陽侯陰就 – 光烈陰皇后의 친정 형제, 광무제의 처남, 明帝의 외숙. 32권, 〈樊宏陰識列傳〉 참고. ○ 家丞 – 제후의 家丞은 질록 3백석. ○明吾非有愛也 – 愛는 소중히 여기다. 아끼다. 인색하다. ○東平王蒼 – 광무제의 아들. 42권, 〈光武十王列傳〉에 입전. ○少府給璧 – 璧은 璧玉. 둥근 모양의 옥. ○漏且盡 – 시각이 다 되다. 漏는 물시계. 시각. 且盡은 막 끝나려 하다. 시간이 다 되다. ○屬者掾自視孰與藺相如 – 屬者는

向者. 앞서. 지난번에. 孰은 누구. 누가. 與는 如. 藺相如(인상여)는 趙 惠文王의 신하. 秦 昭王 앞에서 당당하게 국익과 국가의 체면을 지켜 '完璧歸趙' 케 한 故事의 주인공.

[國譯]

(明帝) 永平 초, 顯宗의 외숙인 新陽侯 陰就(음취)는 주휘의 賢德을 흠모하여 직접 찾아갔지만 주휘가 피해 만나지 못했다. 다시 家丞을 보내 예물을 보냈으나 주휘는 대문을 닫고 받지 않았다. 음취가 듣고서 "志士이니 그 지조를 뺏지 말라." 면서 탄식하였다.

주휘는 뒷날 郡吏가 되었는데, 太守 阮況(완황)이 주휘의 집 婢女를 사려고 하였으나 주휘는 팔지 않았다. 나중에 완황이 죽자, 주휘는 상가에 많은 賻儀(부의)를 보내주었다. 어떤 사람이 이를 비웃자 주휘가 말했다.

"앞서 阮府君(太守)가 내게 요구했을 때 내가 명을 따르지 않은 것은 재물로 태수의 명성을 더럽힐까 걱정한 것이었고, 지금 부의를 많이 보낸 것은 내가 인색하지 않다는 뜻입니다."

驃騎將軍인 東平王 劉蒼(유창)이 듣고서는 주휘를 불러 관직을 주고 예를 다 갖춰 대우하였다. 正月 초하루에 유창은 입조 하례하였다. 전례에 따르면, (입조할 때) 少府의 관리가 璧玉(벽옥)을 내줘야 했다. 이때 陰就(음취)가 少府였는데 벼슬이 높고 교만하였고 그 관리도 오만하여 법도를 따르지 않았다. 유창은 조정에 기다리다가 시각이 다 되었는데 벽옥을 구할 수 없자, 속관을 둘러보고 "이를 어쩌나?" 라고 말했다. 주휘가 보니 少府의 主簿(주부)가 벽옥을 갖고 있는 것을 보고 가서 거짓말을 하였다. "나는 아직 벽옥을 본 적이 없는데 한 번 봅시다." 주부가 벽옥을 주휘에게 건네주자, 주휘는 令史를 불러 유창에게 드리라고 하였다. 주부는 크게 놀라며 급히 가서 음취에게 말했다. 그러자 음취는 "掾吏 주휘는 義士이니 돌려 달라고 하지 말라." 그리고는 다른 벽옥을 가지고 조회를 마쳤다. 유창이 주휘를 불러 말했다.

"지난 번 일은 藺相如(인상여)에 비해 어떻다고 생각하는가?"

명제가 이를 알고서는 주휘를 장하다고 여겼다. 명제가 장안에 행차할 때 숙위를 엄히 하려고 주휘를 衛士令에 임명했다. 주휘는 두 번 승진하여 臨淮(임회) 太守가 되었다.

原文

暉好節槪, 有所拔用, 皆厲行士. 其諸報怨, 以義犯率, 皆爲求其理, 多得生濟. 其不義之囚, 實時僵仆. 吏人畏愛, 爲之歌曰, '彊直自遂, 南陽朱季. 吏畏其威, 人懷其惠.'

數年, 坐法免.

| **註釋** | ○節槪 - 志操. ○實時僵仆 - 그 당시 바로 처벌을 받다. 僵은 쓰러질 강. 偃(쓰러질 언). 仆는 엎드릴 부.

[國譯]

朱暉(주휘)는 지조가 강했고 그가 발탁한 사람은 모두 操行(조행)이 바른 사람이었다. 원수를 갚기 위해 살인한 사람이 대의에서 법을 어겼다면 살릴 수 있는 길을 찾아 많은 사람이 살아날 수 있었다.

의롭지 못한 짓으로 갇힌 죄수는 바로 법대로 처리하였다. 때문에 관리나 백성 모두가 畏敬(외경)하고 친애하면서 노래를 지어 불렀다.

'彊直(강직)하고 널리 이해하나니 南陽郡의 朱季(주계, 朱暉)라네.

관리는 그 威儀가 두렵고, 백성은 그 은혜를 입었다네.'

몇 년 뒤 법에 의거 면직되었다.

原文

暉剛於爲吏, 見忌於上, 所在多被劾. 自去臨淮, 屛居野澤, 布衣蔬食, 不與邑里通, 鄕黨譏其介. 建初中, 南陽大饑, 米石千餘, 暉盡散其家資, 以分宗里故舊之貧羸者, 鄕族皆歸焉.

初, 暉同縣張堪素有名稱, 嘗於太學見暉, 甚重之, 接以友道, 乃把暉臂曰, "欲以妻子托朱生." 暉以堪先達, 擧手未敢對, 自後不復相見. 堪卒, 暉聞其妻子貧困, 乃自往候視, 厚賑贍之. 暉少子頡怪而問曰, "大人不與堪爲友, 平生未曾相聞, 子孫竊怪之." 暉曰, "堪嘗有知己之言, 吾以信於心也."

暉又與同郡陳揖交善, 揖早卒, 有遺腹子友, 暉常哀之. 及司徒桓虞爲南陽太守, 召暉子駢爲吏, 暉辭駢而薦友. 虞歎息, 遂召之. 其義烈若此.

| 註釋 | ○鄕黨譏其介 - 鄕黨은 마을. 介는 홀로 개(特異). 타인과 같지 않음. 절개 개.

[國譯]

주휘는 강직한 관리였기에 상사의 미움도 받았고 근무처에서 견책도 많았다. 臨淮(임회) 태수직을 사임한 뒤에 시골에 숨어살면서 무명옷에 거친 음식을 먹었으며, 마을 사람들과도 교제하지 않았기에 마을에서는 그의 유별난 행동을 비웃었다. (章帝) 建初 연간에 南陽郡에 큰 흉년이 들었고 쌀 1석이 1천 전을 넘었는데, 주휘는 집안의 자산을 털어 친척이나 마을 사람, 가난한 친지에게 나누어 주자 향리나 친족이 모두 주휘를 따랐다.

그전에 주휘는 같은 현의 張堪(장감)과 함께 유명했는데, 일찍이 太學에서 주휘를 만난 이후 매우 존중하며 벗으로 사귀면서 주휘의 어깨를 잡고 말했다.

"나의 처자를 벗에게 부탁하오."

주휘는 장감의 나이가 많았기에 손을 들어 응답하지는 않았는데 그 이후로 왕래가 없었다. 나중에 장감이 죽었고, 주휘는 장감의 처자가 가난하게 지내고 있다는 말을 듣고 찾아가 만나서 후하게 그 처자를 도와주었다. 주휘의 막내아들 朱頡(주힐)이 이상히 여겨 물었다. "아버님께서는 그 분과 벗으로 지내시지 않았고 여태껏 왕래도 없으셨으니 저로서는 매우 이상합니다." 그러자 주휘가 말했다.

"예전에 그분이 나를 知己로 생각했고 나는 그때 마음으로 믿었다."

주휘는 남양군의 陳揖(진읍)과 가깝게 지냈는데 진읍이 일찍 죽고 그 유복자 陳友(진우)가 있었는데 주휘는 평소에 불쌍히 여겼었다. 司徒였던 桓虞(환우)가 南陽太守가 되어 주휘의 아들 朱駢(주병)을 관리로 삼자, 주휘는 주병을 사양하며 진우를 천거하였다. 환우가 감탄하며 결국 진우를 등용하였다. 주휘의 의리와 지조가 이와 같았다.

原文

元和中, 肅宗巡狩, 告南陽太守問暉起居, 召拜爲尙書僕射. 歲中遷太山太守.

暉上疏乞留中, 詔許之. 因上便宜, 陳密事, 深見嘉納. 詔報曰,

「補公家之闕, 不累淸白之素, 斯善美之士也. 俗吏苟合, 阿意面從, 進無謇謇之志, 卻無退思之念, 患之甚久. 惟今所言, 適我願也. 生其勉之!」

| 註釋 | ㅇ元和 – 肅宗(章帝)의 연호. 서기 84-86년. ㅇ太山 – 泰山. ㅇ謇謇之志 – 충성되고 곧은 뜻. 謇은 곧을 건. 蹇蹇(건건)과 同.

[國譯]

元和 연간에, 肅宗이 巡狩하며 南陽太守에게 주휘의 안부를 물어본 뒤에 주휘를 불러 尙書僕射(상서복야)에 임명했다. 그해에 太山太守로 승진하였다. 이에 주휘는 조정에 근무하고 싶다는 뜻을 상소하였고 장제가 수락하였다.

주휘는 국익이 되고 긴요한 일을 건의하였고 대부분 채택되었다. 장제가 조서를 내렸다.

「나라의 부족을 보완하면서 평소 淸白의 뜻을 훼손치 않으니 훌륭한 인재로다. 속리는 위 뜻을 맹종하며 주관도 없이 굽실거려 조정에서는 충정의 뜻이 없고, 물러나서는 백성을 생각지 않아 폐해가 매우 심하다. 경의 뜻은 짐의 뜻이로다. 경은 더욱 힘쓸지어다!」

原文

是時穀貴, 縣官經用不足, 朝廷憂之. 尙書張林上言, "穀所以貴, 由錢賤故也. 可盡封錢, 一取布帛爲租, 以通天下之用. 又鹽, 食之急者, 雖貴, 人不得不須, 官可自鬻. 又宜因交址,益州上計吏往來, 市珍寶, 收采其利, 武帝時所謂均輸者也."

於是詔諸尙書通議. 暉奏據林言不可施行, 事遂寢. 後陳事者復重述林前議, 以爲於國誠便, 帝然之, 有詔施行. 暉復獨奏曰,

「王制, 天子不言有無, 諸侯不言多少, 祿食之家不與百姓爭利. 今均輸之法與賈販無異, 鹽利歸官, 則下人窮怨, 布帛爲租, 則吏多姦盜, 誠非明主所當宜行.」

帝卒以林等言爲然, 得暉重議, 因發怒, 切責諸尙書. 暉等皆自繫獄. 三日, 詔敕出之. 曰,

「國家樂聞駮議, 黃髮無愆, 詔書過耳, 何故自繫?」

暉因稱病篤, 不肯復署議. 尙書令以下惶怖, 謂暉曰, "今臨得譴讓, 柰何稱病, 其禍不細!"

暉曰, "行年八十, 蒙恩得在機密, 當以死報. 若心知不可而順旨雷同, 負臣子之義. 今耳目無所聞見, 伏待死命."

遂閉口不復言. 諸尙書不知所爲, 乃共劾奏暉. 帝意解, 寢其事. 後數日, 詔使直事郞問暉起居, 太醫視疾, 太官賜食. 暉乃起謝, 復賜錢十萬, 布百匹, 衣十領.

| 註釋 | ㅇ縣官經用不足 – 縣官은 국가. 때로는 황제를 의미. ㅇ官可自鬻 – 鬻은 물건을 팔 육. 묽은 죽 죽. ㅇ交址,益州 – 交址(교지)나 益州(익주)는 자사부의 이름. 그곳 자사부에 속한 군의 上計吏. 交趾(交州)刺史部 치소는 交趾郡 龍編縣, 今 越南國 河內(하노이)市 동쪽. 益州刺史部 치소는 廣漢郡 雒縣(낙현), 今 四川省 德陽市 관할의 廣漢市. 郡國의 재정 등 치적을 보고하러 장안에 보내는 관리를 上計吏라 하였다. ㅇ直事郞 – 숙직을 하는 낭관.

[國譯]

이때 곡물가격이 크게 올랐고, 나라에서는 財政이 궁핍하여 조정도 이를 걱정하였다. 尙書인 張林(장림)이 상서하여 "곡가가 오른 것은 유통 화폐가 많기 때문입니다. 화폐유통을 봉쇄하면서 포백으로 조세를 바치게 하며 천하가 모두 포백을 통용해야 합니다. 또 소금은 음식에 아주 긴요한 것이기에 아무리 비싸더라도 백성이 사지 않을 수 없으니, 이를 국가에서 판매할 수 있습니다. 또 交址(교지)나 益州(익주)의 上計吏라 왕래하면서 그들의 珍寶를 팔아 이득을 얻는데 武帝 때는, 이를 均輸(균수)라고 하였습니다."

이에 여러 상서가 이를 의논케 하였다. 주휘는 장림의 건의를 시행해서는 안 된다가 반박하였고 안건은 폐지되었다. 뒤에 이를 다시 상주한 자가 있어 장림의 건의를 다시 논의하였는데, 실제로 국익에 도움이 된다 하였고 장제도 그렇게 생각하여 조서를 내려 시행케 하였다. 그러나 주휘는 다시 혼자 상주하였다.

「王制에 천자는 재물의 유무를 말하지 않고, 제후는 그 다소를 말하지 않으며 국록을 받는 집에서는 백성과 이들을 다투지 않는다고 하였습니다. 지금 均輸의 法은 상인의 물건 판매와 다르지 않으니 소금 판매의 이득이 국가에 귀속되니, 아래 백성은 가난해지고 원성이 많으며 布帛으로 조세를 납부하게 되면 관리의 부정이 극심할 것이라서 明主께서 시행할 조치는 정말 아닙니다.」

장제는 장림들의 건의를 옳다고 생각하는데, 주휘가 다시 상주하자 화를 내며 여러 상서들을 심하게 문책하였다. 이에 주휘와 상서들은 모두 스스로 옥에 들어가 갇혔다. 3일이 지나자 조서로 모두 내보냈다. 그리고 황제가 말했다.

「나라에서는 여러 의견을 기꺼이 받아들였으며 지금 주휘는 아무 죄도 없고 조서가 지나친 것인데, 어찌 스스로 옥에 갇히는가?」

주휘는 병이 심하다면서 다시는 논의에 참여하지 않았다. 상서령 이하 모두가 두려워하며 주휘에게 말했다.

"이번에 우리가 질책을 받았다고 어찌 칭병할 수 있으며 앞으로도 책망이 작지 않을 것입니다."

이에 주휘가 말했다. "내 나이 이미 80이지만 皇恩으로 기밀을 담당하니 당연히 죽어 보은해야 합니다. 만약 그래서는 안 된다는 것을 알면서도 그냥 따라간다면, 이는 臣子의 도리가 아닙니다. 지금 보고 들을 수도 없으니 엎드려 죄를 청해 죽어야 합니다."

그리고서는 입을 닫고 다시는 말하지 않았다. 여러 상서들은 어찌할 바를 모르고 모두 주휘를 탄핵하는 상주를 올렸다. 그러는 동안 황제의 화가 풀리면서 그 일을 묻어버렸다. 며칠 뒤에 황제는 直事郞을 보내 주휘의 안부를 물었고, 太醫를 보내 진찰케 하고, 太官을 보내 음식을 하사하였다. 주휘가 들어가 사례하자, 다시 금전 10만과 布 100匹, 의복 10벌을 하사하였다.

原文

後遷爲尙書令, 以老病乞身, 拜騎都尉, 賜錢二十萬. 和帝即位, 竇憲北征匈奴, 暉復上疏諫. 頃之, 病卒. 子頡, 修儒術, 安帝時至陳相. 頡子穆.

| 註釋 | ㅇ尙書令 – 少府의 속관. 국가 기밀문서의 上奏를 담당, 황제의 측근. 무제 때는 宦者(환자)가 담당, 成帝 때 일반 관료가 담당. 후한에서는 권력 중추기구인 尙書臺(상서대, 별칭 臺閣)의 책임자. 秩祿 1千石. ㅇ陳相 – 陳國의 治所는 陳縣, 今 河南省 동부 周口市 淮陽縣. 前漢의 淮陽國.

[國譯]

뒤에 주휘는 尙書令으로 승진하였는데 노환으로 퇴직하려 하자 騎都尉를 제수하며 금전 20만을 하사하였다. 和帝가 즉위한 뒤 竇憲(두헌)은 북쪽 흉노를 원정하였는데 주휘는 간언을 올렸다. 얼마 뒤 병으로 죽었다. 아들 朱頡(주힐)은 경학을 전공하였고, 安帝 때 陳國의 相이었다. 주힐의 아들이 朱穆(주목)이다.

❷ 朱穆

原文

穆字公叔. 年五歲, 便有孝稱. 父母有病, 輒不飮食, 差乃復常. 及壯耽學, 銳意講誦, 或時思至, 不自知亡失衣冠, 顚隊坑岸. 其父常以爲專愚, 幾不知數馬足. 穆愈更精篤.

初擧孝廉. 順帝末, 江淮盜賊群起, 州郡不能禁. 或說大將軍梁冀曰, "朱公叔兼資文武, 海內奇士, 若以爲謀主, 賊不足平也." 冀亦素聞穆名, 乃辟之, 使典兵事, 甚見親任. 及桓帝卽位, 順烈太后臨朝, 穆以冀勢地親重, 望有以扶持王室, 因推災異, 奏記以勸戒冀曰,

「穆伏念明年丁亥之歲, 刑德合於乾位, 《易經》龍戰之會. 其文曰, '龍戰于野, 其道窮也.' 謂陽道將勝而陰道負也. 今年九月天氣鬱冒, 五位四候連失正氣, 此互相明也. 夫善道屬陽, 惡道屬陰, 若修正守陽, 摧折惡類, 則福從之矣. 穆每事不逮, 所好唯學, 傳受於師, 時有可試. 願將軍少察愚言, 申納諸儒, 而親其忠正, 絶其姑息, 專心公朝, 割除私慾, 廣求賢能, 斥遠佞惡. 夫人君不可不學, 當以天地順道漸漬

其心. 宜爲皇帝選置師傅及侍講者, 得小心忠篤敦禮之士, 將軍與之俱入, 參勸講授, 師賢法古, 此猶倚南山坐平原也, 誰能傾之! 今年夏, 月暈房星, 明年當有小戹. 宜急誅姦臣爲天下所怨毒者, 以塞災咎. 議郞,大夫之位, 本以式序儒術高行之士, 今多非其人. 九卿之中, 亦有乖其任者. 惟將軍察焉.」

又薦种暠,欒巴等. 而明年嚴鮪謀立淸河王蒜, 又黃龍二見沛國. 冀無術學, 遂以穆 '龍戰' 之言爲應, 於是請暠爲從事中郞, 薦巴爲議郞, 擧穆高第, 爲侍御史.

| 註釋 | ㅇ顚隊坑岸 – 顚은 굴러 넘어지다. 隊는 떨어질 추. 墜와 同. 무리 대. 坑은 구덩이 갱. 岸은 언덕 안. 높은 곳, 물가(水岸), 기슭. ㅇ大將軍梁冀 – 대장군 梁商의 아들 梁冀는 順帝 永和 6년(141)에 대장군이 되었다. 沖帝, 質帝, 桓帝를 옹립했고, 그 가문에 侯 7명, 皇后 3명, 貴人 6명, 대장군 2명, 그 외 卿, 將, 尹, 校尉가 57명이었다고 하니 그 세력과 횡포를 짐작할 수 있다. 34권, 〈梁統列傳〉에 입전. ㅇ順烈(梁)太后 – 順帝의 황후 梁妠(양납, 106 – 150년), 大將軍 梁商의 딸. 梁冀(양기)의 남매. ㅇ刑德合於乾位 – 刑德은 五行의 음양. 刑은 음, 德을 양으로 인식. 五行의 상생과 상극. 또 十干十二支에 따른 음양의 변화. 乾位는 北宮, 天子의 위치. ㅇ龍戰之會 – '龍戰于野 其道窮也' 〈坤卦〉 象辭의 말. ㅇ絶其姑息 – 임시방편. 우선 모면하려는 소인을 제거하다. 姑는 且也. 息은 安也.

[國譯]

朱穆(주목)의 字는 公叔(공숙)이다. 나이 다섯 살에 효자라는 칭송을 들었다. 부모가 병이 나면 음식을 먹지 않다가, 병이 나으면 평상시와 같았다. 커가면서 학문에 탐닉하여 정신을 가다듬어 읽고 외웠는데, 혹 골똘히 생각하면 의관을 잃어버린 것도 몰랐고 구덩이나 물에 빠지기도 하였다. 아버지는 주목을 외골수 바보라 생각하였는데, 馬足의 個數를 모르는 사람처럼 말의 다리를 세었다. 주목은 더욱 학문에 정진하였다.

처음에 孝廉으로 천거되었다. 順帝 말기에, 江淮(강회) 일대에 도적이 떼지어 일어나 州郡에서 진압을 하지 못했다. 어떤 사람이 大將軍 梁冀(양기)에게 말했다.

"朱公叔(朱穆)은 文武를 겸비한 천하의 奇士이니 만약 그를 등용하면 도적은 평정할 것도 없을 것입니다."

양기도 평소에 주목의 명성을 들었기에 즉시 불러 군사업무를 전담케 하며 매우 신임하였다. 桓帝가 즉위하고 順烈(梁)太后가 임조청정하였는데, 주목은 양기의 권세가 막강하고 황태후의 친족이기에 양기가 황실을 잘 보위하도록 災異의 이론으로 양기에게 勸誡하는 글을 올렸다.

「朱穆이 생각건대, 내년은 丁亥年으로 刑德(형덕)은 乾位에 일치하는데, 이는《易經》에서 말하는 '龍戰之會' 입니다. 그 글에 '용이 들에서 싸우는 것은 그 道가 궁하기 때문이다.' 라고 한 것은 陽道가 승리하고 陰道가 진다는 뜻입니다. 금년 9월에 하늘에 雲氣가 꽉 차면서 五方位 四節候가 연달아 正氣를 잃으니, 이것이 바로 그 증명입니다. 대체로 善道는 陽에 속하고, 惡道는 陰에 속하니, 만약 正道를 닦아 陽道를 지켜서 惡類를 꺾어 두른다면 온갖 복이 따라올 것입니다. 저 朱穆이 每事를 제대로 처리 못하지만 학문만을 좋아했고 사부로부터 전수받은 것이 있어 가끔은 입증할 수 있습니다. 바라옵건대, 장군께서는 저의 愚言을 생각하고 다른 유생의 말도 거듭 참고하시며 忠正한 인물을 가까이 하시고 소인을 멀리하시며, 국사에만 전념하시고 사욕을 끊으며, 賢能한 자를 널리 구하고 아첨하는 악인을 배척하셔야 합니다. 人君은 不學하지 않을 수 없으며 응당 천지자연의 道를 마음에 점차로 채워야 합니다. 그리하기에 응당 皇帝를 위하여 훌륭한 辭賦와 侍講할 수 있는 학자를 초빙해야 하고, 조심스럽고 성실 돈독하게 예의를 실천하는 인재를 얻어 장군께서 그들과 함께 입궁하여 講學과 교수를 권장하며 古法을 본받는다면, 마치 南山에 기댄 채 평원에 앉아 있는 것과 같으니 그 누가 조정을 어지럽히겠습니까! 금년 여름에 月暈(월훈, 달무리)이 房星(방성)에 나타났었으니 아마도 내년에 작은 액운이 있을 것입니다. 그러니 응당 서둘러 천하에 해악을 끼치는 간신을 제거하여 하늘의 재앙을 미리 막아야 합니다. 議郎이나 大夫의 지위란 본래 유학을 하고 행실이 고상한 인재를 순차적으로 임명하는 곳이나 지금은 그렇지 못한 사람이 많습니다. 또 직분을 감당 못하는 九卿도 있습니다. 장군께서 살펴보시기 바랍니다.」

주목은 种暠(충호), 欒巴(난파) 등을 천거하였다. 그 다음 해에는 嚴鮪(엄유)가 淸河王 劉蒜(유산)을 옹립하려는 모의를 했고, 또 沛國(패국)에서는 黃龍이 2번이나 출현하였다. 그러나 梁冀는 학문적 바탕이 없어서 이미 주목이 말한 '龍戰'이란 말의 應驗이라 생각하면서 바로 충호를 從事中郞에, 난파를 議郎에 천거하였고, 주목은 우수한 인재로 천거되어 侍御史가 되었다.

原文

時同郡趙康,叔盛者, 隱於武當山, 淸靜不仕, 以經傳敎授. 穆時年五十, 乃奉書稱弟子. 及康歿, 喪之如師. 其尊德重道, 爲當時所服. 常感時澆薄, 慕尙敦篤, 乃作〈崇厚論〉. 其辭曰,

| 註釋 | ㅇ武當山 – 長江의 최대 지류인 漢江 남안에 260 km에 걸친 山脈. 湖北省과 陝西의 경계선에서 시작하여 湖北省 襄陽市 남쪽에 걸친 중국 四大 道敎名山 중 첫째. ㅇ澆薄(요박) – 인정이 야박하고 성실하지 않다.

[國譯]

그때 同郡의 趙康(조강), 叔盛(숙성)이란 사람은 武當山(무당산)에 은거하며, 淸靜하며 出仕하지 않고 경전을 교수하고 있었다. 주목은 50세였지만 서신을 올려 제자가 되었다. 조강이 죽자, 주목은 사부를 잃은 듯 슬퍼하였다. 주목이 이처럼 도덕을 존중하자 당시 사람들도 감탄하였다. 주목은 시대 풍조가 너무 각박하다며 돈독한 풍조를 숭상해야 한다고 생각하여 〈崇厚論〉를 지었다. 그 글은 다음과 같다.

*〈崇厚論〉- 朱穆

原文

「夫俗之薄也, 有自來矣. 故仲尼歎曰, "大道之行也, 而丘不與焉." 蓋傷之也. 夫道者, 以天下爲一, 在彼猶在己也. 故行違於道則愧生於心, 非畏義也, 事違於理則負結於意, 非憚禮也. 故率性而行謂之道, 得其天性謂之德. 德性失然後貴仁義, 是以仁義起而道德遷, 禮法興而淳樸散. 故道德以仁義爲薄, 淳樸以禮法爲賊也. 夫中世之所敦, 已爲上世之所薄, 況又薄於此乎!」

| **註釋** | ㅇ大道之行也, 而丘不與焉 - 대도가 행해지던 시기는 三皇五帝의 시대. 丘는 공자의 이름. 자칭. ㅇ率性而行謂之道 - 率은 따르다(循也). 子思는 '天命之謂性, 率性之謂道, 修道之謂教' 라고 하였다. 《中庸》 一章. ㅇ仁義起而道德遷 - 遷은 옮겨가다. 없어지다. ㅇ淳樸以禮法爲賊也 - 노자는 '失道한 후에 德이 있고, 失德한 후에 仁이 있고, 失仁한 뒤에 義가 나오고, 失義한 뒤에 禮가 나왔다.' 고 하였다. ㅇ夫中世之所敦 - 中世는 五帝의 시대.

[國譯]

「세속이 각박한 것은 아주 오래되었다. 그래서 공자도 "大道가 통하는 시절을 나는 겪어보지 못했다."고 말했는데, 여기에는 애통해 하는 뜻이 있다. 道라는 것은 온 천하가 다 같으니 남에게 있는 것이 곧 내게 있는 것과 같다. 그래서 행실이 道에 어긋난다면 부끄러운 마음이 생기는 것은 대의를 두려워하는 것이 아니며, 事理에 어긋나면 마음에 부담이 느껴지는 것을 禮를 싫어하는 마음이 아니다. 그래서 본성을 따라 행하는 것을 道라 하고, 天性(天之所命)을 깨달아 不失한 것을 德이라 하였다. 德性을 잃었기에 仁義를 귀하게 여기니 인의를 내세워야 한다면 이미 도덕이 사라진 것이며, 禮法이 홍기한다면 淳樸(순박)은 흩어진 시대이다. 그래서 도덕은 仁義가 淳厚하지 않은 상황이며, 순박은 禮法을 해치는 것이라 생각하게 된다. 대체로 中世(五帝 시대)가 돈후했다는 것은 이미 上世가 각박해졌다는 뜻이니, 하물며 중세에서 먼 지금은 더 말할 것이 없을 것이다.」

原文

「故夫天不崇大則覆幬不廣, 地不深厚則載物不博, 人不敦厖則道數不遠. 昔在仲尼不失舊於原壤, 楚嚴不忍章於絶纓. 由此觀之, 聖賢之德敦矣. 老氏之經曰, '大丈夫處其厚不處其薄, 居其實不居其華, 故去彼取此.' 夫時有薄而厚施, 行有失而惠用. 故覆人之過者, 敦之道也. 救人之失者, 厚之行也. 往者, 馬援深昭此道, 可以爲德, 誡其兄子曰, "吾欲汝曹聞人之過如聞父母之名. 耳可得聞, 口不得言." 斯言要矣. 遠則聖賢履之上世, 近則丙吉,張子孺行之漢廷. 故能振英聲於百世, 播不滅之遺風, 不亦美哉!」

| **註釋** | ㅇ覆幬不廣 – 覆幬(부도)는 가리다. 덮다. 覆는 덮을 부. 뒤집힐

복. 幬는 덮을 도(燾也). 덮어 가리다. 휘장 주. ㅇ人不敦庬則道數不遠 – 敦庬(돈방)은 두텁고 크다(厚大也). 庬은 클 방. 道數는 道理 ㅇ原壤(원양) – 공자의 지인. 예법을 무시했던 사람. 「原壤夷俟. 子曰, "幼而不孫弟, 長而無述焉, 老而不死, 是爲賊." 以杖叩其脛.」《論語 憲問》. 공자는 原壤의 모친상에 후한 부의를 했다. ㅇ楚嚴不忍章於絶纓 – 楚嚴은 楚의 莊王. 明帝의 이름(莊)을 피휘하여 嚴으로 표기. 초의 莊王이 群臣과 잔치할 때 바람이 불어 촛불이 다 꺼졌다. 그때 누군가가 왕 희첩의 옷을 잡아당겼다. 희첩은 그 자의 갓끈을 잡아떼었다. 그리고 장왕에게 사실을 말하자 장왕은 여인의 정절을 드러내려고 신하를 죽일 수 없다며 참석자 모두에게 갓끈을 떼라고 말한 뒤에(絶纓, 纓은 갓끈 영) 촛불을 켰다. ㅇ老氏之經曰 – 《老子道德經》 38장. 「~故失道而後德, 失德而後仁, 失仁而後義, 失義而後禮. ~是以大丈夫處其厚, 不居其薄. 處其實, 不居其華. 故去彼取此.」 ㅇ馬援深昭此道 – 伏波將軍 馬援(마원)은 24권, 〈馬援列傳〉에 立傳. ㅇ聖賢履之上世 – 履(밟을 리)는 실천하다. ㅇ丙吉,張子孺 – 丙吉(邴吉, ? – 前 55)은 무제 曾孫(宣帝)의 목숨을 살렸고 양육한 은인. 麒麟閣 11공신의 한 사람. 前 59 – 55년 승상 역임. 《漢書》 74권, 〈魏相丙吉傳〉에 立傳. 張子孺는 張安世(? – 前 62). 武帝, 昭帝, 宣帝 시대에 군권을 장악했던 정치가. 武帝 때 尙書令, 昭帝 때 右將軍, 宣帝 때 大司馬衛將軍領尙書事. 관직생활이 청렴하기로 널리 알려졌다.

[國譯]

「그래서 하늘이 높고 크지 않다면 넓고 가려주는 것이 넒지 않고, 땅이 깊고 두껍지 않다면 만물을 낳고 양육할 수 없으며, 사람이 돈후하지 않으면 道의 심오한 경지에 들어갈 수 없다. 옛날 仲尼(공자)는 原壤(원양)에 대한 옛 우정을 버리지 않았으며, 楚 莊王은 범인을 밝히지 않으려고 갓끈(纓)을 떼게 하였다. 이를 통해 본다면, 聖賢의 德이 돈후했음을 알 수 있다. 《老子道德》에서도 '大丈夫는 厚한 곳에 머물고 박한 것에 머물지 않으며, 진실을 취하고 浮華(부화)한 것을 취하지 않으며, 道가 아닌 것을 버리고 道를 따른다.' 고 하였다. 시대가 각박하면 후덕한 시혜가 있어야 하고 잘못된 행실에는 은혜를 베풀어야 한다. 그렇게 사람의 過失을 덮어줄 수 있는 것이 돈후한 道이다. 사람의 실수를 구원하는 것이 후덕한 행실이다. 옛날에 馬援(마원)은 이런 이치를 깊이 깨달아 덕행을 베풀었는데 그의 조카에게 말했다. "내 소원은 너희들이 다른 사람의 실수를 알았다면 부모의 이름을 들은 것과 같이 귀로 들을 수는 있지만 입으로 말할 수 없어야 한다." 이 말이 참으로 중요하다. 멀리로는 聖賢(孔子)이 上世에 이를 실천하였고, 근세에는 丙吉(병길)과 張子孺(張安世)가 漢 조정에서 실천하였다. 그러했기에 아름다운 명성을 백세에 걸쳐 전하고 불멸의 공적을 널리 전하고 있으니, 이 또한 아름답지 않은가!」

原文

「然而時俗或異, 風化不敦, 而尙相誹謗, 謂之臧否. 記短則兼折其長, 貶惡則並伐其善. 悠悠者皆是, 其可稱乎! 凡此之類, 豈徒乖爲君子之道哉, 將有危身累家之禍焉. 悲夫! 行之者不知憂其然, 故害興而莫之及也. 斯旣然矣, 又有異焉. 人皆見之而不能自遷. 何則? 務進者趨前而不顧後, 榮貴者矜己而不待人, 智不接愚, 富不賑貧, 貞士孤而不恤, 賢者巵而不存.

故田蚡以尊顯致安國之金, 淳于以貴埶引方進之言. 夫以韓,翟之操, 爲漢之名宰, 然猶不能振一貧賢, 薦一孤士, 又況其下者乎! 此禽息,史魚所以專名於前, 而莫繼於後者也. 故時敦俗美, 則小人守正, 利不能誘也, 時否俗薄, 雖君子爲邪, 義不能止也. 何則? 先進者旣往而不反, 後來者復習俗而追之, 是以虛華盛而忠信微, 刻薄稠而純篤稀. 斯蓋〈谷風〉有 '棄予' 之歎, 〈伐木〉有 '鳥鳴' 之悲矣!」

| **註釋** | ㅇ謂之臧否 – 臧否는 선악, 선인과 악인. 臧은 착할 장, 뇌물 장(贓과 通). 창고(藏과 通). ㅇ悠悠者皆是, 其可稱乎 – 悠悠는 많다. 稱은 열거하다. ㅇ故田蚡以尊顯致安國之金 – 田蚡(전분)은 景帝 王皇后의 異父同母弟. 太尉로 한때 권력을 쥐었다. 安國은 韓安國. 한안국은 失官한 뒤에 전분에게 五百金으로 祝壽했고, 전분의 알선으로 관직에 복귀할 수 있었고 어사대부에 올랐다. ㅇ淳于以貴埶引方進之言 – 淳于(순우)는 복성. 淳于長은 元帝 王皇后 친언니의 아들. 成帝의 姨從 사촌. 翟方進(적방진)은 成帝 때 御史大夫를 거처 丞相에 발탁되어 '通明相' 이라는 칭송도 들었다. 적방진은 순우장과 잘 사귀었다. ㅇ此禽息,史魚所以專名於前 – 禽息(금식)은 秦 大夫, 百里奚(백리해)를 천거하였다. 史魚(사어)는 衛 大夫 史鰌(사추). 直諫으로 유명했다. ㅇ〈谷風〉有 '棄予' 之歎 –《詩經 小雅》〈谷風〉의 '習習谷風, 維風及雨. 將恐將懼, 維予與女. 將安將樂, 女轉棄予.' 天下가 각박하여 朋友의 道도 斷絶되었다는 탄식. ㅇ〈伐木〉有 '鳥鳴' 之悲矣 –《詩經 小雅》의 〈伐木〉 章. '伐木丁丁, 鳥鳴嚶嚶. 出自幽谷, 遷於喬木. 嚶其鳴矣, 求其友聲.' 옛 朋友故舊와 잔치를 읊었다. 天子로부터 庶人에 이

르기까지 親親 和睦하고 친우나 벗을 버리지 않으면 백성이 후덕한 기풍으로 돌아갈 것이라는 노래.

[國譯]

「그리하여 지금 時俗이 혹 다르고 풍속이 돈후하지 않기에 상대를 비방하거나 옳거나 그르다고 말하게 된다. 타인의 단점을 알기에 남의 장점도 비판하고 악행을 폄하하며 자기 善을 자랑한다. 많은 사람이 다 이러하니 그런 사람을 칭송할 수 있겠는가! 이런 모든 현상을 두고 어찌 君子之道가 아니기에 장차 자신과 가문에 재앙이 닥칠 것이라고만 말할 수 있겠는가? 슬플 뿐이다! 이런 행동을 하는 사람은 왜 그런지를 모르기에 재앙이 일어날 경우 어떻게 피할 줄을 모른다. 이미 벌어진 일에 대하여 기이한 일로 여긴다. 사람들은 이를 알고서도 스스로 바꾸지를 못한다. 왜 그러한가? 앞으로 달려가는 자는 뒤를 돌아볼 줄 모르며, 고귀한 자는 오만하여 남에게 겸손할 줄 모르고, 智者는 愚者와 상대하지 않으며, 富者는 貧를 구제하지 않고, 뜻이 곧은 자는(貞者) 孤高하여 남을 동정하지 못하며, 賢者는 곤궁하더라도 다른 사람의 위안을 받아들이지 않는다.

그리하여 田蚡(전분)은 고귀한 자리에 있으면서도 韓安國의 金錢을 받았고, 淳于長(순우장)은 외척 세도가로 翟方進(적방진)을 천거하였다. 이처럼 한안국이나 적방진의 행실이 漢의 명재상을 이끌었다지만 가난한 현사를 발탁하거나 힘든 처지의 賢才를 천거하지 못하였으니 한안국이나 적방진만 못한 사람은 말할 것도 없을 것이다. 前代에는 禽息(금식), 史魚(사어, 史鰌)처럼 이름을 남긴 사람이 있었으나 후대에는 이를 계승한 사람이 없었다. 그래서 時俗이 돈후하고 아름답다면 小人일지라도 正道를 지켜 이익에 유혹되지 않지만, 시속이 각박하면 비록 군자일지라도 사악을 자행하여 정의로도 막지 못하게 된다. 이는 왜 그러할까? 앞으로 달려간 자는 지나간 길을 되돌아오지 않고, 뒤에 따라온 자는 습속에 익숙하면서 따라가려고 하니, 浮華한 기풍이 극성하고 정직과 信義는 미약하기 때문이며, 각박한 풍조가 넘치고 순수 독실한 기풍은 미약하기 때문이다. 이는 (《詩經》) 〈谷風〉의 '棄予(기여)의 탄식이며, (《詩經》) 〈伐木〉에는 '鳥鳴'의 슬픔이 있는 것이다.」

原文

「嗟乎! 世士誠躬師孔聖之崇則, 嘉楚嚴之美行, 希李老之雅誨, 思馬援之所尙, 鄙二宰之失度, 美韓稜之抗正, 貴丙, 張之弘裕, 賤時俗之誹謗, 則道豐績盛, 名顯身榮, 載不刊之德, 播不滅之聲. 然後知薄者之不足, 厚者之有餘也. 彼與草木俱朽, 此與金石相傾, 豈得同年而語, 並日而談哉?」

| **註釋** | ○韓稜(한릉) - 45권, 〈袁張韓周列傳〉에 입전. ○載不刊之德 - 刊은 깎이다. 깎다. ○彼與~, 此與~ - 彼는 각박한 세속. 此는 후덕한 기풍.

[國譯]

「아! 세상의 士人이 모두 진정으로 孔聖(孔子)의 숭고한 준칙을 본받아 실천하고, 楚 莊王의 훌륭한 품성을 찬미하며, 李老(老子, 李耳)의 훌륭한 가르침을 흠모하고, 馬援(마원)이 숭상한 덕행을 생각하며, 법도를 상실한 田蚡(전분)과 翟方進(적방진)을 비루하게 생각하고 韓稜(한릉)의 正道 수호를 찬미하며, 丙吉(병길)과 張安世의 너그러움을 귀히 여기고 세속의 비방을 천시할 수 있다면, 豊厚한 도덕이 계속 누적되어 명성이 알려지고 육신은 영광을 누릴 것이며, 폄훼할 수 없는 덕행은 기록이 되고 불멸의 명성은 널리 알려질 것이다. 그런 연후에 각박한 자는 자신의 부족을, 후덕한 자는 여유가 있다는 것을 알 수 있을 것이다. 각박한 시대풍조는 초목처럼 썩어 없어질 것이나 厚德은 金石처럼 오래 竝存할 것이니, 이 두 가지를 어찌 같은 해, 같은 시각에 함께 말할 수 있겠는가?」

原文

穆又著〈絶交論〉, 亦矯時之作.

梁冀驕暴不悛, 朝野嗟毒, 穆以故吏, 懼其鍁積招禍, 復奏記諫曰,

「古之明君, 必有輔德之臣, 規諫之官, 下至器物, 銘書成敗, 以防遺失. 故君有正道, 臣有正路, 從之如升堂, 違之如赴壑. 今明將軍地有申伯之尊, 位爲群公之首, 一日行善, 天下歸仁, 終朝爲惡, 四海傾覆. 頃者, 官人俱匱, 加以水蟲爲害. 京師諸官費用增多, 詔書發調或至十倍. 各言官無見財, 皆當出民, 搒掠割剝, 彊令充足. 公賦旣重, 私斂又深. 牧守長吏, 多非德選, 貪聚無猒, 遇人如虜, 或絶命於箠楚之下, 或自賊於迫切之求. 又掠奪百姓, 皆托之尊府. 遂令將

軍結怨天下, 吏人酸毒, 道路歎嗟.

昔秦政煩苛, 百姓土崩, 陳勝奮臂一呼, 天下鼎沸, 而面諛之臣, 猶言安耳. 諱惡不悛, 卒至亡滅. 昔永熹之末, 綱紀少弛, 頗失人望. 四五歲耳, 而財空戶散, 下有離心. 馬免之徒乘敝而起, 荊揚之閒幾成大患. 幸賴順烈皇后初政清靜, 內外同力, 僅乃討定. 今百姓戚戚, 困於永熹, 內非仁愛之心可得容忍, 外非守國之計所宜久安也. 夫將相大臣, 均體元首, 共輿而馳, 同舟而濟, 輿傾舟覆, 患實共之. 豈可以去明即昧, 履危自安, 主孤時困, 而莫之卹乎!

宜時易宰守非其人者, 減省第宅園池之費, 拒絕郡國諸所奉送. 內以自明, 外解人惑, 使挾姦之吏無所依托, 司察之臣得盡耳目. 憲度旣張, 遠邇清壹, 則將軍身尊事顯, 德耀無窮. 天道明察, 無言不信, 惟垂省覽.」

冀不納, 而縱放日滋, 遂復賂遺左右, 交通宦者, 任其子弟,賓客以爲州郡要職. 穆又奏記極諫, 冀終不悟. 報書云, "如此, 僕亦無一可邪?" 穆言雖切, 然亦不甚罪也.

| **註釋** | ㅇ申伯之尊 – 申國의 伯爵. 周 宣王의 큰 외숙. ㅇ一日行善, 天下歸仁 –「顔淵問仁. 子曰, "克己復禮爲仁. 一日克己復禮, 天下歸仁焉. 爲仁由己, 而由人乎哉?"」《論語 顔淵》. ㅇ搒掠割剝 – 搒은 매질할 방. 掠은 노략질할 략. 割은 나눌 할. 剝은 벗길 박. ㅇ或絶命於箠楚之下 – 箠는 채찍 추. 채찍질하다. 楚는 매질할 초(楚撻). ㅇ或自賊於迫切之求 – 自賊은 자살. 賊은 죽이다. ㅇ馬免之徒乘敝而起 – 〈順帝本紀〉에는 九江賊 馬勉.

마면은 '黃帝'를 자칭했고, 九江都尉 滕撫(등무)가 진압하였다. ㅇ百姓慼慼 － 慼慼(척척)은 걱정하고 슬퍼하는 모양. ㅇ去明卽昧 － 明을 버리고 어둠(昧)에 들어가다. 卽은 就也.

[國譯]

朱穆(주목)은 또 〈絶交論〉을 지었는데 時俗을 바로잡으려는 뜻이었다.

梁冀(양기)의 교만 포악한 정치는 改悛(개전)이 없었고, 朝野에서는 탄식하며 고통을 참아야 했는데, 주목은 양기의 속관이라서 양기의 죄로 재앙을 받을까 두려워 다시 諫言하였다.

「고대의 明君은 필히 輔德할 신하와 바른말을 하는 관리를 두었고, 심지어는 器物에도 成敗에 관한 글을 새겨 실패를 예방하려 했습니다. 때문에 주군은 正道를 택했고, 신하는 正路로 갈 수 있었으니 정도를 지켜 昇堂入室하였으며, 정도의 상실을 마치 낭떠러지에 임한 것처럼 두려워했습니다. 지금 장군의 지위는 申伯(신백)과 같이 고귀하며 三公보다도 높은 자리에 있으니, 장군께서 一日行善하면 천하가 歸仁하고, 잠깐이라도 악행을 행하면 천하가 뒤엎어질 것입니다. 요즈음 관리와 백성이 모두 궁핍한데다가 수해에 蟲害까지 겹쳤습니다. 京師의 모든 관청의 비용이 크게 늘어나자 조서를 내려 거의 십 배에 가까운 부세를 징발하였습니다. 모두가 나라에 남은 재물이 없으니, 응당 백성한테 징발해야 한다면서 매질로 약탈하고 강제로 국고를 채웠습니다. 公賦가 이미 무거운데도 사적인 징발 또한 매우 심각합니다. 지방관이나 관리는 덕행으로 선발된 자가 거의 없어 탐욕과 수탈이 끝이 없으며, 백성을 마치 포로처럼 다루고 백성을 때려 죽음으로 몰아가서 무리한 핍박을 견디다 못한 백성은 자살에 이르기도 합니다. 그러면서 백성 약탈을 모두 황실을 위한 것이라고 말합니다. 결국 장군은 천하 백성의 원성을 사고, 관리로부터 받는 고통에 길 가는 사람 모두 원망뿐입니다.

옛날 秦의 학정과 가혹에 백성은 토붕와해했고, 陳勝(陳涉)이 팔을 걷어붙이고 소리를 한 번 지르자 천하는 물 끓듯 했으나 아부하는 신하들은 여전히 평안하다고 말했습니다. 惡을 미워하고 악행을 반성하여 고치지 않는다면 결국 멸망하게 됩니다. 옛날 국가 기강이 해이해지면서 백성의 기대를 잃었습니다. 그 전후 4, 5년간에 나라 재정이 궁핍하고 백성 호구가 줄면서 백성들의 마음도 흩어졌습니다. 馬免(마면)의 무리들이 국정피폐를 틈타 봉기했고, 荊州와 揚州 일대의 큰 우환이었습니다. 다행히도 順烈(梁)皇后께서 처음에 청사가 淸廉 肅靜하고 조정 내외가 한마음이 되어 가까스로 진압하였습니다. 지금 백성의 슬픔은 永熹 연간보다 더 힘든 상황이라서 안으로 仁愛之心이 있다 하여 참고 견딜 수가 없으며, 밖으로는 나라를 오래 안정시킬 계책이 있는 것도 아닙니다. 將相과 大臣은 元首(主君)와 한 몸으로 같은 수레로 달리며 한 배를 타고 물을 건너는 것이니, 수레가 전복되거나 배가 침몰한다면 모두가 환난을 같이 겪어야 합니다. 어찌 광명을 떠나 암흑에 들어가고, 위기를 겪으면서도 안전하다 할 수 있으며, 주군이 고립되고 곤궁한 시기인데도 아무도 이를 걱정하지 않고 있습니다.

응당 때를 맞춰 부적격한 지방관을 교체하고 궁궐, 저택과 苑囿(원유)의 비용을 절감해야 하며 군국에서 보내오는 물자를 거절해야 합니다. 대내적으로 정사가 청명하고 대외적으로 백성의 의혹을 풀어주며, 간악한 무리와 결탁한 관리가 발을 못 붙이게 하고 감찰을 담당하는 관리로 하여금 시비와 선악을 명확히 가려야 합니다. 나라의 기강이 확립되어 원근이 하나같이 청결해진다면 將軍의 일신의 영예와 공적이 뚜렷하여 빛나는 은덕이 무궁할 것입니다. 天道는 모든 것을 다 보고 있으며, 말은 않더라도 믿지 않을 수 없으니 저의 진심을 읽어주시기 바랍니다.」

梁冀는 주목의 건의를 받아들이지 않았고 방종은 날로 심했으며 황제 측근에 뇌물을 뿌리고 환관과 교제하였고 양기의 집안 자제와 빈객들이 모두 주군의 요직을 차지하였다. 주목은 다시 글을 올려 극간을 하였지만, 양기는 끝내 깨닫지 못했다. 오히려 답신에서 "자네 말대로 한다면 내게 좋은 일은 하나도 없지 않은가?" 라고 하였다. 주목의 건의가 비록 절실하였지만 죄가 될 정도는 아니었다.

原文

永興元年, 河溢, 漂害人庶數十萬戶, 百姓荒饉, 流移道路. 冀州盜賊尤多, 故擢穆爲冀州刺史. 州人有宦者三人爲中常侍, 並以檄謁穆. 穆疾之, 辭不相見. 冀部令長聞穆濟河, 解印綬去者四十餘人. 及到, 奏劾諸郡, 至有自殺者.

以威略權宜, 盡誅賊渠帥. 擧劾權貴, 或乃死獄中. 有宦者趙忠喪父, 歸葬安平, 僭爲璵璠,玉匣,偶人. 穆聞之, 下郡案驗. 吏畏其嚴明, 遂發墓剖棺, 陳尸出之, 而收其家屬.

帝聞大怒, 徵穆詣廷尉, 輸作左校. 太學書生劉陶等數千

人詣闕上書訟穆曰,

「伏見施刑徒朱穆, 處公憂國, 拜州之日, 志淸姦惡. 誠以常侍貴寵, 父兄子弟布在州郡, 競爲虎狼, 噬食小人, 故穆張理天網, 補綴漏目, 羅取殘禍, 以塞天意. 由是內官咸共恚疾, 謗讟煩興, 讒隙仍作, 極其刑謫, 輸作左校. 天下有識, 皆以穆同勤禹,稷而被共,鯀之戾, 若死者有知, 則唐帝怒於崇山, 重華忿於蒼墓矣. 當今中官近習, 竊持國柄, 手握王爵, 口含天憲, 運賞則使餓隸富於季孫, 呼瞪則令伊,顏化爲桀,跖. 而穆獨亢然不顧身害. 非惡榮而好辱, 惡生而好死也, 徒感王綱之不攝, 懼天網之久失, 故竭心懷憂, 爲上深計. 臣願黥首繫趾, 代穆校作.」

帝覽其奏, 乃赦之.

| **註釋** | ㅇ漂害人庶數~ - 漂는 물에 떠돌 표. 庶는 거의. ㅇ 歸葬安平 - 安平國. 治所는 信都縣, 今 河北省 衡水市 관할 冀州市. 前漢의 信都郡(國) - 信都郡(後漢 25 - 72년) - 樂成國(72 - 122년) - 安平國(122 -)으로 명칭이 바뀜. ㅇ僭爲璵璠,玉匣,偶人 - 僭은 참람할 참. 분수에 넘치고 방자스러움. 璵璠(여번)은 각종 美玉의 玉器, 玉匣(옥갑)은 玉을 금실로 꿰맨 수의, 偶人은 明器(명기, 부장품)의 하나. 모두가 천자만 쓸 수 있는 장례용품이다. ㅇ輸作左校 - 輸는 보내다. 作은 노동일. 左校는 將作大匠의 속관 左, 右校. 左校令의 간칭. 질록 6백석. 安帝 때 설치. 장작대장 관할 工徒(工匠)나 죄수 노동자를 감독 지휘. ㅇ咸共恚疾 - 咸共은 모두 함께. 恚는 성낼 에. 疾은 疾視하다. ㅇ謗讟煩興 - 謗은 헐뜯을 방. 讟은 원망할 독. ㅇ極其刑謫 - 謫은 귀양 갈 적. ㅇ共,鯀之戾 - 共工(공공)이나 鯀(곤)

과 같이 잘못되다. 堯帝가 방출한 堯가 방출한 4명의 악인, 鯀(곤). 共工, 驩兜(환두), 三苗(삼묘)를 四凶이라 한다. 戾는 어긋날 려. 죄. 형을 받다. ㅇ當今中官近習 - 當今은 지금. 中官은 환관. 近習은 천자의 幸臣. ㅇ竊持國柄 - 竊은 훔칠 절. 절취하다. 國柄은 황제가 신하를 통제할 수 있는 권력의 방편. 곧 작록의 수여나 회수, 관직의 임명이나 파면, 생사여탈의 권력을 지칭함. 이를 八柄(爵, 祿, 予, 置, 生, 奪, 廢, 誅)이라 한다. ㅇ運賞則使餓隸富於季孫 - 運賞은 상을 내리다. 運은 行하다. 季孫은 魯의 大夫. 「季氏富於周公, 而求也爲之聚斂而附益之. 子曰, "非吾徒也. 小子鳴鼓而攻之, 可也."」《論語 先進》. ㅇ呼腔則令伊,顔化爲桀,跖 - 呼腔(호강)은 呼吸. 숨을 쉬다. 伊는 伊尹, 顔은 顔回, 桀(걸)은 夏의 폭군, 跖(척)은 盜跖(도척). ㅇ亢然 - 굳세게, 강직하게. 亢은 목 항, 굳셀 항.

[國譯]

(桓帝) 永興 원년(서기 153), 황하가 범람하여 거의 수십만 호가 피해를 당했고 흉년에 따른 기근으로 백성은 길에 몰려다녔다. 冀州(기주) 일대에는 도적이 매우 많아 조정에서는 朱穆(주목)을 冀州刺史로 발탁하였다. 기주의 백성 중에 환관으로 中常侍가 된 사람이 3명이 있었는데, 이들은 급한 서신을 보내 주목을 만나려고 했다. 주목은 그들을 싫어했기에 사절하고 만나지 않았다. 기주자사부 관내의 縣令이나 縣長은 주목이 황하를 건넜다는 소식을 듣고 인수를 풀고 관직을 떠난 자가 40여 명이나 되었다. 기주부에 도착하여 각 군을 들며 관리를 탄핵하사 사살하는 자도 있었다.

주목은 권위와 지략과 임시 조치를 동원하여 도적의 우두머리들을 모두 주살하였다. 권력을 휘두르는 자를 탄핵하니 옥사자도 있었다. 환관 趙忠(조충)이란 자는 아버지 상을 安平國에 歸葬(귀장)했는데 참람하게도 璵璠(여번), 玉匣(옥갑), 偶人(우인) 등을 사용했다. 주목이 이를 듣고서는 郡에서 조사하게 하였다. 군의 관리는 주목의 엄격 명철한 지시가 무서워 무덤을 파고 관을 꺼내 시신 부장품을 가져왔고 가족을 잡아가두었다.

환제가 이를 알고서는 대노하면서 주목을 소환하여 廷尉에게 이첩하였고 將作大匠의 左校에 보내 노동형에 처했다. 이에 太學書生인 劉陶(유도) 등 수천 명이 궁궐에 몰려가 상소하여 주목을 변호하였다.

「우리가 볼 때 죄수로 복역 중인 朱穆(주목)은 공정한 우국충정으로 刺史로 임용되는 날 간악한 무리를 청산할 뜻을 세웠습니다. 사실 황제 총애를 받는 중상시의 부모형제가 州郡에 있으면서 마치 경쟁하듯 호랑이처럼 백성을 괴롭혔기에 주목은 하늘의 법망으로 다스리면서 구멍 난 그물코를(漏目) 기우고(補綴) 잔악한 무리들을 모두 잡아 하늘의 뜻에 부응하였습니다. 이 때문에 궁중의 환관들이 모두 화를 내며 질시하였고, 크게 비방하며 잇달아 참소하여 가장 무거운 형벌에 처하게 하여 좌교에 보내 노동형을 받고 있습니다. 천하의 識者들은 모두 주목이 禹(우)와 后稷(후직)처럼 본분을 다하였으나 피소되어 共工(공곤)이나 鯀(곤)처럼 죄를 받고 있다고 생각합니다. 만약 죽은 사람이 알 수 있다면, 唐帝(堯)가 (堯가 묻힌) 崇山에서 분노할 것이며 重華(舜)도 蒼梧(창오)의 墓에서 화를 낼 것입니다. 지금 환관들은 황제의 총애를 받으며 국가 권력을 함부로 행사하고, 封王, 封爵을 행사하면서 입으로는 국법이라 하고, 行賞을 제멋대로 하여 굶주린 노예와 같던 자들이 魯의 季孫氏보다 더 부자가 되었으며, 숨만 쉬면 伊尹(이윤)과 顔回(안회)를 桀王(걸왕)이나 盜

跖(도척)으로 만들어 버립니다. 그러나 주목은 홀로 강직하게 자신의 몸을 돌아보지 않았습니다. 그가 영예를 싫어하고 치욕을 좋아하며, 生을 혐오하고 死를 좋아하는 사람은 아니나, 다만 王道의 기강을 잡을 수 없고 天道의 法網을 오랫동안 상실할 수 없기에 충심을 다하여 걱정하면서 나라를 위한 큰 계책을 폈던 것입니다. 신들은 모두 이마에 묵형을 받고 발을 묶는 형벌을 받으며 주목을 대신하여 좌교에 가서 노동형을 받고자 합니다.」

桓帝는 상주문을 열람한 뒤, 주목을 사면하였다.

原文

穆居家數年, 在朝諸公多有相推薦者, 於是徵拜尙書. 穆既深疾宦官, 及在臺閣, 旦夕共事, 志欲除之. 乃上疏曰,

「案漢故事, 中常侍參選士人. 建武以後, 乃悉用宦者. 自延平以來, 浸益貴盛, 假貂璫之飾, 處常伯之任, 天朝政事. 一更其手, 灌傾海內, 寵貴無極, 子弟親戚, 並荷榮任, 故放濫驕溢, 莫能禁御.

凶狡無行之徒, 媚以求官, 恃勢怙寵之輩, 漁食百姓, 窮破天下, 空竭小人. 愚臣以爲可悉罷省, 遵復往初, 率由舊章, 更選海內清淳之士, 明達國體者, 以補其處. 卽陛下可爲堯舜之君, 衆僚皆爲稷契之臣, 兆庶黎萌蒙被聖化矣.」

帝不納. 後穆因進見, 口復陳曰, "臣聞漢家舊典, 置侍中, 中常侍各一人, 省尙書事, 黃門侍郎一人, 傳發書奏, 皆用姓

族. 自和熹太后以女主稱制, 不接公卿, 乃以閹人爲常侍, 小黃門通命兩宮. 自此以來, 權傾人主, 窮困天下. 宜皆罷遣, 博選耆儒宿德, 與參政事."

帝怒, 不應. 穆伏不肯起. 左右傳出, 良久乃趨而去. 自此中官數因事稱詔詆毁之.

| **註釋** | ㅇ假貂璫之飾 - 假는 잠시, 일시적으로. 담비 꼬리(貂)와 귀고리 옥〔璫(당)〕을 관에 장식하다. ㅇ處常伯之任 - 常伯은 侍中. ㅇ兆庶黎萌 - 兆庶黎萌은 백성. 億兆蒼生. 黎는 검은 머리. 관을 쓰지 않은 백성. 萌은 백성 맹, 싹틀 맹. 氓(백성 맹)과 通. ㅇ省尙書事 - 省은 관람하다. 담당하다. ㅇ皆用姓族 - 사인 중 촉망받는 자를 등용하다. ㅇ和熹皇后 - 和帝의 2번째 황후 鄧綏(등수), 황후로 재위 102 - 106년, 121년 붕어. 漢光武帝 太傅인 鄧禹(등우)의 孫女, 등우는 南陽郡의 豪族으로 광무제를 따라 거병하였으며 後漢 초의 大功臣이었다. 父 鄧訓(등훈)은 護羌校尉(호강교위) 역임.

[國譯]

朱穆(주목)은 몇 년간 집에 있었는데 조정의 여러 부서에서 천거하는 자가 많아서 부름을 받아 尙書가 되었다. 주목은 전부터 환관을 아주 미워하였는데 尙書臺에 아침저녁으로 같이 일을 하게 되자 이들을 제거할 생각을 하였다. 이에 주목이 상서하였다.

「그간 漢의 전례를 볼 때, 中常侍는 士人 중에서 선임하였습니다. 그러다가 建武 이후로 환관으로 모두 채웠습니다. (殤帝) 延平(서기 106년) 이래로, 환관의 권한이 점차 강해져서 冠 장식에 담비 꼬리와 귀고리 옥(璫)을 허용했고 侍中의 업무를 전담하면서 조정 정사에 참여하게 되었습니다. 모든 일이 환관의 손을 거치게 되면서 그 권세가 온 나라에 영향을 미쳤고, 총애와 신임이 끝이 없는데다가 그 자제나 친척이 영광된 자리를 차지하며 더욱 더 방자해져서 이제는 누구도 제어할 수 없게 되었습니다.

흉악하고 교활하며 바른 행실이 없는 자들은 환관에 아부하여 관직을 얻고 권세와 총애를 믿고 이런 작자들이 백성을 魚肉처럼 빼앗아 천하를 가난하게 만들었고 힘없는 백성을 헐벗게 하였습니다. 어리석은 저로서는 이들을 전부 파면하고 다시 이전처럼 옛 전장법도를 따르며 海內의 청렴 돈후하고 행정업무에 통달한 사인을 선발하여 환관의 직무를 대신해야 합니다. 그렇게만 한다면 폐하는 堯舜과 같은 明君이 될 것이며, 모든 臣僚는 后稷(후직)이나 契(설)과 같은 신하가 될 것이며, 수많은 백성들은 폐하의 성스러운 교화의 은택을 받을 것입니다.」

황제는 받아들이지 않았다. 뒷날 주목은 황제를 알현하는 자리서 다시 의견을 개진하였다.

"臣이 알기로, 漢家의 舊典에는 侍中과 中常侍를 각 1인씩 두어 상서 업무를 담당케 하였고 황문시랑 한 사람이 상주하는 문서를 전달케 하였는데 모두 촉망받는 사인을 등용하였습니다. 그러다가 和熹(鄧)太后가 女主로 稱制하면서 公卿과 직접 대면을 하지 않게 되자 환관이 늘 시중을 들게 하고 小黃門이 조정과 태후궁을 왕래하였습니다. 이후부터는 환관의 권력이 황제를 능가하였고 천하는 곤궁해졌습니다. 응당 이들 환관을 모두 파면하고 나이 많고 훌륭한 덕을 가진 유생을 선임하여 정사에 참여케 해야 합니다."

황제는 화를 내며 수락하지 않았다. 주목은 엎드려 일어나지 않았다. 황제가 좌우에 명하여 데려가라고 하자, 얼마 있다가 종종걸음으로 걸어 나갔다. 이로부터 환관들은 조서를 사칭하며 주목을 계속해서 헐뜯었다.

原文

穆素剛, 不得意, 居無幾, 憤懣發疽. 延熹六年, 卒, 時年六十四. 祿仕數十年, 蔬食布衣, 家無餘財. 公卿共表穆立節忠淸, 虔恭機密, 守死善道, 宜蒙旌寵. 策詔褒述, 追贈益州太守. 所著論,策,奏,敎,書,詩,記,嘲, 凡二十篇.

穆前在冀州, 所辟用皆淸德長者, 多至公卿,州郡. 子野, 少有名節, 仕至河南尹. 初, 穆父卒, 穆與諸儒考依古義, 謚曰貞宣先生. 及穆卒, 蔡邕復與門人共述其體行, 謚爲文忠先生.

|註釋| ○憤懣發疽 – 憤懣(분만)은 분하여 가슴이 답답함. 疽는 등창저. 악성 종기. ○(桓帝) 延熹 六年 – 서기 163년. ○敎, ~ 嘲, ~ – 敎는 윗사람이 아랫사람을 깨우치는 글(上對下의 告諭). 嘲는 嘲笑(조소)나 譏弄(기롱)하는 내용의 문장. 紋章類別의 一種. ○蔡邕(채옹, 133 – 192년) – 字는 伯喈(백개), 陳留郡 사람, 後漢 말의 명사, 학자. 후한의 유명한 才女 蔡琰(채염, 文姬)의 부친. 60권, 〈馬融蔡邕列傳〉(下)에 立傳.

[國譯]

朱穆(주목)은 평소에 강직하였고 큰 뜻을 이루지 못한 채, 얼마 뒤에 울분으로 등창이 났다. (桓帝) 延熹 6년에 죽었는데, 時年 64세였다. 수십 년 관직에 있으면서 거친 음식에 무명옷을 입었어도 집안에 여분의 재산이 없었다. 여러 공경들은 주목이 지조를 지키고 충절을 바쳤으며 국가 주요업무를 담당하였고 죽음으로 善道를 지켰으니 응당 표창해야 한다고 함께 表文을 올렸다. 조서를 내려 표창하면서 益州太守를 추증하였다. 주목이 저술한 論, 策, 奏, 敎, 書, 詩, 記, 嘲文(조문) 등 20편이 있다.

주목이 冀州刺史로 근무할 적에 등용했던 청렴하고 덕성이 바른 長者들 여러 사람이 公卿이나 州郡에 근무하였다. 아들 朱野(주야)는 젊어서도 명망과 지조를 지켰고 관직은 河南尹에 이르렀다. 그 전에 주목의 부친이 죽었을 때 주목과 여러 유생들은 옛 뜻에 의거하여 시호를 貞宣先生(정선선생)이라 하였다. 주목이 죽자, 蔡邕(채옹)과 주목의 문인들이 함께 그의 품행과 행적을 조술하고, 시호를 文忠先生이라 정하였다.

原文

論曰：朱穆見比周傷義, 偏黨毀俗, 志抑朋游之私, 遂著〈絶交〉之論. 蔡邕以爲穆貞而孤, 又作〈正交〉而廣其致焉. 蓋孔子稱, '上交不諂, 下交不黷.' 又曰 '晏平仲善與人交, 子夏之門人亦問交於子張.'

故《易》明 '斷金' 之義, 《詩》載 '讌朋' 之謠. 若夫文會輔仁, 直諒多聞之友, 時濟其益, 紵衣傾蓋, 彈冠結綬之夫, 遂隆其好, 斯固交者之方焉. 至乃田,竇,衛,霍之遊客, 廉頗,翟公之門賓, 進由勢合, 退因衰異. 又專諸,荊卿之感激, 侯生,豫子之投身, 情爲恩使, 命緣義輕.

皆以利害移心, 懷德成節, 非夫交照之本, 未可語失得之原也. 穆徒以友分少全, 因絶同志之求. 黨俠生敝, 而忘得朋之義. 蔡氏貞孤之言, 其爲然也! 古之善交者詳矣. 漢興稱王陽,貢禹,陳遵,張竦, 中世有廉范,慶鴻,陳重,靁義云.

| 註釋 | ㅇ比周傷義 – 교제하는 집단이 정의를 해치다. 比는 比黨, 서로 아첨하는 뜻으로 모인 무리. 周는 正道의 집단. ㅇ上交不諂, 下交不黷 – 《易 繫辭 下》의 구절. 「子曰, "知幾其神乎! 君子上交不諂, 下交不瀆, 其知幾乎! ~.」 諂은 아첨. 黷은 더럽힐 독. 업신여기다. ㅇ晏平仲善與人交 – 「子曰, "晏平仲善與人交, 久而敬之."」《論語 公冶長》. 晏平仲은 晏嬰(안영), 字가 仲, 諡號는 平, 습관적으로 平仲, 또는 晏子라 호칭. 齊의 國格을 높인 유능한 재상. ㅇ'斷金' 之義 – 《易 繫辭》의 구절. '二人同心 其利斷金.' ㅇ'讌朋' 之謠 – 《詩經 小雅 伐木》. 讌은 잔치할 연. ㅇ文會輔仁 – 「曾子曰, "君子以文會友, 以友輔仁."」《論語 顔淵》. ㅇ直諒多聞之友 – 공자가 말한 '益者三友.' 「孔子曰, "益者三友, 損者三友. 友直, 友諒, 友多聞, 益矣. 友便辟, 友善柔, 友便佞, 損矣."」《論語 季氏》. ㅇ紵衣傾蓋 – 紵衣는 모시 옷. 紵는 모시 저. 吳 季札과 鄭 子産의 교제, 비단 허리띠와 모시옷을 서로 주고받았다. 傾蓋(경개)는 수레를 멈추다. 孔子와 程子의 交際. 수레를 멈추고 환담하다. ㅇ彈冠結綬之夫 – 前漢 王陽과 貢禹(공유)의 아름다운 교제. ㅇ田,竇,衛,霍之遊客 – 竇嬰(두영)은 文帝 竇(두)황후의 친정 동생이었다. 그 문객들이 景帝 王皇后의 異父同母弟인 太尉 田蚡(전분)에게 몰려들었다. 무제 때 대장군 衛靑(위청)과 위청의 姨從인 大司馬 霍去病(곽거

병)은 조정을 움직였는데, 위청은 세력은 날로 쇠퇴하고 곽거병의 세력은 날로 강대해졌다. 그때 遊客(賓客)들은 위청에서 곽거병에게 몰려가 관작을 얻었다. ㅇ廉頗,翟公之門賓 - 廉頗(염파)는 趙의 장군으로 相國이었는데 長平戰 이후 물러나자 식객들이 모두 떠나갔다. 염파가 다시 장군으로 등용되자, 그 식객들이 다시 돌아왔다. 염파가 '돌아가라' 고 말하자, 식객은 '세상 이치가 다 그런데 무슨 감정이 그리 많습니까?' 라고 말했다. 전국시대 趙의 翟公(적공)이 廷尉이었을 때 오가는 門客으로 대문이 꽉 찼지만 정위에서 물러나자 대문 앞에 새 잡는 그물을 칠(門外可設雀羅) 정도였다. 적공이 다시 정위가 되자 그 문객들이 다시 모여들었다. 이에 적공이 대문에 글을 써 붙였다. '一死一生에 乃知交情하고, 一貧一富에 乃知交態하며, 一貴一賤에 交情乃見이로다.' ㅇ專諸,荊卿之感激 - 專諸(전저)는 吳公子 光을 위해 吳王을 죽이고 자살하였다. 燕나라의 荊卿(형경, 荊軻)은 太子 丹(단)을 위해 秦王 政을 죽이려 했지만 실패하고 죽었다. 의리를 지키는 협객의 대명사. ㅇ 侯生,豫子之投身 - 魏나라 隱者인 侯生〔후생, 侯嬴(후영)〕은 魏 公子 無忌(무기)가 자신을 上客으로 대우하자, 방책을 일러주고 의리를 지켜 자신의 목숨을 버렸다. 晉나라 豫子〔豫壤(예양)〕은 智伯(지백)을 위해 고생을 다하며 趙襄子를 죽이려 했으나 실패하였고 결국 죽어야만 했다. 예양은 '士는 자기를 알아주는 사람을 위해 죽어야 한다(士爲知己者死).' 라고 말했다. ㅇ廉范,慶鴻,陳重,靁義 - 모두 인명. 廉范(염범)은 31권, 〈郭杜孔張廉王蘇羊賈陸列傳〉에 立傳. 陳重(진중)은 81권, 〈獨行列傳〉에 立傳.

[國譯]

范曄(범엽)의 史論 : 朱穆(주목)이 比黨의 무리들이 대의를 해치고 偏黨이 풍속을 훼손하는 것을 보고 붕당의 私益 추구를 막으려는 뜻에서 〈絶交論〉을 지었다. 蔡邕(채옹)은 주목이 정직하지만 고립되었다 생각하여 〈正交論〉을 지어 그 뜻을 보다 더 널리 알리려 하였다. 이 모두가 孔子가 말한 '자신보다 나은 사람과 교제에는 아첨하지 말고, 아래 사람과 교제에는 업신여기지 말라.' 고 하였다. 또 "晏平仲(안평중)은 다른 사람과 잘 사귄다."고 하였다. 子夏(자하)의 門人도 子張(자장)에게 교우에 대하여 물었다.

이러하기에 《易》에는 '斷金' 의 대의를 명확히 하였고, 《詩》에는 '벗과 잔치하며 즐기는' 노래가 있다. 만약 '以文會友하고 以友輔仁' 하면서 벗이 정직하고 성실하며 견문이 많은 벗이라면 수시로 도움과 가르침을 주어 유익할 것이며, (鄭의 子産처럼) 모시옷을 보내주고 (孔子처럼) 수레를 멈추고 환담할 수 있는 교제, 그리고 한 사람이 먼저 승진하며 벗을 천거하는 사나이 교제는 그들의 미덕을 널리 알리는 것이니 이런 교제가 바로 진정한 교우일 것이다. 田蚡(전분)과 竇嬰(두영), 그리고 衛靑(위청)과 霍去病(곽거병)의 遊客(賓客)이나 또 廉頗(염파)와 翟公(적공)의 문객은 권세를 잡았을 때 모여들었다가 권세가 약해지자 그냥 몰려나갔다. 또 專諸(전저)와 荊卿(형경)의 감격할만한 信義와 侯生(후생, 侯嬴)과 豫子〔豫讓(예양)〕의 죽음은 은의에 따른 眞情이었으며 생명을 大義에 의거 가벼이 버렸다.

위의 여러 사람은 利害에 따라 마음을 달리 먹었고, 은덕에 따라 지조를 지켰는데 모두가 交友의 근본 마음이 다르기에 득실의 바탕을 함께 논할 수는 없을 것이다. 朱穆(주목)은 (絶交論에서) 다만 교우의 감정을 그대로 지키지 못하고 같은 뜻을 가진 교우의 요구도 끊어야 한다고 말했다. 붕당이나 협객의 폐단을 언급하다 보니 붕우의 대의를 중히 여기지 않았다. 오히려 蔡邕(채옹)의 솔직하면서도 독특한 주장이 더 정확할 것이다! 하여튼 옛날에는 교우를 잘 한 사람이 많았다. 漢이 건국된 뒤로도 王陽(왕양)과 貢禹(공우), 그리고 陳遵(진준)과 張竦(장송)이 그러했고 중흥 이후로는 廉范(염범)과 慶鴻(경홍), 그리고 陳重(진중)과 靁義(뇌의)를 들 수 있다.

❸ 樂恢

原文

樂恢字伯奇, 京兆長陵人也. 父親, 爲縣吏, 得罪於令, 收將殺之. 恢年十一, 常俯伏寺門, 晝夜號泣. 令聞而矜之, 卽解出親.

恢長好經學, 事博士焦永. 永爲河東太守, 恢隨之官, 閉廬精誦, 不交人物. 後永以事被考, 諸弟子皆以通關被繫, 恢獨皦然不汚於法, 遂篤志爲名儒. 性廉直介立, 行不合已者, 雖貴不與交. 信陽侯陰就數致禮請恢, 恢絶不答.

| 註釋 | ○通關被繫 – 관련되어 체포되다. ○廉直介立 – 介立은 特立하다.

[國譯]

樂恢(악회)의 字는 伯奇(백기)로 京兆尹 長陵縣 사람이다. 부친 樂親(악친)은 縣吏였는데, 현령에게 죄를 지어 갇혀 처형될 예정이었다. 악회는 그때 11살이었는데 관가 문 앞에 엎드려 밤낮으로 통곡

하였다. 현령이 듣고서는 불쌍히 여겨 부친을 풀어주었다.

악회는 장성하여 經學을 좋아했고 博士 焦永(초영)에게 배웠다. 초영이 河東太守가 되자, 악회는 초영의 임지로 따라가서 문을 닫고 지성으로 공부하며 다른 사람과 교제하지 않았다. 뒷날 초영이 업무상 조사를 받았는데 많은 제자들이 사안과 관련되어 체포되었지만 악회만은 홀로 법을 어기지 않았으며 독실한 뜻을 세워 名儒가 되었다. 악회는 천성이 청렴 강직하고 지조를 굳게 지켰으며, 자신의 지향과 다른 사람하고는 비록 고귀한 자라도 교제하지 않았다. 信陽侯 陰就(음취)가 여러 번 예물을 보내 초치하였어도 악회는 거절하며 답례하지 않았다.

原文

後仕本郡吏, 太守坐法誅, 故人莫敢往, 恢獨奔喪行服, 坐以抵罪. 歸, 復爲功曹, 選擧不阿, 請托無所容. 同郡楊政數衆毁恢, 後擧政子爲孝廉, 由是鄕里歸之. 辟司空牟融府. 會蜀郡太守第五倫代融爲司空, 恢以與倫同郡, 不肯留, 薦潁川, 杜安而退. 諸公多其行, 連辟之, 遂皆不應.

| **註釋** | ㅇ第五倫(제오륜) – 41권, 〈第五鍾離宋寒列傳〉에 立傳. ㅇ諸公多其行 – 多는 아름답게 여기다. 칭찬하다. 본문과 상관은 없지만 多에는 '戰功' 이란 뜻도 있다.

[國譯]

뒷날 악회는 本郡(河東郡)의 관리가 되었는데, 太守가 법을 어겨 처형되자 아무도 왕래하는 사람이 없었으나 악회만은 홀로 조문하고 복상하였기에 연좌되어 처벌받았다. 돌아와서는 다시 郡의 功曹가 되었는데 천거를 받으려고 아부하지도 않았고 청탁도 받아들이지 않았다. 同郡의 楊政(양정)이란 사람이 대중 앞에서 여러 번 악회를 헐뜯었지만 나중에 양정의 아들을 孝廉(효렴)으로 천거하게 하자, 향리 사람들은 악회를 신임하였다. 牟融(모융)의 司空府에서 악회를 초빙하였다. 그때 蜀郡太守였던 第五倫(제오륜)이 모융의 후임으로 司空이 되자, 악회는 제오륜과 같은 郡 출신이라 하여 계속 근무하지 않고 潁川郡의 杜安(두안)을 천거하고서 퇴임하였다. 많은 사람들이 그의 행실을 칭찬하였고, 이후 연이어 부름을 받았지만 끝내 응하지 않았다.

原文

後徵拜議郎. 會車騎將軍竇憲出征匈奴, 恢數上書諫爭, 朝廷稱其忠. 入爲尙書僕射. 是時河南尹王調,洛陽令李阜與竇憲厚善, 縱舍自由. 恢劾奏調,阜, 並及司隸校尉. 諸所刺擧, 無所迴避, 貴戚惡之. 憲弟夏陽侯瓌欲往候恢, 恢謝不與通. 憲兄弟放縱, 而忿其不附己. 妻每諫恢曰, "昔人有容身避害, 何必以言取怨?" 恢歎曰, "吾何忍素餐立人之朝乎!" 遂上疏諫曰,

「臣聞百王之失, 皆由權移於下. 大臣持國, 常以勢盛爲咎. 伏念先帝, 聖德未永, 早棄萬國. 陛下富於春秋, 纂承大業, 諸舅不宜幹正王室, 以示天下之私. 經曰, '天地乖互, 衆物夭傷. 君臣失序, 萬人受殃.' 政失不救, 其極不測. 方今之宜, 上以義自割, 下以謙自引. 四舅可長保爵土之榮, 皇太后永無慙負宗廟之憂, 誠策之上者也.」

書奏不省.

| **註釋** | ㅇ議郎 - 郎官은 황제 시종과 호위, 각종 심부름을 담당하며, 고유한 행정업무가 없는 職役의 총칭. 議郎(황제 측근의 낭관), 中郎(조정에서 근무하는 낭관), 侍郎(황제 호위), 郎中(궁중에서 근무하는 낭관)의 구분이 있다. 질록은 6백석에서 4백석. 議郎은 光祿大夫의 속관으로 정원이 없다. 황제의 顧問에 應對하며 일정한 職役이 없고 명을 받아 使者로 나가 일을 처리한다. 郎官 중 지위가 상대적으로 높아 질록은 6백석이다. ㅇ陛下富於春秋 - 春秋는 나이. 남아있는 나이가 많다. 곧 젊다. ㅇ四舅 - 章德竇皇后의 친정 형제인 竇憲 등 4형제.

[國譯]

(樂恢는) 뒷날 부름을 받아 議郎을 제수 받았다. 그때 車騎將軍 竇憲(두헌)이 흉노족을 원정하였는데 악회는 여러 번 간쟁하는 상소를 올렸고 조정에서는 그의 충정을 칭송하였다. 악회는 尙書僕射가 되었다. 이때 河南尹인 王調(왕조), 洛陽 현령인 李阜(이부)와 두헌은 아주 가까웠고 멋대로 방종하였다. 악회는 왕조와 이부, 그리고 司隷校尉를 탄핵하는 상주를 올렸다. 악회는 탄핵할 일을 회피하지 않

았기에 貴戚들은 악회를 증오하였다. 두헌의 동생인 夏陽侯 竇瓌(두괴)는 악회와 교제하려 하였으나 악회는 거절하며 왕래하지 않았다. 두헌 형제는 방종하면서 자신 편이 아닌 자들에게 분노했다. 악회의 처는 매번 악회를 만류하면서 말했다. "옛사람은 자신을 돌보면서 피해갈 줄도 알았는데, 왜 기어이 남의 원망을 들으려 하십니까?" 그러자 악회가 탄식하였다. "내가 어찌 조정에서 자리나 차지하고 지낼 수 있겠는가!" 그리고서는 다시 간쟁하는 상소를 올렸다.

「臣이 알기로, 모든 王者가 권력을 아랫사람에게 넘기면 실패합니다. 大臣이 국권을 쥐게 되면 그 권세로 악행을 저지릅니다. 제 생각으로 선제께서 聖德으로 다스리신 기간이 길지 않았는데도 일찍 붕어하셨습니다. 陛下께서는 젊으신 나이에 대업을 계승하셨고, 폐하의 외숙들은 황실의 정치를 바로잡지 못하고 천하를 私物로 생각하고 있습니다. 그래서 경전에서도 '天地가 서로 어긋나면 만물이 일찍 죽거나 상하게 된다. 君臣이 次序를 잃는다면 만백성이 그 재앙을 당한다.' 고 하였습니다. 정사가 잘못되었는데도 바로잡지 않는다면 그 끝을 예측할 수 없습니다. 지금 응당 해야 할 일은 皇上은 大義로 私恩을 끊어야 하고, 아래에서는 대의로 자신을 억제해야 합니다. 황제의 외숙 4인은 자신의 작위와 식읍의 영광을 오래 보존해야 하고, 皇太后께서는 종묘 선조의 우려에 부끄러운 일이 있어서는 안 될 것이오니 이것을 가장 우선해야 합니다.」

상주는 받아들여지지 않았다.

原文

時竇太后臨朝, 和帝未親萬機, 恢以意不得行, 乃稱疾乞骸骨. 詔賜錢, 太醫視疾. 恢薦任城郭均,成陽高鳳, 而遂稱篤. 拜騎都尉, 上書辭謝曰,

「仍受厚恩, 無以報效. 夫政在大夫, 孔子所疾, 世卿持權, 《春秋》以戒. 聖人懇惻, 不虛言也. 近世外戚富貴, 必有驕溢之敗. 今陛下思慕山陵, 未遑政事. 諸舅寵盛, 權行四方. 若不能自損, 誅罰必加. 臣壽命垂盡, 臨死竭愚, 惟蒙留神.」

詔聽上印綬, 乃歸鄉里. 竇憲因是風厲州郡迫脅, 恢遂飮藥死. 弟子縗絰挽者數百人, 衆庶痛傷之. 後竇氏誅, 帝始親事, 恢門生何融等上書陳恢忠節, 除子己爲郎中.

| **註釋** | ㅇ孔子所疾 - 「孔子曰, "天下有道, 則禮樂征伐自天子出, ~ 天下有道, 則政不在大夫. 天下有道, 則庶人不議."」《論語 季氏》. ㅇ懇惻(간측) - 진정으로 측은히 여기다. ㅇ思慕山陵 - 山陵은 先帝 능묘. ㅇ縗絰挽者 - 縗絰(최질)은 상복. 挽은 運柩(운구)하다.

[國譯]

그때 竇太后가 臨朝하며 和帝는 萬機를 친람하지 않았는데, 악회는 뜻을 이룰 수가 없자 병을 핑계로 사임을 청원하였다. 조시로 금전을 하사하고 太醫를 보내 진찰케 하였다. 악회는 任城國의 郭均(곽균), 成陽國의 高鳳(고봉)을 천거한 뒤에 병이 위중하다고 하였다. 이에 조정에서는 악회에게 騎都尉를 제수하자, 악회는 상서하여 사양하였다.

「늘 후한 皇恩을 입고서도 보답할 수가 없습니다. 大夫가 정사를 장악한 것을 孔子께서도 싫어했으며 卿이 대를 이어 국권 장악도 《春秋》에서는 경계하였습니다. 聖人께서는 정말로 성의를 다 하시기에 虛言을 하지 않습니다. 요즈음 外戚이 富貴를 누리니 틀림없이 교만이 넘쳐 패망에 이를 것입니다. 폐하께서는 先帝를 추모하시느라 정사를 챙길 경황이 없습니다. 여러 외숙에 대한 은총이 극성하여 사방에 그 권세를 부리고 있습니다. 만약 스스로 겸손하지 않는다면 틀림없이 형벌을 받게 될 것입니다. 臣의 壽命이 이제 다 되었습니다만 죽기 직전 저의 어리석은 마음이지만 폐하께서 유념하여 주시기 바랍니다.」

조서로 인수 반환을 수락하였고, 악회는 곧 향리로 돌아왔다. 두헌은 州郡에 암시를 주었고, 주군에서는 악회를 협박하자 악회는 음독 약을 먹고 자살하였다.

弟子로 상복을 입고 운구한 자가 수백 명이었고 많은 사람들이 애통해 하였다. 뒷날 竇氏 일족이 처형되자, 악회의 문생 何融(하유) 등이 악회의 忠節을 진정하자, 약회의 아들 樂己(악기)에게 郎中을 제수하였다.

❹ 何敞

原文

何敞字文高, 扶風平陵人也. 其先家于汝陰. 六世祖比干,學《尙書》於朝錯, 武帝時爲廷尉正, 與張湯同時. 湯持法深而比干務仁恕, 數與湯爭, 雖不能盡得, 然所濟活者以千數. 後遷丹陽都尉, 因徙居平陵. 敞父寵, 建武中爲千乘都尉, 以病免, 遂隱居不仕.

| 註釋 | ㅇ家于汝陰 - 家는 동사로 쓰였다. 汝陰(여음)은 汝南郡의 현명. 今 安徽省 서북부 阜陽市. 安徽省에서 人口 最多 도시. ㅇ樂安國(千乘國, 靑) - 治所 臨濟縣, 今 山東省 淄博市 관할 高靑縣. 前漢 天乘郡.

[國譯]

何敞(하창)의 字는 文高로 右扶風 平陵縣 사람이다. 그 조상은 汝陰縣(여음)에 살았다. 六世祖인 何比干(하비간)은 朝錯〔조조, 晁錯(조조)〕로부터 《尙書》를 배웠고 武帝 때 廷尉正이었는데 張湯(장탕)과 같이 근무하였다. 장탕은 법을 엄격하게 적용 집행하였지만 하비간은 인자와 관용을 베풀어 여러 번 장탕과 논쟁을 하였으며, 비록 매번 이기지는 못하였으나 그가 살린 사람이 수천 명에 달했다. 하비간은 뒷날 丹陽郡 都尉를 역임하고 平陵縣으로 이사하였다. 하창의 부친 何寵(하총)은 建武 연간에 千乘郡의 都尉였는데 병으로 사임한 뒤에 은거하며 출사하지 않았다.

原文

敞性公正. 自以趣舍不合時務, 每請召, 常稱疾不應. 元和中, 辟太尉宋由府, 由待以殊禮. 敞論議高, 常引大體, 多所匡正. 司徒袁安亦深敬重之. 是時京師及四方累有奇異鳥獸草木, 言事者以爲祥瑞. 敞通經傳, 能爲天官, 意甚惡之.

乃言於二公曰, "夫瑞應依德而至, 災異緣政而生. 故鸜鵒來巢, 昭公有乾侯之戹, 西狩獲麟, 孔子有兩楹之殯. 海鳥避風, 臧文祀之, 君子譏焉. 今異鳥翔於殿屋, 怪草生於庭際, 不可不察."

由,安懼然不敢答. 居無何而肅宗崩.

| 註釋 | ○袁安(원안) - 45권, 〈袁張韓周列傳〉 立傳. ○鸜鵒來巢, 昭公有乾侯之戹 - 鸜鵒(구욕)은 九官鳥. 魯 昭公(소공)이 乾侯(건후)로 쫓겨날 액운. 戹은 좁을 액. 액운. 고생하다. 危難. ○西狩獲麟 - 《春秋》 哀公 14년 봄, '西狩獲麟' 했다는 말을 듣고 공자는 눈물을 흘리며 '나의 道가 다했다(吾道窮矣).' 라고 말했고, 그 7일 뒤에 공자는 別世했다. 兩楹之殯(양양지빈)은 두 기둥사이에 시신을 염한 관을 놓아두다. 孔子의 죽음. ○臧文祀之 - 魯의 臧文仲은 사람을 시켜 海鳥를 위한 제사를 지내게 했다.

[國譯]

何敞(하창)은 천성이 公正했다. 자신의 취향이 時務에 안 맞는다고 생각하여 관직 초청에 병을 이유로 응하지 않았다. (章帝) 元和 연간에, 宋由(송유)의 太尉府에서 초빙했고, 송유는 특별히 예우하였다. 하창은 의론을 잘했는데 늘 그 大體를 논하면서 바로잡는 것이 많았다. 司徒 袁安(원안) 역시 하창을 정중히 공경하였다. 이때 京師와 사방에서 여러 가지 기이한 鳥獸(조수)나 草木이 많이 출현했는데 많은 사람들이 상서로운 일이라고 말했다. 하창은 경서에도 박통했고 천문에도 밝았지만 이런 언급을 매우 증오하였다.

그래서 송유와 원안에게 말했다. "상서로운 일은 德을 베풀어야 출현하는 것이고, 災異는 정치에 따라 발생합니다. 그래서 구관조가 옛 둥지에 돌아온 것을 (魯) 昭公이 乾侯(건후)에서 액운을 당할 것이라 하였고 魯에서 西狩獲麟(서수획린)하자, 孔子가 며칠 후에 별세하였습니다. 海鳥가 폭풍을 피해 모여 있는 것을 길조라 해석하여 (魯) 臧文仲이 제사를 지내게 하자 君子들이 이를 비웃었습니다. 지금 이상한 새들이 궁궐 지붕에 모여들고 괴상한 풀이 뜰에 자라는 것을 심각하게 생각하지 않을 수 없습니다."

송유와 원안은 너무 놀라서 감히 대꾸하지 못했다. 얼마 뒤에 肅宗(章帝)이 붕어했다.

原文

時竇氏專政, 外戚奢侈, 賞賜過制, 倉帑爲虛. 敞奏記由曰,

「敞聞事君之義, 進思盡忠, 退思補過. 歷觀世主時臣, 無不各欲爲化, 垂之無窮, 然而平和之政萬無一者, 蓋以聖主賢臣不能相遭故也. 今國家秉聰明之弘道, 明公履晏晏之純德, 君臣相合, 天下翕然, 治平之化, 有望於今. 孔子曰, '如有用我者, 三年有成.' 今明公視事, 出入再閒, 宜當克己, 以酬四海之心. 《禮》, 一穀不升, 則損服徹膳. 天下不足, 若

已使然. 而比年水旱, 人不收穫, 涼州緣邊, 家被凶害, 男子疲於戰陳, 妻女勞於轉運, 老幼孤寡, 歎息相依, 又中州內郡, 公私屈竭, 此實損膳節用之時. 國恩覆載, 賞賚過度, 但聞臘賜, 自郎官以上, 公卿王侯以下, 至於空竭帑藏, 損耗國資. 尋公家之用, 皆百姓之力. 明君賜賚, 宜有品制, 忠臣受賞, 亦應有度, 是以夏禹玄圭, 周公束帛. 今明公位尊任重, 責深負大, 上當匡正綱紀, 下當濟安元元, 豈但空空無違而已哉! 宜先正己以率群下, 還所得賜, 因陳得失, 奏王侯就國, 除苑囿之禁, 節省浮費, 賑恤窮孤, 則恩澤下暢, 黎庶悅豫, 上天聰明, 必有立應. 使百姓歌誦, 史官紀德, 豈但子文逃祿, 公儀退食之比哉!」

由不能用.

| 註釋 | ㅇ倉帑爲虛 - 倉帑은 國庫. 帑은 금고 탕. ㅇ晏晏之純德 - 晏晏(안안)은 온화하다. ㅇ如有用我者 ~ -「子曰, "苟有用我者, 期月而已可也, 三年有成."」《論語 子路》. ㅇ家被凶害 - 家는 국가. 당시 서강족의 침입이 계속되고 있었다. ㅇ疲於戰陳 - 疲는 지칠 피. 괴로워하다. 戰陳은 戰陣. ㅇ中州內郡 - 邊方外郡이 아닌 지역. ㅇ賞賚過度 - 賞賚는 시상. 賞賜. 賚는 줄 뇌(뢰). ㅇ但聞臘賜 - 臘賜는 12월의 하사품. 곧 연말 상여금 성격의 하사품인데, 대장군과 삼공은 금전 20만, 牛肉 2백 근, 粳米(갱미) 2백 斛(곡)을 하사했고, 卿은 금전 10만, 侍中, 將, 大夫들은 금전 2만, 질록 천석과 6백석 관리는 각 7천 전, 虎賁郎과 羽林郎은 2인에 3천 전을 하사했다는 기록이 있다. ㅇ下當濟安元元 - 濟는 제도하다. 이끌다. 元元은 백성. ㅇ空空無違 - 空空은 성실한 모양. 無違는 법도를 어기지 않다.

太尉라는 고위직이 단순히 성실히 법도를 지키는 것으로 끝나서는 안 된다는 뜻. ○子文逃祿 – 楚의 令尹(宰相)인 子文은 다음 날 끼니를 걱정할 정도였으나 봉록을 받는 날에 봉록을 받지 않으려고 도망 다녔다고 한다. ○公儀退食 – 魯의 公儀休(공의휴)는 아내가 채소를 직접 재배하고, 직접 옷감을 짜자, 서민의 이득을 빼앗는 것이라 하여 밭의 채소를 뽑아버리고 베틀을 불태웠다고 한다.

【國譯】

그때 竇氏(두씨) 일족이 권력을 오로지하면서 외척은 사치하고 下賜는 규정을 크게 초과하니 국고가 바닥이 났다. 何敞(하창)은 太尉 宋由(송유)에게 글을 올려 말했다.

「제가 알기로, 事君하는 대의는 의사를 건의하며 충성을 다하고 물러나서는 잘못을 보완한다고 하였습니다. 前代의 주군과 신하의 행적을 볼 때, 교화의 실천과 함께 영원토록 유지할 방도를 아니 생각한 사람이 없었지만 태평 정치가 거의 없는 까닭은 아마도 聖主와 賢臣이 서로 함께 만나지 못했기 때문일 것입니다. 지금 皇帝께서는 총명한 大道를 바로 세우시고 明公은 온화 순수한 덕행을 실천하면서 君臣이 하나로 합심하니, 천하가 안정되고 청명한 통치와 교화를 성취하여 지금이 바로 태평성대를 이룩할 때라고 생각됩니다. 孔子께서도 '만약 나를 등용한다면 3년이면 성취할 수 있나.' 고 말했습니다. 明公(太尉)께서는 업무를 맡아 조정에 출입하신 지 2년이 넘었으니 응당 克己하면서 천하의 민심에 순응하셔야 합니다. 《禮記》에 일 년이라도 풍년이 들지 않으면, 옷과 음식을 줄인다고 하였습니다. 天下가 풍족하지 않다면 한 개인도 그렇게 해야 합니다. 몇 년 연속 수해와 가뭄이 들어 백성은 추수를 하지 못하고 涼州 관내 변경에서는 외적 침입이 있어 男子는 戰線에서 고생하고, 여인들은 군량 운반에 동원되었고, 노약자들은 서로 탄식하고 있습니다. 또 中州의 內郡에서는 公家나 私人의 재산이 바닥났으니, 이때야말로 음식을 줄이고 씀씀이를 절약해야 할 때입니다. 國恩은 온 나라를 포용해야 하는데, 賞賜가 지나치게 많아 지난 12월 臘祭(납제)를 마친 다음에 郎官 이상 公卿과 王侯 이하에 재물을 하사하여 국고가 텅 비고 나라의 자산마저 다 소모되었다고 합니다. 公家의 지출이란 것은 결국 百姓의 財力입니다. 명철하신 主君의 하사이니 응당 법제에 맞아야 하고, 충신으로 받는 하사도 응당 법도가 있어야 하기에 夏禹는 玄圭(현규)를, 周公은 束帛(속백)을 받았습니다. 지금 明公께서는 높은 지위와 막중한 임무에 크고 무한한 책임을 지고 있어 위로는 국가기강을 바로잡아야 하고, 아래로는 백성을 편안하게 이끌어야 하니, 어찌 성실하게 법도를 따르는 것으로 그 직분이 끝나겠습니까! 응당 먼저 자신을 바로잡은 뒤에 모든 아랫사람들을 이끌어야 하니, 이미 하사받은 것을 국고에 반환하면서 득실을 진술하고 王侯는 封國으로 歸任케 하며, 禁苑(금원)에 대한 백성 출입금지를 해제하고, 긴급하지 않은 비용 지출을 억제하며 가난하고 힘들게 사는 백성을 구휼한다면 聖君의 은택이 아래까지 내려와 백성들이 기뻐할 것이니 총명한 上天에서 즉각 응답이 있을 것입니다. 그리하여 백성으로 하여금 聖恩을 노래하고 史官은 은덕을 기록할 것이니, 어찌 (楚) 子文(자문)이 봉록을 받지 않은 것과 (魯) 公儀休(공의휴)가 반찬을 못 올리게 한 것과 비교되겠습니까!」

原文

時齊殤王子都鄕侯暢奔吊國憂, 上書未報, 侍中竇憲遂令人刺殺暢於城門屯衛之中, 而主名不立. 敞又說由曰,

"劉暢宗室肺府, 茅土藩臣, 來吊大憂, 上書須報, 親在武衛, 致此殘酷. 奉憲之吏, 莫適討捕, 蹤多不顯, 主名不立. 敞備數股肱, 職典賊曹, 故欲親至發所, 以糾其變, 而二府以爲故事三公不與賊盜. 昔陳平生於征戰之世, 猶知宰相之分, 云'外鎭四夷, 內撫諸侯, 使卿大夫各得其宜'. 今二府執事不深惟大義, 惑於所聞, 公縱姦慝, 莫以爲咎. 惟明公運獨見之明, 昭然勿疑, 敞不勝所見, 請獨奏案."

由乃許焉. 二府聞敞行, 皆遣主者隨之, 於是推擧具得事實, 京師稱其正.

| **註釋** | ㅇ奔吊國憂 – 國憂는 國喪, 당시 章帝가 붕어하여 國喪 중이었다. ㅇ宗室肺府 – 肺府(폐부)는 肺腑(폐부), 天子의 먼 親屬. ㅇ上書須報 – 須는 기다리다. ㅇ外鎭四夷~ – 《漢書》 40권, 〈張陳王周傳〉의 〈陳平傳〉 참고.

[國譯]

그때 齊 殤王(상왕)의 아들 都鄕侯 劉暢(유창)은 국상에 조문하려고 상서하였으나 회신을 받지 못했는데, 侍中 竇憲(두헌)은 사람을 보내 유창을 성문 초소(哨所, 屯衛)에서 척살하였으나 그 일을 주도한 관리 이름을 밝히지 않았다. 이에 하창은 또 宋由(송유)를 설득하였다.

"劉暢(유창)은 宗室의 일족이며 茅土(모토)를 받은 藩臣(번신)으로 국상에 조문하고자 상서를 올리고 회보를 기다리며 屯衛에 있었는데 그를 찔러 죽인 것은 너무 잔혹한 처사입니다. 법을 집행할 관리가 어디에 가서 주모자를 잡아야 할지, 또 범인의 종적도 모르고 일을 시킨 자가 누구인지도 알려지지 않았습니다. 비록 敞(창)이 숫자나 채우는 屬吏이지만, 제 직무가 범인 색출 부서(賊曹)이니 직접 사건현장에 나가 검사하고자 하오나, (司徒와 司空의) 二府에서는 전례에 따라 三公은 도적 체포의 책임이 없다고 합니다. 옛날에 陳平(진평)은 漢初 전쟁에 계속되는 시대에 살았지만, 재상의 역할을 잘 알고 있어 (文帝의 질문에) '(승상은) 밖으로 四夷를 진압하고 국내적으로는 諸侯를 진무하며, 卿大夫로 하여금 자기 직무를 다하게 하는 것' 이라고 하였습니다. 지금 二府의 담당자들은 大義을 잘 알지 못하고 들은 말에만 현혹되어 공공연히 간악한 자를 방종하니 죄를 짓고 있는 것입니다. 다만 明公께서는 獨見之明을 발휘하시어 태도를 분명히 하시고 의심치 않으신다면 제가 파악한 사실 그대로 상주하겠습니다."

송유는 하창의 말을 수락하였다. 二府에서는 하창의 출장을 알고서 담당자를 보내 수행하였고 구체적으로 사실을 밝혀내자 경사에서는 하창의 공정한 업무처리를 칭송하였다.

原文

以高第拜侍御史. 時遂以竇憲爲車騎將軍, 大發軍擊匈奴, 而詔使者爲憲弟篤,景並起邸第, 興造勞役, 百姓愁苦. 敞上疏諫曰,

「臣聞匈奴之爲桀逆久矣. 平城之圍, 嫚書之恥, 此二辱

者, 臣子所爲捐軀而必死, 高祖,呂后忍怒還忿, 舍而不誅. 伏惟皇太后秉文母之操, 陛下履晏晏之姿, 匈奴無逆節之罪, 漢朝無可慙之恥. 而盛春東作, 興動大役, 元元怨恨, 咸懷不悅. 而猥復爲衛尉篤,奉車都尉景繕修館第, 彌街絶里. 臣雖斗筲之人, 誠竊懷怪, 以爲篤,景親近貴臣, 當爲百僚表儀. 今衆軍在道, 朝廷焦唇, 百姓愁苦, 縣官無用, 而遽起大第, 崇飾玩好, 非所以垂令德, 示無窮也. 宜且罷工匠, 專憂北邊, 恤人之困.」

書奏不省.

|註釋| ㅇ桀逆 - 桀은 사납다. 逆은 반역, 대결하다. 거스르다. ㅇ平城之圍 - 고조 7년(前 200)에 흉노를 원정하다가 代郡 平城縣(今 山西省 북부 大同市)의 북쪽 白登山에서 포위되어 위기에 처했었다. 이때 흉노선우는 冒頓(묵독)은 이었다. 冒頓(묵독, 묵돌. 묵특, ? - 前 174, mò dú, 墨毒)이라는 音讀에 의거 우리말은 '묵독' 으로 표기한다. ㅇ嫚書之恥 - 嫚書는 흉노선우가 呂后에서 보낸 오만무례한 서신. 嫚은 업신여길 만. 더럽히다. 高后 때 흉노 선우는 고조가 죽고 없으니 같이 즐기며 지내는 것이 어떠냐는 오만무례한 서신을 보냈지만 한에서는 그냥 무시하였다. ㅇ文母之操 - 周 文王의 왕비 太姒(태사). ㅇ盛春東作 - 盛春에 耕作하다. ㅇ斗筲之人 - 局量이 좁은 사람. 斗는 1말(20리터 정도). 筲는 2升짜리 대나무 바구니. 筲는 대그릇 소. ㅇ縣官無用 - 縣官은 국가. 나라 재정이 궁핍하다.

[國譯]

何敞(하창)은 (근무평정의) 우수한 석차로 侍御史가 되었다. 그때

竇憲(두헌)은 車騎將軍이 되어 대대적으로 군사를 동원하여 흉노를 토벌하였으며, 조서로 사자를 보내 두헌의 동생인 竇篤(두독)과 竇景(두경)을 위한 대저택을 함께 짓게 하였는데, 집 짓는 노역에 동원되는 백성의 고통이 심했다. 이에 하창은 이를 간하는 상소를 올렸다.

「臣이 알기로, 匈奴의 사나운 반역행위는 오래되었습니다. (高祖께서) 平城에서 포위되었던 일과 (흉노 선우가 보낸) 嫚書(만서)의 치욕, 이 두 가지는 臣子가 몸을 죽여서라도 꼭 설욕해야 할 일이었는데도 高祖와 呂后께서는 분노를 참고 견디면서 흉노를 무시하고 토벌하지 않았습니다. 신의 생각으로, 皇太后(竇太后)께서는 文母(문모)의 조행을 갖고 계시며, 폐하께서는 평정하신 마음으로 통치하시고, 匈奴도 지금은 반역의 죄를 저지르지 않고 있으며 우리 조정도 부끄러운 치욕을 당한 것도 없습니다. 그리고 지금 봄이라서 한창 농사일을 해야 하는데 큰 戰役을 일으켜 동원하니 백성 모두가 원한을 갖고 마음으로 좋아하지 않습니다. 이런데도 또 衛尉인 竇篤(두독)과 奉車都尉인 竇景(두경)의 대 저택을 새로 지으며 가도를 막고 마을을 끊어버렸습니다. 臣은 비록 보잘 것 없는 소인이나 참으로 해괴한 일이며, 두독과 두경은 폐하의 親近란 貴臣으로 응당 모든 관리의 본보기가 되어야 합니다. 지금 많은 군사가 출정 중이고 조정에서는 입술이 탈 정도로 초조하고 백성들이 고생하며 나라에서는 재정이 부족한데 갑자기 대 저택을 지으며 온갖 치장에 즐길 시설마저 꾸미니, 이는 폐하의 미덕을 전하고 후세의 본보기가 될 수 없습니다. 응당 공사를 중단하고 북쪽 원정에 전념하거나 백성의 궁핍을 구제해야 합니다.」

상소가 올라갔으나 읽지 않았다.

原文

後拜爲尚書, 復上封事曰,

「夫忠臣憂世, 犯主嚴顏, 譏刺貴臣, 至以殺身滅家而猶爲之者, 何邪? 君臣義重, 有不得已也. 臣伏見往事, 國之危亂, 家之將凶, 皆有所由, 較然易知. 昔鄭武姜之幸叔段, 衛莊公之寵州吁, 愛而不教, 終至凶戾. 由是觀之, 愛子若此, 猶饑而食之以毒, 適所以害之也.

伏見大將軍憲, 始遭大憂, 公卿比奏, 欲令典幹國事. 憲深執謙退, 固辭盛位, 懇懇勤勤, 言之深至, 天下聞之, 莫不悅喜. 今踰年無幾, 大禮未終, 卒然中改, 兄弟專朝. 憲秉三軍之重, 篤,景總宮衛之權, 而虐用百姓, 奢侈僭偪, 誅戮無罪, 肆心自快. 今者論議凶凶, 咸謂叔段,州吁復生於漢.

臣觀公卿懷持兩端, 不肯極言者, 以爲憲等若有匪懈之志, 則己受吉甫褒申伯之功, 如憲等陷於罪辜, 則自取陳平, 周勃順呂后之權, 終不以憲等吉凶爲憂也. 臣敞區區, 誠欲計策兩安, 絶其擾擾, 塞其涓涓, 上不欲令皇太后損文母之號, 陛下有誓泉之譏, 下使憲等得長保其福佑. 然臧獲之謀, 上安主父, 下存主母, 猶不免於嚴怒. 臣伏惟累祖蒙恩, 至臣八世, 復以愚陋, 旬年之間, 歷顯位, 備機近, 每念厚德, 忽然忘生.

雖知言必夷滅, 而冒死自盡者, 誠不忍目見其禍而懷默苟全. 駙馬都尉瓌, 雖在弱冠, 有不隱之忠, 比請退身, 願抑家權. 可與參謀, 聽順其意, 誠宗廟至計, 竇氏之福.」

| **註釋** | ㅇ武姜之幸叔段 – 春秋시대 鄭 武公은 그 夫人 武姜(무강)은 막내아들 叔段(숙단)을 애지중지하였는데 나중에 큰아들 莊公이 즉위한 뒤에 무강은 숙단의 군사를 이끌고 鄭 莊公을 공격하였다. ㅇ衛莊公之寵州吁 – 衛 莊公은 서자인 州吁(주우)를 총애하고 엄히 가르치지 않았는데 나중에 적장자 桓公이 즉위하자, 주우는 군사를 일으켜 환공을 죽이고 나라를 탈취하였다. ㅇ猶饑而食之以毒 – 굶주린 사람이라도 烏頭(오두, 독초)는 먹지 않는다. ㅇ吉甫褒申伯之功 – 吉甫褒 申伯(신백)은 周 선왕의 외숙으로 훌륭한 덕의 소유자였고, 이를 尹吉甫는 칭송하였다. ㅇ自取陳平,周勃順呂后之權 – 陳平(진평)과 周勃(주발)은 呂后의 권력에 순응하면서 때를 기다렸다가 여후가 죽자마자 呂氏 일족을 제거하고 文帝를 영입하였다. ㅇ絶其撓撓 – 撓撓(요뇨)는 흔들리는 모양. ㅇ誓泉之譏 – 앞서 말한 鄭 莊公은 모친 무강에게 '황천이 아니라면 다시 만날 일 없을 것' 이라고 말했다. ㅇ臧獲之謀 – 臧獲(장획)은 노비. 臧은 남자 종. 착할 장. 獲은 계집 종. 얻을 획.

[國譯]

뒷날 하창은 尙書가 되었는데 다시 밀봉한 상소를 올렸다.

「忠臣이 세상을 걱정하고 주군의 심기를 건드리며 고귀한 신하를 비판하여 殺身하고 일족이 파멸되어도 계속하려는 이유가 무엇이겠습니까? 君臣의 의리는 막중하기에 그만둘 수 없기 때문입니다. 臣이 지나간 일을 생각해보면 나라의 위기나 혼란, 가문의 흉사는 모두 연유가 있기에 비교적 쉽게 알 수 있습니다. 옛날 鄭나라 왕비 武姜(무강)이 叔段(숙단)을 총애하고, 衛나라 莊公은 州吁(주우)를 총애하면서 엄히 교육하지 않았기에 뒷날 흉한 꼴을 보았습니다. 이를 본다면, 아들을 편애하는 것은 마치 굶주려 배고프다고 독약을 먹는 것처럼 해로울 뿐입니다.

제가 볼 때 大將軍 竇憲(두헌)은 나라가 어려움을 처했을 때(章帝의 붕어) 公卿들은 그가 국정을 주관하기를 연이어 상주하였습니다. 그러나 두헌은 굳은 의지와 겸양으로 높은 지위를 사양하였고 성심성의로 근면하였으며, 언사도 매우 신중하였기에 천하가 알고서 좋아하지 않는 사람이 없었습니다. 그러나 해가 바뀌고 얼마 되지 않아 大禮(章帝의 3년상)이 끝나기도 전에 갑자기 변하여 형제가 조정의 전권을 장악하였습니다. 두헌은 三軍을 지휘하는 중책을, 아우인 두독과 두경은 궁궐 수비의 권력을 쥐고서 백성을 학대하고 사치하며 참월할 뿐만 아니라 무죄한 백성을 죽이며 마음 내키는 대로 행동하고 있습니다. 지금 백성들의 의논이 흉흉하여 모두가 叔段(숙단)과 州吁(주우)가 漢에서 다시 살아났다는 말을 합니다.

臣이 볼 때 公卿들은 이쪽저쪽 눈치를 보면서 아무도 극단적인 말을 하지는 않지만 두헌 등이 만약 견고한 의지로 국정을 잘 이끌면 자신이 尹吉甫(윤길보)가 (周 宣王의 외숙인) 申伯(신백)을 칭송하는 공을 세우려 하지만 만약 두헌이 큰 잘못을 범하면 자신들은 陳平(진평)과 周勃(주발)이 呂后의 권력에 순응하는 길을 택할 것이나 결국 두헌 등은 길흉이 어떻든 걱정할 수밖에 없습니다. 臣 敞(창)은 능력이 없으나 그래도 어떻게 하든 두씨 일족으로 하여금 흔들리지 않고 또 그 연원이 큰 흐름이 되지 않게 하며, 위로는 황태후의 文母라는 영광을 훼손치 않고 폐하는 황천이 아니라면 다시 만날 일이 없을 것이라는 말을 하지 않으며, 아래로는 두헌 등이 오랫동안 복록을 누릴 수 있기를 바랄 뿐입니다. 그렇지만 미천한 저의 책모는 위로는 主父를 안전케 하고, 아래로는 主母를 위한다 하더라도 엄한 책만을 면치 못할 것입니다. 臣은 조상 대대로 은덕을 입어 8대를 이어왔는데, 이번에 저의 어리석음에도 불구하고 몇 년 동안에 높은 자리에 올랐고 가까이 모시면서 늘 폐하의 은덕을 마음에 새겨 한 시라도 잊은 적이 없습니다.

비록 제 상소로 멸족당할 것이라 생각하면서도 죽음을 무릅쓰고 말씀드리는 것은 닥쳐올 재앙을 눈으로 보면서도 마음에만 품어 차마 구차하게 살아남을 수 없기 때문입니다. 駙馬都尉인 竇瓌(두괴, 두헌의 막내아우)는 겨우 弱冠의 아니지만 숨길 수 없는 충성이 있어 여러 번 사임을 주청하면서 가문의 권세를 억누르려 하였습니다. 폐하께서 데려다 함께 의논하며 의견을 들어본다면 종묘사직을 위한 대계를 마련할 수 있고 두씨 일족에게도 복이 될 것입니다.」

原文

敞數切諫, 言諸竇罪過, 憲等深怨之. 時濟南王康, 尊貴驕甚, 憲乃白出敞爲濟南太傅. 敞至國, 輔康以道義, 數引法度諫正之, 康敬禮焉.

歲餘, 遷汝南太守. 敞疾文俗吏以苛刻求當時名譽, 故在職以寬和爲政. 立春日, 常召督郵還府, 分遣儒術大吏案行屬縣, 顯孝悌有義行者. 及擧冤獄, 以《春秋》義斷之. 是以郡中無怨聲, 百姓化其恩禮. 其出居者, 皆歸養其父母, 追行喪服, 推財相讓者二百許人. 置立禮官, 不任文吏. 又修理鮦陽舊渠, 百姓賴其利, 墾田增三萬餘頃. 吏人共刻石, 頌敞功德.

及竇氏敗, 有司奏敞子與夏陽侯瓌厚善, 坐免官. 永元十二年復徵, 三遷五官中郎將. 常忿疾中常侍蔡倫, 倫深憾之. 元興元年, 敞以祠廟嚴肅, 微疾不齋, 後鄧皇后上太傅禹冢, 敞起隨百官會, 倫因奏敞詐病, 坐抵罪. 卒於家.

| 註釋 | ○濟南王康 - 劉康, 광무제와 곽황후 소생. 사치와 낭비 속에 재위 59년의 장수를 누렸다. 42권, 〈光武十王列傳〉에 立傳. 濟南國 치소는 東平陵縣, 今 山東省 중북부 濟南市 관할 章丘市. ○督郵 - 郡 太守의 속관, 관할 현의 업무를 감찰, 조세 납부 실적, 군사동원 관련 직무도 감사, 太守의 耳目 역할. ○追行喪服 - 부모가 돌아가실 때 상례를 제대로 갖추지 못했다 하여 다시 服喪을 하다. ○鮦陽舊渠 - 鮦陽(동양)은 현명. 今 安徽省 서북부 阜陽市 관할 縣臨泉. 舊渠는 옛 저수지. 洑(보). ○蔡倫(채륜, 63 - 121) - 字 敬仲. 造紙術을 발명. 蔡侯紙. 鄧태후 붕어 후에 음독자살. 78권, 〈宦者列傳〉에 立傳. ○鄧禹(등우, 2 - 58) - 南陽 新野人, 광무제와 가까웠고, 광무제가 蕭何(소하)처럼 믿을 수 있는 사람이라고 생각했다. 後漢 개국에 크게 기여하였으며 '雲臺二十八將'의 첫째. 등우의 아들이 鄧訓, 등훈의 딸이 和帝의 황후인 鄧綏(등수).

[國譯]

何敞(하창)은 여러 차례 간절히 간언하며 두씨 일족의 죄과를 논했기에 두헌 등은 심히 원한을 품고 있었다. 그때 (光武 少子) 濟南

王 劉康(유강)은 존귀하여 심히 교만하였는데, 두헌은 곧 하창을 濟南國 太傅로 전출시켰다. 하창은 제남국에 부임하여 劉康을 도의적으로 보필하며 법도에 맞게 간언하였기에 유강은 하창을 공경하며 예를 지켰다.

1년 뒤에 汝南太守로 승진하였다. 하창은 문관 속리들이 백성에게 각박히 굴며 한때의 명성이나 얻으려는 풍조를 미워하면서 관용과 온화에 의한 정사를 펴나갔다. 立春日에 모든 督郵를 군으로 불러 유학이 심오한 선임 속리와 함께 소속 현을 순찰하면서 부모에 효도하며 형제간 우애롭거나 도의를 실천하는 사람을 발굴케 하였다. 또 冤獄(원옥)이나 소송을 처리하며《春秋》의 대의에 입각하여 처리하였다. 이로써 군내에 아무런 원성이 없었고 백성을 은의와 예의로 교화하였다. 出鄕하여 살던 백성들이 돌아와 부모를 봉양하거나 다시 3년 상을 치른 백성, 그리고 재산을 서로 양보한 자가 2백여 명이나 되었다. 하창은 禮官을 신설하였는데 文吏를 임용하지 않았다. 또 鮦陽縣의 옛 수리시설을 정비하여 개간지가 3만여 頃을 늘렸다. 관리와 백성들이 함께 비석을 세워 하창의 공덕을 칭송하였다.

竇氏 일족이 패망한 뒤 담당자가 하창의 아들이 夏陽侯 竇瓌(두괴)와 친하게 지냈다고 고발하여 하창은 면직되었다. (和帝) 永元 12년(서기 100)에 다시 부름을 받았고 3번 승진하여 五官中郞將이 되었다. 하창은 늘 中常侍 蔡倫(채륜)을 못 마땅히 여겼고 채륜도 하창에게 유감이 많았다. (和帝) 元興 원년에, 하창은 엄숙한 종묘 제사에 몸이 아파 참예하지 못했는데 뒷날 鄧皇后가 太傅 鄧禹(등우)의 무덤에 행차할 때 하창은 일어나 다른 백관과 함께 모임에 참석했었는데, 채륜은 하창이 꾀병으로 종묘 제례에 불참했다고 상주하였고

이 때문에 형벌을 받았다. 하창은 집에서 죽었다.

原文

論曰, 永元之際, 天子幼弱, 太后臨朝, 竇氏憑盛戚之權, 將有呂,霍之變. 幸漢德未衰, 大臣方忠, 袁,任二公正色立朝, 樂,何之徒抗議柱下, 故能挾幼主斷, 勦姦回之偪. 不然, 國家危矣. 夫竇氏之間, 唯何敞可以免, 而特以子失交之故廢黜, 不顯大位. 惜乎, 過矣哉!

| 註釋 | ㅇ永元之際 － 永元은 和帝의 연호. 서기 89 - 104년. 孝和皇帝는 肅宗의 제 4자이다. 생모는 梁貴人이었다. 두황후는 황제를 양육하며 자신의 아들로 여겼다. 화제는 나이 10살에 즉위했고, 황태후가 臨朝(임조)하였으니 두씨 일족이 권력을 잡을 수밖에 없었다. ㅇ呂,霍之變 － 呂后의 일족인 呂祿과 呂産. 霍光의 아들 霍禹의 변란. ㅇ袁,任二公 － 袁安(원안)과 任隗(임외). 원안은 45권, 〈袁張韓周列傳〉에 立傳. 임외는 21권, 〈任李萬邳劉耿列傳〉에 立傳. ㅇ勦姦姦回之偪 － 勦는 끊을 초. 전멸시키다. 노곤할 초. 姦回之偪.

[國譯]

范曄(범엽)의 史論 : (和帝) 영원 연간에 天子가 幼弱하여 (竇)太后가 臨朝하였는데, 竇氏는 이를 빙자하여 외척의 권세를 크게 누렸으니 거의 呂氏 일족이나 霍禹(곽우)와 같은 변괴가 일어날 뻔하였다. 다행히 漢德이 쇠약하지 않아 大臣은 똑바르게 충성을 바쳤고, 袁安

(원안)과 任隗(임외)가 정색을 하고 조정을 이끌고 樂恢(낙회)와 何敞(하창) 같은 무리가 조정에서 간쟁을 하였기에 어린 주군의 결단을 돕고 간악한 무리의 핍박을 끊을 수 있었다. 그렇지 않았으면 나라가 위험했었다. 두씨들이 권력을 잡은 동안 하창만 겨우 형벌을 면했으나 다만 그 아들이 교제를 잘못했기에 폐출되어 높은 자리에 오르지 못했다. 참으로 안타까우니 너무 지나친 처사가 아닐 수 없다.

原文

贊曰, 朱生受寄, 誠不愆義. 公叔辟梁, 允納明刺. 絶交面朋, 崇厚浮僞. 恢擧謗己, 敞非祥瑞. 永言國偪, 甘心彊詖.

| **註釋** | ○絶交面朋 – 朋(붕, 또래)이나 마음을 줄 수 없는 관계를 面朋이라 하고 友(우, 벗)이라 하지만 한마음이 될 수 없다면 面友라고 할 수 있다. ○甘心彊詖 – 彊은 강하게 비판하다. 詖는 아첨할 피. 판별해서 논하다. 치우칠 피.

[國譯]

贊曰,

朱暉(주휘)가 받은 친우의 부탁은 허물이라 할 수 없었다.

公叔(朱穆)은 梁冀(양기)의 부름을 받아 바르게 충간했다.

얼굴만 아는 벗과 절교하는 자도 浮華와 僞善을 떠받든다.

樂恢는 비방한 사람을 천거했고 何敞은 祥瑞를 부정했다.

늘 나라 위기를 걱정하여 甘心으로 권력을 비판했다.

44 鄧張徐張胡列傳
〔등,장,서,장,호열전〕

❶ 鄧彪

原文

鄧彪字智伯, 南陽新野人, 太傅禹之宗也. 父邯, 中興初以功封鄳侯, 仕至勃海太守. 彪少勵志, 修孝行. 父卒, 讓國於異母弟荊鳳, 顯宗高其節, 下詔許焉.

後仕州郡, 辟公府, 五遷桂陽太守. 永平十七年, 徵入爲太僕. 數年, 喪後母, 辭疾乞身, 詔以光祿大夫行服. 服竟, 拜奉車都尉, 遷大司農. 數月, 代鮑昱爲太尉. 彪在位淸白, 爲百僚式. 視事四年, 以疾乞骸骨.

元和元年, 賜策罷, 贈錢三十萬, 在所以二千石奉終其身. 又詔太常四時致宗廟之胙, 河南尹遣丞存問, 常以八月旦奉羊,酒.

| **註釋** | ㅇ新野 – 今 河南省 서남부 南陽市 관할 新野縣. 湖北省과 접경. ㅇ勃海(발해) – 군명. 治所는 南皮縣, 今 河北省 남동부 滄州市 관할 南皮縣. ㅇ鮑昱(포욱) – 29권, 〈申屠剛鮑永郅惲列傳〉에 立傳. ㅇ宗廟之胙 – 胙(제사 지낸 고기 조)는 祭廟肉. 제례를 마치면 異姓에게는 고기를 나눠주고 同姓 참여자는 잔치에 참석하였다. ㅇ八月旦奉羊,酒 – 旦은 旦日, 朔日. 초하루. 羊, 酒는 羊 1마리와 술 二石. 후한의 1石은 약 26kg. 술은 무게로 달아 판매하였다.

[國譯]

鄧彪(등표)의 字는 智伯(지백)으로 南陽郡 新野縣 사람으로, 太傅인 鄧禹(등우)의 문중 사람이다. 부친 鄧邯(등한)은 光武 中興 初의 공훈으로 鄳侯(맹후)에 봉해졌고 출사하여 勃海(발해) 太守를 역임하였다. 등표는 젊어 큰 뜻을 품었고 효행을 실천하였다. 부친이 죽자, 侯國을 異母弟인 鄧荊鳳(등형봉, 혹은 鄧鳳)에게 양보하였는데 顯宗은 그 지조를 높이 평가하여 조서를 내려 허락하였다.

뒷날 州郡에 출사하였고 삼공부의 부름을 받았으며 5번 승진하여 桂陽郡 태수가 되었다. (明帝) 永平 17년 조정에 들어가 太僕이 되었다. 몇 년 뒤, 後母 상을 당하여 병을 이유로 사직을 원하자 조서로 光祿大夫의 직분으로 복상토록 했다. 복상을 마치자 奉車都尉에 제수되었다가 大司農으로 승진하였다. 몇 달 뒤 鮑昱(포욱)의 후임으로 太尉가 되었다. 등표는 재직 중 청렴하였으며 모든 관리의 모범이었고 질병으로 사임코자 했다.

(章帝) 元和 원년에 책서를 내려 면직케 하였고 금전 30만을 하사

하였으며, 거주지에서 죽을 때까지 2천석 관리의 질록을 받게 하였다. 또 太常으로 하여금 4계절에 따라 宗廟에서 제사 지낸 고기를 보내주게 하였고, 河南尹은 관리를 보내 안부를 묻게 하였으며 해마다 8월 초하루에 羊 1마리와 술을 보내주게 하였다.

原文

和帝卽位, 以彪爲太傅, 錄尙書事, 賜爵關內侯. 永元初, 竇氏專權驕縱, 朝廷多有諫爭, 而彪在位修身而已, 不能有所匡正. 又嘗奏免御史中丞周紆, 紆前失竇氏旨, 故頗以此致譏, 然當時宗其禮讓.

及竇氏誅, 以老病上還樞機職, 詔賜養牛酒而許焉. 五年春, 薨於位, 天子親臨吊臨.

| **註釋** | ㅇ錄尙書事 - 前漢의 領尙書事를 개칭. 황제에게 올라가는 모든 문서업무를 주관하는 尙書臺의 尙書令, 이하 상서복야, 상서, 尙書郞 등은 모두 少府 소속이었다. 후한에서 尙書의 권한이 점차 강대하면서 국가 최고의 大臣이 상서 업무를 감독하였다. 곧 錄尙書事는 宰相의 의미로 사용. 상서업무 감독이지 직책을 직접 수행하는 것은 아니다. ㅇ樞機職 - 국가 요직. 樞는 문지도리 추. 문이 열리고 닫히는 주요한 장치(轉軸).

[國譯]

和帝가 즉위하자, 등표는 太傅가 되어 錄尙書事를 겸했으며 關內侯 작위를 받았다. (和帝) 永元 초, 竇氏(두씨) 일족이 정권을 장악하고 교만방자하자 조정에서는 諫爭(간쟁)이 많았지만 등표는 재위 중에 修身만 하였지 바로잡을 수도 없었다. 또 등표는 앞서 두씨 일족의 뜻을 거슬렀던 御史中丞 周紆(주우)를 면직시켜야 한다고 상주했었기에 등표는 비웃음을 샀지만 그래도 당시 禮讓(예양)의 본보기가 되었다.

두씨 일족이 몰락하자 등표는 노환이라며 요직을 사임하였고, 조서로 나라에서 기른 소와 술을 하사하며 사임을 허락하였다. (永元) 5년 봄에 재위 중에 죽었고 天子가 친히 가서 직접 문상하였다.

❷ 張禹

原文

張禹字伯達, 趙國襄國人也. 祖父況族姊爲皇祖考夫人, 數往來南頓, 見光武. 光武爲大司馬, 過邯鄲, 況爲郡吏, 謁見光武. 光武大喜, 曰, "乃今得我大舅乎!" 因與俱北, 到高邑, 以爲元氏令. 遷涿郡太守. 後爲常山關長. 會赤眉攻關城, 況戰歿. 父歆, 初以報仇逃亡, 後仕爲淮陽相, 終於汲令.

| 註釋 | ㅇ趙國襄國 – 趙國의 치소는 邯鄲縣(한단현), 今 河北省 남단 邯鄲市(한단시). 襄國은 현명. 今 河北省 남부 邢台市. ㅇ皇祖考夫人 – 皇祖考는 황제(光武帝)의 할아버지. 劉回(유회), 鉅鹿郡 도위를 역임했었다. ㅇ南頓 – 南頓(남돈)은 豫州刺史部 관할 汝南郡의 縣名. 今 河南省 周口市 관할 項城市 서쪽. 광무제의 부친 劉欽(유흠)은 南頓 현령이었다. ㅇ高邑

– 常山郡의 鄗縣(호현). 今 河北省 石家莊市 관할 高邑縣. 광무제는 여기서 즉위했고, 즉위 후에 高邑縣으로 개칭했다. ㅇ元氏令 – 元氏縣은 常山郡의 治所, 今 河北省 남부 石家莊市 관할 元氏縣. ㅇ常山關長 – 前漢 常山郡 關縣 縣長. 1만 호가 안 되는 작은 현은 縣長이 다스렸다. 현령의 질록은 1천석에서 6백석. 縣長의 질록은 5백석-3백석. ㅇ汲縣 – 河內郡의 현명. 今 河南省 북부 新鄉市 관할 衛輝市.

[國譯]

張禹(장우)의 字는 伯達(백달)로 趙國의 襄國縣 사람이다. 장우의 祖父 張況(장황)의 누나가 광무제의 할머니(皇祖考夫人)라서 여러 번 (汝南郡) 南頓縣(남돈현)에 왕래하면서 光武(劉秀)를 보았었다. 光武가 大司馬로 邯鄲(한단)을 지나갈 때 張況(장황)은 郡吏로 光武를 알현하였다. 光武는 大喜하면서 "여기서 나의 진외가 大舅를 뵈었다!"고 말했다. 그리고는 함께 북쪽으로 진격하여 高邑縣에 도착해서는 장황은 元氏縣(원씨현) 현령이 되었다. 다시 涿郡(탁군) 太守로 승진했다. 뒷날 常山郡 關縣 縣長이 되었다. 그때 赤眉 무리가 關城을 공격했고 장황은 전사하였다. 장우의 부친 張歆(장흠)은 처음에 원수를 죽이고 도망했다가 나중에 출사하여 淮陽國 相이 되었다가 (河內郡) 汲縣(급현) 縣令으로 죽었다.

原文

禹性篤厚節儉. 父卒, 汲吏人賻送前後數百萬, 悉無所受. 又以田宅推與伯父, 身自寄止.

永平八年, 擧孝廉, 稍遷, 建初中, 拜楊州刺史. 當過江行部, 中土人皆以江有子胥之神, 難於濟涉. 禹將度, 吏固請不聽. 禹厲言曰, "子胥如有靈, 知吾志在理察枉訟, 豈危我哉?" 遂鼓楫而過.

歷行郡邑, 深幽之處莫不畢到, 親錄囚徒, 多所明擧. 吏民希見使者, 人懷喜悅, 怨德美惡, 莫不自歸焉.

| **註釋** | ㅇ子胥之神 – 吳子胥(오자서)의 신령. 吳王은 오자서가 자살한 뒤 그 시신을 長江에 버리게 했다. ㅇ楊州(揚州) – 揚州는 楊州와 通用, 양주자사부 치소는 九江郡 歷陽縣, 今 安徽省 동남부 馬鞍山市 관할 和縣. ㅇ怨德美惡, 莫不自歸焉 – 백성의 원망과 장우에 대한 칭송, 선정에 대한 찬미, 暴吏에 대한 증오 등 백성의 모든 것을 모두 장우가 해결했다는 뜻.

[國譯]

張禹(장우)는 천성이 성실하였고 절약하고 검소하였다. 부친이 죽었을 때 汲縣의 관리와 백성이 보내온 부의금이 전후로 수백만이었지만 하나도 받지 않았다. 또 전택도 모두 伯父에게 맡기고 자신도 의탁하였다.

(明帝) 永平 8년에, 효렴으로 천거되었고 차츰 승진하여 (章帝) 建初 연간에 楊州(揚州) 刺史가 되었다. 長江을 건너 순시해야 하는데 그곳 백성들은 장강에 吳子胥(오자서)의 신령이 있다면서 건널 수 없다고 하였다. 장우가 건너려 해도 관리조차 명을 따르지 않았다. 이에 장우가 큰 소리로 말했다.

"만약 오자서의 혼령이 있다면 내가 순찰하며 억울한 송사를 해결할 것을 알 것인데, 어찌 나를 해치겠는가?

결국 노를 저어 강을 건넜다. 여러 郡邑을 순시하였고 아주 외진 곳까지 가지 않은 곳이 없었으며, 직접 죄수의 기록을 확인하여 사실을 밝혀 명확하게 조치하였다. 관리와 백성 모두가 조정의 사자를 처음 만나게 되자 백성마다 좋아하였으며 원한이나 칭송, 好惡(호오)가 모두 장우와 관계되지 않은 것이 없었다.

原文

元和二年, 轉兗州刺史, 亦有淸平稱. 三年, 遷下邳相. 徐縣北界有蒲陽坡, 傍多良田, 而堙廢莫修. 禹爲開水門, 通引灌漑, 遂成孰田數百頃. 勸率吏民, 假與種糧, 親自勉勞, 遂大收穀實. 鄰郡貧者歸之千餘戶, 室廬相屬, 其下成市.

後歲至墾千餘頃, 民用溫給. 功曹史戴閏, 故太尉掾也, 權動郡內. 有小譴, 禹令自致徐獄, 然後正其法. 自長史以下, 莫不震肅.

| **註釋** | ㅇ兗州刺史 - 兗州(연주) 자사부 치소는 山陽郡 昌邑縣, 今 山東省 서남부 濟寧市 관할의 金鄕縣. ㅇ徐縣 - 下邳國(前漢, 臨淮郡) 徐縣은 今 江蘇省 북부 宿遷市 泗洪縣. ㅇ堙廢莫修 - 堙廢는 저수지가 도사로 메워져 폐기되다. 堙은 막을 인. 묻히다. ㅇ遂成孰田數百頃 - 孰田은 熟田. 좋은 경작지. 孰은 熟數. 1頃(경)은 1頃(100畝) = 61440㎡(1畝 = 614.4㎡)

[國譯]

(章帝) 元和 2년(서기 88), 장우는 兗州(연주)자사로 전근하였는데 역시 청렴 공평하다는 칭송을 들었다. 3년에, 下邳國(하비국) 相이 되었다. (下邳國) 徐縣(서현)의 북쪽 지역에 蒲陽坡(포양파)라는 저수지가 있고 그 주변에 좋은 땅이 많았지만 저수지는 메워졌고 수리하지도 않았다. 장우는 여기에 수문을 설치하고 물을 끌어들여 관개하여 마침내 수백 頃(경)의 농지를 조성했다. 장우는 관리와 백성에 솔선하였고 종자와 양식을 대여하고 친히 힘써 일하여 대풍을 거두었다. 이웃 군의 빈민 1천여 호가 돌아왔고 마을에 집이 들어섰으며 시장도 생겨났다.

뒷날 개간지는 1천여 경으로 늘었고 백성의 살림은 넉넉해졌다. 功曹史인 戴閏(대윤)은 예전 太尉府의 掾吏(연리)였는데 군내에 큰 세력을 형성하고 있었다. 약간의 작은 잘못이 있어 장우가 대윤을 徐縣의 옥에 집어넣은 뒤 법을 바르게 집행하였다. 그러자 長史 이하 모든 관리가 두려워하지 않는 자가 없었다.

原文

永元六年, 入爲大司農, 拜太尉, 和帝甚禮之. 十五年, 南巡祠園廟, 禹以太尉兼衛尉留守. 聞車駕當進幸江陵, 以爲不宜冒險遠, 驛馬上諫. 詔報曰, 「祠謁旣訖, 當南禮大江, 會得君奏, 臨漢回輿而旋.」 及行還, 禹特蒙賞賜.

延平元年, 遷爲太傅, 錄尙書事. 鄧太后以殤帝初育, 欲令重臣居禁內, 乃詔禹舍宮中, 給帷帳牀褥, 太官朝夕進食, 五日一歸府. 每朝見, 特贊, 與三公絶席.

禹上言, "方諒闇密靜之時, 不宜依常有事於苑囿. 其廣成,上林空地, 宜且以假貧民." 太后從之. 及安帝卽位, 數上疾乞身. 詔遣小黃門問疾, 賜牛一頭, 酒十斛, 勸令就第. 其錢布,刀劒,衣物, 前後累至.

ㅣ**註釋**ㅣ ㅇ江陵 – 南郡의 治所인 江陵縣, 今 湖北省 荊州市 江陵縣. ㅇ特贊 – 특별히 따로 引導를 받다. 특별한 안내를 받다. ㅇ延平元年 – 延平은 殤帝의 年號. 서기106년. 孝殤皇帝(105 - 106년 8월, 재위 8개월), 和帝에게 많은 아들이 태어났으나 대부분 요절하였다. 和帝는 환관과 외척이 皇子를 해친다고 생각하여 민간에 보내 양육케 하였다. 元興 元年 12월(陰)에 화제가 붕어하자, 鄧(등) 皇后는 長子 劉勝(유승)에게 고질병이 있다 하여 민간에서 양육 중인 劉隆(유륭, 출생 후 겨우 100일)을 궁으로 데려와 즉위시키고 劉勝(유승)은 平原王에 봉했다. 殤帝(상제, 短折不成曰 殤. 殤은 일찍 죽을 상)는 중국 역사상 가장 어린 황제에, 가장 단명한 황제로 기록되었다. ㅇ方諒闇密靜之時 – 諒闇(양암)은 諒陰(양음)과 同. 황제가 先帝의 居喪 중에 있다. 密靜은 조용히 행동하다. ㅇ廣成,上林空地 – 廣成은 苑名. 今 河南省 중서부 平頂山市 관할 汝州市에 해당. 前漢의 上林苑은 今 陝西省 咸陽市 소재, 주위가 300리. 이궁, 누관 등 70여 개소와 많은 연못 등이 있었다. 後漢의 上林苑은 지금 河南省 洛陽市 白馬寺 일내, 당시로서는 낙양성 서쪽에 위치.

[國譯]

(和帝) 永元 6년(서기 94), 조정에 들어와 大司農이 되었고 이어

太尉가 되었는데, 和帝가 크게 예우하였다. 永元 15년에 (和帝가) 남쪽을 순수하며 조상의 원릉에 제사할 때, 장우는 太尉 겸 衛尉로 낙양을 지켰다. 황제가 마침 江陵으로 행차한다는 소식을 듣고 험하고도 먼 곳에 행차하는 것을 걱정하여 驛馬를 보내 중지토록 간하였다. 황제가 조서로 회답하였다.

「선조에 대한 제사를 마쳤고 남쪽으로 가서 大江(長江)에 참례할 예정인데 태위의 상주를 받고 漢水를 따라 돌아갈 것이요.」

和帝는 돌아와 장우에게 특별한 상을 하사하였다.

延平 원년, 승진하여 太傅가 되어 錄尙書事를 겸했다. 鄧太后(和熹鄧皇后)는 殤帝가 태어난 지 얼마 되지 않아 重臣이 궁궐 내 대기하기를 원하여 장우를 宮中에 머물게 하면서 居所에 휘장이나 침상, 침구를 마련해 주고 太官에게 朝夕으로 식사를 올리게 하였으며, 5일에 한 번 부서에 근무케 하였다. 장우가 입조하여 황태우를 뵐 때면 특별히 안내케 하였고 三公보다 윗자리에 따로 앉게 하였다. 이에 장우가 말했다.

"지금 先帝의 상중이라 정숙해야 할 때인 만큼 평상시대로 원유에 나갈 일이 없습니다. 廣成苑(광성원)과 上林苑의 空地를 빈민에게 대여하여 경작할 수 있게 하십시오."

등태후가 허락하였다. 安帝가 卽位하자, 장우는 병을 이유로 여러 번 사임을 원했다. 조서로 小黃門을 보내 문병하면서 소 1마리와 술 10斛(곡)을 하사하고 본가로 돌아가게 하였다. 또 錢布와 刀劍, 衣物 등을 여러 차례 하사하였다.

原文

永初元年, 以定策功封安鄕侯, 食邑千二百戶, 與太尉徐防,司空尹勤同日俱封. 其秋, 以寇賊水雨策免防,勤, 而禹不自安, 上書乞骸骨, 更拜太尉. 四年, 新野君病, 皇太后車駕幸其第. 禹與司徒夏勤,司空張敏俱上表言,

「新野君不安, 車駕連日宿止, 臣等誠竊惶懼. 臣聞王者動設先置, 止則交戟, 淸道而後行, 淸室而後御, 離宮不宿, 所以重宿衛也. 陛下體烝烝之至孝, 親省方藥, 恩情發中, 久處單外, 百官露止, 議者所不安. 宜且還宮, 上爲宗廟社稷, 下爲萬國子民.」

比三上, 固爭, 乃還宮. 後連歲災荒, 府臧空虛, 禹上疏求入三歲租稅, 以助郡國稟假. 詔許之.

五年, 以陰陽不和策免. 七年, 卒於家. 使者弔祭. 除小子曜爲郎中. 長子盛嗣.

| 註釋 | ○定策功封安鄕侯 – 定策功은 安帝를 영입한 공로.

[國譯]

(安帝) 永初 원년(서기 107), 定策의 功이 있어 安鄕侯에 봉해졌고 식읍 1,200호를 받았는데 太尉인 徐防(서방), 司空인 尹勤(윤근)과 같은 날에 함께 봉해졌다. 그해 가을에 외적의 침입과 홍수 때문에 서방과 윤근이 책서로 면직되자, 장우는 스스로 불안하여 사임을 상서했으나 다시 太尉를 제수 받았다. (永初) 4년, 등태후의 모친 新野

君(신야군)이 병이 나자 등태후는 신야군의 저택에 행차하였다. 장우와 司徒 夏勤(하근), 司空인 張敏(장민)은 함께 표문을 올려 말했다.

「新野君께서 평안하지 못해 황태후께서 연일 머물러 계시기에 臣 등은 참으로 황망하고 두려울 뿐입니다. 臣이 알기로, 王者는 거동 전에 먼저 준비를 해야 하고 머무를 경우 병기를 가진 병력을 배치하고 길을 치운 뒤에 행차하시며 방을 청결히 한 뒤에 머물고 이궁에서 숙박하지 않는 것은 宿衛가 어렵기 때문입니다. 황태후 폐하께서는 몸소 참된 효행을 보이시며 친히 方藥을 살피시니 그 親親의 은정은 내심에서 우러나오지만 궁밖 외딴 곳에 오래 계시면 백관 또한 露地에 머물러야 하고 다른 신하들 또한 불안할 것입니다. 속히 환궁하시어 위로는 종묘사직을, 아래로는 만국의 백성을 살펴주셔야 하옵니다.」

연이어 3번 상표하고 애써 간쟁하자 환궁하였다. 그 뒤로 해마다 재해와 흉년이 겹쳐 국고가 비게 되자, 장우는 상소하여 (식읍에서의) 3년 치 부세 수입을 국고에 납입하여 郡國에서의 구휼을 돕겠다고 신청하였다. 조서로 허락하였다.

(永初) 5년에, 음양이 조화롭지 못한 책임으로 면직되었다. 永初 7년에, 집에서 죽었다. 황제는 사자를 보내 조문하였다. 막내아들 張曜(장요)를 발탁하여 낭중을 제수하였다. 장자 張盛(장성)이 계승하였다.

❸ 徐防

原文

徐防字謁卿, 沛國銍人也. 祖父宣, 爲講學大夫, 以《易》教授王莽. 父憲, 亦傳宣業. 防少習父祖學, 永平中, 擧孝廉, 除爲郞. 防體貌矜嚴, 占對可觀, 顯宗異之, 特補尙書郞. 職典樞機, 周密畏愼, 奉事二帝, 未嘗有過.

和帝時, 稍遷司隸校尉, 出爲魏郡太守. 永元十年, 遷少府,大司農. 防勤曉政事, 所在有多. 十四年, 拜司空.

| **註釋** | ㅇ沛國銍 – 沛國(패국)의 治所는 相縣, 今 安徽省 북부 淮北市 濉溪縣(수계현). 銍(질)은 현명. 今 安徽省 북부 宿州市. ㅇ司空 – 본래 나라의 水土에 관한 업무를 담당했다. 천하의 水土에 대한 功課를 심사, 상벌과 백관 감찰을 담당. 前漢 御使大夫의 개칭. 丞相 궐위 시에 승상의 직무 수행, 副丞相, 三公(太尉, 司徒, 司空)의 하나. 大司空으로 불리다가 建武 27년 이후 '大'를 생략. 司空 아래 副職으로 長史 1인, 掾 29명 등 속관이 많았다.

[國譯]

徐防(서방)의 字는 謁卿(알경)으로, 沛國 銍縣(질현) 사람이다. 祖父인 徐宣(서선)은 講學大夫로 왕망에게 《易》을 教授하였다. 부친 徐憲(서헌) 역시 서선의 학문을 전하였다. 서방은 젊어 父祖의 학문을 배웠고, (明帝) 永平 연간에 孝廉으로 천거되어 낭관이 되었다. 서방은 체모가 크고, 위엄이 있고 응답을 잘하여 顯宗(明帝)도 기이하게 여겨 특별히 尙書郞에 임명하였다. 서방은 국가 樞機 업무를 담당하면서 업무처리가 치밀하고 신중하였으며 명제와 章帝를 섬기면서 과오가 없었다.

和帝 때 점차 승진하여 司隸校尉가 되었고 魏郡太守도 역임하였다. (和帝) 永元 10년, 少府로 승진했다가 大司農이 되었다. 서방은 부지런하면서도 政事에 밝아 재직 중에 칭송을 들었다. 14년에, 司空이 되었다.

原文

防以《五經》久遠, 聖意難明, 宜爲章句, 以悟後學. 上疏曰,

「臣聞《詩》,《書》,《禮》,《樂》, 定自孔子, 發明章句, 始於子夏. 其後諸家分析, 各有異說. 漢承亂秦, 經典廢絶, 本文略存, 或無章句. 收拾缺遺, 建立明經, 博徵儒術, 開置太學. 孔聖既遠, 微旨將絶, 故立博士十有四家, 設甲乙之科, 以勉勸學者, 所以示人好惡, 改敝就善者也.

伏見太學試博士弟子, 皆以意說, 不修家法, 私兼容隱, 開生姦路. 每有策試, 輒興諍訟, 論議紛錯, 互相是非. 孔子稱'述而不作', 又曰'吾猶及史之闕文', 疾史有所不知而不肯闕也. 今不依章句, 妄生穿鑿, 以遵師爲非義, 意說爲得理, 輕侮道術, 寖以成俗, 誠非詔書實選本意. 改薄從忠, 三代常道, 專精務本, 儒學所先.

臣以爲博士及甲乙策試, 宜從其家章句, 開五十難以試之. 解釋多者爲上第, 引文明者爲高說, 若不依先師, 義有相伐, 皆正以爲非.《五經》各取上第六人,《論語》不宜射策. 雖所失或久, 差可矯革.」

詔書下公卿, 皆從防言.

| **註釋** | ㅇ子夏 – 孔門十哲의 한 사람(文學). 만년의 공자가 '汝爲君子儒, 無爲小人儒' 라고 당부했던 수제자. 魏國 西河(今 陝西省 渭南市)에서 학당을 열고 제자 3백여 명을 양성. 魏 文侯의 사부. 李克, 吳起, 西門豹 등이 그의 제자. ㅇ故立博士十有四家 – 光武 中興 이후《易》에 4개 학파의 박사,《書》에 3명의 박사,《詩》에 3명,《春秋》에 2명,《禮記》에 2명의 박사 등 총 14명의 박사와 그 弟子員을 두었다. ㅇ設甲乙之科 – 일 년마다 박사 제자원의 학업을 평가하여 甲科 40인은 郎中, 乙科 20명은 太子舍人, 丙科 40명은 文學掌故에 임용하였다. ㅇ述而不作 –「子曰, "述而不作, 信而好古, 竊比於我老彭.」《論語 述而》. ㅇ吾猶及史之闕文 –「子曰, "吾猶及史之闕文也. 有馬者借人乘之, 今亡矣夫!"」《論語 衛靈公》. 해석에 여러 가지 설이 분분하다. 史官이 의아한 부분은, 闕文(궐문)으로 비워 놓았다는 뜻은 적어도 사실에 충실한 기록이라 해석할 수 있다. 그러나 본 상소에서는 궐문으로 남겨둔 것을 孔子도 싫어했다는 뜻으로 해석, 인용하였다. ㅇ開五十難以試之 – 專攻별로 50개의 難題를 놓고 그중에서 제비뽑기로 뽑아 거기에 답을 하는 일종의 口述考査.

[國譯]

徐防(서방)은《五經》의 성립이 아주 먼 옛날이라서 聖意가 명백하지 않기에 章句의 해석을 바로잡아 후학을 깨우쳐야 한다고 생각하였다. 이에 서방이 상소하였다.

「臣이 알기로, 《詩》, 《書》, 《禮》, 《樂》은 공자께서 확정하였지만 그 章句에 대한 설명은 子夏(자하)로 부터 시작되었습니다. 그 후 諸家에서 分析하면서 여러 異說이 나왔습니다. 漢은 난폭한 秦의 뒤에 건국되어 經典은 없어졌거나 本文만 대략 남아 있고 章句가 없는 것도 있었습니다. 그 누락된 것을 수습하고 경전의 뜻을 명확하게 하려고 유학에 밝은 사람을 널리 불러들였고 太學을 설치하였습니다. 孔聖은 아주 먼 옛 분이고 그 본 뜻이 단절될 것을 염려하여 (武帝때) 博士 14家를 두었고 다시 甲, 乙로 등급을 구분하여 학자의 勸學을 장려한 목적은 성적에 따라 보아 좀 더 善에 힘써 나아가라는 뜻이었습니다.

臣이 지금 太學에서 博士와 弟子의 시험을 관찰해보면 모두 자신의 학설을 주장하고 家法을 연구하지 않으며 사적 주장의 은폐를 용인하여 정도가 아닌 학문을 하고 있습니다. 매번 성과를 시험하면서 그때마다 논쟁이 벌어지고 논의가 분분하며 서로 시비를 따지고 있습니다. 孔子께서는 '(先聖의 뜻을) 祖述하지만 새로이 짓지 않았다(述而不作)' 고 하였으며, 또 '나는 史官의 궐문을 추측할 수 있다.' 고 하면서 역사 기록에 알 수 없는 부분의 궐문을 싫어하며 궐문으로 남겨둘 수 없다고 하였습니다. 지금 경전 章句에 의하지 아니하고 스스로 멋대로 穿鑿(천착)하거나 附會하면서 사부의 뜻을 따르면 옳지 않다고 하면서 멋대로 이치를 설명하고 있으며 유가 학문을 경시하는 태도가 점차 퍼져 습관화 되어 가는데, 이는 조서에 의거 인재를 선발하는 본뜻과도 어긋납니다. 순후하지 않은 것을 고쳐 충직한 참뜻을 따르는 것이 三代의 常道였으며, 정밀하게 파고들며 힘써 근본을 추구하는 것을 유학에서 먼저 실천해야 합니다.

臣은 博士 선발 운영과 시험에 의한 甲乙 등급에 따른 등용은 응당 그 학파의 章句에 따라야 하며 50개 難題로 평가해야 한다고 생각합니다. 解釋을 많이 한 자를 상등으로, 인용 문장이 명확한 자를 고급 논설로 하고 先師의 설법에 의존하지 않거나 大義에 서로 모순이 있다면 옳지 않은 주장으로 판단하여 바로잡아야 합니다. 《五經》 영역에서 상위 6인을 선정하고 《論語》는 射策으로 부적합하다고 생각합니다. 잘못이 작더라도 그것이 오래 계속된다면 그 차이를 바로잡아 개혁해야 할 것입니다.」

詔書로 공경의 논의에 회부하였는데 모두가 서방의 건의에 따랐다.

原文

十六年, 拜爲司徒. 延平元年, 遷太尉, 與太傅張禹參錄尚書事, 數受賞賜, 甚見優寵.

安帝卽位, 以定策封龍鄕侯. 食邑千一百戶. 其年以災異寇賊策免, 就國. 凡三公以災異策免, 始自防也. 防卒, 子衡當嗣, 讓封於其弟崇. 數歲, 不得已, 乃出就爵云.

| **註釋** | ㅇ災異寇賊策免 – 그 해에 郡國에 큰 수해로 수천 명이 죽었으며 다른 재해도 잇달았다. 또 西羌族이 반역 봉기하여 吏民을 많이 죽였다. 이에 서방은 모든 재해가 자신의 덕이 부족한 소치라면서 상서하여 사직코자 하였다.

[國譯]

(和帝 永元) 16년(서기 104), 徐防(서방)은 司徒가 되었다. (殤帝) 延平 원년(서기 106), 太尉로 승진하여 太傅인 張禹(장우)와 함께 錄尙書事가 되었는데 여러 번 하사품을 받으며 특별한 우대와 총애가 있었다.

安帝가 卽位하고 나라의 큰 방책을 마련한 공로로 龍鄕侯에 봉해졌다. 食邑는 1,100호였다. 그 해에 災異와 외적의 침입 등을 이유로 책서에 의거 면직되어 封國으로 나갔다. 무릇 三公이 災異에 따라 策免되기는 徐防(서방)에서 시작되었다. 서방이 죽자, 아들 徐衡(서형)이 후사가 되어야 했으나 책봉을 동생 徐崇(서숭)에게 양보하였다. 몇 년 뒤 부득이하게 작위를 승계하였다.

❹ 張敏

原文

張敏字伯達, 河間鄚人也. 建初二年, 擧孝廉, 四遷, 五年, 爲尙書. 建初中, 有人侮辱人父者, 而其子殺之, 肅宗貰其死刑而降宥之, 自後因以爲比. 是時遂定其議, 以爲〈輕侮法〉. 敏駁議曰,

「夫〈輕侮〉之法, 先帝一切之恩, 不有成科班之律令也. 夫死生之決, 宜從上下, 猶天之四時, 有生有殺. 若開兼容恕, 著爲定法者, 則是故設姦萌, 生長罪隙. 孔子曰, '民可

使由之, 不可使知之.'《春秋》之義, 子不報讎, 非子也. 而法令不爲之減者, 以相殺之路不可開故也. 今托義者得減, 妄殺者有差, 使執憲之吏得設巧詐, 非所以導'在醜不爭'之義. 又〈輕侮〉之比, 寖以繁滋, 至有四五百科, 轉相顧望, 彌復增甚, 難以垂之萬載. 臣聞師言, '救文莫如質.' 故高帝去煩苛之法, 爲三章之約. 建初詔書, 有改於古者, 可下三公,廷尉蠲除其敝.」

議寖不省.

|註釋| ㅇ河間鄚人也 – 河間國 治所는 樂成縣, 今 河北省 남동부의 滄州市 獻縣(헌현). 鄚(막)은 현명. 今 河北省 滄州市 西北 省 직할 任丘市. ㅇ有人侮辱人父者 – 有人은 어떤 사람. 侮는 업신여길 모. 辱은 욕되게 할 욕. ㅇ貰其死刑而降宥之 – 貰는 용서하다. 사면하다. 宥는 용서할 유. ㅇ〈輕侮法〉 – 〈모욕에 따라 복수 살인의 사형을 경감하는 법〉이란 뜻. ㅇ成科班之律令也 – 成科는 조목(항목) 별로 만들다. 班은 반포하다. ㅇ民可使由之 –《論語 泰伯》의 구절. 由는 따라오게 하다. 이 구절을 두고 愚民化를 정당화하였다고 말하기도 한다. 공자의 뜻은 유능한 위정자의 德治에 백성은 순종하며 생업에 종사하는 것이라는 일반적 원론을 말했을 것이다. ㅇ在醜不爭 – '같은 부류라면 잘잘못을 따지지 않는다.' 醜는 類也, 같은 성격의 사건은 다시 더 논의하지 않는다. 이전의 판결과 같다. ㅇ救文莫如質 – 文은 文飾, 꾸민. 質은 質朴.

[國譯]

張敏(장민)의 字는 伯達(백달)인데, 河閒國 鄚縣(막현) 사람이다.

(章帝) 建初 2년에(서기 77), 孝廉으로 천거 받았고 4번 승진하여 5년에 상서가 되었다. 建初 연간에, 어떤 백성이 그 사람의 부친을 侮辱(모욕)한 자가 있어 아들이 모욕한 자를 죽인 일이 있었는데, 肅宗(章帝)은 살인자의 사형을 사면하여 용서하였는데 그 후로 이런 일이 연달아 발생하였다. 그때에 이를 논의하여 〈輕侮法(경모법)〉이라 불렀다. 장민이 이런 논의를 반대하며 상주하였다.

「대체로 〈輕侮(경모)〉의 법은 先帝의 모든 은택 중에서도 조목을 정하여 반포한 법률에 들어있지 않습니다. 死生의 결정은 예로부터 내려온 전례에 따른 것이니, 마치 하늘의 사계절과 같아 생장이나 소멸과 같습니다. 만약 포용과 사면을 고려하여 법으로 제정하게 된다면 이 때문에 간악한 범죄가 일어나고 범죄의 계기를 만들어주는 것입니다. 공자도 '백성을 따라오게 해야지 그 까닭을 알게 할 필요는 없다.' 고 하였습니다. 《春秋》의 大義에도 '아들이 원수를 갚지 않는다면 아들이 아니다.' 라고 했습니다. 그러나 법령으로 그 살인죄를 면해주지 않은 것은 서로가 서로에게 복수하는 길을 열어줄 수 없었기 때문입니다. 지금 의리에 따른 살인을 감형하여 함부로 살인한 자와 차별화한다면 법을 집행하는 관리가 교묘하게 간악한 계교를 꾸밀 것이니 '동일 정황의 범죄는 쟁론하지 않는다.' 는 대의에 맞지 않을 것입니다. 또 〈輕侮〉와 같은 사건이 연이어 점차 많아져서 4, 5백 건에 이르렀는데, 이와 유사한 사건까지 따진다면 범죄가 크게 늘어나 후세에 오래도록 지켜나갈 수 없을 것입니다. 臣이 스승한테 들은 바 '지나친 文飾(문식)의 폐단을 바로잡는 것은 質樸(질박)만한 것이 없다.' 고 하였습니다. 그래서 高帝께서도 번잡 가혹한 법을 다 없애고 三章의 법을 시행하셨습니다. 建初의 詔書는 옛 법을 고친 것이기에 三公과 廷尉가 논의하여 그 폐단을 확실하게 제거해야 합니다.」

그러나 건의는 폐지되어 논의하지 않았다.

原文

敏復上疏曰,

「臣敏蒙恩, 特見拔擢, 愚心所不曉, 迷意所不解, 誠不敢苟隨衆議. 臣伏見孔子垂經典, 皐陶造法律, 原其本意, 皆欲禁民爲非也. 未曉〈輕侮〉之法將以何禁? 必不能使不相輕侮, 而更開相殺之路, 執憲之吏復容其姦枉. 議者或曰, '平法當先論生.'

臣愚以爲天地之性, 唯人爲貴, 殺人者死, 三代通制. 今欲趣生, 反開殺路, 一人不死, 天下受敝. 記曰, '利一害百, 人去城郭.' 夫春生秋殺, 天道之常. 春一物枯卽爲災, 秋一物華卽爲異. 王者承天地, 順四時, 法聖人, 從經律. 願陛下留意下民, 考尋利害, 廣令平議, 天下幸甚.」

和帝從之.

| **註釋** | ○ 皐陶造法律 – 皐陶(고요)는 舜임금의 신하. 獄官을 역임. 최초로 감옥과 법률을 만든 사람. 중국 司法의 鼻祖.

[國譯]

張敏(장민)이 다시 上疏(상소)하였다.

「臣 敏(민)은 폐하의 은택으로 특별히 발탁되었지만 어리석은 생각으로도 명백히 알 수 없고 미혹한 뜻이라 정말로 이해할 수 없는 것은 어쩔 수 없이 衆人의 뜻을 따르는 것입니다. 臣이 볼 때 孔子께서 경전을 후세에 전하고, 皐陶(고요)가 法律를 제정한 본래의 뜻은 백성으로 하여금 나쁜 짓을 금지하려는 뜻이었습니다. 지금 〈輕侮〉의 법은 무엇을 못하게 합니까? 틀림없이 서로 무시하거나 모욕하지 말라는 뜻도 아니고, 서로 살인하는 길을 열어주며 법을 집행할 관리에게는 법을 왜곡하는 부정을 허용할 뿐입니다. 논자들은 '공평한 법으로 상생을 고려하여 판결한다.' 라고 말할 수 있습니다.

臣의 어리석은 생각이지만 天地 간에 사람이 가장 귀하기에 살인자를 사형하는 것은 三代의 일관된 제도였습니다. 지금 사람을 살리겠다고 사람을 죽일 길을 열어주고, 한 사람을 죽이지 않아 천하가 그 폐단을 당해야 합니다. 기록에 의하면 '1인의 이득에 1백 명이 손해라서 백성이 성곽을 떠난다.' 고 하였습니다. 봄에 만물이 나서 가을에 죽기는 天道의 정상입니다. 봄철에 하나가 말라죽거나 가을에 꽃이 핀다면 그것이 바로 災異(재이)입니다. 王者는 天地의 본성에 따르고 四時에 순응하며 聖人을 본받고 경전과 법을 준수해야 합니다. 폐하께서는 백성을 염두에 두시고 利害 관계를 깊이 통찰하시어 공정한 논의가 널리 이루어지도록 명하신다면 천하 백성에게 다행일 것입니다.」

和帝는 장민의 주장에 따랐다.

原文

九年, 拜司隸校尉. 視事二歲, 遷汝南太守. 清約不煩, 用刑平正, 有理能名. 坐事免. 延平元年, 拜議郎, 再遷潁川太守. 永初元年, 徵拜司空, 在位奉法而已.

視事三歲, 以病乞身, 不聽. 六年春, 行大射禮, 陪位頓仆, 乃策罷之. 因病篤, 卒於家.

| 註釋 | ○潁川太守 – 治所 陽翟縣(양책현), 今 河南省 중부 許昌市 관할의 禹州市.

[國譯]

(和帝 永元) 9년, (張敏은) 司隸校尉가 되었다. 재직 2년에 汝南太守가 되었다. 장민은 清淨, 簡潔하고 번잡하지 않았으며 형벌이 공평 정당하여 유능하다는 칭송을 들었다. 업무상 과실로 면직되었다. (殤帝) 延平 원년(서기 106), 議郎이 되었다가 두 번 승진하여 潁川(영천) 태수가 되었다. (安帝) 永初 元年(서기 107), 조정에 들어가 司空이 되었는데 재직 중 법을 준수할 뿐이었다.

3년간 재직하다 병으로 사임코자 했으나 황제가 불허했다. (永初) 6년 봄, 大射禮를 거행할 때 황제를 모시다가 쓰러지자 책서로 면직되었다. 병이 중하여 집에서 죽었다.

❺ 胡廣

原文

胡廣字伯始, 南郡華容人也. 六世祖剛, 淸高有志節. 平帝時, 大司徒馬宮辟之. 値王莽居攝, 剛解其衣冠, 縣府門而去, 遂亡命交阯, 隱於屠肆之閒. 後莽敗, 乃歸鄕里. 父貢, 交阯都尉.

| 註釋 | ㅇ南郡華容 - 南郡의 治所는 江陵縣, 今 湖北省 남부 荊州市 江陵縣. 華容은 현명. 今 湖南省 북부 岳陽市 관할 華容縣, 洞庭湖 북부. 《三國演義》에서 關羽가 赤壁에서 대패한 曹操(조조)를 살려준 곳. ㅇ交阯 - 군명, 자사부명. 治所는 龍編縣, 今 越南國 河內市(하노이시) 동쪽. ㅇ隱於屠肆之閒 - 屠는 잡을 도. 屠畜하다. 肆는 점포 사.

[國譯]

胡廣(호광)의 字는 伯始(백시)인데, 南郡 華容縣 사람이다. 六世祖인 胡剛(호강)은 淸高한 인품에 지조가 있었다. 平帝 때 大司徒 馬宮(마궁)이 초빙하였다. 이후 王莽(왕망)이 황제 직무대리 격인 居攝(거섭)에 오르자, 호강은 의관을 풀어 縣廳의 문에 걸어두고 관직을 떠나 交阯郡(교지군)에 망명하여 백정의 점포에 숨어살았다. 뒷날 왕망이 패망하자 향리로 돌아왔다. 호광의 부친은 교지군 都尉를 역임하였다.

原文

廣少孤貧, 親執家苦. 長大, 隨輩入郡爲散吏. 太守法雄之子眞, 從家來省其父. 眞頗知人. 會歲終應擧, 雄勑眞助求才. 雄因大會諸吏, 眞自於牖閒密占察之, 乃指廣以白雄, 遂察孝廉. 旣到京師, 試以章奏, 安帝以廣爲天下第一. 旬月拜尙書郎, 五遷尙書僕射.

| **註釋** | ㅇ散吏 – 직책이 한가한 관리. ㅇ法雄 – 유능한 지방관이었다. 38권, 〈張法滕馮度楊列傳〉에 立傳.

[國譯]

胡廣(호광)은 젊어 부친을 여의고 가난하였으며 집안의 어려움을 감당해야만 했다. 장성한 뒤에 또래를 따라 군에 들어가 散吏(산리)가 되었다. 太守 法雄(법웅)의 아들 法眞(법진)은 부친을 따라와 부친을 돕고 있었다. 법진은 사람을 잘 보았다. 마침 연말에 인재를 천거할 때였는데 법웅은 아들에게 인재 간택을 도와달라고 하였다. 법웅이 모든 관리를 소집하였고, 법진은 창틈으로 몰래 관리들을 관찰하였고 결국 호광을 법웅에게 말하여 효렴으로 천거하였다. 호광이 낙양에 도착하여 경전의 뜻을 구술할 때 安帝는 호광을 천하제일이라 생각하였다. 그리고 곧 호광을 尙書郎에 제수하였고, 호광은 5번 승진하여 尙書僕射(상서복야)가 되었다.

原文

順帝欲立皇后, 而貴人有寵者四人, 莫知所建, 議欲探籌, 以神定選. 廣與尙書郭虔, 史敞上疏諫曰,

「竊見詔書以立后事大, 謙不自專, 欲假之籌策, 決疑靈神. 篇籍所記, 祖宗典故, 未嘗有也. 恃神任筮, 旣不必當賢, 就値其人, 猶非德選. 夫岐嶷形於自然, 俔天必有異表. 宜參良家, 簡求有德, 德同以年, 年鈞以貌, 稽之典經, 斷之聖慮. 政令猶汗, 往而不反. 詔文一下, 形之四方. 臣職在拾遺, 憂深責重, 是以焦心, 冒昧陳聞.」

帝從之, 以梁貴人良家子, 定立爲皇后.

| 註釋 | ㅇ貴人 – 황후 다음의 칭호. 漢은 건국 이후, 秦의 칭호를 답습하여 황제의 모친을 皇太后, 조모를 太皇太后, 正室을 皇后라 하고, 妾은 모두 夫人이라고 하였다. 《漢書 外戚傳》에 의하면, 황후 아래로 昭儀(소의, 승상격) – 倢伃(첩여, 上卿 대우, 제후) – 娙娥(형아, 중이천석 대우, 關內侯와 동급) – 傛華(용화, 眞二千石) – 美人(2천석 대우) – 八子(千石 대우) – 充依(충의 천석 대우) – 七子(8백석 대우) – 良人(8백석 대우) – 長使(6백석 대우) – 少使(4백석 대우) – 五官(3백석) – 順常(순상, 2백석) – 無涓(무연), 共和(공화), 娛靈(오령), 保林(보림), 良使(양사), 夜者(야자)는 모두 1백석 대우로 총 14등급으로 구분하였다. 光武帝의 中興 이후로 六宮의 호칭은 오직 皇后와 貴人뿐이었다. 貴人은 金印에 紫綬(자수)를 차더라도 봉록은 곡식 수십 斛(곡)을 넘지 않았다. 또 美人, 宮人, 采女의 3등급을 두었지만 결코 다른 작위나 질록이 없이 歲時에 하사품을 내려줄 뿐이었다. 《漢書》 97권, 〈外戚傳〉 (上) 참고. ㅇ夫岐嶷形於自然 – 岐嶷(기억)은 높고 큰 모양. 岐는 높을 기. 嶷은 높

을 억. 높이 빼어난 모양. ㅇ俔天必有異表 – 俔은 비유할 견. 염탐할 현. ㅇ形之四方 – 形은 나타내다. 드러나다(見也). ㅇ以梁貴人良家子 – (順帝) 陽嘉(양가) 원년에, 乘氏侯 梁商의 딸 梁妠(양납)이 황후(順烈梁皇后)가 되었다. 梁商은 34권, 〈梁統列傳〉에 입전. 梁統의 증손. 梁太后 부친 梁商은 대장군이 되었고, 양상이 죽자 아들 梁冀(양기)가 順帝 永和 6년(141)에 대장군이 되었다. 沖帝, 質帝, 桓帝를 옹립했고 그 가문에 侯 7명, 皇后 3명, 貴人 6명, 대장군 2명, 그 외 卿, 將, 尹, 校尉가 57명이었다고 하니, 그 세력과 횡포를 짐작할 수 있다.

【國譯】

順帝가 황후를 책립할 때 총애를 받는 貴人이 4명이어서 누구를 세울지 몰라 산가지(籌)를 뽑아 神占으로 선정하는 것이 좋겠다는 의논을 하였다. 이에 호광과 尙書 郭虔(곽건), 史敞(사창)은 함께 간언을 상소하였다.

「저희가 삼가 詔書를 보니, 황후를 책립하는 큰일에 겸손의 뜻으로 황제 마음대로 정하시지 않고 산 까치를 뽑게 하여 신령이 결정케 할 예정이라고 하였습니다. 여러 전적을 보거나 祖宗의 전례에 이런 일은 없었습니다. 신령에 의해 점대(筮)로 뽑는다면 현숙한 분이 아닐 수도 있으며, 설령 현숙한 분일지라도 德을 보아 뽑은 것이 아닙니다. 높고 큰 산은 자연이 이룬 것으로 비유컨대 하늘에 우뚝 솟은 특별한 형세입니다. 응당 良家에서 골라야 하고, 다음에 덕성을 보아야 하며, 덕행이 비슷하다면 나이를, 나이가 같다면 외모를 고려하여 경전의 대의를 기준으로 결정하셔야 합니다. 政令은 땀과 같아서 한번 발표되면 돌이킬 수 없습니다. 조서의 문장이 발표되면 천하가 다 봅니다. 臣들의 職分이 拾遺(습유)로써 깊은 우려와 함께 책임도 중하기에 많이 생각하여 폐하의 의중을 모른 채 말씀드렸습니다.」

順帝는 이를 받아들였고 梁貴人이 良家의 자녀이기에 황후로 책립하였다.

原文

時尙書令左雄議改察擧之制, 限年四十以上, 儒者試經學, 文吏試章奏. 廣復與敞,虔上書駁之, 曰,

「臣聞君以兼覽博照爲德, 臣以獻可替否爲忠. 《書》載稽疑, 謀及卿士, 《詩》美先人, 詢於芻蕘. 國有大政, 必議之於前訓, 諮之於故老, 是以慮無失策, 擧無過事. 竊見尙書令左雄議郡擧孝廉, 皆限年四十以上, 諸生試章句, 文吏試牋奏. 明詔旣許, 復令臣等得與相參. 竊惟王命之重, 載在篇典, 當令縣於日月, 固於金石, 遺則百王, 施之萬世.

《詩》云, '天難諶斯, 不易惟王.' 可不愼與! 蓋選擧因才, 無拘定制. 六奇之策, 不出經學. 鄭,阿之政, 非必章奏. 甘,奇顯用, 年乖彊仕, 終,賈揚聲, 亦在弱冠.

漢承周,秦, 兼覽殷,夏, 祖德師經, 參雜霸軌, 聖主賢臣, 世以致理, 貢擧之制, 莫或回革. 今以一臣之言, 剗戾舊章, 便利未明, 衆心不猒. 矯枉變常, 政之所重, 而不訪台司, 不謀卿士. 若事下之後, 議者剝異, 異之則朝失其便, 同之則

王言已行. 臣愚以爲可宣下百官, 參其同異, 然後覽擇勝否, 詳采厥衷. 敢以瞽言, 冒干天禁, 惟陛下納焉.」

帝不從.

| 註釋 | ㅇ左雄(좌웅) – 61권, 〈左周黃列傳〉에 立傳. ㅇ兼覽博照爲德 – 사방의 일을 널리 보고(四目), 사방의 말을 다 듣는 것으로(四聰) 덕을 삼다. ㅇ以獻可替否爲忠 – 실행할 수 있는 의견을 제시하고, 할 수 없는 일은 불가하다고 하는 것이 忠이다. ㅇ詢於芻蕘 – 詢은 물을 순. 묻다. 芻蕘(추요)는 나무꾼. 芻은 꼴 추. 베어 묶은 풀. 蕘는 풋나무 요. ㅇ文吏試牋奏 – 牋奏(전주)는 황제에게 올리는 문서의 총칭. 章이나 奏는 보고서의 서문에 해당하는 요약, 表는 本件의 내용이라고 할 수 있다. ㅇ《詩》云 – 《詩 大雅》의 구절. 諶(참 심)은 진실로(信也). 斯는 말씀(詞). ㅇ六奇之策 – 陳平은 楚의 君臣을 이간시키고, 여인들을 형양성 東門으로 내보내 漢王을 탈출시켰고, 韓信이 齊王이 되겠다고 했을 때 漢王의 발등을 밟아 암시를 주었으며, 雲夢에 巡狩한다고 하여 韓信을 생포하였고, 平城에서 흉노의 포위를 풀게 했으며, 진희와 경포의 반란을 진압한 奇計 등을 말한다. ㅇ鄭, 阿之政 – 鄭의 재상 子産(자산)과 晏子(안자)의 東阿(동아)에서의 치적. ㅇ甘, 奇顯用 – 秦의 甘羅(감라)는 12살에 趙에 사신으로 가서 공을 세워 上卿이 되었으며, 齊의 子奇(자기)는 18살에 지방관으로 백성 교화에 크게 성공하였다. ㅇ年乖彊仕 – 四十彊而仕. 40세에 기운이 강장하니 出仕한다는 말과 맞지 않다. ㅇ終,賈揚聲 – (漢의) 博士弟子인 終軍(종군)은 18살에 南越에 사사로 나가 공을 세워 諫議大夫로 발탁되었고, 賈誼(가의)는 18살에 文帝에 의해 박사로 발탁되었다. ㅇ剗戾舊章 – 剗은 깎을 잔. 戾는 달리하다(乖也).

[國譯]

당시 尙書令 左雄(좌웅)이 건의하여 인재를 선발 천거하는 제도를 고쳐 나이는 40세 이상으로 제한하고, 유생은 經學을, 文吏는 상주하는 글을 시험하기로 하였다. 이에 胡廣과 史敞(사창), 郭虔(곽건)은 이를 반박하는 상서를 올렸다.

「臣이 알기로, 主君은 널리 보고 들어 널리 은택을 베푸는 것이 德이며 신하는 바른 의견을 제시하고 불가한 일을 불가하다고 말하는 것이 忠입니다. 《尙書》에도 의심이 되는 일을 신하와 같이 의논한다고 하였으며, 《詩》에서는 先人을 찬미하며 나무꾼에게도 묻는다 하였습니다. 나라의 大政은 前代의 訓示에 의거 논의를 하고, 故老에게 諮問(자문)을 구한다면, 사려의 결과가 실책이 없고 추진에 지나침이 없을 것입니다. 저희가 볼 때 尙書令 左雄(좌웅)이 郡國에서 孝廉(효렴)을 천거할 때 나이를 40세 이상으로 제한하고 諸生(太學生)은 章句를 시험하고, 文吏는 牋奏(전주, 箋奏)를 시험한다고 하였습니다. 폐하께서는 조서로 허락하셨지만 다시 臣에게 이 논의에 참여케 하셨습니다. 삼가 막중한 왕명은 모두 문서로 기록되고 마치 日月처럼 높이 걸려 모두가 볼 수 있으며, 금석처럼 견고하여 바꿀 수 없으며, 후세의 통치자에게 전하고 萬世에 걸쳐 시행됩니다.

그래서 《詩》에서는 '하늘의 말씀은 믿지 않을 수 없으며, 바꿀 수 없는 것은 천자의 말이로다.' 라고 하였으니, 신중하지 않을 수 있겠습니까! 대체로 인재 등용은 그 재능에 따른 것이기에 꼭 정해진 규정은 없습니다. (陳平의) 6가지 奇策은 경학에서 배울 수 있는 것이 아닙니다. (子産의) 鄭나라 통치와 (晏子의) 東阿(동아)의 정치는 꼭 상주할 일이 아니었습니다. 甘羅(감라)와 子奇(자기)의 등용은 40세

出仕와 크게 달랐으며, (漢의) 終軍(종군)과 賈誼(가의)가 명성을 날린 것은 20세 이전이었습니다.

漢은 周와 秦의 제도를 답습하면서 동시에 殷(은)과 夏(하)의 덕을 본받고 경전의 대의를 채택하며 중간에 王道와 霸道(패도)의 정치를 혼용하면서 聖主와 賢臣이 통치하였으며, 貢擧의 제도는 크게 바뀌거나 혁파하지 않고 내려왔습니다. 지금 한 사람의 말에 의거 옛 제도를 확 바꾸려 하는데 그 이점이 명확하지도 않으며 많은 사람이 공감하지도 않습니다. 잘못을 바로잡거나 정상을 변화시키는 일은 정사에서 중요할 수도 있지만 (이번 조치는) 臺諫이나 有司를 거치지도 않았고 여러 卿士와 협의하지도 않았습니다. 만약 이번 조치가 아래로 이첩된 뒤에 논자들이 이의를 제기하여 다시 바뀌게 된다면 조정에서는 실익을 잃은 것이고, 동의하더라도 이미 왕명은 이미 실행된 뒤입니다. 臣들은 어리석지만 이런 일은 백관의 의논에 부쳐 그 찬성과 반대 의견을 들은 이후에 그 가부를 결정해야 하고 그 장점을 상세히 알 수 있어야 합니다. 감히 맹인과 같은 의견으로 폐하의 심기를 건드렸사오나 폐하께서 받아주시길 바랍니다.」

그러나 順帝는 받아들이지 않았다.

原文

時陳留郡缺職, 尙書史敞等薦廣. 曰,

「臣聞德以旌賢, 爵以建事, '明試以功', 〈典〉〈謨〉所美, '五服五章', 天秩所作, 是以臣竭其忠, 君豐其寵, 擧不失德, 下忘其死. 竊見尙書僕射胡廣, 體眞履規, 謙虛溫雅, 博物洽聞, 探賾窮理,《六經》典奧, 舊章憲式, 無所不覽. 柔而不犯, 文而有禮, 忠貞之性, 憂公如家. 不矜其能, 不伐其勞, 翼翼周愼, 行靡玷漏. 密勿夙夜, 十有餘年, 心不外顧, 志不苟進. 臣等竊以爲廣在尙書, 劬勞日久, 後母年老, 旣蒙簡照, 宜試職千里, 匡寧方國. 陳留近郡, 今太守任缺. 廣才略深茂, 堪能撥煩, 願以參選, 紀綱頹俗, 使束修守善, 有所勸仰.」

| **註釋** | ㅇ陳留郡 – 治所는 陳留縣, 今 河南省 동부의 開封市. ㅇ德以旌賢 – 旌은 표창하다. 깃발 정. ㅇ爵以建事 – 공을 세운 자에게 작위를 하사하다. ㅇ明試以功 – 분명한 공적심사로 유공자에게 관직을 수여하다. '敷奏以言하고 明試以功하며 車服以庸하니라.' ㅇ〈典〉〈謨〉所美 –《尙書》의 〈舜典〉과 〈皐陶謨(고요모)〉에서도 찬미하다. ㅇ五服五章 – 五服은 天子, 諸侯, 卿, 大夫, 士의 복장. 五章은 오복을 밝게 나타내다. '~, 天命有德하니 五服五章哉라.'《尙書 虞書 皐陶謨》. ㅇ探賾窮理 – 탐색하고 궁리하다. 賾은 깊숙할 색. 깊은 이치. ㅇ翼翼周愼 – 翼翼(익익)은 공경하고 삼가는 모양. 周愼(주신)은 치밀하면서도 근신하다. ㅇ 行靡玷漏 – 靡는 아닐 미. 없다. 玷은 이지러질 점. 하자. 잘못. 漏는 샐 누(루). 잘못. ㅇ密勿夙夜 – 密勿(밀물)은 부지런히 힘쓰다. 黽勉(민면)과 同. 夙夜(숙야)는 새벽부터 밤까지.

[國譯]

그때 陳留郡 태수가 결원이었는데 尙書 史敞(사창) 등이 胡廣을 천거하였다.

「臣이 알기로, 은덕을 베풀어 賢才를 표창하고 작위로서 공적을 포상하며 '명확한 공적심사로 유공자에게 관직을 수여하는 일'을 (《尙書》의) 〈舜典〉과 〈皐陶謨(고요모)〉에서도 찬미하였으며 '五服의 五章'은 하늘이 정한 순차를 정한 것이기에, 이로써 신하는 충성을 다하고 주군은 신하에 대한 총애를 두터이 베풀기에, 천자는 거동에 그 덕을 잃지 않고 신하는 죽더라도 그 은덕을 잊지 못하는 것입니다. 신이 볼 때, 尙書僕射(상서복야)인 胡廣(호광)은 행실이 진실되고 법도에 맞으며, 謙虛(겸허)하면서도 溫雅(온아)하고, 다방면에 걸쳐 견문이 많으며, 심오하게 연구하고 만물의 이치를 궁극적으로 탐구하여《六經》의 심오한 뜻이나 옛 법도와 典章을 읽고 연구하지 않은 것이 없습니다. 호광의 性情은 유순하면서도 예의에 어긋나지 않고, 文雅하면서도 예를 다하며, 忠貞한 천성은 나랏일을 사적인 일보다 우선합니다. 호광은 그의 능력을 뽐내지 않고 그 공로를 자랑하지 않으며, 공경하고 삼가면서도 치밀하여 행실에 어떤 瑕疵(하자)나 실수도 없습니다. 새벽부터 밤까지 부지런히 애쓰기 십여 년에 외부 일에 마음을 쓰지 않았고 굳이 승진에 뜻을 두지도 않았습니다. 臣 등은 胡廣(호광)이 尙書로 재직하면서 오랫동안 고생이 많았으며, 늙은 後母를 잘 보살핀 효행을 다하였으니 사방 1천 리를 다스리는 태수의 직책에 한번 등용해보면 군현의 정치를 일신할 수 있다고 생각합니다. 陳留郡은 京師에서 가까우나 지금 태수직이 결원입니다. 호광의 재능과 經略이 아주 뛰어나니 번잡한 제반 업무를 모두 잘할 수 있기에 선발되기를 염원하며 퇴폐한 풍속을 바로잡고 백성을 잘 단속하고 선행으로 이끌 수 있으니 격려 있기를 바랍니다.」

原文

廣典機事十年, 出爲濟陰太守, 以擧吏不實免. 復爲汝南太守, 入拜大司農. 漢安元年, 遷司徒. 質帝崩, 代李固爲太尉, 錄尙書事. 以定策立桓帝, 封育陽安樂鄕侯. 以病遜位. 又拜司空, 告老致仕. 尋以特進徵拜太常, 遷太尉, 以日食免. 復爲太常, 拜太尉.

延熹二年, 大將軍梁冀誅, 廣與司徒韓演,司空孫朗坐不衛宮, 皆減死一等, 奪爵土, 免爲庶人. 後拜太中大夫,太常. 九年, 復拜司徒. 靈帝立, 與太傅陳蕃參錄尙書事, 復封故國. 以病自乞. 會蕃被誅, 代爲太傅, 總錄如故.

| 註釋 | ㅇ大司農 – 국가의 穀物과 재화, 국가재정 담당. 九卿의 하나. 질록 中二千石. 屬官으로 丞 1인 질록 比 千石, 部丞 1人, 6百石 外에 太倉令, 平準令, 導官令(각 질록 6백석)과 그 아래 丞을 두었다.

[國譯]

胡廣(호광)은 국가 기밀 업무를 담당하기 10여 년에 濟陰(제음) 태수로 나갔으나 관리 천거가 부실하다 하여 면직되었다. 다시 汝南(여남) 태수가 되었다가 조정에 들어와 大司農이 되었다. (順帝) 漢安 원년(서기 142), 司徒로 승진하였다. 質帝가 붕어하자(서기 146년), 李固(이고)의 후임으로 太尉가 되어 錄尙書事를 겸했다. 桓帝(환제)를 옹립한 공로로 育陽安樂鄕侯에 봉해졌다. 질병으로 직위에서 물러났다. 다시 司空을 제수 받았다가 노령으로 致仕(치사)하였다.

얼마 안 있어 特進으로 부름을 받아 太常이 되었다가 다시 太尉로 승진했으나 일식이 일어나자 면직되었다. 다시 태상이 되었다가 太尉를 제수 받았다.

(桓帝) 延熹 2년(서기 159), 大將軍 梁冀(양기)가 주살되자 호광과 司徒 韓演(한연), 司空 孫朗(손랑)은 궁궐을 호위하지 못한 죄에 연루되어 사형에서 1등을 감형 받고 爵土(식읍)을 몰수당했고 서인으로 강등되었다. 뒤에 다시 太中大夫와 太常을 역임하였다. (연희) 9년, 다시 司徒가 되었다. 靈帝(영제)가 즉위하자(서기 168년), 太傅 陳蕃(진번)과 함께 錄尙書事를 담당하였고 옛 封國에 다시 봉해졌다. 병으로 퇴임하였다. 그때 진번이 주살되자 후임으로 태부가 되었고 모든 녹봉은 이전과 같았다.

原文

時年已八十, 而心力克壯. 繼母在堂, 朝夕瞻省, 傍無几杖, 言不稱老. 及母卒, 居喪盡哀, 率禮無愆. 性溫柔謹素, 常遜言恭色. 達練事體, 明解朝章. 雖無謇直之風, 屢有補闕之益. 故京師諺曰, '萬事不理問伯始, 天下中庸有胡公.' 及共李固定策, 大議不全, 又與中常侍丁肅婚姻, 以此譏毁於時.

| **註釋** | ○傍無几杖 – 几는 안석 궤. 杖는 지팡이 장. ○謇直之風 – 곧고 바른말을 하다. 謇은 바른말을 하는 모양. 말 더듬을 건.

[國譯]

그때 나이 80세가 넘었지만 여전히 마음과 생각이 건전하였다. 繼母가 생존해 조석으로 안부를 살폈고, 신변에 안석과 지팡이가 없었으며 노인이라는 말도 하지 않았다. 계모가 죽자 복상에 애통하며 장례에 소홀하지 않았다. 호광은 성격이 온유하고 신중하며 소탈하였고 늘 겸손한 언사에 온화한 표정이었다. 모든 행정업무에 숙달하였고 조정 법도에도 밝았다. 비록 바른말을 하는 풍모는 없었지만 늘 부족한 부분을 잘 보완하였다. 그래서 경사의 속언에도 '모든 어려운 일은 伯始(胡廣의 字)에게 물어야 하고, 천하의 中庸은 胡公에 있다.' 고 하였다. 李固(이고)와 함께 주요 방책을 결정하였지만 끝까지 주장을 내세우지 못했고, 또 中常侍인 丁肅(정숙)과 혼인을 맺어 이 때문에 당시에 비난을 받았다.

原文

自在公臺三十餘年, 歷事六帝, 禮任甚優, 每遜位辭病, 及免退田里, 未嘗滿歲, 輒復升進. 凡一履司空, 再作司徒, 三登太尉, 又爲太傅. 其所辟命, 皆天下名士. 與故吏陳蕃,李咸並爲三司. 蕃等每朝會, 輒稱疾避廣, 時人榮之.

年八十二, 熹平元年薨. 使五官中郎將持節奉策贈太傅, 安樂鄕侯印綬, 給東園梓器, 謁者護喪事, 賜冢塋於原陵, 謚文恭侯, 拜家一人爲郎中. 故吏自公,卿,大夫,博士,議郎以下數百人, 皆縗絰殯位, 自終及葬. 漢興以來, 人臣之盛, 未嘗有也.

| 註釋 | ㅇ公臺 – 三公의 자리. 본래 北斗의 上台, 中台, 下台. 三公을 상징, 順帝 漢安 원년(서기 142)에 司空이 된 이후 靈帝 熹平 원년(서기 172) 죽을 때까지 31년, 安帝, 順帝, 沖帝, 質帝, 桓帝, 靈帝를 모셨다. ㅇ陳蕃(진번) – 66권, 〈陳王列傳〉에 立傳. ㅇ原陵 – 光武帝의 능. 今 河南省 洛陽市 관할 孟津縣 소재.

[國譯]

胡廣은 三公의 반열에 오른 지 30여 년에 六帝를 섬겼으며 호광에 대한 예우가 매우 극진하였다. 직위를 양보하고 병으로 사직하더라고 고향에 물러나 1년을 못 채우고 다시 승진하였다. 그간 총 司空을 1회, 司徒를 2회, 太尉를 3번이나 역임하였고, 또 太傅도 역임하였다. 호관이 불러 임용한 사람들은 모두 천하의 명사들이었다. 옛 동료였던 陳蕃(진번), 李咸(이함) 역시 三司를 역임하였다. 진번 등은 매번 조회를 할 때면 병을 핑계로 호광을 피했는데 당시 사람들이 진번을 칭송하였다.

호광은 나이 82세에 (靈帝) 熹平 원년에 죽었다. 五官中郎將에게 부절을 갖고 가서 太傅와 安樂鄕侯의 인수를 증여케 하였고 東園에서 제조한 관곽을 제공하였으며, 謁者가 喪事를 주관하고 原陵(원릉)에 무덤을 만들게 하였고, 시호는 文恭侯였으며 가족 중 1인에게 낭관을 제수하였다. 옛 동료로 삼공과 卿, 大夫, 博士, 議郎 이하 수백명이 모두 상복을 입고 빈소에 나와 조문하고 장례를 마칠 때까지 참여했다. 漢興 이래로 人臣으로 이렇게 성대한 대우를 받은 사람이 있지 않았다.

原文

初, 楊雄依〈虞箴〉作〈十二州二十五官箴〉, 其九箴亡闕, 後涿郡崔駰及子瑗又臨邑侯劉騊駼增補十六篇, 廣復繼作四篇, 文甚典美. 乃悉撰次首目, 爲之解釋, 名曰〈百官箴〉, 凡四十八篇. 其餘所著詩,賦,銘,頌,箴,吊及諸解詁, 凡二十二篇.

熹平六年, 靈帝思感舊德, 乃圖畫廣及太尉黃瓊於省內, 詔議郞蔡邕爲其頌云.

| **註釋** | ㅇ楊雄 – 揚雄(양웅, 前 53 – 서기 18), 字는 子雲으로 蜀郡 成都縣 사람. 前漢 말기의 문인, 철학자. 《漢書》 87권, 〈揚雄傳〉(上, 下)에 입전. ㅇ箴(잠) – 文體의 일종. 경계의 뜻을 서술한 글. 양웅은 箴言(잠언)으로는 〈虞箴(우잠)〉보다 나은 것이 없다 하여 〈州箴〉을 지었다고 하였다. ㅇ黃瓊(황경) – 61권, 〈左周黃列傳〉에 立傳.

[國譯]

그전에, (前漢의) 楊雄(양웅, 揚雄)은 〈虞箴(우잠)〉을 본떠 〈十二州二十五官箴〉을 지었는네, 그중 9箴이 없어졌는데 뒷날 涿郡(탁군)의 崔駰(최인) 및 아들 崔瑗(최원) 또 臨邑侯인 劉騊駼(유도도) 등이 16편을 增補하였으며, 胡廣(호광)이 다시 4편을 이어 지었는데 문장이 매우 전아하였다. 이에 호광은 모두 편찬하며 목차를 정하고 해석한 뒤에 이름은 〈百官箴〉이라 하였는데, 모두 48편이었다. 그 밖에 호광이 지은 詩, 賦, 銘, 頌, 箴, 吊文 및 여러 훈고에 관할 글 22편이 남았다.

(靈帝) 熹平 6년(서기 177)에, 靈帝는 옛 신하의 덕행에 느낀 바 있어 胡廣과 太尉 黃瓊(황경)의 초상을 궁궐에 그리게 하였고 議郎 蔡邕(채옹)에게 칭송의 글을 짓게 하였다.

原文

論曰, 爵任之於人重矣, 全喪之於生大矣. 懷祿以圖存者, 仕子之恒情, 審能而就列者, 出身之常體. 夫紆於物則非己, 直於志則犯俗, 辭其艱則乖義, 徇其節則失身. 統之, 方軌易因, 險塗難御. 故昔人明慎於所受之分, 遲遲於岐路之閒也. 如令志行無牽於物, 臨生不先其存, 後世何貶焉? 古人以宴安爲戒, 豈數公之謂乎?

| **註釋** | ㅇ審能而就列者 – 능력을 살펴 지위에 오르는 자. 列은 位也. ㅇ夫紆於物則非己 – 紆는 굽을 우(曲也). ㅇ徇其節則失身 – 徇은 따르다. 지키다(營也). 其節則失身. ㅇ方軌易因 – 方軌는 평탄한 길. 평탄한 길을 가게 되면 쉽게 인습에 빠질 수 있다. ㅇ險塗難御 – 險塗(험도, 험한 길)은 수레 몰기가 어렵다. 전복을 면하기 어렵다. 難御. ㅇ遲遲於岐路之閒也 – 遲遲(지지)는 걱정이 되어 나아가지 못하는 모양.

[國譯]

范曄(범엽) 史論 : 공적에 따른 작위는 중요한 문제이고, 인생에서 지조 유무 역시 큰 문제이다. 爵祿(작록)에 따른 삶 역시 士人의 변함없는 뜻이고, 능력에 따른 지위는 관직생활의 大體이다. 뜻을 굽혀 재물 추구는 자신에 대한 부정이고, 곧은 뜻만 관철하려 한다면 세속과 충돌하며, 난관을 두려워한다면 대의와 어긋나고, 지조만을 따른다면 性命을 잃을 수도 있다. 한마디로 말한다면 평탄한 길을 쉽게 나아갈 수 있지만 험한 길은 쉽지 않을 것이다. 그러기에 옛사람은 자신이 도달할 자리의 선택에 신중하였고, 험한 길에서는 걱정으로 뜻대로 행동하지 못했다. 만약 자신의 뜻을 펴는데 외물에 구애받지 않고 생사의 기로에서 구차히 살려 하지 않는다면 후세 사람으로부터 어찌 폄하를 당하겠는가? 옛사람은 평온무사한 삶을 경계했다지만 그런 사람이 몇이나 있었겠는가?

原文

贊曰, 鄧,張作傅, 無咎無譽. 敏正疑律, 防議章句. 胡公庸庸, 飾情恭貌. 朝章雖理, 據正或橈.

| 註釋 | ㅇ胡公庸庸 – 庸庸은 평범한 모양. 수고하는 모양. ㅇ據正或橈 – 橈는 꺾일 뇨, 굽힐 뇨.

[國譯]

贊曰,

鄧彪(등표)와 張禹는 太傅로 허물도 영예도 없었다.
張敏은 잘못된 법을 고쳤고, 徐防은 章句를 논했다.
胡廣은 평범하면서도 감정을 꾸며 공손하였다.
조정의 정사를 이끌었지만 正道에 때로는 굽히기도 했다.

45 袁張韓周列傳
〔원,장,한,주열전〕

❶ 袁安

原文

袁安字邵公, 汝南汝陽人也. 祖父良, 習《孟氏易》, 平帝時擧明經, 爲太子舍人, 建武初, 至成武令.

安少傳良學. 爲人嚴重有威, 見敬於州里. 初爲縣功曹, 奉檄詣從事, 從事因安致書於令. 安曰, "公事自有郵驛, 私請則非功曹所持." 辭不肯受, 從事懼然而止. 後擧孝廉, 除陰平長, 任城令, 所在吏人畏而愛之.

| **註釋** | ○袁安字邵公 – 袁은 옷이 길 원. 성씨. 汝南 袁氏, 후한의 名門世族. 後漢 말 袁紹(원소)와 袁術(원술)은 袁安의 玄孫. ○汝南汝陽人 – 汝南郡 汝陽縣, 今 河南省 동부 周口市 관할의 商水縣. ○《孟氏易》 – 전한

孟喜(맹희)가 전수한《易經》. ㅇ太子舍人 - 질록 2백석. ㅇ成武 - 濟陰郡의 현명. 今 山東省 서남부 菏澤市 관할 成武縣. ㅇ陰平長,任城令 - 東海國 陰平縣, 任城國 任城縣. 今 山東省 서남부 濟寧市.

[國譯]

袁安(원안)의 字는 邵公(소공)으로, 汝南郡 汝陽縣 사람이다. 祖父 袁良(원량)은《孟氏易》을 전공하여 平帝 때 明經으로 천거 받아 太子舍人이 되었다가 建武 초에 (濟陰郡) 成武 현령이 되었다.

원안은 젊어 조부 원량의 학문을 전수받았다. 사람이 엄격 중후하여 위엄이 있었고 마을에서 존경을 받았다. 처음에 縣의 功曹(공조)였는데 檄文을 가지고 從事에게 가자, 從事가 원안 편에 현령에게 문서를 보내려고 하였다. 이에 원안이 말했다.

"公事에 관한 문서는 郵驛(우역)이 있고 사적인 부탁이라면 공조인 제가 갖고 갈 수 없습니다."라면서 받지 않자, 종사는 두려워하며 그만두었다, 원안은 뒤에 효렴으로 천거되었고 (東海國) 陰平 縣長과 (任城國) 任城 縣令을 지냈는데 임지에서 관리와 백성이 경외하며 친애하였다.

原文

永平十三年, 楚王英謀爲逆, 事下郡覆考. 明年, 三府擧安能理劇, 拜楚郡太守. 是時英辭所連及繫者數千人, 顯宗怒甚, 吏案之急, 迫痛自誣, 死者甚衆.

安到郡, 不入府, 先往案獄, 理其無明驗者, 條上出之. 府丞掾史皆叩頭爭, 以爲阿附反虜, 法與同罪, 不可. 安曰, "如有不合, 太守自當坐之, 不以相及也." 遂分別具奏. 帝感悟, 卽報許, 得出者四百餘家. 歲餘, 徵爲河南尹. 政號嚴明, 然未嘗以臧罪鞠人. 常稱曰, "凡學仕者, 高則望宰相, 下則希牧守. 錮人於聖世, 尹所不忍爲也." 聞之者皆感激自勵. 在職十年, 京師肅然, 名重朝廷. 建初八年, 遷太僕.

| 註釋 | ○楚王英謀爲逆 – 永平 13년(서기 70) 11월, 楚王 劉英(유영)이 모반했다. 楚王 劉英의 모친은 許氏로 광무제의 총애를 받지 못하여 유영은 가장 가난하고 영역도 좁은 楚王에 봉해졌다. 黃老 사상을 가졌던 왕으로 사실 구체적 반역 행동도 없었다. 다음 해에 자살하였지만 이 사건의 파장은 너무 심대했다. ○然未嘗以臧罪鞠人 – 臧罪는 장물죄. 鞠은 죄인을 국문하다. 鞫과 同. ○牧守 – 州의 牧과 郡의 太守. 州牧은 州의 통치 책임자. 武帝 때 질록 6백석의 자사를 두어 13자사부 관내 군현의 행정을 감독케 하였다. 成帝 때는 자사를 폐하고 질록 2천석의 州牧을 두었다. 후한에서는 다시 자사라고 부르다가 靈帝 中平 5년(서기 188)부터는 다시 卿級의 州牧을 보내 軍과 政의 대권을 쥐고 州의 군현을 통치하였다. ○太僕(태복) – 황제의 御駕와 나라의 馬政을 관할, 9卿의 하나. 질록 中二千石. 屬官으로 大廄令(대구령), 未央令, 家馬令을 두었고 그 아래 각각 5丞과 1尉를 두었다. 龍馬監 등 5監 이외에 다수의 속관도 거느림. 中太僕은 皇太后의 수레와 거마를 관장하나 상설직은 아니었다.

[國譯]

(明帝) 永平 13년, 楚王 劉英의 역모를 꾸몄고 사건을 각 郡에서 심리하였다. 다음 해 三公府에서는 袁安(원안)이 번잡한 업무를 잘

처리할 수 있다 하여 楚郡太守를 제수하였다. 이때 유영의 조사 내용에 따라 관련되어 체포된 자가 수천 명이었고, 顯宗(명제)는 크게 분노하여 조사가 엄격 잔혹하여 고문의 고통으로 스스로 허위자백하거나 죽는 자가 매우 많았다.

원안은 楚郡에 도착하여 군청에 들어가지 않고 먼저 옥안을 살피면서 명확한 증거가 없는 자를 심리하여 옥에서 내보냈다. 郡의 丞(승, 太守의 副職)과 掾史(掾吏)들이 모두 머리를 숙이며 반역자 무리를 편드는 것도 법률상 같은 罪目이니 불가하다고 말했다.

이에 원안은 "만약 실정에 합치되지 않는다면 태수가 응당 벌을 받을 것이며 밑에 사람에게 화가 미치지 않을 것이다."라고 말했다. 그리고서는 사안별로 나누어 보고하였다. 명제도 느낀 바가 있어 보고를 인정하였는데 그때 출옥한 자가 400여 명이나 되었다.

일 년 남짓 뒤에 원안은 조정의 부름을 받아 河南尹이 되었다. 정령은 엄정 명확하였지만 장물죄를 이유로 백성을 국문하지는 않았다. 원안은 늘 "학문으로 출사한 자는 학문이 高明하면 재상을 바라봐야 하고, 학문이 낮다면 자사나 태수를 희망해야 한다. 오늘 같은 이런 聖世에 사람을 가두는 일은 河南尹으로서는 차마 못할 일이다"라고 말했다.

이 말을 들은 자는 모두 감격하여 스스로를 격려하였다. 재직 10년에, 京師가 평안 무사하였고 조정에 평판이 좋았다. (章帝) 建初 8년에, 太僕(대복)으로 승진하였다.

原文

元和二年, 武威太守孟雲上書,「北虜旣已和親, 而南部復往抄掠, 北單于謂漢欺之, 謀欲犯邊. 宜還其生口, 以安慰之.」

詔百官議朝堂. 公卿皆言夷狄譎詐, 求欲無猒, 旣得生口, 當復妄自誇大, 不可開許. 安獨曰, "北虜遣使奉獻和親, 有得邊生口者, 輒以歸漢, 此明其畏威, 而非先違約也. 雲以大臣典邊, 不宜負信於戎狄, 還之足示中國優貸, 而使邊人得安, 誠便."

司徒桓虞改議從安. 太尉鄭弘,司空第五倫皆恨之. 弘因大言激勵虞曰, "諸言當還生口者, 皆爲不忠." 虞廷叱之, 倫及大鴻臚韋彪各作色變容, 司隸校尉擧奏, 安等皆上印綬謝.

肅宗詔報曰,「久議沈滯, 各有所志. 蓋事以議從, 策由衆定, 誾誾衎衎, 得禮之容, 寢嘿抑心, 更非朝廷之福. 君何尤而深謝? 其各冠履.」

帝竟從安議. 明年, 代第五倫爲司空. 章和元年, 代桓虞爲司徒.

| 註釋 | ○武威 – 郡名. 치소는 姑臧縣, 今 甘肅省 중부 武威市. ○夷狄譎詐 – 夷狄은 여기서는 흉노족, 당시 흉노는 한에 우호적인 南單于와 비우호적인 北單于로 분열된 상태였다. 譎詐(휼사)는 속이다. 譎은 속일 휼. 詐는 거짓 사. ○第五倫 – 第五는 복성. 41권, 〈第五鍾離宋寒列傳〉에 立

傳. ○久議沈滯 – 의논이 오랫동안 결론이 나지 않다. ○誾誾衎衎 – 誾誾은 忠正한 모양. 衎衎은 화락한 모양. 誾은 온화할 은. 衎은 즐긴 간. ○寢嘿抑心 – 寢嘿은 沈默(침묵). 嘿은 고요할 묵. 抑은 누를 억.

[國譯]

(章帝) 元和 2년(서기 85), 武威郡 太守인 孟雲(맹운)이 上書하였다.

「北흉노는 이미 和親하였지만 남부의 흉노가 다시 침입하여 약탈을 하자, 북흉노는 우리가 그들을 속였다고 하면서 변경을 침입하겠다고 합니다. 흉노족 노비를 보내주어 그들을 달래야 할 것입니다.」

이를 조정에서 백관이 논의하라고 명했다. 공경들은 대부분 흉노는 거짓이 많고 그 욕심이 끝이 없어 노비를 보내주면 자기들이 강대한 줄 자랑할 것이니 허락할 수 없다고 말했다. 그러나 원안 혼자서 말했다.

"북흉노가 사신을 보내 토산물을 바치고 화친하면서 변방에서 잡아간 백성을 보내주었으니, 이는 분명 우리의 위세를 두려워한 것이며 그들이 먼저 약속을 깨지 않았습니다. 태수 맹운은 변방의 대신으로서 융적에게 신의를 잃는 것은 옳지 않으며 흉노의 포로를 돌려주어 우리의 재물이 넉넉하다는 것을 보여주면서 변경지역을 안정시키는 것이 더 이로울 것입니다."

그러자 司徒 桓虞(환우)도 생각을 바꿔 원안의 말을 따랐다. 太尉인 鄭弘(정홍)과 司空인 第五倫(제오륜)은 이에 반감을 가졌다. 정홍이 큰 소리로 환우를 비난하였다. "여러 사람이 흉노 포로를 돌려보내야 한다고 말하는데 모두가 不忠입니다."

이에 환우도 반박하자, 제오륜과 大鴻臚인 韋彪(위표)도 얼굴을 붉혔고, 司隸校尉가 상주하였고, 원안은 인수를 반납하고 사죄하였다.

이에 肅宗(章帝)가 조서를 내렸다.

「각자 주장이 있어 논의가 오랫동안 결론이 나지 않았다. 국사를 의논하고 다수의 의견에 따라 방책이 결정되는 것이니 충정하고 화락하며 예의를 지키고, 때로는 조용히 마음을 진정시켜 논의한다면 이것이 바로 조정의 복일 것이다. 경은 왜 자책하면서 심하게 사죄하는가? 의관을 다시 착용하고 근무하기 바란다.」

장제는 결국 원안의 주장을 받아들였다. 원안은 다음 해 제오륜의 후임으로 司空이 되었다. (章帝) 章和 원년(서기 87), 桓虞(환우)의 후임으로 司徒가 되었다.

原文

和帝卽位, 竇太后臨朝, 后兄車騎將軍憲北擊匈奴, 安與太尉宋由,司空任隗及九卿詣朝堂上書諫, 以爲匈奴不犯邊塞, 而無故勞師遠涉, 損費國用, 徼功萬里, 非社稷之計. 書連上輒寢. 宋由懼, 遂不敢復署議, 而諸卿稍自引止.

唯安獨與任隗守正不移, 至免冠朝堂固爭者十上. 太后不聽, 衆皆爲之危懼, 安正色自若. 竇憲旣出, 而弟衛尉篤,執金吾景各專威權, 公於京師使客遮道奪人財物. 景又擅使乘驛施檄緣邊諸郡, 發突騎及善騎射有才力者, 漁陽,鴈門,上谷三郡各遣吏將送詣景第. 有司畏憚, 莫敢言者.

安乃劾景擅發邊兵, 驚惑吏人, 二千石不待符信而輒承景檄, 當伏顯誅. 又奏司隸校尉,河南尹阿附貴戚, 無盡節之義, 請免官案罪. 並寢不報. 憲,景等日益橫, 盡樹其親黨賓客於名都大郡, 皆賦斂吏人, 更相賂遺, 其餘州郡, 亦復望風從之.

安與任隗擧奏諸二千石, 又它所連及貶秩免官者四十餘人, 竇氏大恨. 但安,隗素行高, 亦未有以害之.

| **註釋** | ㅇ司空 任隗(임외) – 21권, 〈任李萬邳劉耿列傳〉에 立傳. ㅇ發突騎及善騎射有才力者 – 突騎는 돌격 기병. 才力은 힘. 근력. ㅇ名都大郡 – 民戶가 12만 호 이상을 大郡이라 하였다.

[國譯]

和帝가 즉위하고, 竇(두)太后가 臨朝 聽하면서 두태후의 오빠인 車騎將軍 竇憲(두헌)은 북쪽으로 匈奴를 원정하려 하자, 袁安(원안)과 太尉 宋由(송유), 司空 任隗(임외)와 九卿이 조정에 나아가 원정을 諫하는 상서를 올렸는데, 匈奴가 변경을 침범하지도 않았는데 이유도 없이 군사를 동원하여 먼 곳을 원정하고, 국가 재정을 축내면서 1만 리 밖에서 공을 세우려는 일은 사직을 위한 방책이 아니라고 말했다. 그러나 상서는 늘 묵살되었다. 이에 宋由는 겁이 나서 다시는 논의에 서명하지 않았고 다른 公卿도 점차 스스로 그만두었다.

오직 원안과 임외는 정도를 고집하며 물러나지 않았으며 조정에 나가 10번이 넘게 완강하게 간쟁하였다. 太后가 끝까지 따르지 않자 모두가 겁을 먹었지만 원안만은 평소와 다름없었다. 竇憲이 원정을 떠난 뒤에, 그 동생인 衛尉 竇篤(두독)과 執金吾인 竇景(두경)은 권력을 마음대로 행사하였으며 공공연히 낙양에서 문객을 시켜 길을 막고 백성의 재물을 탈취하였다. 또 두경은 멋대로 역마를 동원해서 변방의 각 郡에 격문을 보내 突騎(돌기)와 騎射에 능하거나 힘이 좋은 병사를 징발하였는데, 漁陽, 雁門(안문), 上谷 등 3郡에서는 軍吏를 시켜 군사를 두경의 집에 보냈다. 담당자는 이를 알고도 두려워 감히 말하는 자가 없었다.

그러나 원안은 바로 두경이 멋대로 변방의 군사를 징발하여 관리와 백성을 놀라게 하였으며, 태수는 符信(부신)이 없는데도 두경의 격문을 따랐으니 당장 이를 알리고 처형해야 한다고 탄핵하였다. 또 司隸校尉와 河南尹은 貴戚에 아부하면서 충절의 대의를 지키지 않았으니 파면하고 형벌에 처해야 한다고 상주하였다. 그러나 모두가 묵살되어 회보도 없었다. 두헌과 두경 등은 갈수록 더 횡포하였으며, 그 일족이나 빈객을 큰 도읍이나 大郡에 심어놓았으며, 관리를 동원하여 부세를 거둬들이고 뇌물을 주고받자 다른 군에서도 눈치를 보며 그대로 따랐다.

원안과 임외는 여러 군의 태수를 고발하였는데, 또 이에 연관되어 질록이 삭감되거나 파면된 자가 40여 명이나 되었다. 竇氏들은 큰 원한을 품었다. 그러나 원안과 임외의 평소 행실이 고매하여 해칠 수가 없었다.

原文

時竇憲復出屯武威. 明年, 北單于爲耿夔所破, 遁走烏孫,塞北地空, 餘部不知所屬. 憲日矜己功, 欲結恩北虜, 乃上立降者左鹿蠡王阿佟爲北單于, 置中郎將領護, 如南單于故事. 事下公卿議, 太尉宋由,太常丁鴻,光祿勳耿秉等十人議可許.

安與任隗奏, 以爲 "光武招懷南虜, 非謂可永安內地, 正以權時之筭, 可得扞御北狄故也. 今朔漠旣定, 宜令南單于反其北庭, 並領降衆, 無緣復更立阿佟, 以增國費".

宗正劉方,大司農尹睦同安議. 事奏, 未以時定.

| 註釋 | ㅇ耿夔(경기) - (永元) 3년(서기 91) 봄에, 경기는 北單于를 金微山(금미산)에서 포위 대파하고 선우의 모친 母閼氏(모연지)를 생포하였다. 耿夔(경기)는 19권, 〈耿弇列傳(경엄열전)〉에 立傳. 耿(빛날 경)이 성씨. 夔는 조심할 기. ㅇ左鹿蠡王(좌록리왕, 音 鹿离 lùlí) - 흉노의 관직명. 漢의 제후와는 성격이 다른 흉노의 족장급이다. ㅇ北庭(북정) - 북흉노 單于의 王廷(직할지). 흉노는 유목민이기 때문에 도읍지가 없고 대신 직할 지역을 王庭이라 하였다.

[國譯]

그때 竇憲(두헌)은 다시 출정하여 武威郡에 주둔했다. 다음 해 北單于는 耿夔(경기)에게 격파되어 烏孫(오손)의 거주 지역으로 도주하였고, 변방 북쪽의 땅은 空地가 되었으며 다른 부족은 어디에 있는지 알지 못했다. 두헌은 날마다 자신의 공적을 자랑하며 북흉노에게 은택을 베풀려고 투항한 북흉노의 左鹿蠡王〔좌록려왕, 谷蠡王(녹리왕)〕 阿佟(아동)을 北單于로 세워 중랑장의 보호하에 두어 南單于의 전례를 따르려 하였다. 이 사안을 공경들이 논의하였는데, 太尉인 宋由(송유), 太常 丁鴻(정홍), 光祿勳 耿秉(경병) 등 10여 명이 그대로 시행하자고 주장하였다.

그러나 원안과 임외는 상주하여 "光武帝가 남흉노를 회유한 것은 內地(漢의 영역)에 영원히 거주케 하려는 뜻이 아니었고, 임시 조치이며 남흉노를 통해서 북흉노를 견제하려는 뜻이었습니다. 지금 사막 북쪽이 이미 평정되었으니, 응당 南單于(남선우)를 北庭(북정)으로 돌려보내 그 투항한 무리를 다스려야 하며 아무런 이유도 없이 阿佟(아동)을 다시 책립하는 것은 국가의 지출만 늘리는 것입니다."라고 말하였다.

宗正인 劉方(유방), 大司農 尹睦(윤목)은 원안의 주장에 동의하였다. 논의가 상주되었지만 그때 확정되지는 않았다.

原文

安懼憲計遂行, 乃獨上封事曰,

「臣聞功有難圖, 不可豫見, 事有易斷, 較然不疑. 伏惟光武皇帝本所以立南單于者, 欲安南定北之策也, 恩德甚備, 故匈奴遂分, 邊境無患. 孝明皇帝奉承先意, 不敢失墜, 赫然命將, 爰伐塞北. 至乎章和之初, 降者十餘萬人, 議者欲置之濱塞, 東至遼東, 太尉宋由,光祿勳耿秉皆以爲失南單于心, 不可, 先帝從之. 陛下奉承洪業, 大開疆宇, 大將軍遠師討伐, 席捲北庭, 此誠宣明祖宗, 崇立弘勳者也. 宜審其終, 以成厥初.

伏念南單于屯, 先父擧衆歸德, 自蒙恩以來, 四十餘年. 三帝積累, 以遺陛下. 陛下深宜遵述先志, 成就其業. 況屯首唱大謀, 空盡北虜, 輟而弗圖, 更立新降, 以一朝之計, 違三世之規, 失信於所養, 建立於無功. 由,秉實知舊議, 而欲背弃先恩.

夫言行君子之樞機, 賞罰理國之綱紀.《論語》曰, '言忠信, 行篤敬, 雖蠻貊行焉.' 今若失信於一屯, 則百蠻不敢復保誓矣. 又烏桓,鮮卑新殺北單于, 凡人之情, 咸畏仇讎, 今立其弟, 則二虜懷怨. 兵,食可廢, 信不可去. 且漢故事, 供給南單于費直歲一億九十餘萬, 西域歲七千四百八十萬. 今北庭彌遠, 其費過倍, 是乃空盡天下, 而非建策之要也.」

詔下其議. 安又與憲更相難折. 憲險急負勢, 言辭驕訐, 至詆毁安, 稱光武誅韓歆,戴涉故事, 安終不移. 憲竟立匈奴降者右鹿蠡王於除鞬爲單于, 後遂反叛, 卒如安策.

| 註釋 | ㅇ封事 – 밀봉한 上奏文(封章과 같음). ㅇ孝明皇帝 – 前漢 孝惠帝부터 황제 시호에 '孝'가 붙는 것은 '효자로 부친의 뜻을 잘 잇다(孝子善繼父志).'라는 뜻이다. ㅇ南單于屯 – 南單于인 屯屠何(둔도하, ? – 서기 93년). 장제 장화 2년(서기 88년)에 선우가 되었다. 본래 建武 24년에, 匈奴의 薁鞬日逐王(욱건일축왕) 比(비)가 남선우로 자립하면서 흉노가 남, 북선우으로 분열되었다. ㅇ背弃先恩 – 背弃는 버리다. 弃는 버릴 기(棄也). ㅇ言忠信 –「子張問行, 子曰, "言忠信, 行篤敬, 雖蠻貊之邦, 行矣. 言不忠

信, 行不篤敬, 雖州里, 行乎哉?」《論語 衛靈公》. ㅇ兵,食可廢 – 「子貢問政. 子曰, "足食, 足兵, 民信之矣." 子貢曰, "必不得已而去, 於斯三者何先?" 曰, "去兵." 子貢曰, "必不得已而去, 於斯二者何先?" 曰, "去食. 自古皆有死, 民無信不立."」《論語 顔淵》. ㅇ言辭驕訐 – 驕는 교만할 교. 訐은 들추어낼 알. 남의 단점을 헐뜯어 말하다. ㅇ稱光武誅韓歆,戴涉故事 – 建武 15년(서기 39), 大司徒 韓歆(한흠)은 파면되자, 자살하였다. 26권, 〈伏侯宋蔡馮趙牟韋列傳〉의 〈侯霸(후패)傳〉 참고. 建武 19년, 戴涉(대섭)은 大司徒가 되었으나 20년 4월에 하옥되었다가 죽었다.

[國譯]

袁安(원안)은 두헌이 계획을 실천할까 걱정하여 홀로 밀봉한 상소를 올렸다.

「臣이 알기로, 功業은 때때로 이룰 수 없기에 예견할 수 없으며 어떤 일은 쉽게 판단할 수 있기에 의혹을 가질 필요가 없습니다. 臣이 생각할 때 光武皇帝가 南單于를 옹립한 본 뜻은 남선우를 안정시켜 북흉노를 평정하려는 뜻이었고, 남흉노에 베푼 은택이 많았기에 결국 흉노는 남북으로 분열되어 변경의 걱정이 없어졌습니다. 孝明皇帝께서도 선제의 뜻을 이어 태만하지 않았으며 위엄을 갖춰 장수에 명령하여 변경 북쪽을 정벌케 하였습니다. (章帝) 章和 초기에, 흉노 투항자 10여만 명에 대하여 많은 사람이 변경 근처에서 요동에 이르는 땅에 정착시키자고 하였지만 太尉 宋由(송유), 光祿勳 耿秉(경병)은 모두 남선우의 신뢰를 잃을 수 없으니 안 된다고 말했고 先帝(章帝)께서도 동의하셨습니다. 폐하께서는 이러한 큰 뜻을 이어받아 강역을 크게 확대하셨으며 大將軍(竇憲)을 보내 북흉노를 토벌케 하여 북흉노의 王庭을 석권하였으니, 이는 확실히 祖宗의 공훈이며 큰 공적을 세운 것입니다. 그렇다면 그 결과를 살펴 처음의 의도를 성취해야 합니다.

臣이 볼 때 南單于인 屯屠何(둔도하)의 先父가 무리를 이끌고 漢에 귀부하여 우리의 은덕은 입은 지 40여 년이 지났습니다. 이는 三帝(光武帝, 明帝, 章帝)가 공을 누적하여 폐하에게 물려주신 것입니다. 폐하께서는 그동안 이어 내려온 여러 先帝의 뜻을 이어 그 본 뜻을 성취해야 합니다. 하물며 지금 (남선우) 둔도하가 먼저 (자신의 본래 땅으로 복귀하려는) 계획을 세웠고 북흉노를 다 없앤 지금, 남흉노를 북쪽으로 돌려보낸다는 계획을 철회하고 새로 투항한 무리를 옹립한다면, 이는 하루의 계획으로 三代 황제의 뜻을 어기는 것이며, 그동안 축적한 신의를 잃고 그간 공적을 無로 돌리는 것입니다. 지금 宋由(송유)와 耿秉(경병)도 지난 논의의 사실을 잘 알고 있으면서도 선제의 은덕을 등지고 포기하려고 합니다.

言行은 君子에서 가장 중요한 요체이며, 賞罰은 나라를 다스리는 기강입니다. 그래서 《論語》에서는 '말이 충실하고 믿을 수 있으며 행실이 돈독 공손하다면 이민족의 땅에서도 통할 수 있다.' 고 하였습니다. 지금 만약 남선우인 둔도하 한 사람에게 신의를 잃는다면 모든 蠻夷들이 다시는 漢과 서약하지 않을 것입니다. 또 烏桓(오환)과 鮮卑(선비)족이 북선우에게 죽음을 당했는데, 본래 인정이란 원수를 미워하며 두려워하는 것이니, 지금 북선우의 동생을 우리가 옹립한다면 오환과 선비에게도 원한을 사게 됩니다. 본래 兵이나 食은 없앨 수 있지만 신의는 버릴 수 없다고 하였습니다. 또 漢의 전례에 따라 南單于에게 주는 비용이 1년에 1億 90여 만이나 되며 西域에도 1년에 7,480만이나 됩니다. 지금 북흉노의 北庭은 더 멀기에 그 비용도 2배는 될 것이고 천하의 재물을 다 탕진할 것이니, 이는 올바른 국가정책의 요체가 될 수 없습니다.」

이 상주를 조정에서 논의케 하였다. 원안과 두헌은 서로를 비난하였다. 두헌은 험악하게 권력의 횡포를 부렸고, 교만하고 고약한 언사로 원안을 크게 헐뜯으면서 光武帝가 韓歆(한흠)과 戴涉(대섭)을 죽게 한 옛일까지 언급하였지만 원안은 끝내 생각을 바꾸지 않았다. 그 뒤에 두헌은 투항한 匈奴 右鹿蠡王〔우녹리왕, 右谷蠡(우녹리)〕 於除鞬(어제건)을 북선우로 옹립하였지만 뒷날 결국 배반하여 원안이 걱정한 그대로였다.

原文

安以天子幼弱, 外戚擅權, 每朝會進見, 及與公卿言國家事, 未嘗不噫嗚流涕. 自天子及大臣皆恃賴之. 四年春, 薨, 朝廷痛惜焉.

後數月, 竇氏敗, 帝始親萬機, 追思前議者邪正之節, 乃除安子賞爲郎. 策免宋由, 以尹睦爲太尉, 劉方爲司空. 睦, 河南人, 薨於位. 方, 平原人, 後坐事免歸, 自殺.

初, 安父沒, 母使安訪求葬地, 道逢三書生, 問安何之, 安爲言其故, 生乃指一處, 云, "葬此地, 當世爲上公". 須臾不見, 安異之. 於是遂葬其所佔之地, 故累世隆盛焉. 安子京, 敞最知名.

| 註釋 | ㅇ外戚擅權 - 擅權은 마음대로 권력을 행사하다. 擅은 멋대로 천. ㅇ噫嗚流涕 - 噫嗚(희오)는 탄식하다. 噫는 탁식할 희. 嗚는 탄식소리 오. 鳴(새가 울 명)은 다른 글자. 流涕(유체)는 문물을 흐리다. ㅇ須臾(수유) - 잠시. 須는 잠깐 수, 기다릴 수, 턱밑 수염 수. 臾는 잠깐 유.

[國譯]

袁安(원안)은 천자가 幼弱(유약)하여 외척이 마음대로 권력을 휘두른다며 매번 조회에 나가 뵐 때나, 또 공경들과 국사를 논의할 때마다 탄식하며 눈물을 흘리지 않은 적이 없었다. 천자로부터 대신들은 모두 원안을 신뢰하였다. (和帝 永元) 4년(서기 92) 봄에 죽었는데, 朝廷에서 크게 슬퍼하였다.

그 몇 달 뒤, 竇氏 일족이 패망하였고 和帝가 비로소 萬機를 친람하였는데, 전에 국사를 논의했던 대신의 옳고 그른 지조를 생각하여 원안의 아들 袁賞(원상)에게 낭관을 제수하였다. 또 책명으로 宋由(송유)를 면직시키고 尹睦(윤목)을 太尉로, 劉方(유방)을 司空에 임명하였다. 윤목은 河南尹 사람인데 관직에 있으며 죽었다. 유방은 平原郡 사람인데 뒷날 업무상 과오로 면직되어 귀향한 뒤에 자살하였다.

그전에 원안의 부친이 죽자, 모친은 원안에게 葬地를 구하게 하였고, 원안은 길에서 3명의 書生을 만났는데 그들이 어디를 가느냐고 물었고 원안이 사실대로 말하자, 서생은 한 곳을 가리키며 "여기다 장례하면 당세에 上公이 나올 것이다."라고 말했다. 그리고는 곧 사라졌는데 원안은 이상하다고 생각했다. 그리고 그곳 점쳐준 곳에 장례하여 여러 대 동안 원씨가 융성하였다. 袁安의 아들 袁京(원경)과 袁敞(원창)이 가장 잘 알려졌다.

❷ 袁京

原文

京字仲譽. 習《孟氏易》, 作《難記》三十萬言. 初拜郎中, 稍遷侍中, 出爲蜀郡太守.

子彭, 字伯楚. 少傳父業, 歷廣漢,南陽太守. 順帝初, 爲光祿勳. 行至淸, 爲吏麤袍糲食, 終於議郎. 尙書胡廣等追表其有淸絜之美, 比前朝貢禹,第五倫. 未蒙顯贈, 當時皆嗟歎之.

彭弟湯, 字仲河, 少傳家學, 諸儒稱其節, 多歷顯位. 桓帝初爲司空, 以豫議定策封安國亭侯, 食邑五百戶. 累遷司徒, 太尉, 以灾異策免. 卒, 謚曰康侯. 湯長子成, 左中郞將. 早卒, 次子逢嗣.

| 註釋 | ㅇ麤袍糲食 – 麤袍는 거친 무명 솜옷. 누추한 옷. 麤는 거칠 추. 袍은 핫옷 포. 솜을 둔 겨울옷. 糲食은 거친 음식. 糲는 현미 려. ㅇ貢禹(공우) – 전한 元帝 때 御史大夫. 경학에 밝았고 행실이 바르며 청렴결백하였다.

[國譯]

袁京(원경)의 字는 仲譽(중예)이다. 《孟氏易》을 전공하였고, 《難記》 30만 자를 저술하였으며 점차 승진하여 侍中을 거쳐 蜀郡太守가 되었다.

아들 袁彭(원팽)의 字는 伯楚(백초)이다. 젊어 부친의 학업을 계승했고 廣漢, 南陽 太守를 역임하였다. 順帝 初에 光祿勳이 되었다. 행실이 아주 청렴하였으며, 관리가 되고서도 거친 솜옷에, 거친 음식을 먹었는데 관직은 議郎에 머물렀다. 尙書인 胡廣(호광) 등이 그의 청렴결백한 미덕을 추천하며 前朝의 貢禹(공우)와 당세의 第五倫(제오륜)과 같다고 하였다. 추증을 받지 못하자 당시 사람 모두가 안타깝게 여겼다.

袁彭(원팽)의 동생인 袁湯(원탕)은 字가 仲河(백하)인데, 젊어 가학을 전수받았고 많은 유생들이 그의 지조를 칭송하였으며 높은 관직을 많이 역임하였다. 桓帝 초에 司空이 되었고 국가 방책을 미리 논의하였다 하여 安國亭侯에 봉해졌으며, 식읍은 5백 호였다. 여러 번 승진하여 司徒와 太尉를 역임하였으나 灾異(災異) 때문에 책서로 면직되었다. 죽은 뒤 시호는 康侯(강후)였다. 원탕의 장자 袁成(원성)은 左中郎將이었는데 일찍 죽어 둘째 아들 袁逢(원봉)이 계승하였다.

原文

逢字周陽, 以累世三公子, 寬厚篤信, 著稱於時. 靈帝立, 逢以太僕豫議, 增封三百戶. 後爲司空, 卒於執金吾. 朝廷以逢嘗爲三老, 特優禮之, 賜以珠畫特詔秘器, 飯含珠玉二十六品, 使五官中郎將持節奉策, 贈以車騎將軍印綬, 加號特進, 謚曰宣文侯. 子基嗣, 位至太僕.

逢弟隗, 少歷顯官, 先逢爲三公. 時中常侍袁赦, 隗之宗也, 用事於中. 以逢,隗世宰相家, 推崇以爲外援. 故袁氏貴寵於世, 富奢甚, 不與它公族同. 獻帝初, 隗爲太傅. 成子紹, 逢子術, 自有傳. 董卓忿紹,術背己, 遂誅隗及術兄基等男女二十餘人.

| 註釋 | ㅇ三老 - 三老는 고조 때 설치한 鄕職, 50세 이상 백성 중에 덕이 있고 백성을 잘 이끌만한 자를 골라 三老로 삼았는데 鄕(향)마다 1인을 두었다. 향의 삼로 중에서 1인을 선발해서 縣의 三老로 임명하여 현령, 현승, 현위를 도와 백성을 교화하게 하였는데 요역과 防戍(방수)를 면제하였다. 매년 10월에 삼로에게 술과 고기를 하사하였다. 조정의 원로대신 중에도 三老가 있었는데 존경받을만한 최고 국가의 元老의 뜻이었다. 보통 三公을 역임한 사람 중에서 선정하였다. 五更(오경, 五叟로도 표기. 叟는 늙은이 수)은 연노하고 致仕하고 경험(곧 五事인 貌, 言, 視, 聽, 思)이 풍부한 사람이란 뜻으로, 보통 지팡이를 짚지 않아도 되는 公卿 중에서 고른다는 주석이 있다. 황제가 年老한 三老와 更事致仕한 사람을 모시는 예를 시행하는 것은 백성에게 孝悌를 널리 펴기 위한 뜻이었다. ㅇ袁紹,袁逢子袁術, 自有傳 - 袁紹는 74권, 〈袁紹劉表列傳〉에, 袁術은 75권, 〈劉焉袁術呂布列傳〉에 立傳.

[國譯]

袁逢(원봉)의 字는 周陽(주양)으로 累世에 걸친 三公의 아들이지만 寬厚하고 篤信(독신)하여 당시에 칭송을 받았다. 靈帝가 즉위하자 원봉은 太僕으로 국책을 미리 논의하였다 하여 식읍 3백 호를 더 받았다. 뒷날 司空을 역임했지만 죽을 때는 執金吾(집금오)였다. 조정에서는 원봉이 조정의 三老였기에 특별히 예우하여 珠玉으로 장식한 특별한 秘器(棺槨)를 하사하였고 (시신의 입에) 珠玉 26개를 물렸으며, 五官中郞將을 보내 부절을 갖고 가서 책서로 봉하였으며, 車騎將軍의 인수를 추증하고 特進의 칭호를 하사하였으며, 시호는 宣文

侯였다. 아들 袁基(원기)가 계승했는데 직위는 太僕에 이르렀다.

원봉의 아우 袁隗(원외)는 젊어 고관을 역임하여 원봉에 앞서 三公의 반열에 올랐다. 그때 中常侍인 袁赦(원사)는 원외의 일족이었는데 궁중에서 권력을 쥐고 있었다. 원봉과 원외가 대대로 재상 가문이었지만 (원사는) 가문을 높이는 외부의 지원세력이 되었다. 그리하여 袁氏가 세상에 높이 오르고 총애를 받았으며 사치도 심하여 다른 삼공의 가문과 같지는 않았다. 獻帝 초에 원외는 太傅(태부)가 되었다. 袁成(원성)의 아들 袁紹(원소)와 원봉의 아들 袁術(원술)은 별도로 입전하였다. 董卓(동탁)은 원소와 원술이 자신을 배신하였다 하여 나중에 원외와 원술의 형인 袁基(원기) 등 남녀 20여 명을 주살하였다.

❸ 袁敞

原文

敞字叔平, 少傳《易經》教授, 以父任爲太子舍人. 和帝時, 歷位將軍,大夫,侍中, 出爲東郡太守, 徵拜太僕,光祿勳. 元初三年, 代劉愷爲司空. 明年, 坐子與尙書郎張俊交通, 漏泄省中語, 策免. 敞廉勁不阿權貴, 失鄧氏旨, 遂自殺.

張俊者, 蜀郡人, 有才能, 與兄龕並爲尙書郎, 年少勵鋒氣. 郎朱濟,丁盛立行不修, 俊欲擧奏之, 二人聞, 恐, 因郎陳重,雷義往請俊, 俊不聽, 因共私賂侍史, 使求俊短, 得其私書與敞子, 遂封上之, 皆下獄, 當死. 俊自獄中占獄吏上書

自訟, 書奏而俊獄已報. 廷尉將出穀門, 臨行刑, 鄧太后詔馳騎以減死論. 俊假名上書謝曰,

「臣孤恩負義, 自陷重刑, 情斷意訖, 無所復望. 廷尉鞫遣, 歐刀在前, 棺絮在後, 魂魄飛揚, 形容已枯. 陛下聖澤, 以臣嘗在近密, 識其狀貌, 傷其眼目, 留心曲慮, 特加偏覆. 喪車復還, 白骨更肉, 披棺發幟, 起見白日. 天地父母能生臣俊, 不能使臣俊當死復生. 陛下德過天地, 恩重父母, 誠非臣俊破碎骸骨, 擧宗腐爛, 所報萬一. 臣俊徒也, 不得上書, 不勝去死就生, 驚喜踴躍, 觸冒拜章.」

當時皆哀其文. 朝廷由此薄敞罪而隱其死, 以三公禮葬之, 復其官. 子盱. 盱後至光祿勳. 時大將軍梁冀擅朝, 內外莫不阿附, 唯盱與廷尉邯鄲義正身自守. 及桓帝誅冀, 使盱持節收其印綬, 事已具〈梁冀傳〉.

| **註釋** | ㅇ袁敞(원창) – 袁安의 아들, 袁京(원경)의 동생. ㅇ東郡 – 治所는 濮陽縣, 今 河南省 동북 濮陽市(복양시). ㅇ占獄吏上書自訟 – 占은 구술하여 불러주다(口授). ㅇ穀門 – 낙양성 北面의 中門. ㅇ歐刀(구도) – 죄인의 목을 베는 칼. 歐는 때릴 구(毆와 通), 토할 구. 유럽(Europe)의 약칭. 本音 우. ㅇ〈梁冀傳〉 – 양기는 梁統의 玄孫. 34권, 〈梁統列傳〉에 立傳.

[國譯]

袁敞(원창)의 字는 叔平(숙평)인데 젊어서 전수받은 《易經》을 (타인에게) 敎授하였고, 부친의 관직에 의거(任子) 太子舍人이 되었다.

和帝 때 將軍, 大夫, 侍中을 역임하였고 지방으로 나가 東郡太守가 되었다. 이어 조정의 부름을 받아 太僕과 光祿勳에 제수되었다. (安帝) 元初 3년(서기 116), 劉愷(유개)의 후임으로 司空이 되었다. 다음 해, 아들이 尙書郎 張俊(장준)이 교제하면서 조정의 일을 누설한 죄에 연좌되어 책서로 면직되었다. 원창은 청렴하면서도 강직하여 權貴에 아부할 줄을 몰라 鄧氏 일족의 뜻을 거슬러 결국 자살하였다.

張俊(장준)이란 자는 蜀郡 사람으로 才能이 있어 형인 張龕(장감)과 함께 尙書郎으로 근무하였는데 젊은 나이에 기질이 慷慨(강개)하였다. 낭관인 朱濟(주제)와 丁盛(정성)은 행실이 바르지 못했는데 장준이 이들을 고발하려 하자 두 사람이 알고서는 두려워하며, 다른 낭관인 陳重(진중)과 雷義(뇌의)에 부탁하여 장준에게 선처를 부탁하였는데, 장준이 들어주지 않자 주제와 정성은 함께 비밀리에 侍御史에게 뇌물을 주고 장준의 약점을 알려달라고 하여 마침내 장준이 袁敞(원창)의 아들과 왕래한 私的 書信을 구한 다음에 그 서신을 밀봉해서 투서하자 장준과 원창의 아들은 모두 옥에 갇혔고 사형이 결정되었다. 장준은 옥중에서 獄吏(옥리)에게 구술하여 자신을 변호하였는데 상서가 보고는 되었지만 장준의 옥안도 이미 보고가 끝난 뒤였다. 廷尉(정위)는 (낙양성 북쪽) 穀門(곡문)으로 장준을 데리고 나가서 사형을 집행하려 할 때 鄧太后가 조서를 내려 기병을 급히 보내 사형에서 감형토록 판결하였다. 이에 장준은 假名으로 상서하여 사례하였다.

「臣은 다행히 은의를 등지어 중형을 받을 죄를 지었습니다만 情意(정의)도 잃은 상태로 다시 살아날 가망이 없었습니다. 廷尉(정위)는 심문을 다 마쳤고 목을 칠 칼(歐刀)이 앞에 놓였고, 관과 솜(絮)은 뒤에 있었으니 혼백은 이미 날아가 버렸고 몸은 이미 제 꼴이 아니었습니다. 폐하의 성스런 은택이 있었지만 저는 한때 폐하의 측근으로(尙書郞) 근무했었기에 (저는) 그들의 생김새를 알고 있었으며, 그들의 눈 밖에 났기에 저에 대한 정직하지 않은 마음으로 모든 것을 뒤엎어버렸습니다. 시신을 실어 나른 수레가 돌아가고 백골에 다시 살이 생겨났으며 관을 열어젖히고 일어나 밝은 해를 다시 보았습니다. 天地와 부모가 臣 俊(준)을 태어나게 하였지만 저를 죽음에서 다시 살리지는 못했습니다. 폐하의 은덕은 천지보다도 더 크며 폐하의 은택은 부모보다 더 무겁기에 진실로 臣 俊(준)이 뼈와 살이 다 부서지도록, 또 저의 일족이 다 썩어 문드러지더라도 은덕의 만분의 일이라도 보답하겠습니다. 신 俊(준)은 형벌을 받는 죄수라서 정식으로 상서할 수 없지만 죽음에서 벗어나 살 길에 들어섰기에 놀라고 기쁜 마음으로 죽음을 무릅쓰고 상주하옵니다.」

당시 사람들이 모두 그 글을 읽고 슬퍼하였다. 조정에서도 이때문에 원창의 죄를 사면하면서 그 죽음을 애도하며 三公의 禮를 갖춰 장례하고 그 관직을 회복시켰다. 원창의 아들이 袁盱(원우)이다.

원우는 뒤에 光祿勳을 역임하였다. 그때 대장군 梁冀(양기)가 조정을 마음대로 휘둘렀는데, 조정 내외에 그에게 아부하지 않는 사람이 없었지만 오직 원우와 廷尉인 邯鄲義(한단의)만이 바른 행실에 정도를 지켰다. 桓帝 때 양기가 주살하면서 원우를 보내 부절을 갖고 가서 양기의 인수를 회수하게 시켰는데, 이는 〈梁冀傳〉에 기록했다.

❹ 袁閎

原文

閎字夏甫, 彭之孫也. 少勵操行, 苦身修節. 父賀, 爲彭城相. 閎往省謁, 變名姓, 徒行無旅. 旣至府門, 連日吏不爲通, 會阿母出, 見閎驚, 入白夫人, 乃密呼見. 旣而辭去, 賀遣車送之, 閎稱眩疾不肯乘, 反, 郡界無知者.

及賀卒郡, 閎兄弟迎喪, 不受賻贈, 縗絰扶柩, 冒犯寒露, 禮貌枯毁, 手足血流, 見者莫不傷之. 服闋, 累徵聘擧召, 皆不應. 居處仄陋, 以耕學爲業. 從父逢, 隗並貴盛, 數饋之, 無所受.

| **註釋** | ㅇ少勵操行 – 勵는 힘쓸 려. 操行(조행)은 지조와 행실. ㅇ彭城國 – 治所는 彭城縣, 今 江蘇省 북부 徐州市. ㅇ居處仄陋 – 仄陋(측루)는 외진 곳 작은집에 살다. 仄은 기울 측. 陋는 좁을 누(루). ㅇ以耕學爲業 – 耕學은 농사와 학문.

[國譯]

袁閎(원굉)의 字는 夏甫(하보)로 袁彭(원팽)의 손자이다. 젊어 행실을 바로 가지려 힘썼으며 고생 속에서도 큰 뜻을 연마하였다. 부친 袁賀(원하)는 彭城國 相이었다. 원굉이 팽성국으로 부친을 찾아뵈면서 성명을 바꾸고 걸어갔는데 같이 가는 사람도 없었다. 관아의 정문을 찾아갔는데 관리가 며칠 간 통보하지 않았는데 마침 유모가 나와 원굉을 보고 놀라 들어가 부인에게 알리자 (다른 관리) 몰래 불러 만났다. 인사하고 떠나려할 때 원하가 수레에 태워 보내려 했지만 원굉은 현기증이 있다며 수레를 타지 않고 돌아오니 팽성국 내에 이를 아는 사람이 없었다.

부친 원하는 팽성국에서 재직 중에 죽었는데, 원굉 형제는 운구를 맞아 賻儀(부의) 물품을 받지 않았으며, 상복을 입고 운구하면서 찬바람을 견디며 몸이 수척하고 손발에서 피를 흘리니, 이를 보고 슬퍼하지 않는 사람이 없었다. 복상을 마치자 여러 차례 부름을 받았지만 모두 불응하였다. 원굉은 외진 곳에 가난하게 살며 농사와 학문에 전념하였다. 당숙인 袁逢(원봉)과 袁隗(원외)가 높고 융성한 지위에서 여러 번 재물을 보내주었지만 받지 않았다.

原文

閎見時方險亂, 而家門富盛, 常對兄弟歎曰, "吾先公福祚, 後世不能以德守之, 而競爲驕奢, 與亂世爭權, 此卽晉之三郤矣."

延熹末, 黨事將作, 閎遂散髮絶世, 欲投多深林. 以母老不宜遠遁, 乃築土室, 四周於庭, 不爲戶, 自牖納飮食而已. 旦於室中東向拜母. 母思閎, 時往就視, 母去, 便自掩閉, 兄弟妻子莫得見也. 及母歿, 不爲制服設位, 時莫能名, 或以爲狂生. 潛身十八年, 黃巾賊起, 攻沒郡縣, 百姓驚散, 閎誦經不移. 賊相約語不入其閭, 鄕人就閎避難, 皆得全免. 年五十七, 卒於土室. 二弟忠, 弘, 節操皆亞於閎.

| 註釋 | ㅇ晉之三郤 – 춘추시대 晉의 卿인 郤錡(각기), 郤犨(각찬), 郤至(각지). 모두 교만, 사치하다가 厲公에게 피살되었다. 郤은 却(물리칠 각)의 本字. ㅇ(桓帝) 延熹(연희) – 서기 158 – 166년. ㅇ黨事將作 – 黨錮(당고)의 禍가 일어나려 하다. 1차 당고의 화는 桓帝인 말기인 延熹九年(166), 2차는 靈帝 초년인 서기 168년에 일어났다. 67권, 〈黨錮列傳〉 참고. 朋黨之人으로 지목된 사람의 門生, 故吏, 父子, 兄弟는 現職에서 배제하고(免官) 신규 임용도 할 수 없는 禁錮(금고)에 처했다. ㅇ不爲戶, 自牖~ – 戶는 외짝의 출입문, 門은 양쪽으로 열리는 출입문. 牖는 창 유(窓). 窓과 牖로는 출입할 수 없다. ㅇ黃巾賊起 – 黃巾賊, '黃巾賊의 亂', 또는 '黃巾起義' 로 기록. (靈帝) 中平 원년(서기 184) 봄 2월, 鉅鹿郡(거록군)의 張角(장각)은 '黃天' 이라 자칭하며, 그 무리 36방을 거느렸는데 모두 黃巾을 머리에 쓰고 같은 날에 반역하며 반란을 일으켰다. ㅇ節操皆亞於閎 – 亞는 버금 아. 둘째, 다음.

[國譯]

袁閎(원굉)은 세상이 험난한데 가문은 부유하고 번성한 것을 보고는 형제들과 탄식하며 말했다.

"우리 선조의 복을 후손들이 德으로 지키지 못하고 경쟁하듯 사치하면서 난세에 권력을 다투니, 이는 晉(진)의 三郤(삼각)과 똑같다."

(桓帝) 延熹(연희) 말기 '黨錮의 禍' 가 일어나려 하자, 원굉은 散髮(산발)하고 세상과 왕래를 끊었는데 깊은 산속에 들어가려 해도 노모 때문에 멀리 갈 수 없어 마당 가운데 土室을 지었으나 출입문을 만들지 않고 창문을 통해 음식만 들여놓게 하였다. 날이 밝으면 土室안에서 동쪽을 향해 모친에게 절을 올렸다. 모친은 아들 閎(굉)이 보고 싶으면 때때로 가서 보았고, 모친이 돌아서면 원굉은 창문

을 닫아버려 형제나 처자도 얼굴을 볼 수 없었다. 모친이 죽자, 상복을 입지도 않고 神位를 모시지도 않으니 사람들이 무어라 말할 수 없어 그냥 狂生(광생)이라 불렀다. 몸을 숨긴 지 18년에 黃巾賊의 난이 일어났고, 황건적은 여러 군현을 공격했고 백성은 놀라 달아났지만 원굉만은 경전을 읽으며 피난하지 않았다. 황건적도 서로 원굉의 마을에는 들어가지 않는다고 약속했는데 마을 사람들은 원굉의 마을에 피난하여 모두 살아났다. 원굉은 나이 57세에 토실에서 죽었다. 두 동생인 袁忠(원충)과 袁弘(원홍)의 지조 또한 원굉 못지않았다.

原文

忠字正甫, 與同郡范滂爲友, 俱證黨事得釋, 語在〈滂傳〉. 初平中, 爲沛相, 乘葦車到官, 以淸亮稱. 及天下大亂, 忠弃官客會稽上虞. 一見太守王朗徒從整飾, 心嫌之, 遂稱病自絶. 後孫策破會稽, 忠等浮海南投交址. 獻帝都許, 徵爲衛尉, 未到, 卒.

弘字邵甫, 恥其門族貴勢, 乃變姓名, 徒步師門, 不應徵辟, 終於家.

忠子秘, 爲郡門下議生. 黃巾起, 秘從太守趙謙擊之, 軍敗, 秘與功曹封觀等七人以身扞刃, 皆死於陳, 謙以得免. 詔秘等門閭號曰 '七賢.'

封觀者, 有志節, 當擧孝廉, 以兄名位未顯, 恥先受之, 遂稱風疾, 喑不能言. 火起觀屋, 徐出避之. 忍而不告. 後數年, 兄得擧, 覲乃稱損而仕郡焉.

| 註釋 | ㅇ語在〈滂傳〉 - 67권, 〈黨錮列傳〉에 立傳. ㅇ(獻帝) 初平中 - 獻帝의 첫 연호. 서기 190 - 193년. ㅇ乘葦車到官 - 葦車(위거)는 장식을 하지 않은 수레. ㅇ會稽上虞 - 會稽郡 上虞縣, 今 浙江省 북동부 紹興市 上虞區(상우구). ㅇ孫策 - 孫堅의 기반을 이어받은 孫策은 豫章太守 華歆(화흠)의 항복을 받으며 세력을 키웠고, 서기 196년에 회계군을 차지하였다. 손책이 26세에 죽자, 동생 孫權이 계승했다. ㅇ門下議生 - 郡 太守의 屬吏. 門下孝子, 門下書佐 등 태수의 측근 속리를 여러 이름으로 호칭하였다. ㅇ以身扞刃 - 扞은 막을 한. ㅇ皆死於陳 - 陳은 軍陣.

[國譯]

袁忠(원충)의 字는 正甫(정보)로 同郡의 范滂(범방)의 친우였는데, 黨錮의 禍에서 입증하여 풀려날 수 있었고, 이는 〈范滂傳〉에 실렸다. (獻帝) 初平 연간에, 沛國 相으로 장식하지 않은 수레를 타고 부임하였으며 청렴 성실로 칭송을 들었다. 天下가 大亂(황건적의 난)에 빠져들자, 원충은 관직을 버리고 會稽郡 上虞縣(상우현)으로 피난하였다. 원충은 太守 王朗(왕랑)이 겉모습만 꾸미려는 것을 보고서는 마음속으로 혐오하며 병을 핑계로 관계를 단절하였다. 뒷날 孫策(손책)이 會稽郡을 격파하자, 원충 등은 배를 타고 남쪽으로 交址郡(교지군)으로 피신하였다. 獻帝가 許都(허도)에 도읍한 뒤 원충을 衛尉(위위)로 불렀으나 도착하기 전에 죽었다.

袁弘(원홍)의 字는 邵甫(소보)인데, 가문 일족의 권세를 치욕으로 생각하여 이름을 바꾸고 師傅가 있는 곳만 왕래하며 부름에 응하지 않다가 집에서 죽었다.

袁忠의 아들 袁秘(원비)는 郡 태수 문하의 속리였다. 황건적 난이 일어나자, 원비는 태수 趙謙(조겸)을 따라 황건적을 공격하였으나 관군이 패하면서 원비와 功曹인 封觀(봉관) 등 7인은 몸으로 적도의 칼을 막다가 모두 군진에서 죽었고 조겸은 살아났다. 조정에서는 조서로 원비 등 7인을 '七賢'이라고 호칭케 하였다.

封觀(봉관)은 지조가 있어 효렴으로 천거되었지만 형이 아직 관리가 아니라서 형보다 먼저 관직을 받는 것을 수치로 생각하여 風疾(풍질) 때문에 말을 못하게 되었다고 핑계 대었다. 봉관의 집에 불이 났을 때 늦게야 피신하였는데 끝까지 말을 하지 않았다. 그 몇 년 뒤에 형이 천거를 받자, 봉관도 병이 좀 덜하다며 郡에 출사하였다.

原文

論曰, 陳平多陰謀, 而知其後必廢, 邴吉有陰德, 夏侯勝識其當封及子孫. 終陳掌不侯, 而邴昌紹國. 雖有不類, 未可致詰, 其大致歸然矣. 袁公竇氏之閒, 乃情帝室, 引義雅正, 可謂王臣之烈. 及其理楚獄, 未嘗鞫人於臧罪, 其仁心足以覃乎後昆. 子孫之盛, 不亦宜乎?

| 註釋 | ㅇ陳平多陰謀 - 丞相 陳平은 高祖의 謀臣, 出六奇. 진평은 자신이 陰謀를 많이 썼는데, 이는 道家에서 금기시하는 것이나. 내 후손이 버림을 받는다면 모두가 나의 음모에 따른 禍일 것이라고 말하였다. 그의 증손 陳掌(진장)은 영달했으나 끝내 제후가 되지 못했다. ㅇ邴吉有陰德 - 邴吉(병길)은《漢書》에는 '丙吉'로 표기. 武帝 말기에 戾太子(여태자)의 巫蠱

(무고) 사건이 일어났고 많은 사람이 죽을 때 廷尉監이던 邴吉(병길)은 당시 2살이던 武帝의 曾孫(뒷날 宣帝)을 살렸다. 선제가 즉위한 뒤 병길에게 승상을 제수하였는데 마침 병길이 병석에 누웠다. 선제가 노심초사하자 夏侯勝이 말했다. "그는 죽지 않을 것입니다. 臣이 알기로, 陰德을 베푼 자는 반드시 영화를 누리고 그 복이 자손에게 미칠 것입니다."라고 말했다. 그 뒤에 병길은 병이 나았고 博陽侯에 봉해졌으며, 병길이 죽은 뒤 아들 顯(현)이 계승하여 그 손자까지 내려갔으나 왕망시대에 단절되었다. ㅇ王臣之烈 – 烈은 業也. ㅇ仁心足以覃乎後昆 – 覃은 미칠 담. 이어지다. 後昆(후곤)은 후손, 후예.

【國譯】

范曄(범엽)의 史論 : 陳平(진평)은 陰謀를 많이 썼기에 후손이 틀림없이 폐족이 될 것을 알았으며, 邴吉(丙吉)은 음덕을 쌓았기에, 夏侯勝(하후승)은 병길이 제후가 되어 후손에 이어질 것을 알았다. (진평의 후손) 陳掌(진장)은 끝내 제후가 되지 못했으며, (병길의 후손) 邴昌(병창)은 나라를 이어갔다. 정황이 똑같은 것은 아니지만, 묻지 않을 수 없는 것은 대개가 그렇다는 것이다. 袁氏(원씨)는 竇氏(두씨)가 세력을 펼 때 조정에 충성을 다했고 의리를 지켜 반듯하게 바로잡았으니 가히 제왕 신하로서의 공적을 쌓은 것이다. 그가 楚王의 반역을 다루면서 장물죄에 대하여 국문을 하지 않은 인자한 마음은 족히 그 후손에게 이어졌다. 그 자손의 번영이 당연하지 않은가?

❺ 張酺

原文

張酺字孟侯, 汝南細陽人, 趙王張敖之後也. 敖子壽, 封細陽之池陽鄉, 後廢, 因家焉. 酺少從祖父充受《尙書》, 能傳其業. 又事太常桓榮. 勤力不怠, 聚徒以百數.

永平九年, 顯宗爲四姓小侯開學於南宮, 置《五經》師. 酺以《尙書》敎授, 數講於御前. 以論難當意, 除爲郞, 賜車馬衣裳, 遂令入授皇太子.

| 註釋 | ㅇ細陽縣 – 今 安徽省 서북부 阜陽市 관할 太和縣. ㅇ趙王張敖(장오) – 楚에서 漢王에 투항한 張耳를 조왕에 봉했고 장이의 아들이 장오. 高祖의 사위. ㅇ四姓小侯 – 황제의 외척인 樊氏(번씨, 광무제의 외가), 郭氏, 陰氏, 馬氏 등 4성의 자제를 특별히 四姓小侯라 하였다. 아직 나이가 어려 列侯(諸侯)가 아니기에 小侯라 하였다.

[國譯]

張酺(장포)의 字는 孟侯(맹후)로 汝南郡 細陽縣 사람인데, 趙王 張敖(장오)의 후손이다. 장오의 아들 張壽(장수)는 細陽縣의 池陽鄕侯에 봉해졌다가 뒤에 폐위되었지만 그대로 눌러 살았다. 장포는 젊어 조부 張充(장충)한테서 《尙書》를 전수받았는데 그 학문을 전할 수 있었다. 또 太常인 桓榮(환영)을 모시고 배웠다. 사람이 부지런하고 게으르지 않아 문도가 수백 명이었다. (明帝) 永平 9년에, 顯宗이 四姓小侯를 위한 학궁을 남궁에 설치하며 《五經》의 사부를 초빙했다. 장포는《尙書》를 교육했고 어전에서도 강의하였다. 장포의 변론이 황제의 뜻에 맞아 낭관에 제수되었으며 車馬와 衣裳을 하사받았고 입궁하여 皇太子를 가르쳤다.

原文

酺爲人質直, 守經義, 每侍講間隙, 數有匡正之辭, 以嚴見憚. 及肅宗即位, 擢酺爲侍中,虎賁中郎將. 數月, 出爲東郡太守. 酺自以嘗經親近, 未悟見出, 意不自得, 上疏辭曰,

「臣愚以經術給事左右, 少不更職, 不曉文法, 猥當剖符典郡, 班政千里, 必有負恩辱位之咎. 臣竊私自分, 殊不慮出城闕, 冀蒙留恩, 托備冗官, 群僚所不安, 耳目所聞見, 不敢避好醜.」

詔報曰, 「經云, '身雖在外, 乃心不離王室.' 典城臨民, 益所以報效也. 好醜必上, 不在遠近. 今賜裝錢三十萬, 其亟之官.」

酺雖儒者, 而性剛斷. 下車擢用義勇, 搏擊豪彊. 長吏有殺盜徒者, 酺輒案之, 以爲令長受臧, 猶不至死, 盜徒皆饑寒傭保, 何足窮其法乎!

| 註釋 | ○經云, 身雖在外 ~ -《尙書 康王之誥》. ○好醜必上 - (太守로서) 政事의 善惡은 모두 보고가 된다.

[國譯]

張酺는 爲人이 질박하고 강직하며 경전의 대의를 지켰는데, 시강하는 틈틈이 정사의 잘못을 바로잡으려는 말을 자주 하였고 너무 엄격하여 敬畏(경외)되었다. 肅宗(章帝)이 즉위한 뒤에 장포를 발탁하여 侍中과 虎賁中郎將에 임명하였다. 몇 달 뒤에 東郡太守로 내보냈다. 장포는 일찍부터 측근에서 경전을 교수했기에 지방관으로 방출될 것은 생각하지 못했기에 불만이 가득 차 상서하여 사양하였다.

「臣은 어리석지만 經學으로 가까이 모시면서 직분을 바꾼 적이 별로 없었으며 관리로 법을 잘 모르고 부절을 받아 군을 책임지고 사방 천리의 땅을 다스리다가 은덕을 모르고 자리를 욕되게 할 것 같아 걱정입니다. 臣이 제 자신을 생각해도 낙양 궁궐을 떠나게 되리라 생각하지 못했기에 성은을 저에게 베풀어 자리나 지킬 수 있고 다른 신료들이 원하지 않으며, 폐하의 이목이 닿을 수 있는 한산한 직분을 원하며 좋고 나쁨을 떠나 회피하지 않겠습니다.」

이에 조서로 회답하였다.

「經에서도 '몸은 외지에 있지만 마음은 왕실을 떠나지 않는다.' 고 하였다. 郡을 책임지고 백성을 다스리는 일이 조정에 보답하는 길이다. 정사의 선악은 필히 조정에 보고될 것이니 원근이 문제가 되지 않는다. 여기 여비 30만을 하사하니 빨리 임지에 부임토록 하라.」

장포가 비록 유생이지만 성격은 강직 단호하였다. 부임하자마자 의리와 용감한 자를 발탁하여 토착 강호를 때려잡았다. 郡吏 중에서 사람을 죽게 하거나 도적질한 자가 있으면 장포는 곧바로 법을 적용하여 縣令, 縣長으로 하여금 장물을 환수케 하니 사형에 처하지는 않았지만, 도둑질은 한 관리는 모두 추위와 굶주림에 처하거나 고용인이 되어야만 했으니 그들을 굳이 극형에 처할 이유가 없었다.

原文

郡吏王青者, 祖父翁, 與前太守翟義起兵攻王莽, 及義敗, 餘衆悉降, 翁獨守節力戰, 莽遂燔燒之. 父隆, 建武初爲都尉功曹, 青爲小史. 與父俱從都尉行縣, 道遇賊, 隆以身衛全都尉, 遂死於難, 青亦被矢貫咽, 音聲流喝. 前郡守以青身有金夷, 竟不能擧. 酺見之, 歎息曰, "豈有一門忠義而爵賞不及乎?" 遂擢用極右曹, 乃上疏薦青三世死節, 宜蒙顯異. 奏下三公, 由此爲司空所辟.

| 註釋 | ㅇ翟義起兵攻王莽 – 翟方進의 아들. 翟義(적의, ? – 서기 7년) 弘農, 河內, 東郡太守 역임. 漢 平帝 사후에 최초로 왕망에 반기를 들었다. ㅇ音聲流喝 – 목소리가 목이 멘 소리가 나다. 喝는 목멜 애. 꾸짖을 갈. ㅇ身有金夷 – 몸에 흉터가 있다. 金夷는 칼이나 창에 의한 상처, 흉터. ㅇ遂擢用極右曹 – 右曹는 郡 태수의 속리 중 功曹나 督郵(독우)같은 직위가 높은 관리. 漢代에는 左보다 右를 높였다.

[國譯]

郡吏 王青(왕청)이란 사람의 祖父 王翁(왕옹)은 前 (東郡) 태수 翟義(적의)와 함께 기병하여 왕망을 공격하였지만 적의가 패하면서 다른 무리는 모두 투항하였지만 왕청만은 홀로 지조를 지켜 끝까지 싸우다가 결국 왕망의 군사에게 불타 죽었다. 부친 王隆(왕륭)은 建武

초에 都尉의 功曹였고 위청은 그 아래 小吏였다. 왕청이 부친 왕릉과 함께 도위를 따라 현을 순시하러 다니다가 길에서 도적 무리를 만났는데 왕릉은 온몸으로 도위를 지키다가 죽었고, 왕청 역시 화살이 목을 관통하여 쉬고 목멘 것 같은 목소리가 되었다. 이전의 군수는 왕청의 얼굴에 흉터가 있다 하여 끝내 왕청을 천거하지 않았다. 장포가 왕청을 보고서는 탄식하며 "一門이 忠義를 지켰는데, 어찌 작위와 상을 내리지 않는가?" 라고 말했다. 그리고서는 바로 郡의 가장 높은 속리로 발탁하면서 조정에 三世에 걸쳐 죽음으로 지킨 충절이니 특별히 등용해야 한다고 상소하며 왕청을 천거하였다. 상주가 三公府에 이첩되었고, 왕청은 마침내 司空府의 부름을 받았다.

原文

自酺出後, 帝每見諸王師傅, 常言, "張酺前入侍講, 屢有諫正, 誾誾惻惻, 出於誠心, 可謂有史魚之風矣."

元和二年, 東巡狩, 幸東郡, 引酺及門生並郡縣掾史並會庭中. 帝先備弟子之儀, 使酺講《尙書》一篇, 然後修君臣之禮. 賞賜殊特, 莫不沾洽.

| **註釋** | ㅇ誾誾惻惻 – 誾誾(은은)은 忠正한 모습. 온화한 모양. 惻惻(측측)은 진심을 다하는 모양. 간절한 모양. 몹시 슬퍼하는 모양. 惻은 슬퍼할 측. 惻隱(측은). ㅇ史魚之風 – 史魚의 풍모. 史魚는 춘추시대 衛 대부 史鰌(사추), 字는 子魚. 子曰, "直哉史魚! 邦有道, 如矢, 邦無道, 如矢.《論語 衛靈公》. ㅇ莫不沾洽 – 沾洽은 넓게 멀리까지 미치다. 沾은 적실 첨. 洽은 두

루 미칠 흡.

[國譯]

張酺(장포)가 태수로 전출된 뒤로 황제는 諸王의 師傅를 볼 때마다 늘 "예전에 장포는 侍講하러 들어오면 바른말을 자주 하였는데, 그 언사가 온화하고 정성스러웠으니 성심으로 하는 말이었고 史魚(사어)의 풍모가 있었다."라고 말하였다.

(章帝) 元和 2년, 동쪽을 순수하며 東郡에 행차하여 장포와 門生 및 각 郡縣의 掾史들을 모두 뜰에 모이게 하였다. 장제가 먼저 제자로서의 의례를 행하고, 장포로 하여금 《尙書》 1편을 강론하게 하였고, 그 다음에 君臣之禮의 예를 행하게 하였다. 장포에 대한 賞賜가 특별하였으며 황제의 은택이 미치지 않는 곳이 없었다.

原文

酺視事十五年, 和帝初, 遷魏郡太守. 郡人鄭據時爲司隸校尉, 奏免執金吾竇景. 景後復位, 遣掾夏猛私謝酺曰, "鄭據小人, 爲所侵冤. 聞其兒爲吏, 放縱狼藉. 取是曹子一人, 足以驚百." 酺大怒, 卽收猛繫獄, 檄言執金吾府, 疑猛與據子不平, 矯稱卿意, 以報私讎. 會有贖罪令, 猛乃得出. 頃之, 徵入爲河南尹. 竇景家人復擊傷市卒, 吏捕得之, 景怒, 遣緹騎侯海等五百人歐傷市丞. 酺部吏楊章等窮究, 正海罪, 徙朔方. 景忿怨, 乃移書辟章等六人爲執金吾吏, 欲因報之.

章等惶恐, 入白酺, 願自引臧罪, 以辭景命. 酺卽上言其狀. 竇太后詔報, "自今執金吾辟吏, 皆勿遣."

| 註釋 | ㅇ執金吾賈復 - 秦의 中尉를 武帝 때 執金吾로 개칭. 吾는 禦(막을 어)의 뜻. 兵器를 들고 非常에 대비한다는 뜻. 질록 中二千石. 궁성 외곽 경계, 수재나 화재 등 돌발 사태 대비, 황제 행차 시에 집금오 병력(緹騎 2백 인)이 의장대 역할. 집금오의 副職은 丞 一人, 比千石. ㅇ放縱狼藉 - 放縱(방종)은 꺼리는 일 없이 제멋대로 행동하다. 放恣(방자)와 同. 狼藉(낭자)는 여기저기 흩어져 매우 어지러움. ㅇ河南尹 - 행정구역명이면서 관직명.(우리나라의 서울시장 겸 경기지사). 後漢이 洛陽(雒陽)에 도읍한 뒤에 前漢의 長安이 京兆尹에 속한 전례에 따라 建武 15년(서기 39)에 河南郡을 河南尹으로 개칭했고 21개 현을 관할하였으며(順帝 永和 5년, 서기 140년), 司隸校尉部 소속이었다. ㅇ緹騎(제기) - 집금오의 병력. 적황색 복장을 한 의장대 성격의 騎士, 執禁吾 휘하에 제기 200인, 持戟(지극) 520人이 있어 집금오 행차 시 호위 담당. 緹는 붉은 비단 제. ㅇ市丞 - 하남윤의 속관으로 낙양의 市場을 관리하는 질록 4백석의 市長이 있었다. 이 시장의 속관(副職)으로 질록 2백석의 市丞(시승)이 있고, 또 그 아래 市吏(市掾)를 두었다.

[國譯]

張酺(장포)는 재직 15년, 和帝 初에 魏郡(위군) 태수로 전직되었다. 魏郡 출신 鄭據(정거)는 그때 司隸校尉였는데 執金吾 竇景(두경)을 상주하여 그 직분을 사직하게 한 일이 있었다. 뒷날 두경은 다시 집금오에 복직되었는데, 부하 속관인 夏猛(하맹)을 장포에게 보내 私的으로 사례하며 말했다.

"鄭據(정거)는 小人인데 그 때문에 억울하게 밀려났었습니다. 듣자니, 그 아들이 관리이지만 행실이 매우 방자하고 엉망입니다. 이 하급관리 하나를 잡아가둬 백 명을 훈계할 수 있습니다."

그러자 장포는 대노하면서 즉시 하맹을 잡아 옥에 가두고 집금오 본부에 격문을 보내 하맹이 정거의 아들에게 불평을 품고 집금오의 본뜻을 사칭하여 사적인 원한을 보복하려 한다고 말했다. 그런데 마침 사면령이 내려 하맹은 풀려났다.

얼마 뒤에 장포는 조정에 들어가 河南尹이 되었다. 竇景(두경)의 家人들이 또 市卒을 때려 상해하자, 관리가 그들을 체포하자 두경은 화를 내며 (집금오의) 緹騎(제기)인 侯海(후해) 등 5백 명을 보내 市丞(시승)을 구타하였다. 장포의 속리 楊章(양장) 등이 끝까지 추적하여 후해의 죄를 확정했고 朔方郡으로 방출시켰다. 이에 두경은 원한을 품고 공문을 보내 양장 등 6명을 집금오 소속의 관리로 불러들여 장차 보복하려고 하였다. 양장 등은 두려워서 장포에게 사실을 말하고 스스로 장물죄를 자백하여 두경의 전출 명령을 사양하겠다고 말했다. 이에 장포는 즉시 상서하여 상황을 설명하였다. 이에 竇(두)태후가 조서로 회보하였다. "오늘 이후로 執金吾가 관리를 징집하여도 하나도 보내지 말라."

原文

及竇氏敗, 酺乃上疏曰,

「臣實愚惷, 不及大體, 以爲竇氏雖伏厥辜, 而罪刑未著, 後世不見其事, 但聞其誅, 非所以垂示國典, 貽之將來. 宜下理官, 與天下平之. 方憲等寵貴, 群臣阿附唯恐不及, 皆言憲受顧命之託, 懷伊,呂之忠, 至乃復比鄧夫人於文母. 今嚴威旣行, 皆言當死, 不復顧其前後, 考折厥衷.

臣伏見夏陽侯瓌, 每存忠善, 前與臣言, 常有盡節之心, 檢勑賓客, 未嘗犯法. 臣聞王政骨肉之刑, 有三宥之義, 過厚不過薄. 今議者爲瓌選嚴能相, 恐其迫切, 必不完免, 宜裁加貸宥, 以崇厚德.」

和帝感酺言, 徙瓌封, 就國而已.

| 註釋 | ㅇ愚惷(우준) – 우매하다. 어리석고 굼뜨다. 惷愚, 癡騃(치애). 惷은 어리석을 준. ㅇ與天下平之 – 平之는 그 죄를 平論하다. ㅇ顧命(고명) – 臨終할 때의 부탁. 명령. ㅇ鄧夫人於文母 – 鄧夫人은 穰侯 鄧疊(등첩)의 모친. (永元) 4년, 두헌의 심복인 鄧疊(등첩)은 穰侯(양후)가 되었다. 등첩과 그 동생인 步兵校尉 鄧磊(등뢰) 및 모친 元(원), 그리고 두헌의 사위인 射聲校尉 郭擧(곽거), 곽거의 부친 長樂少府 郭璜(곽황)은 모두 깊이 연결되었다. 등첩의 모친과 곽거는 궁중에 함께 출입하면서 두태후의 신임을 얻고 있었는데, 등첩의 모친과 곽거는 함께 황제를 살해하려는 음모를 꾸미고 있었다. 23권, 〈竇融列傳〉의 竇憲傳 참고. 文母는 文王의 妻. 賢母의 대명사.

[國譯]

(永元 4년) 竇氏(두씨) 일족이 몰락하자, 張酺(장포)는 곧 상소하였다.

「臣은 매우 어리석어 大體도 알지 못하지만 두씨 일족이 지은 죄로 처벌받았으나 뚜렷한 죄악이 없으니 후세에 그 본질을 알지 못하고 처형되었다는 것만 남는데, 이는 나라의 법도를 확립하여 후세에 보여줄 방법은 아닙니다. 응당 司法의 관리에게 넘겨 천하 사람들이 그 죄과를 알고 논죄할 수 있어야 합니다. 竇憲(두헌) 등이 한창 총애를 받아 높이 되었을 때 群臣들은 그 뜻에 아부하면서 혹 잘못되지 않을까 걱정하며 모두가 두헌이 선제의 顧命을 받았기에 伊尹(이윤)과 呂尙(太公望)과 같은 충심을 가졌고 심지어 鄧夫人을 文母처럼 비유했습니다. 지금 嚴刑에 위엄 있는 政令이 시행되어 그들이 모두 죽어 마땅하다고 하지만 그 전후 사정이나 처음의 충심은 고려하지 않고 있습니다.

臣이 볼 때, 夏陽侯 竇瓌(두괴, 두헌의 막냇동생)는 언제나 충성과 선의를 갖고 있었으며, 臣과 대화할 때 늘 충절을 지키려는 마음이었고 그의 빈객을 단속하여 법을 어기지도 않았습니다. 臣이 알기로, 君王이 골육에 형벌을 내릴 때는 세 번 용서하는 의리가 있어야 하였으며 너무 엄격한 형벌보다는 그래도 관용이 낫다고 하였습니다. 지금 이를 논하는 자들은 두괴를 위하여 엄격하나 서로 다름을 고려해야 하며, 엄격한 형벌도 완전한 사면도 아니라고 하니 최종 결정에서 관용을 베풀어 인자후덕한 자를 존중한다는 뜻을 보여주는 것이 좋을 것 같습니다.」

和帝는 장포의 말에 느낀 바 있어 두괴를 封地를 옮겨 封地에 가서 살도록 조치하였다.

原文

永元五年, 遷酺爲太僕. 數月, 代尹睦爲太尉. 數上疏以疾乞身, 薦魏郡太守徐防自代. 帝不許, 使中黃門問病, 加以珍羞, 賜錢三十萬. 酺遂稱篤.

時子蕃以郎侍講, 帝因令小黃門敕蕃曰,

「陰陽不和, 萬人失所, 朝廷望公思惟得失, 與國同心, 而託病自絜, 求去重任, 誰當與吾同憂責者? 非有望於斷金也. 司徒固疾, 司空年老, 公其傴僂, 勿露所敕.」

酺惶恐詣闕謝, 還復視事. 酺雖在公位, 而父常居田里, 酺每有遷職, 輒一詣京師. 嘗來候酺, 適會歲節, 公卿罷朝, 俱詣酺府奉酒上壽, 極歡卒日, 衆人皆慶羨之. 及父卒, 旣葬, 詔遣使齎牛酒爲釋服.

| **註釋** | ○斷金 – 金은 쇠붙이. 단단한 물질(剛之物也). 사람이 同心이 된다면 그 날카로움이 쇠를 자를 수도 있다는 뜻. '子曰, ~, 二人同心 其利斷金이요, 同心之言은 其臭如蘭이다.'《易經 繫辭傳 上》. ○公其傴僂 – 公은 장포의 아들 장번. 其는 ~하기 바라다. 傴僂(구루)는 몸을 굽혀 공경하는 모양. 傴는 구부릴 구. 僂는 굽을 루. 곱사등이. 佝僂(구루).

[國譯]

(和帝) 永元 5년, 장포는 승진하여 太僕이 되었다. 몇 달 뒤, 尹睦(윤목)의 후임으로 太尉가 되었다. 장포는 여러 번 상소하여 병으로 사직을 원하면서 魏郡 태수 徐防(서방)을 자신의 후임으로 천거하였

다. 和帝는 불허하면서 中黃門을 보내 문병하며 좋은 음식과 특별히 금전 30만을 하사하였다. 이에 장포는 병이 위중하다고 하였다.

그때 장포의 아들 張蕃(장번)은 낭관으로 황제의 侍講(시강)이었는데, 황제는 小黃門을 시켜 장번에게 명령하였다.

「陰陽이 不和하면 萬人이 있어야 할 곳을 모르는데, 조정에서는 태위가 국정의 득실을 헤아려 짐과 같이 한마음이 되기를 기대하나 병을 핑계 대며 자신의 깨끗한 처신만을 생각하며 중임을 아니 맡으려 하니, 나와 함께 걱정하며 일을 할 자가 누구이겠는가? 한마음이 되어 斷金을 기대할 수도 없도다. 지금 司徒는 고질병이 있고, 司空은 연로하니, 公(張蕃)은 恭敬하여 명을 따르되 나의 이 말을 알리지는 말라.」

이에 장포는 황공하여 궁궐에 나가 사례하고 다시 업무를 처리하였다. 장포가 비록 상공의 지위에 올랐지만 그의 부친은 여전히 고향에 살았는데 장포가 승진하면 한 번씩 낙양에 올라왔다. 이때 부친이 올라와 장포를 만났는데 마침 연말 정초라서 공경들이 罷朝(파조)한 뒤에 모두 장포의 집에 와서 부친에게 술잔을 올리며 축수하자 하루 종일 즐거워하였고 많은 사람들이 경하하며 부러워하였다. 장포의 부친이 죽어 장례를 마치자 조서로 사자를 시켜 소고기와 술을 보내어 상복을 벗게 하였다.

原文

後以事與司隸校尉晏稱會於朝堂, 酺從容謂稱曰, "三府辟吏, 多非其人." 稱歸, 即奏令三府各實其掾史. 酺本以私言, 不意稱奏之, 甚懷恨. 會復共謝闕下, 酺因責讓於稱. 稱辭言不順, 酺怒, 遂廷叱之, 稱乃劾奏酺有怨言. 天子以酺先帝師, 有詔公卿,博士,朝臣會議.

司徒呂蓋奏酺位居三司, 知公門有儀, 不屛氣鞠躬以須詔命, 反作色大言, 怨讓使臣, 不可以示四遠. 於是策免.

| 註釋 | ○司隸校尉 – 前漢의 司隸校尉는 처음에 중앙관서에서 사역하는 노예를 감독하는 직책이었다. 前漢 武帝 征和 4년(前 89)에 京師지역, 곧 三輔(京兆, 右扶風, 左馮翊(좌풍익)과 三河(河東郡 河南郡, 河內郡) 및 弘農郡 등 7郡의 관리를 규찰하고 범법자를 다스리는 임무를 수행하도록 사예교위를 설치하였는데 13자사부와 같은 기능을 수행했다. 秩 二千石. 後漢의 司隸校尉는 질록 比二千石, 京師와 三輔의 백관, 외척, 제후, 태수의 비리를 규찰하고 1州(三輔 등 7郡)를 직접 감찰하여 그 권세가 당당했다. ○朝堂 – 백관이 국사를 논의하는 大堂. ○三司 – 三公의 별칭 ○使臣 – 황제를 대신하여 백관을 규찰한다는 뜻으로, 사예교위를 지칭함. ○策免 – 책서로 면직되다. 策書는 관리를 임명, 면직하거나 작위를 수여하는 공문.

[國譯]

그 뒤에 업무 관계로 司隸校尉인 晏稱(안칭)과 朝堂에서 만났는데 장포는 조용히 안칭에게 말했다. "三府에서 관리를 초빙하는데 비적임자가 많은 것 같다." 고 말했다. 안칭은 돌아가서 즉시 三公府에서는 그 속리를 적임자로 채워야 한다고 상주하였다. 장포는 본래 사적으로 말했기에 안칭이 이를 상주하리라 생각하지 않았기에 심히 원망하였다. 마침 다른 일로 조정에서 이야기하다가 장포가 안칭을 나무랬다. 이에 안칭의 언사가 불손하자, 장포는 화를 내며 조정에서 안칭을 질책하였고, 안칭은 장포가 원한을 품었다고 상주하였다. 和帝는 장포가 先帝(章帝)의 師傅라서 이를 公卿과 博士, 朝臣들이 모여 의논케 하였다.

司徒 呂蓋(여개)는 장포가 三司(삼공)으로 근무하며 公門의 儀表가 무엇인가를 알고 있고, 성질을 죽이고 몸을 낮춰 詔命를 따라야 하는데도 화를 내며 큰 소리로 황제의 使臣(사신)을 원망하니, 이는 천하에 모범을 보이는 것이 아니라고 상주하였다. 이에 장포는 책서로 면직되었다.

原文

酺歸里舍, 謝遣諸生, 閉門不通賓客. 左中郎將何敞及言事者多訟酺公忠, 帝亦雅重之. 十六年, 復拜爲光祿勳. 數月, 代魯恭爲司徒. 月餘薨.

乘輿縞素臨吊, 賜冢塋地, 賵贈恩寵異於它相. 酺病臨危, 勑其子曰, "顯節陵埽地露祭, 欲率天下以儉. 吾爲三公, 旣不能宣揚王化, 令吏人從制, 豈可不務節約乎? 其無起祠堂, 可作稾蓋廡, 施祭其下而已."

曾孫濟, 好儒學, 光和中至司空, 病罷. 及卒, 靈帝以舊恩贈車騎將軍,關內侯印綬. 其年, 追濟侍講有勞, 封子根爲蔡陽鄉侯. 濟弟喜, 初平中爲司空.

| **註釋** | ㅇ何敞(하창) - 43권, 〈朱樂何列傳〉 立傳. ㅇ顯節陵 - 明帝의 능. 유언에 따라 寢殿과 廟堂을 짓지 않았다. ㅇ可作槀蓋廡 - 풀로 지붕을 덮은 집. 槀는 마를 고. 볏짚. 蓋는 덮을 개. 지붕. 廡는 집 무.

[國譯]

張酺(장포)는 고향에 돌아와 모든 문생을 내보냈으며 폐문하고 빈객과도 왕래하지 않았다. 左中郎將인 何敞(하창) 및 많은 사람들이 공평과 충절로 장포를 변호하였고 황제 역시 평소에 존중했었다. (和帝 永元) 16년(서기 104), 장포를 다시 光祿勳에 임명하였다. 몇 달 뒤 魯恭(노공)의 후임으로 司徒가 되었다. 한 달 뒤에 죽었다.

(和帝는) 흰 수레를 타고 빈소에 조문하였고 무덤을 쓸 땅을 하사하였으며 하사와 은총이 다른 相公보다 특별하였다. 張酺는 병이 위독하자, 아들에게 일러 말했다.

"(明帝) 顯節陵에서는 마당을 쓸고 노천에서 제사토록 하여 천하에 검소함을 솔선하였다. 내가 삼공의 자리에서 聖王의 교화를 선양하거나 관리로 하여금 법제를 따르도록 솔선하지는 못했지만, 어찌 절약에 힘쓰지 않을 수 있겠느냐? 사당을 짓지 말고 초가지붕을 이어 그 아래서 제사를 지내도록 하라."

曾孫인 張濟(장제)는 儒學을 좋아하여 (靈帝) 光和 연간에(서기 178 - 183) 司空을 역임하고 병으로 사직하였다. 장제가 죽자, 靈帝는 舊恩을 생각하여 車騎將軍과 關內侯의 印綬를 추증하였다. 그 해에 張濟가 侍講으로 공로가 있다 하여 아들 張根(장근)을 蔡陽鄕侯에 봉했다. 장제의 동생 張喜(장희)는 (獻帝) 初平 연간에(서기 190 - 193년) 司空이 되었다.

❻ 韓稜

原文

韓稜字伯師, 潁川舞陽人, 弓高侯頹當之後也. 世爲鄕里著姓. 父尋, 建武中爲隴西太守. 稜四歲而孤, 養母弟以孝友稱. 及壯, 推先父餘財數百萬與從昆弟, 鄕里益高之. 初爲郡功曹, 太守葛興中風, 病不能聽政, 稜陰代興視事, 出入二年, 令無違者. 興子嘗發教欲署吏, 稜拒執不從, 因令怨者章之. 事下案驗, 吏以稜掩蔽興病, 專典郡職, 遂致禁錮.

顯宗知其忠, 後詔特原之. 由是徵辟, 五遷爲尙書令, 與僕射郅壽,尙書陳寵, 同時俱以才能稱. 肅宗嘗賜諸尙書劍, 唯此三人特以寶劒, 自手署其名曰, '韓稜楚龍淵, 郅壽蜀漢文, 陳寵濟南椎成.' 時論者爲之說, 以稜淵深有謀, 故得龍淵, 壽明達有文章, 故得漢文, 寵敦樸, 善不見外, 故得椎成.

| **註釋** | ㅇ潁川 舞陽 – 今 河南省 중부의 漯河市(탑하시) 관할 舞陽縣. ㅇ弓高侯 頹當(퇴당) – 전한 초기 漢王 信(대장군 韓信이 아닌 전국시대 韓의 왕족). 韓 高祖를 배신하고 흉노로 도주했었다. 그 아들 한퇴당은 다시 漢에 귀부하였고, 경제 때 吳楚七國之亂 진압에 공을 세웠다. ㅇ郅壽(질수) – 郅惲(질운)의 아들. 29권, 〈申屠剛鮑永郅惲列傳〉에 立傳. ㅇ陳寵(진총) – 46권, 〈郭陳列傳〉에 立傳.

[國譯]

韓稜(한릉)의 字는 伯師(백사)이며 潁川郡 舞陽縣 사람으로, 弓高

侯 韓頹當(한퇴당)의 후손이다. 대대로 향리를 성씨로 하였다. 부친 韓尋(한심)은 建武 연간에 隴西太守였다. 한릉은 4세 때 부친을 여의었고 모친의 동생(외삼촌)을 함께 봉양하며 孝友로 칭송을 들었다. 성인이 되자, 先考의 재산 수백 만을 4촌 형제들에게도 나눠주어 향리에서 더욱 추앙을 받았다. 처음에는 潁川郡(영천군)의 功曹였는데, 太守 葛興(갈홍)이 風을 맞아 병으로 정사를 수행할 수 없자, 한릉이 은밀히 2년간 맡아 처리하였는데 잘못된 일이 없었다. 갈홍의 아들이 문서로 관리를 임명하려 하자, 한릉이 고집하며 따르지 않기에 갈홍의 아들은 한릉에게 감정을 가진 자로 하여금 이를 고발케 하였다. 이 사건을 조사한 관리는 한릉이 갈홍의 질병을 엄폐하며 영천군의 직무를 마음대로 처리했다 하여 결국 옥에 갇혔다.

顯宗(明帝)는 한릉의 충성을 알고 뒷날 조서를 내려 특별히 사면하였다. 이에 조정의 부름을 받았고, 5차례 승진하여 尙書令이 되어 尙書僕射(상서복야)인 郅壽(질수), 尙書인 陳寵(진총)과 같이 시기에 재능으로 칭송을 들었다. 肅宗이 여러 상서에게 尙書劍을 하사하면서 이 세 사람에게는 특별한 서명을 하였는데 '韓稜은 楚의 龍淵, 郅壽(질수)는 蜀의 漢文, 陳寵(진총)은 濟南의 椎成(추성)' 이라 하였다. 그때 이를 말한 사람들은 한릉은 깊은 연못 같은 지모가 있어 龍淵이라 하였고, 질수는 문장에 뛰어났기에 漢文(大 文章家라는 의미)이라 하였으며, 진총은 돈후 질박하며 그 선행을 드러내지 않기에 椎成(추성, 잘 다듬은 방망이란 뜻)이라 하였다.

原文

和帝卽位, 侍中竇憲使人刺殺齊殤王子都鄕侯暢於上東門, 有司畏憲, 咸委疑於暢兄弟. 詔遣侍御史之齊案其事. 稜上疏以爲賊在京師, 不宜捨近問遠, 恐爲姦臣所笑. 竇太后怒, 以切責稜, 稜固執其議. 及事發, 果如所言. 憲惶恐, 白太后求出擊北匈奴以贖罪. 稜復上疏諫, 太后不從. 及憲有功, 還爲大將軍, 威震天下, 復出屯武威.

會帝西祠園陵, 詔憲與車駕會長安. 及憲至, 尙書以下議欲拜之, 伏稱萬歲. 稜正色曰, "夫上交不諂, 下交不黷, 禮無人臣稱萬歲之制." 議者皆慙而止. 尙書左丞王龍私奏記上牛酒於憲, 稜擧奏龍, 論爲城旦. 稜在朝數薦擧良吏應順, 呂章, 周紆等, 皆有名當時. 及竇氏敗, 稜典案其事, 深竟黨與, 數月不休沐. 帝以爲憂國忘家, 賜布三百匹.

| 註釋 | ㅇ竇憲使人刺殺齊殤王~ – 23권, 〈竇融列傳〉의 竇憲傳 참고. ㅇ復出屯武威 – 武威는 군명. 武威郡 치소는 姑臧縣, 今 甘肅省 중부 武威市. ㅇ上交不諂, 下交不黷 –《易 繫辭 下》의 구절. 「子曰, "知幾其神乎! 君子上交不諂, 下交不瀆, 其知幾乎! ~.」 諂은 아첨. 黷은 더럽힐 독. 업신여기다. ㅇ城旦(성단) – 낮에는 성에 올라 적을 감시하고, 밤에는 성을 축조하는 노역에 종사하다. ㅇ休沐 – 休沐日, 휴가일. 漢代의 관리는 5일마다 정기휴가를 받았다. 공휴일이 아님.

[國譯]

和帝가 卽位하자, 侍中인 竇憲(두헌)은 부하를 시켜 齊 殤王(상왕)의 아들 都鄕侯 劉暢(유창)을 (낙양성의) 上東門에서 刺殺(척살)하였는데, 담당 관리는 두헌을 두려워했고 다른 사람들은 유창 형제를 의심하고 있었다. 조서로 侍御史를 齊에 보내 사건을 조사하게 하였는데, 韓稜(한릉)은 상소하여 범인은 京師(洛陽)에 있다며 가까운 곳을 조사하지 않고 먼 곳을 조사하니, 아마 姦臣에게 조롱을 받을 것이라고 말했다. 竇太后는 화를 내며 한릉을 심하게 질책하였지만 한릉은 주장을 고집하였다. 결국 사건이 탄로되며 한릉의 말과 같았다. 두헌은 두려워서 두태후에게 북흉노를 토벌하여 속죄하겠다고 말했다. 그러자 한릉은 다시 상소를 올려 흉노 원정을 간쟁하였지만 태후는 따르지 않았다. 두헌은 흉노 원정에 공을 세우고 돌아와 大將軍이 되었고 그 위세는 천하를 뒤흔들었다. 두헌은 다시 출정하여 武威郡에 주둔하고 있었다.

그때 황제는 長安의 (前漢) 황제의 園陵에 제사하고 두헌을 불러 長安에서 만나기로 하였다. 두헌이 도착하기 전에 尙書 이하 신료가 두헌에 배려하면서 엎드려 만세를 부르는 일을 논의하였다. 이에 한릉이 정색을 하며 말했다.

"높은 사람과 교제하며 아첨하지 말고, 낮은 지위 사람과 교제에 무시하지 말라고 하였으며, 人臣에게 만세를 부르라는 법은 없습니다."

논의하던 자들은 모두 부끄러워하며 그만두었다. 尙書左丞인 王龍(왕룡)은 두헌에게 私的으로 글을 올리면서 소고기와 술을 바쳤는데 한릉은 왕룡을 적발하였고, 왕룡은 城旦(성단) 노역의 형벌에 처해졌다. 한릉은 조정에 근무하면서 우량한 관리 應順(응순), 呂章(여장), 周紆(주우) 등을 천거하였는데 당시에 모두 유명하였다. 두씨 일족이 패망하면서 한릉은 관련 조사를 담당하였는데, 그 무리들을 끝까지 조사하였고 몇 달 동안 쉬지 못했다. 和帝는 한릉이 나라를 걱정하느라고 가정을 돌보지 못했다며 布 3백 필을 하사하였다.

原文

遷南陽太守, 特聽稜得過家上冢, 鄕里以爲榮. 稜發擿姦盜, 郡中震慄, 政號嚴平. 數歲, 徵入爲太僕. 九年冬, 代張奮爲司空. 明年薨.

子輔, 安帝時至趙相. 稜孫演, 順帝時爲丹陽太守, 政有能名. 桓帝時爲司徒. 大將軍梁冀被誅, 演坐阿黨抵罪, 以減死論, 遣歸本郡. 後復徵拜司隸校尉.

| **註釋** | ㅇ代張奮爲司空 – 張純의 아들. 35권, 〈張曹鄭列傳〉에 立傳.

[國譯]

(韓稜은) 南陽太守가 되었는데, 황제는 한릉이 부임하면서 집에 들러 조상 무덤에 제사할 수 있게 특별히 허락하였고 향리에서는 영광으로 생각하였다. 한릉이 간악한 도적들을 적발하자 온 郡이 두려워 떨었고, 政令은 엄정하면서도 공평하였다. 몇 년 뒤 조정에 불려와 太僕이 되었다. (永元) 9년 겨울에, 張奮(장분)의 후임으로 司空이

되었지만 다음 해에 죽었다.

아들 韓輔(한보)는 安帝 때 趙國의 相이었다. 한릉의 손자 韓演(한연)은 順帝 때 丹陽 태수였는데 정사에 유능하다는 명성이 있었다. 桓帝 때 司徒가 되었다. 大將軍 梁冀(양기)가 주살되면서 한연은 그 阿黨으로 죄에 걸렸으나 사형에서 감형 판결을 받아 본군으로 돌아왔다. 뒷날 다시 부름을 받아 司隸校尉가 되었다.

❼ 周榮

原文

周榮字平孫, 廬江舒人也. 肅宗時, 擧明經, 辟司徒袁安府. 安數與論議, 甚器之. 及安擧奏竇景及與竇憲爭立北單于事, 皆榮所具草. 竇氏客太尉掾徐齮深惡之, 脅榮曰, "子爲袁公腹心之謀, 排奏竇氏, 竇氏悍士刺客滿城中, 謹備之矣!" 榮曰, "榮江淮孤生, 蒙先帝大恩, 以歷宰二城. 今復得備宰士, 縱爲竇氏所害, 誠所甘心." 故常勑妻子, 若卒遇飛禍, 無得殯斂, 冀以區區腐身覺悟朝廷.

及竇氏敗, 榮由此顯名. 自郾令擢爲尙書令. 出爲潁川太守, 坐法, 當下獄, 和帝思榮忠節, 左轉共令. 歲餘, 復以爲山陽太守. 所歷郡縣, 皆見稱紀. 以老病乞身, 卒於家, 詔特賜錢二十萬, 除子男興爲郞中.

| **註釋** | ㅇ廬江舒縣 – 廬江郡의 치소인 舒縣, 今 安徽省 중서부 六安市 관할 舒城縣. ㅇ悍士刺客 – 悍은 사나울 한. ㅇ縱爲竇氏所害 – 縱은 가령, 설령. 爲竇氏所害는 두씨에게 위해를 당하다. 피동형 문장. ㅇ飛禍 – 갑자기 죽다. ㅇ區區 – 변변치 못한 모양. ㅇ山陽郡 – 治所는 昌邑縣, 今 山東省 서남부 菏澤市 관할의 巨野縣.

[國譯]

周榮(주영)의 字는 平孫(평손)으로 廬江郡 舒縣 사람이다. 肅宗(章帝) 때, 明經으로 천거되어 袁安(원안)의 司徒府에 근무하였다. 원안은 주영과 자주 의논을 하였고 주영의 능력을 높이 평가하였다. 원안이 竇景(두경, 두헌의 동생)을 고발하고 竇憲(두헌)과 북선우 옹립에 대하여 논쟁할 때 그 초안을 작성한 사람이 주영이었다. 竇氏의 빈객인 太尉府의 연리인 徐齮(서의)는 주영을 아주 증오하면서 주영을 협박하였다.

"당신이 袁公의 복심 참모로 두씨를 배척하며 고발하지만 두씨의 강력한 무사와 자객이 성 안에 꽉 찼으니 조심하시오!" 그러자 주영은 "나 주영은 장광과 淮水를 떠도는 고단한 몸으로 先帝의 大恩을 입었고 2개 縣令을 역임했소. 지금 다시 재상의 부서에 근무하는데 만약 두씨에게 해악을 당해야 한다면 기꺼이 당하겠소."

그리고는 늘 처자식에게는 만약 졸지에 횡액을 당해 죽는다면 염을 하지 말고 그냥 써게 하여 조정을 깨우치게 하라고 말했다.

두씨 일족이 패망하자, 주영은 이 때문에 더욱 이름이 알려졌다. 주영은 (潁川郡) 郾縣(언현)에서 발탁되어 尙書令이 되었다. 뒤에 潁川太守가 되었는데 법을 어겨 하옥되어야 했으나 和帝는 주영의 충절을 생각하여 (河內郡) 共縣 현령으로 좌천시켰다. 일 년이 지나 다시 山陽太守로 임명하였다. 주영이 역임한 군현에서는 정치에 기강이 있다는 칭송을 들었다. 늙고 병들어 퇴직한 뒤 집에서 죽었는데, 조서로 특별히 금전 20만을 하사하였고 주영의 아들 周興(주흥)에게 낭중을 제수했다.

原文

興少有名譽, 永寧中, 尙書陳忠上疏薦興曰,

「臣伏惟古者帝王有所號令, 言必弘雅, 辭必溫麗, 垂於後世, 列於典經. 故仲尼嘉唐虞之文章, 從周室之鬱鬱. 臣竊見光祿郎周興, 孝友之行, 著於閨門, 淸厲之志, 聞於州里. 蘊匱古今, 博物多聞, 《三墳》之篇, 《五典》之策, 無所不覽. 屬文著辭, 有可觀采. 尙書出納帝命, 爲王喉舌. 臣等旣愚闇, 而諸郎多文俗吏, 鮮有雅才, 每爲詔文, 宣示內外, 轉相求請, 或以不能而專己自由, 辭多鄙固. 興抱奇懷能, 隨輩棲遲, 誠可歎惜.」

詔乃拜興爲尙書郎. 卒. 興子景.

| 註釋 | ㅇ陳忠(진충) – 陳寵(진총)의 아들. 46권, 〈郭陳列傳〉에 父子 立傳. ㅇ唐虞之文章 – 唐虞(堯舜)의 문장. 「子曰, "大哉堯之爲君也! ~其有成功也, 煥乎其有文章!"」《論語 泰伯》. 「子曰, "周監於二代, 郁郁乎文哉! 吾從周."」《論語 八佾》. ㅇ鬱鬱(울울) – 盛한 모양. 수목이 울창한 모양. ㅇ光祿

郞周興 – 光祿勳 부서의 낭관 周興. ㅇ蘊匵古今 – 고금에 관한 지식을 많이 비축하다. 蘊은 쌓을 온. 蓄積하다. 匵는 궤짝. ㅇ《三墳》之篇 –《三墳》은 伏羲, 神農, 黃帝의 사적을 모은 책. ㅇ《五典》之策 – 少昊(소호), 顓頊(전욱), 高辛(고신), 唐(堯), 虞(舜) 등 五帝의 사적에 관한 책.

[國譯]

周興(주홍)은 젊어서도 명성이 높았는데 (安帝) 永寧 연간에(서기 120), 尙書인 陳忠(진충)이 상소하여 주홍을 천거하였다.

「臣의 생각으로, 옛날에 천하를 호령한 帝王은 그 言辭가 필히 우아하고 그 文章은 필히 溫和 화려하여 후세에 모범이 되었고 경전에 실렸습니다. 그래서 仲尼(공자)는 唐虞(堯舜)의 문장을 아름답다고 생각하였고 周室의 문채를 따르겠다고 말했습니다. 臣이 볼 때 光祿郞인 周興(주홍)은 효도와 우애로 가문에서도 칭찬이 많고 淸廉 堅定한 의지는 州里에서도 잘 알려졌습니다. 고금의 지식을 쌓았으며 견문이 많아 사물의 이치에도 該博(해박)합니다.《三墳》의 사적이나《五典》의 방책 등 열람하지 않은 책이 없습니다. 주영이 지은 글이나 저작은 觀賞할 만합니다. 尙書는 황제의 명령 출납을 담당하기에 王者의 목이나 혀와 같습니다. 臣 등은 우매하고 여러 낭관에 文官(法官)과 俗吏는 많으나 뛰어난 문재를 가진 자가 많지 않고, 매번 짓는 조서의 문장은 내외에 널리 알려지기에 서로 간에 도움을 요청하는데, 혹 어떤 자는 능력이 없거나 뜻대로 문장을 짓지 못해 비루한 文辭가 많습니다. 그러나 주홍은 奇才와 능력을 갖고 있으면서도 그런 낭관의 뒤에서 (승진을) 기다리니 정말 안타까울 뿐입니다.」

이에 바로 조서를 내려 尙書令에 임명하였다. 주홍이 죽은 뒤, 아들은 周景(주경)이었다.

❽ 周景

原文

景字仲饗. 辟大將軍梁冀府, 稍遷豫州刺史, 河內太守. 好賢愛士, 其拔才薦善, 常恐不及. 每至歲時, 延請擧吏入上後堂, 與共宴會, 如此數四, 乃遣之. 贈送什物, 無不充備. 旣而選其父兄子弟, 事相優異. 常稱曰, "臣子同貫, 若之何不厚!"

先是司徒韓演在河內, 志在無私, 擧吏當行, 一辭而已, 恩亦不及其家. 曰, "我擧若可矣, 豈可令偏積一門!" 故當時論者議此二人.

| 註釋 | ㅇ豫州刺史 - 치소는 沛國 譙縣(초현), 今 安徽省 북부의 亳州市(박주시). 潁川郡, 汝南郡, 梁國, 沛國, 陳國, 魯國 등을 관할. ㅇ歲時 - 일련의 4계절. 年初.

[國譯]

周景(주경)의 字는 仲饗(중향)이다. 부름을 받아 梁冀(양기)의 大將軍府에서 근무하다가 차츰 승진하여 豫州刺史와 河內太守를 역임하였다. 賢士를 애호하여 能才와 善人을 발탁 천거하였는데, 혹시

적임자가 아닐까를 늘 걱정하였다. 그래서 매년 歲時마다 천거할 관리를 초청하여 후당에서 함께 4번 정도 잔치를 즐기며 사람됨을 관찰하였다. 무슨 물건을 보낼 때도 꼭 예를 제대로 갖췄다. 그리고는 그 부형이나 자제를 만나서 아주 우대하였다. 주경은 늘 "나의 속관과 그 자식은 다 마찬가지이니, 어찌 후대하지 않을 수 있겠는가!" 라고 말하였다.

이보다 앞서 司徒 韓演(한연)이 河內郡에 근무한 적이 있었는데 그의 뜻은 私情이 없었으며, 관리를 천거하면 출발하며 인사 한 번이면 그뿐이었고 아무런 恩賜도 없었다. 한연은 "내가 천거하여 적임자라면 그뿐이지, 어찌 가족까지 똑같아야 하겠는가!" 라고 말했다. 그래서 당시 인재 천거를 말할 때는 이 두 사람을 비교하였다.

原文

景後徵入爲將作大匠. 及梁冀誅, 景以故吏免官禁錮. 朝廷以景素著忠正, 頃之, 復引拜尙書令. 遷太僕,衛尉. 六年, 代劉寵爲司空. 是時宦官任人及子弟充塞列位. 景初視事, 與太尉楊秉舉奏諸姦猾, 自將軍牧守以下, 免者五十餘人. 遂連及中常侍防東侯覽,東武陽侯具瑗, 皆坐黜. 朝廷莫不稱之.

視事二年, 以地震策免. 歲餘, 復代陳蕃爲太尉. 建寧元年薨. 以豫議定策立靈帝, 追封安陽鄉侯. 長子崇嗣, 至甘陵相.

| 註釋 | ㅇ梁冀誅 – (桓帝) 延熹 2년(서기 159)년, 조서로 司隸校尉 張彪(장표)를 시켜 양기의 대장군의 인수를 회수하자 양기와 그 처는 모두 자살하였다. 일족 수십 명 처형. 太尉 胡廣(호광) 연좌되어 면직, 司徒인 韓縯(한연), 司空인 孫朗(손랑)은 하옥. ㅇ免官禁錮 – 禁錮는 관직 임용을 제한하는 것. ㅇ防東侯覽(후람) – 防東은 縣名. 古治는 今 山東省 서남부 菏澤市 관할 單縣. 후람은 환관으로 太僕을 역임. 뒷날, 靈帝 熹平(희평) 원년(서기 172)에 자살하였다. ㅇ甘陵 – 淸河國의 치소, 今 山東省 직할 臨淸市(河北省과 접경).

[國譯]

周景(주경)은 나중에 조정에 들어가 將作大匠이 되었다. 梁冀(양기)가 주살될 때 주경은 양기의 옛 관리라 하여 파면되어 禁錮에 처해졌다. 조정에서는 주경이 평소에 忠正이 뚜렷했기에 얼마 안 있어 다시 등용하여 尙書令에 임명하였다. 주경으로 승진하여 太僕, 衛尉를 역임하였다. (延熹) 6년에, 劉寵(유총)의 후임으로 司空이 되었다. 이때 환관이나 그 자제까지도 관리에 임용되었다. 주경이 사공의 업무를 시작하면서 太尉 楊秉(양병)과 함께 부정을 저지른 자를 모두 고발하여 장군으로부터 자사는 태수까지 파면된 자가 50여 명이나 되었다. 마침내 中常侍인 防東縣 출신 侯覽(후람), 東武陽侯 具瑗(구원)도 모두 연좌되어 폐출시켰다. 이에 조정에서는 칭송하지 않는 사람이 없었다.

재직 2년에 지진이 일어나자 책서로 면직되었다. 1년 뒤에 다시 陳蕃(진번)의 후임으로 太尉가 되었다. 靈帝 建寧 元年(서기 168)에 죽었다. 靈帝 옹립을 사전에 협의하였다 하여 安陽鄕侯에 追封되었다. 長子인 周崇(주숭)이 계승하였는데 관직이 甘陵(淸河國) 相에 이르렀다.

原文

中子忠, 少歷列位, 累遷大司農. 忠子暉, 前爲洛陽令, 去官歸. 兄弟好賓客, 雄江淮間, 出入從車常百餘乘. 及帝崩, 暉聞京師不安, 來候忠, 董卓聞而惡之, 使兵劫殺其兄弟. 忠後代皇甫嵩爲太尉, 錄尙書事, 以災異免. 復爲衛尉, 從獻帝東歸洛陽.

| **註釋** | ㅇ皇甫嵩(황보숭) - 黃巾賊 격퇴. 71권, 〈皇甫嵩朱儁列傳〉에 입전. 皇甫는 複姓.

[國譯]

中子인 周忠(주충)은 젊어 여러 관직을 역임하였고 여러 번 승진하여 大司農이 되었다. 주충의 아들 周暉(주휘)는 전에 洛陽令을 지냈는데 사임하고 고향에 돌아왔다. 형제가 빈객을 잘 대우하여 長江과 淮水 일대에서 막강하였고 출입에 그를 따르는 수레가 늘 1백여 대나 되었다. 靈帝가 붕어할 때(서기 189년), 주휘는 京師가 불안하다는 말을 듣고 바로 돌아와 부친 주충을 기다렸는데, 董卓(동탁)이 이를 알고 증오하여 주휘의 형제를 습격하여 죽여버렸다. 주충은 皇甫嵩(황보숭)의 후임으로 太尉로 錄尙書事를 겸했는데 재이가 거듭되자 면직되었다. 다시 衛尉가 되었는데 獻帝를 수행하여 (장안에서) 동쪽 낙양으로 돌아왔다.

原文

贊曰, 袁公持重, 誠單所奉. 惟德不忘, 延世承寵. 孟侯經博, 侍言帝幙. 稜,榮事君, 志同鸇雀.

| **註釋** | ㅇ誠單所奉 – 單은 다하다. ㅇ侍言帝幙 – 시강하며 황제에 간언을 올리다. 幙은 幕과 同字. ㅇ志同鸇雀 – 鸇은 새매 전. 雀은 참새 작. 새매가 날면서 참새를 쫓아버린다. 충성의 큰 뜻으로 소인을 쫓아내다.

[國譯]

贊曰,

袁安(원안)은 요직에 거치며 專心으로 事君하였다.

恩德을 잊지 않았고 대를 이어 신임을 받았다.

孟侯(張酺)는 경학에 박통하여 궁궐에서 시강하였다.

韓稜(한릉)과 周榮은 事君에 忠誠과 勇氣로 일관했다.

46 郭陳列傳
〔곽,진열전〕

❶ 郭躬

原文

郭躬字仲孫, 潁川陽翟人也. 家世衣冠. 父弘, 習《小杜律》. 太守寇恂以弘爲決曹掾, 斷獄至三十年, 用法平. 諸爲弘所決者, 退無怨情, 郡內比之東海于公. 年九十五卒.

躬少傳父業, 講授徒衆常數百人. 後爲郡吏, 辟公府. 永平中, 奉車都尉竇固出擊匈奴, 騎都尉秦彭爲副. 彭在別屯而輒以法斬人, 固奏彭專擅, 請誅之. 顯宗乃引公卿朝臣平其罪科. 躬以明法律, 召入議. 議者皆然固奏, 躬獨曰, "於法, 彭得斬之." 帝曰, "軍征, 校尉一統於督. 彭旣無斧鉞, 可得專殺人乎?" 躬對曰, "一統於督者, 謂在部曲也. 今彭專軍別將, 有異於此. 兵事呼吸, 不容先關督帥. 且漢制棨戟卽爲斧鉞, 於法不合罪."

帝從躬議.

| **註釋** | ㅇ陽翟(양책) – 현명. 潁川郡의 치소, 今 河南省 중부 許昌市 관할 禹州市. ㅇ《小杜律》– 杜延年의 법률. 杜周는 武帝 때 廷尉와 어사대부를 역임했는데 엄격한 법률 적용으로 널리 알려졌다. 두주의 아들 杜延年(두연년)도 법률에 밝아 宣帝 때 어사대부를 역임하였는데 두주에 대하여 小杜라 불렸다. ㅇ寇恂(구순) – 광무제의 공신. 16권, 〈鄧寇列傳〉 立傳. 寇 도둑 구. 성씨. 恂 정성 순. ㅇ東海于公 – 東海郡 출신 于公(우공), 태위 于定國의 부친. 《漢書》 71권, 〈雋疏于薛平彭傳〉 참고. 옥리로 선행을 베풀었기에 그 후손이 잘된 것이라고 확신했던 사람. ㅇ竇固(두고, ? – 88년) – 蠻夷 정벌에 공이 많았다. 永平 17년에, 奉車都尉인 竇固(두고)와 駙馬都尉인 耿秉(경병), 騎都尉인 劉張(유장)을 파견하여 敦煌郡 崑崙(곤륜) 요새에서 출동케 했는데, 이들은 白山의 흉노족을 蒲類海 부근에서 격파하고 車師國(거사국)에 입성했다. 竇 구멍 두. 성씨. 23권, 〈竇融列傳〉에 입전. ㅇ一統於督 – 대장이 통솔하다. 督은 大將. ㅇ棨戟卽爲斧鉞 – 棨戟(계극)은 적흑색 비단으로 감싼 목제 창. 황제명을 받아 앞서 출발한 부대장이 지닌 창. 斧鉞(부월)은 대장군의 지휘권을 상징하는 신표.

[國譯]

郭躬(곽궁)의 字는 仲孫(중손)으로, 潁川郡 陽翟縣(양책현) 사람이다. 대대로 관리 가문이었다. 부친 郭弘(곽홍)은 《小杜律》을 전공했다. 太守인 寇恂(구순)은 곽홍을 決曹掾(결조연)에 임명했는데, 30여 년간 옥안을 평결하면서 법 적용이 공평하였다. 곽홍의 판결을 받은 사람 모두는 물러나 私怨(사원)이 없었기에 군에서는 東海郡의 于公(우공)에 비유하였고, 95세에 죽었다.

곽궁은 젊어 부친의 학문을 계승하였는데 그에게 배우는 문도가 늘 수백 명이었다. 뒷날 곽궁은 郡吏였다가 三公府에 불려가 근무하였다. (明帝) 永平 연간에, 奉車都尉 竇固(두고)가 흉노를 원정 중이었는데 騎都尉 秦彭(진팽)은 그 副職이었다. 진팽은 별도로 주둔하면서 여러 번 법에 의거 사람을 죽이자, 두고는 진팽이 마음대로 사람을 죽였으니 처형해야 한다고 상주하였다. 이에 명제는 공경을 불러 진팽의 죄과를 논의하게 하면서 법률에 밝은 곽궁을 불러 논의에 참여케 했다. 많은 사람들이 두고의 상주에 찬동하였으나 곽궁이 홀로 말했다. "法에 의거 진팽은 참수할 권한이 있습니다." 이에 명제가 물었다. "출정 중인 군대에서는 교위가 단위부대를 지휘한다. 진팽은 斧鉞(부월)을 받지 않았는데(부대장은 아니라는 뜻) 자기 뜻대로 죽일 수 있는가?" 곽궁이 대답하였다. "대장이 통솔 지휘한다는 뜻은 부대 내에서의 지휘입니다. 당시 진팽은 別將으로 단위부대를 지휘하였기에 대장 휘하에 지휘와는 다릅니다. 군사가 위급상황이라면 대장에게 먼저 보고하지 못할 수 있습니다. 그리고 漢의 법률에 棨戟(계극)은 斧鉞(부월)과 같기에 법에 의거 죄가 되지 않습니다."

明帝는 곽궁의 논의에 동의했다.

原文

又有兄弟共殺人者, 而罪未有所歸. 帝以兄不訓弟, 故報兄重而減弟死. 中常侍孫章宣詔, 誤言兩報重, 尙書奏章矯制, 罪當腰斬.

帝復召躬問之, 躬對 "章應罰金." 帝曰, "章矯詔殺人, 何謂罰金?" 躬曰, "法令有故,誤, 章傳命之謬, 於事爲誤, 誤者其文則輕." 帝曰, "章與囚同縣, 疑其故也." 躬曰, "周道如砥, 其直如矢. 君子不逆詐. 君王法天, 刑不可以委曲生意." 帝曰, "善." 遷躬廷尉正, 坐法免.

| **註釋** | ㅇ周道如砥, 其直如矢 - 周道는 넓은 길. 如砥는 숫돌처럼 평평하다. 貢賦(공부)의 부과가 공평하다는 뜻. 砥는 숫돌 지. 如矢는 상벌이 나주 정직하다는 뜻. 矢는 화살 시. 《詩經 小雅, 大東》의 구절. ㅇ君子不逆詐 -「子曰, "不逆詐, 不億不信, 抑亦先覺者, 是賢乎!"」《論語 憲問》. ㅇ刑不可以委曲生意 - 委曲은 사실을 왜곡하다. 生意는 추측하다.

[國譯]

또 형제가 함께 살인을 한 자가 있었는데 그와 유사한 전례가 없었다. 명제는 형이 동생을 가르치지 않았다 하여 형은 중형을, 동생은 사형에서 감형토록 하였다. 그러나 中常侍 孫章(손장)이 조서를 전달하면서 두 사람 모두를 중형에 처하게 하였는데, 상서가 주장이 황제 명령을 고쳐 전달했다고 고발하였고 그 죄는 腰斬刑(요참형)에 해당하였다.

명제가 다시 곽궁을 불러 물었는데, 곽궁이 대답하였다.

"손장은 벌금형에 해당됩니다." 명제가 물었다. "손장은 조서를 고쳐서 살인하였는데, 왜 벌금에 해당하는가?" 곽궁이 말했다. "법령에 고의와 착오가 있는데, 손장은 詔命(조명) 전달의 착오(실수)였고, 착오는 조문에 가벼운 형벌을 받게 되었습니다. 명제는 "손장과 죄수가 같은 현이라는데 고의가 있지 않는가?" 이에 곽궁이 말했다. " '넓은 길은 숫돌처럼 평평하고 곧기가 화살과 같다.' 라고 하였으며, '君子는 거짓에 영합하지 않는다.' 고 하였습니다. 君王은 하늘을 본받기에 형벌에서 사실을 둘러대거나 추측할 수 없습니다."

명제는 "옳다" 고 하였다. 곽궁은 廷尉正으로 승진하였으나 법을 어겨 면직되었다.

原文

後三遷, 元和三年, 拜爲廷尉. 躬家世掌法, 務在寬平, 及典理官, 決獄斷刑, 多依矜恕, 乃條諸重文可從輕者四十一事奏之, 事皆施行, 著於令. 章和元年, 赦天下繫囚在四月丙子以前減死罪一等, 勿笞, 詣金城, 而文不及亡命未發覺者.

躬上封事曰,「聖恩所以減死罪使戍邊者, 重人命也. 今死罪亡命無慮萬人, 又自赦以來, 捕得甚衆, 而詔令不及, 皆當重論. 伏惟天恩莫不蕩宥, 死罪已下並蒙更生, 而亡命捕得獨不沾澤. 臣以爲赦前犯死罪而繫在赦後者, 可皆勿笞詣金城, 以全人命, 有益於邊.」

肅宗善之, 卽下詔赦焉. 躬奏讞法科, 多所生全. 永元六年, 卒官. 中子晊, 亦明法律, 至南陽太守, 政有名多. 弟子鎭.

| 註釋 | ㅇ多依矜恕 - 矜은 불쌍히 여길 긍, 삼갈 긍, 공경할 긍. 恕는 용서할 서. ㅇ金城 - 군명. 治所는 允吾縣, 今 甘肅省 臨夏回族自治州 永靖縣.(省都인 蘭州市 서쪽) ㅇ奏讞法科 - 讞은 평의할 언(얼), 아뢸 언(얼), 정직할 언(얼).

[國譯]

그 뒤에 3번 승진하여, (章帝) 元和 3년(서기 86)에 廷尉가 되었다. 郭躬(곽궁)의 가문은 대대로 법률을 담당하면서 관용과 공평에 힘썼으며, 법관으로 판결을 담당하면서 많이 가엽게 여기고 용서하였다. 그리고 중형에 처할 조항 중 輕刑으로 처리해도 좋을 41개 조항을 상주하였고 모두 그대로 시행되었으며 법으로 정해졌다.

(章帝) 章和 원년(서기 87)에 4월 丙子日 이전에 온 나라에 갇힌 죄수 중 사형 죄를 1등급을 감형하고 그 죄수를 매질 없이 金城郡으로 이송케 하였지만 도망하여 잡히지 않은 자에게는 적용되지 않았다. 이에 곽궁이 封事을 올렸다.

「성은으로 사형 죄수를 감형하여 변방 병졸로 보낸 조치는 인명에 대한 중시입니다. 지금 사형 죄에 해당하나 도망한 자가 無慮(무려, 총) 1만 명이나 되며, 이번 사면령 이후로 잡힌 자가 매우 많지만 사면령에 해당하지 않기에 모두 중형으로 판결해야 합니다. 臣이 볼 때 天恩으로 호탕하게 사면하였기에 사형 죄수는 이후로 다시 살아날 수 있었지만, 도망했다가 체포된 자는 그 혜택을 받을 수가 없습니다. 신의 생각으로는, 사형의 죄에서 사면되었거나 사면 후에 잡혀 갇힌 자나 구분 없이 모두 笞刑(태형)에 처하지 않고 살아있는 그대로 金城郡으로 보내어 생명을 보존케하는 것이 변방에 도움이 될 것입니다.」

肅宗(章帝)은 이를 옳다고 여겨 즉시 조서를 내려 사면하였다. 곽궁이 법률에 관해 상주하는 것은 모두 사람을 살리는 일이었다. (和帝) 永元 6년에, 관직에 있으며 죽었다. 둘째 아들 郭晊(곽질) 역시 법률에 밝았고 南陽 태수를 역임하였는데 그 정사에 칭송이 많았다. 곽궁의 조카가 郭鎭(곽진)이었다.

❷ 郭鎭

原文

鎭字桓鐘, 少修家業. 辟太尉府, 再遷, 延光中爲尙書. 及中黃門孫程誅中常侍江京等而立濟陰王, 鎭率羽林士擊殺衛尉閻景, 以成大功, 事在〈宦者傳〉. 再遷尙書令. 太傅,三公奏鎭冒犯白刃, 手劍賊臣, 姦黨殄滅, 宗廟以寧, 功比劉章, 宜顯爵土, 以勵忠貞. 乃封鎭爲定潁侯, 食邑二千戶. 拜河南尹, 轉廷尉, 免. 永建四年, 卒於家. 詔賜冢塋地.

長子賀當嗣爵, 讓與小弟時而逃去. 積數年, 詔大鴻臚下州郡追之, 賀不得已, 乃出受封. 累遷, 復至廷尉. 及賀卒, 順帝追思鎭功, 下詔賜鎭謚曰昭武侯, 賀曰成侯. 賀弟禎, 亦以能法律至廷尉.

鎭弟子禧, 少明習家業, 兼好儒學, 有名譽, 延熹中亦爲廷尉. 建寧二年, 代劉寵爲太尉. 禧子鴻, 至司隸校尉, 封城安鄕侯.

| 註釋 | ○江京 – 환관으로 大長秋였다. 大長秋는 태후나 황후를 시중드는 환관(질록 이천석). 종친이 태후나 황후를 알현할 때 대장추를 경유. 종친에게 賞賜하는 일도 담당. ○立濟陰王 – 安帝 延光 4년(서기 125), 宦官인 王康, 孫程 등 19명이 궁정정변을 일으켜 11세의 劉保(安帝의 태자였다가 폐위되어 濟陰王으로 강등되었다)를 옹립하였는데, 이가 順帝이다. 이 정변에 관여한 환관 19명은 모두 제후에 봉해졌다. 온화하고 유약한 순제의 즉위는 환관의 작품이며, 이후 환관과 외척은 정사에 깊이 관여한다. ○閻景(염경) – 安帝의 安思閻皇后의 형제인 閻顯(염현)과 閻景은 安帝 사후에 少帝 劉懿(유의)를 옹립했었다. ○〈宦者傳〉 – 78권, 〈宦者列傳〉 중 〈孫程傳〉. ○劉章(유장) – 전한 齊王 劉肥(유비, 高祖의 庶長者)의 아들, 高帝의 손자. 呂氏 일족 제거에 공을 세워 朱虛侯에 봉해졌다.

[國譯]

郭鎭(곽진)의 字는 桓鐘(환종)으로 젊어 家學을 계승하였다. 太尉府의 부름을 받았고 2번 승진하여 (安帝) 延光 연간에 尙書가 되었다. 中黃門인 孫程(손정)이 中常侍 江京(강경) 등을 주살하고 濟陰王(제음왕, 順帝)을 옹립하려 할 때, 곽진은 羽林 위사를 거느리고 衛尉 閻景(염경)을 죽여 큰 공을 세웠는데, 이는 〈宦者傳〉에 실려 있다. 곽진은 두 번 승진하여 尙書令이 되었다. 太傅와 三公은 곽진이 죽음을 무릅쓰고 반역한 신하(閻景)를 죽이고 반역자 일당을 섬멸하여 종묘를 안정시킨 공로는 劉章(유장)의 공과 같으니, 작위와 식읍을 주어 그 공을 표창하고 충성을 격려해야 한다고 주청하였다. 이에 곽진을 定潁侯(정영후)에 봉했고, 식읍은 2千戶였다. 곽진은 河南

尹이 되었다가 廷尉에 임명되었으나 면직하였다. (順帝) 永建 4년에, 집에서 죽었다. 조서로 무덤을 쓸 땅을 하사하였다.

(郭鎭의) 長子 郭賀(곽하)가 작위를 계승해야 하나 小弟에게 양보하고 도망하였다. 몇 년이 지나 조정에서 大鴻臚에게 명하여 각 군에서 곽하를 추적케 하자, 곽하는 부득이 세상에 나와 작위를 계승하였다. 곽하는 여러 번 승진하여 廷尉가 되었다. 곽하가 죽자, 順帝는 곽진의 공을 추념하여 조서로 곽진에게 昭武侯라는 시호를 내리고, 곽하를 成侯라 하였다. 곽하의 동생 郭禎(곽정) 역시 法律에 능통하여 廷尉를 역임하였다.

곽진의 동생 아들(조카) 郭禧(곽희)는 젊어 가학을 계승하였고 아울러 儒學도 좋아하여 명성이 높았다. (환제) 延熹 연간에 마찬가지로 廷尉가 되었다. (靈帝) 建寧 2년에, 劉寵(유총)의 후임으로 太尉가 되었다. 곽희의 아들 郭鴻(곽홍)은 司隷校尉를 역임하였고 城安鄕侯에 봉해졌다.

原文

郭氏自弘後, 數世皆傳法律, 子孫至公者一人, 廷尉七人, 侯者三人, 刺史,二千石,侍中,中郎將者二十餘人, 侍御史,正,監,平者甚衆.

順帝時, 廷尉河南吳雄季高, 以明法律, 斷獄平, 起自孤宦, 致位司徒. 雄少時家貧, 喪母, 營人所不封土者, 擇葬其中. 喪事趣辨, 不問時日, 巫皆言當族滅, 而雄不顧. 及子欣孫恭, 三世廷尉, 爲法名家.

初, 肅宗時, 司隸校尉下邳趙興亦不恤諱忌, 每入官舍, 輒更繕修館宇, 移穿改築, 故犯妖禁, 而家人爵祿, 益用豐熾, 官至潁川太守. 子峻, 太傅, 以才器稱. 孫安世, 魯相. 三葉皆爲司隸, 時稱其盛.

桓帝時, 汝南有陳伯敬者, 行必矩步, 坐必端膝, 呵叱狗馬, 終不言死, 目有所見, 不食其肉, 行路聞凶, 便解駕留止, 還觸歸忌, 則寄宿鄕亭. 年老寢滯, 不過擧孝廉. 後坐女壻亡吏, 太守邵夔怒而殺之. 時人罔忌禁者, 多談爲證焉.

| **註釋** | ㅇ廷尉 - 廷尉는 9卿의 한 사람. 질록 中二千石. 正, 左監, 左平은 각 질록 六百石. 詔獄의 평결을 담당. ㅇ不恤諱忌 - 恤은 근심할 휼. 걱정하다. 구휼하다. 諱忌는 忌諱, 사람들이 꺼리는 불길한 조짐이나 일. ㅇ三葉 - 三代와 同. 葉은 後孫. 잎사귀, 갈래. 葉이 姓으로 쓰일 때 독음은 섭. ㅇ呵叱狗馬 - 呵은 꾸짖을 가. 叱은 꾸짖을 질.

[國譯]

郭氏는 郭弘(곽홍) 이후 몇 대에 걸쳐 법률을 전해왔는데, 그 후손으로 三公의 지위에 오른 자가 1명, 廷尉 7인, 제후 3인, 자사, 이천석(태수), 시중, 중랑장이 20여 명이었고 侍御史나 廷尉正, 廷尉監, 廷尉平에 이른 자는 매우 많았다.

順帝 때, 廷尉였던 河南 사람 吳雄(오웅, 字 季高)은 法律에 밝았고 그 평결은 공평하였는데, 부친을 여의고 외롭게 자라 관리가 되어 司徒까지 승진했었다. 오웅이 어려 가난할 적에 모친이 상을 당하자

다른 사람이 무덤 자리로 잡아 놓고 봉분을 만들지 않은 곳 하나를 골라 묻었다. 장례를 급하게 치르다 보니 하관 시간 등을 따지지도 않았으며, 무당조차 모두 멸족의 화를 당한다고 말했지만 오웅은 뒷일을 생각지도 않았다. 아들 吳欣(오흔)과 손자 吳恭(오공)까지 3대에 걸쳐 정위가 되어 법률 名家가 되었다.

그전에 肅宗(章帝) 때, 司隸校尉인 下邳(하비) 출신 趙興(조흥) 역시 忌諱(기휘, 禁忌)를 걱정하지 않았는데, 매번 새로운 관직의 근무처에 들어갈 때마다 관청 건물을 수선 보수하거나 이전 또는 개축하면서 고의로 요사한 일이나 금기를 어겼지만 문중 사람들의 작위나 관록은 나날이 좋아졌고 나중에 潁川(영천) 太守를 역임하였다. 아들 趙峻(조준)은 太傅가 되었는데 재능과 국량으로 칭송을 들었다. 손자인 趙安世(조안세)는 魯國의 相이었다. 三代에 걸쳐 모두 司隸校尉를 역임하여 당시 사람들이 그 번성을 칭송하였다.

桓帝 때 汝南郡에 陳伯敬(진백경)이란 사람이 있었는데, 길을 가면 바른 걸음으로 걷고 앉을 때도 꼭 무릎은 나란히 하였으며, 개나 말을 꾸짖더라도 죽인다는 말을 하지 않았고, 눈으로 보고서는 그 고기를 먹지 않았으며, 길을 가다가 흉한 소식을 들으면 바로 수레를 멈추고 더 가지 않았고, 집에 돌아오면서 금기를 어겼다면 마을의 亭에서 일박을 하였다. 그러나 늙도록 승진하지 못하여 효렴으로 천거되었을 뿐이었다. 뒷날 사위(女壻)가 도망친 관리를 숨겨주었는데, 이 죄에 진백경이 연루되자 太守인 邵夔(소기)가 화를 내며 처형하였다. 그때 금기를 믿지 않는 사람들이 그 증거로 흔히 (진백경을) 이야기하였다.

原文

論曰, 曾子云, '上失其道, 民散久矣. 如得其情, 則哀矜而勿喜.' 夫不喜於得情則恕心用, 恕心用則可寄枉直矣. 夫賢人君子斷獄, 其必主於此乎? 郭躬起自佐史, 小大之獄必察焉. 原其平刑審斷, 庶於勿喜者乎? 若乃推己以議物, 捨狀以貪情, 法家之能慶延於世, 蓋由此也!

| **註釋** | ㅇ曾子云 - 「孟氏使陽膚爲士師, 問於曾子. 曾子曰, "上失其道, 散久矣. 如得其情, 則哀矜而勿喜!"」《論語 子張》. ㅇ捨狀以貪情 - 狀은 범죄 행위. 情은 범죄를 저지를 수밖에 없는 실정. 貪은 더듬어 찾다(探과 通).

[國譯]

范曄(범엽)의 史論 : 曾子는 '上이(통치자가) 정도를 잃어 백성이 흩어진 지 오래되었다. (백성의) 범죄 행위를 알았더라도 불쌍히 여기고 기뻐하지 말라.' 고 말했다. 범죄를 잡았다고 기뻐하지 않는 것은 용서하는 마음을 가진 것이고, 용서하는 마음을 바탕으로 잘잘못을 분별해야 한다. 賢人君子의 평결은 반드시 관용이 중심이 되어야 할 것이다. 郭躬(곽궁)은 佐史에서 시작하였고 필히 대소의 판결을 상세히 살폈다. 공평한 심사와 판결을 근본으로 삼는다면 아마 (위법자 적발을) 기뻐하지는 않을 것이다. 자신의 관용을 남에게 베풀며 사안을 논의하고, 범죄 행위보다는 범죄 원인을 탐구한다면 유능한 법률 전문가로서 복을 받아 후손에 물려줄 수 있었던 이유가 아마 이것 때문일 것이다.

❸ 陳寵

原文

陳寵字昭公, 沛國洨人也. 曾祖父咸, 成哀間以律令爲尙書. 平帝時, 王莽輔政, 多改漢制, 咸心非之. 及莽因呂寬事誅不附己者何武,鮑宣等, 咸乃歎曰,

"《易》稱 '君子見幾而作, 不俟終日', 吾可以逝矣!"

卽乞骸骨去職. 及莽簒位, 召咸以爲掌寇大夫, 謝病不肯應. 時三子參,豐,欽皆在位, 乃悉令解官, 父子相與歸鄉里, 閉門不出入, 猶用漢家祖臘. 人問其故, 咸曰, "我先人豈知王氏臘乎?" 其後莽復徵咸, 遂稱病篤. 於是乃收斂其家律令書文, 皆壁藏之.

咸性仁恕, 常戒子孫曰, "爲人議法, 當依於輕, 雖有百金之利, 愼無與人重比."

| 註釋 | ㅇ陳寵(진총, ? - 107) - 寵은 괼 총. 신임하다. 총애하다. ㅇ沛國洨 - 洨는 강 이름 효. 縣名. 今 安徽省 중부 蚌埠市(방부시) 관할 固鎭縣. ㅇ呂寬事~ - 왕망의 장남 王宇(왕우)는 왕망이 平帝 모친의 長安 거주를 막자, 이를 잘못이라고 생각하였다. 뒷날 평제가 성인이 되면 죄를 받을지 모른다고 생각한 왕우는 왕망을 깨우치려고 처남인 呂寬(여관)과 함께 모의하여 밤에 돼지 피를 왕망의 저택 대문에 뿌렸다. 그러나 일이 발각되어 두 사람은 처형되었다. 왕망은 이를 계기로 자기편에 서지 않은 前將軍 何武(하무), 司隸校尉인 鮑宣(포선) 등을 주살하였다. ㅇ君子見幾而作 ~ - 幾는 사건의 징조. 미세한 시작. 吉凶의 전조. 俟는 기다릴 사. ㅇ吾可以逝

矣 – 逝는 往也. 갈 서. ㅇ猶用漢家祖臘 – 共工(공공)의 아들은 멀리 놀러 다니기를 좋아하였는데 죽어 祖神(조신, 여행자의 神)이 되었고, 漢室에서는 火行에 의거 午日에 祖祭를 지냈다고 한다. 臘은 섣달 臘日(납일)의 제사. (음력) 12월 8일, 또는 冬至로부터 3번째 戌日(술일)이 납일이다. 臘은 섣달 납(랍). 臘은 接也, 新故가 交接한다는 뜻.

[國譯]

陳寵(진총)의 字는 昭公(소공)으로, 沛國 洨縣(효현) 사람이다. 曾祖父인 陳咸(진함)은 成帝와 哀帝 연간에 律令을 전공하여 尙書가 되었다. 平帝 때, 王莽(왕망)이 輔政하면서 漢의 여러 제도를 많이 고치자, 진함은 마음으로 잘못이라 생각하였다. 왕망이 呂寬(여관)의 사건을 계기로 자기편에 서지 않는 何武(하무)와 鮑宣(포선) 등을 주살하자, 진함이 탄식하였다.

"《易經》에서도 '君子은 기미를 보아 일을 시작하나니 하루 종일 기다리지 않는다.' 고 하였으니, 나는 이제 떠날 때가 되었다."

그리고는 즉시 사직을 신청하고 관직을 떠났다. 왕망이 찬위한 뒤에 진함을 掌寇大夫(장구대부)의 관직으로 불렀으나 진함은 병을 핑계로 응하지 않았다. 그때 진함의 세 아들 參(참), 豐(풍), 欽(흠)이 모두 관직에 있었는데, 곧 모두 벼슬을 내놓고 부자가 향리로 돌아와 폐문하고 출입하지 않았으며 漢家(漢朝)의 祖祭와 臘祭(납제)를 지켰다. 다른 사람이 그 까닭을 묻자, 진함은 "나의 조상이 어찌 王氏의 납제를 알겠는가?" 그 뒤에 왕망이 다시 진함을 초빙하였지만 끝내 병이 위독하다고 하였다. 그리고는 집안에 전해오는 여러 법률에 관한 문서를 모두 거둬 벽 속에 감추었다.

진함은 성격이 인자하고 너그러웠는데 늘 자손을 "다른 사람을 법으로 평결할 때 응당 경감하여야 하며, 비록 百金이 이득이 있더라도 삼가고 조심하여 다른 사람에 비해 중형을 내려서는 안 된다." 고 훈계하였다.

原文

建武初, 欽子躬爲廷尉左監, 早卒. 躬生寵, 明習家業, 少爲州郡吏, 辟司徒鮑昱府. 是時三府掾屬專尙交遊, 以不肯視事爲高. 寵常非之, 獨勤心物務, 數爲昱陳當世便宜. 昱高其能, 轉爲辭曹, 掌天下獄訟. 其所平決, 無不厭服衆心. 時司徒辭訟, 久者數十年, 事類溷錯, 易爲輕重, 不良吏得生因緣. 寵爲昱撰《辭訟比》七卷, 決事科條, 皆以事類相從. 昱奏上之, 其後公府奉以爲法.

| 註釋 | ㅇ鮑昱(포욱) - 鮑永(포영)의 아들. 29권, 〈申屠剛鮑永郅惲列傳〉에 立傳. ㅇ辭曹(사조) - 삼공부의 掾屬 24명 중 訟事를 주관하는 부서. ㅇ事類溷錯 - 溷은 어지러울 혼. 뒤섞이다. 錯은 섞일 착. ㅇ不良吏得生因緣 - 因緣은 私的 뇌물에 輕重을 뒤엎다.

[國譯]

(光武帝) 建武初, 陳欽(진흠)의 아들 陳躬(진궁)은 廷尉의 左監이었는데 일찍 죽었다. 진궁이 陳寵(진총)을 낳고, 진총은 家學을 잘 배워서 젊어 州郡의 관리가 되었는데, 鮑昱(포욱)의 司徒府에 부름을 받

아 근무했다. 이때 三公府의 掾屬(연속, 屬吏)들은 교제를 중시하며 담당업무 처리를 높이 평가하지 않았다. 진총은 이를 늘 잘못이라 생각하며 여러 번 포욱에게 當世에 도움이 될 일을 건의하였다. 포욱은 진총의 능력을 높이 평가하며 辭曹(사조)로 담당업무를 옮겨 천하의 訟事를 담당케 하였다. 진총의 평결에 불복하는 자가 없었다. 그때 司徒府에 밀린 송사로 오래된 것은 수십 년이나 되었고, 사안이 복잡하게 얽혔고 경중이 뒤바뀐 것도 있어 불량한 관리는 이로써 뇌물을 챙겼다. 진총은 포욱을 위하여《辭訟比》7권을 편찬하여 업무처리를 조목별로 분류하고 사안별로 배열하여 판결케 하였다. 포욱은 이를 상주하였고, 삼공부에서는 이를 법제화하였다.

原文

三遷, 肅宗初, 爲尙書. 是時承永平故事, 吏政尙嚴切, 尙書決事率近於重. 寵以帝新卽位, 宜改前世苛俗. 乃上疏曰,

「臣聞先王之政, 賞不僭, 刑不濫, 與其不得已, 寧僭不濫. 故唐堯著典, '眚災肆赦', 周公作戒, '勿誤庶獄', 伯夷之典, '惟敬五刑, 以成三德.' 由此言之, 聖賢之政, 以刑罰爲首. 往者斷獄嚴明, 所以威懲姦慝, 姦慝旣平, 必宜濟之以寬.

陛下卽位, 率由此義, 數詔群僚, 弘崇晏晏. 而有司執事, 未悉奉承, 典刑用法, 猶尙深刻. 斷獄者急於篣格酷烈之痛, 執憲者煩於詆欺放濫之文, 或因公行私, 逞縱威福. 夫爲政猶張琴瑟, 大弦急者小弦絶. 故子貢非臧孫之猛法, 而美鄭

喬之仁政.《詩》云, '不剛不柔, 布政優優.' 方今聖德充塞, 假於上下, 宜隆先王之道, 蕩滌煩苛之法. 輕薄棰楚, 以濟群生, 全廣至德, 以奉天心.」

帝敬納寵言, 每事務於寬厚. 其後遂詔有司, 絶鉆鑽諸慘酷之科, 解妖惡之禁, 除文致之請讞五十餘事, 定著於令. 是後人俗和平, 屢有嘉瑞.

|**註釋**| ㅇ寧僭不濫 – 寧은 차라리 ~보다는 ~하다. 선택의 뜻 표현. 僭은 僭越(참월), 분수에 지나치다. 濫은 濫用(남용). ㅇ眚災肆赦 –《尙書 虞書 舜典》. 眚(재앙 생)은 過也. 災는 害也. 肆(방자할 사)는 緩也. ㅇ勿誤庶獄 –《尙書 周書 立政》. 송사의 바른 판결을 당부한 말. ㅇ惟敬五刑, 以成三德 –「伯夷降典, 折民惟刑, 惟敬五刑, 以成三德.」《尙書 周書 呂刑》의 구절. 三德은 剛, 柔, 正直. ㅇ必宜濟之以寬 – 濟는 益也. ㅇ弘崇晏晏 – 晏晏은 溫和하다. ㅇ斷獄者急於篣格酷烈之痛 – 篣은 볼기칠 방. 榜(매질할 방)과 通. 格은 치다. 때리다. ㅇ子貢非臧孫之猛法 – 臧孫(장손)은 魯의 大夫. 가혹하게 통치했고, 子貢(자공)을 이를 琴瑟의 연주에 비유하여 비난하였다. ㅇ美鄭喬之仁政 – 鄭喬는 鄭子產. 公孫僑(공손교). 춘추시대 鄭國의 卿. 字 子產. 鄭나라의 개혁을 추진, 鄭을 강대하게 만들었다. ㅇ布政優優 – 優優(우우)는 화락(和也).《詩經 商頌 長發》. ㅇ假於上下 – 假(격)은 이르다(至也). 上下는 天地也. ㅇ絶鉆鑽諸慘酷之科 – 鉆(족집게 첨)은 가지다. 鑽은 뚫을 찬. 발을 자르는 형벌〔臏刑(빈형)〕. ㅇ除文致之請讞五十餘事 – 文致는 前人이 無罪이나 교묘하게 문서를 꾸며서 법에 걸리게 하다.

【國譯】

陳寵은 세 번 승진하여 肅宗 초에 尙書가 되었다. 이때는 (明帝)

永平 연간의 전례에 따라 吏政은 여전히 엄격하고 각박하였으며 尙書가 결재를 올리는 사안도 대개가 중형이 많았다. 진총은 새 황제가 즉위하였으니 전대의 가혹한 習俗을 고쳐야 한다고 생각하였다. 이에 진총이 상소하였다.

「臣이 알기로, 先王의 政事에 賞은 과분하지 않고 형벌은 남용하지 않았으며, 부득이한 경우라도 과분보다는 남용하지 않았습니다. 그래서 요임금은 글을 지어 '잘못된 형벌은 재해를 불러오기에 완화하거나 사면해야 한다.' 고 하였으며, 周公은 훈계하기를 '여러 송사를 잘못 판단하지 말라.' 고 하였으며, 伯夷(백이)의 법에서는 '五刑을 신중히 처리하여 三德(剛, 柔, 正直)을 갖추다.' 라 하였으니, 이를 본다면 聖賢의 정사는 백성에 대한 형벌을 가장 큰 일로 여겼습니다. 옛날에, 죄악에 대한 판결이 嚴明(엄명)하였기에 위엄으로 간악한 자를 징계하였으며, 간악한 자들이 없어지자 그 다음에는 관대한 정치로 백성을 이끌었습니다.

폐하께서 즉위 이래로 이런 대의를 솔선하셨고 여러 번 조서를 내려 모든 臣僚들에게 온화 관대한 政事를 높이 숭상케 하였습니다. 그러나 담당 관리는 일을 처리함에 폐하의 뜻을 받들지 못하고 아직도 극심하고 가혹한 형벌을 적용하고 있습니다. 그리고 형을 집행하는 옥리는 백성에게 볼기를 치고 매를 때려 잔혹한 고통을 가하며, 법으로 판결하는 자들은 번잡하게 없는 것을 꾸미고 거짓 문서를 만들어 공적인 일로 사익을 챙기며 멋대로 위세를 부리고 있습니다. 대체로 爲政은 琴瑟(금슬)의 줄을 조이는 것과 같아서 큰 줄을 너무 조이면 작은 줄은 끊어지게 됩니다. 그래서 子貢(자공)은 (魯 大夫) 臧孫(장손)의 가혹한 법 집행을 비난하면서 鄭喬(정교, 鄭子産)의 仁政

을 찬미하였습니다. 또《詩經 商頌》에서도 '강하지도 않고 부드럽지도 않으며, 그 정치는 온화하다.' 고 하였습니다. 지금 성덕이 온 나라에 충만하고 천지에 가득 찼으니, 폐하께서는 응당 先王의 王道를 높이 받드시며 번잡 가혹한 법을 모두 제거해야 합니다. 때리는 형벌을 완화하여 백성을 제도하시고 성덕을 온 천하에 펴시면서 天心을 받드셔야 합니다.」

章帝는 진총의 상소를 받아들였고 매사를 관대 온후하게 처리하였다. 이후로 有司에게 조서를 내려 발목을 자르는 등 참혹한 조항을 폐지케 하였고, 요사한 여러 가지 금령을 해제케 하였으며, 문서를 조작하여 죄를 얽어 판결하는 50여 조항을 제거하였고, 이를 법으로 제정하였다. 이후로 백성 풍속이 온화해졌고 祥瑞가 자주 나타났다.

原文

漢舊事斷獄報重, 常盡三冬之月, 是時帝始改用冬初十月而已. 元和二年, 旱, 長水校尉賈宗等上言, 以爲斷獄不盡三冬, 故陰氣微弱, 陽氣發洩, 招致灾旱, 事在於此. 帝以其言下公卿議, 寵奏曰,

「夫冬至之節, 陽氣始萌, 故十一月有蘭,射干,芸,荔之應. 〈時令〉曰, '諸生蕩, 安形體.' 天以爲正, 周以爲春. 十二月陽氣上通, 雉雊雞乳, 地以爲正, 殷以爲春. 十三月陽氣已至, 天地已交, 萬物皆出, 蟄蟲始振, 人以爲正, 夏以爲春.

三微成著, 以通三統. 周以天元, 殷以地元, 夏以人元. 若以此時行刑, 則殷,周歲首皆當流血, 不合人心, 不稽天意. 〈月令〉曰, '孟冬之月, 趣獄刑, 無留罪.' 明大刑畢在立冬也. 又, '仲冬之月, 身欲寧, 事欲靜.' 若以降威怒, 不可謂寧, 若以行大刑, 不可謂靜. 議者咸曰, '旱之所由, 咎在改律.'

臣以爲殷,周斷獄不以三微, 而化致康平, 無有災害. 自元和以前, 皆用三冬, 而水旱之異, 往往爲患. 由此言之, 災害自爲它應, 不以改律. 秦爲虐政, 四時行刑, 聖漢初興, 改從簡易. 蕭何草律, 季秋論囚, 俱避立春之月, 而不計天地之正, 二王之春, 實頗有違. 陛下探幽析微, 允執其中, 革百載之失, 建永年之功, 上有迎承之敬, 下有奉微之惠, 稽《春秋》之文, 當〈月令〉之意, 聖功美業, 不宜中疑.」

書奏, 帝納之. 遂不復改.

| 註釋 | ㅇ舊事斷獄報重 - 報는 판결하다(論也). 重은 死刑. ㅇ蘭,射干, 芸,荔之應 - 射干은 약용식물 이름. 사전에는 '범부채.' 射의 音은 야, 烏扇(오선), 鳶尾科 射干屬의 하나. 芸(운)은 香草. 荔(여, 려)는 타래붓 꽃. 식물 이름. ㅇ時令 - 月令. 蕩, 動也. 《禮記 月令》에 '仲冬諸生蕩, 君子齋戒, 安形性' 이라 하였다. ㅇ正, 春 - 正은 새해의 시작. 우리가 생각하는 정월, 1월이 아니다. 11월에서는 만물이 미미하지만 드러나지는 않아도 하늘은 새해의 시작(正)으로 보았고, 그래서 周나라에서는 11월이 歲首였다. ㅇ十二月 - 두 개의 陽爻가 생기고 기러기가 북으로 돌아가며, 陽氣가 上通하고 모든 생명이 움직이며 싹이 트기에 땅은 12월을 正으로, 또 殷에서는 歲首로 생각하였다. 〈月令〉에서도 '季冬에 꿩이 알을 낳는다.' 고 하였

다. ㅇ十三月 - 지금의 正月. 天子는 東郊에 나가 迎春하고 陰陽이 交合하니 萬物이 땅에서 나온다. 사람들이 비로소 그것을 볼 수 있기에 '人以爲正'이라 하였고, 夏나라에서는 세수로 삼았다. 〈月令〉에서도 '孟春은 天氣가 下降하고, 地氣가 上騰하여 天地가 和同하고, 草木도 싹이 트며 동풍이 얼음을 녹이기에 벌레들이 나온다.'고 하였다. ㅇ三微成著, 以通三統 - 三微는 三正. 11월에서 13월을 세수로 정한 이치. 通은 일 년의 일을 통할하다. 이 삼정은 계속 순환하기에 三通이라 하였다. ㅇ身欲寧, 事欲靜 - 〈月令〉에서도 '仲冬에 君子는 齋戒하고 육신을 평안히, 업무는 고요히 처리하여 음양을 안정시켜야 한다.'고 하였다. ㅇ蕭何草律 - 草는 처음으로 정하다. 論은 판결. ㅇ二王之春, 實頗有違 - 蕭何는 天地의 正이며, 殷과 周나라의 春을 고려하지 않았다. 곧 11월 12월에도 처형했다. ㅇ允執其中 - 允은 信也. 中은 正也. 신실하게 中正之道를 택하다.《書經 虞書 大禹謨》. ㅇ下有奉微之惠 - 三正의 달에는 사형을 집행하지 않아 天意를 받들고 三微의 뜻에 순응해야 한다는 뜻.

[國譯]

漢에서는 판결 뒤에 사형을 집행하였는데 늘 겨울 3달에 집행을 마쳤다. 이때 황제는 첫 겨울 10월에 사형을 집행토록 개정하였다. (章帝) 元和 2년(서기 85)에 큰 가뭄이 닥쳤는데 長水校尉인 賈宗(가종) 등이 상서하여 사형 판결과 집행을 三冬에 다 마칠 수 없기에 음기가 미약하고 陽氣가 새어나가서 가뭄을 불러 왔으며 가뭄의 원인이 이 때문이라고 상서하였다. 그러자 황제는 이를 公卿이 함께 의논케 하였는데, 이에 진총이 상서하였다.

「대체로 冬至에 陽氣가 처음 움직이기 시작하기에 11월에 蘭(난)과 射干(야간), 芸(운, 향초), 荔(려, 화초) 등이 자랍니다. 〈時令〉에도

'각종 식물의 싹이 트니 이로써 군자는 형체를 안정시킨다.' 고 하였습니다. (동지가 들어있는) 11월을 하늘에서는 正, 周에서는 봄의 시작이었습니다. 12월에는 陽氣가 위로 통하기에 꿩이 알을 낳으며, 땅은 이를 正으로 삼고 殷나라에서는 봄의 시작이었습니다. 十三月(지금의 1월)은 陽氣가 이미 땅 위에 나타나 天地가 교합하고 만물이 모두 태어나며, 숨었던 벌레들도 나타나기에 사람에게는 正이며 夏나라에서는 春으로 삼았습니다. 이렇듯 三微(삼미, 三正)가 시작되기에 이로써 일 년의 일을 統轄(통할)하였습니다. 周에서는 天元을(11월), 殷에서는 地元(12월), 夏에서는 人元(1월)으로 시작하였습니다. 만약 이 시기에 사형을 집행한다면 殷과 周에서는 歲首에 해당하는 달에 피를 흘리게 하니, 人心에 不合하며 天意에 따르지 않는 것이 됩니다. 〈月令〉에서도, '孟冬(10월)에 獄刑(處刑)을 서둘러 죄악을 남겨두지 않는다.' 고 하였으니, 이는 겨울에 사형을 집행한다는 뜻입니다. 또 '仲冬(11월)에 肉身은 편히 쉬려하고 모든 일을 안정시켜야 한다.' 고 하였습니다. 만약 이 시기에 위엄과 분노를 발한다면 평안하다고 할 수 없으며, 사형을 집행한다면 靜(정)이라 할 수 없습니다. 지금 이를 건의하는 모두가 '旱災(한재)의 원인이 법률의 개정 때문' 이라고 말하고 있습니다.

臣은 殷과 周에서도 三微(三正)에서는 처형하지 않았기에 나라의 평안을 이루었고 큰 재해가 없었다고 생각합니다. 元和 이전에는 三冬에 집행하였지만 수해나 한해가 있어 가끔 나라의 재앙이 되었습니다. 이를 통해 말한다면, 災害는 다른 연유에 의해 일어난 것이지 법률 개정 때문은 아닐 것입니다. 秦은 가혹한 정사를 펴서 4계절에 모두 처형하였지만 聖漢이 홍기하면서 간략함과 편익을 따랐습니다. 蕭何(소하)가 나라의 형법을 起草하면서 9월에 죄수를 판결케 하였지만 역시 立春이 든 달은 피하였습니다. 그리고 天地의 正, 곧 二王(殷 周)의 봄을 분명하게 어겨 집행하였습니다. 폐하께서는 이러한 깊은 뜻을 탐색 분석하시어 그 중용을 취하시고 그간 백 년 동안의 여러 착오를 혁파하시며 영원히 지켜나갈 공업을 세워 위로는 하늘 뜻을 받들어 공경하시면서, 아래로는 三微(三正)의 혜택을 베풀어야 합니다. 《春秋》의 내용을 상고하거나 〈月令〉의 뜻에 맞춰 폐하의 훌륭하신 공덕을 성취해야 할 뿐 중간에 의심을 가질 필요는 없을 것입니다.」

상소가 들어가자 황제는 이를 받아들였지만, 10월 사형집행은 바뀌지 않았다.

原文

寵性周密, 常稱人臣之義, 苦不畏愼. 自在樞機, 謝遣門人, 拒絶知友, 唯在公家而已. 朝廷器之.

皇后弟侍中竇憲, 薦眞定令張林爲尙書, 帝以問寵, 寵對 "林雖有才能, 而素行貪濁," 憲以此深恨寵. 林卒被用, 而以臧汚抵罪. 及帝崩, 憲等秉權, 常銜寵, 乃白太后, 令典喪事, 欲因過中之. 黃門侍郞鮑德素敬寵, 說憲弟夏陽侯瓌曰, "陳寵奉事先帝, 深見納任, 故久留臺閣, 賞賜有殊. 今不蒙忠能之賞, 而計幾微之故, 誠傷輔政容貸之德."

瓌亦好士, 深然之. 故得出爲太山太守.

| 註釋 | ㅇ朝廷器之 – 器는 중히 여기다. 큰 인재라고 평가하다. 그릇으로 쓰다. ㅇ皇后弟侍中竇憲 – 竇憲은 두황후의 친정 동생(弟)이 아니라 오빠(兄)이다. ㅇ眞定令 – 眞定은 常山郡의 縣名. 今 河北省 石家莊市 관할 正定縣. ㅇ幾微之故 – 幾微(기미)는 微細.

[國譯]

陳寵(진총)의 성격은 주도면밀하고 人臣의 大義를 논하면서 자신의 勤愼(근신)이 부족한가를 늘 크게 걱정하였다. 조정의 요직에 있었기에 門人을 사양하였고, 知友도 거절하면서 오로지 공적 업무만 수행하였다. 조정에서도 진총을 인재로 중히 여겼다.

皇后의 동생인 侍中 竇憲(두헌)은 眞定 縣令 張林(장림)을 尙書로 천거하였고, 장제는 이를 진총에게 묻자, 진총은 "장림이 재능은 있지만 평소 행실이 탐욕이 많고 깨끗하지 않습니다."라고 대답했는데, 두헌은 이에 진총에게 원한을 품었다. 장림이 결국에는 상서에 임용되었지만 나중에 뇌물과 악행으로 징계를 받았다. 장제가 붕어하자, 두헌 등은 권력을 장악했고 늘 진총에게 악감을 품고 태후에게 말하여 국상의 일을 담당케 하여 실수를 보아 제거할 계획이었다. 黃門侍郞인 鮑德(포덕)은 평소에 진총을 경애하였기에 두헌의 동생 夏陽侯 竇瓌(두괴)에게 "陳寵은 先帝(章帝)를 섬겨 절대적인 신임을 받아 오랫동안 尙書로 근무하였으며 그간의 하사도 특별하였습니다. 지금 충성과 능력으로 상을 받지는 못할망정 미세한 과오 때문에 정사를 보좌하고 관용의 덕을 베푼 그간의 공적이 損傷(손상)되고 있습니다."라고 말했다. 두괴 역시 인재를 좋아하였기에 아주 공감하면서 진총을 太山郡 太守로 전출케 하였다.

原文

後轉廣漢太守. 西州豪右並兼, 吏多姦貪, 訴訟日百數. 寵到, 顯用良吏王渙,鐔顯等, 以爲腹心, 訟者日減, 郡中淸肅. 先是 雒縣城南, 每陰雨, 常有哭聲聞於府中, 積數十年. 寵聞而疑其故, 使吏案行. 還言, "世衰亂時, 此下多死亡者, 而骸骨不得葬, 儻在於是?" 寵愴然矜歎, 卽勅縣盡收斂葬之. 自是哭聲遂絶.

及竇憲爲大將軍征匈奴, 公卿以下及郡國無不遣吏子弟奉獻遺者, 而寵與中山相汝南張郴,東平相應順守正不阿. 後和帝聞之, 擢寵爲大司農, 郴太僕, 順左馮翊.

| 註釋 | ㅇ廣漢 - 治所는 雒縣(낙현), 今 四川省 成都市 북쪽의 廣漢市. ㅇ左馮翊(좌풍익) - 지역 행정단위이면서 관직명. 전한 三輔의 하나. 치소는 治所 高陵縣, 今 陝西省 西安市 高陵區.

[國譯]

뒷날 廣漢 太守로 전출되었다. 西州(益州) 지역은 토호의 세력이 강하고 관리들의 불법과 탐욕도 많아 하루에도 수백 건의 소송이 들어왔다. 진총이 부임하며 良吏인 王渙(왕환), 鐔顯(심현) 등을 높이 등용하여 腹心으로 삼자, 소송은 날로 줄어들어 군내가 조용하였다.

이보다 앞서 치소인 雒縣(낙현)의 성 남쪽에서는 수십 년간 늘 비가 오는 날에는 통곡 소리가 태수 관저까지 들렸다. 진총이 그 까닭을 궁금히 여겨 관리를 보내 조사케 하였다. 돌아와서는 "예전 혼란하던 시절에 많은 사람이 죽었지만 그 시신을 제대로 묻어주지 못했는데, 혹 그 때문이 아니겠습니까?" 라고 하였다.

진총은 슬퍼하며 불쌍히 여겨 현령에게 명하여 유골을 수습하여 장례를 치르게 하였다. 그 뒤로 곡성이 멈췄다.

竇憲이 大將軍으로 匈奴를 원정하자, 公卿 이하 각 郡國에서는 관리나 자제를 보내 여러 가지 물건을 바치지 않은 사람이 없었지만 진총과 中山國 相인 汝南 출신 張郴(장침), 東平國 相인 應順(응순)은 정도를 지키며 아부하지 않았다. 뒷날 和帝가 이를 알고 진총을 발탁하여 大司農에 임명하고 장침은 太僕에, 응순은 左馮翊에 임명하였다.

原文

永元六年, 寵代郭躬爲廷尉. 性仁矜. 及爲理官, 數議疑獄, 常親自爲奏, 每附經典, 務從寬恕, 帝輒從之, 濟活者甚衆. 其深文刻敝, 於此少衰. 寵又鉤校律令條法, 溢於〈甫刑〉者除之. 曰,

「臣聞禮經三百, 威儀三千, 故〈甫刑〉大辟二百, 五刑之屬三千. 禮之所去, 刑之所取, 失禮則入刑, 相爲表裏者也. 今律令死刑六百一十, 耐罪千六百九十八, 贖罪以下二千六百八十一, 溢於〈甫刑〉者千九百八十九, 其四百一十大辟, 千五百耐罪, 七十九贖罪.《春秋保建圖》曰, '王者三百年一蠲法.'

漢興以來, 三百二年, 憲令稍增, 科條無限. 又律有三家, 其說各異. 宜令三公,廷尉平定律令, 應經合義者, 可使大辟二百, 而耐罪,贖罪二千八百, 並爲三千, 悉删除其餘令, 與禮相應, 以易萬人視聽, 以致刑措之美, 傳之無窮.」

未及施行, 會坐詔獄吏與囚交通抵罪. 詔特免刑, 拜爲尙書. 遷大鴻臚.

| **註釋** | ㅇ甫刑 - 《尙書 周書 呂刑》의 다른 이름. 《禮記》에는 이를 〈甫刑〉이라 하였다. 刑罰의 分類, 審判 원칙이나 방법 등에 관한 내용. ㅇ耐罪(耏罪) - 구레나룻을 깎아야 하는 輕刑의 한 가지.

[國譯]

(和帝) 永元 6년, 진총은 郭躬(곽궁)의 후임으로 廷尉가 되었다. 진총은 천성이 인자하고 동정이 많았다. 법을 집행하는 관리가 되어 여러 차례 어려운 옥안을 논의하였고, 늘 직접 상주하면서 매번 經典의 뜻에 맞추면서 관대와 용서에 힘썼다. 황제는 매번 진총의 뜻을 따라 주어 (사형에서) 살아남은 자가 매우 많았다. 진총은 세밀하고 각박한 법률의 폐단을 점차 줄여갔다. 진총은 또 율령의 조문을 개정하여 〈甫刑(呂刑)〉의 내용보다 많은 조항을 폐지케 하려고 상서하였다.

「臣이 알기로, 禮에 관한 책이 3백이며 여러 의례가 3천이며, 그 중 〈甫刑〉에 大辟(대벽, 死刑)에 해당하는 범죄가 2백 가지이며, 五刑에 속하는 것은 모두 3천 가지라고 하였습니다. 예법에서 없어진 것을 형벌로 처리하였기에 禮을 따르지 않으면 형벌을 받게 되어 서로

表裏(표리)를 이루고 있습니다. 현재 律令에 사형에 해당하는 죄가 610조이며, 耐罪(내죄)에 해당하는 것이 1,698개 조항이며, 贖罪(속죄) 이하는 2,681가지이니, 〈甫刑〉보다 넘치는 것이 1,989가지이면 그 중 410가지가 大辟에 해당되고 1,500가지가 耐罪이며 79개 조항이 贖罪(속죄)에 해당합니다. 《春秋保建圖》에서는 '王者는 3백 년에 한 번 법률을 정비한다.' 고 하였습니다.

지금 漢이 건국된 지 302년이 되었으며, 그간 법령은 조금씩 늘었고 조항은 끝없이 늘었습니다. 이외에 三家의 율령이 혼용되면서 그 주장이 각각 다릅니다. 따라서 三公과 廷尉에게 명하여 律令을 平定케 하되 경전의 뜻에 합치하는 것으로, 가령 예를 들어 대벽에 해당하는 것은 2백 개 조항, 耐罪와 속죄에 해당하는 것은 2,800으로 정하여 총 3천 가지로 하고, 나머지는 모두 폐지하여 禮의 3천과 상응하게 바꾸어 만인이 모두 알 수 있게 해야만 형벌이 완전해지고 후세에 오래도록 전할 수 있을 것입니다.」

그러나 이를 시행하기 전에 마침 詔獄(조옥)의 옥리와 죄수가 서로 왕래하며 법을 어긴 사건이 있었다. 이에 진총은 조서로 특별히 刑을 면제받고 尙書에 임용되었다. 나중에 大鴻臚가 되었다.

原文

寵歷二郡三卿, 所在有多, 見稱當時. 十六年, 代徐防爲司空. 寵雖傳法律, 而兼通經書, 奏議溫粹, 號爲任職相. 在位三年薨. 以太常南陽尹勤代爲司空.

勤字叔梁, 篤性好學, 屛居人外, 荊棘生門, 時人重其節. 後以定策立安帝, 封福亭侯, 五百戶. 永初元年, 以雨水傷稼, 策免就國. 病卒, 無子, 國除.

寵子忠.

| 註釋 | ㅇ三卿 – 9경과 이와 비슷한 직위. 卿은 질록 中二千石. 군의 太守(二千石)보다 많았다.

[國譯]

陳寵(진총)은 二郡의 태수와 3卿을 역임하였는데 재임 중 유능하였고 당시 사람들의 칭송을 들었다. (和帝 永元) 16년(서기 104)에 徐防(서방)의 후임으로 司空이 되었다. 진총이 비록 법률을 전공하였지만 經書에도 함께 능통하여 상주하는 의견이 온화 純正하여 재상 직위의 적임자라는 칭송을 들었다. 재위 3년에 죽었는데, 太常인 南陽 출신 尹勤(윤근)이 진총의 후임으로 司空이 되었다.

尹勤(윤근)의 字는 叔梁(숙량)으로 성정이 淳厚(돈후)하고 호학하였으며, 늘 마을에서 떨어진 곳에 살아 대문에 가시나무가 자랄 정도로 왕래하는 사람이 적었지만 당시 사람들이 그의 지조를 중히 여겼다. 뒷날 安帝의 옹립에 참여하여 福亭侯에 봉해졌고, 식읍은 5백 호였다. (安帝) 永初 원년(서기 107년), 큰 비로 백성의 농사를 망치자 책서로 면직되어 封國에 돌아갔다. 병으로 죽었으나 아들이 없어 나라가 없어졌다.

진총의 아들이 陳忠(진충)이다.

❹ 陳忠

原文

忠字伯始, 永初中辟司徒府, 三遷廷尉正, 以才能有聲稱. 司徒劉愷擧忠明習法律, 宜備機密, 於是擢拜尙書, 使居三公曹. 忠自以世典刑法, 用心務在寬詳.

初, 父寵在廷尉, 上除漢法溢於〈甫刑〉者, 未施行, 及寵免後遂寢. 而苛法稍繁, 人不堪之.

忠略依寵意, 奏上二十三條, 爲〈決事比〉, 以省請讞之敝. 又上除蠶室刑, 解臧吏三世禁錮, 狂易殺人, 得減重論, 母子兄弟相代死, 聽, 赦所代者. 事皆施行.

| **註釋** | ㅇ廷尉正 – 廷尉의 屬官. 질록 1천석. ㅇ三公曹尙書 – 전한 成帝때 五尙書를 설치하였는데, 三公曹의 尙書는 獄案의 판결을 담당하였다. ㅇ〈決事比〉 – 사안을 판결하는 예. 요즈음의 〈判例集〉이라할 수 있다. ㅇ蠶室刑 – 宮刑. 少府의 若盧獄(약로옥)에는 蠶室(잠실)이 있었다. ㅇ狂易 – 정신 이상으로 본성이 바뀜. 정신병자의 범죄.

[國譯]

陳忠(진충)의 字는 伯始(백시)로, (明帝) 永初 연간에 司徒府의 부름을 받았고 3번 승진하여 廷尉正이 되었는데 재능으로 칭송을 들었다. 司徒인 劉愷(유개)가 진충은 법률에 박통하기에 국가 기밀 업무를 담당할 수 있다가 천거하자 발탁되어 상서가 되어 三公曹尙書로 근무하였다. 진충은 대대로 형법을 담당하였기에 보다 관대한 처벌과 상세한 업무처리에 마음을 썼다. 그전에 부친 진총이 정위로 재직하면서 漢法에서 《尙書》〈甫刑〉편보다 많은 조항을 삭제하려고 했으나 시행하기 전에 진총이 면직되면서 폐기되었다. 그후로도 가혹한 조항은 점차 늘어 백성이 견딜 수가 없었다.

진충은 부친의 뜻을 바탕으로 23조의 건의 〈決事比〉를 올렸는데, 이를 통하여 하부 기관에서 처리하지 않고 상부에 보고하여 판결을 구하는 폐단을 생략할 수 있었다. 또 蠶室刑(궁형)을 폐지, 국고를 착복한 관리 후손의 삼대에 걸친 禁錮(금고) 해제, 정신이상자의 살인을 감형, 母子兄弟가 서로 대신하여 수형을 받는 것을 허용하고 대신 받는 자를 사면하겠다고 건의하였다. 이는 모두 그대로 시행되었다.

原文

及鄧太后崩, 安帝始親朝事. 忠以爲臨政之初, 宜徵聘賢才, 以宣助風化, 數上薦隱逸及直道之士馮良,周燮,杜根,成翊世之徒. 於是公車禮聘良,燮等.

後連有災異, 詔擧有道, 公卿百僚各上封事. 忠以詔書旣開諫爭, 慮言事者必多激切, 或致不能容, 乃上疏豫通廣帝意. 曰,

「臣聞仁君廣山藪之大, 納切直之謀, 忠臣盡謇諤之節, 不畏逆耳之害. 是以高祖舍周昌桀紂之譬, 孝文嘉爰盎人豕之譏, 武帝納東方朔宣室之正, 元帝容薛廣德自刎之切. 昔晉平公問於叔向曰, '國家之患孰爲大?' 對曰, '大臣重祿不

極諫, 小臣畏罪不敢言, 下情不上通, 此患之大者.' 公曰, '善.' 於是下令曰, '吾欲進善, 有謁而不通者, 罪至死.'

今明詔崇高宗之德, 推宋景之誠, 咎克躬, 諮訪群吏. 言事者見杜根,成翊世等新蒙表錄, 顯列二臺, 必承風響應, 爭爲切直. 若嘉謀異策, 宜輒納用. 如其管穴, 妄有譏刺, 雖苦口逆耳, 不得事實, 且優遊寬容, 以示聖朝無諱之美. 若有道之士, 對問高者, 宜垂省覽, 特遷一等, 以廣直言之路.」

書御, 有詔拜有道高第士沛國施延爲侍中, 延後位至太尉.

| **註釋** | ○忠臣盡謇諤之節, 不畏逆耳之害 – 謇 말 더듬거릴 건. 諤은 바른말 악. '忠言逆耳而利於行' 은《家語孔子》에 나온다. ○高祖舍周昌桀紂之譬 – 고조 때 周昌(주창)은 御史大夫로 업무 보고하러 내전에 들어갔는데, 고조가 戚姬(척희)를 껴안고 있었다. 주창이 돌아 나오자, 고조가 달려와 주창을 억누르고 목에 올라타며 "나는 어떤 주군인가?" 라고 물었다. 그러자 주창은 올려다보며 "폐하는 桀紂(걸주)와 같습니다." 라고 대답했다. 고조는 웃으면서 주창을 그냥 내보냈지만 마음속으로 더욱 어려워하였다. 《漢書》 42권, 〈張周趙任申屠傳〉의 〈周昌傳〉. ○孝文嘉爰盎人豕之譏 – 文帝는 愼夫人을 총애하였는데 늘 황후와 同坐였다. 上林苑에 행차했을 때 爰盎(원앙)은 中郎將이었는데 愼夫人의 좌석을 황후 좌석보다 뒤로 물려놓았다 이에 신부인이 화를 내자, 원앙이 文帝에게 말했다. "폐하께서 愼夫人을 총애하지만 이는 재앙을 주는 것입니다. 폐하께서는 人豕(인시, 人彘)를 모르고 계십니까?" 라고 말했다. 呂后는 질투로 戚夫人의 手足을 자르고 人豕(인돼지)라 하였다. 원앙의 바른말에 文帝는 기뻐하였고 신부

인 원앙에게 상금을 하사하였다. 《漢書》 49권, 〈爰盎鼂錯傳〉에 수록. 《漢書》 97권, 〈外戚傳(上)〉의 〈高祖 呂皇后傳〉에는 人彘(인체, 돼지 체)로 표기. ㅇ武帝納東方朔宣室之正 - 武帝가 寡居하는 館陶公主(관도공주)의 私人(비공식적 애인)인 董偃(동언)을 위해 宣室(선실)에서 술자리를 마련하자, 太中大夫인 東方朔(동방삭)은 "不可합니다. 宣室은 先帝의 正處였기에 법도에 어긋난 사람은 들어올 수 없습니다."라고 간언하였다. 무제는 옳은 말이라면서 北宮의 다른 곳에 술자리를 마련하였다. 《漢書》 65권, 〈東方朔傳〉 참고. ㅇ薛廣德自刎之切 - 元帝가 종묘에 행차한 뒤 배를 타고 환궁하려 하자, 어사대부인 薛廣德(설광덕)은 관을 벗고 (위험한 樓船에 승선해서는 안 되며) '교량을 건너 환궁해야 한다.' 고 간언하였지만 元帝가 받아들이지 않자 '여기서 自刎(자문)하여 피를 바르겠습니다.' 라고 하였다. 결국 元帝는 승선하지 않았다. ㅇ今明詔崇高宗之德 - 高宗은 殷王 武丁. 修德하고 善政하여 殷의 중흥을 이룩했다. ㅇ推宋景之誠 - 宋 景公 때 熒惑星(형혹성)이 心星(심성)의 영역에 나타났는데, 太史인 子韋(자위)가 거처를 옮겨야 한다고 간언하였으나 경공은 따르지 않았다. 나중에 자위의 간절한 간쟁에 하늘이 감동하여 형혹성이 저절로 사라졌다고 한다. ㅇ顯列二臺 - 당시 杜根은 侍御史에 임명되었고 成翊世는 尙書郞이 되었다. ㅇ如其管穴 - 管穴은 대롱. 곧 작은 것. 대롱으로 하늘을 바라보듯 식견이 좁다는 뜻.

[國譯]

鄧太后가 붕어한 뒤에 安帝는 조정 정사를 親覽(친람)하였다. 陳忠(진충)은 親政 초기에 응당 賢才를 초빙하여 풍속교화를 도와야 한다고 생각하여 여러 번 은일과 정직하며 도덕을 갖춘 馮良(풍량), 周燮(주섭), 杜根(두근), 成翊世(성익세) 같은 인재를 천거하였다. 그래서 公車에서는 풍량이나 주섭 등을 예를 갖춰 초빙하였다.

그 이후 각종 재해와 이변이 연속되자, 조서로 도덕을 갖춘 인재를 천거하고 公卿과 百僚가 각자 封事를 올리라고 명했다. 진충은 조서에 의거 이미 간쟁을 허용했지만 과격한 간쟁이 많을 것이고, 그 중 혹 황제가 수용하지 못할 것을 염려하여 미리 황제의 마음을 열어둘 필요가 있어 그런 뜻을 상소하였다.

「臣이 알기로, 仁君은 광대한 산림과 沼澤을 가슴에 품듯 간절한 직언을 받아들인다고 하였습니다. 忠臣은 주군에게 바른말을 하는 지조가 있어야 하고 뜻을 거스르면서도 박해를 두려워하지 않아야 합니다. 이 때문에 高祖는 周昌(주창)의 桀紂(걸주)와 같다는 비유를 용서하였고, 孝文帝는 爰盎(원앙)의 人豕(인시) 비유에 의한 충언을 가상하게 여겼으며, 武帝는 東方朔(동방삭)의 宣室(선실)에 관한 충언을 받아들였고, 元帝는 薛廣德(설광덕)의 자살하겠다는 절박한 간언을 용납하였습니다. 옛날 晉(진) 平公(평공)이 叔向(숙향)에게 '國家의 환란 중 무엇이 가장 중대한가?' 라고 묻자, 숙향은 '大臣이 重祿을 받으면서 極諫(극간)하지 않고, 小臣은 죄가 두려워 말하지 않으며, 아래의 實情을 위에서 모르는 것입니다.' 라고 말했습니다. 그러자 평공은 '옳은 말이다.' 라고 하면서 '내가 여러 사람의 옳은 말을 받아들일 것이니 알현하면서 바른말을 하지 않는다면 죽을 수도 있을 것이다.' 라고 말하였습니다.

지금 폐하께서는 조서로 (殷) 高宗(武丁)의 덕을 흠모하시고 宋景公 때의 정성을 본받아 실천하시려고 허물을 묻지 않고 많은 관리들의 의견을 듣고 계십니다. 그래서 많은 사람들이 杜根(두근)과 成翊世(성익세) 등이 새로운 관직에 높이 등용되어 근무하는 것 직접 보았기에 響應(향응)하여 간절한 직언을 올릴 것입니다. 만약 뛰어나고 특별한 방책이 있다면 바로 채택하셔야 합니다. 그리고 아주 작은, 또는 천박한 풍자가 있더라도 입에 쓰고 귀에 거슬리며 실제와 동떨어진 면이 있더라도 너그럽게 관용을 베푸시어 폐하께서 그런 작은 실수를 꺼리지 않는다는 여유를 보여주셔야 합니다. 만약 바른 도덕군자나 웅대가 고상한 자에 대해서는 폐하께서 직접 관찰하시고 한 등급을 높여서라도 등용하시어 언로를 크게 열어야 합니다.」

상서가 올라가자, 조서로 도덕이 뛰어난 沛國의 施延(시연)에게 侍中을 제수하였는데 시연은 뒷날 太尉가 되었다.

原文

常侍江京,李閏等皆爲列侯, 共秉權任. 帝又愛信阿母王聖, 封爲野王君. 忠內懷懼懣而未敢陳諫, 乃作〈搢紳先生論〉以諷, 文多故不載. 自帝卽位以後, 頻遭元二之戹, 百姓流亡, 盜賊並起, 郡縣更相飾匿, 莫肯糾發. 忠獨以爲憂, 上疏曰,

「臣聞輕者重之端, 小者大之源, 故堤潰蟻孔, 氣洩針芒. 是以明者愼微, 智者識幾.《書》曰, '小不可不殺.'《詩》云, '無縱詭隨, 以謹無良.' 蓋所以崇本絕末, 鉤深之慮也. 臣竊見元年以來, 盜賊連發, 攻亭劫掠, 多所傷殺. 夫穿窬不禁, 則致彊盜, 彊盜不斷, 則爲攻盜, 攻盜成群, 必生大姦. 故亡逃之科, 憲令所急, 至於通行飮食, 罪致大辟.

而頃者以來, 莫以爲憂. 州郡督錄怠慢, 長吏防禦不肅, 皆欲采獲虛名, 諱以盜賊爲負. 雖有發覺, 不務淸澄. 至有逞威濫怒, 無辜僵仆. 或有跼蹐比伍, 轉相賦斂. 或隨吏追赴, 周章道路. 是以盜發之家, 不敢申告, 鄰舍比里, 共相壓迮, 或出私財, 以償所亡. 其大章著不可掩者, 乃肯發露. 陵遲之漸, 遂且成俗. 寇攘誅咎, 皆由於此. 前年勃海張伯路, 可爲至戒. 覆車之軌, 其多不遠. 蓋失之末流, 求之本源. 宜糓增舊科, 以防來事.

自今彊盜爲上官若它郡縣所糓覺, 一發, 部吏皆正法, 尉貶秩一等, 令長三月奉贖罪. 二發, 尉免官, 令長貶秩一等. 三發以上, 令長免官. 便可撰立科條, 處爲詔文, 切勑刺史, 嚴加糓罰. 冀以猛濟寬, 驚懼姦慝. 頃季夏大暑, 而消息不協, 寒氣錯時, 水湧爲變. 天之降異, 必有其故. 所擧有道之士, 可策問國典所務, 王事過差, 令處暖氣不效之意. 庶有讜言, 以承天誡.」

| 註釋 | ㅇ江京(강경), 李閏(이윤) - 江京(강경, ? - 125), 安帝 때 大長秋로 安帝의 신임을 받았다. 태자(뒷날 順帝)를 폐위하여 濟陰王으로 격하시키는데 일조하였다. 安帝가 갑자기 죽자, 閻(염)황후와 함께 劉懿(유의)를 少帝로 즉위시켰으나 200여일 만에 죽자, 환관 孫程(손정) 등이 順帝를 옹립할 때 江京은 피살되었다. ㅇ搢紳先生論 - 搢은 꽂을 진. 허리띠에 홀을 꽂다. 紳은 큰 띠 신. 搢紳은 벼슬아치. ㅇ元二(원이) - 元元, 곧 백성. 같은 글자를 두 번 써야 할 경우 앞 글자 다음에 작은 크기로 '二'를 썼는데, 이

를 잘못 알아 후세에 元二로 썼다. ○堤潰蟻孔 - 千丈의 堤(둑 제)도 螻蟻(누의, 개미)의 구멍 때문에 붕괴된다. ○小不可不殺 - 《尙書 康誥》, '有厥罪, 小乃不可不殺.' ○《詩》云 - 《詩 大雅》. ○夫穿窬不禁 - 穿은 구멍을 뚫다. 뚫을 천. 窬는 넘을 유. 담을 넘다. 「子曰, "色厲而內荏, 譬諸小人, 其猶穿窬之盜也與?"」《論語 陽貨》. ○通行飮食 - 떼지어 몰려다니면서 음식을 해결하는 것은 도적질과 같다고 보았다. 食는 밥 사. ○跼蹐比伍 - 跼은 구부릴 국. 蹐은 살금살금 걸을 척(小步也). 관리를 심히 두려워하는 모양. ○周章道路 - 周章은 돌아다니면서 놀다. 당황하다. ○共相壓迮 - 壓迮은 壓窄(搾), 눌러 짜다. 迮은 닥칠 책(迫也). 窄과 同. ○勃海張伯路 - 安帝 永初 3년에, 무리 3천여 명을 거느리고 장군을 자칭하며 발해군 등 연해 9개 군을 노략질했다. 永初 5년(서기 111년)에야 완전 소탕. ○部吏皆正法 - 部吏는 督郵(독우)나 游徼(유요) 같은 태수의 屬吏. 正法은 依法 처리하다.

[國譯]

中常侍인 江京(강경)과 李閏(이윤) 등이 모두 열후가 되어 함께 권력을 장악하였다. 安帝는 또 阿母(유모)인 王聖(왕성) 등을 신임하여 왕성을 野王君(야왕군)에 봉하였다. 진충은 마음속으로 불만이 가득했지만 간언조차 할 수 없어 〈搢紳先生論〉를 지어 諷諫(풍간)하였는데 문장이 길어 여기에는 수록하지는 않았다. 안제 즉위 이후 元二(원이, 백성)는 액운을 자주 당했고, 백성은 흩어지고 떼도적이 각지에서 일어났지만 군현에서는 서로 규모를 축소하거나 숨기며 이를 바로 잡으려 하지 않았다. 진충은 홀로 우려하면서 상소하였다.

「臣이 알기로, 輕(경, 輕微)은 重의 시작이며, 小는 大의 근원이기에 큰 둑도 개미구멍 때문에 붕괴되고, 氣도 바늘구멍으로 새어나갑니다. 그래서 밝게 보는 자는 미세한 것에 유념하고, 智者는 그런 기미를 인지합니다. 《書》에서는 '죄가 작지만 죽이지 않을 수 없다.' 고 하였으며, 《詩》에서는 '거짓을 따라갈 수 없고 불량한 자를 엄히 예방한다.' 고 하였습니다. 이 모두가 근본을 중시하고 末流를 단절하는 것이며 근본 뜻을 탐색하려는 생각일 것입니다. 臣이 볼 때 폐하 즉위 이래로 도적떼가 연이어 일어나고 성을 공격하여 재물을 약탈하고 많은 사람을 살상하고 있습니다. 구멍을 뚫고 담을 뛰어넘는 좀도둑질을 금하지 않으면 강도가 되고, 강도를 금하지 않으면 강탈하는 도적떼가 되며, 도적떼는 사악한 무리가 될 것입니다. 이 때문에 유랑하는 백성에 대한 규정은 법령으로도 시급하며, 유랑하며 음식을 훔치는 것은 사형에 처할 수도 있습니다.

그러나 최근에는 이를 걱정하는 사람이 없습니다. 州郡에서도 이런 무리를 감독하거나 체포를 게을리하며 관리들도 이들을 엄히 단속하지 않으면서 군내가 평온하다는 헛 명성이나 얻으려 하고 도적떼가 일어난 것도 자신의 과실이 아니라며 숨기고 있습니다. 설령 이런 일이 발각되더라도 철저히 다스리지 않고 있습니다. 심지어 위세를 부리며 멋대로 분노하며 무고한 백성을 해치고 있습니다. 혹자는 동료 관리들을 두려워하면서 賦稅를 멋대로 징수합니다. 또 관리 뒤를 따라다니며 길에서 허송하고 있습니다. 이 때문에 백성은 도적의 폐해를 당하고서도 신고하지도 못하며, 이웃끼리 서로 신고를 억제하며 사재를 모아 도적맞은 손해를 보상해 주기도 합니다. 이런 현상이 뚜렷하여 덮을 수가 없으면 그때서야 드러나게 됩니다. 이렇게 조금씩 천천히 나빠지는 것이 결국 습관이 되어버렸습니다. 도적떼의 약탈과 살상은 모두 이런 식으로 발생합니다. 전년에 勃海郡

(발해군)의 張伯路(장백로)는 가장 큰 교훈을 주었습니다. 엎어진 수레의 전철은 지금 멀리 있지 않습니다. 말류에 가서 크게 잃기 때문에 그 근원을 막아야 합니다. 응당 옛 법문을 수정 보완하여 앞일을 예방해야 합니다.

오늘 이후로 떼도적이 일어난 군이나 다른 군에서 떼도적이 일어날 경우에 1번 발생했다면, 해당 지방관의 속리를 모두 법에 의거 처리하며 都尉 등은 1등급을 강등하며 縣令이나 縣長은 3개월치 봉록으로 속죄시켜야 합니다. 두 번째 발생했다면 도위를 파면하고 현령, 현장의 질록을 1등급 삭감해야 합니다. 한 군에서 3번 이상 발생했다면 태수나 相을 파면해야 합니다. 이를 법규로 제정하여 조서로 공표하고 (13部의) 자사에게 각별하게 지시하여 엄하게 징벌해야 합니다. 엄격하게 지시를 이행하면서 때로는 관용을 베풀어 구제하되 간악한 무리가 두려워 떨게 해야 합니다. 지난여름에 날이 크게 무더우면서 음양이 조화롭지 못했고 한랭한 기운이 일찍 닥쳤으며 곳곳에서 물이 솟아오르는 이변이 있었습니다. 하늘이 이변을 내리는 것은 반드시 그 까닭이 있습니다. 천거를 받은 有道之士에게 힘써 시행해야 할 나라의 방책과 잘못된 정사가 무엇이며 온난한 기운이 사라진 원인에 대한 자문을 구할 수도 있을 것입니다. 아마 곧은 말이 올라온다면 받아들여 하늘의 훈계를 따르시기 바랍니다.」

原文

元初三年有詔, 大臣得行三年喪, 服闋還職. 忠因此上言, 「孝宣皇帝舊令, 人從軍屯及給事縣官者, 大父母死未滿三月, 皆勿傜, 令得葬送. 請依此制.」

太后從之. 至建光中, 尙書令祝諷,尙書孟布等奏, 以爲 "孝文皇帝定約禮之制, 光武皇帝絶告寧之典, 貽則萬世, 誠不可改. 宜復建武故事." 忠上疏曰,

「臣聞之《孝經》, 始於愛親, 終於哀戚. 上自天子, 下至庶人, 尊卑貴賤, 其義一也. 夫父母於子, 同氣異息, 一體而分, 三年乃免於懷抱. 先聖緣人情而著其節, 制服二十五月, 是以《春秋》臣有大喪, 君三年不呼其門, 閔子雖要絰服事, 以赴公難, 退而致位, 以究私恩, 故稱 '君使之非也, 臣行之禮也.' 周室陵遲, 禮制不序, 〈蓼莪〉之人作詩自傷曰, '缾之罄矣, 惟罍之恥.' 言己不得終竟子道者, 亦上之恥也.

高祖受命, 蕭何創制, 大臣有寧告之科, 合於致憂之義. 建武之初, 新承大亂, 凡諸國政, 多趣簡易, 大臣旣不得告寧, 而群司營祿念私, 鮮循三年之喪, 以報顧復之恩者. 禮義之方, 實爲彫損. 大漢之興, 雖承衰敝, 而先王之制, 稍以施行. 故藉田之耕, 起於孝文, 孝廉之貢, 發於孝武, 郊祀之禮, 定於元,成, 三雍之序, 備於顯宗, 大臣終喪, 成乎陛下. 聖功美業, 靡以尙茲.

孟子有言, '老吾老以及人之老, 幼吾幼以及人之幼, 天下可運於掌.' 臣願陛下登高北望, 以甘陵之思, 揆度臣子之心, 則海內咸得其所.」

宦豎不便之, 竟寢忠奏而從諷,布議, 遂著於令.

| **註釋** | ㅇ服闋還職 - 服은 服喪. 闋은 문 닫을 결. 마치다. ㅇ定約禮之制 - 約은 儉約. 효문황제는 유조를 통하여 薄葬을 하고 36일이면 복상을 마치게 하였다. ㅇ告寧之典 - 告寧은 휴가. 吉禮를 위한 휴가는 告, 凶禮는 寧이라 하였다. 옛날 관리 휴가를 告라 하였는데, 二千石 관리의 경우 予告(여고)와 賜告(사고)가 있었다. 여고는 유공자에게 주는 휴가였다. 賜告는 3개월의 병가가 끝나도 병이 낫지 않으면 사직해야 하지만, 황제가 특별히 연장시켜 주는 휴가로 관리의 인수를 가지고 귀가하여 요양하는 휴가이다. ㅇ閔子 - 閔子는 閔子騫(민자건). 孔子의 弟子. ㅇ〈蓼莪〉 -《詩經 小雅》의 편명. 蓼莪는 더부룩한 다북쑥. 蓼는 여뀌 료(요). 莪는 지칭게 아. 약초 이름. 그 詩는 '蓼蓼者莪 다북쑥이 다 자라면, 匪莪伊蒿 다북쑥이 아니라 약쑥이니, 哀哀父母 슬프다, 부모님이 生我劬勞 나를 낳고 고생하며 키워주셨다. 甁之罄矣 속이 빈 병이라서 惟罍之恥 항아리에 부끄럽도다.' 병은 항아리보다 작으니, 자식의 부모 생각은 부모의 자식 사랑에 견줄 바가 아니라는 뜻. 罄은 빌 경. 罍 술독 뢰(뇌). 항아리. ㅇ籍田 - 전한 文帝 2년에 '農은 天下之本也이니 耤田禮를 행하겠다.' 고 조서를 내렸다. ㅇ孝廉 - 武帝 元光 원년(前 134)에 처음으로 각 郡國에서 孝廉을 천거케 하였다. ㅇ郊祀 - 元帝와 成帝 때, 匡衡(광형), 韋玄成(위현성)의 노력으로 郊祀之禮를 제정했다. ㅇ三雍 - 明堂, 辟雍, 靈臺를 말함. 雍(옹)은 和也. ㅇ孟子有言, 老吾老~ -《孟子 梁惠王章句 上》. ㅇ甘陵 - 甘陵은 현명. 청하국의 치소. 前漢 淸河郡의 厝縣(조현)을 後漢에서 淸河國 甘陵縣으로 개명, 今 山東省 직할 臨淸市(聊城市의 북쪽, 河北省과 접경). 安帝 母親의 陵. 당시 淸河郡 소재. 그래서 北望이라 하였다.

[國譯]

(安帝) 元初 3년(서기116) 조서를 내려 大臣들은 3년 상을 치르고 복상이 끝나면 본직에 돌아오게 하였다. 진충은 이에 대하여 "孝宣

皇帝의 舊令에 백성 중 군대에 복무하거나 관리로 일하는 자는 조부모가 돌아가신 지 3개월이 안 지났으면 徭役(요역)에 종사하지 말고 조부모 상을 마치게 하였습니다. 이것도 함께 시행해야 합니다." 라고 말했다. 등태후는 진충의 건의를 받아들였다.

(安帝) 建光 연간에, 尙書令인 祝諷(축풍)과 尙書인 孟布(맹포) 등이 상주하여 「孝文皇帝께서 薄葬(박장)의 예를 행하셨으며, 光武皇帝께서는 관리의 휴가 제도를 중지시켰는데, 이는 만세에 이어질 법으로 정말로 바꿀 수 없습니다. 응당 建武 연간의 전례에 따라야 합니다.」라고 건의하였다. 그러자 진충이 상소하였다.

「臣이 알기로,《孝經》은 愛親으로 시작하여 哀悼(葬禮)로 끝이 납니다. 이는 위로 천자부터 아래로 서인에 이르기까지 존비귀천을 막론하고 그 뜻은 하나입니다. 부모와 자식은 氣는 같으나 숨은 달리 쉬는 한 몸에서 나눠진 것으로 3년이 지나야 부모의 품을 떠날 수 있습니다. 先聖께서는 이러한 人情에 의거 그런 예절을 정한 것이며 25개월(햇수로 3년) 상복을 입어야 하는데, 이 때문에《春秋》에서도 신하가 大喪을 당하면 주군도 3년간 부르지 않는다고 하였는데, 閔子騫(민자건)은 상복을 입고 복상 중이었으나 국난을 당하여 직무를 처리하고 돌아와서는 관직을 사직하고 부모의 은덕에 보답하였는데 이 때문에 '主君이 복상 중 업무로 부른 것은 잘못되었지만 신하로 업무를 수행한 것은 禮라.' 고 하였습니다. 그러나 周室이 쇠락하고 禮制에 次序가 없어지자 〈蓼莪(요아)〉의 시인은 시를 지어 이를 애상히 여기어 '병은 비었고 항아리에 부끄럽다.' 고 하였습니다. 이는 시인이 자식의 도리를 다하지 못하여 부끄럽고 위로 주군에게도 부끄럽다는 뜻입니다.

高祖께서 천명을 받으시고 蕭何(소하)가 여러 제도를 마련할 때 大臣에게 휴가에 관한 조항을 마련하여 효도를 다하도록 하였습니다. 다만 建武의 초기에는 천하대란을 당하여 나라의 모든 제도나 정치가 서둘러야 했고 간편한 방법만을 추구하였기에 대신으로서 휴가를 얻어 친상을 모실 겨를도 없었으며, 많은 신료들은 녹봉과 私利를 생각하였기에 3년 상을 치루면서 부모가 양육한 크신 은혜를 돌아보는 자가 드물었습니다. 또 禮義의 제도 또한 많이 문란한 것도 있었습니다. 大漢의 건국 이후 비록 많은 폐단을 물려받았지만 先王의 제도는 조금씩 시행되었습니다. 그래서 藉田(적전)의 경작은 孝文帝 때 시작되었고, 孝廉(효렴)의 천거는 孝武帝 때 시행되었으며, 郊祀의 祭禮는 元帝와 成帝 때 정했고, 三雍(삼옹)의 의례절차는 顯宗 때 완비되었으며, 大臣이 3년 상을 마치게 한 것은 폐하께서 이루셨습니다. 이처럼 훌륭하신 공적은 이보다 더 나은 것이 없을 것입니다.

그래서 孟子(맹자)는 '나의 老親을 모시듯 다른 노인을 모시고 나의 어린아이를 보살피듯 다른 아이를 돌본다면 천하는 내 손안에 있는 것과 같다.' 고 말했습니다. 臣은 폐하께서 높은 언덕에 올라 북쪽을 바라보면서 甘陵(감릉)의 모친을 생각하시듯 폐하께서 신하의 효친하는 마음을 헤아려 주신다면 천하는 모두 제자리를 찾아 안정될 것입니다.」

그러나 궁중 환관들은 이런 제도가 불편하다고 생각하며 끝내 진총의 상소를 묵살하였고 祝諷(축풍)과 孟布(맹포)의 주장을 법령으로 제정하였다.

原文

忠以久次, 轉爲僕射. 時帝數遣黃門常侍及中使伯榮往來甘陵, 而伯榮負寵驕蹇, 所經郡國莫不迎爲禮謁. 又霖雨積時, 河水湧溢, 百姓騷動. 忠上疏曰,

「臣聞位非其人, 則庶事不敍, 庶事不敍, 則政有得失, 政有得失, 則感動陰陽, 妖變爲應. 陛下每引災自厚, 不責臣司, 臣司狃恩, 莫以爲負. 故天心未得, 隔並屢臻, 青,冀之域淫雨漏河, 徐,岱之濱海水盆溢, 兗,豫蝗蝝滋生, 荊,楊稻收儉薄, 幷,涼二州羌戎叛戾. 加以百姓不足, 府帑虛匱, 自西徂東, 杼柚將空.

臣聞〈洪範〉五事, 一曰貌, 貌以恭, 恭作肅, 貌傷則狂, 而致常雨. 春秋大水, 皆爲君上威儀不穆, 臨莅不嚴, 臣下輕慢, 貴幸擅權, 陰氣盛彊, 陽不能禁, 故爲淫雨. 陛下以不得親奉孝德皇園廟, 比遣中使致敬甘陵, 朱軒軿馬, 相望道路, 可謂孝至矣. 然臣竊聞使者所過, 威權翕赫, 震動郡縣, 王侯二千石至爲伯榮獨拜車下, 儀體上僭, 侔於人主. 長吏惶怖譴責, 或邪諂自媚, 發人修道, 繕理亭傳, 多設儲跱, 徵役無度, 老弱相隨, 動有萬計, 賂遺僕從, 人數百匹, 頓踣呼嗟, 莫不叩心.

河閒托叔父之屬, 清河有陵廟之尊, 及剖符大臣, 皆猥爲伯榮屈節車下. 陛下不問, 必以陛下欲其然也. 伯榮之威重於陛下, 陛下之柄在於臣妾. 水災之發, 必起於此. 昔韓嫣

托副車之乘, 受馳視之使, 江都誤爲一拜, 而嫣受歐刀之誅. 臣願明主嚴天元之尊, 正乾剛之位, 職事巨細, 皆任賢能, 不宜復令女使干錯萬機.

重察左右, 得無石顯泄漏之姦, 尙書納言, 得無趙昌譖崇之詐, 公卿大臣, 得無朱博阿傅之援, 外屬近戚, 得無王鳳害商之謀. 若國政一由帝命, 王事每決於己, 則下不得偪上, 臣不得干君, 常雨大水必當霽止, 四方衆異不能爲害.」

書奏不省.

| 註釋 | ㅇ中使 – 궁중의 업무로 궁중에서 보내는 사자. 조정의 업무로 나가는 출장이 아님. ㅇ伯榮(백영) – 安帝의 乳母인 王聖의 딸. ㅇ驕蹇 – 교만 방종하다. 驕는 교만할 교. 蹇은 다리를 절 건. 교만하다. ㅇ政有得失 – 정치에 失이 있다. 곧 정치가 잘못된다는 뜻. '정사에 得失(成敗)이 있다' 는 뜻이 아님. ㅇ臣司狃恩 –狃는 친압할 뉴(유). 익숙하다. 황제가 자신의 책임이라 자책하니, 아래 신하들은 걱정하지도 않는다는 뜻. ㅇ隔並屢臻 – 隔並은 水旱을 조절하지 못하다. ㅇ蝗蝝滋生 – 蝗은 누리 황. 메뚜기의 일종. 蝝은 누리새끼 연(螽子 누리 종). ㅇ杼柚將空 – 杼柚는 베틀(機也). 杼는 북 저. 베틀에 딸린 소도구 실을 가로로 넣어주는 도구. 소리 나는 북(鼓)이 아님. 柚는 바디 축. 베틀의 일부. 이 바디를 상하로 움직여 베를 짠다. 유자나무 유. ㅇ〈洪範〉五事 – 「一曰貌, 二曰言, 三曰視, 四曰聽, 五曰思 ~.」《尙書 周書 洪範》. ㅇ臨莅不嚴 – 莅는 다다를 이. 왕의 위엄. ㅇ孝德皇 – 安帝의 生父 淸河王 劉慶. ㅇ朱軒軿 – 붉은 휘장을 친 수레. 軿은 나란하다. 말이 두 마리 이상이라는 뜻. ㅇ多設儲跱 – 儲는 쌓을 저. 쌓아두다. 마련하다. 跱는 머뭇거릴 치. 갖추다(具也). ㅇ河間王 – 劉

開, 安帝 叔父. 淸河王인 劉延平. 청하국에 甘陵이 있기에 尊이라 하였다. ㅇ韓嫣(한언) - 武帝의 총애를 받았다. 무제가 上林苑에 사냥하러 간다고 앞서서 부거를 타고 수백 기병을 거느리고 달려갔는데 江都王은 멀리서 보고 천자의 행차라 생각하여 길가에 엎드려 배례했다. 결국 한언은 그때문에 미움을 받아 죽어야 했다. ㅇ天元 - 乾元. 하늘. 천자. 乾剛은 천자에 강건한 덕. ㅇ石顯(석현) - 젊어 죄를 지어 腐刑을 받았고 中書令이 되었다. 元帝가 정사를 일임하였고 공경들도 석현 앞에서 설설 기었는데 석현은 자신이 총애를 받기에 대신의 미움을 받는다고 하소연했고 원제는 그런 줄 알고 있었다. ㅇ趙昌(조창) - 애제 때 尙書僕射인 鄭崇(정숭)의 바른 말을 받아들이지 않은 애제는 尙書令인 趙昌의 아부와 아첨에 넘어가 정숭에 화를 냈고 결국 정숭은 옥사했다. ㅇ朱博(주박) - 哀帝 때 승상이었는데 傅太后의 뜻을 받들어 부태후의 미움을 받고 있는 같은 일족 大司馬 傅喜(부희)를 면직시켜야 한다고 상주했다가 애제의 노여움을 받아 옥에 갇혔다가 자살하였다. ㅇ王鳳(왕봉) - 成帝의 큰 외삼촌, 元帝 王皇后의 형제. 성제 때 교만 방자하였으며 왕봉 5형제가 모두 제후가 되어 국정을 농단했다. 당시 王商(왕상)이 승상이었는데, 이 왕상은 왕봉의 형제인 成都侯 王商이 아닌 宣帝의 외삼촌 樂昌侯 王武(왕무)의 아들이었다. 왕상은 丞相이었지만 왕봉의 모함으로 면직되었다. ㅇ霽止 - 장마가 그치고 개다. 霽는 날이 갤 제.

[國譯]

陳忠(진충)은 장기 근속하였기에 尙書 僕射(복야)가 되었다. 그 무렵 安帝는 黃門常侍와 中使인 伯榮(백영)을 자주 보내 (모친의 능인) 甘陵(감릉)에 왕래하게 하였는데, 백영은 황제의 총애를 믿고 교만 방자하여 지나가는 군국에서는 예를 갖춰 영접하며 알현하지 않는 자가 없었다. 당시 계속되는 장마에 河水가 범람하여 백성들의 소동이 있었다. 이에 진충이 상소하였다.

「臣이 알기로는, 직위에 적임자가 아니라면 모든 일이 풀리지 않고, 일이 제대로 진행되지 않으면 정치가 잘못되고, 정치가 잘못되면 음양이 움직여서 요사한 변이가 따르게 됩니다. 폐하께서는 재해가 있으면 심히 자책하시고 신하나 담당자를 책망하지 않으시기에 신하나 담당자들은 은택을 입지만 걱정하는 자가 없습니다. 그러하기에 天心을 만족시키지 못하여 水害나 旱害(한해)가 자주 일어나는데, 靑州와 冀州(기주) 지역에서는 장마에 河水가 범람하였고, 徐州와 岱山(대산, 泰山) 일대의 강이나 바다가 동이에 물이 넘치듯 하며, 兗州(연주)와 豫州(예주) 지역에서는 황충의 폐해가 극심하고, 荊州(형주)와 楊州(양주) 일대에서는 벼농사가 흉년이며, 幷州(병주)와 涼州(양주) 지역에서는 羌族(강족)의 반란이 있었습니다. 여기에 백성의 살림은 궁핍하고 나라의 부고도 비었으며 서쪽으로부터 동쪽까지 길쌈을 제대로 하지 못하였습니다.

신이 알기로, 〈洪範〉 五事에 첫째가 貌(外貌)인데, 외모는 공손 엄숙해야 하나 외모가 나쁘면 狂(광, 경솔함)이며, 경솔하면 장마를 불러온다고 하였습니다. 올해 봄가을로 홍수가 난 것은 모두가 君王의 威儀가 장중하지 않기 때문이며, 조회 시에 엄숙하지 않아 신하가 무서워하지 않고 權貴가 멋대로 권력을 행사하니 음기가 강성하여 양기가 제어할 수가 없어 큰 장마가 계속된 것입니다. 폐하께서는 孝德皇의 園廟를 친히 제사하지 못하기에 연이어 中使를 보내 甘陵에 敬意를 표하시고 (中使의) 붉은 휘장을 두른 수레와 말이 도로에 꼬리를 물었으니 가히 돈독한 효행입니다. 그러나 臣이 듣기로,

사자가 지나가면서 위세를 너무 부려서 郡縣이 놀라고 王侯나 태수가 모두 伯榮(백영)에게 수레 아래에서 배례를 한다 하니, 이는 예의의 수준이 너무 참람한 것이며 君王에 대한 예와 같다고 합니다. 현의 관리들은 견책이 두려워 지나치게 아첨하며 잘 보이려고 애를 써서 백성을 동원하여 길을 닦고 亭이나 驛舍를 수리하며 여러 가지 필요한 가구를 배치하거나 요역 동원이 지나치게 많이 노약자들을 1만 명 가까이 동원하며 궁중 사자의 隨從(수종)에게도 뇌물로 사람마다 1백 필을 주었다고 하는데, 백성은 지쳐 쓰러져 하늘에 울부짖고 가슴을 치며 원망하지 않는 백성이 없다고 합니다.

河閒王은 폐하의 叔父 항렬이시고, 淸河國은 陵廟가 있는 존엄한 지역이며, 부절을 나눠받은 대신일지라도 모두가 伯榮이 두려워 수레 아래에서 배례를 합니다. 폐하께서 이를 따져 문책하지 않는다면 틀림없이 폐하도 그렇기를 바라는 것입니다. 백영의 위세가 폐하보다 더 당당하고 폐하의 권력 자루는 臣妾에게 있습니다. 水災의 발생원인은 바로 이 때문입니다. 옛날 (武帝 때) 韓嫣(한언)은 황제의 副車를 타고 앞서 순시하려 달려갔는데, 江都王이 황제 행차인 줄 알고 배례를 했는데 한언은 나중에 죽음을 당했습니다. 臣이 원하는 바는 폐하께서 天元의 존엄을 엄격히 지키시고, 천자의 지위를 바로 세우시며, 크고 작은 업무는 현명하고 유능한 신하에 위임하시되 다시는 여인을 사자로 보내 국가 기강을 흔드는 일이 없어야 합니다.

폐하께서는 측근을 거듭 살피시어 石顯(석현)과 같은 천자의 권위를 손상시키는 간신이 없어야 하며, 尙書의 말을 받아들이시더라도 鄭崇(정숭)을 참소하는 趙昌(조창) 같은 거짓이 없어야 하며, 公卿大臣 중에는 傅(부)태후에 아부하다가 자살한 朱博(주박) 같은 사람이 없어야 하고, 가까운 외척 중에는 王商(왕상)을 모함하는 王鳳(왕봉) 같은 사람이 없도록 만들어야 합니다. 만약 國政이 황제의 명에 의해 움직이고 국사를 폐하께서 직접 결정하신다면 아랫사람이 윗사람을 핍박하는 일이 없을 것이며, 신하가 주군에 간섭하는 일도 없을 것이니 연속되는 장마도 당연히 개이고 끝날 것이며 사방의 각종 재이도 더 이상 해를 끼치지 않을 것입니다.」

상소가 들어갔지만 황제는 읽지 못했다.

原文

時三府任輕, 機事專委尙書, 而灾眚變咎, 輒切免公台. 忠以爲非國舊體, 上疏諫曰,

「臣聞'君使臣以禮, 臣事君以忠.' 故三公稱曰冢宰, 王者待以殊敬, 在輿爲下, 御坐爲起, 入則參對而議政事, 出則監察而董是非. 漢典舊事, 丞相所請, 靡有不聽. 今之三公, 雖當其名而無其實, 選擧誅賞, 一由尙書, 尙書見任, 重於三公, 陵遲以來, 其漸久矣.

臣忠心常獨不安, 是故臨事戰懼, 不敢穴見有所興造, 又不希意同僚, 以謬平典, 而謗讟日聞, 罪足萬死. 近以地震策免司空陳褒, 今者灾異, 復欲切讓三公. 昔孝成皇帝以妖星守心, 移咎丞相, 使賁麗納說方進, 方進自引, 卒不蒙上天之福, 徒乖宋景之誠. 故知是非之分, 較然有歸矣.

又尙書決事, 多違故典, 罪法無例, 詆欺爲先, 文慘言醜, 有乖章憲. 宜責求其意, 割而勿聽. 上順國典, 下防威福, 置方員於規矩, 審輕重於衡石, 誠國家之典, 萬世之法也.」

| **註釋** | ㅇ切免公台 – 切은 문책하다. ㅇ君使臣以禮, 臣事君以忠 – 定公問, "君使臣, 臣事君, 如之何?" 孔子對曰, "君使臣以禮, 臣事君以忠."《論語 八佾》. ㅇ冢宰(총재) – 재상. 冢은 클 총(大也). 맏이. 무덤. 높다. ㅇ待以殊敬 – 漢의 옛 의례에 의하면, 황제라도 승상이 들어오면 자리에서 일어나고, 알자가 "승상을 위해 황제가 일어나셨습니다."라고 말하면 황제가 자리에 앉는다고 하였다. ㅇ董是非 – 董은 감독할 동(督也). ㅇ穴見 – 좁은 곳에서 바라보다. 안목이 좁다. ㅇ謗讟日聞 – 謗은 헐뜯을 방. 讟은 원망할 독. 비방. 日聞은 날마다 듣다. ㅇ審輕重於衡石 – 衡은 저울. 石은 무게 단위. 30斤(1斤 220g)이 1鈞(균)이고, 4鈞이 1石이다.

[國譯]

그때 三公府의 권세가 비교적 약하였고 군국기무는 전적으로 尙書가 처리하였으며, 재이나 변고가 있으면 그때마다 삼공을 문책하고 교체하였는데, 陳忠(진충)은 나라의 옛 법제가 이와 같지 않았다고 생각하여 諫言을 상소하였다.

「臣이 알기로, '君主는 예로써 신하를 거느리고, 신하는 충성으로 주군을 섬긴다고 하였습니다. 그래서 三公을 冢宰(총재)라고 하면서 王者는 특별한 경의로 대우하니, 황제가 재상을 보면 수레에서 내리고 자리에서 일어서며, 재상은 궁에 들어와서는 황제와 대면하여 정사를 의논하고 나가서는 정치를 감찰하고 是非를 감독하였습니다.

漢의 전례에 의하면, 丞相이 요청한 것을 황제가 수락하지 않은 일이 없었습니다. 지금의 三公은 비록 명칭은 그러하나 실질이 없으며, 인재 추천이나 상벌 모두가 상서를 거치기에 상서에 임용되면 삼공보다 권한이 막중하며 삼공의 세력이 약화된 지도 오래되었습니다.

臣 忠(충)은 마음이 늘 불안하며 업무를 처리에 크게 두렵고 저의 좁은 소견으로 일을 추진하면서 다른 신료의 뜻을 알 수 없기에 업무처리가 공정하지 않다면 날마다 비방을 받아야 하고 만 번을 죽고도 남을 죄를 지을 수도 있습니다. 근래에 지진이 일어나자 司空 陳褒(진포)는 책명에 의거 면직되었고, 재이가 있을 때마다 삼공을 문책하려 합니다. 예전에 孝成皇帝는 妖星(요성)이 心星(심성)의 자리에 출현하자 승상에게 허물을 돌렸고, 賁麗(비려)로 하여금 翟方進(적방진) 허물을 조사케 하자 적방진은 자살하였고, 성제도 끝내 上天의 복을 받지 못하였으며 (춘추시대) 宋나라 景公(경공)의 誠心을 이어받지는 못했습니다. 그래서 是非의 구분은 비교적 확실하게 드러나는 것입니다.

이외에도 尙書가 업무를 결정할 때 옛 제도와 다른 것이 많으며 판결하는 형량도 전례가 없는 것이 많아 속임이나 훼방을 먼저 당할 수 있고 상주하는 문장이 가혹하거나 언사가 비루하여 법도에 어긋나는 경우도 많이 있습니다. 따라서 응당 그 본의를 추궁당하거나 사실 일부를 세거하여 따르지 않을 수도 있습니다. 위로는 국법에 순응해야 하고, 아래로는 위세나 이득을 막으면서 재량을 법규 안에서 적응해야 하며 저울을 가지고 경중을 심사할 수 있어야만 국가의 법도를 만세에 이어갈 법으로 만들 수 있습니다.」

原文

忠意常在褒崇大臣, 待下以禮. 其九卿有疾, 使者臨問, 加賜錢布, 皆忠所建奏. 頃之, 遷尙書令. 延光三年, 拜司隸校尉. 糾正中官外戚賓客, 近幸憚之, 不欲忠在內. 明年, 出爲江夏太守, 復留拜尙書令, 會疾卒.

初, 太尉張禹,司徒徐防欲與忠父寵共奏追封和熹皇后父護羌校尉鄧訓, 寵以先世無奏請故事, 爭之連日不能奪, 乃從二府議. 及訓追加封謚, 禹,防復約寵俱遣子奉禮於虎賁中郎將鄧騭, 寵不從, 騭心不平之, 故忠不得志於鄧氏.

及騭等敗, 衆庶多怨之, 而忠數上疏陷成其惡, 遂詆劾大司農朱寵. 順帝之爲太子廢也, 諸名臣來歷,祝諷等守闕固爭, 時忠爲尙書令, 與諸尙書復共劾奏之. 及帝立, 司隸校尉虞詡追奏忠等罪過, 當世以此譏焉.

| **註釋** | ㅇ江夏太守 – 江夏郡 治所는 西陵縣, 今 湖北省 동부 武漢市 新洲區.

[國譯]

陳忠(진충)의 뜻은 언제나 대신을 높이고 공경하는데 있었고 아랫사람을 예로 대하였다. 그래서 9경이 병에 걸리면 사자를 보내 문병하고 금전이나 옷감을 하사하는 일은 진충이 상주했었다. 진충은 얼마 뒤에 尙書令으로 승진하였다. (安帝) 延光 3년(서기 124)에 司隸校尉가 되었다. 진충은 환관과 외척의 빈객의 잘못을 바로잡자 황제의 측근들은 진총을 꺼려하며 조정에 근무하는 것을 싫어하였다. 그래서 다음 해 江夏太守로 전출되었다가 다시 상서령에 제수되었지만 마침 병으로 죽었다.

그전에 太尉인 張禹(장우), 司徒인 徐防(서방) 등이 진충의 부친 陳寵(진총)과 함께 和熹鄧皇后의 부친인 護羌校尉 鄧訓(등훈)에 대한 추가 봉작을 건의하기로 하였으나 진총은 전대에 그런 주청의 전례가 없다는 이유로 연일 논쟁을 하였는데, 진총의 뜻을 꺾을 수 없자 태위와 사도부의 결정에 따르기로 하였다. 결국 등훈은 추가 봉작으로 시호를 받았고 그 뒤에 다시 장우와 서방은 진총과 함께 자식을 보내 등훈의 아들 虎賁中郎將인 鄧騭(등즐)에게 예물을 보내기로 하였으나 진총이 따르지 않자, 등즐은 마음속으로 진총에게 불만을 가졌으며 이 때문에 진충은 등씨 일족에게 마음을 얻지 못했다.

등즐 등이 패망한 뒤에 많은 사람들이 등씨 일족을 원망하였고 진충은 여러 번 등씨 일족의 비리를 상소하였지만 결국 진충은 大司農 朱寵(주총)의 탄핵을 받았다. 順帝가 태자였다가 (濟陰王으로) 폐위되자 來歷(내력), 祝諷(축풍) 등 쟁쟁한 여러 신하들이 이를 간쟁하였는데, 당시 진충은 尙書令으로 여러 상서와 함께 다시 내력 등을 탄핵 상주하였다. (제음왕이) 舜帝로 즉위하자, 司隸校尉인 虞詡(우후) 등이 진충 등의 죄과를 상주하였고 이 때문에 진충은 世人의 비판을 받았다.

原文

論曰, 陳公居理官則議獄緩死, 相幼主則正不僭寵, 可謂有宰相之器矣. 忠能承風, 亦庶乎明愼用刑而不留獄. 然其聽狂易殺人, 開父子兄弟得相代死, 斯大謬矣. 是則不善人多幸, 而善人常代其禍, 進退無所措也.

| 註釋 | ㅇ理官 – 法官.

[國譯]

范曄(범엽)의 史論 : 陳公(陳寵)은 理官으로 재직하며 형량 판결에 사형을 완화하였으며, 어린 황제(和帝)를 보필하면서 분수를 넘지 않았기에 신임을 얻었으니 가히 재상의 그릇이라 할 수 있었다.

陳忠(진충)은 가풍을 계승하였으며 신중한 형벌 집행과 獄案을 미루지 않았다. 그러나 정신 이상자의 살인을 인정한 것과 부자 형제가 개신 형을 받을 수 있게 한 것은 큰 오류이다. 이는 선인이 아닌 사람에게는 다행일 수 있지만 선인이 악인을 대신하여 그 화를 당하는 것이라서 이를 어떻게 적용할 수 있겠는가?

原文

贊曰,

陳,郭主刑, 人賴其平. 寵矜枯胔, 躬斷以情. 忠用詳密, 損益有程. 施於孫子, 且公且卿.

| 註釋 | ㅇ寵矜枯胔 – 枯는 枯骨(고골). 胔는 썩은 고기 자. 시신의 뼈에 붙은 살. ㅇ損益有程 – 損益은 증감. 有程은 일정한 법도가 있다. 원칙을

지켰다.

[國譯]

贊曰,

陳寵, 郭躬이 司法을 맡자, 백성은 공평의 덕을 보았다.

陳寵은 사형을 불쌍히 여겼기에 온정으로 판결하였다.

陳忠은 업무가 신중 치밀하고 손익에 법도가 있었다.

널리 베푼 혜택으로 후손들이 公卿의 자리에 올랐다.

47 班梁列傳
〔반,양열전〕

❶ 班超

原文

班超字仲升, 扶風平陵人, 徐令彪之少子也. 爲人有大志, 不修細節. 然內孝謹, 居家常執勤苦, 不恥勞辱. 有口辯, 而涉獵書傳. 永平五年, 兄固被召詣校書郎, 超與母隨至洛陽. 家貧, 常爲官傭書以供養. 久勞苦, 嘗輟業投筆歎曰, "大丈夫無它志略, 猶當效傅介子,張騫立功異域, 以取封侯, 安能久事筆研間乎?" 左右皆笑之. 超曰, "小子安知壯士志哉!" 其後行詣相者, 曰, "祭酒, 布衣諸生耳, 而當封侯萬里之外." 超問其狀. 相者指曰, "生燕頷虎頸, 飛而食肉, 此萬里侯相也."

久之, 顯宗問固 "卿弟安在", 固對 "爲官寫書, 受直以養老母." 帝乃除超爲蘭臺令史, 後坐事免官.

| 註釋 | ㅇ班超(반초, 32 - 102년) - 讀書人이 軍旅에 투신하는 '投筆從戎' 어원이며, 본보기. 40권, 〈班彪列傳〉에는 父 班彪(반표)와 兄 班固를 입전. 보통 三班이라 통칭. ㅇ徐縣 - 下邳國 徐縣은 今 江蘇省 북부 宿遷市 泗洪縣. ㅇ傅介子(부개자, ? - 前 65년) - 昭帝 때 西域의 龜茲(구자), 樓蘭(누란)이 匈奴와 연합하여, 한의 관리를 죽인 사건이 있었는데, 부개자가 사자로 나가서 누란왕을 잡아 복수를 하여 義陽侯에 봉해졌다. 《漢書》 70권, 〈傅常鄭甘陳段傳〉에 입전. ㅇ張騫(장건, 前 164 - 114년) - 武帝의 명을 받아 서역에 파견되었고 흉노에 잡혀 고생을 하면서 13년 만에 돌아와 서역의 사정을 중국에 전했다. 絲綢之路(실크로드)의 개척. 博望侯에 봉해졌다. 《漢書》 61권, 〈張騫李廣利傳〉에 입전. ㅇ安能久事筆硏間乎? - 어찌 끝까지 붓이나 잡고 있어야 하겠는가? 筆硏은 붓과 벼루. 관청에서 문서나 필사하는 일. 硏은 갈 연. 문지르다. 硏磨하다. 硯(벼루 연)과 同. ㅇ小子安知壯士志哉 - 陳勝이 農家의 傭工(고공, 품팔이꾼)으로 일하다 쉬면서 "나중에 부귀하더라도 서로 잊지는 말자."라고 말했다. 다른 사람들이 비웃자, 진승은 "嗟乎! 참새가 어찌 큰 기러기의 뜻을 알겠는가!(燕雀安知鴻鵠之志哉!)라고 탄식하였다. ㅇ祭酒 - 자리를 같이 한 사람 중 연장자를 보통 祭酒라 지칭했다. 여기서는 그냥 인사말로 불러주는 존칭. ㅇ燕頷虎頸 - 頷은 턱 함. 제비의 턱은 넓고 길다. 호랑이의 頸(목덜미 경)은 굵고 짧다. ㅇ蘭臺令史 - 蘭臺는 漢代 궁중의 장서각, 御使中丞이 관리. 蘭臺令史는 질록 6백석. 질록이 1백석이라는 주석도 있다. ㅇ筆耕(필경) - 筆寫를 전문으로 하는 직업. 筆耕士.

[國譯]

班超(반초)의 字는 仲升(중승)으로 右扶風 平陵縣 사람이며, 徐縣縣令인 班彪(반표)의 작은아들이다. 사람됨이 큰 뜻을 품고 있어 細節에 마음을 쓰지 않았다. 그렇지만 내심으로는 효도하며 근신하였고 집안에서 늘 힘든 일을 하면서도 부끄럽게 생각하지 않았다. 口辯도 좋았고, 여러 경전을 대충 섭렵하였다. (明帝) 永平 5년(서기 62), 兄인 班固(반고)가 부름을 받아 낙양에 校書郞이 되자 반초와 모친도 반고를 따라 낙양으로 왔다. 집안이 가난하여 관청에서 대필하는 품앗이로 모친을 공양하였다. 오랫동안 힘든 일을 해왔는데 한번은 붓을 놓고 탄식하며 말했다.

"大丈夫가 특별한 志略이 없다면 차라리 傅介子(부개자)나 張騫(장건)을 본받아 이역에서 공을 세워 봉후가 되어야 하거늘, 어찌 이리 오랫동안 붓과 벼루와 씨름을 해야겠는가?"

그러자 좌우에서 모두가 반초를 보고 웃었다.

반초는 "어린 애들이 어찌 장사의 큰 뜻을 알겠는가!" 라고 말했다.

그 뒤에 반초는 길을 걷다가 관상가를 만났는데, 관상가는 "어르신께서는 포의의 서생이나, 만 리 밖에 나가면 제후가 될 것입니다." 라고 말했다. 반초가 그럴만한 이유가 뭐냐고 묻자, 관상가는 "당신은 제비의 턱에 호랑이의 목을 가졌으니 날아다니거나 고기를 먹을 것이니 만 리 밖에 나갈 제후의 인상입니다." 라고 말했다.

얼마 뒤에 顯宗(明帝)가 반고에게 물었다. "경의 동생은 어디에 있는가?" 이에 반고가 대답했다. "관청에서 筆耕(필경)을 하며 품삯으로 모친을 봉양하고 있습니다."

명제가 곧 반초에게 蘭臺令史를 제수하였지만 뒷날 일을 잘못하여 면직되었다.

原文

十六年, 奉車都尉竇固出擊匈奴, 以超爲假司馬, 將兵別擊伊吾, 戰於蒲類海, 多斬首虜而還. 固以爲能, 遣與從事郭恂俱使西域.

超到鄯善, 鄯善王廣奉超禮敬甚備, 後忽更疏懈. 超謂其官屬曰, "寧覺廣禮意薄乎? 此必有北虜使來, 狐疑未知所從故也. 明者睹未萌, 況已著邪."

乃召侍胡詐之曰, "匈奴使來數日, 今安在乎?" 侍胡惶恐, 具服其狀. 超乃閉侍胡, 悉會其吏士三十六人, 與共飮, 酒酣, 因激怒之曰, "卿曹與我俱在絶域, 欲立大功, 以求富貴. 今虜使到裁數日, 而王廣禮敬卽廢, 如令鄯善收吾屬送匈奴, 骸骨長爲豺狼食矣. 爲之柰何?"

官屬皆曰, "今在危亡之地, 死生從司馬." 超曰, "不入虎穴, 不得虎子. 當今之計, 獨有因夜以火攻虜, 使彼不知我多少, 必大震怖, 可殄盡也. 滅此虜, 則鄯善破膽, 功成事立矣." 衆曰, "當與從事議之." 超怒曰, "吉凶決於今日. 從事文俗吏, 聞此必恐而謀洩, 死無所名, 非壯士也!" 衆曰, "善." 初夜, 遂將吏士往奔虜營. 會天大風, 超令十人持鼓藏虜舍後, 約曰, "見火然, 皆當鳴鼓大呼." 餘人悉持兵弩夾門而伏. 超乃順風縱火, 前後鼓譟. 虜衆驚亂, 超手格殺三人, 吏兵斬其使及從士三十餘級, 餘衆百許人悉燒死. 明日乃還告郭恂, 恂大驚, 旣而色動. 超知其意, 擧手曰, "掾雖不行, 班超何心獨擅之乎?" 恂乃悅. 超於是召鄯善王廣, 以虜使首示之, 一國震怖. 超曉告撫慰, 遂納子爲質. 還奏於竇固, 固大喜, 具上超功效, 並求更選使使西域.

帝壯超節, 詔固曰, "吏如班超, 何故不遣而更選乎? 今以超爲軍司馬, 令遂前功." 超復受使, 固欲益其兵, 超曰, "願將本所從三十餘人足矣. 如有不虞, 多益爲累."

| **註釋** | ㅇ奉車都尉竇固 - 奉車都尉는 武帝 때 처음 설치. 無 定員. 황제의 거마를 관리. 光祿勳 소속. 질록은 比二千石. 竇固(두고, ? - 88년)는 永平 17년에, 흉노족을 蒲類海(포류해) 부근에서 격파하고 車師國(거사국)에 입성했다. 竇 구멍 두. 성씨. 23권, 〈竇融列傳〉에 입전. ㅇ司馬 - 장군의 속관으로 軍司馬를 두었는데 질록은 比 1千石이었다. 司馬는 군사 관련 업무를 담당하였다. 그 아래 軍候는 比六百石의 군관, 屯長는 比二百石이었다. 假司馬와 假候는 副職(副手)이고 별도의 부대를 내보낼 때는 別部司馬를 보냈다. ㅇ伊吾(이오) - 伊吾는 伊吾廬城(이오려성)의 간칭. 故地는 今 新疆維吾爾自治區 동부 哈密市. 본래 흉노 呼衍王의 王庭(直轄地). 후한과 흉노의 격전지. ㅇ蒲類海(포류해) - 바나가 아님. 호수명. 蒲類海는 今 巴里坤湖, 新疆省 동북단의 巴里坤縣 서북에 위치. 동서 약 9km, 남북 약 13km. ㅇ從事 - 문서나 감찰을 담당하는 속관. 각 부서나 부대에 從事中郞, 從事史, 功曹從事, 都官從事, 兵曹從事 등 여러 종사가 있었다. ㅇ西域

(서역) – 漢代의 西域은 玉門關과 陽關의 서쪽 지역으로 협의의 서역은 西域都護府의 관할 지역이고, 廣義의 서역은 협의의 서역과 연관 있는 지역을 포함한다. 무제 때 처음 왕래하였는데, 본래 36국이었으나 점차 분열되어 50여 개 국가가 되었는데 흉노의 서쪽, 烏孫의 남쪽에 해당한다. 남북으로는 큰 산맥이 있고, 중앙에는 강이 있으며 동서 6천 리 남북으로 1천여 리가 된다. 동쪽으로 漢과 연접하였지만 玉門關과 陽關에서 막혔고 서쪽으로는 蔥嶺(총령)으로 차단되었다. ㅇ鄯善(선선) – 서역의 국명, 원래 국명은 樓蘭(누란). 국도는 扜泥城(우니성), 今 新疆省 동남부의 若羌縣(약강현). 지도에는 新疆省 동부 吐魯番市 동쪽에 鄯善市가 따로 있다.《漢書 西域傳》에 입전.

[國譯]

(明帝 永平) 16년(서기 73), 奉車都尉인 竇固(두고)는 흉노를 원정 공격하였는데 반초를 副司馬에 임명했으며, 반초는 군사를 거느리고 흉노 땅 伊吾(이오)를 공격, 蒲類海(포류해)에서 싸웠는데 다수의 적을 죽이고 귀환하였다. 두고는 반초가 능력이 있다고 생각하여 從事인 郭恂(곽순)과 함께 西域(서역)에 사신으로 보냈다.

반초는 鄯善國(선선국)에 도착하였는데, 鄯善王인 廣(광)은 반초를 맞아 공손한 예를 잘 갖추다가 뒤에 갑자기 소원하고 게을리하였다. 반초가 그 속관에게 말했다.

"국왕의 대우가 전과 다른 것을 알고 있는가? 이는 틀림없이 흉노의 사자가 왔기에 어느 쪽을 따를지 狐疑(호의)하는 것이다. 밝게 보는 사람은 싹트기 전에도 눈치를 채는데, 하물며 이미 뚜렷하다면 말할 것도 없다."

반초는 바로 시중을 드는 선선국 사람을 불러 속이면서 물었다.

"흉노 사자가 온 지 여러 날이 되었는데, 지금 어디에 있는가?"

그러자 하인은 두려워하며 사실을 말했다. 반초는 하인을 가둬놓고 漢의 軍吏와 병사 36명을 모아 같이 술을 마시다가 술이 거나하자 격앙하여 말했다.

"여러분은 지금 나와 함께 이역에서 큰 공을 세워 부귀를 얻으려 한다. 지금 흉노 사자가 여기 온 지 며칠이 지났고 왕은 예의를 갖추다가 우리를 무시하고 있는데, 만약 선선국에서 우리를 잡아 흉노에 보내면 우리 육신은 이리 떼의 밥이 될 것인데 어찌 하겠는가?"

모든 관속은 "지금 존망의 위기니 司馬와 생사를 같이 하겠습니다." 이에 반초가 말했다.

"호랑이 굴에 들어가지 않으면 그 새끼를 잡을 수 없다. 지금 우리가 방책을 세워 밤에 흉노를 공격하면 우리가 얼마인지를 몰라 틀림없이 겁을 먹을 것이고 모두 다 없앨 수 있다. 흉노를 다 죽인다면 鄯善은 기가 죽을 것이고 우리 일은 성공할 수 있다."

그러자 "응당 從事와 함께 의논해야 합니다." 이에 반초가 화를 내며 말했다.

"吉凶을 오늘 결판내야 한다. 從事는 문필을 담당하는 俗吏로 이런 말을 들으면 틀림없이 두려워 떨며 누설될 것이고 죽어도 성공 못할 것이니, 사나이가 할 일이 아니다."

여러 사람은 "옳소."라고 말했다. 초저녁에 軍吏와 병졸을 거느리고 흉노 사자의 군영으로 갔다. 마침 큰 바람이 불자, 반초는 10여 명에게 뒤로 돌아 막사 뒤에 숨어 있다가 "불이 붙으면 북을 치며 소리를 지르라."고 약속하였다. 그리고 나머지는 모두 병기를 들고 문 옆에 매복하였다. 반초는 바람을 타고 불을 지르고 앞뒤에서 북을 치며 소리 질렀다. 흉노 무리가 놀라 허둥대자, 반초는 직접 3명을 찔러 죽였고, 군리와 병사는 흉노 사자 및 30여 명을 죽였으며 나머지 100명 정도는 불에 타 죽었다.

다음 날 반초는 돌아와 종사 郭恂(곽순)에게 말하자, 곽순은 크게 놀라며 안색이 바뀌었다. 반초는 그 뜻을 알고 손을 잡으며 말했다. "종사가 우리와 함께 가지는 않았지만 반초가 어찌 혼자 다 차지할 생각이 있겠소?" 그러자 곽순은 좋아하였다. 반초가 선선 국왕 廣(광)을 불러 흉노 사자의 수급을 보여주자 온 나라가 두려워 떨었다. 반초는 선선국왕을 달래고 위무하며 국왕의 아들을 인질로 삼았다.

반초가 돌아와 두고에게 보고하자, 두고는 크게 좋아하며 반초의 공적을 모두 보고하면서 다시 다른 사람을 골라 사신으로 파견하겠다고 하였다. 明帝는 반초의 기개를 칭찬하며 두고에게 명했다.

"반초 같은 사람이 있는데, 왜 반초를 보내지 않고 다른 사람을 고르는가? 지금 반초를 軍 司馬로 승진시켜 전과 같은 공을 세우게 하라."

반초는 다시 서역에 사자로 나갔는데, 두고가 군사를 더 늘려주려 하자 반초가 말했다.

"본래 데리고 나갔던 30명이면 넉넉합니다. 뜻밖의 일이 벌어질 경우가 많아도 도움이 되지 않습니다."

原文

是時于窴王廣德新攻破莎車, 遂雄張南道, 而匈奴遣使監護其國. 超旣西, 先至于窴. 廣德禮意甚疏. 且其俗信巫. 巫言, "神怒何故欲向漢? 漢使有騧馬, 急求取以祠我." 廣德乃遣使就超請馬. 超密知其狀, 報許之, 而令巫自來取馬.

有頃, 巫至, 超卽斬其首以送廣德, 因辭讓之. 廣德素聞超在鄯善誅滅虜使, 大惶恐, 卽攻殺匈奴使者而降超. 超重賜其王以下, 因鎭撫焉.

| 註釋 | ㅇ于寘(우전, 于闐) - 西域 36국의 하나. 수도는 西城(西山城). 今 新疆省 서남부 和田市(塔克拉瑪干(타클라마칸) 사막 남쪽 오아시스 지역, 絲綢之路의 重鎭). 무제 때 西域都護 소속. 莎車國에 병합되었는데 후한 반초에 의해 다시 復國. 長安에서 9,670리 떨어졌다는 기록. ㅇ莎車(사차) - 서역의 국명. 국도는 莎車城, 今 新疆省 서쪽 끝 喀什市(객십시, 카시시) 관할 莎車縣. 長安에서 9,950리. ㅇ遂雄張南道 - 天山南路 일대에 큰 세력을 형성하다. ㅇ騧馬(왜마) - '옅은 검은색 털을 가진 말' 이라는 주석이 있다. 騧는 공골 말 왜. 입 가장자리가 검은 말.

[國譯]

이때 于寘國王(우전국왕) 廣德(광덕)은 새로이 莎車國(사차국)을 격파하고 드디어 천산남로 일대에서 크게 세력을 확장하고 있었는데, 匈奴는 사자를 보내 우전국을 監護(감호)하고 있었다. 반초는 서역에 들어가 우선 우전국에 이르렀다. 광덕의 접대는 아주 소략하였다. 또 그 나라에서는 무당을 섬기고 있었다. 무당은 "神이 노하셨는데, 왜 漢에 기대려 하는가? 漢의 사신이 타고 온 회색 말을 빨리 가져와서 나의 신께 제사를 올려라." 라고 말했다. 이에 광덕이 사자를 보내 반초의 말을 달라고 하였다. 반초는 이미 몰래 그런 정황을 알고 수락하면서 무당이 직접 와서 말을 가져가라고 통보하였다.

얼마 후 무당이 도착하자, 반초는 그 머리를 잘라 광덕에게 보내고 사람을 시켜 왕을 꾸짖었다. 광덕은 평소에 반초가 선선국에서 흉노 사자를 죽였다는 말을 들었기에 크게 겁을 먹고 즉시 흉노 사자를 죽이고 반초에게 투항하였다. 반초는 왕에게 많은 상을 내리고 그 나라를 진무하였다.

原文

時龜茲王建爲匈奴所立, 倚恃虜威, 據有北道, 攻破疏勒, 殺其王, 而立龜茲人兜題爲疏勒王. 明年春, 超從閒道至疏勒. 去兜題所居盤槖城九十里, 逆遣吏田慮先往降之. 勑慮曰, "兜題本非疏勒種, 國人必不用命. 若不卽降, 便可執之."

慮旣到, 兜題見慮輕弱, 殊無降意. 慮因其無備, 遂前劫縛兜題. 左右出其不意, 皆驚懼奔走. 慮馳報超, 超卽赴之, 悉召疏勒將吏, 說以龜茲無道之狀, 因立其故王兄子忠爲王, 國人大悅. 忠及官屬皆請殺兜題, 超不聽, 欲示以威信, 釋而遣之. 疏勒由是與龜茲結怨.

| 註釋 | ○龜茲 - 龜茲國(구자국, Qiūcí) - 前 3세기에서 14세기까지 존속한 서역의 綠洲(녹주, Oasis) 국가. 丘慈, 邱慈, 歸茲로도 표기. 今 新疆省 서부, 天山山脈 남록, 塔里木(타림) 분지의 서북부 阿克蘇市와 巴音郭楞蒙

古自治州 일대에 해당. 뒷날 唐의 安西都護府가 있던 곳. ㅇ疏勒國(소륵국) - 서역 왕국 이름. 국도는 疏勒城〔今 新疆省 서남부 서쪽 맨 끝의 도시인 喀什市(카시시)〕. 帕米爾(파미르) 고원과 塔里木(타림) 분지의 연결 지점. 長安에서 9,350리 거리에 있다.

[國譯]

그때 龜茲國(구자국) 국왕 建(건)은 흉노에 의거 옹립되었는데, 흉노의 위세를 믿고 天山北路 일대를 장악하면서 疏勒(소륵)을 공격 격파하고 왕을 죽였으며 구자국 사람 兜題(두제)를 소륵왕으로 삼았다. 그 다음 해 봄에 반초가 샛길로 소륵국에 도착하였다. 두제가 머무는 盤橐城(반탁성) 밖 90리 지점에서 軍吏 田慮(전려)를 먼저 보내가서 적을 투항케 하라고 시켰다. 반초가 전려에게 당부하였다.

"두제는 본래 소륵 사람이 아니니 그 나라 사람이 명을 듣지 않을 것이다. 만약 투항하지 않는다면 생포해도 좋을 것이다."

전려가 도착하자, 두제는 전려가 경무장에 세력이 허약한 것을 보고 투항할 생각을 하지 않았다. 전려는 그들의 준비가 없는 틈을 타서 바로 두제를 포박하였다. 측근들은 뜻밖이라서 모두 놀라 달아났다. 전려가 달려 돌아와 반초에게 보고하자, 반초는 즉각 소륵국에 들어가 장수와 관리들을 모두 모아놓고 龜茲國(구자국)의 횡포를 설명하면서 옛 왕의 조카인 忠(충)을 왕으로 내세우자 백성들이 크게 좋아하였다. 忠(충)과 관리들이 모두 두제를 죽여야 한다고 말했지만 반초는 따르지 않고 위엄을 보이려고 석방하여 돌려보냈다. 소륵국에서는 이때부터 구자국과 원수가 되었다.

原文

十八年, 帝崩. 焉耆以中國大喪, 遂攻沒都護陳睦. 超孤立無援, 而龜茲,姑墨數發兵攻疏勒. 超守盤橐城, 與忠爲首尾, 士吏單少, 拒守歲餘. 肅宗初卽位, 以陳睦新沒, 恐超單危不能自立, 下詔徵超. 超發還, 疏勒擧國憂恐. 其都尉黎弇曰, "漢使弃我, 我必復爲龜茲所滅耳. 誠不忍見漢使去." 因以刀自剄.

超還至于窴, 王侯以下皆號泣曰, "依漢使如父母, 誠不可去." 互抱超馬脚, 不得行. 超恐于窴終不聽其東, 又欲遂本志, 乃更還疏勒. 疏勒兩城自超去後, 復降龜茲, 而與尉頭連兵. 超捕斬反者, 擊破尉頭, 殺六百餘人, 疏勒復安.

| **註釋** | ㅇ焉耆(언기) – 서역의 국가 이름. 國都는 員渠城(원거성), 今 新疆省 중앙 庫爾勒市 동북 焉耆回族自治縣. ㅇ陳睦(진목) – (永平) 17년(서기 74)에 西域都護로 陳睦(진목)을 처음 파견하였는데, 18년 6월에 西域都護 陳睦(진목)을 공격하여 漢의 군사를 모두 죽였다(서역도호부 폐지). 또 北匈奴와 車師後國의 왕이 戊己校尉(무기교위) 耿恭(경공)을 공격하였다. 서기 91년에 班超가 서역 전역을 평정하자 반초를 서역도호로 임명하였다. ㅇ姑墨(고묵) – 서역의 國名. 姑默, 亟墨으로도 표기. 今 新疆省 중서부 阿克蘇市 일대 ㅇ尉頭國(위두국) – 영역은 지금 新疆省 서쪽 克孜勒蘇柯爾克孜 자치주 관할의 阿合奇縣 일대.

[國譯]

(永平) 十八年, 明帝가 붕어했다. 焉耆國(언기국)에서는 中國 국상

을 틈타 西域都護인 陳睦(진목)을 공격 살해하였다. 반초는 孤立無援이었고 龜茲(구자)와 姑墨國(고묵국)은 군사를 자주 동원하여 소륵국을 공격하였다. 반초는 盤橐城(반탁성)을 지키며 국왕 忠(충)과 首尾가 되어 도왔으나 군사가 너무 적고 겨우 1년 남짓 견디었다. 肅宗(章帝)은 새로이 즉위하여 (서역도호) 陳睦(진목)이 죽은 이후로 반초가 홀로 지킬 수 없다며 반초를 소환하라고 명했다. 반초가 돌아오려 하자, 소륵에서는 온 나라가 두려워하였다. 소륵의 도위인 黎弇(여엄)이 말했다. "漢이 우리를 버린다면 우리는 틀림없이 구자국에게 멸망당할 것입니다. 漢 군사의 귀국을 정말 두고 볼 수 없습니다." 그러면서 칼로 자결하였다.

반초가 귀국하며 우전국에 오자, 王侯 이하 모두가 울면서 말했다. "漢使는 우리의 부모와 같으니 정말로 돌아갈 수 없습니다." 그러면서 서로 반초를 껴안고 말발굽에 매달렸다. 반초는 우전국이 끝내 동쪽으로 돌아가지 못하게 할 것을 알고 또 본래의 큰 뜻을 이루고자 다시 소륵국으로 돌아갔다. 소륵국의 2개 성은 반초가 떠난 이후에 다시 구자국에 투항하였고 尉頭國(위두국)에서 양국 군대를 지휘하였다. 반초는 반역자를 잡아 죽이고 위두국을 격파하여 6백여 명을 죽이자, 소륵은 다시 안정되었다.

原文

建初三年, 超率疏勒,康居,于窴,拘彌兵一萬人攻姑墨石城, 破之, 斬首七百級. 超欲因此叵平諸國, 乃上疏請兵. 曰,

「臣竊見先帝欲開西域, 故北擊匈奴, 西使外國, 鄯善,于

窴實時向化. 今拘彌,莎車,疏勒,月氏,烏孫,康居復願歸附, 欲共並力破滅龜茲, 平通漢道. 若得龜茲, 則西域未服者百分之一耳. 臣伏自惟念, 卒伍小吏, 實願從谷吉效命絶域, 庶幾張騫弃身曠野. 昔魏絳列國大夫, 尙能和輯諸戎, 況臣奉大漢之威, 而無鈆刀一割之用乎? 前世議者皆曰取三十六國, 號爲斷匈奴右臂. 今西域諸國, 自日之所入, 莫不向化, 大小欣欣, 貢奉不絶, 唯焉耆,龜茲獨未服從.

臣前與官屬三十六人奉使絶域, 備遭艱戹. 自孤守疏勒, 於今五載, 胡夷情數, 臣頗識之. 問其城郭小大, 皆言'倚漢與依天等'. 以是效之, 則葱領可通, 葱領通則龜茲可伐. 今宜拜龜茲侍子白霸爲其國王, 以步騎數百送之, 與諸國連兵, 歲月之閒, 龜茲可禽. 以夷狄攻夷狄, 計之善者也.

臣見莎車,疏勒田地肥廣, 草牧饒衍, 不比敦煌,鄯善閒也, 兵可不費中國而徹食自足. 且姑墨,溫宿二王, 特爲龜茲所置, 旣非其種, 更相厭苦, 其勢必有降反. 若二國來降, 則龜茲自破. 願下臣章, 參考行事. 誠有萬分, 死復何恨. 臣超區區, 特蒙神靈, 竊冀未便僵仆, 目見西域平定, 陛下擧萬年之觴, 薦勳祖廟, 布大喜於天下.」

書奏, 帝知其功可成, 議欲給兵. 平陵人徐幹素與超同志, 上疏願奮身佐超. 五年, 遂以幹爲假司馬, 將弛刑及義從千人就超.

| 註釋 | ㅇ康居(강거) – 지금의 중앙아시아 哈薩克斯坦(카자흐스탄), 大宛國(대원국)의 서북에 있던 나라. 영어로는 Sogdiana. 국도는 樂越慝(낙월특) 땅이다. 장안에서 12,300리 거리이다. 전한 서역도호부에 복속하지 않았다. ㅇ拘彌 – 扜彌國(우미국), 扞彌(한미)로도 표기. 今 新疆省 남부 策勒縣 동북. ㅇ叵平諸國 – 叵는 어려울 파. 마침내. ㅇ月氏 – 月氏(월지, yuèzhī)는 甘肅省 일대에서 유목생활을 하던 티베트 계통의 부족. 흉노의 공격을 받아 서쪽으로 이동하여 伊犁河(이리하) 지역으로 이동한 월지는 大月氏, 甘肅省과 青海省 일대에 남은 월지족은 小月氏라 불렀다. 大月氏는 실크로드의 서쪽 끝에서 동서 무역으로 번성하였다. 수도는 監氏城(감씨성), 阿富汗(아프가니스탄) 지역. 월지는 본래 行國(이동하며 유목국가)으로 가축을 따라 이동하는 나라로 흉노와 풍속이 비슷하였다. ㅇ烏孫(오손) – 烏孫은 종족명이며 국명. 遊牧民族, 行國. 파미르 지역 喀什湖(카시호) 동남과 伊犁河(이리하) 유역에 있던 나라. 烏孫國(오손국)의 왕(칭호)은 大昆彌(대곤미). 도읍 赤谷城, 장안에서 8,900리이다. ㅇ谷吉(곡길) – 前漢 사람. 谷永(곡영)의 부친. 元帝 때 흉노에 사신으로 갔다가 흉노에게 피살. 張騫(장건)은 武帝 때 月氏에 사신으로 나갔다가 흉노에게 억류되었다 13년 만에 환국했다. ㅇ魏絳(위강) – 晉의 大夫. 서북쪽의 여러 이민족과의 화친을 주관하였다. ㅇ鉛刀(연도) – 鉛은 鉛(납 연). 무딘 칼. 鈍才. ㅇ葱領 – 葱嶺(총령). 帕米爾(파미르) 고원의 옛 명칭. '其山이 高大하나 산위에 葱(蔥, 파 총)이 자란다' 하여 붙여진 이름. 中國, 塔吉克斯坦(타지키스탄), 阿富汗(아프카니스탄) 우즈베키스탄 일대에 대한 범칭. 帕米爾高原은 喜馬拉雅(히말라야) 산맥과 興都庫什(힌두쿠스)산맥 등의 집합체. ㅇ夷狄攻夷狄 – 以夷制夷(이이제이)의 정책. ㅇ溫宿城 – 국명 겸 도성 이름. 今 新疆維吾爾 자치구 중서부 阿克蘇市 서쪽의 烏什縣.

[國譯]

(章帝) 建初 3년(서기 78), 반초는 疏勒(소륵), 康居(강거), 于寘(우전), 拘彌國(구미국)의 병력 1만 명을 통솔하여 姑墨國(고묵국)의 石城(석성)을 격파하고 7백여 명을 죽였다. 반초는 이 기회에 서역 여러 나라를 모두 평정하고자 군사를 요청하는 상소를 올렸다.

「臣이 볼 때 先帝(明帝)께서 西域과 통교하여 북으로 흉노족을 격파하고자 서쪽 여러 나라에 사자를 보내셨고, 鄯善國과 于寘國은 그때 중국에 귀화하였습니다. 지금 拘彌(구미), 莎車(사차), 疏勒(소륵), 月氏(월지), 烏孫(오손), 康居(강거) 등이 다시 귀부하고자 하며, 함께 군사를 모아 龜玆(구자)를 격파 멸망시켜 漢과 통하는 길을 열려고 합니다. 만약 우리가 구자국을 차지한다면 서역에서 우리에게 복속하지 않는 자는 100분의 1밖에 되지 않을 것입니다. 삼가 생각하건대, 臣은 병졸이며 小吏이지만 이역에서 목숨을 바친 谷吉(곡길)을 본받고 張騫(장건)과 같이 거친 광야에 몸을 던지고자 합니다. 옛날 (晉의) 魏絳(위강)은 列國의 大夫로 戎狄(융적)의 여러 나라와 강화하였는데, 臣은 大漢의 위엄을 이어받았으니, 비록 납(鉛)으로 만든 무딘 칼과 같지만 그래도 한 번은 쓸 곳이 있어야 할 것입니다. 前世에 많은 사람들이 서역 36국을 차지한다면 흉노의 오른팔을 자르는 것 같다고 하였습니다. 지금 서역의 여러 나라들이 해가 지는 서쪽에서 동쪽을 바라보며 귀순을 원하지 않는 자가 없었습니다. 크고 작은 나라들이 기꺼이 공물을 끊임없이 바치고 있습니다만, 오로지 焉耆(언기)와 龜玆(구자)만은 아직 복속하지 않고 있습니다.

臣은 앞서 36명의 官屬과 함께 이역에 사신으로 명을 받아 온갖 어려움을 겪었습니다. 외롭게 疏勒을 지킨 것이 벌써 5년 전이라서 서쪽 이민족의 사정을 臣은 많이 알고 있습니다. 그 크고 작은 城郭의 나라에 물어보면, 모두 '漢에 의지하는 것은 하늘에 의지하는 것과 같다.' 고 말합니다. 이를 효과적으로 다스리면 葱領(총령, 葱嶺)을 넘을 수 있으며, 총령을 넘는다면 구자국도 정벌할 수 있습니다. 지금 구자국의 侍子(시자)인 白霸(백패)를 그들의 왕으로 삼아 보병과 기병 수백 명과 함께 호송하면서 여러 나라의 군사와 연결한다면 일 년 이내에 구자왕을 사로잡을 수 있을 것입니다. 夷狄으로 하여금 이적을 공격하는 것이 가장 좋은 방책일 것입니다.

臣이 볼 때 莎車(사차), 疏勒(소륵)은 경작지가 비옥하고 넓으며 풍요로운 초지가 널려있어 敦煌과 鄯善國 일대와 비교할 수 없이 좋으며, 군사는 중국의 비용에 의지하지 않고도 군량을 자족할 수 있습니다. 또 姑墨(고묵)과 溫宿(온숙) 두 나라의 왕은 구자국에서 보낸 왕으로 본래 그 부족이 아니라서 서로 싫어하기에 나중에 필히 투항하며 배반할 것입니다. 만약 두 나라가 투항하면 구자국은 스스로 무너질 것입니다. 제가 올리는 보고를 결정에 참고하시기 바랍니다. 폐하의 은덕에 만분의 일이라도 보답할 수 있다면, 여기서 죽는다 하여 저에게 무슨 한이 있겠습니까? 臣 超(초)는 보잘 것 없지만 원하는 것은 신령의 특별한 은택을 입어 쓰러져 죽기 전에 서역을 평정하고, 폐하의 만수무강을 비는 잔을 높이 들어 종묘에 공적을 보고하며 기쁜 소식을 천하에 널리 알릴 수 있기를 바랄 뿐입니다.」

반초의 글이 상주되자, 章帝는 반초의 성공을 믿고 군사를 보내줄 것을 상의하게 하였다. 平陵縣 사람 徐幹(서간)은 평소에 반초와 뜻을 같이하였는데 자진해서 반초를 돕겠다고 상소하였다. 建初 5년(서기 80), 서간을 假司馬에 임명하여 형 집행 연기자와 자원한

병사 1천 명을 인솔하게 하여 반초에게 보냈다.

原文

先是莎車以爲漢兵不出, 遂降於龜茲, 而疏勒都尉番辰亦復反叛. 會徐幹適至, 超遂與幹擊番辰, 大破之, 斬首千餘級, 多獲生口. 超既破番辰, 欲進攻龜茲. 以烏孫兵彊, 宜因其力, 乃上言,

"烏孫大國, 控弦十萬, 故武帝妻以公主, 至孝宣皇帝, 卒得其用. 今可遣使招慰, 與共合力."

帝納之. 八年, 拜超爲將兵長史, 假鼓吹幢麾. 以徐幹爲軍司馬, 別遣衛候李邑護送烏孫使者, 賜大小昆彌以下錦帛.

| 註釋 | ㅇ故武帝妻以公主 – 武帝 元封 연간에, 江都王 劉建의 딸 細君을 公主라 하여 烏孫에 시집보냈다. ㅇ至孝宣皇帝, 卒得其用 – 선제 때 한과 오손의 합동작전으로 흉노를 크게 격파했고, 이후 흉노는 세력이 약해져 漢에 入朝하였다. ㅇ假鼓吹幢麾 – 橫吹(횡취)는 武樂으로 변방 1만 명의 군사를 지휘하는 장군의 행차에 쓸 수 있었다. 麾幢(휘당)은 大將의 깃발. 班超는 大將이 아니기에 假를 붙였다. ㅇ大小昆彌 – 烏孫 國王의 칭호는 昆莫(곤막), 이름은 獵驕靡(엽교미)였는데 뒤에 보통 昆彌(곤미)로 호칭. 엽교미가 죽은 뒤 왕위 다툼이 있었는데, 漢에서 둘 다 인정하며 大昆彌, 小昆彌로 호칭하며 인수를 하사하였고 이후 大小 昆彌라 불렀다.

[國譯]

이에 앞서 莎車國(사차국)에서는 漢兵이 출동하지 않을 것이라 생각하여 龜茲(구자)에 복속하였고 疏勒國 都尉 番辰(반진)도 한에 반기를 들었었다. 마침 徐幹(서간)의 군사가 도착하자, 반초와 서간은 반진을 공격하여 대파하고 1천여 명을 죽이고 많은 포로를 사로잡았다. 반초가 반진을 격파한 뒤 龜茲國을 공격하고자 하였다. 그러면서 오손의 강한 군사를 차용하려고 조정에 상서하였다.

"烏孫은 大國으로 궁수만 10만 명이나 되기에 전에 武帝는 공주를 오손 왕에게 시집보내 주었고, 孝宣皇帝 때는 오손의 군사를 동원할 수 있었습니다. 지금 조정에서 사자 보내 오손을 招撫(초무)한다면 그 군사를 우리가 이용할 수 있을 것입니다."

장제는 반초의 건의를 받아들였다. (建初) 8년, 반초를 將兵長史에 임명하였고 鼓吹(고취, 武樂)와 대장기를 수여였다. 또 徐幹(서간)을 軍司馬에 임명하였고, 별도로 衛候 李邑(이읍)을 보내 烏孫의 使者를 호송케 하였고, 오손의 大昆彌와 小昆彌 이하 모두에게 비단을 하사하였다.

原文

李邑始到于窴, 而值龜茲攻疏勒, 恐懼不敢前, 因上書陳西域之功不可成, 又盛毁超擁愛妻, 抱愛子, 安樂外國, 無內顧心. 超聞之, 歎曰, "身非曾參而有三至之讒, 恐見疑於當時矣." 遂去其妻. 帝知超忠, 乃切責邑曰, "縱超擁愛妻, 抱愛子, 思歸之士千餘人, 何能盡與超同心乎?" 令邑詣超受節度. 詔超, "若邑任在外者, 便留與從事."

超卽遣邑將烏孫侍子還京師. 徐幹謂超曰, "邑前親毁君, 欲敗西域, 今何不緣詔書留之, 更遣它吏送侍子乎?" 超曰, "是何言之陋也! 以邑毁超, 故今遣之. 內省不疚, 何衈人言! 快意留之, 非忠臣也."

| **註釋** | ㅇ三至之讒 – 효도로 유명한 曾參(증삼)의 어머니는 曾參(사실은 同名異人)이 살인했다는 말을 연이어 3번이나 듣자, 짜던 베틀의 북(杼)을 버리고 도망갔다는 고사. 곧 계속되는 참언은 누구라도 믿게 된다는 뜻. ㅇ內省不疚 – 자성하여 양심에 가책을 느끼지 않다. 子曰, "內省不疚, 夫何憂何懼?"《論語 顔淵》. ㅇ何衈人言 – 남의 말을 걱정하지 않다. 衈은 가엽이 여길 휼. 놀라 두려워하다.

[國譯]

李邑(이읍)이 처음 于窴(우전)에 와서 구자국이 소륵국을 공격하는 것을 보고 두려워 진격하지도 못하고 상서하여 西域에서 정벌은 성공할 수 없다고 하면서 반초가 애처를 끼고 아들만을 아끼며, 외국에서 안락한 생활을 하며 국내의 형편을 걱정하지 않는다며 크게 헐뜯었다. 반초는 이런 사실을 알고 탄식하며 "내 자신이 曾參(증삼)이 아닐진대, 여러 번 이런 험담을 듣는다면 지금 사람들한테도 의심을 받을 것이다."라고 말하고는 아내를 떠나보냈다. 장제는 반초의 충성을 알고 있었기에 이읍을 심하게 질책하였다.

"설령 반초가 처자식만을 아꼈다고 하더라도 돌아가고 싶은 마음을 가진 사람 1천여 명 모두가 어떻게 반초와 한마음이 될 수 있겠는가?"

그러면서 이읍으로 하여금 반초에게 나아가 節度를 배우라고 하였다. 또 반초에게 "설령 이읍이 외직을 감당할 수 있어도 가까이 두고 업무를 담당케 하라."고 명령하였다.

반초는 이읍을 시켜 烏孫에서 漢에 入侍하는 아들을 데리고 낙양으로 돌아가게 하였다. 이에 서간이 반초에게 말했다. "이읍은 전에 당신을 직접 모함하고 서역의 일을 방해하였는데, 왜 남겨두라는 조서를 따르지 않고 오손의 侍子를 호송케 하여 돌려보냅니까?"

그러자 반초는 "어찌 그리 속이 좁은 말을 하는가! 이읍이 나를 모함하였기에 보내는 것이다. 내 스스로 반성하여 가책이 없다면 어찌 남의 말을 걱정하겠는가! 내 뜻만으로 그를 여기 남겨둔다면 충신이 할 짓은 아니다."

原文

明年, 復遣假司馬和恭等四人將兵八百詣超, 超因發疏勒, 于竇兵擊莎車. 莎車陰通使疏勒王忠, 啖以重利, 忠遂反從之, 西保烏卽城. 超乃更立其府丞成大爲疏勒王, 悉發其不反者以攻忠. 積半歲, 而康居遣精兵救之, 超不能下. 是時月氏新與康居婚, 相親, 超乃使使多繼錦帛遺月氏王, 令曉示康居王, 康居王乃罷兵, 執忠以歸其國, 烏卽城遂降於超.

後三年, 忠說康居王借兵, 還據損中, 密與龜茲謀, 遣使詐降於超. 超內知其姦而外僞許之. 忠大喜, 卽從輕騎詣超. 超密勒兵待之, 爲供張設樂. 酒行, 乃叱吏縛忠斬之. 因擊破其衆, 殺七百餘人, 南道於是遂通.

| 註釋 | ㅇ啖以重利 – 많은 재물로 유인하다. 啖은 먹을 담. 어루꾀다. 啗(먹일 담)과 同.

[國譯]

다음 해, 조정에서는 다시 假司馬 和恭(화공) 등 4명에게 군사 8백 명을 거느리고 반초에게 보냈고, 반초는 疏勒(소륵)과 于窴(우전)의 군사와 함께 莎車國을 공격하였다. 사차국에서는 몰래 소륵왕 忠(충)에게 사자를 보내 많은 재물로 유인하였고, 忠은 결국 漢을 배신하고 서쪽으로 가서 烏卽城(오즉성)에서 항거하였다. 반초는 즉시 소륵의 府丞인 成大(성대)를 疏勒王으로 삼고 반역하지 않은 자를 다 동원하여 忠을 공격하였다. 반년을 싸웠는데, 康居國에서 精兵을 보내 소륵왕을 구원하자 반초는 함락시킬 수가 없었다. 이때 月氏(월지)는 새로 康居와 혼인을 맺으며 서로 친했는데, 반초는 사자를 시켜 많은 비단을 월지왕에게 보내면서 강거왕을 깨우치게 하였고, 강거왕은 곧 군대를 철수시키면서 忠을 잡아 강거로 돌아가자 오즉성은 마침내 반초에게 투항하였다.

그 3년 뒤, 忠은 康居王을 설득하여 군사를 빌려가지고 損中(손중)이란 곳을 차지하였고, 비밀리에 구자국과 모의하여 사자를 반초에게 보내 거짓 항복한다고 하였다. 반초는 그 흉계를 간파하고 겉으로 허락한다고 거짓말을 하였다. 이에 忠은 크게 좋아하면서 경무장

기병을 데리고 반초의 진영으로 왔다. 반초는 비밀리에 군사를 대기시켜 놓고 휘장을 치고 주악을 연주케 하였다. 술이 돌아가자, 반초는 군리를 시켜 忠을 포박하고 참수하였다. 이어 그 무리를 공격하여 7백여 명을 죽여 버리자 天山南路가 완전히 개통되었다.

原文

明年, 超發于窴諸國兵二萬五千人, 復擊莎車. 而龜茲王遣左將軍發溫宿,姑墨,尉頭合五萬人救之. 超召將校及于窴王議曰, "今兵少不敵, 其計莫若各散去. 于窴從是而東, 長史亦於此西歸, 可須夜鼓聲而發."

陰緩所得生口. 龜窴王聞之大喜, 自以萬騎於西界遮超, 溫宿王將八千騎於東界徼于窴. 超知二虜已出, 密召諸部勒兵, 雞鳴馳赴莎車營, 胡大驚亂奔走, 追斬五千餘級, 大獲其馬畜財物. 莎車遂降, 龜茲等因各退散, 自是威震西域.

| 註釋 | ㅇ長史 - 西域長史 班超. ㅇ陰緩所得生口 - 슬그머니 生口(포로)를 도망치게 하다.

[國譯]

다음 해, 반초는 우전 등 여러 나라의 군사 2만5천 명을 동원하여 다시 사차국을 공격하였다. 구자국왕은 左將軍을 시켜 溫宿(온숙), 姑墨(고묵), 尉頭國(위두국)의 군사 5만 명을 보내 구원하였다. 반초는 장교를 불러 우전왕과 함께 상의하였다.

"지금 병력이 적어 상대할 수 없으니 각자 해산하여 돌아가는 것이 좋을 것이요. 우전은 여기서 동쪽으로 돌아가고, 나도 여기서 서쪽으로 갈 것이니 밤에 북소리가 날 때를 기다렸다가 출발토록 합시다."

그러면서 슬그머니 포로를 도망치게 하였다. 구자왕은 이를 알고 크게 좋아하면서 1만여 기병을 거느리고 서쪽으로 나아가 반초를 막으려 했고, 온숙왕은 8천 기병을 거느리고 동쪽에서 우전국 군사를 막으려 하였다. 반초는 2개 국의 군사가 출동한 것을 알고 비밀리에 여러 나라의 군사를 동원하여 닭이 울 무렵에 사차 병영을 공격케 하자 적은 놀라 도망쳤고, 반초는 추격하여 5천여 명을 죽이고 그 가축과 재물을 많이 노획하였다. 이에 사차국은 반초에 투항하였고, 구자국 등은 후퇴 해산하였으며 반초의 위세는 서역에 진동하였다.

原文

初, 月氏嘗助漢擊車師有功, 是歲貢奉珍寶,符拔,師子, 因求漢公主.

超拒還其使, 由是怨恨. 永元二年, 月氏遣其副王謝將兵七萬攻超. 超衆少, 皆大恐. 超譬軍士曰,

"月氏兵雖多, 然數千里踰葱領來, 非有運輸, 何足憂邪? 但當收穀堅守, 彼飢窮自降, 不過數十日決矣."

謝遂前攻超, 不下, 又鈔掠無所得. 超度其糧將盡, 必從

龜茲求救, 乃遣兵數百於東界要之. 謝果遣騎賫金銀珠玉以賂龜茲. 超伏兵遮擊, 盡殺之, 持其使首以示謝. 謝大驚, 卽遣使請罪, 願得生歸. 超縱遣之. 月氏由是大震, 歲奉貢獻.

| **註釋** | ㅇ符拔,師子 – 符拔(부발)은 짐승 이름. 기린과 비슷하나 뿔이 없다는 주석이 있다. 師子는 獅子.

[國譯]

그전에, 月氏(월지)는 漢을 도와 車師(거사) 공격에 공을 세웠는데 이 해에 여러 보물과 符拔(부발), 사자 등을 바치면서 漢에서 公主를 시집보내달라고 하였다.

반초가 거절하며 사자를 돌려보내자, 월지는 원한을 품었다. (和帝) 永元 2년(서기 90), 월지는 그들 副王인 謝(사)를 보내 군사 7만을 거느리고 반초를 공격하였다. 반초의 군사는 소수라서 모두 크게 두려워했다. 반초가 군사를 타일러 말했다.

"月氏의 군사가 많다지만 그들은 수천 리 葱領(총령)을 넘어왔으며 군수물자를 운반하지 않았으니, 어찌 두렵겠는가? 우리가 곡물을 모아놓고 굳게 지킨다면 적은 굶주리고 지쳐 저절로 투항할 것이니 불과 수십일 내에 결판이 날 것이다."

월지의 謝(사)는 반초의 군사를 공격했지만 함락시키지 못하고 또 노략질할 것도 없었다. 반초는 그들 군량이 다하면 틀림없이 구자국에 구원을 요청할 것이라고 예상하여 수백 명 군사를 보내 동쪽에서 기다리게 하였다. 謝(사)는 예상대로 기병을 보내 금은주옥 등을 갖고 구자국에 보냈다. 반초가 보낸 복병은 길을 막고 공격하여 모두 다 죽이고 그 사자의 수급을 갖다가 謝에게 보냈다. 謝는 크게 놀라 즉시 사자를 보내 죄의 용서를 빌며 살아 돌아가게 해 달라고 요청했다. 반초는 월지 군사를 돌려보냈다. 월지는 크게 두려워하며 해마다 토산물을 바쳤다.

原文

明年, 龜茲,姑墨,溫宿皆降, 乃以超爲都護, 徐幹爲長史. 拜白霸爲龜茲王, 遣司馬姚光送之. 超與光共脅龜茲廢其王尤利多而立白霸, 使光將尤利多還詣京師. 超居龜茲它干城, 徐幹屯疏勒. 西域唯焉耆,危須,尉犁以前沒都護, 懷二心, 其餘悉定.

| **註釋** | ㅇ以超爲都護 – 반초를 서역도호에 임명하다. 永元 3년, 서기 91년 12월, 西域都護와 騎都尉, 戊己校尉(무기교위) 관직을 다시 설치하였다. ㅇ危須 – 危須(위수)의 국도는 危須城, 今 新疆省 중앙부 焉耆縣의 동북 烏什塔拉 부근. ㅇ尉犁 – 尉黎(위려). 국도는 尉黎城, 今 新疆維吾爾自治區 중앙부 巴音郭楞蒙古自治州관할 焉耆縣(언기현) 서남.

[國譯]

그 다음 해 龜茲(구자), 姑墨(고묵), 溫宿(온숙)이 모두 투항하자 조정에서는 바로 班超를 西域都護에, 徐幹(서간)을 長史에 임명하였다. 또 白霸(백패)를 龜茲王으로 삼아 司馬 姚光(요광)을 시켜 호송하였다. 반초와 요광은 함께 구자왕 尤利多(우리다)를 폐위하고 백패를 즉위시키고 요광을 시켜 우리다를 낙양으로 데려갔다.

반초는 구자국의 它干城(타간성)에 주둔하였고, 서간은 소륵에 주둔하였다. 西域에서 오직 焉耆(언기), 危須(위수), 尉犁(위리)는 전에 都護(陳睦)를 살해했고 두 마음을 품었지만 다른 나라는 모두 평정되었다.

原文

六年秋, 超遂發龜茲,鄯善等八國兵合七萬人, 及吏士賈客千四百人討焉耆. 兵到尉犁界, 而遣曉說焉耆,尉犁,危須曰,

"都護來者, 欲鎭撫三國. 卽欲改過向善, 宜遣大人來迎, 當賞賜王侯已下, 事畢卽還. 今賜王彩五百匹."

焉耆王廣遣其左將北鞬支奉牛酒迎超. 超詰鞬支曰, "汝雖匈奴侍子, 而今秉國之權. 都護自來, 王不以時迎, 皆汝罪也." 或謂超可便殺之. 超曰, "非汝所及. 此人權重於王, 今未入其國而殺之, 遂令自疑, 設備守險, 豈得到其城下哉!" 於是賜而遣之. 廣乃與大人迎超於尉犁, 奉獻珍物.

| **註釋** | ㅇ吏士賈客 - 吏士는 軍吏. 賈客은 商人, 商客, 商旅(상려). ㅇ大人來迎 - 大人은 族長, 酋豪(추호).

[國譯]

(和帝, 永元) 6년 가을, 반초는 드디어 龜茲(구자), 鄯善(선선) 등 8개 국의 군사 7만 명과 軍吏와 客商 1천4백 명을 모아 焉耆(언기)를 토벌하였다. 부대가 尉犁國(위리국) 땅에 들어가서 사자를 보내 焉耆(언기), 尉犁(위리), 危須(위수)에 말했다.

"都護가 여기에 온 것은 3국을 진무하려는 뜻이다. 즉시 改過遷善(개과천선)하겠다면 즉시 大人(族長)을 보내 영접할 것이며, 王侯 이하 사람에게 하사품을 내리고 돌아갈 것이다. 이번에 왕에게는 채색 비단 5백 필을 하사할 것이다."

焉耆王 廣(광)은 左將인 北鞬支(북건지)를 보내 소고기와 술을 보내 반초를 영접케 하였다. 이에 반초가 북건지를 꾸짖었다.

"네가 비록 흉노에 입시했었지만 지금 나라의 국권을 쥐고 있다. 서역도호인 내가 직접 왔는데도 왕이 때를 맞춰 영접하지 않은 것은 모두 너의 잘못이다."

측근이 반초에게 북건지를 죽여야 한다고 말했다. 이에 반초가 말했다.

"자네가 관여할 일이 아니다. 이 사람의 권한이 왕보다 더 강하지만 그 나라에 들어가기도 전에 죽인다면, 그들이 우리를 의심하며 험한 곳에서 우리에게 저항할 것이니 우리가 어찌 도성까지 갈 수 있겠는가!"

이에 하사품을 주어 북건지를 돌려보냈다. 국왕 廣(광)은 족장들과 함께 尉犁(위리)에 와서 진기한 토산물을 바쳤다.

原文

焉耆國有葦橋之險, 廣乃絶橋, 不欲令漢軍入國. 超更從它道厲度. 七月晦, 到焉耆, 去城二十里, 營大澤中. 廣出不意, 大恐, 乃欲悉驅其人共入山保. 焉耆左候元孟先嘗質京師, 密遣使以事告超, 超卽斬之, 示不信用. 乃期大會諸國王, 因揚聲當重加賞賜, 於是焉耆王廣,尉犁王泛及北鞬支等三十人相率詣超. 其國相腹久等十七人懼誅, 皆亡入海, 而危須王亦不至. 坐定, 超怒詰廣曰, "危須王何故不到? 腹久等所緣逃亡?"

遂叱吏士收廣,泛等於陳睦故城斬之, 傳首京師. 因縱兵鈔掠, 斬首五千餘級, 獲生口萬五千人, 馬畜牛羊三十餘萬頭, 更立元孟爲焉耆王. 超留焉耆半歲, 慰撫之. 於是西域五十餘國悉皆納質內屬焉.

| **註釋** | ㅇ更從它道厲度 – 它道는 다른 길. 厲는 허리춤까지 추켜올리다. 度는 물을 건너다(渡과 同). 옷을 허리춤까지 걷어 올리는 것은 厲(갈 려), 무릎 아래까지 걷어 올리는 것은 揭(들 게)이다.

[國譯]

焉耆國(언기국)에 葦橋(위교)라는 험지가 있었는데, (언기국왕) 廣(광)은 다리를 끊어 漢軍이 入國하지 못하게 하였다. 반초의 군사는 곧바로 다른 길을 골라 허리춤까지 옷을 걷어 올리고 물을 건넜다. 七月 그믐에 언기에 도착하여 도성 20리 큰 연못가에 야영하였다.

廣은 뜻밖에 漢軍이 닥치자 크게 두려워 그 백성들을 몰아 산속에 들어가 지켰다. 언기국 左候인 元孟(원맹)은 먼저 낙양에 인질로 왔던 적이 있었는데, 남몰래 사람을 보내 반초에게 알리자 반초는 사자를 죽여 그런 말을 믿지 않는다는 뜻을 확실히 하였다. 그리고 기일을 정해 여러 나라의 왕들을 불러 큰 상을 내리겠다고 널리 공표하자 焉耆王 廣(광), 尉犂王(위리왕) 泛(범), 그리고 北鞬支(북건지) 등 30인이 모두 반초에게 모였다. 언기국의 相인 腹久(복구) 등 17명은 처형될까 두려워 모두 사막으로 도주하였으며 危須王(위수왕)도 오지 않았다. 모두 坐定하자, 반초는 언기왕 廣(광)을 질책하며 물었다.

"危須王(위수왕)은 왜 안 왔는가? 腹久(복구) 등은 무엇 때문에 도망갔는가?"

그리고서 군리를 시켜 廣(광)과 泛(범) 등을 묶어 (明帝 때 서역도호였던) 陳睦(진목)의 故城에서 참수하여 그 수급을 낙양으로 보냈다. 그리고 군사를 풀어 노략질을 허용하고 5천여 명을 참수하였으며, 1만 5천 명을 포로로 잡고 말과 소, 양 등 30만 두를 노획하였으며 元孟(원맹)을 焉耆王으로 즉위시켰다. 반초는 언기국에 반년 간 머무르며 백성을 위무하였다. 이에 서역 50여 국이 모두 인질을 보내고 예속되었다.

原文

明年, 下詔曰,

「往者匈奴獨擅西域, 寇盜河西, 永平之末, 城門晝閉. 先帝深愍邊萌嬰羅寇害, 乃命將帥擊右地, 破白山, 臨蒲類, 取車師, 城郭諸國震慴響應, 遂開西域, 置都護. 而焉耆王舜, 舜子忠獨謀悖逆, 持其險隘, 覆沒都護, 並及吏士.

先帝重元元之命, 憚兵役之興, 故使軍司馬班超安集于窴以西. 超遂踰葱領, 迄縣度, 出入二十二年, 莫不賓從. 改立其王, 而綏其人. 不動中國, 不煩戎士, 得遠夷之和, 同異俗之心, 而致天誅, 蠲宿恥, 以報將士之讎. 《司馬法》曰, '賞不踰月, 欲人速覩爲善之利也.' 其封超爲定遠侯, 邑千戶.」

| **註釋** | ㅇ深愍邊萌嬰羅寇害 – 深은 深深히, 깊이. 愍은 불쌍히 여길 민. 邊은 변방, 萌은 싹 맹. 백성(氓과 同). 嬰羅(영라)는 당하다. ㅇ破白山, 臨蒲類 – 白山은 흉노 땅의 天山, 今 新疆省 哈密市 소재. 蒲類海는 今 新疆維吾爾自治區 哈市密 巴里坤自治縣의 巴里坤湖(동서 9km 남북 13km의 타원형 호수). ㅇ遂入車師 – 車師(거사)는 西域의 성곽 국가 이름. 姑師(고사)로도 표기. 지금 新疆省의 奇臺, 哈密, 吐魯番, 烏魯木齊 일대. 국도는 交河城(今 新疆省 투루판 서북 雅爾湖 서쪽). ㅇ城郭諸國 – 城郭(성곽)을 가진 여러 나라. 유목민족의 行國의 상대적인 말. ㅇ迄縣度 – 迄은 이를 흘. 縣度(현도)는 山名. 溪谷에 길이 없어 새끼줄에 묶어 사람을 올리고 내린다고 하였다. 《漢書 西域傳》에 "陽關에서 5,880리 떨어졌다고 하였다. ㅇ而致天誅, 蠲宿恥 – 致는 至. 蠲은 제거하다(除也). 宿恥는 서역도호 陳穆(진목)의 피살. ㅇ《司馬法》–《司馬兵法》– 齊 景公의 장군인 司馬穰苴(사마양저, 齊의 田穰苴)가 지었다는 병법서. ㅇ定遠侯 – 漢中郡 南鄭縣 西鄉이 班超의 식읍.

[國譯]

다음 해 조서를 내렸다.

「예전에 匈奴는 西域의 땅을 독점하고 河西 일대를 노략질하였는데, (明帝) 永平 말년에는 낮에도 성문을 폐쇄해야만 했었다. 先帝(明帝)께서는 변방의 백성이 외적의 침해를 받는 것을 심히 가엽게 여기시어 장수에게 서쪽 땅을 정벌하게 하여 白山에서 격파하고 蒲類海(포류해)를 넘어 車師國을 차지하니 城郭을 가진 여러 나라가 두려워 떨며 響應(향응)하여 마침내 서역 땅을 차지하고 서역도호를 설치했었다. 그러나 焉耆王(언기왕) 舜(순)과 그 아들 忠(충)은 悖逆(패역)하면서 험한 지형을 믿고 도호와 여러 軍吏를 죽였다.

先帝(章帝)께서는 백성의 생명을 소중히 여기시어 군사 동원을 피하려 하시면서 軍司馬인 班超를 시켜 于窴國(우전국)에 주둔케 하였다. 반초는 마침내 葱領(총령)을 넘고, 縣度山(현도산)을 통과하며 정복하기 22년에 귀순하지 않은 나라가 없었다. 그들 왕을 바꾸고 그 백성을 안정시켰다. 中國의 물자를 소비하지 않고 군사를 동원하지 않고서도 먼 이적들과 화목하였으며, 서로 다른 풍속을 같게 하였고 하늘을 대신하여 악인을 벌하고 과거 치욕을 설욕하고 將士의 원수를 갚았다. 《司馬法》에서도 '賞은 달을 넘기지 말고 많은 사람들에게 착한 일을 한 이득을 빨리 볼 수 있게 하라.' 고 하였다. 반초를 定遠侯(정원후)에 봉하고, 식읍은 1천 호로 하라.」

原文

超自以久在絶域, 年老思土. 十二年, 上疏曰,

「臣聞太公封齊, 五世葬周, 狐死首丘, 代馬依風. 夫周齊同在中土千里之閒, 況於遠處絶域, 小臣能無依風首丘之思哉? 蠻夷之俗, 畏壯侮老. 臣超犬馬齒殲, 常恐年衰, 奄忽僵仆, 孤魂弃捐.

昔蘇武留匈奴中尙十九年, 今臣幸得奉節帶金銀護西域, 如自以壽終屯部, 誠無所恨, 然恐後世或名臣爲沒西域. 臣不敢望到酒泉郡, 但願生入玉門關. 臣老病衰困, 冒死瞽言, 謹遣子勇隨獻物入塞. 及臣生在, 令勇目見中土.」

|註釋| ㅇ狐死首丘 – 首丘는 머리를 여우가 살던 산 쪽으로 향하다. 首丘初心. 고향을 그리워하다. ㅇ代馬依風 – 代郡에서 태어나 자란 말은 북풍에 귀를 기울이다. 代國, 代郡은 戰局 시대부터 趙國이 북방 유목민족을 격파하고 설립한 郡으로, 지금의 山西省 大同市 일대. 後漢 代郡의 치소는 高柳縣, 今 山西省 大同市 관할 陽高縣. ㅇ蠻夷之俗, 畏壯侮老 – 흉노족은 젊은이가 먼저 고기를 먹고, 노인네는 그 남은 것을 나중에 먹는다고 하였다. 侮는 업신여길 모. ㅇ犬馬齒殲 – 犬馬는 신하의 겸칭. 齒殲(치섬)은 치아가 다 빠지다. 殲은 다 죽일 섬. ㅇ奄忽僵仆 – 奄忽(엄홀)은 갑자기, 홀연히. 奄然. 奄은 가릴 엄. 갑자기. 僵仆(강부)는 쓰러지다. 僵은 쓰러질 강. 仆는 엎드릴 부. 죽다. ㅇ蘇武留匈奴 – 蘇武(소무, ? – 前 60)는 무제 때 中郎將으로 흉노에 사신으로 갔다가 억류되었다(前 100년). 온갖 회유와 협박에도 굴하지 않고 버티다가 昭帝 始元 6년(前 81) 봄에야 長安에 돌아왔다. 宣帝 麒麟閣(기린각) 11功臣 중 한 사람. 《漢書》 54권, 〈李廣蘇建傳〉에 입전. ㅇ玉門關 – 甘肅省 敦煌市의 서북쪽에 玉門關이 있어 天山北路로 이어지고 敦煌市의 서남쪽에 있는 陽關(양관)은 천산남로로 이어졌다.

[國譯]

班超는 오랫동안 먼 변방에 있었기에 연로하여 옛 고향을 그리워했다. (和帝 永元) 12년 상소를 올렸다.

「臣이 알기로, 太公이 齊에 봉해졌지만 5代를 모두 周의 땅으로 이장하였으며, 여우가 죽을 때는 머리를 살던 곳으로 향하고, 代國의 말은 북풍에 마주 선다고 하였습니다. 대체로 周와 齊는 모두 본국의 땅으로 千里 정도 떨어진 곳입니다만 하물며 小臣은 멀고 먼 외진 곳이니, 어찌 代馬나 여우처럼 고향을 그리는 마음이 없겠습니까? 만이들의 풍습에는 젊은이를 위하고 노인을 업신여깁니다. 臣超는 치아가 다 빠진 犬馬로 늙어 쇠약하여 어느 날 갑자기 쓰러져 죽어 孤魂으로 버려질까 늘 걱정이 됩니다.

예전에 蘇武(소무)는 흉노 땅에 19년이나 있었지만 지금 臣은 다행히도 부절을 받고 인수를 차고서 서역을 지키고 있으니, 늙어 수명이 다할 때까지 군에 주둔하여도 여한이 없을 것입니다만, 후세에 또는 다른 名臣이 저처럼 서역에서 죽게 될까 걱정이 됩니다. 臣이 감히 酒泉郡을 볼 수 있기를 바라지는 못하지만 그래도 살아서 玉門關(옥문관)에 들어가고 싶습니다. 臣은 늙고 쇠약하여 죽음을 무릅쓰고 함부로 말씀을 올리며, 삼가 아들 勇(용)을 토산물을 바치는 사람을 따라 국경에 들여보냅니다. 臣이 살아 있을 때 아들 勇에게 본국을 보여주고 싶습니다.」

原文

而超妹同郡曹壽妻昭亦上書請超曰,

「妾同產兄西域都護定遠侯超, 幸得以微功特蒙重賞, 爵列通侯, 位二千石. 天恩殊絶, 誠非小臣所當被蒙. 超之始出, 志捐軀命, 冀立微功, 以自陳效. 會陳睦之變, 道路隔絶, 超以一身轉側絶域, 曉譬諸國, 因其兵衆, 每有攻戰, 輒爲先登, 身被金夷, 不避死亡. 賴蒙陛下神靈, 且得延命沙漠, 至今積三十年.

骨肉生離, 不復相識. 所與相隨時人士衆, 皆已物故. 超年最長, 今且七十. 衰老被病, 頭髮無黑, 兩手不仁, 耳目不聰明, 扶杖乃能行. 雖欲竭盡其力, 以報塞天恩, 迫於歲暮, 犬馬齒索. 蠻夷之性, 悖逆侮老, 而超旦暮入地, 久不見代, 恐開姦宄之源, 生逆亂之心. 而卿大夫咸懷一切, 莫肯遠慮. 如有卒暴, 超之氣力不能從心, 便爲上損國家累世之功, 下弃忠臣竭力之用, 誠可痛也. 故超萬里歸誠, 自陳苦急, 延頸踰望, 三年於今, 未蒙省錄.

妾竊聞古者十五受兵, 六十還之, 亦有休息不任職也. 緣陛下以至孝理天下, 得萬國之歡心, 不遺小國之臣, 況超得備侯伯之位, 故敢觸死爲超求哀, 匄超餘年. 一得生還, 復見闕庭, 使國永無勞遠之慮, 西域無倉卒之憂, 超得長蒙文王葬骨之恩, 子方哀老之惠.《詩》云, '民亦勞止, 汔可小康, 惠此中國, 以綏四方.'

超有書與妾生訣, 恐不復相見. 妾誠傷超以壯年竭忠孝於沙漠, 疲老則便捐死於曠野, 誠可哀憐. 如不蒙救護, 超後有一旦之變, 冀幸超家得蒙趙母,衛姬先請之貸. 妾愚戇不知大義, 觸犯忌諱.」

書奏, 帝感其言, 乃徵超還.

| 註釋 | ○曹壽妻昭 – 班固와 班超의 여동생 班昭(반소, 45? – 117?, 一名 姬, 字 惠姬)는 右扶風 사람 曹壽(조수)와 결혼하였다. 반고가《漢書》를 완성하지 못하고 옥사하자, 和帝는 班昭에게《漢書》의 완성을 명했다. 반소는 扶風人 馬續(마속)과 함께《漢書》의〈八表〉와〈天文志〉를 완성하였다. 後漢의 名儒인 馬融(마융, 서기 79 – 166)은 班昭의 지도를 받으며《漢書》를 배웠다. ○皆已物故 – 物故는 죽다. 物化. 去世. ○恐開姦宄之源 – 姦宄(간귀)는 나쁜 사람. 姦惡. 姦은 內惡. 宄는 도둑 귀. 外惡. ○匄超餘年 – 匄는 빌 개. 乞과 同. ○文王葬骨之恩 – 周 文王이 사람을 시켜 땅을 파게 했다. 그런데 시신의 뼈가 나오자, 문왕은 뼈를 다시 묻어주라고 했다. 신하들이 시신의 주인도 없다고 하자, 문왕이 말했다. "천하를 다스리는 자가 만물의 주인이다. 내가 시신의 주인이 아니겠는가?" 이를 전해들은 백성이 말했다. "왕의 은택이 마른 해골에도 미치는데 하물며 살아있는 사람이야!" ○子方哀老之惠 – 田子方은 魏 文侯의 스승이었는데 문후가 말이 늙었다고 버리려 하자, 문후에게 말했다. "젊어 힘을 다하였는데 늙었다고 버린다면 仁이 아닙니다." 그러자 노마를 거두어 기르게 하였다. ○《詩》云 – 《詩經 大雅 民勞》. ○得蒙趙母,衛姬先請之貸 – 趙母는 나라 趙括(조괄)의 모친인데, 아들이 패전하더라도 연좌 처벌을 받지 않게 해달라고 미리 요청하였다. 衛姬(위희)는 齊 桓公先의 姬妾이었는데, 衛를 토벌하려 하자 위의 죄를 용서해달라고 빌었다.

[國譯]

그리고 반초의 누이동생인 右扶風의 曹壽(조수)의 妻인 班昭(반소) 역시 반초를 돌아오게 해달라는 글을 올렸다.

「妾의 同母 오빠인 西域都護 定遠侯 超(초)는 다행히도 작은 공을 세우고 특별히 큰 恩賞을 받아 열후의 작위를 받고 2천석 지위에 올랐습니다. 天恩이 아주 특별하시기에 진실로 小臣이 받을 수 없을 정도였습니다. 오빠 超가 처음 출정할 때는 목숨과 몸을 버릴 각오였고 작은 공이나마 세우고자 힘써 노력하였습니다. 마침 陳睦(진목)이 피살되는 변고가 있고 길이 막혀버린 뒤라서 超는 홀로 외진 곳에 들어갔고 서역 여러 나라를 설득하였으며, 그들 군사와 맞서 공격할 때면 앞장서서 공격했기에 몸에 상처를 입으면서도 죽음을 피하지 않았습니다. 다행히 폐하 신령의 도움을 입어 사막에서 연명하기를 지금까지 어언 30년이었습니다.

骨肉을 나눈 형제지만 생이별 이후 서로 만나지를 못하였습니다. 그때 같이 근무하던 군사들은 이미 모두 죽고 없습니다. 超는 가장 나이가 많아 지금 70입니다. 쇠약해지고 병에 걸렸고, 머리는 모두 백발이며, 양손도 자유롭지 못하고 잘 듣지도 보지도 못하며, 지팡이를 짚어야만 걸을 수 있습니다. 비록 나라에 온몸을 다 바쳐야 천은에 보답할 수 있지만 인생의 말년이 가까우면서 치아조차 모두 빠졌습니다. 만이들의 속성이 어른 말을 거역하고 노인을 업신여긴다는데, 超 역시 곧 땅에 묻힐 것이기에 후임이 오랫동안 오지 않는다면, 혹시 악인이 姦計를 부리거나 逆亂의 흉계가 싹틀 수도 있을 것입니다. 그리고 卿大夫들이 어떤 마음을 품고 먼 앞을 내다보지 못할 수도 있습니다. 만약 갑자기 超의 기력이 마음과 같지 않게 되면 위로는 누대에 걸쳐 쌓아온 공을 허물고, 아래로는 충신이 전심전력 노력하지 않는다면 정말 애석할 것입니다. 그래서 超가 萬里 밖에서 성심을 바쳐서 고통스럽고 급박한 심정을 진술하고, 목을 빼고 까치발을 딛고 기다린 지 지금까지 3년이나 아직도 받아들여지지 않았습니다.

妾이 알기로, 옛날에도 15살에 병역을 시작하여 60이면 군에서 물러나왔으며 휴식하며 아무런 직무를 받지 않았습니다. 폐하께서는 돈독한 효심으로 천하를 다스리시고 만국의 환심을 받으시며 소국의 신하라도 버리시지 않으시는데, 하물며 超는 侯伯의 지위에서 죽음을 무릅쓰고 애절하게 간구하며 여생을 갈구하고 있습니다. 살아 돌아올 수 있다면, 다시 조정에 서서 나라로 하여금 원정에 내보낸 사람을 걱정하지 않게 하고 서역에서는 갑작스런 사태가 없을 것이며, 超가 文王이 마른 뼈를 묻어주는 은덕을 입을 수가 있고 田子方이 老馬를 불쌍히 여기는 은혜를 받을 것입니다. 《詩》에서도 '백성이 수고로우니 조금이라도 편하게 해주시길, 나라에서 은택을 베푸시어 사방을 편하게 하도다.' 라고 하였습니다.

超는 저와 생이별을 하였고 다시 못 만날까 두렵기만 합니다. 妾은 진실로 오빠 超가 한창 나이에 사막에 나가 나라에 충효를 다하였지만 늙고 지쳐서도 허허 벌판에서 그냥 죽어간다면 정말 가련할 것입니다. 만약 도움을 받지 못하고 超가 어느 뒷날 갑자기 죽는다면 행여 超의 집에 趙母(조모)나 衛姬(위희)처럼 먼저 죄를 빌고 용서받기를 바랄 뿐입니다. 妾은 어리석어 大義를 알지도 못한 채 폐하의 심기를 불편케 해 드렸습니다.」

상서가 들어가자, 和帝는 감동하여 반초를 돌아오도록 소환하였다.

原文

超在西域三十一歲. 十四年八月至洛陽, 拜爲射聲校尉. 超素有匈脅疾, 旣至, 病遂加. 帝遣中黃門問疾, 賜醫藥. 其年九月卒, 年七十一. 朝廷愍惜焉, 使者弔祭, 贈賵甚厚. 子雄嗣.

初, 超被徵, 以戊己校尉任尙爲都護. 與超交代. 尙謂超曰, "君侯在外國三十餘年, 而小人猥承君後, 任重慮淺, 宜有以誨之." 超曰, "年老失智, 任君數當大位, 豈班超所能及哉! 必不得已, 願進愚言. 塞外吏士, 本非孝子順孫, 皆以罪過徙補邊屯. 而蠻夷懷鳥獸之心, 難養易敗. 今君性嚴急, 水淸無大魚, 察政不得下和. 宜蕩佚簡易, 寬小過, 總大綱而已." 超去後, 尙私謂所親曰, "我以班君當有奇策, 今所言平平耳." 尙至數年, 而西域反亂, 以罪被徵, 如超所戒.

| **註釋** | ○匈脅疾 – 匈은 胸(가슴 흉). 脅은 옆구리 협. ○戊己校尉(무기교위) – 屯田校尉의 개칭. 戊己(무기)는 十干의 중앙. 중앙은 土, 곧 황색. 이는 漢을 상징하고 흉노(北)를 제압한다는 뜻으로 택한 이름. 무기교위는 서역도호의 속관으로 둔전을 관장했다. ○水淸無大魚 – '水至淸則無魚, 人至察則無徒.' 《孔子家語》에 나오는 말.

[國譯]

반초는 서역에 31년을 머물렀다. (和帝 永元) 14년(서기 102) 8월에 낙양에 도착하여 射聲校尉에 임명되었다. 반초는 평소에 가슴과 옆구리에 병이 있었는데 낙양에 와서 병이 더욱 심해졌다. 和帝는 中黃門을 보내 문병하며 의약을 하사하였다. 반초는 그해 9월에 죽었는데, 나이 71세였다. 조정에서는 크게 안타까워하면서 사자를 보내 조문하고 제사를 도왔는데 하사품이 매우 많았다. 아들 班雄(반웅)이 계승하였다.

그전에 반초가 돌아오라는 부름을 받자, 戊己校尉(무기교위) 任尙(임상)이 서역도호가 되었다. 임상은 반초와 교대하였다. 임상이 반초에게 물었다.

"君侯께서는 국외에 30여 년을 계셨는데, 저는 군후의 후임자로 임무는 중하고 사려가 깊지 못해 두려울 뿐이니 군후께서 저를 가르쳐 주십시오." 이에 반초가 말했다.

"나야 나이만 먹고 지혜도 다하였지만 任君이야 높은 직무를 여러 번 담당하였으니, 이 반초가 어찌 따라갈 수 있겠소! 꼭, 부득이 어리석은 생각을 말해보겠소. 국경 밖에서 일하는 군리나 군졸은 본래 孝子順孫이 아니고 대부분이 죄를 지어 변방에 쫓겨난 사람들이요. 거기다가 蠻夷(만이)는 새나 짐승 같은 심성이라 더불어 살기 어려운 사람들이요. 지금 당신의 성격이 매우 엄격하고 성급한데, 본래 물이 맑으면 大魚가 없는 것처럼 정사가 너무 가혹하면 아랫사람과 화합하기 어렵소. 응당 좀 더 너그럽고 편하게 대하며 작은 잘못에 관용을 베풀고 큰 권한만 행사토록 하시오."

반초가 돌아간 뒤로 임상은 가까운 사람에게 말했다.

"나는 班君에게 당연히 奇策이 있을 줄 알았는데, 지금 말한 것은 아주 평범한 말이었소."

임상은 몇 년 뒤 서역의 반란을 당해 업무상 실책으로 소환 당하였으니 반초가 훈계한 그대로였다.

原文

有三子. 長子雄, 累遷屯騎校尉. 會叛羌寇三輔, 詔雄將五營兵屯長安, 就拜京兆尹. 雄卒, 子始嗣, 尙淸河孝王女陰城公主. 主順帝之姑, 貴驕淫亂, 與嬖人居帷中, 而召始入, 使伏牀下. 始積怒, 永建五年, 遂拔刃殺主. 帝大怒, 腰斬始, 同産皆弃市. 超少子勇.

| **註釋** | ㅇ嬖人居帷中 - 嬖人은 귀인의 총애를 받는 賤人. 嬖는 사랑할 폐.

【國譯】

반초에게 아들이 셋이었다. 長子인 班雄(반웅)은 점차 승진하여 屯騎校尉(둔기교위)가 되었다. 마침 반역한 강족이 三輔 지역을 노략질하자 조서로 반웅이 五營의 군사를 거느리고 長安에 주둔케 하였고 이어 반웅을 경조윤을 제수하였다. 반웅이 죽자 아들 班始(반시)가 계승하였는데, 반시는 淸河孝王의 딸인 陰城公主와 결혼하였다. 공주는 順帝의 고모였는데 교만하고 음란하였는데 천한 남자와 휘장 안에서 놀면서 반시를 불러 들어오게 한 뒤에 침상 아래 엎드리게 하였다. 이에 반시는 울분이 쌓이고 쌓여 (順帝) 永建 5년에 칼로 공주를 살해하였다. 순제도 대노하면서 반시의 허리를 잘라 죽였고 형제들을 모두 기시형에 처했다. 반초의 막내아들이 班勇(반용)이다.

❷ 班勇

原文

勇字宜僚, 少有父風. 永初元年, 西域反叛, 以勇爲軍司馬. 與兄雄俱出敦煌, 迎都護及西域甲卒而還. 因罷都護. 後西域絶無漢吏十餘年.

元初六年, 敦煌太守曹宗遣長史索班將千餘人屯伊吾, 車師前王及鄯善王皆來降班. 後數月, 北單于與車師後部遂共攻沒班, 進擊走前王, 略有北道. 鄯善王急, 求救於曹宗, 宗因此請出兵五千人擊匈奴, 報索班之恥, 因復取西域. 鄧太后召勇詣朝堂會議. 先是公卿多以爲宜閉玉門關, 遂弃西域.

| 註釋 | ㅇ敦煌 – 군명. 治所 敦煌縣, 今 甘肅省 酒泉市 관할 敦煌市. 甘肅省 서북 끝.

[國譯]

班勇(반용)의 字는 宜僚(의료)로 젊어서부터 부친의 유풍이 있었다. (安帝) 永初 원년에, 西域에서 반란이 일어나자 반용은 軍司馬가 되었다. 兄인 法雄(법웅)과 함께 敦煌(돈황)에서 출발하여 서역 都護와 그 甲卒을 영입하여 돌아왔다. 이때 서역도호는 폐지되었다. 이후 西域에는 10여 년간 漢의 관리가 한 사람도 없었다.

(安帝) 元初 6년(서기 119), 敦煌 太守 曹宗(조종)의 長史인 索班

(삭반)이 1천여 명을 거느리고 伊吾(이오)에 주둔하자, 車師(거사) 前王과 鄯善王(선선왕)이 모두 찾아와 삭반에게 투항하였다. 그 몇 달 뒤 北單于와 車師 後部가 함께 삭반을 공격하여 죽여버리고 거사 전왕을 공격하였으며 천산북로를 차지하였다. 선선왕은 다급하여 (돈황태수) 조종에게 구원을 요청하였고, 조종은 5천 군사를 거느리고 흉노를 공격하여 삭반의 치욕을 갚아주고 다시 서역을 차지하겠다고 주청하였다. 이에 鄧(등) 태후는 반용을 불러 조정에서 회의를 가졌다. 이에 앞서 여러 공경들은 玉門關을 폐쇄하고 서역을 포기해야 한다고 생각하였다.

原文

勇上議曰,

「昔孝武皇帝患匈奴彊盛, 兼總百蠻, 以逼障塞. 於是開通西域, 離其黨與, 論者以爲奪匈奴府藏, 斷其右臂. 遭王莽簒盜, 徵求無猒, 胡夷忿毒, 遂以背叛. 光武中興, 未遑外事, 故匈奴負彊, 驅率諸國. 及至永平, 再攻敦煌, 河西諸郡, 城門晝閉. 孝明皇帝深惟廟策, 乃命虎臣, 出征西域, 故匈奴遠遁, 邊境得安. 及至永元, 莫不內屬. 會閒者羌亂, 西域復絶, 北虜遂遣責諸國, 備其逋租, 高其價直, 嚴以期會. 鄯善, 車師皆懷憤怨, 思樂事漢, 其路無從. 前所以時有叛者, 皆由牧養失宜, 還爲其害故也. 今曹宗徒恥於前負, 欲報雪匈奴, 而不尋出兵故事, 未度當時之宜也.

夫要功荒外, 萬無一成, 若兵連禍結, 悔無及已. 況今府藏未充, 師無後繼, 是示弱於遠夷, 暴短於海內, 臣愚以爲不可許也. 舊敦煌郡有營兵三百人, 今宜復之, 復置護西域副校尉, 居於敦煌, 如永元故事. 又宜遣西域長史將五百人屯樓蘭, 西當焉耆,龜茲徑路, 南彊鄯善,于窴心膽, 北扞匈奴, 東近敦煌. 如此誠便.」

| 註釋 | ㅇ備其逋租 – 逋租(포조)는 체납된 조세. 그동안의 밀린 賦稅. 逋는 달아날 포. 체납하다. ㅇ北扞匈奴 – 扞은 막을 한.

[國譯]

반용이 의견을 상주하였다.

「과거에 孝武皇帝께서는 匈奴가 강성하여 여러 만이를 지배하면서 우리 국경을 침입하는 것을 걱정하셨습니다. 그래서 서역을 차지하고 흉노의 우익을 분리시켰는데, 당시의 여론은 흉노의 재물 창고를 빼앗고 그 오른팔을 자르는 것 같다고 생각하였습니다. 그러다가 왕망이 찬탈한 이후로 서역에 대한 요구가 끝이 없자, 서역은 원한을 품고 漢을 배반하였습니다. 光武 中興 이후에는 국외에 마음 쓸 경황이 없었고, 흉노는 강한 세력으로 여러 나라를 압박하였습니다. (明帝) 永平 연간에, 흉노가 다시 敦煌郡을 공격하자 河西 일대의 여러 군에서는 낮에도 성문을 폐쇄해야만 했습니다. 孝明皇帝께서는 이를 묘당에서 논의하셨고 虎臣(무신)에게 명하여 서역에 출동케 하자, 흉노는 멀리 도주하였고 변경은 안정되었습니다. (和帝) 永元 연간에는 서역 모든 나라가 복속하였습니다. 요즈음 羌族의 반란으로 서역과 다시 두절되자, 흉노는 서역 여러 나라를 견책하며 그간 걷어가지 못한 부세를 크게 늘려 요구하며 기일을 준수케 하였습니다. 鄯善(선선)과 車師(거사)가 이에 원한을 품고 기꺼이 漢을 섬기고자 하여도 그럴 길이 없었습니다. 이전에 서역에서 가끔 일어나는 반역은 그들에 대한 관리가 적당하지 못했거나 그 해악 때문이었습니다. 지금 曹宗(조종)은 다만 전에 당한 치욕을 부끄럽게 여겨 흉노에 설욕하고자 하지만 과거에 출병한 일을 잘 알지 못하고 당시의 형편을 고려하지 못하고 있습니다.

대체로 황량한 서역에서 공적의 성취는 만에 하나를 이루기 어렵고 군사 동원이 화를 불러와 그 화가 끝이 없을 것입니다. 하물며 지금 나라의 재정도 충분치 않고 계속 보충할 군사도 없으니, 이는 우리의 약한 모습을 먼 곳이 이적에게 보여주는 것이며, 나라 안으로는 여러 단점을 노출시키는 것이니, 어리석은 臣의 생각이지만 허용하지 않아야 한다고 할 수 없습니다. 예전 敦煌郡 병영에는 3백 명의 군사가 있었는데, 지금 병영을 복원하여 西域을 방어할 副校尉를 두어 돈황군에 주둔케 하면서, 永元 연간의 전례를 따르는 것이 좋을 것입니다. 또 西域長史를 파견하여 5백 명 군사를 거느리고 樓蘭(누란)에 주둔하면서, 서쪽으로 焉耆(언기)와 龜茲(구자)에 이르는 지름길을 열고, 남으로는 강력한 鄯善과 于竇(우전)의 능력을 키워주며, 북으로 흉노를 막으면서, 동으로 돈황군에 의지할 수 있어야만 실질적 이득일 것입니다.」

原文

尙書問勇曰, "今立副校尉, 何以爲便? 又置長史屯樓蘭, 利害云何?"

勇對曰, "昔永平之末, 始通西域, 初遣中郎將居敦煌, 後置副校尉於車師, 旣爲胡虜節度, 又禁漢人不得有所侵擾. 故外夷歸心, 匈奴畏威. 今鄯善王尤還, 漢人外孫, 若匈奴得志, 則尤還必死. 此等雖同鳥獸, 亦知避害. 若出屯樓蘭, 足以招附其心, 愚以爲便."

長樂衛尉鐔顯,廷尉綦毋參,司隸校尉崔據難曰,

"朝廷前所以弃西域者, 以其無益於中國而費難供也. 今車師已屬匈奴, 鄯善不可保信, 一旦反覆, 班將能保北虜不爲邊害乎?"

勇對曰, "今中國置州牧者, 以禁郡縣姦猾盜賊也. 若州牧能保盜賊不起者, 臣亦願以要斬保匈奴之不爲邊害也. 今通西域則虜勢必弱, 虜勢必弱則爲患微矣. 孰與歸其府藏, 續其斷臂哉! 今置校尉以扞撫西域, 設長史以招懷諸國, 若弃而不立, 則西域望絕. 望絕之後, 屈就北虜, 緣邊之郡將受困害, 恐河西城門必復有晝閉之儆矣. 今不廓開朝廷之德, 而拘屯戍之費, 若北虜遂熾, 豈安邊久長之策哉!"

| **註釋** | ○鐔顯(심현) – 인명. 鐔은 칼날 밑 심. 작은 칼. 성씨. 顯은 나타날 현. ○孰與歸其府藏 – 孰與는 어찌 이와 같겠는가? 도저히 필적할 수

없다. 孰若(숙약), 何若(하약)과 同. ㅇ晝閉之儆矣 – 儆은 경계할 경. ㅇ今不廓開朝廷之德 – 廓은 넓힐 확(본음 곽). 확장하다. 바로잡다. 둘레 곽.

[國譯]

尙書가 班勇에게 물었다. "지금 副校尉를 설치하면 어떤 이득이 있으며, 또 長史를 설치하여 누란에 주둔하게 한다면 그 利害가 어떠한가?"

이에 반용이 대답하였다.

"옛날 永平 말기에 서역과 처음 왕래할 때 처음에는 中郞將을 보내 敦煌에 주둔하게 하였고, 나중에 副校尉를 임명하여 車師國에 보내어 여러 나라를 통제하게 하였으며, 또 漢人들이 농간을 부리지 못하게 단속하였습니다. 그래서 만이들이 귀의할 마음을 먹었고 흉노는 두려워했던 것입니다. 지금 鄯善王인 尤還(우환)은 漢人의 外孫인데, 만약 흉노가 세력을 떨친다면 우환은 틀림없이 죽게 될 것입니다. 이들이 비록 새나 짐승 같다지만 그래도 피해가 무엇인지는 알고 있습니다. 만약 누란에 군사를 주둔시킨다면 그들 마음을 내편으로 끌어들일 수 있으니 우리에게 이로울 것입니다."

長樂 衛尉인 鐔顯(심현), 廷尉 綦毋參(기모삼), 司隸校尉 崔據(최거) 등이 따져 물었다.

"朝廷에서 이전에 서역을 포기한 것은 우리에게 아무런 이득도 되지 않으면서 그 비용을 댈 수가 없었기 때문입니다. 지금 車師國은 이미 흉노의 차지가 되었고 鄯善(선선)은 믿을 수가 없는데, 하루아침에 뒤집어진다면 班 장군은 북쪽 흉노가 우리 변경을 침략하지 않을 것이라고 보증할 수 있습니까?"

이에 반용이 대답하였다.

"지금 우리 中國에 州牧을 설치한 것은 郡縣의 간악한 자와 도적을 막기 위한 것입니다. 만약 州牧에서 도적떼가 일어나지 못하게 보증할 사람이 있다면, 臣도 역시 흉노가 우리의 변경에 해악을 끼치지 않을 것이라고 목숨을 걸고 보증하겠습니다. 지금 서역과 교통한다면 흉노의 세력을 약화시키려는 뜻이고, 흉노 세력이 꺾이게 된다면 그만큼 환란은 미약할 것입니다. 그들의 재물창고를 돌려주는 것이 그들의 팔을 자르는 것과 어찌 같겠습니까! 지금 校尉를 설치하여 서역을 진무하고 長史를 두어 여러 나라를 회유하여야 하는데, 만약 서역을 버리고 설치하지 않는 것은, 곧 서역의 기대를 단절하는 것입니다. 절망한 뒤에는 그들은 북쪽 흉노에 굴복할 것이고 우리 변경의 군에서든 그 침략을 받아 지칠 것이며, 아마도 河西 일대의 성문은 낮에도 폐문하고 경계해야 할 것입니다. 지금 조정의 은덕을 널리 확장하지 않고 방어 비용에도 구애를 받으면 흉노가 크게 강성해질 것이니, 어찌 변경을 안정시킬 수 있는 항구적 대책이 되겠습니까!"

原文

太尉屬毛軫難曰, "今若置校尉, 則西域駱驛遣使, 求索無猒, 與之則費難供, 不與則失其心. 一旦爲匈奴所迫, 當復求救, 則爲役大矣."

勇對曰, "今設以西域歸匈奴, 而使其恩德大漢, 不爲鈔盜則可矣. 如其不然, 則因西域租入之饒, 兵馬之衆, 以擾動緣邊, 是爲富仇讎之財, 增暴夷之勢也. 置校尉者, 宣威布德, 以繫諸國內向之心, 以疑匈奴覬覦之情, 而無財費耗國之慮也. 且西域之人無它求索, 其來入者, 不過稟食而已. 今若拒絶, 勢歸北屬, 夷虜並力以寇幷, 涼, 則中國之費不止千億. 置之誠便."

於是從勇議, 復敦煌郡營兵三百人, 置西域副校尉居敦煌. 雖復羈縻西域, 然亦未能出屯. 其後匈奴果數與車師共入寇鈔, 河西大被其害.

| 註釋 | ㅇ以疑匈奴覬覦之情 - 以疑匈奴 覬覦(기유)는 분에 넘치는 것을 바라다. 覬는 바랄 기. 冀와 同. 覦는 넘겨다 볼 유. ㅇ羈縻(기미) - 자유를 구속하고 억압하다. 羈는 굴레 기. 재갈. 재갈을 물리다. 縻는 고삐 미. 굴레와 고삐로 가축을 부리다.

[國譯]

太尉의 속관인 毛軫(모진)이 반용에게 따지면서 말했다.

"지금 만약 校尉를 둔다면 西域에 계속 관리를 보내야 하고 현지 조달도 끝이 없을 것이며, (우리 군에 비용을) 공급하자면 그 비용을 감당할 수 없고 공급하지 않는다면 그곳에서 민심을 잃을 것이요. 어느 날 흉노에게 압박을 당한다면 우리에게 도움을 요청할 것이니, 그러면 戰役은 커질 것이요."

이에 반용이 대답하였다.

"지금 가령 서역이 흉노에게 귀속한다면 흉노가 우리에게 고맙다고 하면서 우리의 변방을 노략질하지 않는다면 괜찮을 것입니다. 그렇지 않다면 서역에서 걷어가는 풍부한 賦稅와 많은 병마를 거느리고 우리 변경에서 소란을 일으킬 것이니, 이는 원수에게 재물을 보태주는 것이며 만이의 세력을 갑자기 키워주는 것입니다. 교위의 설치는 위엄을 보이며 덕을 베푸는 것으로, 서역 여러 나라의 마음을 우리에게 기울게 하며 흉노가 우리 중원을 넘겨다보려는 뜻을 뒤흔드는 것이며, 나라의 재물을 소모한다는 염려를 줄이려는 뜻입니다. 또 西域의 백성에게 다른 것을 요구하는 것이 아니니, 그들이 우리에게 주는 것은 군량뿐입니다. 만약 우리가 서역을 거두지 않는다면 형세는 북쪽 흉노에 속할 것이며, 흉노는 온 힘을 다하여 우리의 幷州(병주)와 涼州(양주) 일대를 노략질할 것이니 방어비용이 千億에 그치지는 않을 것입니다. 서역에 군사를 보내는 것이 진정 이득이 될 것입니다."

이에 반용의 주장을 따르기로 하였으며, 敦煌郡 군영의 병사 3백명을 배치하고 서역 副校尉를 敦煌郡에 상주시켰다. 비록 다시 서역에 대한 羈縻(기미)정책을 폈지만 병력을 보내 서역에 주둔시키지는 못했다. 그 뒤에 흉노는 예상대로 자주 車師의 군사와 함께 노략질을 계속하였고 河西지역은 큰 피해를 입었다.

原文

延光二年夏, 復以勇爲西域長史, 將兵五百人出屯柳中. 明年正月, 勇至樓蘭, 以鄯善歸附, 特加三綬. 而龜茲王白英猶自疑未下, 勇開以恩信, 白英乃率姑墨,溫宿自縛詣勇降. 勇因發其兵步騎萬餘人到車師前王庭, 擊走匈奴伊蠡王於伊和谷, 收得前部五千餘人, 於是前部始復開通. 還, 屯田柳中.

四年秋, 勇發敦煌,張掖,酒泉六千騎及鄯善,疏勒,車師前部兵擊後部王軍就, 大破之. 首虜八千餘人, 馬畜五萬餘頭. 捕得軍就及匈奴持節使者, 將至索班沒處斬之, 以報其恥, 傳首京師. 永建元年, 更立後部故王子加特奴爲王. 勇又使別校誅斬東且彌王, 亦更立其種人爲王, 於是車師六國悉平.

| 註釋 | ㅇ柳中(유중) – 성읍 이름. 一作 柳陳. 今 新疆省 중동부 吐魯番市 관할 鄯善縣 魯克沁. ㅇ軍就(군취) – 人名. 車師後部의 왕 이름. 안제 때 반한, 반용에 의해 참수 당함. ㅇ車師六國悉平 – 車師 前, 後部(前, 後國) 외에 東且彌, 卑陸, 蒲類, 移支 등 총 六國. 〈西域傳〉 참고. 悉은 다 실. 모두.

[國譯]

(安帝) 延光 2년(서기 123) 여름, 다시 班勇을 西域長史에 임명하여 군사 5백 명을 거느리고 출정하여 柳中(유중)에 주둔케 하였다. 다음 해 정월, 반용이 樓蘭國(누란국)에 들어가자 鄯善國(선선국)이 귀부하여 특별히 인수를 3개 하사하였다. 그래도 龜茲王 白英(백영)은 의심하며 투항하지 않았는데, 반용은 은덕을 베풀고 신의를 지키자 백영은 姑墨(고묵), 溫宿(온숙) 왕과 함께 자신을 포박하고 반용을 찾아와 투항하였다. 반용은 이에 그 보병과 기병 1만여 군사를 동원하여 車師前王庭을 공격하고 匈奴의 伊蠡王(이리왕)을 伊和谷(이화곡)에서 공격하여 거사 전왕부의 백성 5천여 명을 구출하였고, 이에

거사 전왕국은 한과 통교하였다. 반용은 회군하여 柳中에서 둔전하였다.

(연광) 4년 가을, 반용은 敦煌, 張掖(장액), 酒泉郡의 6천 기병과 鄯善, 疏勒(소륵), 車師前部의 군사를 동원하여 거사 後部의 王 軍就(군취)를 공격하여 대파하고 8천여 명을 죽이거나 생포하고 우마 5만여 마리를 노획하였다. 반용은 왕 군취와 흉노의 부절을 가진 사자를 생포한 뒤에, 索班(삭반)이 피살되었던 곳으로 데리고 가서 참수하여 원수를 갚았고 그 수급을 낙양으로 보냈다.

(順帝) 永建 원년(서기 126), 다시 車師後部 옛 왕의 아들인 加特奴(가특노)를 왕으로 세웠다. 반용은 또 별도로 군리를 보내 東且彌王(동차미왕)을 다시 그 부족 사람을 왕으로 세웠는데, 이에 車師 6국이 모두 평정되었다.

原文

其冬, 勇發諸國兵擊匈奴呼衍王, 呼衍王亡走, 其衆二萬餘人皆降. 捕得單于從兄, 勇使加特奴手斬之, 以結車師匈奴之隙. 北單于自將萬餘騎入後部, 至金且谷, 勇使假司馬曹俊馳救之. 單于引去, 俊追斬其貴人骨都侯, 於是呼衍王遂徙居枯梧河上. 是後車師無復虜跡, 城郭皆安. 唯焉耆王元孟未降.

二年, 勇上請攻元孟, 於是遣敦煌太守張朗將河西四郡兵三千人配勇. 因發諸國兵四萬餘人, 分騎爲兩道擊之. 勇從南道, 朗從北道, 約期俱至焉耆. 而朗先有罪, 欲徼功自贖, 遂先期至爵離關, 遣司馬將兵前戰, 首虜二千餘人. 元孟懼誅, 逆遣使乞降, 張朗徑入焉耆受降而還. 元孟竟不肯面縛, 唯遣子詣闕貢獻. 朗遂得免誅. 勇以後期, 徵下獄, 免. 後卒於家.

| 註釋 | ㅇ河西 四郡 – 金城, 敦煌, 張掖, 酒泉郡.

[國譯]

그해 겨울, 班勇은 여러 나라의 군사를 동원하여 匈奴 呼衍王(호연왕)을 공격하였고 호연왕은 도주하였는데, 그 무리 2만여 명이 모두 투항하였다. 반용은 單于의 4촌 형을 사로잡았는데, 반용은 (車師後部의 왕) 加特奴(가특노)의 손으로 참수하게 하여 거사국과 흉노의 틈을 벌려놓았다. 북선우는 1만여 기병을 거느리고 車師後部를 거쳐 金且谷(금차고)에 들어갔는데, 반용은 假司馬 曹俊(조준)을 보내 車師後部를 구원케 하였다. 북선우는 도주했고, 조준은 그 貴人 骨都侯(골도후)를 참수하였는데, 호연왕은 결국 북쪽 枯梧河(고오하) 유역으로 이주하였다. 이후 車師에서는 흉노의 모습을 다시 볼 수 없었고 성곽 국가들은 안정되었다. 다만 焉耆 국왕 元孟(원맹)은 투항하지 않았다.

(順帝) 永建 2년(서기 127), 반용은 언기국왕 원맹을 공격하겠다고 주청하였는데, 조정에서는 敦煌太守 張朗(장랑)을 보내 河西 四郡의 군사 3천 명을 반용에게 보내주었다. 반용은 이에 서역 각국의 군사 4만여 명을 동원하고 기병을 양쪽으로 나누어 공격하였다. 반

용은 천산남로를 따라, 장랑은 북로를 따라 공격하여 언기국에서 만나기로 기일을 정하였다. 그런데 이전에 장랑은 죄를 지었는데, 이번에 공을 세워 속죄를 받으려 하여 기일보다 먼저 爵離關(작리관)에 도착했으며, 司馬에게 병력을 주어 앞서 나가 싸우면서 적 2천여 명을 죽이거나 포로로 잡았다. 언기국왕 원맹은 죽게 될까 두려워 사자를 장랑에게 보내 투항을 애걸하였는데, 장랑은 지름길로 언기국에 도착하여 항복을 받고 돌아왔다. 원맹은 끝까지 포박을 거부하면서 아들을 낙양에 보내 토산물을 바치게 하였다. 장랑은 이전의 죄를 사면 받았다. 반용은 약속 기일보다 늦었다 하여 조정에 불려 들어가 하옥되었다가 면직되었다. 반용은 뒷날 집에서 죽었다.

❸ 梁慬

原文

梁慬字伯威, 北地弋居人也. 父諷, 歷州宰. 永元元年, 車騎將軍竇憲出征匈奴, 除諷爲軍司馬, 令先齎金帛使北單于, 宣國威德, 其歸附者萬餘人. 後坐失憲意, 髡輸武威, 武威太守承旨殺之. 竇氏旣滅, 和帝知其爲憲所誣, 徵慬, 除爲郞中.

慬有勇氣, 常慷慨好功名. 初爲車騎將軍鄧鴻司馬, 再遷, 延平元年拜西域副校尉. 慬行至河西, 會西域諸國反叛, 攻都護任尚於疏勒. 尙上書求救, 詔慬將河西四郡羌胡五千騎馳赴之, 慬未至而尙已得解. 會徵尙還, 以騎都尉段禧爲都護, 西域長史趙博爲騎都尉. 禧,博守它干城. 它干城小, 慬以爲不可固, 乃譎說龜茲王白霸, 欲入共保其城, 白霸許之. 吏人固諫, 白霸不聽.

慬既入, 遣將急迎禧,博, 合軍八九千人. 龜茲吏人並叛其王, 而與溫宿,姑墨數萬兵反, 共圍城. 慬等出戰, 大破之. 連兵數月, 胡衆敗走, 乘勝追擊, 凡斬首萬餘級, 獲生口數千人, 駱駝畜産數萬頭, 龜茲乃定. 而道路尙隔, 檄書不通. 歲餘, 朝廷憂之. 公卿議者以爲西域阻遠, 數有背叛, 吏士屯田, 其費無已.

永初元年, 遂罷都護, 遣騎都尉王弘發關中兵迎慬,禧,博及伊吾盧,柳中屯田吏士.

| 註釋 | ㅇ北地弋居 - 北地군 치소는 治所 富平縣, 今 寧夏回族自治區 북부, 黃河 동쪽의 吳忠市. 弋居(익거)는 현명. ㅇ 髡輸武威 - 髡은 머리 깎을 곤. 輸는 보내지다. 武威는 군명. ㅇ檄書不通 - 檄書는 檄文. 위급 상황을 보고하는 글. 公文. ㅇ伊吾盧 - 伊吾盧城은 伊吾로 간칭. 故地는 今 新疆維吾爾自治區 동부 哈密市. 본래 흉노 呼衍王의 王庭(直轄地). 후한과 흉노의 격전지.

[國譯]

梁慬(양근)의 字는 伯威(백위)고, 北地郡 弋居縣(익거현) 사람이다. 부친 梁諷(양풍)은 州 刺史를 역임했다. (和帝) 永元 원년, 車騎將軍

竇憲(두헌)이 흉노를 원정할 때, 양풍을 軍司馬에 임명하여 먼저 금과 비단을 북선우에게 보내 나라의 위엄과 은덕을 선양하자 귀부한 자가 1만여 명이나 되었다. 양풍은 뒷날 두헌의 뜻을 어겨 머리를 깎이고 武威郡에 보내졌는데, 武威 태수가 두헌의 뜻에 따라 양풍을 살해하였다. 두씨 일족이 몰락한 뒤, 和帝는 두헌의 무고였음을 알고 양품의 아들 양근을 불러 郎中을 제수하였다.

양근은 勇氣가 있고 늘 큰 뜻을 품고서 공명을 이루고자 했다. 처음에 車騎將軍 鄧鴻(등홍)의 司馬가 되었다가 거듭 승진하여 (殤帝) 延平 원년(서기 106)에 西域 副校尉가 되었다. 양근이 河西 지역에 이르렀을 때, 마침 西域의 여러 나라가 漢에 반기를 들고 서역도호인 任尙(임상)을 疏勒(소륵)에서 공격하였다. 임상이 상서하여 구원을 요청하자, 조서는 양근에게 河西 4군의 강족과 흉노족의 5천 기병을 이끌고 구원하라고 명했는데 양근이 도착하기 전에 임상은 포위에서 풀렸다. 마침 임상은 조정의 명을 받아 돌아갔고 騎都尉 段禧(단희)가 서역도호가 되었으며, 西域長史인 趙博(조박)은 騎都尉가 되었다. 단희와 조박은 它干城(타간성)을 지키고 있었다. 그러나 양근은 타간성이 좁아 안전하지 않다고 생각하여 거짓으로 龜茲王 白霸(백패)에게 성에 들어가 함께 방어하겠다고 말했는데 백패가 수락하였다. 백패의 관리와 백성이 굳이 말렸지만 백패는 따르지 않았다.

양근은 구자국 성에 들어가 급히 장수를 보내 단희와 조박의 군사 8, 9천 명을 불러들였나. 구자국의 관리와 백성이 그 왕 백패에게 반기를 들고 溫宿(온숙), 姑墨(고묵)의 수만 군사와 연합하여 구자성을 포위하였다. 양근 등은 출전하여 적을 대파하였다. 전투는 몇 달간 이어졌고 적이 패주하자 승세를 타고 추격하여 총 1만여 명을 참수하고 포로 수천 명을 사로잡았으며 낙타 등 가축 수만 마리를 노획했고 구자국은 안정되었다. 그러나 도로는 여전히 막혀 공문을 보내지 못했다. 1년 뒤에 조정에서는 서역을 걱정하였다. 公卿으로 국정을 말하는 자들은 서역은 너무 멀고 자주 배반하며 군리나 사졸의 둔전 비용이 끝이 없다고 생각하였다.

(安帝) 永初 원년(서기 107), 결국 서역도호를 폐지하고, 騎都尉 王弘(왕홍)에게 關中의 군사를 인솔하고 가서 양근과 단희, 조박 및 伊吾盧(이오려)와 柳中(유중)에서 둔전하는 군리와 사졸을 모두 데려오게 하였다.

原文

二年春, 還至敦煌. 會衆羌反叛, 朝廷大發兵西擊之, 逆詔慬留爲諸軍援. 慬至張掖日勒. 羌諸種萬餘人攻亭候, 殺略吏人. 慬進兵擊, 大破之, 乘勝追至昭武, 虜遂散走, 其能脫者十二三. 及至姑臧, 羌大豪三百餘人詣慬降, 並慰譬遣還故地, 河西四郡復安.

慬受詔當屯金城, 聞羌轉寇三輔, 迫近園陵, 卽引兵赴擊之, 轉戰武功美陽關. 慬臨陣被創, 不顧, 連破走之, 盡還得所掠生口, 獲馬畜財物甚衆, 羌遂奔散. 朝廷嘉之, 數璽書勞勉, 委以西方事, 令爲諸軍節度.

| **註釋** | ○ 衆羌反叛 – 羌族(강족)은 羊을 토템으로 숭배하는 '西戎牧羊

人.' 본래 지금의 陝西, 甘肅, 青海省 일대에 거주하던 유목민. 西南夷, 西羌으로 지칭. 그들은 爾瑪(ěrmǎ)라 자칭. 羌(qiāng)은 他稱. 藏族(장족), 彝族(이족), 土家族, 白族 등은 모두 羌族의 갈래이다. 강족의 침입에 대비하며 영역 내 강족을 통치하는 직책으로 護羌校尉가 있었다. 호강교위는 전한 武帝 때 처음 설치. 질록 比 2천석. 왕망 때 폐지했다가 후한에서 다시 복원했다. 87권, 〈西羌傳〉 참고. ㅇ姑臧(고장) – 武威郡의 치소, 今 甘肅省 중부의 武威市. ㅇ武功美陽關 – 武功은 右扶風의 현명. 今 陝西省 咸陽市 武功縣. 美陽도 우부풍의 현명.

[國譯]

(安帝 永初) 2년 봄, 양근은 敦煌郡에 도착하였다. 그 무렵 여러 羌族이 반란을 일으키자, 조정에서는 대군을 동원하여 강족을 토벌하면서 양근에게 조서를 내려 여러 각래의 군사를 후원케 하였다. 양근은 張掖郡(장액군) 日勒縣(일륵현)으로 갔다. 강족의 여러 부족 1만여 명이 한의 방어시설을 공격하며 관리와 백성을 죽이고 노략질하였다. 양근을 군사를 거느리고 진격하여 적을 대파하였고 승세를 타고 추격하여 (張掖郡) 昭武縣(소무현)에 이르자, 강족은 모두 흩어졌고 10에 2, 3은 탈락하였다. 양근이 (武威郡) 姑臧縣(고장현)에 이르자, 강족의 부족장 3백여 명이 모두 양근에게 와서 투항하였는데, 양근은 이들을 위무한 뒤에 옛 근거지로 돌려보냈고 河西 4郡은 다시 안정되었다.

양근은 조서를 받고 곧바로 金城郡에 주둔했는데, 강족이 돌아가서 삼보지역을 공격하며 황제의 능원에 가까이 왔다고 하자, 즉각 군사를 거느리고 추격하여 (右扶風) 武功縣 美陽關(미양관)에 도착했다. 양근은 전투에서 부상당했지만 몸을 아끼지 않고 적을 연파하여 축출하였으며, 생포한 포로를 나중에 다 돌려보냈고 노획한 가축과 재물이 매우 많았으며, 강족은 완전히 흩어졌다. 조정에서는 양근을 칭송하며 여러 번 조서를 내려 노고를 치하하였으며, 서방의 군사에 관한 자문을 하였으며 여러 군사를 통제케 하였다.

原文

三年冬, 南單于與烏桓大人俱反. 以大司農何熙行車騎將軍事, 中郎將龐雄爲副, 將羽林五校營士, 及發緣邊十郡兵二萬餘人, 又遼東太守耿夔率將鮮卑種衆共擊之, 詔慬行度遼將軍事. 龐雄與耿夔共擊匈奴奧鞬日逐王, 破之. 單于乃自將圍中郎將耿種於美稷, 連戰數月, 攻之轉急, 種移檄求救.

明年正月, 慬將八千餘人馳往赴之, 至屬國故城, 與匈奴左將軍,烏桓大人戰, 破斬其渠帥, 殺三千餘人, 虜其妻子, 獲財物甚衆. 單于復自將七八千騎迎攻, 圍慬. 慬被甲奔擊, 所向皆破, 虜遂引還虎澤.

三月, 何熙軍到五原曼柏, 暴疾, 不能進, 遣龐雄與慬及耿種步騎萬六千人攻虎澤. 連營稍前, 單于惶怖, 遣左奧鞬日逐王詣慬乞降, 慬乃大陳兵受之. 單于脫帽徒跣, 面縛稽顙, 納質.

會熙卒於師, 卽拜慬度遼將軍. 龐雄還爲大鴻臚. 雄, 巴郡人, 有勇略, 稱爲名將.

| 註釋 | ㅇ烏桓大人(오환, 烏丸) - 烏桓山의 산 이름이 부족 명칭. 漢代에는 지금의 內蒙古, 遼寧省 북부에서 주로 활약하였다. 大人은 부족의 우두머리(渠帥 거수). ㅇ緣邊十郡 - 五原, 雲中, 定襄, 鴈門, 朔方, 代郡, 上谷, 漁陽, 遼西, 右北平郡. ㅇ耿夔(경기) - 19권, 〈耿弇列傳〉에 立傳. ㅇ鮮卑(선비) - 종족 이름. 북방 유목민족인 東胡族이 鮮卑와 烏桓(오환)으로 분리되었다. 後漢 시대에는 흉노의 지배하에 있었다. 西晋 멸망 후 匈奴, 鮮卑, 氐(저), 羯(갈), 羌(강)의 5胡16國時代(304 - 439)가 이어진다. ㅇ奧鞬日逐王〔욱건일축왕, 本紀에는 薁鞬日逐王(욱건일축왕)〕 - 奧는 따뜻할 욱, 아랫목 오. 鞬은 화살꽂이 건. 日逐王은 흉노의 관직명. 일정 지역을 다스리는 王이란 뜻이 아니다. 左, 右賢王과 左, 右谷蠡(우녹리)와 좌우 大將, 좌우 大都尉, 좌우 大當戶, 좌우 骨都侯(골도후), 昆邪王(혼야왕), 日逐王(일축왕) 등이 모두 單于(선우) 아래의 관직명이다. ㅇ(西河郡) 美稷縣(미직현) - 현명. 今 內蒙古 鄂爾多斯市 관할 準格爾旗 서북. 匈奴中郎將의 주둔지. ㅇ斬其渠帥 - 渠帥(거수)는 우두머리. ㅇ五原曼柏 - 五原郡의 현명. 度遼將軍의 군영이 설치된 곳. 今 內蒙古自治州 서남부 鄂爾多斯市 관할 準格爾旗. 內蒙古, 山西, 陝西省의 접경. ㅇ度遼將軍 - 요동 북방의 외적을 방어할 목적으로 後漢 明帝 永平 8년에 설치하였다. 征伐의 필요성에 따라 임명하는 장군은 정원이 없었다. 부대 편제에 따라 司馬나 軍候 등을 두었다. 度遼將軍은 후한 동북방이 늘 불안하여 상설직화하였다.

[國譯]

(安帝 永初) 3년 겨울, (흉노) 南單于와 烏桓大人이 함께 반기를 들었다. 이에 大司農 何熙(하희)를 車騎將軍 직무 대행으로 임명하

고, 中郎將 龐雄(방웅)을 副職으로 삼아 羽林五校 군영의 군사를 통솔하며 국경 주변 10개 군의 병력 2만여 명을 동원케 하였다. 또 遼東太守 耿夔(경기)는 鮮卑(선비)의 여러 부족의 군사를 거느리고 함께 남선우와 오환족을 공격케 하면서 조서로 양근을 行度遼將軍事에 임명하였다. 방웅과 경기가 함께 匈奴의 奧鞬日逐王(욱건일축왕)을 격파하였다. 이에 南單于는 이에 직접 군사를 거느리고 中郎將 耿種(경종)을 (西河郡) 美稷縣에서 포위하고 여러 달을 연속 싸우며 매우 강하게 공격해오자, 경종은 격서를 보내 구원을 요청하였다.

다음 해 정월, 양근은 8천여 군사를 거느리고 현지로 달려가 서하 속국의 故城에 도착하여 匈奴의 左將軍, 烏桓의 大人과 싸워 격파하며 渠帥를 참수하고 3천여 명을 죽였으며, 그 처자를 생포했으며 매우 많은 재물을 노획하였다. 선우는 다시 7, 8천의 기병을 거느리고 맞아 싸우며 양근을 포위하였다. 양근은 갑옷을 입고 맞 공격을 하며 적을 격파하자, 흉노는 군사를 이끌고 虎澤(호택)으로 되돌아갔다.

3월에, (거기장군 직무 대행) 何熙(하희)는 군사를 거느리고 五原郡 曼柏縣(만백현)에 왔으나 갑작스런 병으로 더 진격할 수가 없자, 방웅을 보내 양근 및 경종과 함께 보병과 기병 1만6천 명을 거느리고 虎澤(호택)의 선우를 공격케 하였다. 양근의 군사가 점차 전진하자, 선우는 공포에 떨며 左奧鞬日逐王(좌욱건일축왕)을 양근에게 보내 투항을 애걸하자, 양근은 크게 군사를 모아놓고 투항을 받아들였다. 선우는 모자를 벗고 맨발에 목에 밧줄을 두르고 고개를 숙였으며 인질을 바쳤다.

이 무렵에 하희가 군진에서 죽자, 조정에서는 즉시 양근을 度遼將

軍(도료장군)에 임명하였다. 방웅은 회군하여 大鴻臚가 되었다. 방웅은 巴郡 사람인데, 용기와 지략이 뛰어나 명장이라는 칭송을 들었다.

原文

明年, 安定,北地,上郡皆被羌寇, 穀貴人流, 不能自立. 詔懂發邊兵迎三郡太守, 使將吏人徙扶風界. 懂卽遣南單于兄子優孤塗奴將兵迎之. 旣還, 懂以塗奴接其家屬有勞, 輒授以羌侯印綬, 坐專擅, 徵下獄, 抵罪.

明年, 校書郞馬融上書訟懂與護羌校尉龐參, 有詔原刑. 語在〈龐參傳〉. 會叛羌寇三輔, 關中盜賊起, 拜懂謁者, 將兵擊之. 至湖縣, 病卒.

| 註釋 | ㅇ馬融(마융, 서기 79 - 166) - 伏波將軍 馬援(마원)의 侄孫, 馬嚴(마엄)의 아들. 經學家. 鄭玄, 盧植(노식)은 모두 마융의 門生이었다. 60권, 〈馬融列傳〉 立傳. ㅇ〈龐參傳〉 - 51권, 〈李陳龐陳橋列傳〉. ㅇ湖縣 - 弘農郡의 湖縣, 今 河南省 三門峽市 관할 靈寶市 서북, 黃河 남안.

[國譯]

다음 해, 安定, 北地, 上郡이 모두 강족의 노략질을 당하여 곡물가격이 뛰고 백성은 흩어져 군 자체가 존립할 수 없었다. 조서로 양근에게 변방의 군사를 동원하여 三郡의 태수와 관리와 백성을 호송하여 우부풍 지역으로 이주케 하였다. 양근은 즉시 南單于의 조카를 優孤塗奴(우고도노)를 보내 3군의 백성을 영입케 하였다. 우고도노가 돌아오자, 양근은 우고도노의 가속들이 수고했다 하여 羌侯(강후)의 인수를 수여했는데, 이는 양근의 임의적 조치로 법을 어긴 것이라 하여 소환되어 옥에 갇혀 형을 받았다.

다음 해 校書郞 馬融(마융)이 상서하여 양근과 護羌校尉 龐參(방참)을 변호하자 조서를 내려 형을 사면하였다. 이는 〈龐參傳〉에 기록했다. 그 무렵 강족이 다시 三輔 지역을 노략질했고 關中에서 떼도적이 일어나자, 양근에게 謁者(알자)를 제수하여 군사를 거느리고 토벌케 하였다. 양근은 (弘農郡) 湖縣에 이르러 병사했다.

❹ 河熙

原文

何熙字孟孫, 陳國人. 少有大志. 永元中, 爲謁者. 身長八尺五寸, 善爲威容, 贊拜殿中, 音動左右. 和帝偉之, 擢爲御史中丞, 歷司隸校尉,大司農. 及在軍臨歿, 遺言薄葬.

三子, 臨,瑾,阜. 臨,瑾並有政能. 阜俊才早沒. 臨子衡, 爲尙書, 以正直稱, 坐訟李膺等下獄, 免官, 廢於家.

| 註釋 | ㅇ陳國 – 治所는 陳縣, 今 河南省 동부 周口市 淮陽縣. 前 淮陽國. ㅇ謁者(알자) – 光祿勳의 속관. 외빈 접대 담당. 謁者僕射(알자복야)의 지시를 받아 업무 수행. 고관의 비서 역할 겸 지방 출장도 담당했다. ㅇ李膺(이응) – 67권, 〈黨錮列傳〉에 立傳.

[國譯]

何熙(하희)의 字는 孟孫(맹손)으로 陳國 사람이다. 젊어 大志를 품었다. (和帝) 永元 연간에 謁者(알자)가 되었다. 신장이 8척5촌으로 매우 위엄이 있었고, 어전에서 의식을 집행할 때면 그 목소리가 좌우를 진동하였다. 和帝는 하희의 위엄을 칭찬하며 御史中丞으로 발탁하였으며, 하희는 司隸校尉와 大司農을 역임하였다. 출정 중에 병사하였는데 박장을 유언하였다. 河臨(하림), 河瑾(하근), 河阜(하부)의 세 아들이 있었다. 하림과 하근은 정사에 유능했다. 하부는 俊才였으나 일찍 죽었다. 하림의 아들 河衡(하형)은 尙書였는데, 정직하다는 칭송을 들었으나 李膺(이응)을 변호하다가 죄를 지어 하옥되었고 면직한 뒤에 집에서 죽었다.

原文

論曰, 時政平則文德用, 而武略之士無所奮其力能, 故漢世有發憤張膽, 爭膏身於夷狄以要功名, 多矣. 祭彤,耿秉啓匈奴之權, 班超,梁慬奮西域之略, 卒能成功立名, 享受爵位, 薦功祖廟, 勒勳於後, 亦一時之志士也.

| **註釋** | ○祭彤(제융) – 20권, 〈銚期王霸祭遵列傳〉에 立傳. ○耿秉(경병) – 19권, 〈耿弇列傳〉에 立傳.

[國譯]

范曄(범엽)의 史論 : 時政이 淸平하다면 文德있는 자를 등용하여

武略之士는 그 능력을 발휘할 곳이 없지만, 漢世에서는 發憤(발분)하고 용기를 내어 이적과의 싸움에서 공을 세워 공명을 이룬 사람이 많았다. (명제 때의) 祭肜(제융), 耿秉(경병) 등은 흉노 원정에 공을 세웠고, 班超(반초)와 梁慬(양근) 등은 西域을 공략하여 마침내 성과를 거두고 공명을 이루어 작위를 받았으며, 祖廟에 獻功하였고 후세에 이름을 남길 수 있었으니 역시 한때의 志士라 할 수 있다.

原文

贊曰,

定遠慷慨, 專功西遐. 坦步葱,雪, 咫尺龍沙. 慬亦抗憤, 勇乃負荷.

| **註釋** | ㅇ定遠 - 定遠侯 班超. ㅇ坦步葱,雪 - 坦步는 평탄한 길을 걷다. 힘을 안들이고 걷다. 葱은 葱嶺, 葱米爾(파미르) 고원의 옛 명칭. 雪은 雪山. ㅇ咫尺龍沙 - 咫尺(지척)은 아주 가까운 거리. 龍沙는 白龍堆(백룡퇴)의 사막. ㅇ勇乃負荷 - 班勇은 부친 공적의 뒤를 잇다. 負荷는 짐을 지다. 아버지가 쪼갠 장작을 아들이 지고 가다.

[國譯]

贊曰,

定遠侯 班超는 강개하여 西域에서 큰 공을 세웠다.

葱嶺과 雪山을 평지처럼 넘었고, 사막을 가까운 듯 지났다.

梁慬 역시 큰 뜻을 실천했고, 班勇은 부친 뒤를 이었다.

48 楊李翟應霍爰徐列傳
〔양,이,적,응,곽,원,서열전〕

❶ 楊終

原文

楊終字子山, 蜀郡成都人也. 年十三, 爲郡小吏, 太守奇其才, 遣詣京師受業, 習《春秋》. 顯宗時, 徵詣蘭臺, 拜校書郎. 建初元年, 大旱穀貴, 終以爲廣陵,楚,淮陽,濟南之獄, 徙者萬數, 又遠屯絶域, 吏民怨曠, 乃上疏曰,

| 註釋 | ㅇ蜀郡 – 治所는 成都縣, 今 四川省 省都(省會)인 成都市. ㅇ蘭臺 – 궁중 圖書나 文籍을 보관하는 곳. 御使中丞의 관할. 蘭臺令史가 책임자.

[國譯]

楊終(양종)의 字는 子山(자산)으로 蜀郡 成都縣 사람이다. 나이 13세에 郡의 小吏가 되었는데, 太守는 그 재능을 기특하게 여겨 京師에 가서 受業하게 하여 《春秋》를 전공하였다. 顯宗(明帝) 때, 蘭臺(난대)의 부름을 받아 校書郎이 되었다.

(章帝) 建初 원년(서기 76), 큰 가뭄이 들어 곡물 가격이 급등하자 양종은 廣陵, 楚, 淮陽, 濟南郡의 獄中 죄수 수만 명을 멀고 먼 외딴 곳에 보냈으며, 군사를 주둔시켜 관리와 백성의 원한이 많기 때문이라 생각하여 바로 상서하였다.

原文

「臣聞 '善善及子孫, 惡惡止其身', 百王常典, 不易之道也. 秦政酷烈, 違牾天心, 一人有罪, 延及三族. 高祖平亂, 約法三章. 太宗至仁, 除去收孥. 萬姓廓然, 蒙被更生, 澤及昆蟲, 功垂萬世. 陛下聖祖, 德被四表. 今以比年久旱, 灾疫未息, 躬自菲薄, 廣訪失得, 三代之隆, 無以加焉. 臣竊桉《春秋》水旱之變, 皆應暴急, 惠不下流.

自永平以來, 仍連大獄, 有司窮考, 轉相牽引, 掠考冤濫, 家屬徙邊. 加以北征匈奴, 西開三十六國, 頻年服役, 轉輸煩費. 又遠屯伊吾,樓蘭,車師,戊己, 民懷土思, 怨結邊域. 傳曰, '安土重居, 謂之衆庶.' 昔殷民近遷洛邑, 且猶怨望, 何況去中土之肥饒, 寄不毛之荒極乎? 且南方暑濕, 障毒互生.

愁困之民, 足以感動天地, 移變陰陽矣. 陛下留念省察, 以濟元元.」

| 註釋 | ㅇ違忤天心 - 忤는 거스를 오. 만나다. ㅇ除去收孥 - 妻子까지 연좌하는 법(收孥相坐律)을 폐지하다. 孥는 자식 노. 妻子. ㅇ有司窮考 - 有司는 '各有專司'의 뜻. 각자 맡은 일. 담당자. ㅇ伊吾,樓蘭,車師 - 모두 서역의 국명. 47권, 〈班梁列傳〉의 班彪(반표) 기록 참고. ㅇ戊己(무기) - 戊己校尉, 서역도호의 속관으로 둔전을 목적으로 설치한 부대. ㅇ殷民近遷洛邑 - 殷은 亳(박)으로 천도하였는데, 亳은 洛邑(洛陽)에서 가까운 今 河南省 洛陽市에 연접한 偃師市(언사시)이다.

[國譯]

「臣이 알기로, '善行에 대한 포상은 자손까지 내려주고, 惡行에 대한 증오(징벌)는 본인에게 그친다.' 고 하였으니, 이는 모든 王者에게 똑같은 법도이기에 바뀔 수 없습니다. 秦은 가혹하고 엄격한 정치로 天心을 어겨가면서 一人의 有罪에 대한 징벌이 三族에 미쳤습니다. 그래서 高祖께서는 혼란을 수습하면서 約法三章만을 시행하였습니다. 太宗(文帝)께서는 지극한 仁政을 베푸시어 妻子에게 연좌하는 법을 폐지하였습니다. 이로써 만백성이 너그러워졌고 재생의 은덕을 입었으며, 그 혜택은 昆蟲(곤충)에게도 미쳤으니 만세에 이어질 공덕이었습니다. 폐하의 聖明하신 은덕은 온 사방 끝까지 미치고 있습니다. 그러나 지금 연이은 오랜 가뭄에 각종 災異(재이)가 계속되자, 폐하께서는 은덕이 각박하고 과오가 많다고 널리 자책하시지만 三代의 융성한 시기라도 이보다 더 하지는 않았습니다. 臣이 삼가《春秋》에 기록된 水害나 旱害의 변이를 볼 때 모든 것이 포악각박하여 은택이 백성에게 미치지 않았기 때문이었습니다.

(明帝) 永平 이래로 계속 큰 옥사에 담당자가 끝까지 추궁하면서 서로가 서로를 끌어들여 고문과 함께 수없이 많은 원한이 쌓이고 家屬을 변방으로 강제 이주시켰습니다. 거기다가 흉노 원정, 서역 36국의 개척과 계속되는 장기 복무와 군사물자 운송에 따른 많은 비용과 차출이 있었습니다. 또 멀리 伊吾(이오), 樓蘭(누란), 車師國의 원정과 戊己校尉(무기교위) 산하의 둔병 등에서 백성은 고향을 그리면서 변방에서 원한이 쌓이고 쌓였습니다. 여러 경전은 '본래의 터전에 편안히 살고 있는 사람이 衆庶(중서, 백성)' 라고 하였습니다. 옛날에 殷(은)이 가까운 洛邑(낙읍)으로 옮겨가자 백성은 이를 원망하였는데, 하물며 중국의 비옥한 땅을 버리고 황량한 불모지에 가서 살아야 하니 어떠하겠습니까? 또 南方은 덥고 습한 곳이며 여러 풍토병이 많은 곳입니다. 걱정 속에서 곤궁한 백성들의 원한이 천지를 움직여 음양을 바꿔버렸습니다. 폐하께서는 이를 유념, 성찰하시어 백성을 구제하셔야 합니다.」

原文

書奏, 肅宗下其章. 司空第五倫亦同終議. 太尉牟融,司徒鮑昱,校書郎班固等難倫, 以施行既久, 孝子無改父之道, 先帝所建, 不宜回異. 終復上書曰,

「秦築長城, 功役繁興, 胡亥不革, 卒亡四海. 故孝元弃珠崖之郡, 光武絶西域之國, 不以介鱗易我衣裳. 魯文公毁泉

臺,《春秋》譏之曰 '先祖爲之而已毁之, 不如勿居而已', 以其無妨害於民也. 襄公作三軍, 昭公舍之, 君子大其復古, 以爲不舍則有害於民也. 今伊吾之役, 樓蘭之屯, 久而未還, 非天意也.」

帝從之, 聽還徙者, 悉罷邊屯.

| 註釋 | ㅇ孝元弃珠崖之郡 – 元帝 初元 3년(前 46)에 유지관리가 어려워 珠崖郡(주애군, 治所는 今 海南省 海口市 瓊山區)을 폐지하고 海南島를 방치하였다. ㅇ不以介鱗易我衣裳 – 介鱗(개린)은 먼 변방이 夷狄. 그들의 생활이 물고기, 거북이나 다름이 없다는 뜻. 衣裳은 中國. 의상을 입는 중국 사람. ㅇ魯文公毁泉臺 – 盧 文公이 先祖가 만든 泉臺를 아무런 폐해도 없으니 그냥 두어도 되는데 후손이 헐어버린 것이 비난받을만하다는 뜻.

[國譯]

상서가 들어가자, 肅宗은 상소를 논의케 하였다. 司空인 第五倫(제오륜)은 楊終(양종)의 주장에 동의하였다. 그러나 太尉인 牟融(모융), 司徒인 鮑昱(포욱), 校書郎 班固(반고) 등은 제오륜을 비난하면서 이미 시행한 지 오래 되었으며, 孝子는 부친의 뜻을 고치지 않는 것처럼 先帝가 시행한 원칙을 되 바꿀 수 없다고 하였다. 이에 양종이 다시 상서하였다.

「秦이 長城을 쌓는 등 공사에 동원하는 부역을 胡亥(호해)는 고치지 않았기에 결국 천하를 잃었습니다. 光武帝는 서역 여러 나라와 교류를 단절하여 만이들이 중국에 들어오지 못하게 하였습니다. 魯의 文公이 泉臺(천대)를 훼손할 것을 두고 《春秋》에서는 '先祖가 만들 것을 철폐한 것은 거처하지 않는 것과 다른 것' 이라고 비난한 것은 그것이 백성에게 해를 끼치지 않았기 때문입니다. (魯) 襄公이 三軍을 조직했고, 昭公이 이를 폐지한 것을 군자들이 칭찬한 것은 그것을 없애지 않으면 백성에게 해를 끼쳤기 때문이었습니다. 지금 伊吾(이오)에서의 전투나 樓蘭(누란)에서의 둔전은 오래도록 돌아올 수 없으며 그것이 天意가 아니기 때문입니다.」

章帝는 양종의 주장을 따라 강제 이주한 자가 고향에 돌아가는 것을 허용하고 변방의 주둔을 모두 혁파하였다.

原文

終又言,「宣帝博徵群儒, 論定《五經》於石渠閣. 方今天下少事, 學者得成其業, 而章句之徒, 破壞大體. 宜如石渠故事, 永爲後世則.」

於是詔諸儒於白虎觀論考同異焉. 會終坐事繫獄, 博士趙博,校書郎班固,賈逵等, 以終深曉《春秋》, 學多異聞, 表請之, 終又上書自訟, 卽日貰出, 乃得與於白虎觀焉. 後受詔刪《太史公書》爲十餘萬言.

| 註釋 | ㅇ石渠閣 – 武帝의 罷黜百家 獨尊儒術 이후 儒學은 통치사상으로 확실한 지위를 확보하고 그만한 교육활동이 이루어진다. 그러나 경전의 내용과 풀이가 제각각 달라서, 宣帝는 당시 유명한 학자를 미앙궁의 북쪽 石渠閣(석거각)에 모아 五經의 異同을 논하게 했고 宣帝가 참여하여 최종 판결을 지었다. 이 논의에 참여한 유학자로는 蕭望之(소망지), 劉向,

韋玄成, 薛光德(설광덕), 施讎(시수), 梁丘臨, 林尊, 周堪(주감), 張山拊(장산부) 등등으로 그 논의 내용을 《石渠論》 105편으로 엮었다고 했으나 지금은 실전되었다. ○章句之徒 – 경전 章句의 해석에 치중하는 학자. ○白虎觀論考同異 – 궁궐의 서문이 白虎門이고 그 곁에 白虎觀이 있었다. 白虎觀에서 《五經》의 同異를 토론하고 황제가 결재한 내용을 《白虎議奏》라 하였다. 토론의 모든 것을 班固(32 - 92년, 字 孟堅)가 다시 종합한 것이 《白虎通德論》이다. 《白虎通德論》은 《白虎通義》, 또는 《白虎通》으로도 불린다. 全 4권. ○《太史公書》爲十餘萬言 – 《太史公書》는 司馬遷의 《史記》. 《史記》는 52만여 자인데, 이를 10만 자로 축약했다는 뜻.

[國譯]

楊終이 또 건의하였다.

「宣帝께서는 널리 많은 유생을 불러 《五經》을 石渠閣(석거각)에서 그 同異를 論定하였습니다. 지금 천하에 큰 일이 없고 학자들은 학업을 수행하고 있지만 章句의 해석에 치중하는 학자들이 大義를 왜곡하고 있습니다. 응당 석거각의 전례에 따라 후세에 영원히 전할 수 있는 법칙을 확립해야 합니다.」

이에 조서를 내려 많은 유생을 불러 白虎觀에서 그 同異를 論定하였다. 마침 양종이 법을 어겨 옥에 갇히자, 博士인 趙博(조박), 校書郎인 班固(반고)와 賈逵(가규) 등이 양종이 《春秋》에 해박하며 견식이 넓다고 표문을 올려 참여를 요청하였고, 양종도 자신을 변호하는 상서를 올려 당일로 사면을 받아 출옥하였으며 바로 白虎觀의 논의에 참여하였다. 양종은 뒷날 조서에 의거 《太史公書》를 10여만 자로 축약하였다.

原文

時太后兄衛尉馬廖, 謹篤自守, 不訓諸子. 終與廖交善, 以書戒之曰,

「終聞堯舜之民, 可比屋而封, 桀紂之民, 可比屋而誅. 何者? 堯舜爲之堤防, 桀紂示之驕奢故也.《詩》曰, '皎皎練絲, 在所染之.' 上智下愚, 謂之不移, 中庸之流, 要在教化.《春秋》殺太子母弟, 直稱君甚惡之者, 坐失教也. 禮制, 人君之子年八歲, 爲置少傅, 教之書計, 以開其明, 十五置太傅, 教之經典, 以道其志.

漢興, 諸侯王不力教誨, 多觸禁忌, 故有亡國之禍, 而乏嘉善之稱. 今君位地尊重, 海內所望, 豈可不臨深履薄, 以爲至戒! 黃門郎年幼, 血氣方盛, 旣無長君退讓之風, 而要結輕狡無行之客, 縱而莫誨, 視成任性, 鑒念前往, 可爲寒心. 君侯誠宜以臨深履薄爲戒.」

廖不納. 子豫後坐縣書誹謗, 廖以就國.

| **註釋** | ㅇ馬廖(마료) – 24권, 〈馬援列傳〉에 입전. 馬援(마원)의 아들. 明帝 明德馬皇后의 친정 오빠. 마료의 천성이 너그러워 자손을 엄격하게 훈육하지 못했는데, 아들 馬豫(마예)는 정사를 비방하는 투서를 하였다. 또 (馬援의 다른 아들) 馬防(마방)과 馬光(마광)은 사치하였고 당파 만들기를 좋아하였다. ㅇ桀紂之民, 可比屋而誅 – 전한 陸賈의 《新語》에 나오는 말. ㅇ《詩》曰 – 逸詩, 皎皎(교교)는 희다. 흰 모습. 흰 천을 물들이는 것을 보고 墨子가 슬퍼하였다. ㅇ臨深履薄 – 깊은 연못가를 걷고 얇은 얼음을 밟듯

조심해야 한다는 뜻. ○黃門郎 - 馬廖의 아들이 당시 黃門郎이었다. ○血氣方盛 - 「孔子曰, "君子有三戒, 少之時, 血氣未定, 戒之在色, 及其壯也, 血氣方剛, 戒之在鬪, 及其老也, 血氣旣衰, 戒之在得."」《論語 季氏》. 매우 실질적, 구체적인 훈계이다. ○旣無長君退讓之風 - 長君은 前漢 文帝 竇(두)황후의 동생인(文帝의 처남) 竇長君과 竇廣國 형제. 두 사람의 출신은 미천하였지만 周勃(주발) 등의 교육과 보필로 退讓을 아는 君子가 되었다.

[國譯]

그때 馬太后 오빠인 衛尉 馬廖(마료)는 근신독행으로 조심하였지만 아들을 엄히 훈육하지는 않았다. 楊終(양종)은 마료와 가까웠기에 서신을 보내 이를 충고하였다.

「終(종)이 알기로, 堯와 舜의 백성은 집집마다 封爵(봉작)을 기다렸고, 桀紂(걸주)의 백성은 집집마다 주살당할까 걱정했다고 했습니다. 이는 왜 그랬겠습니까? 堯舜은 백성의 죄를 미리 예방했지만 桀紂(걸주)는 백성에게 교만과 사치를 과시했기 때문이었습니다.《詩》에서도 '하얀 비단 천은 물들인 그대로이네.' 라고 하였습니다. 上智와 下愚는 바뀔 수 없다고 하지만 보통 백성은 교화해야 합니다.《春秋》에 (晉侯가) 太子와 그 모친과 동생까지 죽였다는 기록은 주군으로서 너무 심했으며 敎化에 실패했기 때문입니다. 禮制에 人君의 아들이 8세가 되면 少傅(소부)를 두어 글자와 셈을 가르쳐 心地의 총명을 깨우치고, 15세가 되면 경전을 가르치게 하여 그 지혜를 이끌어주었습니다.

漢의 건국 이래로 諸侯나 왕이 교육에 힘쓰지 않아 금기를 어겨 亡國의 禍를 당한 경우가 많았고 칭송을 듣는 경우가 거의 없었습니다. 지금 君의 지위가 아주 귀중하여 온 나라에서 우러러 보는데, 어찌 심연을 걷고 얇은 얼음을 밟듯 행실을 지극히 조심하지 않을 수 있겠습니까! 귀하의 아들 黃門郎은 나이가 젊어 혈기가 매우 강성할 때이나 (文帝 때) 竇長君(두장군) 같은 겸양의 풍모가 없으며, 또 처신이 가볍고 민첩하며 착한 행적이 없는 빈객과 교제를 한다 하니, 그대로 방치하면 후회하지 않을 수 없으며 타고난 대로 두고 보았다간 옛날의 전례에서 보듯 가히 寒心할 것입니다. 君侯께서는 정말 조심조심토록 꼭 훈계하셔야 할 것입니다.」

마료는 받아들이지 않았다. 아들 馬豫(마예)는 뒷날 정사를 비방하는 불온서 사건에 연루되었고 마료는 封國으로 가야만 했다.

原文

終兄鳳爲郡吏, 太守廉范爲州所考, 遣鳳候終, 終爲范遊說, 坐徙北地. 帝東巡狩, 鳳皇黃龍並集, 終讚頌嘉瑞, 上述祖宗鴻業, 凡十五章, 奏上, 詔貰還故郡. 著《春秋外傳》十二篇, 改定章句十五萬言. 永元十二年, 徵拜郎中, 以病卒.

| 註釋 | ㅇ爲州所考 – 군 태수의 치적은 자사가 평가하였다. ㅇ遣鳳候終 – 候는 모실 후. 살피다. 접대하고 부탁하다. ㅇ北地 – 군명. 治所는 富平縣, 今 寧夏回族自治區 북부, 黃河 東岸의 吳忠市.

[國譯]

楊終의 형 楊鳳(양봉)은 郡吏이었는데, (蜀郡) 太守 廉范(염범)은 자사의 평정을 좋게 하려고 양봉을 보내 양종에게 부탁했고, 양종은 염범을 위해 유세를 하다가 법에 걸려 (涼州) 北地郡으로 강제 이주되었다. 황제가 동쪽을 순수할 때 鳳皇과 黃龍이 함께 모여들었는데, 양종은 이런 祥瑞(상서)를 칭송하며 祖宗의 鴻業을 서술한 글 총 15장을 지어 올렸는데, 이 글이 들어가자 조서로 사면하여 고향에 돌아가게 하였다. 양종은 《春秋外傳》 12편을 지으면서 章句 15만 字를 고쳐 저술하였다. (和帝) 永元 12년에, 부름을 받아 郞中을 제수 받았지만 병으로 죽었다.

❷ 李法

原文

李法字伯度, 漢中南鄭人也. 博通群書, 性剛而有節. 和帝永元九年, 應賢良方正對策, 除博士, 遷侍中,光祿大夫. 歲餘, 上疏以爲朝政苛碎, 違永平,建初故事, 宦官權重, 椒房寵盛, 又譏史官記事不實, 後世有識, 尋功計德, 必不明信. 坐失旨, 下有司, 免爲庶人. 還鄕里, 杜門自守. 故人儒生時有候之者, 言談之次, 問其不合上意之由, 法未嘗應對.

友人固問之, 法曰, "鄙夫可與事君乎哉? 苟患失之, 無所不至. 孟子有言, 夫仁者如射, 正己而後發. 發而不中, 不怨勝己者, 反諸身而已矣."

在家八年, 徵拜議郎,諫議大夫, 正言極辭, 無改於舊. 出爲汝南太守, 政有聲多. 後歸鄕里, 卒於家.

| 註釋 | ㅇ漢中南鄭 – 漢中郡 治所는 南鄭縣, 今 陝西省 서남 漢中市. ㅇ言談之次 – 담소하다가, 이야기 끝에. ㅇ苟患失之, 無所不至 –「子曰, "鄙夫可與事君也與哉? 其未得之也, 患得之. 旣得之, 患失之. 苟患失之, 無所不至矣."」《論語 陽貨》. ㅇ孟子有言~ –《孟子 公孫丑章句》의 글. ㅇ反諸身而已矣 – 克己에 自責해야지 남을 원망할 수 없다. 諸는 어조사 제. 之於의 축약.

[國譯]

李法(이법)의 字는 伯度(백도)인데, 漢中郡 南鄭縣 사람이다. 많은 책에 두루 통했으며 강직한 성격에 지조를 지켰다. 和帝 永元 9년(서기 97), 賢良方正 對策에 응하여 博士에 임명되었고 승진하여 侍中과 光祿大夫를 역임했다. 1년 남짓에 조정의 정사가 가혹 번잡하여 (明帝) 永平 연간과 (章帝) 建初 연간의 전례와 다르고 宦官의 권한이 강하며, 椒房(초방, 황후)의 총애가 극성하다고 상소하면서 아울러 史官 기록이 정확하지 않아 뒷날 識者가 공적과 덕행을 고찰하는데 명확하거나 믿을 수 없을 것이라고 비판하였다. 결국 황제의 뜻에 맞지 않아 담당자에게 넘겨졌고 면관하여 서인이 되었다. 향리에 돌아온 뒤로는 두문불출하며 지조를 지켰다. 友人이나 유생이 가끔 찾아와 안부를 물으면서 이야기 끝에 황제의 마음에 들지 못한 까닭을 물어도 李法(이법)은 대답한 적이 없었다.

友人이 굳이 묻자, 이법이 말했다. "鄙夫(비부)가 주군을 섬길 수 있겠는가? 정말 관직을 잃을까 걱정한다면 못하는 일이 없을 것이다. 그리고 孟子(맹자)도 '仁者는 활 쏘는 사람과 같나니 자신을 바로잡은 뒤에 활을 쏘아야 한다. 화살을 쏘았어도 명중하지 않았다고 명중한 자를 원망할 수 없고 자신을 돌아볼 뿐이다.' 라고 말한 것이다."

8년간 집에 있다가 부름을 받아 議郎에 제수 받고 諫議大夫가 되었는데 正言과 과격한 간언은 예전과 다르지 않았다. 汝南太守로 전임되었는데 정사에 칭송이 많았다. 뒤에 향리로 돌아와 집에서 죽었다.

❸ 翟酺

原文

翟酺字子超, 廣漢雒人也. 四世傳《詩》. 酺好《老子》, 尤善圖緯,天文,歷筭. 以報舅讎, 當徙日南, 亡於長安, 爲卜相工, 後牧羊涼州. 遇赦還. 仕郡, 徵拜議郎, 遷侍中.

時尙書有缺, 詔將大夫六百石以上試對政事,天文,道術, 以高第者補之. 酺自恃能高, 而忌故太史令孫懿, 恐其先用, 乃往候懿. 既坐, 言無所及, 唯涕泣流連. 懿怪而問之, 酺曰, "圖書有漢賊孫登, 將以才智爲中官所害. 觀君表相, 似當應之. 酺受恩接, 淒愴君之禍耳!" 懿憂懼, 移病不試. 由是酺對第一, 拜尙書.

| **註釋** | ○翟酺(적포) – 翟은 꿩 적. 성씨. 酺는 연회(잔치)할 포. ○廣漢雒人 – 廣漢郡의 治所인 雒縣(낙현), 今 四川省 成都市 북쪽의 廣漢市. ○圖

緯－河圖와 緯書. 예언서. ㅇ歷筭－역법과 算術. 歷은 曆法. 筭은 算. 算學. ㅇ日南－군명. 후한 영역의 최남단. 지금의 월남국 중부지역. ㅇ漢賊孫登－漢의 反賊 孫登(손등). 孫登은 후한 초기 농민 봉기군의 두목. 건무 2년에, 銅馬軍의 추대로 上郡에서 제위에 올랐다가 곧 부장 樂玄(낙현)에게 살해당했다. 樂玄(낙현)은 그 무리 5만 명과 함께 광무제에게 투항하였다.

[國譯]

翟酺(적포)의 字는 子超(자초)로 廣漢郡 雒縣(낙현) 사람이다. 四世에 걸쳐《詩》를 傳習했다. 적포는《老子》를 좋아하면서도 특히 河圖와 緯書(위서) 같은 예언서나 天文, 歷筭(역법과 산학)을 좋아하였다. 외숙의 원수를 복수하여 日南郡에 이주해야 했지만 長安으로 도망쳐서 점을 치거나 관상을 보아 먹고 살다가 나중에 涼州 관내에 들어가 羊을 키우다가 사면을 받아 돌아왔다. 郡에 출사하였고 조정의 부름으로 議郞이 되었다가 侍中으로 승진하였다.

그때 尙書 자리에 결원이 있어 조서로 大夫나 6백석 이상 관리로 政事에 관한 대책이나 天文, 또는 道術을 시험하여 우수한 자를 보임하겠다고 하였다. 적포는 자신의 능력을 자랑하고 있었지만 그래도 예전에 太史令 孫懿(손의)가 먼저 임용될까 걱정이 되어 손의를 찾아갔다. 좌정한 뒤에 적포는 아무 말도 없이 흐느끼며 눈물만 줄줄 흘렸다. 손의가 이상히 여겨 묻자, 적포가 말했다.

"圖書에 漢賊인 孫登(손등)이 있었는데 재주가 있었으나 환관에게 살해되었습니다. 당신의 관상이 꼭 그와 같습니다. 내가 호의를 입어 당신을 만났지만 당신의 재앙을 생각하면 처참할 뿐입니다."

손의는 걱정되어 병을 핑계로 응시하지 않았다. 이에 적포가 1등으로 뽑혀 尙書가 되었다.

原文

時安帝始親政事, 追感祖母宋貴人, 悉封其家. 又元舅耿寶及皇后兄弟閻顯等並用威權. 酺上疏諫曰,

「臣聞微子佯狂而去殷, 叔孫通背秦而歸漢, 彼非自弃其君, 時不可也. 臣荷殊絶之恩, 蒙値不諱之政, 豈敢雷同受寵, 而以戴天履地. 伏惟陛下應天履祚, 歷値中興, 當建太平之功, 而未聞致化之道. 蓋遠者難明, 請以近事徵之. 昔竇,鄧之寵, 傾動四方, 兼官重紱, 盈金積貨, 至使議弄神器, 改更社稷. 豈不以勢尊威廣, 以致斯患乎? 及其破壞, 頭顙墯地, 願爲孤豚, 豈可得哉! 夫致貴無漸失必暴, 受爵非道殃必疾. 今外戚寵幸, 功均造化, 漢元以來, 未有等比.

陛下誠仁恩周洽, 以親九族. 然祿去公室, 政移私門, 覆車重尋, 寧無摧折. 而朝臣在位, 莫肯正議, 翕翕訿訿, 更相佐附. 臣恐威權外假, 歸之良難, 虎翼一奮, 卒不可制. 故孔子曰 '吐珠於澤, 誰能不含?' 老子稱 '國之利器, 不可以示人.' 此最安危之極戒, 社稷之深計也.」

| **註釋** | ㅇ雷同 – 우레가 치면 만물이 같이 상응하다. 是非에 대한 의견이 없는 것. ㅇ戴天履地 – 戴皇天하고 履后土하다. ㅇ神器 – 天位. ㅇ頭顙墯地 – 顙은 이마 상. 墯은 떨어질 타. ㅇ願爲孤豚, 豈可得哉 – 희생으로

바쳐진 소가 좋은 먹이를 먹지만 희생될 때 평범한 송아지가 되고 싶어도 그렇게 될 수 없다는 뜻. 孤豚은 孤犢(평범한 송아지)의 뜻. ㅇ覆車(복거) - 諺云 '前車覆, 後車誡.' ㅇ翕翕訿訿, 更相佐附 - 翕翕(흡흡)은 순종하다. 따르를 흡. 和合하다. 翕은 화할 흡. 訿訿(자자)는 직무를 게을리하다. 訿는 헐뜯을 자. 訾와 同. ㅇ虎翼一奮, 卒不可制 - 不肖한 자가 지위를 차지한 것은 호랑이에게 날개를 달아준 것처럼 제어할 수 없다는 뜻. ㅇ吐珠於澤, 誰能不含 - 군주의 권력이 손에서 떠나가면 마치 구슬을 연못에 빠트린 것과 같아 그것을 되찾아 자신의 보물로 삼을 수 없는 것과 같다. 吐는 出과 同. ㅇ國之利器, 不可以示人 - 《老子道德經》 36장. 利器는 權道. 理國의 權道는 執事之臣에게 넘겨줄 수 없다.

[國譯]

그때 安帝가 비로소 親政하면서 祖母인 宋貴人을 추모하여 그 진 외가를 제후에 봉했다. 또 외숙인 耿寶(경보)와 皇后의 兄弟인 閻顯(염현) 등이 권력을 장악하고 있었다. 이에 적포가 간언을 상소하였다.

「臣이 알기로, 微子(미자)는 거짓 미친 척하면서 殷(은)을 떠났고 叔孫通(숙손통)은 秦을 떠나 漢에 귀의하였는데, 그들 스스로 주군을 버린 것이 아니고 상황이 그럴 수밖에 없었습니다. 臣은 폐하의 비상한 은덕을 입었고 피할 수 없는 정치 상황에서 어찌 감히 총애를 받는 사람과 같이 雷同하며 하늘과 땅 사이에 살 수 있겠습니까? 臣의 생각으로는, 폐하께서 天意에 순응하며 제위에 오르셨기에 中興의 시기를 맞아 응당 太平의 공덕을 건립해야 하지만 교화의 대도를 아직 듣지 못하였습니다. 대체로 먼 옛일로는 명확하게 설명할 수 없으니 비근한 예로 예를 들어보겠습니다. 예전에 竇氏(두씨)와 鄧

氏의 총애는 사방을 뒤흔들 정도였으며, 여러 직위를 겸직하고 작위를 받았으며 재물을 쌓아놓고도 神器(帝位)를 넘보고 社稷(사직)을 바꾸려 하였습니다. 이 어찌 권세가 막강하였기에 이런 환난을 불러온 것이 아니겠습니까? 결국 몰락하고 머리가 땅에 떨어지면서 그저 보통 사람이 되고 싶어도 어찌 그렇게 될 수 있겠습니까? 높은 자리를 차지하게 되면 점차 정도를 잃어 포악해지고 正道로 얻은 작위가 아니라면 재앙은 틀림없이 빨리 찾아올 것입니다. 지금 외척의 총애와 爵位(작위)의 造化는 漢 건국 이래 그런 사례가 없었습니다.

폐하께서는 참으로 인자하시니 은택을 사방에 두루 베푸시고 九族을 친애하셔야 합니다. 그렇지만 작록의 수여가 公室을 떠났고 정사가 私門으로 옮겨갔으니 覆車(복거)의 전철을 여전히 답습하면서도 수레가 부서지지 않을 수 있겠습니까? 朝臣은 자리를 차지하고서도 정론을 주장하는 사람이 없이 그저 따르며 직무를 게을리 처리할 뿐입니다. 臣이 걱정하는 것은 위엄이나 권위가 다른 사람에게 넘어가면 다시 되찾기가 참으로 어려우니, 이는 호랑이가 날뛰면 제어할 수 없는 것과 같습니다. 그래서 孔子께서도 '구슬을 물속에 던져버리면 누가 그것을 되찾을 수 있겠는가?' 라고 말했으며, 老子는 '나라의 權道는 신하에게 넘겨줄 수 없다.' 고 하였으니, 이는 사직의 安危에 관한 가장 큰 계율이며 중요한 방책입니다.」

原文

「夫儉德之恭, 政存約節. 故文帝愛百金於露臺, 飾帷帳於皁囊. 或有譏其儉者, 上曰, "朕爲天下守財耳, 豈得妄用之哉!" 至倉穀腐而不可食, 錢貫朽而不可校.

今自初政已來, 日月未久, 費用賞賜已不可筭. 斂天下之財, 積無功之家, 帑藏單盡, 民物雕傷, 卒有不虞, 復當重賦百姓, 怨叛既生, 危亂可待也.」

| **註釋** | ○儉德之恭 – 검약의 德은 恭敬이다. ○飾帷帳於皁囊 – 皁囊은 上書하는 목간을 집어넣은 검은색 천 주머니. 皁는 검을 조. 검은 비단 조, 하인 조. 囊은 주머니 낭. ○帑藏單盡 – 帑藏(탕장)은 국가의 재물 창고. 單盡(단진)은 다 없어지다. 單은 다할 단.

[國譯]

「대체로 검약의 미덕은 공경이며, 정치는 절약의 실천입니다. 그래서 文帝는 露臺 신축에 들어갈 百金을 절약하였고 검은 주머니 천을 모아 휘장을 만들었는데, 어떤 사람이 그런 검약을 비웃자 文帝가 말씀했습니다. "朕(짐)은 天下의 재물을 아끼려 한 것이니, 어찌 함부로 쓸 수 있겠는가!" 그래서 문제 때는 창고의 곡식이 썩어 먹을 수 없었으며 돈 꿰미가 썩어 셀 수가 없었습니다.

지금 폐하께서 친정하신 이후 얼마 지나지 않았지만 費用과 賞賜를 이루 다 셀 수가 없습니다. 천하의 재물을 거두어 공적도 없는 집안에 쌓아두었지만 나라의 재정은 바닥이 났고 백성의 재물도 다하였으니, 졸지에 예상치 못한 큰일이 닥치면 백성에게 무거운 부담을 주어야 하는데 원망과 배반의 싹이 트고 이어 危亂(위란)이 닥쳐올 것입니다.」

原文

「昔成王之政, 周公在前, 邵公在後, 畢公在左, 史佚在右, 四子挾而維之. 目見正容, 耳聞正言, 一日卽位, 天下曠然, 言其法度素定也. 今陛下有成王之尊而無數子之佐, 雖欲崇雍熙, 致太平, 其可得乎?

自去年已來, 灾譴頻數, 地坼天崩, 高岸爲谷. 修身恐懼, 則轉禍爲福, 輕慢天戒, 則其害彌深. 願陛下親自勞恤, 研精緻思, 勉求忠貞之臣, 誅遠佞諂之黨, 損玉堂之盛, 尊天爵之重, 割情慾之歡, 罷宴私之好. 帝王圖籍, 陳列左右, 心存亡國所以失之, 鑒觀興王所以得之, 庶灾害可息, 豐年可招矣.」

書奏不省, 而外戚寵臣咸畏惡之.

| **註釋** | ○天下曠然 – 曠은 밝을 광. 태평하다. ○尊天爵之重 –「孟子曰 "有天爵者하고 有人爵者하니, 仁義忠信과 樂善不倦은 此天爵也라. 公卿大夫는 此人爵也라.」《孟子 告子上》.

[國譯]

「옛날 周 成王이 다스릴 적에 周公은 앞에서, 邵公(소공)은 뒤에, 畢公(필공)은 좌측, 史佚(사일)은 우측에서 4사람이 천자를 도와주었습니다. 그리하여 눈으로는 正容을 보고 귀로는 正言을 들었기에, 즉위한 그날에도 천하는 태평하였는데, 이는 成王의 법도가 평소에 안정되었기 때문입니다. 지금 폐하께서는 成王처럼 존귀하나 여러 신하의 보필이 없으니 비록 화합과 번영을 추구하고 太平을 이루고

자 하여도 이룰 수 있겠습니까?

작년 이후로 하늘의 견책이 빈번하고 땅이 갈라지고 하늘이 흔들리고 큰 산이 골짜기가 되었습니다. 폐하께서는 심신을 수양하고 견책을 두려워하여 禍亂을 복으로 바꾸어야 하며, 하늘의 훈계를 무시하면 그 손해는 더욱 심각할 것입니다. 바라옵건대, 폐하께서는 친히 애쓰시고 구휼하시고 깊이 생각하시며, 애써 忠貞한 신하를 가까이 하시고 아첨하는 무리를 죽이거나 멀리하시며, 玉堂의 사치를 줄이고 仁義禮智信의 天爵을 받들며, 情慾의 기쁨을 잘라버리시고 私家에서의 잔치를 그만두셔야 합니다. 帝王의 圖籍을 좌우 가까이에 두시고 나라가 망국에 이른 까닭을 마음으로 생각하시며 건국한 제왕이 천명을 받은 이치를 친히 살피신다면 아마 재이를 없애고 풍년을 기약할 수 있을 것입니다.」

상서가 들어갔지만 황제가 읽지 않았고 外戚과 총신은 모두 翟酺(적포)를 경외하고 증오하였다.

原文

延光三年, 出爲酒泉太守. 叛羌千餘騎徙敦煌來鈔郡界, 酺赴擊, 斬首九百級, 羌衆幾盡, 威名大震. 遷京兆尹. 順帝卽位, 拜光祿大夫, 遷將作大匠. 損省經用, 歲息四五千萬. 屢因灾異, 多所匡正. 由是權貴共誣酺及尙書令高堂芝等交通屬托, 坐減死歸家. 復被章云酺前與河南張楷等謀反, 逮詣廷尉. 及杜眞等上書訟之, 事得明釋. 卒於家.

著《援神》,《鉤命解詁》十二篇. 初, 酺之爲大匠, 上言, 「孝文皇帝始置一經博士, 武帝大合天下之書, 而孝宣論《六經》於石渠, 學者滋盛, 弟子萬數. 光武初興, 愍其荒廢, 起太學博士舍,內外講堂, 諸生橫巷, 爲海內所集. 明帝時辟雍始成, 欲毁太學, 太尉趙熹以爲太學,辟雍皆宜兼存, 故並傳至今. 而頃者頹廢, 至爲園采芻牧之處. 宜更修繕, 誘進後學.」

帝從之. 酺免後, 遂起太學, 更開拓房室, 學者爲酺立碑銘於學云.

| **註釋** | ㅇ一經博士 – 武帝 때 오경박사를 처음 설치했다. 文帝 때 경전에 박사 1명만을 두었다는 것은 근거가 없다. ㅇ太學 – 後漢의 태학은 洛城 南쪽 開陽門 밖에 있었다.

[國譯]

(安帝) 延光 3년(서기 124), 전출하여 酒泉太守가 되었다. 반역한 羌族(강족) 1천여 기병이 敦煌郡에서 쳐들어와 주천군 지역을 노략질 하자, 翟酺(적포)가 추격하여 9백여 명을 참수하니 강족이 거의 없어질 지경이었고 위세와 명성을 크게 떨쳤다. 京兆尹으로 승진하였다. 順帝가 즉위하여 光祿大夫를 제수하였고 將作大匠으로 승진했다. 일상 비용을 아껴 1년에 4, 5천만을 절약하였다. 거듭되는 災異에 따라 조정 업무를 상당히 많이 바로잡았다. 이 때문에 권세가와 귀족들은 함께 적포를 모함하면서 尙書令 高堂芝(고당지)와 결탁

되어 적포를 사형에서 1등급을 감형하여 귀향시켰다. 이들이 적포가 그전에 河南 사람 張楷(장해) 등과 모반을 꾀했다고 다시 상주하여 정위에게 체포되었다. 그러나 杜眞(두진) 등이 상소하여 변호하고 사실이 밝혀지면서 석방되었다. 적포는 집에서 죽었다.

적포는《援神》,《鉤命解詁》12편을 저술하였다. 전에 적포가 將作大匠일 때 상소하였다.

「孝文皇帝께서는 처음에 一經에 博士를 두었다가 武帝 때 천하의 경서를 모았고, 石渠閣에서《六經》의 異同을 논하면서 학자가 크게 융성하여 제자를 만 단위로 세었습니다. 光武帝께서 처음 중흥하시고 경학 연구의 황폐를 안타까워하면서 太學에 博士의 館舍와 內外의 講堂을 짓자 태학생들이 거리에 가득했으며 온 나라에서 모여들었습니다. 明帝 때 辟雍(벽옹)이 처음 설치하고 태학을 헐려고 하자, 太尉 趙熹(조희)는 太學과 벽옹이 함께 존속해야 한다고 주장하여 오늘에 이르렀습니다. 요즈음 태학이 많이 허물어져 목동이 가축을 먹이는 곳이 되었습니다. 응당 수선하여 후학들을 권면해야 합니다.」

안제는 이를 수락하였다. 적포가 면직된 뒤에 太學을 다시 지었으며 여러 숙소를 새로 마련하였는데 學者들은 적포를 위하여 태학 내에 비석을 세웠다고 한다.

❹ 應奉

原文

應奉字世叔, 汝南南頓人也. 曾祖父順, 字華仲. 和帝時爲河南尹,將作大匠, 公廉約己, 明達政事. 生十子, 皆有才學. 中子疊, 江夏太守. 疊生郴, 武陵太守. 郴生奉.

奉少聰明, 自爲童兒及長, 凡所經履, 莫不暗記. 讀書五行並下. 爲郡決曹史, 行部四十二縣, 錄囚徒數百千人. 及還, 太守備問之, 奉口說罪繫姓名, 坐狀輕重, 無所遺脫, 時人奇之. 著《漢書後序》, 多所述載. 大將軍梁冀擧茂才.

| **註釋** | ㅇ南頓(남돈) – 汝南郡의 縣名. 今 河南省 周口市 관할 項城市 서쪽. 광무제의 부친 劉欽(유흠)은 남돈 현령을 역임하였고 광무제는 어렸을 적 남돈현에서 성장하였다. ㅇ《漢書後序》 – 응봉의 저서. 응봉은 또 《史記》와 《漢書》를 축약 저술하였다. 漢의 건국 이후 그때까지 한의 역사 17권을 저술하여 《漢事》를 편찬했다고 한다. ㅇ梁冀(양기) – 대장군 梁商의 아들 梁冀는 順帝의 順烈梁皇后의 친정 오빠로, 順帝 永和 6년(141)에 대장군이 되었다. 沖帝, 質帝, 桓帝를 옹립했고 그 가문에 侯 7명, 皇后 3명, 貴人 6명, 대장군 2명, 그 외 卿, 將, 尹, 校尉가 57명이었다고 하니, 그 세력과 횡포를 짐작할 수 있다. 34권, 〈梁統列傳〉에 立傳.

[國譯]

應奉(응봉)의 字는 世叔(세숙)으로 汝南郡 南頓縣 사람이다. 曾祖父인 應順(응순)의 字는 華仲(화중)이다. 和帝 때 河南尹과 將作大匠을 역임하였는데 공평 청렴하며 바른 행실에 정사에도 능통하였다. 아들 10명을 두었는데, 모두 재학이 뛰어났었다. 中子인 應疊(응첩)은 江夏太守였다. 응첩은 應郴(응침)을 낳고 武陵太守였다. 응침이 응봉을 낳았다.

응봉은 어려서부터 총명하였는데 어린아이 때부터 어른이 될 때까지 읽은 모든 경서를 외우지 못하는 것이 없었다. 讀書하면서 5줄을 한꺼번에 읽어 내려갔다. 郡의 決曹史가 되어 예하 42개 현을 순시하면서 수백에서 1천 명에 이르는 죄수 기록을 읽었다. 돌아와 태수가 상세한 것을 물어보면 응봉은 罪目별로 죄수의 이름과 죄상의 경중을 하나도 빠트리지 않고 설명하니 당시 사람들이 기이하게 여겼다. 응봉은 《漢書後序》를 지어 많은 내용을 보완하였다. 大將軍 梁冀(양기)가 茂才(무재)로 천거하였다.

原文

先是, 武陵蠻詹山等四千餘人反叛, 執縣令, 屯結連年. 詔下公卿議, 四府舉奉才堪將帥. 永興元年, 拜武陵太守. 到官慰納, 山等皆悉降散. 於是興學校, 舉仄陋, 政稱變俗. 坐公事免.

延熹中, 武陵蠻復寇亂荊州, 車騎將軍馮緄以奉有威恩, 爲蠻夷所服, 上請與俱征. 拜從事中郎. 奉勤設方略, 賊破軍罷, 緄推功於奉, 薦爲司隸校尉. 糾舉姦違, 不避豪戚, 以嚴厲爲名. 及鄧皇后敗, 而田貴人見幸, 桓帝有建立之議. 奉以田氏微賤, 不宜超登后位, 上書諫曰,

「臣聞周納狄女, 襄王出居於鄭, 漢立飛燕, 成帝胤嗣泯絕. 母后之重, 興廢所因. 宜思〈關雎〉之所求, 遠五禁之所忌.」

帝納其言, 竟立竇皇后. 及黨事起, 奉乃慨然以疾自退. 追愍屈原, 因以自傷, 著《感騷》三十篇, 數萬言. 諸公多薦舉, 會病卒. 子劭.

| 註釋 | ㅇ四府 – 後漢의 四府는 大將軍府, 太尉府, 司徒府, 司空府의 合稱. 前漢의 四府는 丞相府, 御使府, 車騎將軍, 前將軍府의 합칭. ㅇ馮緄(풍곤) – 난세에 도적 무리를 여러 번 평정하는 공을 세웠지만 환관에게 시달림을 받았다. 38권, 〈張法滕馮度楊列傳〉에 立傳. ㅇ漢立飛燕 – 成帝의 2번째 황후 趙飛燕(조비연). 絶世美貌, 能歌善舞로 성제의 총애를 10년간 독차지. 몸이 제비처럼 가뿐하여 掌上舞를 했다는 전설의 주인공. ㅇ胤嗣泯絶 – 胤嗣(윤사)는 後嗣. 胤은 이을 윤. 泯絶은 끊어지다. 泯은 망할 민. ㅇ遠五禁之所忌 – 婦人에게 '五不娶'의 금기가 있다고 하였다. 어머니를 잃은 장녀는 不娶하고, 惡疾이 있으면 不娶하며, 刑人이 있어도 不娶하고, 亂家女를 不娶하며, 逆家子를 不娶한다고 하였다.

[國譯]

이에 앞서, 武陵郡의 만이인 詹山(첨산) 등 4천여 명이 반기를 들고 현령을 사로잡고 각 屯營(둔영)을 연결되어 다음 해까지 이어졌다. 황제 명으로 공경들이 논의하였는데, 4府에서는 응봉의 재능이 장수 직무를 수행할 수 있다고 천거하였다. (桓帝) 永興 원년(서기 153), 응봉은 武陵(무릉)태수를 제수 받았다. 응봉이 부임하여 만이들을 위무하고 받아들이자 첨산 등 무리는 모두 투항하고 해산하였다. 이에 응봉은 학교를 짓고 지방 인재를 천거하면서 바르게 다스리며 풍속을 바꿔나갔다. 그러나 응봉은 공무상 죄로 면직되었다.

(桓帝) 延熹 연간에, 武陵의 만이가 다시 반란을 일으켜 荊州(형주) 일대를 노략질하자, 車騎將軍인 馮緄(풍곤)은 응봉이 만이들에게 위엄과 은택을 베풀어 그들이 심복했다고 생각하여 함께 만이를 원정하겠다고 주청하였다. 그리고 응봉을 從事中郞에 임명하였다.

응봉은 부지런히 방략을 마련했고 반적을 격파하고 원정 군사를 해산했는데, 풍곤은 모든 공을 응봉에게 돌리면서 추천하여 응봉은 司隷校尉가 되었다. 응봉은 불법자와 비위를 규탄하고 바로잡으면서 강호나 외척을 봐주지 않았기에 엄격하다고 소문이 났었다.

鄧皇后가 죽자 田貴人이 환제의 총애를 받았는데 桓帝(환제)는 황후 책립을 논의케 하였다. 응봉은 田氏 출신이 미천하여 순서를 넘어 황후가 될 수 없다 하여 간언을 상서하였다.

「臣이 알기로, 周室에서 狄人(적인)의 여인을 왕비로 삼은 뒤 襄王(양왕)은 鄭으로 축출되었고, 漢 成帝는 趙飛燕(조비연)을 황후로 세웠지만 成帝의 후사가 끊겼습니다. 母后의 역할이 중하기에 興廢가 달라질 수 있습니다. 응당 〈關雎(관저)〉의 詩에서 간구하는 바를 취하고 五禁의 忌諱(기휘)를 멀리해야 합니다.」

환제는 응봉의 건위를 수용했고 마침내 竇(두) 皇后를 책립했다. 黨錮(당고)의 禍(화)가 일어나자, 응봉은 분연히 병을 핑계로 물러났다. 응봉은 屈原(굴원)을 추념하고 마음으로 슬퍼하면서 《感騷(감소)》 30편, 수만 자를 저술하였다. 삼공의 여러 사람이 응봉을 천거하였지만 마침 병으로 죽었다. 아들이 應劭(응소)이다.

❺ 應劭

原文

劭字仲遠. 少篤學, 博覽多聞. 靈帝時擧孝廉, 辟車騎將軍何苗掾.

中平二年, 漢陽賊邊章,韓遂與羌胡爲寇, 東侵三輔, 時遣車騎將軍皇甫嵩西討之. 嵩請發烏桓三千人. 北軍中候鄒靖上言, "烏桓衆弱, 宜開募鮮卑." 事下四府, 大將軍掾韓卓議, 以爲 "烏桓兵寡, 而與鮮卑世爲仇敵, 若烏桓被發, 則鮮卑必襲其家. 烏桓聞之, 當復弃軍還救. 非唯無益於實, 乃更沮三軍之情. 鄒靖居近邊塞, 究其態詐. 若令靖募鮮卑輕騎五千, 必有破敵之效."

| 註釋 | ㅇ辟車騎將軍何苗掾 – 辟은 徵辟(징벽)하다. 불러 벼슬을 내리다. 掾은 도울 연. 속리 중 실무 책임자. 계장이나 과장급. ㅇ漢陽 – 郡名, 天水郡을 漢陽郡으로 개명. 治所는 冀縣, 今 甘肅省 天水市 관할의 甘谷縣. ㅇ皇甫嵩(황보숭) – 皇甫는 복성. 71권, 〈皇甫嵩朱儁列傳〉에 立傳.

[國譯]

應劭(응소)의 字는 仲遠(중원)이다. 젊어 篤學하였고 많은 책을 읽어 견문이 넓었다. 靈帝 때 孝廉으로 천거되어 車騎將軍 何苗(하묘)의 掾吏가 되었다.

(靈帝) 中平 2년(서기 185), 漢陽郡의 도적인 邊章(변장)과 韓遂(한수)와 羌族, 흉노족들이 노략질을 하며 동쪽으로 진출하여 三輔

지역을 침략하자, 즉시 車騎將軍 皇甫嵩(황보숭)을 보내 서쪽 적을 토벌케 하였다. 황보숭은 烏桓(오환)의 병력 3천 명을 동원하겠다고 주청하였다. 北軍 中候인 鄒靖(추정)이 "烏桓의 군사는 허약하니 鮮卑族의 용병을 동원해야 한다고 말했다. 이 문제를 四府에서 토론케 하였는데, 大將軍 掾吏(연리)인 韓卓(하탁)이 말했다.

"오환의 병력은 적으나 그동안 선비족과는 원수가 되었는데, 만약 오환족이 동원되어 출발하면 선비족은 틀림없이 그 촌락을 공격할 것입니다. 오환족이 이를 알게 되면 당연히 부대를 떠나 돌아가 구원할 것입니다. 그러면 실제 아무런 도움이 되지 않을뿐더러 우리 삼군의 사기마저 저해할 것입니다. 추정은 변방에 살았기에 그들의 생태나 거짓을 잘 알 것입니다. 만약 추정이 선비족 5천의 기병을 모집한다면 적을 격파할 수 있을 것입니다."

原文

劭駁之曰, "鮮卑隔在漠北, 犬羊爲群, 無君長之帥, 廬落之居, 而天性貪暴, 不拘信義, 故數犯障塞, 且無寧歲. 唯至互市, 乃來靡服. 苟欲中國珍貨, 非爲畏威懷德. 計獲事足, 旋踵爲害. 是以朝家外而不內, 蓋爲此也. 往者匈奴反叛, 度遼將軍馬續,烏桓校尉王元發鮮卑五千餘騎, 又武威太守趙沖亦率鮮卑征討叛羌. 斬獲醜虜, 旣不足言, 而鮮卑越溢, 多爲不法. 裁以軍令, 則忿戾作亂, 制御小緩, 則陸掠殘害. 劫居人, 鈔商旅, 噉人牛羊, 略人兵馬. 得賞旣多, 不肯去,復欲以物買鐵. 邊將不聽, 便取縑帛聚欲燒之. 邊將恐怖, 畏其反叛, 辭謝撫順, 無敢拒違. 今狡寇未殄, 而羌爲巨害, 如或致悔, 其可追乎! 臣愚以爲可募隴西羌胡守善不叛者, 簡其精勇, 多其牢賞. 太守李參沈靜有謀, 必能奬厲得其死力. 當思漸消之略, 不可倉卒望也."

韓卓復與劭相難反覆. 於是詔百官大會朝堂, 皆從劭議.

| **註釋** | ㅇ互市 - 변방 소수민족과 상호 무역을 하는 시장. ㅇ朝家外而不內 - 朝家는 나라(國家). 外는 外人으로 취급하다. 不內는 들이지 않다(不納). 內는 들일 납. ㅇ烏桓校尉 - 투항한 烏桓族(오환족)을 上谷, 魚陽, 右北平, 遼西 일대에 거주케 하였는데, 이들을 통제 감시하는 교위. 질록 比二千石. 護羌校尉, 使匈奴中郎將과 동급. ㅇ陸掠殘害 - 陸은 陸續. 계속 이어지다. 掠은 노략질할 략. ㅇ啖人牛羊 - 啖은 씹을 담. 啖과 同字.

[國譯]

應劭(응소)가 한탁의 주장을 반박하였다.

"선비족은 우리와 떨어진 사막 북쪽에서 犬羊과 함께 무리를 이루고 우두머리 君長도 없으며, 마을 오두막에 살고 천성이 탐욕포악하며, 신의를 지킬 줄도 모르고 자주 우리 국경을 침략하여 무사히 넘어가는 해가 없었습니다. 다만 국경의 互市(호시)에서는 약간 고분고분했습니다. 그들은 우리의 진기한 물자를 원할 뿐 우리를 무서워하거나 고맙게 생각하지도 않습니다. 그들의 뜻이나 노략질이 성공하더라도 계속 해악만 끼쳤습니다. 이 때문에 나라에서는 그들을 外人으로 취급하며 받아들이지 않았습니다. 예전에 흉노들이 반기를 들자, 度遼將軍인 馬續(마속)과 烏桓校尉(오환교위)인 王元(왕원)이 선비족 5천여 기병을 동원하였고, 또 武威太守인 趙沖(조충) 역시 선비족을 거느리고 반기를 든 羌族을 토벌한 적이 있었습니다. 적을 죽인 숫자도 많지 않았지만 선비족은 더욱 교만해지면서 불법을 저질렀습니다. 우리가 軍令으로 제재하면 선비족은 화를 내며 분란을 일으켰고, 제재를 조금 완화해 주면 계속 약탈하며 해악을 저질렀습니다. 백성을 겁탈하고 상인을 털었으며 남의 소나 양을 잡아먹고 우리의 군사용 말을 훔쳐갔습니다. 보상을 충분히 받고도 돌아가지 않고 다시 물건으로 鐵을 매입하려 했으나 변방 장수가 허용하지 않자, 바로 비단을 모아 쌓아 놓고 불을 지르려 하였습니다. 변방 장수가 지레 겁을 먹고 그들이 난동을 부릴까 말로 사과하고 달랬지만 그들 뜻을 막을 수 없었습니다. 지금 강한 외적을 섬멸하지 못해 강족이 큰 해를 끼치지만 후회할 만한 일을 끌어들여서야 되겠습니까! 臣의 어리석은 생각이지만 隴西(농서) 일대의 강족이나 흉노족 중 착하면서 배반하지 않을 자들 중에서 용감한 자를 선별 모집하여 보상을 많이 하는 것이 나을 것입니다. 太守 李參(이참)은 침착하고 지략이 있으니 틀림없이 모병을 장려하며 그들의 충성을 끌어낼 수 있을 것입니다. 그러면서 점차로 용병을 줄여나가되 갑작스레 모든 것을 다 이룰 수는 없을 것입니다."

한탁은 다시 응소와 서로의 의견을 비난하며 논쟁을 계속했다. 이에 백관을 조정에 다 모아놓고 토론하여 응소의 주장을 따르기로 하였다.

原文

三年, 擧高第, 再遷, 六年, 拜太山太守. 初平二年, 黃巾三十萬衆入郡界.

劭糾率文武連與賊戰, 前後斬首數千級, 獲生口老弱萬餘人, 輜重二千兩, 賊皆退却, 郡內以安.

興平元年, 前太尉曹嵩及子德從琅邪入太山, 劭遣兵迎之, 未到, 而徐州牧陶謙素怨嵩子操數擊之, 乃使輕騎追嵩, 德, 並殺之於郡界. 劭畏操誅, 弃郡奔冀州牧袁紹.

| 註釋 | ○黃巾 - (靈帝) 中平 원년(서기 184) 봄 2월, 鉅鹿郡(거록군)의 張角(장각)은 '黃天' 이라 자칭하며, 그 무리가 모두 黃巾을 머리에 쓰고 반란을 일으켰다. ○曹嵩(조숭) - 沛國 譙縣(今 安徽省 亳州市) 출신. 宦官 中常侍 大長秋인 曹騰(조등)의 양자. 曹操(조조)의 父親. 中平 4년(서기 187)에 大司農에서 太尉가 되었다. 조조가 기병할 때 조숭은 아들 曹德(曹疾)과 함께 낭야군으로 피난했었다. 中平 4년(서기 187)에 太尉가 되었다. ○陶謙(도겸) - 73권, 〈劉虞公孫瓚陶謙列傳〉에 입전.

[國譯]

(靈帝) 中平 3년, 근무 평정이 좋아 천거 받았고 두 번 승진하였으며, 6년에 太山(泰山)太守가 되었다. (獻帝) 初平 2年(서기 191), 黃巾賊 30만이 태산군 지역으로 들어왔다.

응소는 문무 관리를 규합 인솔하여 황건적과 연이어 싸워 적의 무리 수천 명을 죽이고 포로와 노약자 1만여 명을 생포하였으며, 치중 2천여 량을 노획하자 적은 모두 도주하였고 태산군 지역은 평온했다.

興平 원년(서기 194), 전 太尉인 曹嵩(조숭)과 그 아들 曹德(조덕)이 琅邪郡에서 太山郡으로 옮겨오는데, 응소는 군사를 보내 조숭을 영입하려고 했다. 도착하기 전, 徐州牧이던 陶謙(도겸)이 평소에 조숭의 아들 曹操(조조)와 원한이 있어 자주 싸웠었다. 이에 도겸은 경기병으로 조숭과 조덕을 추격하여 태산군 영역 내에서 모두 죽여버렸다. 응소는 조조의 복수가 무서워 郡을 버리고 冀州牧인 袁紹(원소)를 찾아가 의지했다.

原文

初, 安帝時河間人尹次,潁川人史玉皆坐殺人當死, 次兄初及玉母軍並詣官曹求代其命, 因縊而物故. 尚書陳忠以罪疑從輕, 議活次,玉. 劭後追駁之, 據正典刑, 有可存者. 其議曰,

「《尚書》稱'天秩有禮, 五服五章哉. 天討有罪, 五刑五用哉.' 而孫卿亦云'凡制刑之本, 將以禁暴惡, 且懲其末也. 凡爵列,官秩,賞慶,刑威, 皆以類相從, 使當其實也.' 若德不副位, 能不稱官, 賞不酬功, 刑不應罪, 不祥莫大焉. 殺人者死, 傷人者刑, 此百王之定制, 有法之成科. 高祖入關, 雖尙約法, 然殺人者死, 亦無寬降. 夫時化則刑重, 時亂則刑輕. 《書》曰'刑罰時輕時重.' 此之謂也.」

| 註釋 | ㅇ河間 - 冀州 관할 국명. 治所는 樂成縣, 今 河北省 남동부의 滄州市 獻縣(헌현). ㅇ孫卿(손경) - 荀子. 荀은 孫과 통용. 성악설을 주장한 유가의 학자. ㅇ不祥莫大焉 - 不祥은 상서롭지 못함.

[國譯]

그전에, 安帝 때 河間國 사람 尹次(윤차)와 潁川郡(영천군) 사람 史玉(사옥)은 모두 살인죄로 사형 판결을 받았는데, 윤차의 형인 尹初(윤초)와 사옥의 모친 軍(군)은 관가에 와서 대신 죽겠다면서 목을 매어 죽었다. 尙書인 陳忠(진충)은 그들의 죄를 가볍게 할 수 있다 하여 윤초와 사옥을 살려줘야 한다고 주장하였다. 應劭(응소)는 이를 반박하면서 정확한 원칙에 의거 형벌을 집행하더라도 계속 보존할 원칙이 있다고 주장하였다. 응소의 주장은 아래와 같다.

「《尙書》에서 '上天의 질서에 禮儀가 있으니 五服과 五章입니다. 하늘이 죄인을 벌하는 데에 五刑과 五用이 있습니다.' 또 孫卿(손경, 荀子)도 '무릇 형벌 집행의 근본은 폭력과 사악을 금지하는 데 있으며, 징벌은 그 末葉일 뿐이다. 모든 작위와 관직, 시상, 형벌의 집행은 이런 상황에 맞아야 하며 실황에 따라 적용되어야 한다.' 고 말했습니다. 만약 덕행이 그 지위에 부적합하고, 능력이 지위에, 시상이 공적에, 형벌이 죄악에 걸맞지 않다면 이보다 더 큰 不祥事(불길한 일)가 없을 것입니다. 살인을 한 자는 죽어야 하고, 남을 다치게 했다면 형벌을 받아야 하는 것은 모든 통치자의 정법이며 법률의 실질적 조항입니다.

高祖께서 關中에 들어가서 約法을 시행하며, 殺人者는 사형에 처한다면서 관용을 베풀지 않았습니다. 사회가 태평하다면 형벌이 무거운 것이고, 사회가 혼란하다면 형벌이 가벼울 수도 있습니다. 그래서 《書經》에서 '刑罰은 시대에 따라 가벼울 수도 무거울 수도 있다.' 한 것은 바로 이런 뜻입니다.」

原文

「今次,玉公以淸時釋其私憾, 阻兵安忍, 僵屍道路. 朝恩在寬, 幸至冬獄, 而初,軍愚狷, 妄自投斃. 昔召忽親死子糾之難, 而孔子曰 '經於溝瀆, 人莫之知.' 朝氏之父非錯刻峻, 遂能自隕其命, 班固亦云 '不如趙母指括以全其宗.' 傳曰 '僕妾感慨而致死者, 非能義勇, 顧無慮耳.' 夫刑罰威獄, 以類天之震燿殺戮也, 溫慈和惠, 以放天之生殖長育也. 是故春一草枯則爲灾, 秋一木華亦爲異. 今殺無罪之初,軍, 而活當死之次,玉, 其爲枯華, 不亦然乎?

陳忠不詳制刑之本, 而信一時之仁, 遂廣引八議求生之端. 夫親故賢能功貴勤賓, 豈有次,玉當罪之科哉? 若乃小大以情, 原心定罪, 此爲求生, 非謂代死可以生也. 敗法亂政, 悔其可追.」

劭凡爲駁議三十篇, 皆此類也.

| 註釋 | ㅇ阻兵安忍 – 阻는 믿다. 安忍은 마음 놓고 잔인한 짓을 하다. ㅇ僵屍道路 – 僵屍(강시)는 뻣뻣하게 굳은 시신. 사람을 죽이다. ㅇ召忽(소홀) – 齊 大夫. 아들 糾(규)는 齊襄公의 서자. 糾와 小白이 爭國하다가 糾가

피살되었는데, 召忽은 師傅라서 자살하였다. 이에 孔子는 召忽에 대하여 '어찌 필부가 같은 좁은 생각으로 웅덩이에 빠져 죽어 다른 사람이 모르는 것과 같겠는가?' 라고 말했다. ○朝氏之父非錯刻峻 －《漢書》에 鼂錯(조조. 鼂는 朝)은 御史大夫로 제후의 영지를 삭감하는 정책을 폈고 제후들이 조조를 비난하였다. 이를 알게 된 조조의 부친은 조조를 만난 뒤에 '劉氏은 안정되겠지만 鼂氏는 위험할 것이다.' 라고 말한 뒤 음독자살하였다. ○不如趙母指括以全其宗 － 趙母는 趙의 장군 馬服君 趙奢(조사)의 아내, 趙括(조괄)의 모친. 조사가 죽은 뒤 趙에서는 조괄을 장수로 삼자, 조괄의 모친은 '조괄은 장수로 능력이 부족하다.' 고 하였다. 그래도 왕이 이미 결정되었다고 하자, 조괄의 모친은 '아들이 패전하더라도 나는 따라 죽을 수 없다.' 고 하자, 왕은 허락하였다. 아들은 패전하여 처형되었지만 그 일족은 무사하였다. 班固는《漢書 趙錯傳》에서 이를 인용하여 조조의 행적을 비평하였다. ○僕妾之致死者～－《史記》100권〈季布欒布列傳〉의 太史公曰～. ○遂廣引八議求生之端 － 親(황제의 宗室), 故(舊知), 賢(有德行者), 能(有道德者), 功(有大勳者), 貴(貴人), 勤(국사에 고생한 자), 賓(前 王朝의 일족)의 8가지 정황에서는 사형을 감하여 살려줄 수 있다는 의논.《周禮 小司寇職》. ○原心定罪 － 그 본심을 따져서 定罪하다. 해당자의 지위나 정황을 고려해야 죄의 유무, 경중을 판결해야 한다는 뜻.

[國譯]

「지금 윤차와 사옥은 청명한 시대에서 그 사적 감정에 의거 흉기를 사용했고 도로에서 마음대로 살인을 하였습니다. 나라의 은전이 관대하여 겨울철에 사형집행을 해야 하는데, 윤초와 모친 軍(군)은 어리석고 생각 없이 제 스스로 죽어버렸습니다. 옛날에 (齊의 대부) 召忽(소홀)은 公子 糾(규)가 죽자 스스로 죽었는데, 이에 대하여 孔子

는 '구덩이에 빠져 죽어 다른 사람이 모르는 것과 같을 수 있느냐.' 고 하였습니다. 朝錯(조조)의 부친은 조조의 각박 준엄한 처신을 비판하며 스스로 목숨을 버렸으며, 이를 두고 班固 역시 '趙母가 그 일족을 살린 것만 못하다.' 고 하였습니다. 또《史記 季布欒布列傳》에서는 '제가 제 분을 이기지 못하고 죽는 것은 의리와 용기가 아니고 다른 방도가 없기 때문입니다.' 라고 하였습니다. 대체로 형벌과 감옥의 위엄은 하늘이 벼락을 쳐서 살육하고 온화 자애로 만물을 낳고 키우는 것과 같은 것입니다. 이 때문에 봄철에 잎이 하나 말라 죽는 것도 재앙이고, 가을에 나무에 꽃이 피는 것도 변이입니다. 지금 죄도 없는 윤초와 모친 軍(군)이 죽었다 하여 죽어야 하는 윤차와 사옥을 살려준다면, 이는 잎이 시들고 꽃이 피는 것처럼 괴이한 일이 아니겠습니까?

상서 陳忠(진충)은 형벌의 기본을 잘 알지 못하여 일시적 인덕을 베푸는 것으로 求生의 단서 8가지를 대체하려고 합니다. 그 8가지란 親, 故, 賢, 能, 功, 貴, 勤, 賓인데, 어디에 조차와 사옥의 죄가 해당하는 곳이 있습니까? 만약 크고 작은 범죄에 대한 정황을 고려하여 본래 본심을 보아 定罪하고 살려준다면 다른 사람이 형벌을 대신 받을 수 있다는 본뜻이 아닐 것입니다. 이런 식의 敗法亂政은 그 후회가 끝이 없을 것입니다.」

응소의 駁議(박의) 30편은 모두 이런 논리였다.

原文

又刪定律令爲《漢儀》, 建安元年乃奏之. 曰,

「夫國之大事, 莫尙載籍. 載籍也者, 決嫌疑, 明是非, 賞刑之宜, 允獲厥中, 俾後之人永爲監焉. 故膠西相董仲舒老病致仕, 朝廷每有政議, 數遣廷尉張湯親至陋巷, 問其得失. 於是作《春秋決獄》二百三十二事, 動以經對, 言之詳矣. 逆臣董卓, 蕩覆王室, 典憲焚燎, 靡有孑遺, 開闢以來, 莫或茲酷. 今大駕東邁, 巡省許都, 拔出險難, 其命惟新.

臣累世受恩, 榮祚豐衍, 竊不自揆, 貪少云補, 輒撰具《律本章句》,《尙書舊事》,《廷尉板令》,《決事比例》,《司徒都目》,《五曹詔書》及《春秋斷獄》凡二百五十篇. 蠲去復重, 爲之節文. 又集駮議三十篇, 以類相從, 凡八十二事. 其見《漢書》二十五,《漢記》四, 皆刪敍潤色, 以全本體. 其二十六, 博採古今瓌瑋之士, 文章煥炳, 德義可觀. 其二十七, 臣所創造. 豈繄自謂必合道衷, 心焉憤邑, 聊以藉手.

昔鄭人以乾鼠爲璞, 鬻之於周, 宋愚夫亦寶燕石, 緹緆十重. 夫覩之者掩口盧胡而笑, 斯文之族, 無乃類旃.《左氏》實云雖有姬姜絲麻, 不弃憔悴菅蒯, 蓋所以代匱也. 是用敢露頑才, 廁於明哲之末. 雖未足綱紀國體, 宣洽時雍, 庶幾觀察, 增闡聖聽. 惟因萬機之餘暇, 游意省覽焉.」

獻帝善之.

| **註釋** | ㅇ允獲厥中 – 允執厥中. 진실로 중용의 道를 택해서 지키다. ㅇ俾後之人永爲監焉 – 후대의 사람이 오래도록 참고하게 한다. 俾는 더할

비. 시키다. ㅇ董仲舒(동중서, 前 179 - 104년) - 司馬遷의 經學 스승. 武帝 때 江都相과 膠西相을 역임. 獨尊儒術과 罷黜百家와 表章六經을 주장했다. ㅇ《春秋決獄》-《春秋決獄》의 핵심은 '論心定罪' 에 있는데, 당사자의 주관이나 동기, 의도 등을 고려하여 죄의 경중을 가려 量刑하였다. 이는 유가사상과 漢 통치철학의 결합을 의미하며 秦 이래의 엄격 가혹한 법률 집행을 완화시키는 역할을 하였다. ㅇ靡有孑遺 - 靡는 쓰러질 미. 없다. 孑遺(혈유)는 단 하나의 남은 것. 孑은 외로울 혈. 남다. 작다. ㅇ莫或茲酷 - 이처럼 잔혹한 적이 없었다. 或은 有. 茲는 여기, 이에, 이것. 무성할 자. ㅇ巡省許都 - 許는 潁川郡의 현명. 今 河南省 중앙부 許昌市. 曹操가 헌제를 영입하면서 許都로 개칭하였다. ㅇ《司徒都目》,《五曹詔書》- 司徒는 丞相. 승상은 국정을 총괄하고 萬機를 처리하여 都目이라고 하였다. 이는 사도(승상)의 업무지침에 관한 책일 것이다.《五曹詔書》는 成帝 때 상서 5인을 두고 업무를 분장하였다. 곧 常侍曹, 二千石曹, 戶曹, 主客曹, 三公曹를 지칭한다. ㅇ《漢記》-《東觀記》,《東觀漢記》로도 불렸는데 모두 143권이다. 紀傳體로 후한 光武帝에서 靈帝까지 역사를 서술한 官撰(관찬)의 當代史이다. 이는 후한 明帝 때 처음 편찬된 이후 章帝, 安帝, 桓帝, 靈帝, 獻帝까지 계속되었는데(내용상 靈帝로 끝) 本紀, 列傳, 表, 載記 등으로 구분 편찬하였고 각각의 紀傳에 서문이 있다. 이는 각 황제대의 起居注(황제의 언행에 관한 기록), 국가 문서나 檔案(당안, 이민족과 왕래한 문서), 공신의 업적, 前人의 舊聞舊事, 私人의 저작물 등을 망라한 後漢 사료의 총집이라 할 수 있다. 이는 劉珍(유진) 등이 東觀에 설치한 修史館에서 편찬했다하여《東觀記》라는 이름이 붙었다. 三國 이후《史記》,《漢書》와 함께 三史라 합칭하였으나 唐代 이후 范曄의《後漢書》가《東觀漢記》를 대신하게 된다. 後漢의 荀悅이 찬한《漢紀》는 이와 별개의 책이다. ㅇ纓瑋之士 - 纓은 갓끈 영. 纓紳. 顯達한 고위 관리. 瑋은 玉 이름 위, 아름다울 위. ㅇ豈緊自謂必合道衷 - 이 어찌 스스로 틀림없이 道에 적합하다고 하겠습니까? 緊는 어조사 예. 이, 이것. 검붉은 비단 예. ㅇ燕石 - 燕山의 돌. 옥석과 비슷하나 옥이 아닌 돌. 似而非. 가치가 없는 것. 宋의 愚人이 燕石을 얻어가지고 집에 돌아와 아주 소중하게 보관하였다. 周나라에서 온 나그네가 그것을 보겠다고 하니까 어리석은 사나이는 7일 동안 재계하고 좋은 예복을 갖춰 입고 소를 잡아 제사를 올린 다음에 열 겹 가죽 주머니에 비단으로 열 겹을 싸서 보관한 것을 보여주었다. 주나라 사람이 보고서는 웃으면서 이것은 燕石으로 깨진 기왓장처럼 아무 가치도 없는 물건이라고 말해주었다. 그런데도 그 어리석은 사나이의 아버지는 '장사꾼의 말' 이라며 화를 내고 더욱더 소중하게 보관했다. 《闞子》라는 책에 실려 있다고 한다. ㅇ緹緝十重 - 緹는 붉은 비단 제. 緝은 꿰맬 첩. 緁과 同字. ㅇ掩口盧胡 - 掩은 가릴 엄. 盧胡는 소리를 내지 않고 웃다. 盧는 밥그릇 노. 화로. 웃는 소리. 胡는 咽喉(인후)와 같음. 웃음이 목구멍에 있다. 소리 내지 않고 웃다. ㅇ斯文之族 - 斯文은 이런 글. 無乃類旃은 이런 종류가 아니겠습니까? 旃은 이, 이를. 之와 焉의 합음. 旃은 깃발 전. ㅇ姬姜絲麻, 不弃憔悴菅蒯 - 姬와 姜은 大國의 여인. 憔悴(초췌)는 비천한 사람. 菅蒯(관괴)는 새끼줄. 평범한 인물. 菅는 골 풀 관. 蒯는 새끼줄을 만드는 풀 괴. ㅇ蓋所以代匱也 - 蓋는 아마도. 匱는 함 궤. 다하다. 텅 비다.

[國譯]

응소는 또 律令을 刪定(산정)하여 《漢儀》를 저술하여 이를 建安 원년(서기 196)에 조정에 바치면서 상주하였다.

「대체로 국가의 大事는 典籍의 기록보다 더 나은 것이 없습니다. 전적의 기록이란 결정하기 어려운 문제를 해결하고 시비를 분명히 하며, 상벌을 공평하게 하고 中庸(중용)의 도를 찾아 지키게 하여 후세 사람의 영원한 참고 자료가 됩니다. 그래서 전임 膠西國(교서국)

相인 董仲舒(동중서)가 老病으로 致仕하자, 조정에서 중대 논의가 있을 때마다 廷尉인 張湯(창탕)을 동중서의 거처에 자주 보내 득실을 물었습니다. 이에 동중서는 《春秋決獄》을 저술하여 232개의 사례 분석을 경전에서 근거를 찾아 상세히 설명하였습니다. 逆臣 董卓(동탁)은 황실을 완전히 갈아엎으면서 모든 전적을 다 불태웠으며 조그마한 것도 남기지 않았으니 천지개벽 이래로 이처럼 잔혹한 예가 없었습니다. 지금 어가가 동쪽으로 옮겨가 허도에 계시지만 험한 난관을 지나왔기에 天命이 새로울 것입니다.

臣은 여러 대에 걸쳐 황실의 은택을 입어 영광된 福運이 풍족하였으며, 제 능력을 헤아리지 못하고 조금이라도 국정에 도움이 되어야 한다는 뜻으로 기회가 될 때마다 《律本章句》, 《尙書舊事》, 《廷尉板令》, 《決事比例》, 《司徒都目》, 《五曹詔書》 및 《春秋斷獄》 등 총 250편을 저술하였습니다. 그중에서 중복되는 것을 삭제하여 문장을 간략히 정리하였습니다. 또 조정의 의논에 대한 논박 자료 30편을 모아 분류하여 총 82건의 사례를 정리하였습니다. 그중에서 《漢書》에 있는 것이 25개, 《漢記》에 4개가 있는데, 이를 삭제하거나 설명을 보태어 그 본 체제를 완성하였습니다. 그중 26편은 고금의 名士의 사례를 널리 모은 것인데, 文章이 매우 뛰어나고 본받을 만한 도덕이 있는 사례입니다. 그리고 그 외 27편은 臣이 직접 지은 것입니다. 이 내용이 어찌 스스로 틀림없이 道에 적합하다고 하나 다만 마음속에 느껴 쌓인 울분이 있어 그냥 손가는 대로 썼을 뿐입니다.

옛날에 鄭나라 사람은 乾鼠(말린 쥐고기)를 璞(박, 다듬지 않은 玉石)이라 하였는데, 이를 周나라에 가서 팔았다고 합니다. 宋나라의 어리석은 사내는 아무 가치도 없는 燕石(연석)을 열 겹의 붉은 비단으로 싸서 보관했습니다. 이를 본 사람이 입을 가리고 소리를 내지 않고 웃었습니다만 이런 글을 따지는 사람들이 바로 그런 부류일 것입니다. 《左氏, 左傳》의 기록에 있는 것처럼 姬姜(희강)같은 귀인은 좋은 옷이 있어도 미천한 사람의 새끼줄 방석을 버리지 못한다 하였는데, 이는 아마 궁할 때를 대비한다는 뜻일 것입니다. 臣은 감히 부족한 재능을 내보이더라도 명철한 사람의 뒷줄에 서고 싶은 것입니다. 비록 국가기강이나 국정 보좌에 부족할지라도 이 시대의 태평에 조금이라도 도움이 되는 볼만한 것이 있어 폐하의 견문에 조금이라도 도움이 되기를 바랍니다. 萬機를 다스리는 여가나 잠시 마음이 내키실 때 보아주시길 바랄 뿐입니다.」

獻帝는 응소를 칭찬하였다.

原文

二年, 詔拜劭爲袁紹軍謀校尉. 時始遷都於許, 舊章堙沒, 書記罕存. 劭慨然歎息, 乃綴集所聞, 著《漢官禮儀故事》, 凡朝廷制度, 百官典式, 多劭所立.

初, 父奉爲司隸時, 並下諸官府郡國, 各上前人像贊, 劭乃連綴其名, 錄爲《狀人紀》. 又論當時行事, 著《中漢輯序》. 撰《風俗通》, 以辯物類名號, 釋時俗嫌疑. 文雖不典, 後世服其洽聞. 凡所著述百三十六篇. 又集解《漢書》, 皆傳於時. 後卒於鄴.

弟子瑒,璩, 並以文才稱. 中興初, 有應嫗者, 生四子而寡.

見神光照社, 試探之, 乃得黃金. 自是諸子宦學, 並有才名, 至瑒七世通顯.

| **註釋** | ○袁紹(원소, 153 – 202) – 字 本初, 後漢末 割據勢力의 하나. 전성기에 冀州, 幽州, 幷州, 青州 등을 장악. 한때 가장 강성했으나 官渡之戰에서 曹操(조조)에게 패배 후 곧 울분으로 죽었다. 사람이 優柔寡斷하고 外寬內忌한 작은 그릇이었다. 74권, 〈袁紹劉表列傳〉 立傳. ○鄴縣 – 魏郡의 치소는 鄴縣(업현), 今 河北省 남단 邯鄲市 관할 臨漳縣.

[國譯]

(獻帝 建安) 2년, 조서로 應劭(응소)를 袁紹(원소)의 軍謀校尉에 임명하였다. 그때 막 許都로 천도하였지만 옛 제도가 모두 사라졌고 기록도 거의 남아 있지 않았다. 응소는 크게 탄식하면서 그간의 견문을 모아 엮어 《漢官禮儀故事》를 저술하였는데, 모든 조정의 제도나 百官의 典式은 모두가 응소가 만든 것이었다.

그전에 부친 應奉이 사예교위로 근무할 때 여러 관청과 군국에 전달한 것이나 전대 인물에 대한 초상의 贊文을 모두 인물별로 모아 《狀人紀》를 저술하였다. 또 당시의 각종 行事를 모아 《中漢輯序》를 저술하였다. 《風俗通》을 편찬하여 物類에 따라 이름을 붙였으며 時俗에 대하여 근원을 해석하였다. 응소의 글이 典雅하지는 않았으나 후세인들의 그의 廣博한 견문을 칭송하였다. 그의 저술은 총 136편이다. 또 《漢書》를 集解하여 당시에 널리 전해졌다. 응소는 나중에 鄴縣(업현)에서 죽었다.

응소 동생의 아들인 應瑒(응창)과 應璩(응거) 역시 문재가 뛰어났었다. 光武 中興 초기에 應嫗(응구)라는 여인이 아들 넷을 두고 과부가 되었다. 어느 날 신광이 비추는 곳을 손으로 더듬어 황금을 얻었다. 이후 아들 모두가 벼슬과 학문을 하였고 재주도 많아 응창에 이르도록 7世에 걸쳐 가문이 빛났다.

❻ 霍諝

原文

霍諝字叔智, 魏郡鄴人也. 少爲諸生, 明經. 有人誣諝舅宋光於大將軍梁商者, 以爲妄刊章文, 坐繫洛陽詔獄, 掠考困極. 諝時年十五, 奏記於商曰,

「將軍天覆厚恩, 愍舅光冤結, 前者溫敎許爲平議, 雖未下吏斷決其事, 已蒙神明顧省之聽. 皇天后土, 寔聞德音. 竊獨踴躍, 私自慶幸. 諝聞《春秋》之義, 原情定過, 赦事誅意, 故許止雖弑君而不罪, 趙盾以縱賊而見書. 此仲尼所以垂王法, 漢世所宜遵前修也.

傳曰, '人心不同, 譬若其面.' 斯蓋謂大小窳隆醜美之形, 至於鼻目衆竅毛髮之狀, 未有不然者也. 情之異者, 剛柔舒急倨敬之閒. 至於趨利避害, 畏死樂生, 亦復均也. 諝與光骨肉, 義有相隱, 言其冤濫, 未必可諒, 且以人情平論其理.」

| **註釋** | ○霍諝(곽서) – 霍는 빠를 곽, 성 곽. 諝는 슬기(才智) 서. 智者. ○諸生 – 太學의 학생. 前漢에서는 博士弟子, 後漢에서는 諸生 또는 太學生이라 불렀다. ○梁商 – 34권, 〈梁統列傳〉에 입전. 梁商(양상)의 딸 瑩(영)이 桓帝의 梁皇后. 梁太后 부친 梁商이 죽자, 아들 梁冀(양기)가 대장군이 되었고, 質帝를 독살하고(서기 146년) 桓帝를 옹립했다. ○寔聞德音 – 寔은 이 식. 진실로. ○竊獨踴躍 – 踴躍(용약)은 좋아 뛰어오르다. ○許止雖弒君而不罪 – 許國 陶公의 아들 止(지)는 부친의 병을 고칠 뜻으로 약을 지어 올렸으나 부친이 약을 먹은 뒤 죽었다. 이는 살인의 의도가 전혀 없었기에 죄가 되지 않는다는 뜻. 곧 原情定過의 사례이다. ○趙盾以縱賊而見書 – 趙盾(조순)은 晉의 승상인데, 주군을 시해한 범인을 알고도 추격하지 않아 도주하게 하였으니 주군을 시해한 것과 마찬가지라고 史官이 기록했다(赦事誅意). ○窳隆(와륭) – 凹凸(요철). 窳는 우묵할 와(凹 오목할 요). 삐뚤 유. 隆은 높이 솟을 융(凸 볼록할 철). ○衆竅 – 竅는 구멍 규. ○倨敬(거경) – 오만과 공경. 倨는 거만할 거.

[國譯]

霍諝(곽서)의 字는 叔智(숙지)인데, 魏郡 鄴縣 사람이다. 젊어 太學生이었고 經學에 밝았다. 어떤 사람이 곽서의 외숙 宋光(송광)이 함부로 문장을 간행한다고 大將軍 梁商(양상)에게 고발하여 송광은 잡혀가서 洛陽의 詔獄(조옥)에 갇혔고 심한 고문을 받았다. 곽서는 그때 15세였는데 글을 지어 양상에게 올렸다.

「장군께서는 하늘과 땅만큼이나 크신 은혜를 베푸시어 저의 외숙 송광의 억울한 사정을 불쌍히 여겨 공평한 처리를 하시겠다는 앞서 온후한 말씀이 있었지만 아직 실무 관리가 사안에 대한 결단을 내리지는 않았지만 이미 神明의 보살핌을 받았습니다. 皇天后土도 장군의 훌륭한 말씀을 들었을 것입니다. 저는 홀로 기뻐 뛰며 아주 좋아하였습니다. 제가 알기로,《春秋》大義에도 情理에 근거하여 過失을 평정하며(原情定過), 사안의 결과에 따라 잘잘못을 평정한다고 하였기에, 許國의 止(지)는 부친을 죽게 하였지만 처벌받지 않았고, 趙盾(조순)은 주군을 시해한 도적을 추격하지 않아 도망치게 하였으니 시해한 것과 같다고 사서에 기록되었습니다. 이런 사례는 仲尼(중니, 孔子)가 王法의 사례를 알려준 것으로 漢朝에서는 이를 이전부터 지켜왔습니다.

《左傳》에서도 '人心이 같지 않은 것은 사람의 얼굴이 서로 다른 것과 같다.' 고 하였습니다. 이는 사물의 大小나 凹凸(요철, 窊隆)과 醜美(추미)의 형상과 다르며 심지어 코나 눈, 여러 생김새나 모발의 모양처럼 모두가 서로 다른 것입니다. 성격도 또한 다르니, 剛柔(강유)와 舒急(서급)과 倨敬(거경)의 차이가 있습니다. 또 이익을 좇고 손해를 피하며 죽음을 두려워하고 살려하는 의지는 모두 같습니다. 저와 외숙 光은 骨肉으로 대의가 서로 다르며 억울한 사정 역시 서로 다 같을 수는 없지만, 일단 인간의 보통 常情과 공평한 마음으로 도리에 의거 논의해야 할 것입니다.」

原文

「光衣冠子孫, 逕路平易, 位極州郡, 日望徵辟, 亦無瑕穢纖介之累, 無故刊定詔書, 欲以何名? 就有所疑, 當求其便安, 豈有觸冒死禍, 以解細微? 譬猶療饑於附子, 止渴於酖毒, 未入腸胃, 已絕咽喉, 豈可爲哉! 昔東海孝婦見枉不辜,幽靈感革, 天應枯旱. 光之所坐, 情旣可原, 守闕連年, 而終不見理. 呼嗟紫宮之門, 泣血兩觀之下, 傷和致災, 爲害滋甚.

凡事更赦令, 不應復案. 夫以罪刑明白, 尙蒙天恩, 豈有冤謗無徵, 反不得理? 是爲刑宥正罪, 戮加誣侵也. 不偏不黨, 其若是乎? 明將軍德盛位尊, 人臣無二, 言行動天地, 擧厝移陰陽, 誠能留神, 沛然曉察, 必有于公高門之福, 和氣立應, 天下幸甚.」

商高諝才志, 卽爲奏原光罪, 由是顯名.

| 註釋 | ㅇ亦無瑕穢纖介之累 – 瑕穢(하예)는 결점. 결함. 瑕는 티 하. 허물. 穢는 더러울 예. 纖介(섬개)는 지푸라기. 아주 하찮은 것. 纖芥(섬개)와 同. 纖은 가늘 섬. 介는 쓰레기 개. ㅇ譬猶療饑於附子 – 療饑(요기)는 굶주림을 채우다. 附子(부자)는 毒草의 일종. ㅇ止渴於酖毒 – 渴는 목마를 갈. 酖毒(짐독)은 극약. 酖(짐)은 올빼미 비슷한 남방의 毒鳥. 짐새의 깃털을 술에 담그면 독약이 된다. ㅇ東海孝婦見枉不辜 – 東海郡의 효부는 홀로되어 시어머니를 잘 모셨는데, 시어머니는 젊은 며느리가 자기 때문에 개가도 못하고 고생하는 것이 안타까워 자결하였다. 출가한 시누이가 며느리가 시어머니를 죽게 했다고 고발했고, 며느리는 고문에 못 이겨 자백한 뒤 억울하게 죽었다. 이후 동해군에 3년간 큰 가뭄이 들었다. 새로운 태수가 부임하자, 군의 향리였던 于公(우공, 于定國의 부친)이 그런 사연을 밀해주었고 태수가 큰 제사를 지내 원한을 풀어주자 큰 비가 내렸다고 한다. 于公은 대문을 고치면서 내가 좋은 일을 많이 해서 자손이 복을 받아 고관이 될 터이니 대문을 높고 크게 고쳐지으라고 하였다. 《漢書》 71권, 〈雋疏于薛

平彭傳〉 참고.

[國譯]

「宋光(송광)은 관리 집안의 후손으로 그 살아온 과정도 평이했고, 州郡에서 명성도 높아 날마다 조정의 부름을 기대하였으며 아무런 결함이나 인격에 누가 되는 작은 허물도 없었는데, 무슨 명성을 얻으려고 아무 까닭도 없이 조서를 간행했겠습니까? 의심할 만한 것이 있다면 응당 편리하거나 안전한 길을 찾게 되어 있는데, 어찌 법을 어겨 죽음을 자초하며 작은 실수라고 해명하겠습니까? 마치 배고픔을 이기려고 독초인 附子(부자)를 먹고, 목마르다 하여 짐새의 독을 마신다면 위장까지 내려가지도 못하고 목구멍 있을 때 죽을 것인데, 어찌 그런 짓을 하겠습니까? 옛날 東海郡의 孝婦가 억울한 일을 당해 죄도 없이 죽자 신령도 감응하여 큰 가뭄을 내렸습니다. 송광의 죄란 것도 그 정황을 참고할 수 있으며 오랫동안 조정을 지켰지만 끝내 받아들여지지 않았습니다. 황궁 앞에서 탄식하고 대궐 문 앞에서 피눈물을 흘리니 和氣를 손상케 하여 재앙을 초래한다면 그 손해가 막중할 것입니다.

모든 사안이 사면령으로 사면되면 다시 조사를 받지 않습니다. 罪刑이 明白한데도 오히려 황제의 사면을 받는데, 증거도 없는 억울한 비방을 받았지만 청원이 받아들여지지 않아서야 되겠습니까? 한편에서는 틀림없는 죄이나 사면되었지만 억울한 무고를 받아 죽게 되었습니다. 不偏不黨(불편부당)이 이럴 수가 있겠습니까? 聖明하신 장군께서는 덕행도 많으시고 지위가 높기로 人臣 중에 둘도 없는 분이시며, 장군의 말씀만으로도 天地가 움직이고 행동으로 음양을 바꾸실 수도 있는 분이시니, 진심으로 마음을 두어 너그럽게 살펴주신다면 틀림없이 (東海郡의) 于公(우공)과 같이 대문을 크게 만들 복을 받으실 것이며 和氣가 즉각 감응하시어 온 천하에 복이 될 것입니다.」

양상은 霍諝(곽서)의 才志를 높이 평가하며 즉각 송광의 사면을 주청하였는데 이로써 곽서의 명성이 알려졌다.

原文

仕郡, 擧孝廉, 稍遷金城太守. 性明達篤厚, 能以恩信化誘殊俗, 甚爲羌胡所敬服. 遭母憂, 自上歸行喪. 服闋, 公車徵, 再遷北海相, 入爲尙書僕射. 是時大將軍梁冀貴戚秉權, 自公卿以下莫敢違忤. 諝與尙書令尹勳數奏其事, 又因陛見陳聞罪失. 及冀誅後, 桓帝嘉其忠節, 封鄴都亭侯. 前後固讓, 不許. 出爲河南尹, 遷司隸校尉, 轉少府,廷尉, 卒官.

子儁, 安定太守.

| 註釋 | ㅇ金城 – 治所는 允吾縣, 今 甘肅省 臨夏回族自治州 永靖縣. 省都인 蘭州市 서쪽. ㅇ北海國 – 青州刺史 관할, 治所는 劇縣, 今 山東省 중부 濰坊市(유방시) 관할 昌樂縣. ㅇ安定 – 治所는 臨涇縣(임경현), 今 甘肅省 慶陽市 관할 鎭原縣. 安定屬國도 있었는데 치소는 三水縣, 今 寧夏回族自治區 吳忠市 관할 同心縣 동쪽.

[國譯]

(霍諝는) 郡에 출사했다가 효렴으로 천거되어 점차 승진하여 金

城 太守가 되었다. 천성이 총명, 활달, 성실하고 후덕하였기에 은택과 신의로 풍속이 다른 이민족을 교화하여 강족이 크게 존경하며 복속하였다. 모친상을 당하여 귀가하여 복상하였다. 복상을 마친 뒤, 공거령의 부름을 받았으며 거듭 승진하여 北海國 相이 되었다가 조정에 들어가 尙書僕射(상서복야)가 되었다. 이 무렵 대장군 冀冀(양기)는 외척으로 권력을 장악하고 있었는데 공경 이하 누구도 그 뜻을 거스르지 못했다. 곽서와 尙書令인 尹勳(윤훈)은 그와 관련하여 자주 상주했고 황제를 뵙고 들을 때마다 양기의 잘못을 진술하였다. 양기가 주산 된 뒤에 桓帝는 곽서의 충절을 아름답게 여겨 鄴都亭侯에 봉했다. 곽서는 여러 번 강하게 사양하였지만 환제는 허락하지 않았다. 곽서는 河南尹이 되었다가 司隸校尉로 승진했고 少府와 廷尉를 역임하고 관직을 가지고 죽었다.

아들 霍儁(곽준)은 安定 太守였다.

❼ 爰延

原文

爰延字季平, 陳留外黃人也. 淸苦好學, 能通經教授. 性質慤, 少言辭. 縣令隴西牛述好士知人, 乃禮請延爲廷掾, 范丹爲功曹, 濮陽潛爲主簿, 常共言談而已. 後令史昭以爲鄕嗇夫, 仁化大行, 人但聞嗇夫, 不知郡縣. 在事二年, 州府禮請, 不就. 桓帝時徵博士, 太尉楊秉等擧賢良方正, 再遷爲侍中.

| 註釋 | ○陳留郡 外黃縣 – 陳留郡 치소는 陳留縣, 今 河南省 동부의 開封市. 外黃縣은 今 河南省 開封市 蘭考縣 동남. ○質愨 – 질박하고 성실하다. 愨은 성실할 각. ○濮陽潛爲主簿 – 濮陽(복양)은 복성. 主簿(주부)는 문서 담당. ○嗇夫(색부) – 聽訟과 賦稅 징수 보조 역할. 현령 보좌. 색부 외에 鄕에는 교화를 담당하는 三老, 순찰과 도적 체포를 담당하는 游徼(유요)가 있었다. ○楊秉(양병) – 54권, 〈楊震列傳〉 立傳.

[國譯]

爰延(원연)의 字는 季平(계평)으로 陳留郡 外黃縣 사람이다. 清貧하고 好學했으며 경학에 능통하여 문생을 가르쳤다. 성격이 질박 성실하고 말수가 적었다. 縣令인 隴西 사람 牛述(우술)은 문사를 좋아하고 사람을 볼 줄 알아 예를 갖춰 원연을 (사법 담당) 廷掾(정연)으로, 范丹(범단)을 功曹(공조)에, 濮陽潛(복양잠)을 문서 담당 主簿(주부)에 임명하고 늘 함께 담소만 하였다. 나중에 史昭(사소)를 鄕의 嗇夫(색부)로 삼았는데 인자한 교화가 크게 성공했으며, 현 백성들은 嗇夫(색부)인 줄은 알았지만 현의 관리인 줄은 몰랐다. 2년간 재직하였는데 州府에서 예를 갖춰 초빙하였으나 취임하지 않았다. 桓帝 때 조정의 부름을 받아 博士가 되었고, 太尉 楊秉(양병) 등이 賢良方正한 인재로 천거하였는데 거듭 승진하여 侍中이 되었다.

原文

帝游上林苑, 從容問延曰, "朕何如主也?" 對曰, "陛下爲漢中主." 帝曰, "何以言之?"

對曰, "尙書令陳蕃任事則化, 中常侍黃門豫政則亂, 是以知陛下可與爲善, 可與爲非."

帝曰, "昔朱雲廷折欄檻, 今侍中面稱朕違, 敬聞闕矣."

拜五官中郞將, 轉長水校尉, 遷魏郡太守, 徵拜大鴻臚.

| **註釋** | ○陳蕃 – 66권, 〈陳王列傳〉에 立傳. 延熹(연희) 8년 太中大夫인 陳蕃(진번)이 太尉가 되었다. 建寧(건영) 원년에는 靈帝의 太傅가 되었다. ○朱雲廷折欄檻 – 朱雲(주운)은 成帝 때 상서하여 황제를 알현하면서 安昌侯 張禹(장우)를 끌어내 죽여버리겠다고 극언을 하자, 성제가 대노하였다. 어사가 주운을 끌어내자, 주운은 난간에 매달려 나가려 하지 않아 난간이 부서졌다. 나중에 난간을 고치려 하자, 성제는 그냥 두라면서 직언을 하는 신하를 생각하겠다고 말했다. ○長水校尉 – 長水校尉는 후한 5校尉 중 하나. 흉노족 출신 기병을 통솔. 질록 比二千石.

[國譯]

桓帝가 上林苑에 유람하면서 원연에게 조용히 물었다.

"朕은 주군으로서 어떠한가?" 원연은 "폐하께서는 漢의 중간에 계신 주군이십니다." 환제가 "무슨 뜻인가?" 라고 물었고, 원연이 대답했다.

"尙書令 陳蕃(진번)이 정사를 담당하며 교화가 이루어지나 中常侍나 黃門이 정사에 간여하면 혼란해지니, 폐하는 현인과 함께 하면

善할 수 있고 姦人과 함께하면 악할 수도 있습니다."

이에 환제가 말했다. "옛날(成帝 때) 朱雲(주운)은 중정에서 간언을 하다가 난간을 부수었다는데, 지금 시중은 면전에서 나의 잘못을 말하니 공경하는 마음으로 들어도 짐이 부족할 것이다."

원연은 五官中郎將이 되었다가 長水校尉로 전임했고, 魏郡太守가 되었다가 조정에 들어와 大鴻臚(대홍려)가 되었다.

原文

帝以延儒生, 常特宴見. 時太史令上言客星經帝坐, 帝密以問延. 延因上封事曰,

「臣聞天子尊無爲上, 故天以爲子, 位臨臣庶, 威重四海. 動靜以禮, 則星辰順序, 意有邪僻, 則晷度錯違. 陛下以河南尹鄧萬有龍潛之舊, 封爲通侯, 恩重公卿, 惠豐宗室. 加頃引見, 與之對博, 上下媟黷, 有虧尊嚴. 臣聞之, 帝左右者, 所以咨政德也. 故周公戒成王曰'其朋其朋', 言愼所與也. 昔宋閔公與彊臣共博, 列婦人於側, 積此無禮, 以致大災. 武帝與幸臣李延年,韓嫣同臥起, 尊爵重賜, 情慾無猒, 遂生驕淫之心, 行不義之事, 卒延年被戮, 嫣伏其辜.

夫愛之則不覺其過, 惡之則不知其善, 所以事多放濫, 物情生怨. 故王者賞人必酬其功, 爵人必甄其德. 善人同處, 則日聞嘉訓, 惡人從游, 則日生邪情. 孔子曰, '益者三友, 損者三友.' 邪臣惑君, 亂妾危主, 以非所言則悅於耳, 以非

所行則翫於目, 故令人君不能遠之. 仲尼曰, '唯女子與小人爲難養, 近之則不遜, 遠之則怨.' 蓋聖人之明戒也!

昔光武皇帝與嚴光俱寢, 上天之異, 其夕卽見. 夫以光武之聖德, 嚴光之高賢, 君臣合道, 尙降此變, 豈況陛下今所親幸, 以賤爲貴, 以卑爲尊哉? 惟陛下遠讒諛之人, 納謇謇之士, 除左右之權, 寤宦官之敝. 使積善日熙, 佞惡消殄, 則乾灾可除.」

帝省其奏. 因以病自上, 乞骸骨還家. 靈帝復特徵, 不行, 病卒. 子驥, 白馬令, 亦稱善士.

| **註釋** | ㅇ意有邪僻 – 도리에 어긋나고 편벽됨. 邪辟과 同. ㅇ晷度錯違 – 태양의 경도가 어긋나다. 晷는 해. 그림자 구. ㅇ龍潛之舊 – 龍潛은 潛龍. 등극하기 이전. ㅇ上下媟黷 – 媟黷은 웃어른에게 버릇없이 굴다. 媟은 친압할 설. 더럽히다. 黷은 더럽힐 독. ㅇ其朋其朋 – '孺子其朋, 孺子其朋, 愼其往.' ㅇ李延年,韓嫣同臥起 – 李延年과 여동생은 모두 倡人이었다. 여동생이 무제의 총애를 받아 李夫人이라 불렸고, 이연년 역시 가무에 특출한 재주가 있어 音律都尉로 二千石 인수를 차고 무제와 기거를 같이 하였다. 韓嫣(한언)은 韓王信의 증손으로 무제의 동성애적 놀이의 파트너였는데, 하사품이 文帝 때 鄧通(등통)과 비슷하였고 永巷에 출입하며 간사한 짓을 했기에 주살 당했다. ㅇ爵人必甄其德 – 甄은 明也. 밝을 견. 밝게 하다. 질그릇 견. ㅇ孔子曰 – 「"益者三友, 損者三友. 友直, 友諒, 友多聞, 益矣. 友便辟, 友善柔, 友便佞, 損矣."」《論語 季氏》. ㅇ唯女子與小人爲難養 – 「子曰, "唯女子與小人爲難養也, 近之則不孫, 遠之則怨."」《論語 陽貨》. ㅇ嚴光俱寢 – 엄광은 83권, 〈逸民列傳〉에 입전. ㅇ積善日熙 – 熙는

넓히다. ㅇ白馬 – 東郡의 현명. 今 河南省 북단 安陽市 관할 滑縣(활현).

[國譯]

桓帝는 爰延(원연)이 유생이기에 늘 특별히 사석으로 불러 만나보았다. 그때 太史令이 '客星이 帝坐를 지나간다' 고 상주하자, 환제는 조용히 원연에게 물었고, 원연은 封事를 올렸다.

「臣이 알기로, 天子는 가장 존귀한 자리라서 하늘이 아들로 여기며 모든 신하와 백성 위에 군림하며 그 위엄은 四海에 진동합니다. 천자의 동정은 禮에 합당해야 하니, 곧 星辰의 운행 순서와 같으며 그 의중이 사악하면 태양의 경도가 어긋납니다. 폐하께서 河南尹 鄧萬(등만)과는 즉위 이전부터 알고 지내셨기에 열후에 책봉하고 공경보다도 더 중한 은택을 베풀었고 종실보다도 풍성한 혜택을 하사하셨습니다. 자주 불러 만나셨으며 그와 함께 博戲(박희, 내기)도 하며 上下가 장난을 치면서 존엄을 지키지 않았습니다. 臣이 알기로, 황제의 측근은 정사와 덕행에 도움이 되어야 합니다. 그래서 周公은 成王을 훈계하여 '그 붕당, 그 붕당을 조심하십시오.' 라고 朋黨에 신중하시라고 하였으며, 또 옛날에 宋 閔公(민공)은 권세를 쥔 대신과 내기를 하고 측근에 많은 여인을 거느리면서 점차 무례해져서 결국 큰 재해를 초래하였습니다. 武帝의 幸臣인 李延年(이연년)과 韓嫣(한언)은 기거를 같이하며 높은 작위를 받고 많은 하사품을 받으면서도 情慾에 끝이 없어 교만 음란한 마음에 不義한 짓을 하였기에 결국 이연년은 참형을 받았고 한언도 처형되었습니다.

실제로 총애하면 그 허물을 알지 못하고 미워하게 되면 그 善行을 모르게 되니, 결국 방종과 무절제에 빠져서 끝에는 서로 원망하게 됩니다. 그러하기에 王者의 시상은 필히 그 공적에 상응해야 하고, 작위를 내릴 때는 그 덕행을 밝게 할 수 있어야 합니다. 善人과 함께 하면 날로 좋은 말을 듣지만, 악인과 함께 놀면 날마다 사악한 감정만 자라게 됩니다. 그래서 孔子는 '益者에 三友가 있고, 損者에 三友가 있다.' 고 하였습니다.' 邪臣은 惑君하고 亂妾은 危主하나니 잘못된 것이지만 그 하는 말이 귀에 즐겁고 그 하는 짓이 눈을 기쁘게 하기에 人君으로 하여금 멀리하지 못하게 됩니다. 그래서 仲尼(孔子)는 '女子와 小人은 함께 하기 어려우니 가까이 하면 불손하고 멀리하면 원망을 한다' 고 말했습니다. 이는 아마 聖人의 확실한 훈계일 것입니다!

옛날 光武皇帝께서는 嚴光(엄광)과 함께 침석에 들었는데, 上天의 재이가 바로 그날에 나타났습니다. 光武의 聖德과 嚴光의 高賢이 君臣으로서 合道했어도 이런 변이가 있었는데, 하물며 폐하께서 지금 가까이 총애하는 사람은 천하면서 고귀한 자리에 올랐으니 낮은 사람을 받드는 것입니까? 폐하께서는 아첨 아부하는 사람을 멀리하시고 강직한 士人의 충언을 받아들이시고, 측근의 권력을 삭제하고 환관의 폐해를 깨달으셔야 합니다. 그리하여 積善이 날로 넓혀지면 간신과 악인은 사라지고 하늘의 재이도 없앨 수 있습니다.」

桓帝는 원연의 상주를 읽었다. 원연은 자신의 상서를 생각하여 사직하고 귀향하였다. 다음 靈帝가 다시 특별히 초빙하였지만 나가지 않았고 병사하였다. 아들 爰驥(원기)는 白馬縣令으로 유덕한 사람이라고 칭송을 들었다.

❽ 徐璆

原文

徐璆字孟玉, 廣陵海西人也. 父淑, 度遼將軍, 有名於邊. 璆少博學, 辟公府, 擧高第. 稍遷荊州刺史. 時董太后姊子張忠爲南陽太守, 因勢放濫, 臧罪數億. 璆臨當之部, 太后遣中常侍以忠屬璆. 璆對曰, "臣身爲國, 不敢聞命." 太后怒, 遽徵忠爲司隸校尉, 以相威臨. 璆到州, 擧奏忠臧餘一億, 使冠軍縣上簿詣大司農, 以彰暴其事. 又奏五郡太守及屬縣有臧汚者, 悉徵案罪, 威風大行.

中平元年, 與中郎將朱儁擊黃巾賊於宛, 破之. 張忠怨璆, 與諸閹官構造無端, 璆遂以罪徵. 有破賊功, 得免官歸家. 後再徵, 遷汝南太守, 轉東海相, 所在化行.

| **註釋** | ㅇ徐璆 – 璆는 아름다운 옥 구. ㅇ廣陵海西 – 廣陵郡의 治所는 廣陵縣, 今 江蘇省 서남부 揚州市. 海西는 현명. 今 江蘇省 북단 連雲港市 관할 灌南縣 일대. ㅇ度遼將軍 – 요동 북방의 외적을 방어할 목적으로 後漢 明帝 永平 8년에 설치하였다. 정벌의 필요성에 따라 임명하는 장군은 정원이 없었다. 부대 편제에 따라 司馬나 軍候 등을 두었다. 度遼將軍은 후한에서 동북방이 늘 불안하여 상설직화하였다. ㅇ董太后 – 孝仁董太后(효인동태후)는 靈帝의 母后. ㅇ冠軍縣 – 今 河南省 南陽市 남쪽 鄧州市(능주시).

[國譯]

徐璆(서구)의 字는 孟玉(맹옥)으로 廣陵郡 海西縣 사람이다. 父인

徐淑(서숙)은 度遼將軍으로 변방에서 유명하였다. 서구는 젊어 박학하여 三公府의 초빙을 받았고, 근무 성적이 우수했기에 점차 승진하여 荊州(형주) 자사가 되었다. 당시 董(동) 太后 언니의 아들 張忠(장충)은 南陽太守였는데, 권세를 믿고 지나치게 방종하였고 수억 전을 착복하였다. 서구가 남양군의 감독부서인 형주자사가 되자, 동태후는 中常侍를 보내 장충을 서구에게 부탁하였다.

이에 서구는 "臣은 나라를 위해 몸 바쳐야 하기에 감히 명을 따르지 못하겠습니다."라고 하였다. 이에 동태후는 대노하면서 갑자기 장충을 조정으로 불러 司隸校尉에 임명하여 위세로 위협하게 하였다. 서구는 형주자사부에 도착하여 장충이 1억 전이 넘게 착복하였다고 탄핵 상주하면서 冠軍縣(관군현)에서 장부를 大司農에 보내게 하여 그 사실을 폭로하였다. 또 형주 관내 五郡의 太守 및 屬縣의 탐관오리를 모두 탄핵 고발하여 죄에 따라 징계 받게 하자 위풍이 거세었다.

(靈帝) 中平 元年(서기 184)에 中郎將 朱儁(주준)과 함께 黃巾賊을 宛縣(완현)에서 공격, 격파하였다. 張忠은 서구에 원한을 품고 여러 환관과 함께 죄를 날조했고 서구는 징계를 받았다. 그러나 황건적을 격파한 공적으로 사면 받아 귀가하였다. 그 뒤에 다시 부름을 받아 汝南太守가 되었다가 東海國 相이 되었는데 임지에서 교화가 큰 성공을 거두었다.

原文

<u>獻帝</u>遷<u>許</u>, 以廷尉徵, 當詣京師, 道爲<u>袁術</u>所劫, 授<u>璆</u>以上

公之位. 璆乃歎曰, "龔勝,鮑宣, 獨何人哉? 守之必死!" 術不敢逼. 術死軍破, 璆得其盜國璽, 及還許, 上之, 並送前所假汝南,東海二郡印綬. 司徒趙溫謂璆曰, "君遭大難, 猶存此邪?" 璆曰, "昔蘇武困於匈奴, 不隊七尺之節, 況此方寸印乎?"

後拜太常, 使持節拜曹操爲丞相. 操以相讓璆, 璆不敢當. 卒於官.

| **註釋** | ㅇ獻帝遷許 – 獻帝는 建安 원년(서기 196년) 정월 建安(건안)으로 개원하고, 8월에 許都로 천도하였다. 許는 潁川郡(영천군)의 현명. 今 河南省 중앙부 許昌市. 조조가 헌제를 영입하면서 許都로 개칭. 魏 文帝 曹丕는 許昌으로 개명. ㅇ龔勝(공승) – 哀帝 때 光祿大夫로 퇴임. 王莽이 즉위한 뒤에 上卿의 지위로 초빙하였으나 단식하다가 죽었다. ㅇ鮑宣(포선) – 哀帝 때 司隸校尉. 王莽이 輔政하면서 漢 忠臣과 자기편이 아닌 자를 죽였는데 포선과 何武 등이 이때 죽었다. ㅇ璆得其盜國璽 – 秦 이전에는 金이나 玉 또는 銀으로 사방 1촌의 印璽(인새)를 만들어 사용했다. 秦 이후로 황제만이 璽(도장 새)라 하여 玉으로 만들었다. 李斯는 藍田山의 옥에 '受命於天, 旣壽永昌' 이라는 글자를 새겨 傳國璽(전국새)라 하였다. 漢 高祖가 三秦을 평정하자, 子嬰(자영)이 전국새를 바쳤고 고조가 즉위하면서 패용하였다. 왕망이 찬위하면서 元后(元帝의 王황후, 王政君)에게 국새를 계속 요구하자 元后가 이를 내던져 주었는데 그때 전국새 한 모서리가 떨어져 나갔다. 왕망이 패망할 때까지 전국새를 차고 있었는데, 杜吳(두오)가 왕망을 죽였지만 국새는 公賓就(공빈취)가 왕망의 수급을 자르고 국새를 함께 탈취하여 이를 更始將軍 李松(이송)에게 바쳤고 경시제가 패용했다. 적미가 들어오자 경시제는 국새를 적미에게 주었고, 적미군이 내세운 황제 劉

盆子(유분자)가 이를 建武 3년에 光武帝에게 바쳤다. 獻帝 때 孫堅(손견)이 낙양에 들어와 동탁을 토벌하면서 낙양성 남쪽 밖에 주둔했는데, 낡은 우물에서 오색 광채가 났고 거기서 손견은 국새를 찾아 손에 넣었다. 원술은 찬위할 뜻이 있어 손견의 처를 잡아놓고 국새와 맞교환하자 했다. 원술이 갖고 있던 국새를 이번에 서구가 되찾아 獻帝에게 바친 것이다.

[國譯]

獻帝는 許縣으로 옮겨와 徐璆(서구)를 정위에 임명하였는데, 서구가 허현으로 가야 하는데 袁術(원술)이 길을 차단하고 서구에게 삼공의 지위를 부여하였다. 이에 서구가 탄식하며 말했다.

"龔勝(공승)과 鮑宣(포선)이 어찌 특별한 사람이겠는가? 지조를 지키다 죽으리라!" 그러자 원술도 더 이상 핍박하지 않았다. 원술의 군사가 격파되자, 서구는 원술이 갖고 있던 傳國의 국새를 훔쳐 가지고 許縣으로 돌아와 헌제에게 바치면서 아울러 전에 받았던 汝南郡과 東海郡의 인수도 함께 반납하였다. 이에 司徒 趙溫(조온)이 서구에게 말했다. "당신은 이런 大難을 만나 여태껏 이것을 보전하였소?"

이에 서구가 말했다. "옛날에 蘇武(소무)는 흉노에 억류되어 있으면서도 7자 부절을 버리지 않았는데, 하물며 이런 사방 1寸의 직인을 보전 못하겠습니까?"

뒷날 太常을 제수 받았고 부절을 빌아 가지고 가서 曹操(조조)를 丞相에 임명하였다. 조조는 서구에게 승상을 양보하였지만 서구는 감당할 수 없다고 하였다. 서구는 관직을 갖고 있으며 죽었다.

原文

論曰, 孫懿以高明見忌, 而受欺於陰計, 翟酺資譎數取通, 而終之以謇諫. 豈性智自有周偏, 先後之要殊度乎? 應氏七世才聞, 而奉,劭采章爲盛. 及撰著篇籍, 甄紀異知, 雖云小道, 亦有可觀者焉. 延,璆應對辯正, 而不犯陵上之尤, 斯固辭之不可以已也.

| **註釋** | ㅇ謇諫(건간) – 바른말로 간쟁하다. 謇은 바른말을 하는 모양. 더듬거릴 건. 諫은 간할 간. 바른말로 충고하다.

[國譯]

范曄(범엽)의 史論 : (前 太史令) 孫懿(손의)는 고명했지만 忌諱(기휘)하다가 翟酺(적포)의 陰計에 속았고, 적포는 거짓 술수로 尙書 자리를 차지했으나 끝까지 바른말로 간언을 올렸다. 천성의 지혜가 周密하든, 편협하든지 그 쓰임의 선후에 따라 정도의 차이가 있는가? 應氏(응씨)는 7世에 걸쳐 재능으로 소문이 났는데, 應奉(응봉)과 應劭(응소)는 문채가 융성하였다. 여러 판례를 모아 전적을 편찬하고 기이한 일을 정리하였으니 비록 小道라 하지만 역시 볼만한 것이 있었다. 爰延(원연)과 徐璆(서구)는 응대를 통하여 正道를 설파하면서도 황제의 권위를 지켰으니, 이는 참으로 言辭가 뛰어나지 않으면 불가했을 것이다.

原文

贊曰, 楊終,李法, 華陽有聞. 二應克聰, 亦表汝濆. 翟酺詐懿, 霍諝請舅. 延能訐帝, 璆亦忤后.

|註釋| ㅇ華陽有聞 - 蜀에서 널리 소문이 나다. 華陽은 華山之陽. 곧 蜀을 말함. 楊終은 蜀郡 成都縣 출신이고, 李法은 漢中郡 南鄭 사람이었다. ㅇ亦表汝濆 - 汝는 汝南郡. 濆은 물이 휘돌아 흐를 분, 뿜을 분. ㅇ延能訐帝 - 訐은 들추어낼 알. 대놓고 말하다. ㅇ璆亦忤后 - 璆는 徐璆(서구). 忤는 거역할 오.

[國譯]

贊曰,

楊終과 李法은 華陽(蜀) 땅에서 소문이 났었다.

應奉, 應劭(응소) 부자는 총명하여 汝南에서 유명하였다.

翟酺(적포)는 孫懿를 속였고 霍諝(곽서)는 외숙을 구해냈다.

爰延은 桓帝에게 간언을, 徐璆(서구)는 황후에 거역했다.

49 王充王符仲長統列傳
〔왕충,왕부,중장통열전〕

❶ 王充

原文

王充字仲任, 會稽上虞人也, 其先自魏郡元城徙焉. 充少孤, 鄕里稱孝. 後到京師, 受業太學, 師事扶風班彪. 好博覽而不守章句. 家貧無書, 常游洛陽市肆, 閱所賣書, 一見輒能誦憶, 遂博通衆流百家之言. 後歸鄕里, 屛居敎授. 仕郡爲功曹, 以數諫爭不合去.

充好論說, 始若詭異, 終有理實. 以爲俗儒守文, 多失其眞, 乃閉門潛思, 絶慶吊之禮, 戶牖牆壁各置刀筆. 箸《論衡》八十五篇, 二十餘萬言, 釋物類同異, 正時俗嫌疑.

刺史董勤闢爲從事, 轉治中, 自免還家. 友人同郡謝夷吾上書薦充才學, 肅宗特詔公車徵, 病不行. 年漸七十, 志力衰耗, 乃造《養性書》十六篇, 裁節嗜欲, 頤神自守. 永元中, 病卒於家.

| 註釋 | ㅇ王充, 王符, 仲長統 - 이들을 '後漢三賢' 이라고 통칭한다. ㅇ王充(왕충, 27-97년) - 유학자로서《譏俗節義》,《政務》,《養性》,《論衡》 등 많은 저술이 있었으나 다만《論衡》만 전한다. 후한의 儒家 사상은 官學으로서 독점적 지위가 확보되었기에 춘추전국시대와 달리 유학에 참위설이 뒤섞이게 되는데, 그 확실한 물증이 章帝 때 班固가 편집한《白虎通義》이다. 왕충은《論衡》에서 그러한 신비주의적 讖緯說(참위설)에 일침을 가했다. 衡은 저울, 곧 天平이니《論衡》의 저술 목적은 '미혹을 깨달아 虛實을 확실하게 알기를 바라는 뜻' 이라고 말할 수 있다.《論衡》이 저술된 뒤에《論衡》의 가치를 처음 인정한 사람은 뒷날 회계태수였던 王朗(왕랑)인데, 왕랑은《論衡》을 許縣으로 갖고 가 널리 알렸다고 한다. ㅇ會稽上虞 - 會稽郡 治所는 山陰縣, 今 浙江省 북동부 紹興市. 上虞縣(상우현)은 今 浙江省 북동부 紹興市 上虞區. ㅇ謝夷吾(사이오) - 사이오는 왕충을 추천하면서 "왕충의 天才性은 배워서 이룬 것이 아니니, 비록 前世의 孟軻(孟子), 孫卿(손경, 荀子)는 물론 근세의 楊雄(양웅), 劉向(유향), 司馬遷(사마천)도 왕충보다 더 낫지 않을 것" 이라고 하였다. 82권, 〈方術列傳〉(上)에 立傳. ㅇ頤神自守 - 頤神은 정신을 수양하다. 養神. 頤는 턱 이. 기르다. 수양하다.

[國譯]

王充(왕충)의 字는 仲任(중임)으로 會稽郡 上虞縣 사람으로 그 선조가 魏郡 元城縣에서 이사하였다. 왕충은 어려서 부친을 여의었는데 향리에서는 효자로 알려졌다. 뒷날 낙양에 올라와 太學에서 수업하면서 右扶風의 班彪(반표)에게 師事하였다. 왕충은 널리 배우기를 좋아했고 章句를 고집하지 않았다. 집이 가난하여 서책을 살 수 없어 늘 낙양의 저자에 나가 팔려는 책을 읽었는데, 한 번 보면 바로 외웠기에 당시 유행하는 百家의 학설에 두루 통하였다. 뒤에 향리로 돌아와 은거하며 문도를 교육하였다. 郡에 출사하여 功曹가 되었지만 여러 번 諫爭하였으나 의견이 맞지 않아 그만두었다.

왕충은 論說을 좋아하였는데, 처음 시작할 때는 詭辯(궤변)과 같으나 논쟁을 마칠 때에는 늘 합리적 근거를 제시하였다. 왕유는 俗儒가 문장 자구에만 집착하여(守文) 많은 진실을 놓치게 된다고 생각하여 閉門하고 깊이 사색하고 慶吊의 禮도 행하지 않았으며, 창문이나 벽에 刀筆을 준비해 놓고, 《論衡》 85편 20여만 자를 저술하여 사물의 同異를 해석하고 時俗에 관한 여러 의문 사항을 바로잡았다.

刺史인 董勤(동근)이 왕충을 불러 從事에 임명하였는데 동근이 전근하자 사직하고 집으로 돌아왔다. 友人인 회계군의 謝夷吾(사이오)가 상서하여 왕충의 재학을 천거하자, 肅宗은 특별히 조서를 내려 公車에서 초빙토록 하였지만 왕충은 병 때문에 부임하지 않았다. 나이 70에 가까우면서 의지와 근력이 쇠약해지자 《養性書》 16편을 저술하면서 嗜欲(기욕)을 절제하며 심신을 수양하며 본성을 지켰다. (和帝) 永元 연간에, 병으로 집에서 죽었다.

❷ 王符

原文

王符字節信, 安定臨涇人也. 少好學, 有志操, 與馬融,竇章,張衡,崔瑗等友善. 安定俗鄙庶孽, 而符無外家, 爲鄕人所賤. 自和,安之後, 世務遊宦, 當塗者更相薦引, 而符獨耿介不同於俗, 以此遂不得升進. 志意蘊憤, 乃隱居著書三十餘篇, 以譏當時失得, 不欲章顯其名, 故號曰《潛夫論》. 其指訐時短, 討訐物情, 足以觀見當時風政, 著其五篇云爾.

| **註釋** | ㅇ王符(왕부, 83 - 170) - 《潛夫論》은 王充의 《論衡》만큼 유명한 저술이다. 潛夫는 隱士. 현실 비판의 뜻. ㅇ安定臨涇 - 安定郡의 치소는 臨涇縣(임경현), 今 甘肅省 동부 慶陽市 관할 鎭原縣. 安定屬國도 있었는데 치소는 三水縣, 今 寧夏回族自治區 북부 吳忠市 관할 同心縣 동쪽. ㅇ馬融(마융, 79 - 166) - 伏波將軍 馬援(마원)의 侄孫, 馬嚴의 아들. 經學家. 《周易》, 《尙書》, 《毛詩》, 《論語》, 《老子》, 《淮南子》, 《離騷》, 《列女傳》 등을 주석. 鄭玄, 盧植(노식)은 마융의 門生이었다. 60권, 〈馬融列傳〉에 立傳. ㅇ竇章(두장) - 順帝 초에 두장의 딸은 12살이었지만, 글을 지을 줄 알아 재능과 미모로 궁중에 뽑혀 들어갔는데 총애를 받아 뒷날 (順帝의) 梁皇后와 함께 貴人이 되었다. 23권, 〈竇融列傳〉 立傳. ㅇ張衡(장형, 78 - 139) - 天文學者, 數學者, 科學家이며 發明家, 그리고 文學者로 太史令, 侍中, 尙書 역임. 그의 일생과 성취는 정말 특별하여 水力으로 움직이는 渾天儀를 발명했고, 地動儀(지진계)와 指南車(나침반)을 만들었으며, 〈二京賦〉로 문명을 떨쳐 '漢賦四大家' 의 한 사람이다. 59권, 〈張衡列傳〉에 立傳. ㅇ崔瑗(최원, 77 - 142) - 字 子玉, 후한의 명필, 書法家. 52권, 〈崔駰列傳〉에 입전. ㅇ鄙庶孽 - 庶孽(서얼)을 천시하다. 鄙는 천할 비. 비천하다고 여기다. 孽은 첩의 자식 얼. 비천한 여인의 소생. ㅇ耿介 - 지조가 확고하여 변하지 않음. 耿은 빛날 경, 굳을 경. ㅇ志意蘊憤 - 蘊憤(온분)은 울분이 쌓이다. ㅇ指訐時短 - 訐은 들추어낼 알. 신랄하게 비판하다.

[國譯]

王符(왕부)의 字는 節信(절신)으로 安定郡 臨涇縣(임경현) 사람이다. 젊어 好學하였고 큰 뜻을 품었으며 馬融(마융), 竇章(두장), 張衡(장형), 崔瑗(최원) 등과 벗으로 친했다. 安定郡의 시속에 庶孽(서얼)을 천시하였는데, 왕부는 外家가 없다 하여 鄕人에게 천대받았다. 和帝와 安帝 이후에 세상 사람들은 出仕에 힘쓰면서 현직에 있는 사람이 서로를 끌어주며 천거하였는데, 왕부는 홀로 확고한 지조를 갖고 세속에 어울리지 않았으며 이 때문에 끝내 승진하지 못했다. 그 뜻에 불만이 쌓이고 쌓여 은거하며 30여 권의 저서를 통해 당시의 득실을 비판하였는데, 왕부는 이름을 날리려는 뜻이 없어 《潛夫論(잠부론)》이라 이름 지었다. 왕부는 당시의 폐단과 시속을 비판하였으니, 이를 통해 당시의 물정을 알 수 있는데 그중 5편을 아래에 수록하였다.

＊〈貴忠篇〉- 王符

原文

『夫帝王之所尊敬者天也, 皇天之所愛育者人也. 今人臣受君之重位, 牧天之所愛, 焉可以不安而利之, 養而濟之哉? 是以君子任職則思利人, 達上則思進賢, 故居上而下不怨, 在前而後不恨也.

《書》稱 '天工人其代之.' 王者法天而建官, 故明主不敢以私授, 忠臣不敢以虛受. 竊人之財猶謂之盜, 況偸天官以私己乎! 以罪犯人, 必加誅罰, 況乃犯天, 得無咎乎? 夫五代之臣, 以道事君, 澤及草木, 仁被率土, 是以福祚流衍, 本支百世. 季世之臣, 以諂媚主, 不思順天, 專杖殺伐. 白起,蒙恬, 秦以爲功, 天以爲賊, 息夫,董賢, 主以爲忠, 天以爲盜.

《易》曰, '德薄而位尊, 智小而謀大, 鮮不及矣.' 是故德不稱, 其禍必酷, 能不稱, 其殃必大. 夫竊位之人, 天奪其鑒. 雖有明察之資, 仁義之志, 一旦富貴, 則背親捐舊, 喪其本心, 疏骨肉而親便辟, 薄知友而厚犬馬, 寧見朽貫千萬, 而不忍貸人一錢, 情知積粟腐倉, 而不忍貸人一斗, 骨肉怨望於家, 細人謗讟於道. 前人以敗, 後爭襲之, 誠可傷也.」

| **註釋** | ㅇ《書》稱 - 《尙書 虞書 皐陶謨》. ㅇ天工人其代之 - '사람이 하늘을 대신하여 다스리다.' 天官으로서 자신의 이득을 추구해서는 안 된다는 뜻. ㅇ五代之臣 - 五代는 唐(堯), 虞(순), 夏, 殷, 周. ㅇ白起(백기) - 秦將, 趙와 長平에서 싸워 승리하며 趙卒 45만 명을 생매장하였다. 蒙恬(몽염)의 長城 축조는 백성에 대한 학대였다. ㅇ息夫躬(식부궁) - 哀帝 때 東平王 劉雲을 고발한 공으로 宜陵侯가 되었다. 董賢(동현)은 哀帝의 총애를 받아 高安侯에 태위 자리에 올랐지만 애제가 죽은 날 자살하였다. ㅇ《易》曰, 德薄而位尊~ - 《易經 繫辭傳》. ㅇ大竊位之人 「了曰, "臧文仲其竊位者與! 知柳下惠之賢而不與立也."」《論語 衛靈公》 참고. ㅇ天奪其鑒 - 鑒은 鑑. 거울. 지혜. ㅇ細人謗讟於道 - 細人은 일반 백성. 謗讟(방독)은 헐뜯고 원망하다. 謗은 비방할 방. 讟은 원망할 독.

[國譯]

〈貴忠篇〉

「帝王이 받드는 대상은 하늘이고, 하늘이 愛育하는 대상은 백성이다. 지금 人臣 중 주군으로부터 높은 지위를 받은 자는 하늘이 아끼는 백성을 길러야 하는데, 어찌하여 백성을 편안케 하여 이롭게 하지 못하고 백성을 부양하거나 구제하지 못하는가? 君子가 관직에 나가 利人을 생각하고 높이 올라가 賢才 천거를 생각한다면 높은 자리에 올라도 아랫사람의 원한이 없고 앞서 나가도 後人에게 恨이 아니었다.

《尙書》에서도 '하늘이 할 일을 사람이 대신한다.' 고 하였다. 王者가 하늘을 본떠 관직을 마련한 것이기에 明主는 관직을 사적으로 수여하지 않았고, 忠臣은 하는 일도 없이 관직을 받지 않았다. 남의 재물을 훔치는 자를 도적이라고 하는데, 하물며 天官을 훔쳐 자기 것으로 할 수 있겠는가! 사람에게 죄를 지으면 꼭 형벌을 받는데, 하물며 하늘의 뜻을 범하고서도 죄의 대가가 없겠는가? 대체로 五代의 신하들은 正道로 事君하였기에 그 은택이 草木에도 미쳤으며, 仁德이 온 땅을 덮었기에 그 福祚(복조)가 근본과 지엽까지 백세에 이어졌었다. 말세의 신하는 주군에게 아부만 하고 順天을 생각하지 않아 마음대로 권력을 가지고 마음대로 살벌한 짓을 하였다. 白起(백기)와 蒙恬(몽염)은 秦을 위해 공을 세웠다지만 하늘에서는 도적이었고, 息夫躬(식부궁)과 董賢(동현)은 주군에게 충성하였지만 하늘은 도적으로 여겼다.

그래서《易 繫辭》에서는 '德薄하고 位尊하거나 智小한데, 계획이 크다면 재앙을 받지 않는 사람이 없다.' 고 하였다. 이러하기에 德이 지위에 걸맞지 않으면 잔혹한 화를 당하고 능력이 지위에 걸맞지 않으면 그 재앙이 틀림없이 크다고 하였다. 남의 자리를 쟁탈한 자는 하늘이 그 지혜를 앗아간다. 비록 명철한 바탕이 있어도 仁義에 뜻을 두어야 하나니, 어느 날 富貴를 차지하자 친척과 지인을 버리고 그 본심을 상실하며, 骨肉과는 소원하고 아첨하는 자를 친애하며, 知友를 박대하고, 犬馬를 후히 양육하며, 수천 만 전의 돈 꿰미가 썩을지언정 남에게는 일전도 베풀지 않고, 창고에 곡식이 썩는 줄을 알면서도 남에게 一斗를 내주지 않으니, 친척은 집에서 원망하고 백성은 길에서 위정자를 헐뜯게 된다. 앞 시대 사람이 이렇게 실패하는데 뒷사람은 다투듯 답습하니 정말 가슴이 아플 뿐이다.」

原文

「歷觀前政貴人之用心也, 與嬰兒子其何異哉? 嬰兒有常病, 貴臣有常禍, 父母有常失, 人君有常過. 嬰兒常病, 傷於飽也, 貴臣常禍, 傷於寵也. 哺乳多則生癎病, 富貴盛而致驕疾. 愛子而賊之, 驕臣而滅之者, 非一也.

極其罰者, 乃有仆死深牢, 銜刀都市, 豈非無功於天, 有害於人者乎? 夫鳥以山爲埤而增巢其上, 魚以泉爲淺而穿穴其中, 卒所以得者餌也. 貴戚願其宅吉而制爲令名, 欲其門堅而造作鐵樞, 卒其所以敗者, 非苦禁忌少而門樞朽也, 常苦崇財貨而行驕僭耳. 不上順天心, 下育人物, 而欲任其私智, 竊弄君威, 反戾天地, 欺誣神明. 居累卵之危, 而圖太山之安, 爲朝露之行, 而思傳世之功. 豈不惑哉! 豈不惑哉!」

| 註釋 | ㅇ哺乳多則生癎病 - 哺는 먹을 포. 癎은 경기. 경풍 간. 癎疾은 간질. 지랄병. ㅇ朝露 - 쉽게 없어진다. 人生의 한 살이는 오동나무 잎사귀에 맺힌 아침 이슬과 같으니 얼마나 오래 가겠는가?

[國譯]

「前代에 정사를 담당했던 貴人들의 用心을 훑어본다면, 간난 아이와 무엇이 다르겠는가? 嬰兒(영아)가 자주 병에 걸리고 貴臣도 늘 화를 당하며, 父母는 늘 아이를 잘 돌보지 못하고 人君은 늘 과오를 저지른다. 영아가 자주 앓는 것은 너무 많이 먹이기 때문이며, 貴臣이 화를 당하는 것은 총애가 지나치기 때문이다. 젖을 너무 많이 먹이면 경기가 일어나고, 富貴가 극성하면 교만 병에 걸린다. 자식을 아끼는 것이 자식을 해치는 일이며, 교만한 신하가 왕을 파멸케 한 것이 결코 한 둘이 아니다.

무거운 처벌을 받은 자는 엄중한 옥안에서 쓰러져 죽고 도시 거리에서 칼을 맞아 죽으니, 이 어찌 하늘의 뜻이 아니며 남에게 해를 끼쳤기 때문이 아니겠는가? 새는 산이 낮다고 하지만 산에 둥지를 마련하고, 물고기는 물이 깊지 않다고 하지만 거기에 숨어 살면서 결국 거기서 먹이를 먹는다. 貴戚(귀척)은 그 집이 명당이길 바라며 멋진 이름을 짓고 그 대문이 견고하기를 바라며, 쇠로 대문 축을 만들지만 결국 거기서 망하는 것은 그 금기를 어겼거나 문틀이 썩어서가 아니라 늘 재물만을 얻으려 했거나 분수를 모르고 교만했기 때문이다. 위로는 天心에 순응하지 않고, 아래로는 백성을 양육하지 않으면서 그 사악한 지혜를 짜내어 함부로 주군의 위세를 농락하거나 天地에 어긋나며 천지신명을 속이려 했기에 망하는 것이다. 累卵(누란)의 위기에 처했으면서도 태산처럼 안전하다고 여기며, 이침 이슬 같은 눈앞의 이익만을 추구하면서 대를 이어 공훈을 누려가길 생각한다. 이 어찌 멍청하지 않은가! 멍청한 짓이 아니겠는가!」

*〈浮侈篇〉- 王符

原文

「王者以四海爲家, 兆人爲子. 一夫不耕, 天下受其饑, 一婦不織, 天下受其寒. 今擧俗舍本農, 趨商賈, 牛馬車輿, 塡塞道路, 游手爲巧, 充盈都邑, 務本者少, 浮食者衆. '商邑翼翼, 四方是極.' 今察洛陽, 資末業者什於農夫, 虛僞游手什於末業. 是則一夫耕, 百人食之, 一婦桑, 百人衣之, 以一奉百, 孰能供之! 天下百郡千縣, 市邑萬數, 類皆如此.

本末不足相供, 則民安得不饑寒? 饑寒並至, 則民安能無姦軌? 姦軌繁多, 則吏安能無嚴酷? 嚴酷數加, 則下安能無愁怨? 愁怨者多, 則咎徵並臻. 下民無聊, 而上天降灾, 則國危矣.」

| 註釋 | ㅇ塡塞道路 – 塡은 메울 전. 塞은 막을 색. 채우다. ㅇ游手爲巧 – 游手는 손재주. 匠人, 工人. 爲巧는 技巧를 다하다. 사치품. 물품을 제조하다. ㅇ商邑翼翼, 四方是極 –《詩 商頌 殷武》. 極은 中也. 翼翼은 성대한

모양. 본받을 만하다. 사방의 모범(中正)이 되다. ○安能無姦軌 – 安은 어찌, 어떻게 하여. 어디에. 姦軌(간궤)는 악독하고 간교하다. 姦宄(간귀). ○咎徵並臻 – 咎는 허물 구. 徵은 懲罰(징벌). 臻은 이를 진. 모여들다.

[國譯]

「王者는 四海를 집이라 생각하고 만백성을 자식으로 여긴다. 한 사람이 농사짓지 않으면 천하가 굶주리고, 한 여인이 베를 짜지 않으면 천하 사람이 추위에 떤다. 지금 세상에서는 근본인 농사를 버리고 장사에 힘쓰면서 우마가 끄는 수레가 길을 메우고, 사치품을 만드는 工人이 도읍에 가득하여 농사짓는 자는 줄어들고 공짜로 먹는 자는 많아졌다. '商邑은 성대하나니 四方의 모범이 된다.' 고 하였다. 지금 洛陽을 보면 장사로 먹고 사는 자가 농사짓는 사람보다 열배이고, 사치품이나 만드는 匠人(장인)보다 10배가 많다. 그리하여 농부 한 사람에 1백 명이 먹고 살며, 여인 한 사람이 옷을 짜서 1백 명이 입어야 하니, 이는 한 사람이 백 명을 모시는 것이니 누가 이를 다하겠는가! 천하의 모든 郡과 縣에 시장이 1만 개는 되는 것도 모두 이와 닮았다.

본업과 末業이 서로 공급할 수 없으니, 백성이 어찌 배고프고 춥지 않겠는가? 굶주림과 추위가 한꺼번에 닥치는데, 백성이 나쁜 짓을 어찌 하지 않겠는가? 나쁜 짓 하는 사람이 많으니 관리가 어찌 가혹하고 엄격하지 않겠는가? 엄격 가혹한 처사를 자주 당하는데 백성이 어찌 근심과 원망이 없겠는가? 근심과 원한이 많으니 허물과 징벌이 한꺼번에 따라온다. 백성이 의지할 곳이 없으니 하늘은 재앙을 내리고 나라는 위기에 내몰린다.」

原文

「夫貧生於富, 弱生於彊, 亂生於化, 危生於安. 是故明王之養民, 憂之勞之, 教之誨之, 愼微防萌, 以斷其邪. 故《易》美節以制度, 不傷財, 不害民. 〈七月〉之詩, 大小敎之, 終而復始. 由此觀之, 人固不可恣也.

今人奢衣服, 侈飮食, 事口舌而習調欺. 或以謀姦合任爲業, 或以游博持掩爲事. 丁夫不扶犁鋤, 而懷丸挾彈, 攜手上山遨遊, 或好取土作丸賣之, 外不足禦寇盜, 內不足禁鼠雀. 或作泥車瓦狗諸戲弄之具, 以巧詐小兒, 此皆無益也.」

| **註釋** | ㅇ貧生於富 – 부귀할 때 절제하지 않으면 가난해진다. ㅇ美節以制度 – 水澤節(☵☱)(☰☱),《易 節卦》의 彖辭(단사). ㅇ〈七月〉之詩 –《詩經 豳風(빈풍)》. ㅇ大小教之 – 大는 농경과 길쌈. 小는 새끼를 꼬는 등 농사에 필요한 수공업 활동.

[國譯]

「대체로 빈곤은 부귀에서 생겨나고, 허약은 강성에서 싹이 트며, 禍亂은 敎化에서 생겨나고, 위기는 안정되었을 때 자라난다. 그러기에 聖明한 王者는 백성 양육을 걱정하고 애를 쓰며 가르치고 깨우치며, 미약한 것도 신중히 다뤄 싹을 미연 방지하여 사악을 단절한다. 그래서《易》에서도 節用하여 制度하되 재물을 손상치 않고 백성에게 해를 끼치지 않는 것을 찬미하였다. 〈七月〉의 詩에서는 농사와 가사 등 크고 작은 일을 가르치고 봄에서 겨울까지 다시 겨울에서 봄으로 다시 시작한다고 하였다. 이를 본다면, 백성을 함부로 구속해서는 안 된다.

지금 사람들은 지나치게 좋은 의복에 많은 음식을 먹으면서 空談을 나누고 사람 속이는데 익숙하다. 혹자는 나쁜 일을 꾸미고 협객 노릇을 본업으로 삼고, 혹은 유희나 도박을 직업으로 하고 있다. 壯丁이 쟁기나 괭이를 메지 않고 손에 활이나 쇠뇌를 들고 산에 올라 놀거나 흙으로 탄환을 만들어 팔기도 하는데, 그런 것으로는 외적을 막을 수 없고 안으로는 쥐나 참새도 잡지 못할 것이다. 또 어떤 자는 진흙으로 수레나 개와 같은 장난감을 만들어 어린아이를 속이는데 이런 일은 아무 실익이 없을 것이다.」

原文

「《詩》刺'不績其麻, 市也婆娑.' 又婦人不修中饋, 休其蠶織, 而起學巫祝, 鼓舞事神, 以欺誣細民, 熒惑百姓妻女. 羸弱疾病之家, 懷憂憒憒, 易爲恐懼. 至使奔走便時, 去離正宅, 崎嶇路側, 風寒所傷, 姦人所利, 盜賊所中. 或增禍重祟, 至於死亡, 而不知巫所欺誤, 反恨事神之晚, 此妖妄之甚者也.

或刻畫好繒, 以書祝辭, 或虛飾巧言, 希致福祚, 或糜折金彩, 令廣分寸, 或斷截衆縷, 繞帶手腕, 或裁切綺縠, 縫紩成幡. 皆單費百縑, 用功千倍, 破牢爲僞, 以易就難, 坐食嘉穀, 消損白日. 夫山林不能給野火, 江海不能實漏巵, 皆所宜禁也.」

| 註釋 | ㅇ《詩》刺 – 《詩 陳風 東門之枌》. ㅇ市也婆娑 – 婆娑(파사)는 춤추는 여인. 巫女(무녀). 婆는 할미 파. 娑는 춤출 사. ㅇ休其蠶織 – 누에 치고 길쌈을 그만두다. ㅇ熒惑百姓妻女 – 熒惑(형혹)은 속이다. 欺騙(기편). ㅇ糜折金彩 – 금빛 채색 비단을 찢어버리다. ㅇ裁切綺縠 – 裁切은 자르다. 綺縠(기곡)은 얇고 주름 잡힌 비단. ㅇ縫紩成幡 – 縫은 매듭 달. 紩은 기울 질. 깁다. 幡은 깃발 번. ㅇ江海不能實漏巵 – 江海는 長江과 東海. 實은 채우다. 꽉 차다. 漏는 샐 누(루). 巵는 술잔 치. 아무리 많은 재물이라도 작은 지출이 계속되면 견디지 못한다는 뜻.

[國譯]

「《詩經》에서는 '길쌈을 하지 않고 저자에서 춤을 춘다.' 고 비판하였고, 부인이 음식을 만드는 일에 힘쓰지 않고 누에 치고 길쌈도 하지 않으며, 굿한 무당 일을 배워 북 치고 춤을 추며 귀신을 섬긴다며 백성을 속이고 백성의 처자를 유혹한다. 병약하거나 환자가 있는 집에서는 이래저래 걱정이 많아 쉽게 두려움에 빠진다. 편안하게 사는 사람을 분주히 돌아다니게 하고 편안한 집을 떠나게 하며, 구불구불 험한 길을 다니며 바람과 추위에 떨면서 간악한 사람에게 이용당하고 도적에게 털리기도 한다. 때로는 더 큰 재앙을 당하거나 심지어 죽음에 이른다. 무당에게 속는 줄도 모르고 오히려 귀신을 늦게야 모셨다고 후회하게 만드니, 이는 아주 요망한 짓이다.

혹 어떤 자는 좋은 비단에 그림을 그리고 축원의 글을 짓게 하거나, 혹은 교묘한 말로 꾸며 복을 받게 해준다고 말하며, 또 어떤 자는 금빛 채색 비단을 한두 치 넓이로 찢거나 많은 가닥의 실을 잘라 허리나 팔에 감고 다니며, 혹은 주름 잡힌 얇은 비단을 잘라 매듭을 지어 깃발에 매달기도 한다. 이런 일들은 단 한 번에 1백 자가 넘는 비단을 낭비하면서 그 성과는 천 배가 될 것이라 하니, 이는 쓸만한 물건을 쓸모없는 물건으로 만들고, 쉬운 일을 버리며 어려운 짓을 골라 하면서, 공연히 곡식이나 축내고 세월을 허송하는 짓이다. 대체로 山林은 들불에 견디질 못하며, 江이나 바다일지라도 술잔만한 구멍으로 물이 샌다면 가득 채울 수가 없으니 응당 이런 미신행위는 금해야 한다.」

原文

「昔孝文皇帝躬衣弋綈, 革舃韋帶. 而今京師貴戚, 衣服飮食, 車輿廬第, 奢過王制, 固亦甚矣. 且其徒御僕妾, 皆服文組彩牒, 錦繡綺紈, 葛子升越, 筩中女布. 犀象珠玉, 虎魄瑇瑁, 石山隱飾, 金銀錯鏤, 窮極麗靡, 轉相誇咤. 其嫁娶者, 車軿數里, 緹帷竟道, 騎奴侍童, 夾轂並引. 富者競欲相過, 貧者恥其不逮, 一饗之所費, 破終身之業.

古者必有命然後乃得衣繒絲而乘車馬, 今雖不能復古, 宜令細民略用孝文之制.」

| **註釋** | ㅇ躬衣弋綈 – 躬은 몸소. 弋綈는 검은 비단. 弋은 주살 익. 검은 빛(皁也). 綈(깁 제)는 두꺼운 비단. 繒(비단 증). 비단은 얇고 가벼울수록 좋은 것이다. ㅇ革舃韋帶 – 가죽 신발에 가죽 허리띠. 舃은 바닥을 여러 겹 붙인 신. 신발 석. ㅇ文組彩牒 – 무늬를 수놓은 겹옷. 牒(서판 첩)은 疊布(첩포, 겹으로 된 천). ㅇ筩中女布 – 작은 대나무 통에 들어가는 얇고 섬세한 포. 筩은 대나무통 통. 화살 넣는 통 용. ㅇ虎魄瑇瑁(호백국모) – 虎魄은 琥珀

(호박), 송진이 땅속에서 굳은 것. 珠也. 蝳瑁(국모)는 玳瑁(대모). 蝳瑁(국모)는 거북만큼 크고 남해에서 나온다고 한다. 蝳은 수레 국. 瑁 서옥 모, 대모 모. ㅇ石山隱飾 - 山石의 무늬가 들어있는 장식품. ㅇ轉相誇咤 - 誇咤(과타)는 자랑하다. 咤는 자랑할 타, 꾸짖을 타. ㅇ軿 - 衣車. 가벼운 수레 병.

[國譯]

「옛날 孝文皇帝께서는 몸소 검고 두꺼운 비단으로 만든 옷을 입었고 가죽 신발에 가죽 허리띠를 맸었다. 그러나 지금 京師의 귀인들의 의복과 음식, 수레와 저택은 王制보다 훨씬 사치하니 참으로 심한 정도이다. 또 그들의 하인이나 侍妾(시첩)들도 모두 무늬를 수놓은 겹옷을 입고, 수놓은 비단에 아주 가는 실로 짠 천이나, 아주 가벼운 비단인 筩中女布(통중여포)를 입는다. 무소 뿔〔犀(서)〕이나 상아(象) 珠玉(주옥), 虎魄(호백)과 蝳瑁(국모, 玳瑁), 山石 무늬의 장식, 금은으로 象嵌(상감)한 장식이나 도구 등 화려한 사치품이 서로 뒤섞여 빛을 발한다. 귀척들의 혼례에는 휘장을 둘러친 수레가 몇 리에 걸쳐 이어지고 붉은 휘장이 길을 메우며 말을 탄 노비나 시동이 수레의 양쪽에서 끌고 간다. 富者는 자랑하듯 도를 넘어 사치하고, 貧者는 그런 것을 따라하지 못하는 것을 수치로 생각하며 한 번의 잔치에 평생 모은 자산을 탕진한다.

옛날에는 제왕의 허락을 받아야 비단 옷을 입고 수레나 말을 탔었으니, 지금 시대에 옛날처럼 할 수는 없더라도 응당 백성들로 하여금 孝文帝의 (질검을 순상하는) 제도를 대략이나마 준용케 해야 할 것이다.」

原文

「古之葬者, 厚衣之以薪, 葬之中野, 不封不樹, 喪期無數. 後世聖人易之以棺槨, 桐木爲棺, 葛采爲緘, 下不及泉, 上不洩臭. 中世以後, 轉用楸梓槐柏杶樗之屬, 各因方土, 裁用膠漆, 使其堅足恃, 其用足任, 如此而已. 今者京師貴戚, 必欲江南檽梓豫章之木. 邊遠下土, 亦競相放效. 夫檽樟豫章, 所出殊遠, 伐之高山, 引之窮谷, 入海乘淮, 逆河泝洛, 工匠雕刻, 連累日月, 會衆而後動, 多牛而後致, 重且千斤, 功將萬夫, 而東至樂浪, 西達敦煌, 費力傷農於萬里之地.

古者墓而不墳, 中世墳而不崇. 仲尼喪母, 冢高四尺, 遇雨而崩, 弟子請修之, 夫子泣曰, '古不修墓.' 及鯉也死, 有棺無槨. 文帝葬芷陽, 明帝葬洛南, 皆不臧珠寶, 不起山陵, 墓雖卑而德最高. 今京師貴戚, 郡縣豪家, 生不極養, 死乃崇喪. 或至金縷玉匣, 檽梓楩柟, 多埋珍寶偶人車馬, 造起大冢, 廣種松柏, 廬舍祠堂, 務崇華侈.

案鄗畢之陵, 南城之冢, 周公非不忠, 曾子非不孝, 以爲褒君愛父, 不在於聚財, 揚名顯親, 無取於車馬. 昔晉靈公多賦以雕牆, 《春秋》以爲不君, 華元,樂擧厚葬文公, 君子以爲不臣. 況於群司士庶, 乃可僭侈主上, 過天道乎?」

| **註釋** | ㅇ豫章 – 녹나무(樟木). ㅇ古不修墓 – 공자는 부친과 모친을 防(방) 땅에 合葬했었다. ㅇ芷陽(지양) – 京兆尹의 縣名. 文帝 장례 후에 霸

陵(패릉)으로 개명하였다. ㅇ鄗畢之陵, 南城之冢 – 鄗(호)에 있는 畢陵(필릉). 畢(필)은 周 文王과 武王의 葬地. 南城山의 무덤은 曾子 부친의 무덤. ㅇ不君 – 君道를 상실하다. ㅇ不臣 – 主君을 惡에 빠트리다.

[國譯]

「옛날의 장례는 나뭇가지로 시신을 두텁게 덮은 뒤에 들판에 장례하면서 봉분을 만들거나 나무를 심지도 않았으며 장례 기간도 정해진 날이 없었다. 그러다가 후세에 성인이 棺槨(관곽)을 쓰도록 바꾸었는데, 오동나무로 관을 만들고, 칡넝쿨로 묶은 뒤에 아래로는 물이 나오지 않고, 위로는 냄새가 나지 않을 정도로 묻었다. 中世 이후로는 오동나무와 함께 楸(개오동나무), 梓(가래나무), 槐(홰나무), 柏(측백), 杶(참죽나무), 樗(가죽나무) 등을 쓰면서 각 지방의 풍토에 맞게 관을 만들고 아교 칠을 하여 단단하게 붙였을 뿐이었다. 요즈음 낙양의 귀인들은 江南의 檽梓(누재, 나무 이름)나 豫章(예장, 녹나무, 樟木)를 쓰려고 한다. 이를 먼 변방에서도 경쟁하듯 모방을 한다. 대체로 檽樟(누장)이나 녹나무는 아주 먼 곳에서 자라는데, 높은 산에서 나무를 베어 깊은 골짜기로 끌어내린 다음에 바다를 타고 올라와 淮水를 거치고 황하를 거슬러 올라 다시 洛水를 따라 낙양에 들어온 다음에 匠人(장인)이 조각을 하는데, 여러 달을 소요할 뿐만 아니라 많은 사람을 동원하여 나르고 많은 소(牛)가 끌어올 수 있으며, 그 무게 또한 千斤이나 나가는데 일만 명을 동원하여 동쪽으로는 樂浪郡에서 서쪽으로는 敦煌郡에 이르기까지 1만 리에 걸쳐 힘을 쓰고 농사를 망치야 한다.

옛날에는 墓를 써도 封墳(봉분)을 만들지 않았으며, 중세에는 봉분을 만들어도 높지 않았다. 仲尼(중니, 孔子)는 모친이 죽자, 4尺 높이의 봉분을 만들었지만 많은 비에 무너지면서 제자들이 봉분을 수리하겠다고 말하자, 공자는 눈물을 흘리며 "옛날에는 묘를 수리하지 않았다."고 말했다. (공자의 아들) 鯉(리)가 죽었을 때도 棺(관)은 있었지만 椁(곽, 덧널, 槨)은 사용하지 않았다. 文帝는 芷陽縣(지양현)에 묻혔고, 明帝는 洛水의 남쪽에 묻혔지만 부장품에 寶玉을 쓰지 않았고 산과 같은 봉분을 만들지도 않았으니, 능묘는 낮으나 그 덕은 가장 높았다고 할 수 있다. 지금 京師의 貴戚이나 郡縣의 豪家에서는 살아서는 극진히 봉양하지 않다가 죽은 다음에 장례만 거창하게 치르려 한다. 어떤 자는 금실로 짠 玉匣(옥갑)에, 櫺梓(누재, 가래나무)나 楩柟(편남, 녹나무 남)으로 관곽을 만들고, 보옥과 偶人(우인)과 車馬를 부장품으로 묻기에 큰 봉분의 大冢(대총)을 만든 뒤에 소나무나 측백나무를 넓게 많이 심고 여러 건물과 사당을 지어 화려한 사치를 다한다.

그러나 鄗(호)에 있는 (周 文王과 武王의) 畢陵(필릉)이나 南城山의 무덤을 볼 때, 周公이 不忠한 것도 아니고 曾子(증자)가 불효한 것도 아니나, 주군을 기리고 부친에 대한 친애를 생각할 뿐 재물을 많이 소비하지 않았으며, 이름을 날려 부모를 드러내려 했을 뿐 거마를 무덤에 같이 묻지도 않았다. 옛날 晉의 靈公(영공)은 많은 부세를 걷어서 무덤 주위 담에 그림을 그려 넣자《春秋》에서는 君道의 상실이라고 여겼으며, 華元(화원)과 樂擧(낙거)가 (宋) 文公(문공)을 厚葬하자, 君子들은 신하가 주군을 惡에 버렸다고 하였다. 하물며 백관과 서인들이 主君보다 더 참월하게 천도를 초월할 수 있겠는가?」

*〈實貢篇〉- 王符

原文

「國以賢興, 以諂衰, 君以忠安, 以佞危. 此古今之常論, 而時所共知也. 然衰國危君, 繼踵不絶者, 豈時無忠信正直之士哉, 誠苦其道不得行耳. 夫十步之間, 必有茂草, 十室之邑, 必有忠信. 是故亂殷有三仁, 小衛多君子. 今以大漢之廣土, 士民之繁庶, 朝廷之清明, 上下之修正, 而官無善吏, 位無良臣. 此豈時之無賢, 諒由取之乖實.

夫志道者少與, 逐俗者多疇, 是以朋黨用私, 背實趨華. 其貢士者, 不復依其質幹, 準其才行, 但虛造聲譽, 妄生羽毛. 略計所擧, 歲且二百. 覽察其狀, 則德侔顏,冉, 詳核厥能, 則鮮及中人, 皆總務陞官, 自相推達. 夫士者貴其用也, 不必求備. 故四友雖美, 能不相兼, 三仁齊致, 事不一節. 高祖佐命, 出自亡秦, 光武得士, 亦資暴莽. 況太平之時, 而云無士乎!」

| 註釋 | ㅇ實貢篇 - 貢은 바칠 공. 여기서는 인재 추천이나 등용. 貢士, 貢生, 貢試, 貢院 등의 貢이 같은 뜻이다. ㅇ十室之邑~ -「子曰, "十室之邑, 必有忠信如丘者焉, 不如丘之好學也."」 丘는 공자의 이름.《論語 公冶長》. ㅇ亂殷有三仁 - 三仁은 箕子, 微子(미자), 比干(비간). ㅇ小衛多君子 - 춘추시대 衛는 侯爵의 소국이었다. 吳의 季札(계찰)의 衛에 史鰌(사추), 蘧瑗(거원) 등은 만난 뒤 "衛多君子 未有患也"라고 말했다. ㅇ取之乖實 -

乖는 어그러질 괴. 떨어지다. 어긋나다. ㅇ德侔顔,冉－侔는 가지런할 모. 顔은 顔淵(顔回, 顔子)와 冉耕(염경, 字 伯牛)과 冉雍(염옹, 字 仲弓). 「德行, 顔淵閔子騫冉伯牛仲弓. 言語, 宰我子貢. 政事, 冉有季路. 文學, 子游子夏.」《論語 先進》. 冉은 나아갈 염. ㅇ四友雖美－孔子는 "文王이 四臣을 얻었지만 丘도 역시 四友가 있다." 고 하였는데, 곧 顔回가 온 뒤로 문인이 서로 친하고 가까워졌으며(胥附), 賜(子貢)을 얻은 뒤로 먼 곳에서도 제자가 찾아오고(奔走), 師(子張)가 온 뒤로 先後로 빛이 나고(先後), 由(子路)가 있어 惡言이 문하에 들리지 않으니, 이는 나를 지켜주는(禦侮) 것이라고 말했다.

[國譯]

「나라는 賢士로 흥성하고 아부하는 소인으로 쇠퇴하며, 君權은 충성으로 안정되고 아첨으로 위태롭게 된다. 이는 고금의 常論이며 세상 모두가 다 알고 있는 것이다. 그러나 나라의 쇠망이나 위기의 主君이 끊이지 않는 것이 충성되고 정직한 인재가 없기 때문은 아닐 것이며 사실 正道가 실행되지 않기 때문이다. 대체로 열 걸음 거리에도 무성한 풀이 있고, 10호의 작은 마을에도 忠信한 사람이 있는 법이다. 이런 것처럼 혼란한 殷에도 三仁이 있었고, 소국 衛에는 君子가 많았다. 지금 大漢의 광대한 영역과 다수의 백성에 淸明한 조정에서 상하의 관리가 정도를 실행한다지만 관청에는 선량한 관리가 조정에는 우량한 충신이 없는 까닭은 인재 채용이 실질과 동떨어졌기 때문이다.

대체로 道에 뜻을 둔 인재가 적고 세속을 따르는 사가 많기 때문에 朋黨이 사유화되고 실질을 등지고 번화한 겉멋을 따라가게 된다. 인재 천거에 그 바탕이나 능력, 재능이나 행실에 의하지 않고 다만 명성이나 칭송만 들으려 하고 자기의 우익으로 만들려 한다. 대략

일 년에 천거되는 인재가 2백 명 정도이다. 천거되는 인재의 천거 사유를 보면, 그 덕행이 顔回(안회, 顔淵)나 冉耕(염경, 字 伯牛), 冉雍(염옹, 字 仲弓)과 나란하다고 하지만 그 능력을 상세히 관찰해보면 中人에게도 미치지 못하며, 그러한 자들이 관직에서 승진만을 생각하며 상대방을 서로 추천한다. 인재는 그 능력이 중요한 것이지 숫자나 채우는 것이 아니다. 그래서 (공자의) 四友가 능력이 뛰어나지만 그 재능은 서로 다르며 三仁이 동시대에 나타났지만 각자 忠情이 달랐다. 고조의 佐命 공신은 멸망한 秦에서 나왔고, 光武帝가 얻은 인재는 포악한 왕망 시대의 인물이었다. 하물며 지금처럼 태평한 시대에 인재가 없다고 할 수 있겠는가!」

原文

「夫明君之詔也若聲, 忠臣之和也如響. 長短大小, 淸濁疾徐, 必相應也. 且攻玉以石, 洗金以鹽, 濯錦以魚, 浣布以灰. 夫物固有以賤理貴, 以醜化好者矣. 智者弃短取長, 以致其功.

今使貢士必核以實, 其有小疵, 勿彊衣飾, 出處默語, 各因其方, 則蕭,曹,周,韓之倫, 何足不致, 吳,鄧,梁,竇之屬, 企踵可待. 孔子曰, "未之思也, 夫何遠之有?"」

| **註釋** | ㅇ且攻玉以石 - '它山之石, 可以攻玉'《詩 小雅 鶴鳴》. ㅇ洗金以鹽 - 金은 세공업자는 金色을 좋게 하려고 鹽水에 담근다. ㅇ孔子曰 - 子曰, "可與共學, 未可與適道, ~." 子曰, "未之思也, 夫何遠之有?"《論語 子罕》.

[國譯]

「明君의 詔命(조명)은 음성이고, 忠臣의 화답은 울림〔響應(향응)〕이다. 長短, 大小, 淸濁, 疾徐(緩急)이 꼭 相應한다. 옥을 다듬을 때는 옥보다 못한 돌(石)을 쓰고, 洗金에는 소금물, 비단을 세탁할 때는 물고기를, 무명을 세탁할 때는 잿물(灰水)을 사용한다. 사물은 천한 것으로 귀한 것을 다루고, 惡을 이용하여 교화를 이룩한다. 그래서 智者는 (남의) 단점을 버리고 장점을 취하여 공을 이룬다.

지금 인재의 천거에 그 실질을 조사해야 하며, 만약 작은 하자가 있다고 그것을 과장할 필요가 없으며, 누구의 천거를 받았는가도 말할 필요가 없으니, 각각 그 능력만을 고려한다면 (前漢의) 蕭何(소하), 曹參(조참), 周勃(주발), 韓信(한신) 같은 사람들을 어찌 부르지 못하겠으며, (後漢의) 吳漢(오한), 鄧禹(등우), 梁統(양통), 竇融(두융) 같은 사람들은 발꿈치를 들고 부름을 기다릴 것이다. 그래서 孔子는 "생각하지도 않는다면 어찌 멀리 갈 수 있겠는가?" 라고 말했다.」

*〈愛日篇〉- 王符

原文

「國之所以爲國者, 以有民也. 民之所以爲民者, 以有穀也. 穀之所以豐殖者, 以有民功也. 功之所以能建者, 以日力也. 化國之日舒以長, 故其民閒暇而力有餘, 亂國之日促以短, 故其民困務而力不足. 舒長者, 非謂羲和安行, 乃君明民靜而力有餘也. 促短者, 非謂分度損減, 乃上闇下亂,力不足也.

孔子稱 '旣庶則富之, 旣富乃教之.' 是故禮義生於富足, 盜竊起於貧窮, 富足生於寬暇, 貧窮起於無日. 聖人深知力者民之本, 國之基也, 故務省徭役, 使之愛日. 是以堯勑羲和, 欽若昊天, 敬授民時.

明帝時, 公車以反支日不受章奏, 帝聞而怪曰, "民廢農桑, 遠來詣闕, 而復拘以禁忌, 豈爲政之意乎!" 於是遂蠲其制. 今冤民仰希申訴, 而令長以神自畜, 百姓廢農桑而趨府廷者, 相續道路, 非朝餔不得通, 非意氣不得見. 或連日累月, 更相瞻視, 或轉請鄰里, 饋糧應對. 歲功旣虧, 天下豈無受其饑者乎?」

| **註釋** | ㅇ愛日篇 – 愛는 아끼다. 愛日은 시간을 아낌. 시간을 아껴 효도하다. ㅇ羲和(희화) – 해. 태양(日也), 천지가 처음 생길 때의 태양.《山海經》에 의하면, 東南海 멀리에 羲和之國이 있고, 희화라는 여자가 甘泉에서 목욕을 했고 帝俊의 아내가 되어 10명의 아들(太陽, 金烏)을 낳았다고 한다. ㅇ孔子稱 旣庶則富之, ~ –「子適衛, 冉有僕. 子曰, "庶矣哉!" 冉有曰, "旣庶矣, 又何加焉?" 曰, "富之." 曰, "旣富矣, 又何加焉?" 曰, "教之."」《論語 子路》. ㅇ堯勑羲和 – 여기 羲和는 堯의 신하.「乃命羲和, 欽若昊天, 曆象日月星辰, 敬授民時.」《尙書 虞書 堯典》. 欽若昊天은 삼가 하늘을 공경하고 따르다. ㅇ反支日(반지일) – 禁忌日. 초하루 日辰에 따라 그 달의 반지일이 달랐다고 한다. ㅇ非朝餔不得通 – 朝餔는 아침에서 오후 새참을 먹는 申時. 餔는 새참 포. 哺와 通. 보통 申時.

[國譯]

「나라가 나라인 것은 백성이 있기 때문이다. 백성이 백성인 것은 곡식을 생산하기 때문이다. 곡식을 해마다 풍성하게 수확할 수 있는 것은 백성이 공을 들여 일하기 때문이다. 백성이 공을 들일 수 있는 것은 해의 힘이다. 태평한 나라의 해는 천천히 가서 낮이 길어 그 백성이 한가하고 민력이 남아돌지만, 亂國의 해는 빨리 가고 또 짧기에 그 백성은 일이 힘들고 또 힘이 부족하다. 해가 천천히 가고 길다는 것은(舒長者) 태양이 천천히 운행한다는 뜻이 아니고, 主君이 명철하고 백성도 안정되어 民力에 여유가 있다는 뜻이다. 해가 짧다는 것은 태양의 궤도 감축이 아니라 주상은 우매하고 백성은 혼란하여 民力이 부족한 것이다.

孔子는 '백성이 늘어나면 부유하게 하고. 백성이 부유하다면 백성을 교화시켜야 한다.' 고 말했다. 이처럼 禮義는 부유하고 한가할 때 실행할 수 있지만, 도둑질은 빈궁에서 나오고 일할 시간이 없기 때문이다. 聖人은 노동력이 백성의 근본이며 나라의 기초란 것을 잘 알고 있기에 백성의 요역을 경감하려고 애쓰며 백성으로 하여금 시간을 아끼게 하였다. 이에 堯帝는 羲和(희화)에게 명하여 '하늘을 공경하고 따르며 백성에게 농사 때를 알려주라.' 고 하였다.

明帝 때, 公車에서는 反支日(반지일, 禁忌日)에는 백성이 올리는 상주문을 접수하지 않았는데, 명제가 이를 알고 괴이하게 생각하여 말했다. "백성이 농사일을 못하고 멀리 궁궐까지 왔는데, 거기에 또 금기일에 걸려 상소조차 할 수 없다면 어찌 백성을 위한 정치라고 할 수 있는가!" 이에 반지일의 제도를 없앴다고 한다. 지금 원통한 일을 당한 백성은 조정에 호소하려 하지만 하소연을 들어줄 관원들

은 마치 神처럼 높고, 농사일을 폐하고 궁궐에 오는 사람이 도로에 줄을 지었지만 아침에서 申時가 아니면 (성문을) 통과할 수도 없으며 관리의 마음에 들지 않으면 만나볼 수도 없다. 어떤 경우에는 며칠 또는 몇 달을 기다려야 하며 때로는 이웃 마을에 가서 양식을 사와야 한다. 이렇듯 일 년 농사가 어긋나게 되는데, 어찌 천하에 굶주리는 백성이 없기를 바라겠는가?」

原文

「孔子曰, '聽訟吾猶人也.' 從此言之, 中才以上, 足議曲直, 鄕亭部吏, 亦有任決斷者, 而類多枉曲, 蓋有故焉. 夫理直則恃正而不橈, 事曲則諂意以行賕. 不橈故無恩於吏, 行賕故見私於法. 若事有反覆, 吏應坐之, 吏以應坐之故, 不得不枉之於庭. 以羸民之少黨, 而與豪吏對訟, 其勢得無屈乎? 縣承吏言, 故與之同. 若事有反覆, 縣亦應坐之, 縣以應坐之故, 而排之於郡.

以一民之輕, 而與一縣爲訟, 其理豈得申乎? 事有反覆, 郡亦坐之, 郡以共坐之故, 而排之於州. 以一民之輕, 與一郡爲訟, 其事豈獲勝乎? 旣不肯理, 故乃遠詣公府. 公府復不能察, 而當延以日月. 貧弱者無以曠旬, 彊富者可盈千日. 理訟若此, 何枉之能理乎? 正士懷怨結而不見信, 猾吏崇姦軌而不被坐, 此小民所以易侵苦, 而天下所以多困窮也.」

| 註釋 | ○聽訟~ - 子曰, "聽訟, 吾猶人也. 必也使無訟乎!"《論語 顔淵》. ○諂意以行賕 - 諂은 아첨할 첨. 賕은 뇌물 구. 뇌물을 주다.

[國譯]

「孔子는 '訟事에 대한 판단은 나도 남과 같다.' 고 하였다. 송사 처리를 말한다면 중간 정도 재능 이상이면 曲直을 판단할 수 있으며, 鄕亭의 관리 역시 판결할 수 있는 것은 억울한 종류에 따라 그 원인이 있기 때문이다. 대체로 사리가 옳다면 옳은 이치를 믿고 굽히지 않지만, 사리가 꿇린다면 아첨하면서 뇌물을 쓰게 된다. 옳은 뜻을 굽히지 않기에 관리에게 사례하지 않지만, 뇌물을 쓰면 관리는 법보다 私情에 끌리게 된다. 만약 사실이 뒤집어지면 관리는 죄에 걸리기에 부득불 법정에서도 거짓을 고집한다. 힘없고 외로운 백성이 세력을 행사하는 관리와 소송에서 맞서서 굽히지 않을 수 있겠는가? 縣에서 접수한 소송 내용은 뇌물을 준 사람의 말과 같다. 만약 사안이 다시 번복된다면 현에서도 역시 연좌에 걸리는데, 縣의 관리도 연좌되기에 그대로 군에도 보고가 된다.

힘없는 일개 백성이 현을 상대로 송사를 벌린다면 올바른 사정이 통할 수 있겠는가? 사안이 번복되면 군도 역시 연좌되기에 그대로 주에 보고되고 올바른 주장은 州(刺史部)에서도 밀려나게 된다. 일개 백성의 약한 힘으로 郡과 爭訟한다면 그런 송사가 어찌 이길 수 있겠는가? 州 자사부에서도 원한을 풀 수 없기에 먼 길을 걸어 三公府를 찾아가게 된다. 삼공부에서는 사안을 상세히 살필 수도 없어 오랜 시일이 걸리게 된다. 가난하고 힘없는 자는 열흘을 버틸 수가 없지만 힘 있는 부자는 1천 일을 끌 수도 있다. 만약 송사가 이렇게 진행이 된다면 어찌 억울함을 하소연할 수 있겠는가? 정직한 士人이 원한이 있어도 억울함을 풀 수가 없고 교활한 관리는 불법을 자행해도 처벌받지 않으니, 이는 약한 백성이 왜 쉽게 침해를 당하고 또 천하에 빈곤한 백성이 많아지는 원인일 것이다.

原文

「且除上天感痛致灾, 但以人功見事言之. 自三府州郡, 至於鄕縣典司之吏, 辭訟之民, 官事相連, 更相檢對者, 日可有十萬人. 一人有事, 二人經營, 是爲日三十萬人廢其業也. 以中農率之, 則是歲三百萬人受其饑者也. 然則盜賊何從而銷, 太平何由而作乎?《詩》云, '莫肯念亂, 誰無父母?' 百姓不足, 君誰與足? 可無思哉! 可無思哉!」

| **註釋** | ○《詩》云, '莫肯念亂~' -《詩經 小雅 沔水(면수)》.

[國譯]

「또 上天도 애통히 감응하여 내리는 재해를 없애고자 한다면 백성의 功力를 허비하는 일을 생각해야 한다. 三公府나 州와 郡에서부터 鄕이나 縣에서 사법을 담당하는 관리나 송사를 하는 백성으로 관청의 일과 연관되어 조사를 받는 사람이 하루에도 십만 명이 될 것이다. 1인의 송사에 2인이 관련된다면, 하루에 30만 명이 본업의 일을 할 수가 없게 된다. 中農의 비율로 계산을 한다면, 1년에 3백만 명이 굶주려야 한다. 그러니 도적이 어떻게 없어질 수 있으며 태평세월을 어떻게 이룰 수 있겠는가? 그래서 《詩》에서도 '혼란을 생각하려 하지 않으니 누군들 부모가 없는가?' 라고 하였다. 백성 살림이 궁한데 君王은 누구와 함께 풍족하겠는가? 어찌 이를 생각지 못하는가! 어찌 이를 생각지 못하는가!」

＊〈述赦篇〉- 王符

原文

「凡療病者, 必知脈之虛實, 氣之所結, 然後爲之方, 故疾可愈而壽可長也. 爲國者, 必先知民之所苦, 禍之所起, 然後爲之禁, 故姦可塞而國可安也. 今日賊良民之甚者, 莫大於數赦贖. 赦贖數, 則惡人昌而善人傷矣. 何以明之哉? 夫謹勑之人, 身不蹈非, 又有爲吏正直, 不避彊禦, 而姦猾之黨橫加誣言者, 皆知赦之不久故也.

善人君子, 被侵怨而能至闕庭自明者, 萬無數人, 數人之中得省問者, 百不過一, 旣對尙書而空遣去者, 復什六七矣. 其輕薄姦軌, 旣陷罪法, 怨毒之家冀其辜戮, 以解畜憤, 而反一槪悉蒙赦釋, 令惡人高會而誇咤, 老盜服臧而過門, 孝子見讎而不得討, 遭盜者覩物而不敢取, 痛莫甚焉!」

| 註釋 | ㅇ述赦篇 – 대 사면령에 대한 敍述(서술). ㅇ赦贖數 – 贖은 贖

錢(속전), 數은 자주 삭. ㅇ謹勑之人 - 謹勑(근칙)은 공손하고 삼가며 스스로 조심하다. ㅇ冀其辜戮 - 冀는 바랄 기. 辜戮(고륙)은 반드시 처형되다. 辜는 반드시, 꼭. 허물 고. 처형. 戮은 죽일 륙. ㅇ誇咤 - 誇詫(과타). 자랑하다. 뽐내다. ㅇ老盜服臧而過門 - 老는 늘, 항상. 副詞 용법.

【國譯】

「병을 치료하는 자는 脈(맥)의 虛實과 氣가 막힌 곳을 알고서 처방하여 병을 고칠 수 있고 수명을 연장할 수 있다. 위정자도 백성이 고통받고 환란이 일어날 곳을 먼저 알아 예방하여야 불법을 막고 나라를 안정시킬 수 있다. 요즈음 양민을 가장 심하게 해치는 일로 자주 시행되는 사면령보다 더한 것이 없다. 사면이 자주 시행되면 악인은 더욱 번창하고 善人은 상해를 당한다. 무엇으로 이를 증명할 수 있는가? 대개 근신한 사람은 비행을 저지르지 않으며, 또 곧은 관리는 강적을 피하지도 않지만 불법 교활한 무리가 멋대로 남을 무고하는 이유는 머지않아 사면령이 내려질 것을 알기 때문이다.

善人이나 君子로 억울한 일을 당하고서 능히 궁궐에 나아가 자신을 소명할 수 있는 사람은 1만 명에 몇 사람도 안 되며, 몇 안 되는 그런 사람 중 억울함을 보상받을 수 있는 자는 1백 명에 하나를 넘지 못할 것이며, 또 尙書 앞에 나아가 질문을 받은 뒤 그냥 돌려보내질 사람은 아마 10에 6, 7명일 것이다. 경박하고 불법을 자행한 자가 법에 의거 처벌을 받으면 억울한 일을 당한 사람은 죄인이 꼭 처형되어 쌓인 울분을 풀어주기를 바라지만, 그 반대로 한꺼번에 모두 사면을 받아 풀려나서 악인들은 신나게 모여 놀고 보란 듯이 훔친 옷을 입고 피해자 대문 앞을 지나가도 효자는 원수를 보고서도 복수를 할 수 없고, 도둑에게 당한 자는 자기의 물건을 보고서도 돌려받을 수도 없으니 이보다 심한 고통이 없을 것이다.」

原文

「夫養稂莠者傷禾稼, 惠姦軌者賊良民.《書》曰, '文王作罰, 刑茲無赦.' 先王之制刑法也, 非好傷人肌膚, 斷人壽命也, 貴威姦懲惡, 除人害也. 故《經》稱 '天命有德, 五服五章哉, 天討有罪, 五刑五用哉.'《詩》刺 '彼宜有罪, 汝反脫之.' 古者唯始受命之君, 承大亂之極, 寇賊姦軌, 難爲法禁, 故不得不有一赦, 與之更新, 頤育萬民, 以成大化. 非以養姦活罪, 放縱天賊也.

夫性惡之民, 民之豺狼, 雖得放宥之澤, 終無改悔之心. 旦脫重梏, 夕還囹圄, 嚴明令尹, 不能使其斷絶. 何也? 凡敢爲大姦者, 才必有過於衆, 而能自媚於上者也. 多散誕得之財, 奉以諂諛之辭, 以轉相驅, 非有第五公之廉直, 孰不爲顧哉? 論者多曰, "久不赦則姦軌熾而吏不制, 宜數肆眚以解散之." 此未昭政亂之本源, 不察禍福之所生也.」

| **註釋** | ㅇ稂莠－논에 자생하는 강아지 풀. 벼에 해로운 잡초. 성현이나 양민을 해치는 자. 천한 놈. 稂은 강아지풀 랑. 莠는 강아지풀 유. ㅇ《書》曰 －《書 周書 康誥》. ㅇ《經》稱 －《書經 虞書 皐陶謨(고요모)》 ㅇ《詩》刺 －《詩 大雅 瞻卬(첨앙)》. 刺는 諷刺(풍자)하다. 脫은 사면하다(赦也). ㅇ多散

誕得之財 – 誕은 허황될 탄. 공짜로 훔치거나 빼앗은 재물. 誕은 虛也. ○第五公 – 第五倫(제오륜). 第五는 複姓. 司空 역임. 41권, 〈第五鍾離宋寒列傳〉에 立傳.

[國譯]

「어떤 사람이 강아지풀을 키운다면 이는 벼농사에 해롭고, 부랑자에게 은혜를 베푼다면 양민을 해칠 것이다. 《書經》에서는 '文王께서 형벌에 처하되 사면은 없다.' 고 하였다. 先王이 제정한 刑法이란 백성의 살을 찢고 수명을 단축을 좋아해서가 아니며, 권세로 불법을 행하는 자를 징벌하여 백성의 폐해를 제거하려는 뜻이다. 그래서 《書經》에서는 '유덕자에 천명이 내리시니 五服으로 다섯 등급을 구분하고(五章), 五刑을 다섯 가지로 적용하라(五用).' 고 하였다. 《詩 大雅》에서는 '저 사람이 죄인인데 너는 반대로 풀어준다.' 고 풍자하였다. 옛날에 처음으로 천명을 받은 君王은 아주 심한 혼란 시대에 간악 불법의 도적을 법으로 금할 수가 없어서 부득불 일단 사면하여 죄인으로 하여금 새 사람이 되어 만민과 함께 양육하여 태평성대를 이루려는 뜻이었지, 간악한 자의 죄를 키워 천도에 어긋나는 죄인을 방종하려는 뜻은 아니었다.

대체로 천성이 간악한 사람은 백성에게는 승냥이와 같아 비록 사면을 받아 본래 살던 山澤(고향)에 돌아가더라도 끝내 회개하는 마음이 없다. 그런 자는 아침에 무거운 쇠고랑을 풀어주면 저녁 때 감옥으로 되돌아오니, 엄격하고 명철한 관리라도 그런 자들을 단절하지 못한다. 왜 그러한가? 대체로 감히 큰 죄악을 저지르는 자는 그 재간이 보통 사람보다 뛰어나고 윗사람에게 적당히 잘 아부하기 때문이다. 공짜로 얻은 재물을 여러 곳에 뿌려대고 아부하는 말로 이런 저런 핑계를 대기에 第五倫(제오륜)같이 청렴하고 강직한 사람이 아니라면 그런 자를 감시할 사람이 없을 것이다. 많은 사람들이 "오랫동안 사면을 행하지 않으면 (갇힌) 불법자가 많아 관리가 제압할 수 없으니 적당히 자주 너그럽게 사면하여 흩어놓아야 한다."고 말한다. 그러나 이는 정치 혼란의 근본 원인과 인간의 화복이 어디서 나오는 가를 알지 못하기 때문이다.」

原文

後度遼將軍皇甫規解官歸安定, 鄕人有以貨得鴈門太守者, 亦去職還家, 書刺謁規. 規臥不迎, 旣入而問, "卿前在郡食鴈美乎?" 有頃, 又白王符在門. 規素聞符名, 乃驚遽而起, 衣不及帶, 屣履出迎, 援符手而還, 與同坐, 極歡. 時人爲之語曰, "徒見二千石, 不如一縫掖." 言書生道義之爲貴也. 符竟不仕, 終於家.

| **註釋** | ○皇甫規 - 皇甫(황보)는 복성. 65권, 〈皇甫張段列傳〉에 立傳. ○鴈門 - 鴈은 기러기 안, 雁과 同. 군명. 치소는 陰館縣, 今 山西省 중부 忻州市(흔주시) 代縣. ○一縫掖 - 넓은 소매의 옷을 입은 유생. 縫掖(봉액)은 大掖之衣. 掖은 겨드랑이 액.

[國譯]

뒷날 度遼將軍이었던 皇甫規(황보규)가 퇴임하여 安定郡에 귀향하였고, 재물로 鴈門太守를 지냈던 鄕人 역시 사직하고 집에 돌아와서 명함을 넣어 황보규를 만나려 했다. 황보규는 누워 있으면서 영접하지도 않았고, 들어온 다음에는 "卿은 전에 郡에서 기러기(鴈) 고기를 먹었다니 맛이 괜찮았는가?" 라고 물었다.

곧 王符(왕부)가 대문에 와 있다는 전갈을 받았다. 황보규는 평소 왕부의 명성을 알고 있어 놀라 일어나 옷도 제대로 못 입고 신발을 끌고나가 맞이하며 왕부의 손을 잡고 들어와 한 자리에서 아주 즐거워하였다.

당시 사람들은 이를 두고 "그냥 만나본 태수는 큰 소매 옷을 입은 유생만 못하다." 고 말했는데, 이는 도덕을 갖춘 서생을 귀히 여긴다는 뜻이었다. 왕부는 끝내 출사하지 않았고 집에서 죽었다.

❸ 仲長統

原文

仲長統字公理, 山陽高平人也. 少好學, 博涉書記, 贍於文辭. 年二十餘, 遊學青,徐,幷,冀之閒, 與交友者多異之. 幷州刺史高幹, 袁紹甥也. 素貴有名, 招致四方游士, 士多歸附. 統過幹, 幹善待遇, 訪以當時之事. 統謂幹曰, "君有雄志而無雄才, 好士而不能擇人, 所以爲君深戒也." 幹雅自多, 不納其言, 統遂去之. 無幾, 幹以幷州叛, 卒至於敗. 幷, 冀之士皆以是異統.

| **註釋** | ㅇ仲長統(중장통, 180-220) - 政論客으로 유명. 仲長은 복성. 《昌言》을 남김. '昌言'은 '當言'의 뜻. ㅇ山陽高平 - 山陽郡 治所는 昌邑縣, 今 山東省 서남부 菏澤市 관할의 巨野縣. 高平은 侯國名, 今 山東省 서남부 微山湖 동쪽 微山縣. ㅇ高幹(고간, ? - 206) - 袁紹의 생질로 원소의 군사 중 가장 정예부대를 거느렸고, 원소 패망 후에도 원소에 아들과 함께 조조에 항거했고, 뒷날 조조에 일단 투항했으나 결국 조조의 공격으로 패망했다.

[國譯]

仲長統(중장통)의 字는 公理(공리)로 山陽郡 高平國 사람이다. 젊어 호학하였고 많은 책을 두루 섭렵하여 文辭가 풍부하였다. 나이 20세에 青州, 徐州, 幷州, 冀州 일대에 유학하면서 사귄 많은 사람들이 중장통을 특별하다고 생각하였다. 幷州刺史인 高幹(고간)은 袁紹(원소)의 생질이었다. 평소에 고귀한 신분에 유명하였는데 사방의 유세객을 초치하였고 많은 사람들이 그를 따랐다. 중장통이 고간을 찾아가자, 고간은 잘 대우하면서 時事에 관하여 물었다.

중장통이 고간에게 말했다. "君은 雄志를 가졌지만 雄才가 없고 好士하지만 사람 고를 줄 모르는데, 이를 깊이 명심해야 할 것입니다." 그러나 고간은 평소 자부심이 많아 받아들이지 않았고 중장통은 떠나갔다. 얼마 뒤, 고간은 幷州에서 반기를 들었고 결국 패망하였다. 幷州와 冀州 일대의 士人들은 중장통이 사람을 볼 줄 안다고 생각하였다.

原文

統性俶儻, 敢直言, 不矜小節, 默語無常, 時人或謂之狂生. 每州郡命召, 輒稱疾不就. 常以爲凡游帝王者, 欲以立身揚名耳, 而名不常存, 人生易滅, 優遊偃仰, 可以自娛, 欲卜居清曠, 以樂其志, 論之曰,

「使居有良田廣宅, 背山臨流, 溝池環帀, 竹木周布, 場圃築前, 果園樹後. 舟車足以代步涉之艱, 使令足以息四體之役. 養親有兼珍之膳, 妻孥無苦身之勞. 良朋萃止, 則陳酒餚以娛之, 嘉時吉日, 則亨羔豚以奉之. 躕躇畦苑, 遊戲平林, 濯清水, 追涼風, 釣遊鯉, 弋高鴻. 諷於舞雩之下, 詠歸高堂之上. 安神閨房, 思老氏之玄虛, 呼吸精和, 求至人之彷彿. 與達者數子, 論道講書, 俯仰二儀, 錯綜人物. 彈〈南風〉之雅操, 發清商之妙曲. 消搖一世之上, 睥睨天地之閒. 不受當時之責, 永保性命之期. 如是, 則可以陵霄漢, 出宇宙之外矣. 豈羨夫入帝王之門哉!」

| **註釋** | ㅇ俶儻(척당) – 뜻이 크고 재주가 뛰어남. 俶은 기개 있을 척. 착할 숙, 비로소 숙. 儻은 빼어날 당. ㅇ溝池環帀 – 溝池는 연못. 環帀은 빙 둘러싸다. 帀은 두를 잡. 둘러싸다. ㅇ良朋萃止 – 萃는 모일 췌. ㅇ躕躇畦苑 – 躕躇(주저)는 천천히 거닐다. 머뭇거리다. 踟蹰(지주)와 同. 畦苑(휴원)은 논밭과 田園. 畦는 밭두둑 휴. ㅇ舞雩(무우) – 기우제를 지내는 제단. 雩는 기우제 지낼 우. 「曾點曰 ~, "春服既成, 冠者五六人, 童子六七人, 浴乎沂, 風乎舞雩, 詠而歸."」《論語 先進》. ㅇ求至人之彷彿 – 至人은 신선. 彷彿(방불)은 비슷하다. ㅇ〈南風〉之雅操 – 〈南風〉은 〈周南〉 11편과 〈召南〉 14편의 합칭. ㅇ睥睨(비예) – 곁눈질로 바라보다. 睥는 흘겨볼 비. 睨는 곁눈질할 예.

[國譯]

仲長統은 천성적으로 뜻이 크고 재주가 많았는데, 과감하게 직언하며 小節에 얽매이지 않았고 침묵과 多言이 무상하여 時人 중에 혹 狂生이라고 생각하는 사람도 있었다. 州郡에서 부름을 받아도 병을 핑계로 나아가지 않았다. 중장통은 제왕을 찾아다니며 유세하는 사람들은 입신양명을 바라지만 늘 명성을 누릴 수도 없으며, 잠시면 사라지는 인생이기에 원하는 마음 그대로 청결하고 널찍한 땅을 골라 평생의 뜻을 즐겨야 한다며 자신의 뜻을 서술했다.

「良田과 廣宅을 고르되 背山 臨水의 땅에, 물이 주변을 감싸고 대숲이 곳곳에 널려있으며, 집 앞에는 넓은 논밭과 뒤로는 과수나무 뜰이 있다. 배와 수레가 있어 힘들여 걷지 않고, 피곤한 사지를 편히 쉰다. 양친을 모시며 여러 가지 진미를 올리고, 처자식이 힘들여 일하지 않는다. 좋은 벗이 찾아오면 술과 안주를 차려 즐기고, 嘉時나 吉日에는 양이나 돼지를 잡아 대접한다. 논밭 두둑을 천천히 걷고 평탄한 숲에 노닐다가 清水를 건너 시원한 바람을 쐬고, 잉어를 낚고 주살로 높이 나는 새를 사냥한다. 舞雩(무우)의 땅에 노닐다가 시를 읊으며 집으로 돌아온다. 내실에 편안히 쉬면서 老氏(老子)의 玄虛(현허)를 생각하고, 和氣의 精華를 호흡하니 신선과 같은 생활을 추구한다. 사리에 통달한 몇 사람과 함께 論道하고 講書하며, 천지를 우러러 또 내려보며 인물을 평해본다. (詩經) 〈南風〉의 고아한 가락을 연주하고 맑은 商調의 妙曲을 듣는다. 한 세상을 이렇게 消搖(소요)하며 天地를 오만하게 둘러본다. 한 세상의 책임이 없으니, 性命의 한 세상을 영원히 누리도다. 이러하다면 은하수를 뚫고 올라 우주를 날아다니도다. 어찌 제왕의 궁문에 들어가기를 부러워하겠는가!」

原文

又作詩二篇, 以見其志. 辭曰,

「飛鳥遺跡, 蟬蛻亡殼. 騰蛇弃鱗, 神龍喪角. 至人能變, 達士拔俗. 乘雲無轡, 騁風無足. 垂露成幃, 張霄成幄. 沆瀣當餐, 九陽代燭. 恒星艷珠, 朝霞潤玉. 六合之內, 恣心所欲. 人事可遺, 何爲侷促?」

| **註釋** | ㅇ蟬蛻亡殼 - 蟬은 매미 선. 蛻은 허물 세(태). 殼은 껍질 각. 매미가 껍질을 벗을 때 그 舊殼을 남긴다. 그런 껍질이 없는 것은 속세를 벗어났다는 뜻. ㅇ沆瀣當餐 - 沆은 넓을 항. 瀣는 이슬 기운 해. ㅇ九陽代燭 - 九陽은 태양. ㅇ六合 - 우주. 천지와 사방.

[國譯]

「새가 난 자취가 남고, 매미는 벗어버릴 껍질도 없다.
飛騰(비등)한 뱀은 비늘을 버렸고, 神龍은 뿔을 잃었다.
至人(仙人)은 변화에 능하고, 達士는 脫俗했다.
고삐 없는 구름을 타고, 다리 없는 바람을 몰고 간다.
내리는 이슬이 병풍이고, 햇무리는 휘장을 삼았다.
아침에 이슬기운을 마시고 해를 가져다가 밝힌다.
恒星은 멋진 구슬, 아침노을은 빛나는 玉이다.
六合 안에서 내 마음, 하고 싶은 대로 노닌다.

인간사 버릴 것이니, 내가 어찌 움츠리겠나.」

原文

「大道雖夷, 見幾者寡. 任意無非, 適物無可. 古來繞繞, 委曲如瑣. 百慮何爲, 至要在我. 寄愁天上, 埋憂地下. 叛散《五經》, 滅弃〈風〉,〈雅〉. 百家雜碎, 請用從火. 抗志山棲, 游心海左. 元氣爲舟, 微風爲柂. 敖翔太淸, 縱意容冶.」

| 註釋 | ㅇ古來繞繞 - 얽힌 모양. 繞은 얽힐 요, 감길 요. ㅇ微風爲柂 - 柂는 키 타. 船尾. 舵와 同. ㅇ敖翔太淸 - 敖翔(오상)은 마음대로 날다. 翔은 빙빙 돌아날 상. 太淸은 天空.

[國譯]

「大道가 평탄하다만, 숨은 뜻 아는 이 적다
任意에 잘못이 없고, 세속을 따르나 바르지 않다.
예부터 얽히고 감겨, 사슬처럼 구불구불하도다.
온갖 상념이 무슨 상관? 요체는 내 마음이로다.
근심은 하늘로 날리고, 걱정은 땅에 묻는다.
《五經》도 잊어버리고, 〈風〉과 〈雅〉도 버렸도다.
百家의 온갖 잡다한 말을 모두 다 불사르리라.
山林에 깃든 큰 뜻, 바다 끝에 내닫는 내 마음.
元氣는 나의 탄 배, 微風은 방향 잡는 키(舵)이다.
마음껏 太淸을 날아가고, 마음대로 즐기리다.」

原文

尙書令荀彧聞統名, 奇之, 擧爲尙書郞. 後參丞相曹操軍事. 每論說古今及時俗行事, 恒發憤歎息. 因著論名曰《昌言》, 凡三十四篇, 十餘萬言.

獻帝遜位之歲, 統卒, 時年四十一. 友人東海繆襲常稱統才章足繼西京董,賈,劉,楊. 今簡撮其書有益政者, 略載之云.

| 註釋 | ㅇ荀彧(순욱 163 – 212년) – 潁川郡 潁陰縣(今 河南省 중부 許昌市) 사람. 曹操의 일등 참모, 전략가, 조조가 '나의 張子房' 이라 했다. 70권, 〈鄭孔荀列傳〉에 立傳. ㅇ《昌言》 – 중장통의 저서. '昌言' 은 '當言' 의 뜻. ㅇ獻帝遜位之歲 – 헌제가 曹操 아들 曹조에게 선양하던 해. 서기 220년. ㅇ西京董,賈,劉,楊 – 여기 西京은 長安, 곧 前漢.

[國譯]

尙書令 荀彧(순욱)은 중장통의 명성을 듣고 기이하게 여겨 천거하여 상서랑이 되었다. 뒤에 丞相 曹操(조조)의 軍事 관련 업무에도 참여하였다. 고금과 시속 행사에 관한 담론을 할 때마다 늘 발분하며 탄식하였다. 중장통은 자기주장을 저술하여 《昌言》이라 하였는데, 총 34편에 10여만 자였다.

獻帝가 선양하던 해에 중장통이 죽었는데, 당시 41세였다. 우인인 東海郡 繆襲(목습)은 늘 중장통의 재능이 西京(前漢)의 董仲舒, 賈誼, 劉歆, 揚雄(楊雄)을 이을 만하다고 칭송했다. 여기에 그의 저서 중 정사에 도움이 될만한 내용을 아래에 수록하였다.

*〈理亂篇〉- 仲長統

原文

「豪傑之當天命者, 未始有天下之分者也. 無天下之分, 故戰爭者競起焉. 於斯之時, 並僞假天威, 矯據方國, 擁甲兵與我角才智, 程勇力與我競雌雄, 不知去就, 疑誤天下, 蓋不可數也. 角知者皆窮, 角力者皆負, 形不堪復伉, 勢不足復校, 乃始羈首繫頸, 就我之銜紲耳. 夫或曾爲我之尊長矣, 或曾與我爲等儕矣, 或曾臣虜我矣, 或曾執囚我矣. 彼之蔚蔚, 皆匈詈腹詛, 幸我之不成, 而以奮其前志, 詎肯用此爲終死之分邪?」

| **註釋** | ㅇ 角知者皆窮 – 角은 견주다. 겨루다. 窮은 지략이 다하다. 바닥나다. ㅇ就我之銜紲耳 – 銜은 재갈 함. 紲은 고삐 설. 우리의 통제에 따르다. 굴복하다. ㅇ我爲等儕矣 – 같은 처지의 동년배. 儕는 무리 제. 同輩. ㅇ彼之蔚蔚 – 蔚蔚은 한창 성할 모양. 蔚은 풀 우거질 울. 병들 위. 鬱鬱과 通. 鬱鬱은 침울한 모양. ㅇ匈詈腹詛 – 匈은 胸. 가슴, 마음속. 詈는 욕할 이(리). 腹은 배 복. 詛은 저주할 저. ㅇ詎肯用此爲終死之分邪? – 詎는 어찌 거. 反語辭.

[國譯]

「천명을 받은 豪傑(호걸)은 천하가 분열되기 전에 출현했다. 천하가 분할되지 않았기에 전쟁이 계속 일어나게 된다. 이러한 시기에 그들은 모두 하늘의 권위를 빙자하여 封國을 차지하고 군사를 동원하여 才智와 능력을 동원하여 勇力을 뽐내며, 나와 자웅을 겨루면서도 성패에 따른 거취는 알지 못한 채 천하 사람들을 오도한 그런 예는 이루 헤아릴 수가 없었다. 지혜를 겨루는 자는 지혜를 다하고 힘을 겨루는 자는 모두 패망하면서 상황은 다시 경쟁할 수 없고 세력 또한 견줄 수 없게 되자, 패자는 목에 밧줄을 걸고 재갈을 물고 나의 통제 하에 들어왔다. 어떤 자는 전에 나의 尊長者였고, 또 어떤 자는 나와 비슷한 지위였으며, 또 어떤 자는 나의 포로였고, 또 다른 자는 이전에 나를 포로로 잡았던 자이다. 그들은 마음속으로 비통해 하면서 모두가 나의 실패를 마음속으로 고대하며 이전의 의지를 다시 펼치려 했지만 이 때문에 끝내 죽어야 하는 것을 어찌 인정할 수 있겠는가?」

原文

「及繼體之時, 民心定矣. 普天之下, 賴我而得生育, 由我而得富貴, 安居樂業, 長養子孫, 天下晏然, 皆歸心於我矣. 豪傑之心既絶, 士民之志已定, 貴有常家, 尊在一人. 當此之時, 雖下愚之才居之, 猶能使恩同天地, 威侔鬼神. 暴風疾霆, 不足以方其怒, 陽春時雨, 不足以喩其澤, 周,孔數千, 無所復角其聖, 賁,育百萬, 無所復奮其勇矣.」

| **註釋** | ㅇ威侔鬼神 – 威는 위험. 侔는 가지런할 모. 동등하다. ㅇ賁,育百萬 – 孟賁(맹분)과 夏育(하육). 고대의 용사.

[國譯]

「다음 후사가 계승하자 민심은 안정되었다. 넓은 하늘 아래 모두가 나에 의지하여 생육하고, 나에 의해 부귀를 얻었으며, 安居하고 樂業하며 자손을 키웠으며, 천하가 태평해지자 모두가 나에게 귀부하였다. 호걸의 경쟁심은 이미 단절되었고 士民의 뜻도 결정되면서 고귀한 가문이 정해지고 나 한 사람만이 존귀하였다. 이러한 때에 비록 下愚(하우)의 재능으로 존위에 오르더라도 그가 내리는 은택은 天地와 같았고 그 위엄은 귀신처럼 신령하였다. 폭풍과 벼락이라도 천자의 분노에 견줄 수 없고, 陽春의 及時雨(급시우)일지라도 천자의 은택에 비교가 되지 않으며, 수천의 周公과 孔子일지라도 그 聖明함을 견줄 수 없으며, 백만 명의 孟賁(맹분)과 夏育(하육)이라도 그 용맹을 뽐낼 수 없었다.」

原文

「彼後嗣之愚主, 見天下莫敢與之違, 自謂若天地之不可亡也, 乃奔其私嗜, 騁其邪欲, 君臣宣淫, 上下同惡. 目極角牴之觀, 耳窮鄭衛之聲. 入則耽於婦人, 出則馳於田獵. 荒廢庶政, 弃亡人物, 澶漫彌流, 無所底極. 信任親愛者, 盡佞諂容說之人也, 寵貴隆豐者, 盡后妃姬妾之家也. 使餓狼守庖廚, 饑虎牧牢豚, 遂至熬天下之脂膏, 斲生人之骨髓. 怨毒無聊, 禍亂並起, 中國擾攘, 四夷侵叛, 土崩瓦解, 一朝而去. 昔之爲我哺乳之子孫者, 今儘是我飲血之寇讎也. 至於運徙勢去, 猶不覺悟者, 豈非富貴生不仁, 沉溺致愚疾邪? 存亡以之迭代, 政亂從此周復, 天道常然之大數也.」

| **註釋** | ○君臣宣淫 - 宣은 示. 宣淫은 방탕하다. ○角牴之觀 - 角牴(각저)는 씨름. 레슬링. 武帝 때 서역출신이 들어와 각저희를 처음 공연했다고 한다. ○ 澶漫彌流 - 澶漫(단만)은 제멋대로. 彌流(미류)는 두루 넘쳐흐르다. ○至熬天下之脂膏 - 熬는 볶을 오. 태우다. 脂膏(지고)는 기름. ○斲生人之骨髓 - 斲는 깎을 착. 깎아내다. 쪼개다. ○怨毒無聊 - 無聊(무료)는 의지할 곳이 없다. 하소연할 데가 없다.

[國譯]

「그 後嗣가 愚主일지라도 천하에 군림함에 누구도 감히 위배할 수 없었기에, 자신이 천지처럼 없어지지 않을 것이라 생각하여 마음대로 방종하고 사악한 욕망을 좇아 군신이 방탕하고 상하가 함께 악행을 계속했다. 눈으로는 각저의 놀이를 마음껏 즐기고, 귀로는 鄭과 衛(위)의 음탕 애상한 음악을 마음껏 즐겼다. 궁에 들어와서는 여인의 육욕을 탐하고 나가서는 사냥을 즐겼다. 庶政은 황폐해지고 人物을 방치하였으며, 제멋대로 넘쳐흘러 끝까지 가지 않는 것이 없었다. 信任하고 親愛하는 자는 모두 아첨하고 비굴한 자들이었고, 총애하고 높이 대우하는 자는 모두가 后妃나 姬妾의 사람들이었다. 마치 굶주린 승냥이에게 부엌을 맡기고 굶주린 호랑이에게 짐승우리를 맡긴 것과 같아 마침내는 천하의 기름진 땅을 다 볶아버렸고 살아있는 백성의 골수를 쪼개었다. 원한을 하소연할 데도 없어 禍亂이 한꺼번에 닥쳐 온 나라가 소란했고, 四夷가 침범하자 土崩瓦解(토붕

와해)하여 하루에 사라져 버렸다. 옛날에 나에 의지해 자손을 양육했던 자가 지금은 모두 나의 피를 빨아 마시는 원수가 되었다. 福運과 권세가 사라졌는데도 아직도 깨닫지 못하니 어찌 富貴가 不仁을, 탐닉이 우매를 초래하지 않겠는가? 이로써 存立과 멸망이 교체되고, 정치적 혼란이 반복되나니 天道의 순환은 이처럼 늘 그렇게 바뀌지 않는다.」

原文

「又政之爲理者, 取一切而已, 非能斟酌賢愚之分, 以開盛衰之數也. 日不如古, 彌以遠甚, 豈不然邪?

漢興以來, 相與同爲編戶齊民, 而以財力相君長者, 世無數焉. 而淸絜之士, 徒自苦於茨棘之閒, 無所益損於風俗也. 豪人之室, 連棟數百, 膏田滿野, 奴婢千群, 徒附萬計. 船車賈販, 周於四方, 廢居積貯, 滿於都城. 琦賂寶貨, 巨室不能容, 馬牛羊豕, 山谷不能受. 妖童美妾, 塡乎綺室, 倡謳伎樂, 列乎深堂. 賓客待見而不敢去, 車騎交錯而不敢進. 三牲之肉, 臭而不可食, 淸醇之酎, 敗而不可飮. 睇盼則人從其目之所視, 喜怒則人隨其心之所慮. 此皆公侯之廣樂, 君長之厚實也. 苟能運智詐者, 則得之焉, 苟能得之者, 人不以爲罪焉. 源發而橫流, 路開而四通矣. 求士之舍榮樂而居窮苦, 弃放逸而赴束縛, 夫誰肯爲之者邪!

夫亂世長而化世短. 亂世則小人貴寵, 君子困賤. 當君子困賤之時, 跼高天, 蹐厚地, 猶恐有鎭厭之禍也. 逮至淸世, 則復入於矯枉過正之檢. 老者耄矣, 不能及寬饒之俗, 少者方壯, 將復困於衰亂之時. 是使姦人擅無窮之福利, 而善士挂不赦之罪辜. 苟目能辯色, 耳能辯聲, 口能辯味, 體能辯寒溫者, 將皆以修絜爲諱惡, 設智巧以避之焉, 況肯有安而樂之者邪? 斯下世人主一切之愆也.」

| 註釋 | ㅇ取一切而已 – 一切은 임시적. 일시. ㅇ茨棘之閒 – 茨는 가시나무 자. 棘은 대추나무 극. ㅇ徒附萬計 – 徒는 무리. 衆也. ㅇ倡謳伎樂 – 창을 하거나 악기를 다루는 기녀. 謳는 노래할 구. ㅇ淸醇之酎 – 맑고 향기가 진한 술. 醇은 진한 술 순. 酎는 진할 술 주. 종묘에 바치는 술. ㅇ睇盼 – 睇盼(제반)은 눈을 굴려 바라보다. 睇는 흘끗 바라볼 제. 盼은 눈 예쁠 반. ㅇ赴束縛 – 赴는 나아갈 부. 束縛(속박)은 스스로 청렴결백하게 살다. ㅇ化世短 – 仁政이 행해진 세대는 짧다. ㅇ跼高天, 蹐厚地 – 跼蹐(국척)은 황송하여 몸을 굽힘.

[國譯]

「또 정권을 관리하는 자는 임시 장악일 뿐, 賢愚의 차이를 짐작하여 융성과 쇠락의 운수를 열어갈 능력이 있는 것도 아니다. 지금은 옛날과 아주 오랜 시간이 지났으니 어찌 같을 수 있겠는가?

漢興 이래로 상호간 같은 民戶에 속한 백성이라도 財力으로 君長을 도운 자는 역대에 아주 많았다. 그러나 청렴결백한 인재는 한낱 가시덤불 속에서 고생이나 할 뿐 풍속을 순화하는 데에 도움이 되지 못했다. 豪人의 집은 여러 채 수백 칸이고, 기름진 땅이 들판에 가득

하며 수천 명 노비에 따르는 무리가 수만 명이나 된다. 배와 수레로 온 사방에 물건을 팔며 물건을 방출하거나 비축한 창고가 도성 곳곳에 있다. 진기한 보화를 큰 집에도 다 보관할 수 없을 정도이며 우마와 양과 돼지가 계곡에 넘쳐난다. 요염한 어린 동녀와 미모의 첩실이 비단을 두른 방에 가득하고, 唱을 하거나 악기를 연주하는 기녀가 안채에 줄을 지었다. 賓客은 주인을 모신다며 떠나려 하지 않고 마부와 기사가 서로 얽혀 들어갈 수가 없을 정도이다. 소, 돼지, 양고기가 부패해 먹을 수 없으며, 맑고 향기 좋은 술이 변해 마실 수가 없을 정도다. 얼핏 바라본 곳에 모두가 주목하고 희로에 따라 그대로 함께 생각을 한다. 이 모두가 公侯의 한없는 즐거움이며 君長의 우월함이다. 사실 잔머리를 굴려 거짓으로도 이런 것을 누릴 수 있으니 일단 차지만 한다면 사람들은 그것을 죄악이라 생각하지 않는다. 근원에서 흘러나와 이리저리 흐르면서 길을 열고 사방에 통하게 된다. 이런 영화와 쾌락을 버리고 가난과 고생 속에 살며 放逸을 버리고 절제 속에 청렴결백한 士人을 구하려 한들, 누가 그런 생활을 하려 하겠는가?

대체로 亂世는 오래 계속되지만 仁政이 행해진 시대는 짧다. 亂世에는 小人이 높은 자리에 오르고 君子는 곤궁하고 미천하다. 君子가 곤궁하고 미천한 시기를 당하면 높은 하늘 아래서도 몸을 구부리고, 두터운 땅에서도 살금살금 걸으며 짓눌림을 당하는 화를 두려워한다. 그러다가 청명한 세상을 맞이하게 되면 다시 불법과 잘못을 바로잡는 법도를 따라 실천하게 된다. 늙은이는 더 늙어가면서 너그럽고 관대한 세상을 계속 누리지 못하고 젊은이는 한참 강성하지만 다시 쇠란한 시대에서 곤궁에 처할 것이다. 그렇게 되면 다시 간악한 자가 무궁한 복운과 이득을 마음대로 누리고 善士는 용서받지 못할 죄에 걸려들 것이다. 정말로 눈으로 색상을 구별하고 귀로 소리를 판별하며, 입으로 맛을 알고 몸으로 寒暑를 느낄 수 있는 자라면 모두가 청렴결백을 惡이라 피하며 교묘한 기교를 써서 피해갈 것이니, 하물며 이를 안락하게 실천할 자가 있겠는가? 이는 말세를 당한 주군에게 모든 허물이 돌아갈 것이다.」

原文

「昔春秋之時, 周氏之亂世也. 逮乎戰國, 則又甚矣. 秦政乘幷兼之勢, 放虎狼之心, 屠裂天下, 呑食生人, 暴虐不已, 以招楚漢用兵之苦, 甚於戰國之時也. 漢二百年而遭王莽之亂, 計其殘夷滅亡之數, 又復倍乎秦,項矣. 以及今日, 名都空而不居, 百里絶而無民者, 不可勝數. 此則又甚於亡新之時也.

悲夫! 不及五百年, 大難三起, 中間之亂, 尙不數焉. 變而彌猜, 下而加酷, 推此以往, 可及於盡矣. 嗟乎! 不知來世聖人救此之道, 將何用也? 又不知天若窮此之數, 欲何至邪?」

| **註釋** | ㅇ秦政 - 秦王인 政(정), 政은 시황제의 이름. ㅇ漢二百年 - 漢 건국(前 206년)에서 왕망의 찬탈(서기 8년)까지는 214년인데, 2백은 그 대략의 數이다. ㅇ百里絶而無民者, 不可勝數 - 기록에 의하면, 孝平帝 때 郡國이 총 103개소에 縣邑이 1,314개, 道(이민족 혼거지)가 34개, 侯國이

242개였다. 한의 영역은 동서 9,302里, 남북 10,368里였다. 民戶가 1,223만 3,612戶에 人口 5,959만 4,978명이었다. 이는 漢家에서 가장 융성했던 시기의 통계라고 생각할 수 있다. 왕망의 멸망과 광무제의 중흥 당시 해내의 인구는 이전과 비교할 때 10분의 2나 3에 불과하였고, 변방은 더욱 황량하여 사람을 볼 수 없었다고 한다. 후한 靈帝 때 황건적의 난이 일어나고 獻帝가 董卓(동탁)의 화를 당하면서 계속된 병란 30여 년에 1만에 하나가 남지 못했다고 한다. ㅇ不及五百年, 大難三起 - 秦의 3王(孝文王 즉위 이후)과 2帝(시황제와 2세)가 대략 50년, 前漢 230년, 後漢 195년이면 총 475년이라서 그 대략인 500이라 했고, 大亂三起는 秦末과 王莽 통치 시기, 그리고 후한 말 獻帝 시기이다.

[國譯]

「옛 春秋時代는 周室의 亂世였다. 戰國時代에는 혼란이 더 심했다. 秦王 政(정)은 幷兼(겸병)의 추세를 이용하여 虎狼(호랑)의 음흉을 드러내어 천하를 도륙하고 백성을 산 채로 삼키는 포학을 그치지 않았으며, 楚와 漢이 겪은 전쟁의 고통은 전국시대보다도 더 혹심하였다. 漢 2백 년에 왕망의 난세를 만났으니, 왕망에 의해 죽고 멸망한 숫자는 다시 秦과 項羽의 두 배나 되었다. 지금에(後漢 건국) 이르러 유명한 도시는 텅 비어 사는 이가 없었고 백리에 걸쳐 백성을 볼 수 없는 곳을 이루 다 셀 수도 없었다. 지금은(후한 말) 왕망 말기보다도 더 심하다.

슬프다! 5백 년이 안 되는 시기에 大難을 3번이나 겪었고 그 중간의 소소한 혼란은 아예 셀 수도 없었다. 시대가 바뀌면서 더욱 나빠졌고 뒤로 내려올수록 더욱 가혹해졌으니, 이렇게 추정한다면 나중에는 전멸에 이를 것이다. 아! 來世에 어떤 聖人이 나와 이 상황을 구제할지? 그리고 어떻게 할지는 알 수가 없다. 또 알 수 없나니, 하늘이 이 궁색한 상황을 어찌하고, 어디로 가야 할지?」

*〈損益篇〉- 仲長統

原文

「作有利於時, 制有便於物者, 可爲也. 事有乖於數, 法有翫於時者, 可改也. 故行於古有其迹, 用於今無其功者, 不可不變. 變而不如前, 易有多所敗者, 亦不可不復也.

漢之初興, 分王子弟, 委之以士民之命, 假之以殺生之權. 於是驕逸自恣, 志意無厭. 魚肉百姓, 以盈其欲, 報蒸骨血, 以快其情. 上有篡叛不軌之姦, 下有暴亂殘賊之害. 雖藉親屬之恩, 蓋源流形勢使之然也. 降爵削土, 稍稍割奪, 卒至於坐食奉祿而已. 然其洿穢之行, 淫昏之罪, 猶尙多焉. 故淺其根本, 輕其恩義, 猶尙假一日之尊, 收士民之用. 況專之於國, 擅之於嗣, 豈可鞭笞叱宛, 而使唯我所爲者乎?

時政彫敝, 風俗移易, 純樸已去, 智惠已來. 出於禮制之防, 放於嗜欲之域久矣, 固不可授之以柄, 假之以資者也. 是故收其奕世之權, 校其從橫之埶, 善者早登, 否者早去, 故下土無壅滯之士, 國朝無專貴之人. 此變之善, 可遂行者也.」

| **註釋** | ○法有翫於時者 – 翫은 가지고 놀 완. 현실에 맞지 않다는 뜻. ○報蒸骨血 – 報는 치붙을 보. 아랫사람이 윗사람을 간음함. 蒸(많을 증)은 烝(김 오를 증). 손 위의 여자와 간음하다. 骨血은 혈육. 친족. ○委之以士民之命 – 漢初의 봉국은 여러 군을 차지하고 제후국 내에 중앙과 같은 행정조직을 갖추고 관리를 임명하는 등 사실상의 독립국과 같은 형세였다. 景帝 때 吳楚7國의 난 이후 본격적인 削藩(삭번) 정책을 펴면서 후국 세력을 감축시켰다. 後漢에서는 아무리 큰 제후국이라도 郡 단위의 侯國이었다. ○洿穢之行 – 洿穢(오예)는 더러운 오물. 洿는 웅덩이 오. 穢는 더러울 예. ○智惠已來 – 智惠는 智慧. 智慧는 큰 거짓말. '大道廢, 有仁義. 智慧出, 有大僞. 六親不和, 有孝慈. 國家昏亂, 有忠臣.'《老子道德經》18장. ○奕世之權 – 奕世는 累代. 여러 대. 奕은 겹칠 혁. 이어지다. 크다. 바둑.

[國譯]

「作爲가 시대에 유리하고 제도가 업무에 유리하다면 실천해야 한다. 필연의 실상에 어긋나고 시대상황에 맞지 않는 법이라면 고쳐야 한다. 그래서 옛날 시행된 제도는 그 자취가 있고, 지금 적용되지만 효용성이 없는 것은 바꾸지 않을 수 없다. 변화는 전과 다른 것이지만 고쳐서 더 나빠진 상황이라면 다시 환원하지 않을 수 없다.

漢이 건국되면서 황제의 자제를 왕으로 分封하여 백성의 목숨을 지켜주라 위임하였고 아울러 살생의 권한까지 부여하였다. 이에 제후는 교만 방자하여 탐욕에 끝이 없었다. 백성을 魚肉처럼 대했고 탐욕을 채웠으며 친족끼리 인륜을 어기면서 정욕을 채웠다. 위에서는 찬역이나 모반 같은 불법이 이뤄지고, 아래서는 포악과 잔혹 행위가 계속되었다. 비록 親屬의 恩情을 베푼다지만 그 원류의 형세가 그렇게 만들었을 것이다. (잘못한 侯王에 대하여) 작위를 강등하고 봉토를 삭감하거나 조금씩 베어나가 결국에는 봉록만을 받게 되었다. 그러나 그 더러운 행위나 혼음의 죄악은 오히려 더 많아졌다. 그 근본이 천박하기 때문에 은의를 경감하였지만 열후는 여전히 전날의 권세 그대로 백성의 재물을 수탈하였다. 하물며 한 나라를 마음대로 다스리며 후사를 정하는데, 어떻게 회초리로 때리며 꾸짖어 내 뜻대로 행동하게 할 수 있겠는가?

時政이 잘못되고 풍속이 나빠지며 순박한 기풍이 이미 사라지고 거짓이 판을 치게 된다. 禮制를 통해 이런 폐단을 막아야 하지만 탐욕에 방치된 지가 너무 오래되었으며 처음부터 권력을 줄 수 없는 자에게 권력을 주어 힘쓰게 만든 것이다. 이러하기에 제후의 여러 대에 걸친 권한을 회수하고 멋대로 횡행하는 권세를 바로잡아야만 善者가 빨리 등용될 수 있고 不善者는 빨리 제거될 것이며, 아래로는 벼슬길이 막힌 인재가 없고 조정에서는 정권을 독점할 수가 없을 것이다. 좋은 방향의 변화는 빨리 시행되어야 한다.」

原文

「井田之變, 豪人貨殖, 館舍布於州郡, 田畝連於方國. 身無半通靑綸之命, 而竊三辰龍章之服, 不爲編戶一伍之長, 而有千室名邑之役. 榮樂過於封君, 勢力侔於守令. 財賂自營, 犯法不坐. 刺客死士, 爲之投命. 至使弱力少智之子, 被穿帷敗, 寄死不斂, 冤枉窮困, 不敢自理.

雖亦由網禁疏闊, 蓋分田無限使之然也. 今欲張太平之紀綱, 立至化之基趾, 齊民財之豐寡, 正風俗之奢儉, 非井田實莫由也. 此變有所敗, 而宜復者也.」

| **註釋** | ㅇ井田 – 春秋시대 이전 土地公有制에 의한 토지 경작 방법. 사방 3백 步(1里, 약 405m)의 땅을 井田이라 하고, 井田 9百畝에 公田이 하나이고 8개는 私田이 된다. 私田의 면적은 135m×135m 정도이다. 丁男 1인이 경작지 약 5천 평 정도를 받았다고 생각할 수 있다. ㅇ靑綸之命 – 관직에 임용한다는 책명. 綸은 다스릴 륜(윤). 인끈 관. 푸른 실로 만든 인끈. 질록 1백석 관리의 印綬. ㅇ三辰(삼신) – 日, 月, 星. ㅇ有千室名邑之役 – 千室名邑은 豪强의 마을. 관직도 없으면서 豪商은 公侯만큼 권세를 부린다는 뜻.

[國譯]

「井田制가 바뀌었고 强豪도 상업을 경영하는데, (豪商의) 館舍가 州郡 곳곳에 널려 있었으며 개인 땅이 封國에 이어졌다. 아무런 관직도 없이 日月星 3辰과 山龍 무늬가 있는 관복을 입고 군역도 부담하지 않으며 1천 호 名邑의 노동력을 소유하고 부릴 수 있다. 이런 영광과 쾌락은 封侯와 같고 그 권세는 태수나 현령과도 비슷하다. 많은 재산을 갖고 행사하며 불법을 저질러도 벌을 받지 않는다. 자객이나 죽기를 각오한 사람들이 찾아와 몸을 의탁한다. 힘이 약하거나 지모가 부족한 사람들은 자신을 감쌀 옷이나 덮개도 없기에 찾아와 의탁하는데 죽어 시신을 못 찾을지라도 억울하고 곤궁하여 자신이 어찌할 수가 없기 때문이다.

비록 나라의 법망이 낡고 엉성하다지만 토지 소유의 제한이 무너

졌기에 이렇게 되었을 것이다. 지금 태평성대의 바른 기강을 다시 널리 펴고 교화의 기초를 다져서 백성 재산의 불평등을 완화하고 사치와 절약의 풍속을 바로잡아야 하는데, 이를 위해서는 정전제의 확실한 시행만한 것이 없을 것이다. 이런 실패한 변법은 다시 회복되어야 한다.」

原文

「肉刑之廢, 輕重無品, 下死則得髠鉗, 下髠鉗則得鞭笞. 死者不可復生, 而髠者無傷於人. 髠笞不足以懲中罪, 安得不至於死哉! 夫雞狗之攘竊, 男女之淫奔, 酒醴之賂遺, 謬誤之傷害, 皆非值於死者也. 殺之則甚重, 髠之則甚輕. 不制中刑以稱其罪, 則法令安得不參差, 殺生安得不過謬乎?

今患刑輕之不足以懲惡, 則假臧貨以成罪, 託疾病以諱殺. 科條無所准, 名實不相應, 恐非帝王之通法, 聖人之良制也. 或曰, 過刑惡人, 可也, 過刑善人, 豈可復哉? 曰, 若前政以來, 未曾枉害善人者, 則有罪不死也, 是爲忍於殺人, 而不忍於刑人也. 今令五刑有品, 輕重有數, 科條有序, 名實有正, 非殺人逆亂鳥獸之行甚重者, 皆勿殺. 嗣周氏之秘典, 續呂侯之祥刑, 此又宜復之善者也.」

| **註釋** | ㅇ下死則得髠鉗 - 下는 減하다. 사형에서 감형되면 髠鉗(곤겸)이다. 髠은 머리 깎을 곤. 鉗은 칼 겸. 죄인의 목에 씌우는 형구. ㅇ安得不

至於死哉 - 髡笞(곤태)는 너무 가벼운 형벌이라 두려워하지 않기에 肉刑을 다시 복원해야 사형까지 가지 않을 수 있다는 뜻. ㅇ攘竊 - 攘은 물리칠 양. 제거하다. 竊은 훔칠 절. ㅇ託疾病以諱殺 - 질병이 있어 옥에서 죽었다고 처리하다. ㅇ鳥獸之行 - 蒸報. 친족이나 가족관계 내 상하 간의 불륜 행위. ㅇ續呂侯之祥刑 - 呂侯는 周 穆王의 신하. 목왕의 명에 따라 刑書를 지어 공포하였는데, 이를 〈呂刑〉이라 한다. 呂侯를 甫侯(보후)라고도 부르기에 〈甫刑〉이라고도 하는데, 중국 형법의 鼻祖라고 한다. 祥은 善也.

[國譯]

「肉刑이 폐지되면서 죄의 경중에 따른 차이가 없는데, 사형에서 감형되면 머리를 깎거나(髡) 칼을 차야 하고(鉗), 髡鉗(곤겸)에서 감형되면 채찍이나 태형이다. 죽은 자는 다시 살아날 수 없고 머리를 깎는 것은 신체를 상하게 하지 않는다. 사실 머리를 깎거나 태형은 중간 정도의 죄를 징벌하기에는 부족한데, 어찌하여 사형 바로 다음이 될 수 있겠는가! 닭이나 개를 죽이거나 잡아먹기, 남녀 간의 불륜과 도주, 좋은 술을 바치는 뇌물, 실수로 입힌 상해 등은 사형에 해당할 정도의 죄는 아니다. 사형은 너무 중하고 머리를 깎는 것은 너무 경미하다. 적당한 형벌을 제정하여 죄의 질에 맞출 수 있다면 법률 적용에 어찌 차이가 날 수 있으며 살생에 어찌 지나치거나 잘못이 있겠는가?

지금 걱정은 가벼운 형벌은 죄악을 응징하기에 부족하기에 장물의 양을 늘려 벌을 주고 사형을 시키고서도 질병으로 죽었다고 처리한다. 이는 실행되는 법 조항이 명분과 실제가 맞지 않기 때문이니, 아마 제왕의 通法이 아니거나 聖人의 바른 제도가 아닐 것이다. 어떤 사람은 악인에 대한 지나친 형벌은 괜찮다고 말하지만 善人에 대한 過刑은 어찌 하겠는가? 만약 이전부터 시행되었기에 善人을 억울하게 해치지 않았을 것이며, (善人이) 죄를 짓고도 처형되지 않았다면 이는 사형을 면한 것이며, 刑人을 차마 죽일 수가 없던 것은 아니라고 말할 것이다. 지금 五刑에 순차가 있고, 죄의 輕重에 따른 정해진 수가 있으며, 법 조항에도 체계가 있고, 명분과 실질도 바르니, 살인이나 역모 또는 금수와 같은 행실이 아니면 죄행이 심한 자라도 모두 죽이지는 말아야 한다. 周 왕실에 전해 온 秘典을 실행하며 呂侯(여후)의 훌륭한 형법을 계승한 것이기에 (肉刑은) 응당 복구되어야 할 것이다.」

原文

「《易》曰, '陽一君二臣, 君子之道也, 陰二君一臣, 小人之道也.' 然則寡者, 爲人上者也, 衆者, 爲人下者也. 一伍之長, 才足以長一伍者也, 一國之君, 才足以君一國者也, 天下之王, 才足以王天下者也. 愚役於智, 猶枝之附幹, 此理天下之常法也. 制國以分人, 立政以分事, 人遠則難綏, 事總則難了.

今遠州之縣, 或相去數百千里, 雖多山陵洿澤, 猶有可居人種穀者焉. 當更制其境界, 使遠者不過二百里. 明版籍以相數閱, 審什伍以相連持, 限夫田以斷並兼, 定五刑以救死亡, 益君長以興政理, 急農桑以豐委積, 去末作以一本業. 敦教學以移情性, 表德行以厲風俗, 覈才藝以敍官宜. 簡精悍以習師田, 修武器以存守戰, 嚴禁令以防僭差, 信實罰以驗懲勸, 糾游戲以杜姦邪, 察苛刻以絶煩暴. 審此十六者以爲政務, 操之有常, 課之有限, 安寧勿懈墯, 有事不迫遽, 聖人復起, 不能易也.」

| 註釋 | ○《易》曰 -《易經 繫辭》의 글. ○版籍 - 名籍. 호적부. ○審此十六者 - 明版籍以相數閱에서 부터 察苛刻以絶煩暴까지 16개 업무. 이런 일을 다 처리할 지방관이 존재하겠는가? 가령 1만 호의 현령이 호적부만 제대로 정비하기는 쉬운 일인가? '修武器~' 에서 縣에 보유한 '무기를 잘 정비 관리하여' 글자는 3字이나 그 업무량은 얼마이겠는가? 理想을 나열하기는 쉽다. 어쩌면 그냥 한 번 글로 써보는 口頭禪(구두선)이 아니겠는가?

[國譯]

「《易 繫辭》에 '陽卦는 一陽에 二陰이라 君子의 道이고, 陰卦는 一陰에 二陽이니 小人의 道라.' 고 하였다. 그리하여 소수는 윗사람이 되고 衆多는 아랫사람이 된다. 一伍(군사 5人)의 우두머리는 一伍의 長이어야 하고, 一國의 君長은 한 나라의 주군이 되어야 하며, 천하의 王者라면 王天下할 수 있어야 한다. 어리석은 자가 智者를 모셔야 하는 것은 마치 가지가 줄기에 붙은 것과 같으며, 이런 이치는 天下의 常法이다. 나라를 다스리며 제후에게 분할하고 관직에 의한 업무 분배는 사람이 멀리 있어 벼슬을 주기가 어렵고 일거리가 모이면 처리가 어렵기 때문이다.

지금 (京師에서) 먼 州의 현은 (현에서 백성의 마을까지가) 수백

리, 또는 천 리 떨어져 있고 산과 연못 등이 많지만 그래도 백성이 농사를 지으며 살 수 있는 곳이다. 응당 그 (행정구역의) 경계를 조정하여 먼 곳이라도 2백 리를 넘지 않아야 할 것이다. 호적을 정확하게 정비하여 자주 확인하고 10호, 또는 5호가 긴밀히 연락하게 하면서 토지 소유의 상한을 정하여 겸병을 막아야 하며, 五刑을 상세히 정하여 사형에서 구제하고 君長을 늘려 정사를 담당케 하며, 서둘러 농업과 길쌈을 장려하여 농민의 재산을 늘려서 농업에서 이탈을 막아야 할 것이다. 教學을 장려하여 백성의 성정을 순화시키고 덕행이 우량한 자를 표창하여 풍속을 교화하고 그 재능을 살펴 적절한 관직을 수여하여야 한다. 용감한 백성을 정선하여 군사와 농업을 겸하게 하며, 무기를 정비하여 방어전을 익히고 금령을 엄격히 하여 도피를 막으며 엄격한 상벌로 징계와 격려를 명확히 하고 游戲를 규찰하여 나쁜 짓을 못하게 하며 관리의 가혹한 처사를 감찰하여 번잡과 폭압을 근절하여 한다. 이러한 16가지를 정무로 삼아 일상에서 늘 수행하여야 하며, 기한을 정해 평가하되 치안을 안정케 하고 게을리하지 않으며, 유사시에 급박하게 추궁하지 않는다면 성인이 다시 나오더라도 이를 바꾸지는 못할 것이다.」

原文

「向者, 天下戶過千萬, 除其老弱, 但戶一丁壯, 則千萬人也. 遺漏旣多, 又蠻夷戎狄居漢地者尙不在焉. 丁壯十人之中, 必有堪爲其什伍之長, 推什長已上, 則百萬人也. 又十取之, 則佐史之才已上十萬人也. 又十取之, 則可使在政理之位者萬人也. 以筋力用者謂之人, 人求丁壯, 以才智用者謂之士, 士貴耆老.

充此制以用天下之人, 猶將有儲, 何嫌乎不足也? 故物有不求, 未有無物之歲也, 士有不用, 未有少士之世也. 夫如此, 然後可以用天性, 究人理, 興頓廢, 屬斷絶, 網羅遺漏, 拱柙天人矣.」

| **註釋** | ㅇ佐史 - 佐史는 질록 1백석의 하급 관리. ㅇ屬斷絶 - 屬은 잇다(續也). ㅇ拱柙天人矣 - 拱은 잡다. 두 손맞잡을 공. 柙은 우리 합. 잡아 가두다.

[國譯]

「종전에 온 나라의 호구 수가 1천만을 넘을 때 그중 노약자를 제외하고 1호에 장정이 1명이라면 전국에 1천만 명이다. 빠진 인원이 많고 또 蠻夷(만이)나 戎狄(융적)으로 우리 땅에 거주하는 자는 아예 포함하지 않았다. 장정이 10명이라면 틀림없이 什長(십장)이나 伍長(오장)을 할 만한 사람이 있을 것이니, 십장 이상이 1백만 명인 셈이다. 그중에서 또 10분의 1을 취한다면, 곧 佐史(좌사) 이상의 장정이 10만 명이다. 그중에서 다시 10분의 1을 취하면 곧 나라의 정사를 보필할 만한 사람이 1만 명이다. 보통 근력을 쓰는 사람을 백성이라 하고 백성 중에서 장정을 구하며 재능과 지혜를 쓸 수 있는 사람을 士人이라 하고 사인은 나이 든 사람을 귀하게 여긴다.

이러한 방식으로 천하의 백성을 등용한다면 오히려 비축할 수도 있는데 어찌 부족하다는 불평이 있겠는가? 그래서 구하여 쓰려고 하지 않을 뿐이지 사물이 없는 시대는 없으며, 사인을 등용하지 않을 뿐 사인이 부족한 시대는 없다. 이와 같은 연후에 인간의 천성에 따라 등용하고 인간의 도리를 강구하면서 흥성과 침체와 퇴폐의 과정이 끊이지 않고 이어지는 것이니 버려지는 인재를 모두 망라한다면 天人合一에 이를 수 있다.」

原文

「或曰, 善爲政者, 欲除煩去苛, 並官省職, 爲之以無爲, 事之以無事, 何子言之云云也? 曰, 若是, 三代不足摹, 聖人未可師也. 君子用法制而至於化, 小人用法制而至於亂. 均是一法制也, 或以之化, 或以之亂, 行之不同也. 苟使豺狼牧羊豚, 盜跖主徵稅, 國家昏亂, 吏人放肆, 則惡復論損益之閒哉!

夫人待君子然後化理, 國待蓄積乃無憂患. 君子非自農桑以求衣食者也, 蓄積非橫賦斂以取優饒者也. 奉祿誠厚, 則割剝貿易之罪乃可絶也, 蓄積誠多, 則兵寇水旱之災不足苦也. 故由其道而得之, 民不以爲奢, 由其道而取之, 民不以爲勞. 天灾流行, 開倉庫以稟貸, 不亦仁乎? 衣食有餘, 損靡麗以散施, 不亦義乎? 彼君子居位爲士民之長, 固宜重肉累帛, 朱輪四馬.

今反謂薄屋者爲高, 藿食者爲清, 既失天地之性, 又開虛僞之名, 使小智居大位, 庶績不咸熙, 未必不由此也. 得拘絜而失才能, 非立功之實也. 以廉擧而以貪去, 非士君子之志也. 夫選用必取善士. 善士富者少而貧者多, 祿不足以供養, 安能不少營私門乎? 從而罪之, 是設機置穽以待天下之君子也.」

| **註釋** | ㅇ何子言之云云也 - 「老子云 "爲無爲, 事無事, 味無味."」《老子道德經》63장. ㅇ三代不足摹 - 摹는 본받다. 法也. 三代에는 肉刑을 적용했고 井田法을 시행했는데, 지금은 不用하니 이는 본받은 것이 아니다. ㅇ惡復論損益之閒哉 - 惡은 어찌 오. 어찌하여, 어디? 曷(어찌 갈)과 通. ㅇ割剝貿易之罪 - 割剝(할박)은 해치다. 잔악하다. 탐관오리가 백성 재물을 빼앗다. 貿易(무역)은 교역하다. 지방의 특산물을 갖고 와서 교역하다. ㅇ藿食者爲淸 - 藿은 콩잎 곽. 貧者의 음식. ㅇ得拘絜 - 拘絜은 스스로 단속하며 몸을 깨끗이 하는 자. 곧 隱逸之人.

[國譯]

「혹자가 말하길, 爲政에 유능한 者는 번쇄하고, 가혹한 법을 폐지하고 관원을 줄여 無爲로 다스리고 無事로 일을 삼는다면서 老子가 왜 이런 말을 했겠느냐고 묻는다. 만약 그러하다면 三代는 본받을 것이 아니며 聖人을 스승으로 삼지 못할 것이다. 군자는 法制를 통하여 교화를 이룩하지만 소인은 法制를 이용하여 혼란을 유도한다. 똑같은 법제이지만 한 쪽은 교화를, 다른 한 쪽은 혼란을 야기하나니 그 쓰임이 같지 않다. 만약 豺狼(시랑, 승냥이)에게 양과 돼지를 기르게 하고 盜跖(도척)에게 징세를 맡긴다면 나라는 혼란에 빠지고 관리는 제멋대로 행동할 것이니, 어찌 다시 그 손익을 논할 수 있겠는가!

사람은 군자를 기다려 교화를 이루고 나라는 축적이 있은 다음에야 걱정이 없게 된다. 君子는 직접 농사나 길쌈에 종사하여 의식을 해결하는 자가 아니고, 축적한 바를 제멋대로 賦稅로 거두어 풍요를 누리는 자도 아니다. 奉祿(봉록)이 정말 넉넉하다면 백성의 재물을 빼앗거나 교역을 하는 죄를 근절시킬 수 있으며, 나라의 비축이 정말 넉넉하다면 외적의 침입이나 수해와 旱害(한해)에 고통받지 않을 것이다. 그래서 (관리가) 正道로 부귀를 얻을 수 있다면 백성은 (관리의 부귀를) 사치라고 생각하지 않을 것이며, 정당한 방법으로 국가에서 수취한다면 백성은 (납세를) 고생이라고 생각하지 않을 것이다. 하늘에서 재앙을 내리면 나라에서 창고를 열어 곡식을 빌려준다면 인자한 정치가 아니겠는가? 의식에 여유가 있다면 사치나 화려한 씀씀이를 줄여 빈민에게 베푸는 것이 大義가 아니겠는가? 저 君子란 지위가 있어 士民의 어른이니 사실 여러 肉食을 하고 여러 겹 비단 옷을 입고 바퀴에 붉은 칠을 하고 4마리 말이 끄는 수레를 탈만 하다.

그러나 지금은 (관리가) 작은 집에 살아야 덕행이 높고 콩잎 같은 빈자의 음식을 먹어야 청렴하다고 하는데, 이는 천지의 본성을 상실한 것으로 거짓 명성을 얻어 작은 지혜로 높은 자리를 차지한 것이며 공적이 많아도 칭송을 받지 못하니 실제로 꼭 이러해야할 것은 아니다. 은일지사를 등용한다면서 재능 있는 자를 잃는다면 공적이 있다고 할 수도 없다. 청렴한 인재라고 천거를 받아 탐욕으로 사직해야 한다면 이는 士人이나 군자의 뜻이 아니다. 인재를 등용한다면 반드시 善人을 등용해야 한다. 善士 중에 富者는 많지 않고 가난한 사람이 많으니 관리의 녹봉이 먹고 살기에도 부족하다면, 어찌 작은 장사라도 하지 않을 수 있겠는가? 그러다 보면 죄를 짓게 되니, 이는 덫을 설치하고 함정을 판 뒤에 천하의 군자가 찾아오기를 기다리는 것과 같다.」

原文

「盜賊凶荒, 九州代作, 饑饉暴至, 軍旅卒發, 橫稅弱人, 割奪吏祿. 所恃者寡, 所取者猥, 萬里懸乏, 首尾不救. 徭役並起, 農桑失業, 兆民呼嗟於昊天, 貧窮轉死於溝壑矣. 今通肥饒之率, 計稼穡之入, 令畝收三斛, 斛取一斗, 未爲甚多. 一歲之間, 則有數年之儲, 雖興非法之役, 恣奢侈之欲, 廣愛幸之賜, 猶未能盡也.

不循古法, 規爲輕稅, 及至一方有警, 一面被灾, 未逮三年, 校計騫短, 坐視戰士之蔬食, 立望餓殍之滿道, 如之何爲君行此政也? 二十稅一, 名之曰貊, 況三十稅一乎? 夫薄吏祿以豐軍用, 緣於秦征諸侯, 續以四夷, 漢承其業, 遂不改更, 危國亂家, 此之由也. 今田無常主, 民無常居, 吏食日稟, 班祿未定. 可爲法制, 畫一定科, 租稅十一, 更賦如舊. 今者土廣民稀, 中地未墾, 雖然, 猶當限以大家, 勿令過制. 其地有草者, 盡曰官田, 力堪農事, 乃聽受之. 若聽其自取, 後必爲姦也.」

| 註釋 | ㅇ所取者猥 – 猥는 많다(多也). 함부로 외. ㅇ餓殍之滿道 – 餓는 주릴 아. 殍는 굶어죽을 표. ㅇ貊(북방 종족 맥) – 종족 이름. 濊貊(예맥). 예맥족은 오곡이 나지 않고 나라에 특별한 행사나 예의도 없어 수입의 20분의 1만 거두어도 충분하다는 주석이 있다. 곧 가벼운 세금 징수를 지칭한다. ㅇ吏食日稟 – 稟(줄 품)은 급여를 주다(給也) ㅇ更賦 – 更은 윤번에 의해 戍卒(수졸)로 차출하다. 更賦(경부)는 更을 代役하는 돈. 更은 1개월간 수졸로 복무해야 했는데, 이를 卒更이라 했다. 貧者에게 대신 시킬 경우에 月 2천전을 납부했는데, 이를 踐更이라 했다. 또 모두가 변경의 초소에 1년에 3일을 근무해야 하는데, 이도 更이라 했다. 그러나 장거리를 가고 오는 것이 어렵기 때문에 빈자를 고용하여 1년을 복무케 했는데 이 경우 3백전을 납부했고, 이를 過更이라 하였다. ㅇ中地未墾 – 上田은 경작하지만 중간 정도 이하의 토지는 아직 개간되지 않았다는 뜻.

[國譯]

「도적떼의 횡포가 나라 안(九州)에서 교대로 발생하고 갑자기 기근이 닥치거나 뜻밖에 군사를 동원하게 되면 백성에게 예상 못한 부세를 징수하고 관리의 녹봉도 삭감하게 된다. 부과할 대상자는 적으나 징수할 목표량은 많기에 1만 리에 걸쳐 모두가 궁핍하여 首尾가 서로를 구제하지 못하였다. 그러면서 徭役(요역)도 같이 부과되기에 농사와 길쌈의 때를 놓친 백성은 하늘을 보고 탄식하고 빈궁한 백성은 구덩이에 굴러 떨어져 죽게 된다. 지금 풍년이 든 해를 기준으로 농사 수입을 계산하여 1畝(무)에 3斛(곡)을 거두는데 1斛당 1斗(두)를 더 거둔다하여, 아주 많은 것은 아니다. 보통 1년이면 수년치를 비축할 수 있었는데 비록 법에도 없는 동원을 하고 사치한 욕구를 채우면서 총애하는 자에게 내리는 것은 다 소비할 수도 없었다.

古法을 따르지 않은 규정상 가벼운 부세나, 다른 일방에서는 긴급 상황이거나, 또 다른 곳에서는 재해를 당하더라도 3년이 되지 않으면 계산보다 크게 부족하게 되어 군사가 채식으로 끼니를 때워도 좌시할 수밖에 없고 굶어 죽은 시신이 길에 널려있는데 군왕의 정치가 어찌 이러해야 하겠는가? 수입의 20분의 1을 징수하는 것을 貊(맥)이라 하는데 30분의 1이라면 더 가벼운 것이다. 관리의 녹봉을 박하게 책정하고 군사에 대한 공급을 풍족하게 하는 것은 秦에서 다른 제후국을 정벌할 때의 제도인데 제후국이 이민족에게 요구하였으며, 漢에서도 이를 계승하며 변경하지 않았기에 나라가 위기에 처하게 된 것은 여기에서 시작되었다. 후한 초에는 경작지에 일정한 주인이 없고 상주하는 백성도 없기에 관리는 녹봉을 매일 받았고 녹봉 액수는 정해지지 않았었다. 제도가 정비되어야 액수가 정해지지만 백성에게 징수할 조세는 수확량의 10분의 1이었고 更賦(경부)는 예전과 같았다. 지금 경작지는 많으나 농민이 없어 중간 등급의 토지는 아직 개간되지 않았다. 그렇지만 大家(大戶, 富農)에 한해서는 일정 한계를 넘지 못하게 하였다. 풀이 우거진 땅을 모두 官田이라 하였는데, 노동력이 많이 필요하여 백성이 경작하겠다면 허락하였는데 뒤에 부정을 낳게 되었다.」

＊〈法誡篇〉- 仲長統

原文

「《周禮》六典, 冢宰貳王而理天下. 春秋之時, 諸侯明德者, 皆一卿爲政. 爰及戰國, 亦皆然也. 秦兼天下, 則置丞相, 而貳之以御史大夫. 自高帝逮於孝成, 因而不改, 多終其身. 漢之隆盛, 是惟在焉. 夫任一人則政專, 任數人則相倚. 政專則和諧, 相倚則違戾. 和諧則太平之所興也, 違戾則荒亂之所起也.

光武皇帝慍數世之失權, 忿彊臣之竊命, 矯枉過直, 政不任下, 雖置三公, 事歸臺閣. 自此以來, 三公之職, 備員而已, 然政有不理, 猶加譴責. 而權移外戚之家, 寵被近習之豎, 親其黨類, 用其私人. 內充京師, 外布列郡, 顚倒賢愚, 貿易選擧, 疲駑守境, 貪殘牧民.

撓擾百姓, 忿怒四夷, 招致乖叛, 亂離斯瘼. 怨氣並作, 陰陽失和, 三光虧缺, 怪異數至, 蟲螟食稼, 水旱爲災, 此皆戚宦之臣所致然也. 反以策讓三公, 至於死免, 乃足爲叫呼蒼天, 號咷泣血者也. 又中世之選三公也, 務於淸慤謹愼, 循常習故者. 是婦女之檢柙, 鄕曲之常人耳, 惡足以居斯位邪? 勢旣如彼, 選又如此, 而慾望三公勳立於國家, 績加於生民, 不亦遠乎?

昔文帝之於鄧通, 可謂至愛, 而猶展申徒嘉之志. 夫見任如此, 則何患於左右小臣哉? 至如近世, 外戚臣豎請托不行, 意氣不滿, 立能陷人於不測之禍, 惡可得彈正者哉! 曩者任之重而責之輕, 今者任之輕而責之重. 昔賈誼感絳侯之困辱, 因陳大臣廉恥之分, 開引自裁之端. 自此以來, 遂以成俗.」

| 註釋 | ㅇ《周禮》-《周官》, 또는 《周官經》, 周代 官制와 百官의 직무에 관한 책. 周公이 지은 것이라 하나 前漢 河間獻王 劉德이 《周官》의 古文經을 얻어 조정에 바쳤다고 한다. 궁중에 보관 중인 것을 前漢 말 劉歆(유흠)이 《周禮》로 명칭을 바꾸었고 후한 말에 鄭玄(정현)이 주석을 달았다. 鄭興은 《周官解詁》를 저술하였다. 淸代 阮元(완원, 1764-1849, 字 伯元)의 《十三經註疏》 중 《周禮》는 鄭玄의 注이다. ㅇ冢宰(총재) - 冢은 大也. 宰는 主宰(주재)하다. 다스리다. 貳王은 왕의 副職. 왕이 邦國을 다스리는 것을 돕다. ㅇ慍數世之失權 - 慍은 성낼 온. 數世는 元帝, 成帝, 哀帝, 平帝의 여러 황제. ㅇ彊臣之竊命 - 彊臣(강신)은 王莽(왕망). 竊命(절명)은 천명을 훔치다. ㅇ臺閣 - 尙書臺의 별칭. 상서대에는 尙書令 1인(질록 1천석), 尙書僕射(상서복야, 질록 6백석) 1인, 尙書 6인(질록 6백석), 尙書丞(질록 4백석), 尙書郞 등의 속관을 두었다. ㅇ撓擾百姓 - 撓는 어지러울 요(뇨). 擾는 어지럽힐 요. 撓擾(요요)는 騷擾(소요). ㅇ招致乖叛, 亂離斯瘼 - 乖叛(괴반)은 離叛, 亂離(난리)는 큰 혼란. 瘼은 병들 막. ㅇ號咷泣血者也 - 號咷는 부르짖으며 울다. 咷는 울 도. 泣血은 피눈물. ㅇ婦女之檢柙 - 檢柙은 法度. 柙은 우리 합. 궤, 궤 속에 넣다. ㅇ昔文帝之於鄧通, ~ - 鄧通(등통)은 文帝의 총신. 《漢書》 93권, 〈佞幸傳〉에 立傳. ㅇ而猶展申徒嘉之志 - 展은 申也. 文帝 때 승상 申屠嘉(신도가)가 文帝의 총신인 太中大夫 鄧通(등통)이 황제 곁에서 무례한 짓을 하자, 불러다가 죽이려 해서 문제가 등통을 용서해 주라고 서신을 보내 요청하면서 다른 사람을 보내 대신 사과하였다. ㅇ開引自裁之端 - 文帝가 당부하여 絳侯(강후) 주발은 封國에 내려갔는데 어떤 자가 주발이 모반을 준비한다고 고발하여 주발은 정위의 옥에 불려가 큰 곤욕을 치렀다. 나중에 무죄로 풀려났다. 이에 강후는 승상의 제변을 살려 유죄라면 자결을 허용해야 한다고 건의하였다. 이후 죄를 지은 대신은 스스로 자결하는 일이 보편화되었다.

[國譯]

「《周禮》의 六典에는 冢宰(총재)가 왕의 천하 통치를 돕는다고 하였다. 春秋 시대에 제후로 明德한 자는 모두 卿으로서 국정을 담당하였다. 이는 전국시대에도 마찬가지였다. 秦이 천하를 다 차지하고서는 丞相(승상)을 두었고 그 다음은 御史大夫가 승상을 도왔다. (전한의) 고조에서 孝成帝까지도 답습하며 고치지 않았고 많은 승상이 죽을 때까지 직무를 수행하였다. 이 때문에 漢은 융성했다. 대체로 한 사람이 국정을 주관하고 임명된 여러 사람이 함께 이에 따랐다. 정무를 주관하면서 화합했고 함께 따르면 잘못될 수 있었다. 화합은 태평할 수 있지만 업무가 잘못되면 혼란이 일어나는 원인이 되었다.

光武皇帝는 數世에 걸친 失權과 왕망이 천명을 도둑질한 것에 분노하면서 잘못된 것을 지나치게 바로잡아 정사를 승상에게 맡기지 않았으니 三公은 있었지만 권한은 尙書에 있었다. 이후로 三公의 직분은 인원만 채웠을 뿐, 직접 정사를 담당하지 않았는데도 오히려 견책은 많아졌다. 권한은 외척에게 이양되었고 황제 주변에 가까운 환관이 총애를 받으며 그 무리가 파당을 형성하고 그들의 私人을 임용하였다. 그리하여 조정을 채우고 지방의 여러 군에 배치하니 賢愚의 자리가 전도되고 재물과 추천이 맞교환되었으며 힘없고 수척한 장수가 국경을 담당하고 탐욕 잔학한 자가 백성을 다스렸다.

이에 백성은 소요를 일으키고 四夷들도 분노하며 이반하였으며 이어 큰 혼란이 일어났다. 怨氣가 한꺼번에 일어났고 陰陽이 失和하였으며, 三光이 빛을 잃고 괴이한 災異(재이)가 자주 발생하였으며 蟲螟(충명, 해충, 메뚜기떼)이 농작물을 먹어치웠고 수해와 한해의 재앙을 겪었는데 이 모두가 외척과 환관이 초래한 것이었다. 그러나 도리어 책명으로 三公을 비난하며 사형에 처하거나 면직시키니, 이야말로 蒼天을 향해 부르짖고 피를 토하며 통곡할 일이었다. 또 그간 中世에서 삼공의 선임은 청렴 근신하고 옛 관습을 잘 따르는 자를 골라 선임하였다. 이는 부녀자의 안목이며 시골 보통 사람과 같으니, 어찌 삼공의 자리에 오를 수 있겠는가? 당시 형세와 선임이 그러하였으니 三公이 국가에 공훈을 세우고 백성에 도움을 주기를 바란다는 것은 너무 요원한 일이 아니겠는가?

옛날 文帝는 총신 鄧通(등통)을 무척이나 총애하면서도 승상 申徒嘉(신도가)의 뜻을 따라 주었다. 승상에 대한 신임이 이와 같다면 황제 측근의 小臣을 왜 걱정하겠는가? 최근에 들어와서 外戚과 환관의 청탁이 통하지 않자, 안으로 불만이 가득 차서 사람을 모함하여 예측할 수도 없는 화를 당하게 하는데, 이를 바로잡을 사람을 어디서 구하겠는가! 옛날에는 임무가 중하고 책임은 가벼웠으나 지금은 임무는 없으면서도 책임만 무겁다. 옛날 賈誼(가의)는 絳侯(강후, 周勃)가 곤욕을 당하는 것을 보고 대신의 廉恥(염치)를 강조하면서 자결할 기회를 줘야 한다고 건의하여 이후로 자결이 보편화되었다.」

原文

「繼世之主, 生而見之, 習其所常, 曾莫之悟. 嗚呼, 可悲夫! 左手據天下之圖, 右手刎其喉, 愚者猶知難之, 況明哲君子哉! 光武奪三公之重, 至今而加甚, 不假后黨以權, 數世而不行, 蓋親疏之勢異也. 母后之黨, 左右之人, 有此至親之勢, 故其貴任萬世. 常然之敗, 無世而無之, 莫之斯鑒, 亦可痛矣. 未若置丞相自總之. 若委三公, 則宜分任責成.

夫使爲政者, 不當與之婚姻, 婚姻者, 不當使之爲政也. 如此, 在位病人, 擧用失賢, 百姓不安, 爭訟不息, 天地多變, 人物多妖, 然後可以分此罪矣. 或曰, 政在一人, 權甚重也. 曰, 人實難得, 何重之嫌?

昔者霍禹,竇憲,鄧騭,梁冀之徒, 籍外戚之權, 管國家之柄, 及其伏誅, 以一言之詔, 詰朝而決, 何重之畏乎? 今夫國家漏神明於媟近, 輸權重於婦黨, 輸十世而爲之者八九焉. 不此之罪而彼之疑, 何其詭邪!」

| **註釋** | ○右手刎其喉 – 刎은 목 벨 문. 喉는 목구멍 후. ○在位病人 – 病人은 백성을 곤궁 피폐하게 하다. ○詰朝而決 – 詰朝는 아침, 새벽. 詰은 물을 힐. 따지다. 벌하다. 새벽. 아침. 昕(아침 흔)과 同. 決은 자결하다.

[國譯]

「뒤를 이은 황제들은 (이런 현실을) 태어나면서 보았기에 일상의 습관이 되어 이를 깨닫지 못하였다. 오호라, 슬퍼해야 할 일이로다! 왼손으로 천하를 도모한다면서 오른손으로 삼공의 목을 자르니, 어리석은 자 일지라도 그래서 안 되는 줄을 아는데 하물며 명철한 군자가 모르겠는가! 光武帝는 三公의 중책을 빼앗기만 했지 (외척에 넘겨주지는 않았는데) 지금은 더 나빠졌으니, 여러 대에 걸쳐 황후 일족에게 권한을 수여하지 않고 통치할 수 없었던 것은 가깝고 먼

관계에 따라 형세가 판이했기 때문일 것이다. 母后의 일족이나 측근들은 지근거리에서 세력을 형성하여 부귀와 권세를 오랫동안 누려왔다. 그러나 늘 패망했고 황제 一代 동안도 계속되지 못했는데, 이는 전례를 교훈삼지 못했기 때문이니 이 또한 애석한 일이다. 외척정치는 승상을 임명하고 총괄케 한 것만 못했다. 만약 삼공에게 위임했다면 직무에 책임이 따르게 된다.

위정자로 하여금 황후 일족과는 혼인하지 못하게 하고, 혼인이 맺어졌다면 정치에 관여할 수 없게 해야 한다. 만약 높은 자리에서 백성에게 고통을 주고 인재를 등용한다면서 현인을 놓치며, 백성은 불안하고 쟁송은 그치지 않았으며, 천지의 빈번한 재이와 요망한 인물의 출현은 모두 이 때문일 것이다. 혹자는 정권이 한 사람에게 있으면 권한이 너무 강대할 것이라고 말한다. 그러나 인재를 얻기조차 어려운데 어찌 강대한 권한을 걱정하겠는가?

옛날에 (宣帝 때) 霍禹(곽우), (후한의) 竇憲(두헌), 鄧騭(등즐), 梁冀(양기)와 같은 무리들은 외척이라는 권위로 권력을 장악하였지만 죄에 걸려 처형될 때 詔命 한 마디에 이른 아침에 자결하였으니 강한 권한을 왜 걱정하겠는가? 지금 나라의 神明한 위엄이 못난 환관에게 옮겨갔고, 막강한 권한이 외척에게 넘어간 것이 10世 중 8, 9세나 되었다. 이를 외척의 탓이 아니라 三公의 탓이라고 한다면 어찌 궤변이 아니겠는가!」

原文

論曰, 百家之言政者尙矣. 大略歸乎寧固根柢, 革易時敝也.

夫遭運無恒, 意見偏雜, 故是非之論, 紛然相乖. 嘗試妄論之, 以爲世非胥,庭, 人乖鷇飮, 化多萬肇, 情故萌生. 雖周物之智, 不能研其推變, 山川之奥, 未足況其紆險. 則應俗適事, 難以常條. 如使用審其道, 則殊塗同會, 才爽其分, 則一豪以乖. 何以言之?

若夫玄聖御世, 則天同極, 施舍之道, 宜無殊典. 而損益異運, 文樸遞行. 用明居晦, 回泬於曩時, 興戈陳俎, 參差於上世. 及至戴黃屋, 服絺衣, 豐薄不齊, 而致化則一. 亦有宥公族, 黥國儲, 寬慘巨隔, 而防非必同.

此其分波而共源, 百慮而一致者也. 若乃偏情矯用, 則枉直必過. 故葛屨履霜, 敝由崇儉. 楚楚衣服, 戒在窮賒. 疏禁厚下, 以尾大陵弱. 斂威峻罰, 以苛薄分崩. 斯曹,魏之刺, 所以明乎國風, 周,秦末軌, 所以彰於微滅. 故用舍之端, 興敗資焉. 是以繁簡唯時, 寬猛相濟.

刑書鐫鼎, 事有可詳. 三章在令, 取貴能約. 太叔致猛政之褒, 國子流遺愛之涕, 宣孟改冬日之和, 平陽循畫一之法. 斯實弛張之弘致, 可以徵其統乎! 數子之言當世失得皆究矣, 然多謬通方之訓, 好申一隅之說. 貴清靜者, 以席上爲腐議. 束名實者, 以柱下爲誕辭. 或推前王之風, 可行於當年. 有引救敝之規, 宜流於長世. 稽之篤論, 將爲敝矣. 如以舟無推陸之分, 瑟非常調之音, 不限局以疑遠, 不拘玄以妨素, 則化樞各管其極, 理略可得而言與?

| **註釋** | ㅇ言政者尙矣 – 尙은 오래되다. 멀다(遠也). ㅇ非胥,庭 – 赫胥氏(혁서씨)와 大庭氏(대정씨)는 옛날의 帝號. 이때는 일정한 주거가 없고 바가지를 이용할 줄도 모르고 손으로 물을 떠먹는 시대였다. ㅇ人乖鷇飮 – 鷇飮은 鷇食. 鷇는 새(鳥)의 새끼 구. 새(鳥) 새끼가 입을 벌리고 먹이를 받아먹다. 새의 새끼처럼 어미의 먹이만 받아먹는 것은 鷇(구), 병아리처럼 스스로 찾아 쪼아 먹는 새끼는 雛(추)라고 한다. ㅇ才爽其分 – 才는 겨우. 爽은 어긋나다. 시원할 상. ㅇ玄聖御世, 則天同極 – 玄聖은 素王의 道. 極은 이루다(致也). 하늘을 본받은 도라면 그 결과도 같을 것이다. ㅇ施捨之道 – 施捨는 興廢. ㅇ回泬 – 한결같지 않다. 고르지 않다. 바르지 않다. 泬은 내뿜을 혈. 옳지 않다. ㅇ黃屋 – 天子 수레의 덮개. ㅇ枉直必過 – 矯枉過直. 矯는 바로잡다(正也). 枉은 굽은 것, 잘못된 것. 위정자가 사치를 바로잡다 보면 지나친 검소에 빠질 수 있고, 관용을 베풀다 보면 너무 버릇없게 되니 절충하지 않을 수 없다는 뜻. ㅇ楚楚衣服, 戒在窮賒 – 楚楚는 산뜻한 모양. 가시덤불이 우거진 모양. 賒(세낼 사)는 奢(사치할 사)와 通. ㅇ疏禁厚下, 尾大陵弱 – 疏禁은 통제가 너무 약함. 厚下는 제후국에 관대하며 넓은 땅을 주다. 周 왕실의 미약과 제후국의 강성을 말함. 꼬리가 너무 크면 휘두를 수가 없다(尾大不掉). 제후국이 너무 강성하여 통제할 수가 없다. ㅇ斂威峻罰, 以苛薄分崩 – 斂은 거둘 염(렴). 모으다(聚也). 峻罰은 너무 준엄한 벌. 秦의 형법. ㅇ遺愛之涕 – 子産이 죽자, 仲尼(孔子)가 듣고서는 눈물을 흘리며 "옛 仁愛를 실천한 사람이었다."며 눈물을 흘렸다. ㅇ宣孟改冬日之和 – 宣孟은 晉大夫 趙盾(조순). 어떤 사람이 "趙衰는 겨울철의 해(冬日之日)와 같고, 趙盾은 여름날의 해(夏日之日)와 같다고 하였다. 겨울 해는 짧아 시간이 매우 아깝고, 여름날은 길고 길어 두렵다는 뜻이다. ㅇ平陽循畫一之法 – 平陽侯 曹參은 相國이 되어 蕭何의 법을 그대

로 준수했다. 백성들은 '蕭何爲法, 講若畫一. 曹參代之, 守而勿失. 載其淸靜, 人以寧一' 이라고 노래하였다. ㅇ貴淸靜者 - 道家. ㅇ席上爲腐議 - 席上은 儒生. 腐는 썩다(朽也). ㅇ束名實者 - 名實은 名家也. 柱下는 老子也. 誕은 허황된(虛也). ㅇ舟無推陸之分 - 古法을 지금 적용할 필요가 없는 것은 배가 육지에서 필요 없는 것과 같다. ㅇ瑟非常調之音 - 지금 시행되는 법이 현실에 적합하지 않다면, 이는 琴瑟(금슬)을 완전히 풀어 줄을 다시 조율하여야 한다.

[國譯]

范曄(범엽)의 史論 : 百家의 정치에 대한 담론은 매우 오래 되었다. (그런 담론은) 대개가 그 확고한 뿌리를 찾아 時弊(시폐)를 혁파하고 개혁하려는 뜻이었다.

본래 國運은 無常하여 의견도 잡다하게 많거니와 그에 따른 시비나 논의도 여러 가지로 서로 다르다. 이에 대한 의견을 제시해 본다면 지금 시대가 손으로 물을 떠먹었다는 옛날 赫胥氏(혁서씨)나 大庭氏(대정씨)의 시대와 다르고, 사람이 새(鳥) 새끼와 다르기에 여러 가지 제도를 만들어 냈고, 이런 저런 감정을 많이 드러내었다. 이후 지혜가 점차 발달하였는데 그 변화 과정을 다 말할 수는 없지만, 山川에 모여 살면서 다른 위험과 비교할 줄도 몰랐다. 그러면서 세속의 일에 적응하거나 일상적인 약속으로 처리하기도 어려웠다. 일상적인 도리를 따라 비록 방도가 다르더라도 같이 모였지만 그 분야가 서로 다르면 곧 털끝만한 차이가 천리였다. 왜 그러한가?

만약 훌륭한 성인이 있어 세상을 다스린다면 같은 天道이기에 興廢의 道도 다르지 않을 것이다. 加減(가감)의 운용이나 꾸밈(文)과 質朴의 운용은 교대로 이어졌다. 陽의 道를 가지고(用明) 陰에 머무는 것은(居晦) 옛날에는(曩時) 일치하지 않았으며(回泬), 전쟁이나(興戈) 제사(陳俎)도 옛날에는 서로 같지 않았다〔參差(참치)〕. 황제 수레의 덮개(黃屋)나 착용하는 絺衣(치의, 葛衣)의 넓이나 두께도 같지 않았으나 교화가 이루어지면서 같아졌다. 또 公族(王族)에 대한 관용과 太子(國儲)의 잘못에 그 師傅를 묵형에 처하는 것(黥), 寬容, 悲慘의 제도는 크게 달랐지만(巨隔), 잘못을 예방하려는 뜻은 같았다.

이처럼 흐름은 달라도 그 근원은 같았으며, 생각은 서로 틀렸지만(百慮) 그 목적은 같았다. 만약 치우친 감정을 바로잡는다고 하면 너무 지나칠 수 있어 절충해야 한다. 그래서 칡으로 만든 신발은 서리(霜)가 내릴 때까지 신을 수 있지만 지나친 검약이고, 산뜻한 의복을 보면 지나친 사치를 경계해야 한다. 금지가 너무 소략하고 아랫사람에게 溫厚하면 꼬리가 너무 커져 약자를 능멸하게 될 수 있으며, 위세를 과시하면서 준엄하게 처벌하면 너무 각박해져서 결국 무너지게 된다. 《詩經》〈曹風〉과 〈魏風〉의 이러한 풍자는 그 나라의 풍속을 설명한 것이고 周와 秦 말기의 궤적은 흥기와 파멸의 과정을 증명한다. 이는 用과 不用의 단초이며 흥성과 패망의 바탕이 된다. 이에 번잡과 간결은 시대에 맞아야 하고 관용과 엄격은 서로 병행되어야 한다.

형법의 조항을 솥에 새겨두고〔鐫鼎(전정)〕 사안이 발생하면 이에 의거했다. (高祖의) 約法三章은 그 간략함이 소중한 것이다. (鄭나라) 太叔(태숙)은 (子産으로부터) 엄격한 통치를 해달라는 부탁을 들었고, 國子(鄭子産)는 옛사람의 仁愛를 실천한 사람이었으며, (晉의) 宣孟〔趙盾(조순)〕은 겨울의 해란 말에 바뀌 화답하였고, (前漢) 平陽侯 曹參(조참)은 (蕭何가 제정한 법을) 한결같이 그대로 준수하였다. 이는 실제로 긴장과 여유의 대원칙을 상황에 따라 적용한 것이다. 이상 여러 사람의 사례는 그 당시 득실에 따라 적용한 것이지만, 많은 사람들은 통상적인 교훈을 일방적 견해에 따라 다른 해석을 주장하였다.

清靜을 귀하게 여기는 사람은(道家) 儒生의 담론을 陳腐(진부)하다고 생각하였다. 명분을 따르는 사람들은(名家) 老子(柱下史)의 말을 허황된 말이라고 하였다. 前代 君王의 풍모를 숭상하는 사람의 주장은 그 당시에 시행되었을 것이다. 당시의 폐단을 시정하려는 여러 사람들의 주장도 후세에 오래 전할 것이다. 숙고하여 독실한 주장을 펴는 사람의 주장이 잘못이라고 할 수도 있다. (고대의 법이나 제도를 쓰지 않는 것은) 마치 배를 육지로 끌어올려야 할 이유가 없는 것이고 (지금의 제도나 법이 맞지 않는다면) 금슬의 줄을 다시 조율해야 하니, 지금 상황을 받아들이지 않고 옛 제도를 따르자는 주장이나 검은색을 받아들이지 말고 흰색만을 고집하는 것보다는 여러 주장의 극단을 조화시켜 이치의 대략을 논의해야 되지 않겠는가?

原文

贊曰, 管視好偏, 群言難一. 救樸雖文, 矯遲必疾. 擧端自理, 滯隅則失. 詳觀時蠹, 成昭政術.

| **註釋** | ㅇ救樸雖文 – 樸은 질박. 지나친 질박의 병폐. 文은 무늬를 넣다. 꾸미다. ㅇ滯隅則失 – 滯隅(체우)는 하나만을 고집하다. 滯는 막힐 체.

隅는 모퉁이 우. ㅇ詳觀時蠹 - 時蠹(시두)는 시대의 병폐. 蠹는 좀 두. 책이나 비단옷을 파먹는 벌레.

[國譯]

贊曰,

대롱으로 보면 편협하고 많은 말은 결론내기 어렵다.

질박을 고쳐 장식하고 느린 것을 고치면 너무 빠르다.

모순을 찾아 다스리나 하나만을 고집하면 실패한다.

時弊를 상세히 살펴 바로잡는 것이 政事의 요체이다.

50 孝明八王列傳
〔효명팔왕열전〕

❶ 千乘哀王 劉建

原文

孝明皇帝九子, 賈貴人生章帝, 陰貴人生梁節王暢, 餘七王 本書不載母氏.

千乘哀王建, 永平三年封. 明年薨. 年少無子, 國除.

| **註釋** | ㅇ本書 -《東觀記》를 지칭. ㅇ永平 - 명제의 연호. 서기 58-75년.

[國譯]

孝明皇帝는 아들이 9명인데, 賈(가) 貴人이 章帝를 출산했고, 陰(음) 貴人은 梁國 節王(절왕) 劉暢(유창)을 낳았는데, 다른 7왕에 대해서는《東觀記》에 모친 성씨를 기록하지 않았다.

千乘國 哀王(애왕) 劉建(유건)은 (明帝) 永平 3年(서기 60)에 봉해졌다. 다음 해에 죽었다. 어린 나이라서 아들이 없어 나라를 없앴다.

❷ 陳敬王 劉羨

原文

陳敬王羨, 永平三年封廣平王. 建初三年, 有司奏遣羨與鉅鹿王恭,樂成王黨俱就國. 肅宗性篤愛, 不忍與諸王乖離, 遂皆留京師. 明年, 案輿地圖, 令諸國戶口皆等, 租入歲各八千萬. 羨博涉經書, 有威嚴, 與諸儒講論於白虎殿.

七年, 帝以廣平在北, 多有邊費, 乃徙羨爲西平王, 分汝南八縣爲國. 及帝崩, 遺詔徙封爲陳王, 食淮陽郡, 其年就國. 立三十七年薨, 子思王鈞嗣.

| **註釋** | ㅇ陳國 – 治所 陳縣, 今 河南省 동부 周口市 淮陽縣.

[國譯]

陳國 敬王 劉羨(유선)은 永平 3년에 廣平王에 봉해졌다. (章帝) 建初 3년(서기 78)에 담당자가 유선과 鉅鹿王 劉恭(유공), 樂成王 劉黨(유당) 모두 封國으로 보내야 한다고 상주하였다. 肅宗(章帝)은 천성이 형제 우애가 있어 여러 왕들과 떨어질 수 없어 그냥 낙양에 머물

게 하였다. 다음 해 輿地圖에 의거 여러 나라의 戶口를 모두 같게 조정하고 조세 수입은 1년에 8천만으로 정하였다. 유선은 經書를 두루 읽었고 위엄이 있었으며 여러 유생과 함께 白虎殿에서 강론도 하였다.

(建初) 7년, 장제는 廣平國이 북쪽에 있어 변방 군사비 지출이 많다고 유선을 西平王으로 옮기고 汝南郡의 8현을 식읍으로 정했다. 장제가 붕어하자, 유조에 의거 봉국을 陳國(진국)에 옮겨 봉하고 淮陽郡(회양군)을 식읍으로 했는데 그 해에 봉국으로 나갔다. 재위 37년에 죽었고, 아들 思王 劉鈞(유균)이 계승하였다.

原文

鈞立, 多不法, 遂行天子大射禮. 性隱賊, 喜文法, 國相二千石不與相得者, 輒陰中之. 憎怨敬王夫人李儀等, 永元十一年, 遂使客隗久殺儀家屬. 吏捕得久, 繫長平獄. 鈞欲斷絕辭語, 復使結客篡殺久. 事發覺, 有司擧奏, 鈞坐削西華, 項,新陽三縣.

十二年, 封鈞六弟爲列侯. 後鈞取掖庭出女李嬈爲小妻, 復坐削圉,宜祿,扶溝三縣. 永初七年, 封敬王孫安國爲耕亭侯. 鈞立二十一年薨, 子懷王竦嗣. 立二年薨, 無子, 國絕.

| **註釋** | ㅇ大射禮 – 활쏘기를 잘하는 무사를 뽑기 위한 행사, 뽑힌 무사는 제사를 돕는다. 대사례는 제후도 행할 수 있는데 표적이 달랐다. 천자는 곰(熊) 과녁을, 제후는 돼지(豕) 과녁을 쏘게 하였다. ㅇ性隱賊, 喜文法

－隱賊은 은밀하게 해치다. 文法은 형법, 법률 조항. ㅇ長平－陳國의 縣名. 今 河南省 동부 周口市 西華縣.

[國譯]

劉鈞(유균)은 즉위하여 불법행위가 많았는데 나중에 天子의 大射禮를 행하였다. 유균은 은밀하게 남을 해치고 법 따지기를 좋아하였는데 國相이나 태수로 마음에 들지 않는 자는 늘 음해하였다. (부친) 敬王의 부인 李儀(이의) 등에게 원한이 많았는데, (和帝) 永元 11년(서기 99)에 빈객 隗久(외구)를 시켜 이의의 가속을 살해하였다. 관리가 외구를 체포하여 長平縣의 옥에 가두었다. 유균은 자백을 못하게 하려고 다시 자객을 고용하여 외구를 살해하였다. 사건이 발각되어 담당 관리가 상주하였고 유균은 西華, 項(항), 新陽의 3개 현을 삭감 당했다.

(永元) 12년, 유균의 동생 6명을 모두 列侯에 봉했다. 뒷날 유균은 掖庭(액정)에서 나온 여인 李嬈(이요)를 小妻로 삼았는데, 다시 법에 걸려 圉(어), 宜祿(의록), 扶溝(부구)의 3현을 삭감 당했다. (安帝) 永初 7년(서기 113년), 敬王의 손자 劉安國(유안국)을 耕亭侯(경정후)에 봉했다. 유균은 책립 21년에 죽었고, 아들 懷王 劉竦(유송)이 계승하였다. 유송은 책립 2년에 죽었는데, 아들이 없어 나라가 끊겼다.

原文

永寧元年, 立敬王子安壽亭侯崇爲陳王, 是爲頃王. 立五年薨, 子孝王承嗣.

承薨, 子愍王寵嗣. 熹平二年, 國相師遷追奏前相魏愔與寵共祭天神, 希幸非冀, 罪至不道. 有司奏遣使者案驗.

是時新誅勃海王悝, 靈帝不忍復加法, 詔檻車傳送愔,遷詣北寺詔獄, 使中常侍王酺與尙書令,侍御史雜考. 愔辭與王共祭黃老君, 求長生福而已, 無它冀幸. 酺等奏愔職在匡正, 而所爲不端, 遷誣告其王, 罔以不道, 皆誅死. 有詔赦寵不案.

ㅣ註釋ㅣ ㅇ罪至不道 - 不道는 大逆不道, 또는 大逆無道의 반역행위. 중앙집권 강화 과정에서 不道罪의 범위는 계속 확대되어 大不敬(대불경), 誣罔主上(무망주상), 誹謗政治(나라의 정치를 비방하다), 非議詔書(조서의 내용을 비난하다), 妖言惑衆(요언혹중), 漏泄省中語(관부에서의 업무 내용을 누설하다) 등도 부도죄에 포함되는 경우가 많았다. 부도죄는 夷三族(삼족을 죽여 없앰)의 重刑에 처했다. ㅇ勃海王悝 - 勃海王(발해왕) 劉悝(유리)는 영제 희평 원년에 모반죄를 지었다고 무고 당하자 자살하였다. ㅇ雜考 - 합동으로 조사하다. 雜은 다 잡. 함께. 섞일 잡.

[國譯]

(安帝) 永寧 元年(서기 120), 敬王(劉羨)의 아들로 安壽亭侯인 劉崇(유숭)을 陳王에 봉하니, 이가 頃王(경왕)이다. 책립 5년에 죽어 아들 孝王 劉承(유승)이 계승하였다. 유승이 죽고, 아들 愍王(민왕) 劉寵(유총)이 계승하였다. (靈帝) 熹平(희평) 2年(서기 173), 國相인 師遷(사천)이 前相이던 魏愔(위음)과 유총이 함께 天神께 제사를 지내면서 바랄 수 없는 것을 기원하였으니 그 죄가 부도죄에 해당한다고

상주하였다. 담당 관리가 사자를 보내 조사해야 한다고 상주하였다.

이때 (靈帝는) 얼마 전에 勃海王(발해왕) 劉悝(유리)를 죽게 하였기에 다시 법을 적용할 수 없다 하여 조서를 내려 위음과 사천을 함거에 태워 北寺의 詔獄(조옥)에 가두게 한 뒤에 中常侍인 王酺(왕포)와 尙書令, 侍御史 등을 보내 합동으로 조사하라고 명령했다. 위음은 민왕 유총과 함께 黃老君(노자)에게 장생과 복을 빌었을 뿐 다른 것을 빌지 않았다고 말했다. 왕포 등은 위음의 직분은 왕을 바로잡아 주는 것인데 바르지 못한 일을 하였고, 사천은 민왕을 부도죄로 함부로 무고했다 하여 모두 처형하였다. 조서를 내려 유총에 대한 조사는 하지 않았다.

原文

寵善弩射, 十發十中, 中皆同處. 中平中, 黃巾賊起, 郡縣皆弃城走, 寵有彊弩數千張, 出軍都亭. 國人素聞王善射, 不敢反叛, 故陳獨得完, 百姓歸之者衆十餘萬人.

及獻帝初, 義兵起, 寵率衆屯陽夏, 自稱輔漢大將軍. 國相會稽駱俊素有威恩, 時天下饑荒, 鄰郡人多歸就之, 俊傾資賑贍, 並得全活. 後袁術求糧於陳而俊拒絶之, 術忿恚, 遣客詐殺俊及寵, 陳由是破敗. 是時諸國無復租祿, 而數見虜奪, 幷日而食, 轉死溝壑者甚衆. 夫人姬妾多爲丹陽兵烏桓所略云.

| 註釋 | ○黃巾賊 – 중평 원년(甲子, 서기 184)에 처음 봉기했다. ○數千張 – 張은 활, 종이, 모피, 책상, 의자 등 넓은 면적을 가진 물건을 세는 量詞. ○陽夏 – 陳國의 현명. 今 河南省 중동부 周口市 太康縣.

[國譯]

劉寵(유총)은 쇠뇌를 잘 쏘았는데 10발에 10발이 모두 한 곳에 명중했다. (靈帝) 中平 연간에 黃巾賊이 봉기하였는데, 郡縣에서는 모두 성을 버리고 도주하였지만 유총만은 강한 쇠뇌 수천 장을 보유하고 나라의 都亭에 주둔하였다. 나라 백성들은 평소 왕의 뛰어난 활솜씨를 알고 감히 반역하지 못했기에 陳國은 온전할 수 있었는데 진국에 의지한 무리가 10여만 명이나 되었다.

獻帝(헌제) 초기에 의병이 일어나자, 유총은 무리를 거느리고 陽夏縣에 주둔하며 輔漢大將軍이라 자칭하였다. 國相인 會稽人 駱俊(낙준)은 평소에 위엄이 있으며 인자하였는데, 천하에 큰 흉년이 들자 이웃 군민이 많이 이주해 왔고, 낙준은 국고로 구제하여 모두를 살렸다. 뒷날 袁術(원술)이 陳에 군량을 요구했는데, 낙준이 거절하자 원술은 화가 나서 자객을 보내 낙준과 왕 유총을 살해하였고 陳國은 이 때문에 패망하였다. 이때 여러 나라는 조세로 비축한 녹봉이 없고 자주 노략질 당하여 며칠에 한 끼를 먹을 정도였으며 구덩이에서 죽어가는 백성이 많았다. 유총의 부인이나 여러 姬妾은 丹陽郡의 병졸이나 烏桓族(오환족)에게 잡혀갔다고 하였다.

❸ 彭城靖王 劉恭

原文

彭城靖王恭, 永平九年賜號靈壽王. 十五年, 封爲鉅鹿王. 建初三年, 徙封江陵王, 改南郡爲國. 元和二年, 三公上言江陵在京師正南, 不可以封, 乃徙爲六安王, 以廬江郡爲國. 肅宗崩, 遺詔徙封彭城王, 食楚郡, 其年就國. 恭敦厚威重, 擧動有節度, 吏人敬愛之.

永初六年, 封恭子阿奴爲竹邑侯.

| **註釋** | ㅇ彭城 – 국명. 治所는 彭城縣, 今 江蘇省 북부 徐州市. ㅇ靈壽王 – 靈壽는 지명이 아닌 뜻으로 취한 美名. ㅇ竹邑侯 – 竹邑은 沛郡의 현명. 今 安徽省 북부 宿州市.

[國譯]

彭城國 靖王(정왕) 劉恭(유공)은 (明帝) 永平 9년에 靈壽王(영수왕)의 칭호를 받았다. (永平) 15년(서기 75), 鉅鹿王(거록왕)이 되었다. (章帝) 建初 3년에, 江陵王으로 옮겨 봉해졌고 南郡을 후국으로 정했다. (章帝) 元和 2년(서기 85), 三公이 江陵은 京師의 正南이라서 제후국으로 불가하니 六安王 옮겨 봉하고 廬江郡(여강군)을 봉국으로 삼아야 한다고 건의하였다. 유조에 의거 彭城王(팽성왕)으로 옮겨 봉하고 楚郡을 식읍으로 하였으며 그 해에 봉국으로 옮겨갔다. 유공은 돈후하고 위엄이 있으며 거동에 절도가 있어 관리나 백성이 경애하였다.

(安帝) 永初 6년, 유공의 아들 劉阿奴(유아노)를 竹邑侯로 봉했다.

原文

元初三年, 恭以事怒子酺, 酺自殺. 國相趙牧以狀上, 因誣奏恭祠祀惡言, 大逆不道. 有司奏請誅之. 恭上書自訟. 朝廷以其素著行義, 令考實, 無徵, 牧坐下獄, 會赦免死. 恭立四十六年薨, 子考王道嗣.

元初五年, 封道弟三人爲鄕侯, 恭孫順爲東安亭侯. 道立二十八年薨, 子頃王定嗣. 本初元年, 封定兄弟九人皆爲亭侯. 定立四年薨, 子孝王和嗣. 和性至孝, 太夫人薨, 行喪陵次, 毁胔過禮. 傅相以聞. 桓帝詔使奉牛酒迎王還宮. 和敬賢樂施, 國中愛之.

初平中, 天下大亂, 和爲賊昌務所攻, 避奔東阿, 後得還國. 立六十四年薨, 孫祗嗣. 立七年, 魏受禪, 以爲崇德侯.

| 註釋 | ㅇ東阿 – 東郡의 현명. 今 山東省 서부 聊城市 東阿縣. ㅇ受禪 – 禪讓을 받다. 他姓에게 讓位하다. (漢 獻帝의) 禪讓(선양)을 (魏, 曹丕가) 받다. 서기 220년.

[國譯]

(安帝) 元初 3년(서기 116) 劉恭(유공)이 어떤 일로 아들 劉酺(유포)를 꾸짖었는데, 유포가 자살했다. 國相인 趙牧(조목)이 사건을 보고하

면서 겸하여 유공이 제사를 지내며 惡言을 하였으니 大逆不道라고 무고하였다. 이에 담당 관리가 처형해야 한다고 상주하였다. 조정에서는 유공이 평소 덕행과 의리가 있다면서 사실을 조사하게 하였는데, 증거가 없자 조목은 옥에 갇혔다가 마침 사면령이 내려져 사형을 면했다. 유공은 재위 46년에 죽었고 아들 考王 劉道(유도)가 계승했다.

元初 5년, 유도의 아우 3인이 鄕侯가 되었고 유공의 손자인 劉順(유순)은 東安亭侯가 되었다. 유도는 재위 28년에 죽었다. 아들 頃王 劉定(유정)이 계승하였다. (質帝) 本初 元年(서기 146), 유정의 형제 9명이 모두 亭侯가 되었다. 유정이 재위 4년에 죽자, 아들 孝王 劉和(유화)가 계승하였다. 유화는 천성이 효도를 다하였는데 모친이 돌아가시자 喪期를 넘겨 服喪하였는데 육신이 크게 상할 정도였고, 태부와 國相이 이를 보고하였다. 桓帝는 사자를 보내 소고기와 술을 하사하고 왕을 영접하여 환궁하게 하였다. 유화는 賢士를 尊敬하고 즐겨 베풀었기에 백성들이 경애하였다.

(獻帝) 初平 연간에 천하가 크게 혼란하여 유화는 賊徒인 昌務(창무)의 공격을 받아 東阿縣(동아현)으로 피난했다가 나중에 환국하였다. 재위 64년에 죽었는데, 손자 劉祗(유지)가 계승하였다. 재위 7년에 魏가 선양을 받자 崇德侯가 되었다.

❹ 樂成靖王 劉黨

原文

樂成靖王黨, 永平九年賜號重熹王, 十五年封樂成王. 黨聰惠, 善史書, 喜正文字. 與肅宗同年, 尤相親愛. 建初四年, 以清河之游,觀津, 勃海之東光,成平, 涿郡之中水,饒陽,安平,南深澤八縣益樂成國. 及帝崩, 其年就國.

黨急刻不遵法度. 舊禁宮人出嫁, 不得適諸國. 有故掖庭技人哀置, 嫁爲男子章初妻, 黨召哀置入宮與通, 初欲上書告之, 黨恐懼, 乃密賂哀置姊焦使殺初. 事發覺, 黨乃縊殺內侍三人, 以絶口語. 又取故中山簡王傅婢李羽生爲小妻. 永元七年, 國相擧奏之. 和帝詔削東光,鄡二縣. 立二十五年薨, 子哀王崇嗣. 立二月薨, 無子, 國絶.

明年, 和帝立崇兄修侯巡爲樂成王, 是爲釐王. 立十五年薨, 子隱王賓嗣. 立八年薨, 無子, 國絶.

| **註釋** | ○樂成國 – 冀州 관할 安平國, 治所는 信都縣, 今 河北省 衡水市 관할 冀州市. 前漢의 信都郡(國) → 信都郡(후한 23 – 72년) → 樂成國(72 – 122년) → 安平國(122 –)으로 국명이 바뀜. ○清河之游 – 清河國의 游縣(유현). 游縣은 없음. 鄃縣(유현)의 착오인 듯. ○觀津 – 今 河北省 남부 衡水市 관할 武邑縣. ○哀置(애치) – 인명. 哀가 성씨, 置가 名. ○男子章 – 男子은 官爵(관작)이 없는 戶主. 章은 人名. ○釐王 – 釐는 다스릴 이.

[國譯]

樂成國 靖王(정왕) 劉黨(유당)은 (明帝) 永平 九年에 重熹王(중희왕)의 칭호를 받았고 15년(서기 72)에 樂成王에 봉해졌다. 유당은 총명했고 史書를 좋아하였으며 文字를 교열하는 것을 좋아하였다. 肅宗(章帝)와 동갑이라서 서로 더욱 친애하였다. (章帝) 建初四年에 清河

國의 遊縣(유현), 觀津縣(관진현), 勃海郡의 東光(동광)과 成平(성평), 涿郡(탁군)의 中水(중수), 饒陽(요양), 安平(안평), 南深澤(남심택)의 8현을 樂成國에 추가하였다. 장제가 붕어하자 그 해에 봉국에 나아갔다.

유당은 성급하고 각박하였으며 국법을 따르지 않았다. 과거에는 宮人의 出嫁를 금했기에 제후국 궁정에 나갈 수가 없었다. 과거에 액정의 기녀였던 哀置(애치)는 平民男子 章(장)의 첫 아내로 출가하였는데, 유당이 애치를 궁으로 불러 통정한 뒤에 유당은 상서하여 보고하려 했었지만 두려워서 몰래 애치의 언니인 哀焦(애초)에게 뇌물을 주어 애치를 살해하였다. 그런데 이 일이 발각되자, 유당은 내시 3명을 목을 매어 죽여서 입을 막으려 했다. 또 예전 中山國 簡王(간왕)인 劉傅(유박)의 婢女(비녀)인 李羽生(이유생)을 첩으로 삼았다. (和帝) 永元 7년, 國相이 이를 적발하여 보고하였다. 和帝는 조서로 東光(동광)과 鄡(교)의 2현을 삭감하였다. 유당은 재위 25년에 죽었다.

아들 哀王 劉崇(유숭)이 계승했다. 즉위 2달 만에 죽어 아들이 없어 나라가 끊겼다.

明年에 和帝는 유숭의 형인 修侯 劉巡(수후 유순)을 樂成王에 봉하니, 이가 釐王(이왕)이다. 재위 15년에 죽자 아들 隱王 劉賓(유빈)이 계승했다. 재위 8년에 죽었는데 아들이 없어 나라가 단절되었다.

原文

明年, 復立濟北惠王子萇爲樂成王後. 萇到國數月, 驕淫不法, 愆過累積, 冀州刺史與國相擧奏萇罪至不道. 安帝詔曰,

「萇有靦其面, 而放逸其心. 知陵廟至重, 承繼有禮, 不惟致敬之節, 肅穆之愼, 乃敢擅損犧牲, 不備苾芬. 慢易大姬, 不震厥教. 出入顚覆, 風淫於家, 娉取人妻, 饋遺婢妾. 毆擊吏人, 專己凶暴. 愆罪莫大, 甚可恥也. 朕覽八辟之議, 不忍致之於理. 其貶萇爵爲臨湖侯. 朕無'則哲'之明, 致簡統失序, 罔以尉承大姬, 增懷永歎.」

延光元年, 以河閒孝王子得嗣靖王後. 以樂成比廢絶, 故改國曰安平, 是爲安平孝王. 立三十年薨, 子續立. 中平元年, 黃巾賊起, 爲所劫質, 囚於廣宗. 賊平復國. 其年秋, 坐不道被誅. 立三十四年, 國除.

| 註釋 | ㅇ愆過累積 - 愆은 허물 건. 過는 과오. ㅇ有靦其面 - 靦은 부끄러워할 전. 뻔뻔하다. ㅇ不備苾芬 - 苾芬(필분)은 진한 香氣. 苾은 향기로울 필. 芬은 향기로울 분. ㅇ慢易大姬 - 慢易는 임의로 대하다. 大姬는 후사로 들어온 유장이 받들어야 할 모친. 繼母. ㅇ不震厥教 - 震은 벼락 진. 두려워하다. ㅇ八辟之議 - 사형을 면할 수 있는 8가지의 특권에 해당되는 사항, 가령 황제의 친족이면 사형을 면할 수 있다. 이를 議親之辟이라 한다. 그 외 二曰議故之辟, 三曰議賢之辟, 四曰議能之辟, 五曰議功之辟, 六曰議貴之辟, 七曰議勤之辟, 八曰議賓之辟 등이다. ㅇ'則哲'之明 - 사람을 보는 명철함. 知人之明. 「知人則哲 能官人」《書經 虞書 皐陶謨(고요모)》.

[國譯]

다음 해에, 濟北 惠王의 아들 劉萇(유장)을 樂成王의 후사로 삼았다. 유장이 낙성국에 온 몇 달 동안 교만, 음란하며 불법을 자행하여 허물이 누적되자 冀州刺와 낙성국 國相이 유장의 죄가 부도죄에 해당한다고 상주하였다. 이에 安帝가 조서를 내렸다.

「劉萇(유장)은 그 얼굴이 매우 뻔뻔하고 마음이 방탕하도다. 능묘와 종묘가 매우 중요하기에 禮에 의거 계승케 하였는데 공경스럽고 정중한 예와 엄숙 신중하게 제사를 받들지 않고 감히 희생물의 수량을 멋대로 줄이고 제수 용품을 다 준비하지 않았다. 왕이 모실 여러 모친을 함부로 대하고 그 가르침을 따르지도 않았다. 出入에 常道를 잃었고 在家에 음란하였으며 남의 아내를 데려왔고 婢妾에게 여러 물품을 하사하였다. 관리를 구타하고 마음대로 흉포하였다. 그 허물과 죄가 막대하다니 심히 부끄럽도다. 짐이 사형을 면할 수 있는 八辟之議를 읽어보고 차마 법대로 처리할 수가 없도다. 유장의 작위를 臨湖侯로 강등토록 하라. 朕(짐)이 사람을 보는 지혜 '則哲' 이 없어 간결한 통치의 차례를 잃었고 여러 大姬를 위로할 길이 없어 여러 생각에 길게 탄식하노라.」

(安帝) 延光 원년(서기 122), 河間 孝王의 아들 劉得(유득)을 靖王의 후사로 뒤를 잇게 하였다. 樂成王이 연이어 후사가 단절되었다 하여 국명을 安平國으로 바꾸니, 이가 安平 孝王이다. 재위 30년에 죽고 아들 劉續이 즉위하였다. (靈帝) 中平 원년(서기 184), 黃巾賊이 봉기하자 황건적에게 겁탈당해 인질로 (鉅鹿郡) 廣宗縣에 잡혀 있었다. 황건적이 평정되고 나라를 회복하였다. 그해 가을에 不道罪로 처형되었다. 재위 34년에 나라가 없어졌다.

❺ 下邳惠王 劉衍

原文

下邳惠王衍, 永平十五年封. 衍有容貌, 肅宗即位, 常在左右. 建初初冠, 詔賜衍師傅已下官屬金帛各有差. 四年, 以臨淮郡及九江之鐘離,當塗,東城,歷陽,全椒合十七縣益下邳國. 帝崩, 其年就國. 衍後病荒忽, 而太子卬有罪廢, 諸姬爭欲立子爲嗣, 連上書相告言. 和帝憐之, 使彭城靖王恭至下邳正其嫡庶, 立子成爲太子.

衍立五十四年薨, 子貞王成嗣. 永建元年, 封成兄二人及惠王孫二人皆爲列侯. 成立二年薨, 子愍王意嗣. 陽嘉元年, 封意弟八人爲鄕,亭侯. 中平元年, 意遭黃巾, 弃國走. 賊平復國, 數月薨. 立五十七年, 年九十. 子哀王宜嗣, 數月薨, 無子, 建安十一年國除.

| 註釋 | ㅇ下邳(하비) – 國名. 治所는 下邳縣(하비현), 今 江蘇省 徐州市 관할의 睢寧縣(수녕현). ㅇ惠王衍 – 衍은 넘칠 연.

[國譯]

下邳國(하비국) 惠王(혜왕) 劉衍(유연)은 (明帝) 永平 15년에 책봉되었다. 유연은 용모가 준수하여 肅宗이 즉위하며 늘 그 측근에 머물렀다. (숙종) 建初 초년(서기 76)에 관례를 치렀는데 조서로 유연의 사부 이하 관속에게 황금과 비단을 차등을 두어 하사하였다. (建初) 4

년, 臨淮郡과 九江郡의 鐘離(종리), 當塗(당도), 東城(동성), 歷陽(역양), 全椒(전초) 등 총 17개 현을 下邳國에 더 늘려 주었다. 장제가 붕어하자 유연은 그 해에 봉국으로 나갔다. 유연은 뒷날 병 때문에 정신이 혼미하였고, 태자 劉卬(유앙)은 죄를 지어 폐위되었기에 여러 姬妾들은 아들을 후사로 세우려고 연이어 여러 가지를 상서하였다. 和帝는 유연을 가엽게 여겨 彭城 靖王 劉恭(유공)을 下邳國에 보내 嫡庶(적서)의 구별을 바로잡은 뒤에 아들 劉成(유성)을 태자로 삼았다.

유연이 재위 54년에 죽자, 아들 貞王 劉成(유성)이 계승하였다. (順帝) 永建 원년(서기 126), 유성의 2인과 惠王의 손자 2인을 모두 列侯에 봉했다. 유성이 재위 2년에 죽자, 아들 愍王(민왕) 劉意(유의)가 계승하였다. (順帝) 陽嘉 원년(서기 132), 유의의 아우 8명을 鄕侯와 亭侯로 봉했다. (靈帝) 中平 원년(서기 184), 유의는 황건적의 침입에 나라를 버리고 도망하였다. 황건적 난이 평정되고 나라를 회복하였으나 몇 달 뒤에 죽었다. 재위 57년에 나이 90세였다. 아들 哀王 劉宜(유의)가 계승하였으나 몇 달 만에 죽었고 無子하여 建安 11년(서기 206)에 나라가 없어졌다.

❻ 梁節王 劉暢

原文

梁節王暢, 永平十五年封爲汝南王. 母陰貴人有寵, 暢尤被愛幸, 國土租入倍於諸國. 肅宗立, 緣先帝之意, 賞賜恩寵甚篤. 建初二年, 封暢舅陰棠爲西陵侯. 四年, 徙爲梁王,以陳留之鄢,寧陵, 濟陰之薄,單父,己氏,成武, 凡六縣, 益梁國. 帝崩, 其年就國.

| 註釋 | ○陳留 – 군명, 현명. 治所는 陳留縣, 今 河南省 동부의 開封市. ○單父 – 현명. 今 山東省 菏澤市 관할 單縣(선현). 單은 땅이름 선, 성씨 선. 父音 甫(보).

[國譯]

梁 節王 劉暢(유창)은 永平 15年에 汝南王에 책봉되었다. 生母 陰貴人이 (明帝의) 총애를 받았기에 유창도 많은 은택을 입어 국토에서 들어오는 조세 수입이 다른 나라의 2배는 되었다. 肅宗이 즉위한 뒤, 先帝(明帝)의 뜻에 따라 賞賜와 은총이 매우 돈독하였다. (章帝) 建初 2년(서기 77)에 유창의 외숙 陰棠(음당)을 西陵侯에 봉했다. 4년, 유창을 梁王에 옮겨 봉했고 陳留郡의 鄢(언), 寧陵(영릉), 그리고 濟陰郡의 薄(박), 單父(선보), 己氏(기씨), 成武(성무) 등 총 6현을 梁國에 추가로 주었다. 장제가 붕어하자 그 해에 유창은 梁國으로 나갔다.

原文

暢性聰惠, 然少貴驕, 頗不遵法度. 歸國後, 數有惡夢, 從官卞忌自言能使六丁, 善占夢, 暢數使卜筮. 又暢乳母王禮等, 因此自言能見鬼神事, 遂共占氣, 祠祭求福. 忌等諂媚, 云神言王當爲天子. 暢心喜, 與相應答. 永元五年, 豫州刺史,梁相舉奏暢不道, 考訊, 辭不服. 有司請徵暢詣廷尉詔獄, 和帝不許. 有司重奏除暢國, 徙九眞, 帝不忍, 但削成武, 單父二縣.

| 註釋 | ㅇ六丁(육정) - 道敎의 神名. 六甲 중의 丁神. 旬中에 甲子日에는 丁卯가 神이 되고 甲寅이면 丁巳가 神이라는 방식. 목욕재계하고 치성을 드리면 六丁의 神이 하강하여 여러 방법으로 길흉을 계시해준다고 하였다. ㅇ卜筮 - 卜은 점 복. 筮는 점대 서. 점을 치다. ㅇ遂共占氣 - 함께 雲氣로 점을 치다. 구름의 모양과 색으로 길흉을 점치는 것. ㅇ徙九眞 - 九眞은 郡名. 治所 胥浦縣, 今 越南國 중부 淸化省 서북 東山縣.

[國譯]

劉暢(유창)은 천성이 총명하고 영특하였지만 어려서부터 고귀, 교만하여 법도를 거의 지키지 않았다. 봉국에 취임한 이후 자주 악몽에 시달렸는데, 왕의 從官인 卞忌(변기)는 자신이 六丁(육정) 神將을 驅使(구사)하여 점을 칠 수 있다고 하자 유창은 점을 치게 하였다. 또 유창의 乳母인 王禮(왕례) 등은 자신이 귀신의 일을 눈으로 볼 수 있다면서 함께 雲氣를 보아 점을 치고 제사를 올려 복을 빌어야 한다고 말했다. 변기 등은 유창에게 아첨하면서 神이 梁王이 天子가 된다는 말을 했다고 하였다. 이에 유창은 좋아하면서 함께 어울렸다. (和帝) 永元 5년, 豫州刺史와 梁國의 相 등이 유창이 부도한 죄를 지었다고 상주하였고 사실을 조사했지만 유창은 불복하였다. 담당자는 증거를 대면서 유창을 廷尉의 詔獄(조옥)에 가둬야 한다고 상주하였지만 和帝는 不許했다. 담당자는 유창의 후국을 폐지하고 九眞郡으로 이주시켜야 한다고 거듭 상주하였지만 화제는 차마 그럴 수 없어 成武과 單父(선보) 2개 현을 삭감케 하였다.

原文

暢慙懼, 上疏辭謝曰,

「臣天性狂愚, 生在深宮, 長養傅母之手, 信惑左右之言. 及至歸國, 不知防禁. 從官侍史利臣財物, 熒惑臣暢. 臣暢無所昭見, 與相然諾, 不自知陷死罪, 以至考案. 肌慄心悸, 自悔無所復及. 自謂當實時伏顯誅, 魂魄去身, 分歸黃泉. 不意陛下聖德, 枉法曲平, 不聽有司, 横貸赦臣. 戰慄連月, 未敢自安. 上念以負先帝而令陛下爲臣收汚天下, 誠無氣以息, 筋骨不相連. 臣暢知大貸不可再得, 自誓束身約妻子, 不敢復出入失繩墨, 不敢復有所横費. 租入有餘, 乞裁食睢陽,穀孰,虞,蒙,寧陵五縣, 還餘所食四縣.

臣暢小妻三十七人, 其無子者願還本家. 自選擇謹敕奴婢二百人, 其餘所受虎賁,官騎及諸工技,鼓吹,倉頭,奴婢,兵弩,廏馬皆上還本署. 臣暢以骨肉近親, 亂聖化, 汚清流, 旣得生活, 誠無心面目以凶惡復居大宮, 食大國, 張官屬, 藏什物. 願陛下加大恩, 開臣自悔之門, 假臣小善之路, 令天下知臣蒙恩, 得去死就生, 頗能自悔. 臣以公卿所奏臣罪惡詔書常置於前, 晝夜誦讀. 臣小人, 貪見明時, 不能實時自引, 惟陛下哀臣, 令得喘息漏刻. 若不聽許, 臣實無顏以久生,下入黃泉, 無以見先帝. 此誠臣至心. 臣欲多還所受, 恐天恩不聽許, 節量所留, 於臣暢饒足.」

| 註釋 | ㅇ 枉法曲平 – 법을 어기면서 은혜를 베풀어 죄를 사면하다. ㅇ收汚天下 – 汚는 미워하다. 천하 백성의 미움을 받다.

[國譯]

유창은 부끄럽고 두려워 상소하여 사죄하였다.

「臣은 천성이 침착치 못하고 어리석은데 궁궐에서 태어나 보모의 손에서 컸기에 측근의 말에 현혹되었습니다. 封國에 돌아와서도 法禁을 지키지 않았습니다. 從官과 시종은 재물을 탐내어 저를 현혹케 하였습니다. 臣은 밝은 식견이 없어 그들 말에 따르고 어울리면서 죄를 짓는 줄도 모르다가 조사받기에 이르렀습니다. 살이 떨리고 두려운 마음에 후회막급일 뿐입니다. 제 스스로 당장 처형되어 혼백이 내 몸에서 나가 황천에서 갈라지겠다고 생각하였습니다. 그러나 뜻밖에도 폐하께서는 국법을 왜곡하면서 은택을 베푸시어 담당자의 주청을 따르지 않으시고 臣을 사면해 주셨습니다.

臣은 여러 달, 두려워 떨며 감히 편할 수가 없었습니다. 폐하께서는 위로는 先帝의 뜻을 어기시었고 아래로는 저 때문에 천하 백성의 미움을 받게 되었습니다. 臣은 참으로 숨을 쉬기도, 몸을 움직일 수도 없는 것 같습니다. 臣 暢(창)은 이런 큰 사면을 다시 받을 수 없다고 생각하여 저와 妻子가 함께 다짐하여 다시는 법을 어기거나 함부로 행동하지 않겠습니다. 조세 수입의 여유가 있으니 저의 식읍 중 睢陽(수양), 穀孰(곡숙), 虞(우), 蒙(몽), 寧陵(영릉)의 5현을 반환하여도 식읍으로 4현이 남습니다.

저는 첩실 37명 중 자식이 없는 여인을 본가로 돌려보내겠습니다. 노비 중 근신하고 말을 잘 듣는 자 2백 명만 골라 남겨두고 그 외에 나라로부터 받은 虎賁(호분, 호위무사)과 官騎 및 여러 匠人(장인)과 樂人, 그리고 하인과 노비, 병기와 쇠뇌, 마필 등을 모두 주관 부서에 반환하겠습니다.

저는 폐하의 근친 骨肉으로 폐하의 신성한 교화를 어지럽히고 청렴을 혼탁케 하였으나 이제 다시 살아났다 하여도 흉악한 죄인으로 다시 큰 궁궐에 살면서 대국의 식읍을 받고 관속을 거느리며 재산을 소유할 면목이 정말 없습니다. 폐하께서는 큰 은택을 다시 내리시어 臣이 스스로 참회할 수 있는 기회를 주시고 신이 작은 선행의 길을 갈 수 있게 허락하시며 천하 사람들로 하여금 臣이 죽어야 하나 다시 살아나서 스스로 참회하고 있다는 것을 알게 해주십시오.

臣은 公卿이 상주한 신의 죄악과 폐하의 조서를 늘 앞에 두고 밤낮으로 읽고 있습니다. 臣은 小人으로 성명한 시대를 만나 당장 자책하지도 못하고, 오직 폐하께서 臣을 불쌍히 여기시어, 짧은 시간이나마 더 살 수 있기를 바라옵니다. 그렇지만 만약 폐하께서 불허하신다면 신은 얼굴을 들고 살 수가 없으며 黃泉에 가더라도 先帝를 뵐 수 없을 것입니다. 이는 臣의 진심입니다. 臣이 받은 것을 모두 반환하기를 진심으로 원하지만 폐하의 天恩으로 수락하지 않으실까 두려워 적당한 분량을 남겨두었기에 저는 풍족할 것입니다.」

原文

詔報曰,「朕惟王至親之屬, 淳淑之美, 傅相不良, 不能防邪, 至令有司紛紛有言. 今王深思悔過, 端自克責, 朕惻然傷之. 志匪由王, 咎在彼小子. 一日克己復禮, 天下歸仁. 王其安心靜意, 茂率休德.《易》不云乎, '一謙而四益. 小有言, 終吉.' 强食自愛.」

暢固讓, 章數上, 卒不許.

| **註釋** | ○淳淑之美 - 淳朴賢淑한 장점. ○咎在彼小子 - 梁王 신하인 卞忌(변기), 乳母 王禮(왕례). ○一日克己復禮 ~ -「顔淵問仁. 子曰, "克己復禮爲仁. 一日克己復禮, 天下歸仁焉. 爲仁由己, 而由人乎哉?"」《論語 顔淵》 ○《易》不云乎 -《易》謙卦. 地山謙(☷☶). 四謙(사겸)은 天道, 地道, 鬼神, 人道가 어떻게 변하더라도 그럴수록 겸손해야 하며. 겸손 하나로 天, 地, 神, 人이 모두 도움을 준다는 뜻. ○小有言, 終吉 - 訟卦(天水訟 ☰☵), 初六의 爻辭(효사).

[國譯]

답신 조서가 내려왔다.

「朕은 왕의 至親이니, 왕은 순후하고 현숙한 마음이나 왕의 師傅와 國相이 불량하여 사악한 일을 예방하지 못하여 담당 관리가 이런저런 말을 상주하기에 이르렀도다. 지금 王은 深思하고 잘못을 뉘우치며, 단정하게 자신을 크게 자책하고 있으니 짐은 왕이 측은하여 마음이 아프도다. 왕이 일부러 그런 잘못을 한 것이 아니고 허물은 왕 곁의 소인에게 있다. 하루라도 克己하고 復禮한다면 天下가 歸仁

할 것이다. 왕은 안심하고 깨끗한 마음으로 더욱 솔선하고 덕을 베풀지어다. 《易》에서도 말하지 않았는가?

'겸손 하나로 네 개의 이익이 있도다. 할 말을 줄인다면 끝내 길할 것이다.' 식사를 잘 하며 건강에 유념할 지어다.」

양창은 굳이 사양하며 식읍의 반환을 여러 번 올렸지만 和帝는 끝까지 허락하지 않았다.

原文

立二十七年薨, 子恭王堅嗣. 永元十六年, 封堅弟二人爲鄕,亭侯. 堅立二十六年薨, 子懷王匡嗣. 永建二年, 封匡兄弟七人爲鄕,亭侯. 匡立十一年薨, 無子, 順帝封匡弟孝陽亭侯成爲梁王, 是爲夷王. 立二十九年薨, 子敬王元嗣. 立十六年薨, 子彌嗣. 立四十年, 魏受禪, 以爲崇德侯.

| **註釋** | ㅇ立二十七年薨 – 왕의 재위는 책봉 받은 해부터 죽는 해까지다. 封國에 취임 여부는 불문한다. ㅇ崇德侯 – 漢이 망할 때 제후로 崇德侯에 봉해진 사람은 여러 사람이다. 《後漢書》에는 9인의 이름이 보인다.

[國譯]

劉暢(유창)은 재위 27년에 죽었다. 아들 恭王 劉堅(유견)이 계승했다. (和帝) 永元 16년, 유견의 동생 2인을 鄕侯나 亭侯에 봉했다. 유견은 재위 26년에 죽었고, 아들 懷王 劉匡(유광)이 뒤를 이었다. (順帝) 永建 2년(서기 127), 유광의 형제 7일을 爲鄕이나 亭侯에 봉했다. 유광은 재위 11년에 죽었는데, 無子하여 順帝가 劉匡의 동생 孝陽亭侯 劉成(유성)을 梁王에 봉하니, 이가 夷王(이왕)이다. 유성은 재위 29년에 죽었고, 아들 敬王 劉元(유원)이 뒤를 이었다. 재위 16년에 죽어 아들 劉彌(유미)가 계승했다. 재위 40년에 魏가 漢의 선양을 받자 崇德侯가 되었다.

❼ 淮陽頃王 劉昞

原文

淮陽頃王昞, 永平十五年封常山王, 建初四年, 徙爲淮陽王, 以汝南之新安,西華益淮陽國. 立十六年薨, 未及立嗣, 永元二年, 和帝立昞小子側復爲常山王, 奉昞後, 是爲殤王. 立十三年薨, 父子皆未之國, 並葬京師. 側無子, 其月立兄防子侯章爲常山王.

和帝憐章早孤, 數加賞賜. 延平元年就國. 立二十五年薨, 是爲靖王. 子頃王儀嗣. 永建二年, 封儀兄二人爲亭侯.

儀立十七年薨, 子節王豹嗣. 元嘉元年, 封豹兄四人爲亭侯. 豹立八年薨, 子暠嗣. 三十二年, 遭黃巾賊, 弃國走, 建安十一年國除.

| 註釋 | ㅇ淮陽頃王昞 – 淮陽국은 뒷날 陳國. 治所는 陳縣, 今 河南省 동부 周口市 淮陽縣. 昞은 밝을 병.

[國譯]

淮陽(회양) 頃王(경왕) 劉昞(유병)은 (明帝) 永平 15년에 常山王에 봉해졌는데, (章帝) 建初 4년, 淮陽王으로 옮기면서 汝南郡의 新安(신안)과 西華(서화) 縣을 淮陽國에 보태주었다. 유병은 재위 16년에 죽었는데 후사를 정하기 전, (和帝) 永元 2년에 和帝는 유병의 小子 劉側(유측)을 다시 常山王으로 책봉하여 유병의 제사를 받들게 하였으니, 이가 곧 殤王(상왕)이다. 상왕은 재위 13년에 죽었는데 父子가 모두 봉국에 가지 못하고 京師에 묻혔다. 유측이 無子하여 그 달에 형 劉防(유방)의 아들 劉章(유장)을 常山王에 봉하였다.

和帝는 유장이 어려서 고아가 된 것을 불쌍히 여겨 하사품을 자주 내렸다. (殤帝) 延平 원년(서기 106)에 封國으로 갔다. 재위 25년에 죽었는데, 이가 靖王(정왕)이다. 아들 頃王(경왕) 劉儀(유의)가 계승하였다. (順帝) 永建 2년(서기 127), 劉儀(유의)의 형 2인이 亭侯가 되었다.

유의는 재위 17년에 죽었고, 아들 節王 劉豹(유표)가 계승하였다. (桓帝) 元嘉 원년(서기 151), 유표의 형 4인이 亭侯가 되었다. 유표는 재위 8년에 죽었는데 아들 劉暠(유호)가 계승하였다. 재위 32년에 황건적 난을 당해 나라를 버리고 도주했었는데 (獻帝) 建安 11년에 나라가 없어졌다.

❽ 濟陰悼王 劉長

原文

濟陰悼王長, 永平十五年封. 建初四年, 以東郡之離狐,陳留之長垣益濟陰國.

立十三年, 薨於京師, 無子, 國除.

| **註釋** | ㅇ濟陰 – 治所는 定陶縣, 今 山東省 서남부 菏澤市 定陶區. 前漢의 定陶國.

[國譯]

濟陰國 悼王(도왕) 劉長(유장)은 (明帝) 永平 15년에 봉해졌다. (章帝) 建初 4년(서기 79), 東郡의 離狐縣(이호현), 陳留郡의 長垣縣(장원현)을 濟陰國에 소속시켰다. 재위 13년에 경사에서 죽었는데 無子하여 나라를 폐지하였다.

原文

論曰, 晏子稱 '夫人生厚而用利, 於是乎正德以幅之, 謂之幅利.' 言人情須節以正其德, 亦由布帛須幅以成其度焉. 明帝封諸子, 租歲不過二千萬, 馬后爲言而不得也. 賢哉! 豈徒儉約而已乎! 知驕貴之無猒, 嗜欲之難極也, 故東京諸侯鮮有至於禍敗者也.

| **註釋** | ㅇ晏子 – 名 嬰(영), 字는 仲, 謚號는 平, 습관상 晏平仲, 또는 晏子로 호칭. 晏嬰은 키도 작고 볼품없었으니 두뇌가 기민하고 能言善辯한 사람이었다. 제국 행정과 국제적 지위를 크게 높인 정치가로 공자도 자주 칭찬하였다.《史記 · 管晏列傳》참고. ㅇ幅利 – 이익을 제한하다. 너무 많을 이익을 추구하지 않는다. 옷감은 그 폭이 일정하기에 길게 짤 수 있다. 幅은 너비, 度量. 폭. ㅇ馬后爲言而不得也 – 明帝가 지도를 보며 皇子를 분봉하는데 모두가 (광무제 아들) 후국의 절반 정도였다. 馬황후가 이를 보고 말했다. "여러 황자들 식읍이 겨우 몇 개 현이니 법제에 비해 너무 절약한 것 아닙니까?" 그러자 명제가 말했다. "내 아들이 어찌 先帝의 아들과 같은 대우를 받을 수 있겠는가? 1년에 2천만 전을 거둘 수 있다면 넉넉할 것이다." ㅇ東京 – 낙양. 후한을 지칭. 西京(長安)은 전한을 지칭.

[國譯]

范曄(범엽)의 史論 : 晏子(안자)는 '사람이 넉넉하게 살면서 利益을 추구하더라도 바른 덕을 바탕으로 어느 정도 제한이 있어야 하는데, 이를 幅利(폭리)라고 한다. 이는 人性이 節制에 의거 德行을 바로 잡는다는 뜻이니 布帛(포백)이 일정한 폭이 있어야 헤아릴 수 있는 것과 같다. 明帝가 여러 아들을 제후로 봉할 때 걷어들이는 田租가 1년에 2천만 전을 넘지 않았는데 馬皇后가 더 늘리기를 원했지만 뜻을 이루지 못했다. 현명하도다! 그것이 어찌 검약뿐이겠는가! 교만과 부귀는 끝이 없고 하고 싶은 일만 끝까지 할 수 없다는 것을 알았기에 東京(後漢)의 제후들은 禍亂에 얽혀 패망한 자가 적었다.

原文

贊曰, 孝明傳胤, 維城八國. 陳敬嚴重, 彭城厚德. 下丕嬰痾, 梁節邪惑. 三藩夙齡, 黨惟荒忒.

| 註釋 | ㅇ下丕嬰痾 – 下丕嬰痾(영아)는 병들어 아프다. 하비왕은 정신 이상 환자였다. ㅇ三藩夙齡 – 三藩(천승국, 회양국, 제음국)은 후사 없이 일찍 죽었다. 夙은 일찍 숙. 아침. ㅇ黨惟荒忒 – 樂城靖王 劉黨. 荒은 거칠 황. 忒은 변할 특. 어긋나다.

[國譯]

贊曰,

明帝는 후사를 봉했는데 모두 8개 제후국이었다.

陳國 敬王은 엄중했고, 彭城 靖王은 厚德했다.

下丕 惠王은 병약했고, 梁 節王은 邪惡에 현혹되었다.

3개 諸侯國 왕은 일찍 죽었고, 樂城國 劉黨은 방종했었다.

51 李陳龐陳橋列傳
〔이,진,방,진,교열전〕

❶ 李恂

原文

李恂字叔英, 安定臨涇人也. 少習《韓詩》, 教授諸生常數百人. 太守潁川李鴻請署功曹, 未及到, 而州闢爲從事. 會鴻卒, 恂不應州命, 而送鴻喪還鄕里. 旣葬, 留起冢墳, 持喪三年. 辟司徒桓虞府. 後拜侍御史, 持節使幽州, 宣佈恩澤, 慰撫北狄, 所過皆圖寫山川,屯田,聚落百餘卷, 悉封奏上, 肅宗嘉之. 拜兗州刺史. 以淸約率下, 常席羊皮, 服布被. 遷張掖太守, 有威重名. 時大將軍竇憲將兵屯武威, 天下州郡遠近莫不修禮遺, 恂奉公不阿, 爲憲所奏免.

| 註釋 | ㅇ李恂 - 恂은 정성 순. ㅇ安定臨涇人也 - 安定은 郡名. 治所는 臨涇縣, 今 甘肅省 동부 慶陽市 관할 鎭原縣. ㅇ少習《韓詩》 - 前漢의 韓嬰(한영)이 傳한 《詩經》. ㅇ張掖太守 - 張掖(장액)은 군명. 治所는 觻得縣(역득현), 今 甘肅省 중부 張掖市.

[國譯]

李恂(이순)의 字는 叔英(숙영)으로 安定郡 臨涇縣 사람이다. 젊어 《韓詩》를 전공하고 문도를 교육했는데 제자가 늘 수백 명이었다. 安定太守인 潁川(영천) 사람 李鴻(이홍)이 이순을 불러 功曹에 임용했는데, 떠나기 전에 涼州(양주) 자사부에서 從事로 초빙하였다. 마침 이홍이 죽어 이순은 양주의 초빙에 불응하고 대신 이홍을 향리로 운구하였다. 장례를 마친 뒤 무덤을 만들고 3년을 복상하였다.

桓虞(환우)의 司徒府에서 이순을 초빙하여 부절을 주어 幽州(유주)에 출장 보내자, 이순은 恩澤을 널리 베풀고 北狄(북적)을 위무하였는데 가는 곳의 山川과 屯田(둔전), 聚落(취락)을 100여 권의 그림으로 그려 전부 봉한 뒤에 조정에 바치자 肅宗(章帝)이 칭찬하였다.

(章帝는) 이순을 兗州(연주) 刺史에 임명하였다. 이순은 청렴 검약하며 아래 사람에게 솔선하였고, 늘 羊皮를 깔았고 무명옷을 입었다. 이순은 張掖(장액) 태수로 승진하였는데 위엄이 있고 명성이 높았다. 당시 대장군 竇憲(두헌)이 군사를 거느리고 武威郡에 주둔하고 있었는데, 온 나라의 멀고 가까운 주군을 막론하고 물자를 보내며 예를 갖추지 않는 사람이 없었지만, 이순은 공적 업무만 수행하면서 아부하지 않았기에 두헌의 상주에 의해 면직되었다.

原文

後復徵拜謁者, 使持節領西域副校尉. 西域殷富, 多珍寶, 諸國侍子及督使賈胡數遺恂奴婢,宛馬,金銀,香罽之屬, 一無所受. 北匈奴數斷西域車師,伊吾, 隴沙以西使命不得通, 恂設購賞, 遂斬虜帥, 縣首軍門. 自是道路夷清, 威恩並行.

| **註釋** | ○督使 – 蕃國에서 보내는 사자를 감독하는 관리. 賈胡는 서역의 상인. 胡는 중국 서북쪽의 이민족을 지칭하고, 때로는 흉노족을 지칭한다. ○香罽之屬 – 西域에서는 여러 향료나 石蜜(석밀)이 산출되었다. 罽는 모직물. 罽는 그물 계. 絨緞(융단). ○車師,伊吾 – 車師前國의 도읍은 交河城. 伊吾(이오)는 국명. 隴沙는 流沙 지역의 이름. 今 新疆省 동부 白龍堆砂漠. 羅布泊 동쪽, 玉門關 서쪽의 流沙(quick sand)지대.

[國譯]

(李恂은) 뒷날 다시 조정의 부름을 받아 謁者(알자)가 되었는데 부절을 받아가지고 西域 副校尉 임무를 대행하였다. 본래 西域은 부유하고 珍寶가 많았는데, 여러 나라의 侍子나 督使, 그리고 서역 출신 상인들이 이순에게 노비나 大宛(대원) 産 말(馬), 金銀, 향료나 모직물을 바쳤지만 이순은 하나도 받지 않았다.

北匈奴가 西域의 車師(거사)와 伊吾國(이오국)과 隴沙(농사, 流沙 지역) 서쪽의 교통로를 자주 공격하였기에 서역으로 가는 使者가 왕래할 수가 없었는데, 이순은 현상금을 내걸고 흉노 우두머리를 참수하여 軍門에 그 수급을 매달아 놓았다. 이후 도로가 안전해졌고 이순은 무력과 은택을 함께 사용하였다.

原文

遷武威太守. 後坐事免, 步歸鄕里, 潛居山澤, 結草爲廬, 獨與諸生織席自給. 會西羌反畔, 恂到田舍, 爲所執獲. 羌素聞其名, 放遣之.

恂因詣洛陽謝. 時歲荒, 司空張敏,司徒魯恭等各遣子饋糧, 悉無所受. 徙居新安關下, 拾橡實以自資. 年九十六卒.

| **註釋** | ㅇ徙居新安關下 - 武帝 元鼎 3년에 函谷關을 新安縣으로 옮겼다. 그 遺址는 今 河南省 靈寶市 동북. ㅇ拾橡實 - 拾은 주울 습. 橡實은 도토리. 橡은 상수리나무 상.

[國譯]

(이순은) 武威太守로 승진하였다. 뒷날 업무상 과오로 면직되었고 걸어서 귀향한 뒤에 山澤에 초가를 짓고 은거하면서 여러 제자와 자리(席)를 짜서 팔며 자급하였다. 그때 西羌族(서강족)이 반기를 들었는데 이순은 마을에서 강족에게 사로잡혔다. 그러나 강족도 평소에 이순의 명성을 알고 있어 이순을 풀어주었다.

이순은 이에 낙양에 가서 사례하였다. 그때 흉년이 들었는데 司空인 張敏(장민)과 司徒인 魯恭(노공) 등이 아들을 시켜 곡식을 보내왔지만 이순은 하나도 받지 않았다. 이순은 新安縣 函谷關(함곡관) 근처에서 도토리를 주워 먹으며 살다가 96세에 죽었다.

❷ 陳禪

原文

陳禪字紀山, 巴郡安漢人也. 仕郡功曹, 擧善黜惡, 爲邦內所畏. 察孝廉, 州辟治中從事. 時刺史爲人所上受納臧賂, 禪當傳考, 無它所繼, 但持喪斂之具而已. 及至, 笞掠無筭, 五毒畢加, 禪神意自若, 辭對無變, 事遂散釋. 車騎將軍鄧騭聞其名而辟焉, 擧茂才. 時漢中蠻夷反畔, 以禪爲漢中太守. 夷賊素聞其聲, 實時降服. 遷左馮翊, 入拜諫議大夫.

| 註釋 | ㅇ陳禪 – 陳(chén)氏는 현재 중국 5大姓의 하나로 중국에 약 7천만 명 정도이며 한국과 越南에도 많다. 禪은 하늘에 제사할 선. 물려줄 선, 참선 선. ㅇ巴郡 安漢 – 安漢縣은 今 四川省 동부 南充市. ㅇ察孝廉 – 察은 察擧. 살펴 천거하다. 추천받다. ㅇ傳考 – 체포되어 조사를 받다. ㅇ五毒畢加 – 사지 및 신체에 가하는 형벌. 또는 鞭, 笞 등 5가지 體刑. ㅇ鄧騭(등즐) – 騭은 수말 즐. 鄧騭은 鄧訓의 長子. 등즐의 여동생〔鄧綏(등수)〕이 입궁하여 貴人이 되었다가 和帝의 황후(和熹皇后)가 되었다.

[國譯]

陳禪(진선)의 字는 紀山(기산)으로 巴郡 安漢縣 사람이다. 출사하여 郡 功曹를 역임하면서 선인을 천거하고 악인을 폐출하자 군내 사람이 두려워하였다. 효렴으로 천거되어 益州자사부의 治中從事가 되었다. 당시 자사가 뇌물을 받았다고 고발당하였고 진선도 체포되어 조사를 받았는데, 자사는 뇌물을 받지 않았고 다만 喪斂하는 도구를 받은 것뿐이었다. 진선은 조사를 받으며 笞杖(태장)을 셀 수 없이 맞았고 여러 고문을 받았지만 진선은 태연자약하며 대답이 바뀌지 않아 결국 석방되었다. 車騎將軍인 鄧騭(등즐)이 진선을 명성을 듣고 불렀으며 茂才(무재)로 천거되었다. 그때 漢中郡의 蠻夷(만이)들이 반역하자 진선은 漢中 太守가 되었다. 만이의 적도들은 진선의 명성을 듣고 즉시 항복하였다. 진선은 左馮翊(좌풍익)으로 승진하였다가 조정에 들어가 諫議大夫가 되었다.

原文

永寧元年, 西南夷撣國王獻樂及幻人, 能吐火, 自支解, 易牛馬頭. 明年元會, 作之於庭, 安帝與群臣共觀, 大奇之. 禪獨離席擧手大言曰, "昔齊魯爲夾谷之會, 齊作侏儒之樂, 仲尼誅之. 又曰, '放鄭聲, 遠佞人.' 帝王之庭, 不宜設夷狄之技." 尚書陳忠劾奏禪曰,

"古者合歡之樂舞於堂, 四夷之樂陳於門, 故《詩》云 '以〈雅〉以〈南〉, 〈韎〉〈任〉〈朱離〉.' 今撣國越流沙, 踰縣度, 萬里貢獻, 非鄭衛之聲, 佞人之比, 而禪廷訕朝政, 請劾禪下獄."

有詔勿收, 左轉爲玄菟候城障尉, 詔「敢不之官, 上妻子從者名.」禪旣行, 朝廷多訟之. 會北匈奴入遼東, 追拜禪遼東太守. 胡憚其威彊, 退還數百里. 禪不加兵, 但使吏卒往曉慰之, 單于隨使還郡. 禪於學行禮, 爲說道義以感化之. 單于懷服, 遺以胡中珍貨而去.

及鄧騭誅廢, 禪以故吏免. 復爲車騎將軍閻顯長史. 順帝卽位, 遷司隸校尉. 明年, 卒於官.

子澄, 有淸名, 官至漢中太守. 禪曾孫寶, 亦剛壯有禪風, 爲州別駕從事, 顯名州里.

| 註釋 | ㅇ撣國 – 지금 버마(미얀마, 緬甸Miǎndiàn, 수도 仰光, Yanggon) 북부의 나라 이름. 二重 통역을 거쳐 후한 和帝 때 조공했고 安帝 때(당시 그들 국왕 雍由調)도 악대 등 1천여 명이 보내어 낙양에서 공연을 했다. 撣은 손에 들 탄. 당길 선. ㅇ夾谷之會 – 魯 定公과 齊侯의 夾谷(협곡)에서의 회담. 이때 공자가 攝相事(섭상사)였다. 齊가 中宮之樂과 함께 광대와 侏儒(주유, 난쟁이) 연기를 공연했다. 孔子가 이는 옳지 않다며 난쟁이들을 죽였다. ㅇ放鄭聲, ~ –《論語 衛靈公》. ㅇ《詩》云 以〈雅〉以〈南〉 –《詩 小雅 鼓鐘》. 南은 南夷之樂. 東方의 樂은 韎(가죽 매), 南方은 任(임), 西方은 朱離(주리), 北方은 禁(금)이라고 하였다.《毛詩》에는 '韎任朱離' 라는 구절이 없다. ㅇ縣度 – 山名. 溪谷에 길이 없어 새끼줄에 묶어 사람을 올리고 내린다고 하였다.《漢書 西域傳》에 "陽關에서 5,880리 떨어졌다고 하였다. ㅇ訕朝政 – 訕은 비방하다. 비방할 산(謗也). 헐뜯다. ㅇ玄菟郡(현도군) – 治所는 高句麗縣. 今 遼寧省 중북부의 審陽市 동쪽. 候城(후성)은 현명. 今 遼寧省 중북부의 審陽市 동남.

[國譯]

(安帝) 永寧 원년(서기 120), 西南夷인 撣國王(탄국왕)이 악대와 마술사를 보냈는데 불을 토하고, 팔다리를 분리시키고 소와 말의 머리를 바꿀 수 있었다. 다음 해 정월에, 궁정에서 연기를 했는데 安帝와 모든 신하가 관람하며 매우 기이하게 여겼다. 그러나 진선은 혼

자 자리에서 물러나와 손을 들고 큰 소리로 말했다.

"옛날 齊와 魯의 公이 夾谷(협곡)에서 회담을 하면서 齊가 侏儒(주유, 난쟁이) 연기를 하자, 공자가 난쟁이를 죽였습니다. 또 공자는 '鄭의 음악을 방출하고 아첨꾼을 멀리했다.' 고 하였습니다. 帝王의 궁정에서 夷狄의 기예를 공연하는 것은 바른 일이 아닙니다."

그러자 尙書 陳忠(진충)이 진선을 비난하며 말했다.

"옛날에도 合歡之樂을 正堂에서 연주하였고 四夷之樂을 궁문에서 연기하였습니다. 그래서 《詩》에서도 '〈小雅〉와 南夷의 樂과 〈韎〉, 〈任〉, 〈朱離〉가 있다.' 고 하였습니다. 지금 撣國(탄국)은 流沙(유사) 지역을 지나고 縣度山(현도산)을 넘어 萬里를 와서 공물을 바쳤으며, 鄭이나 衛의 음악도 아니며 佞人(영인)에 비교할 수도 없으며, 또 진선은 조정의 정사를 비난하였으니 마땅히 탄핵하여 하옥시켜야 합니다."

이에 조서로 체포하지 말라고 하였으나 玄菟郡(현도군) 候城縣(후성현)의 障尉(장위)로 좌천되었으며 조서에 '만약 부임하지 않으면 처자식과 종자의 명단을 보고하라.' 고 하였다. 진선이 출발한 뒤에 조정에서는 진선을 변호하는 사람이 많았다. 마침 북흉노가 遼東郡(요동군)을 침략하자 조정에서는 진선을 遼東太守에 임명했다. 흉노는 진선의 위엄이 두려워 수백 리를 물러났다. 진선은 군사를 동원하지 않고 다만 吏卒을 보내 흉노를 위무하자 흉노 선우는 사자를 따라 요동군에 도착하였다. 이에 진선은 그들에게 예를 깨우쳐주고 도덕으로 그들을 감화시켰다. 선우는 마음으로 복속하며 흉노의 토산물을 바치고 돌아갔다.

鄧騭(등즐)이 주살되자 진선은 등즐의 옛 관리라 하며 면직되었다. 다시 車騎將軍 閻顯(염현)의 長史가 되었다. 順帝가 즉위하자 司

隸校尉로 승진했다. 진선은 다음 해에 관직에 있으면서 죽었다.

아들 陳澄(진등)도 청렴으로 명성이 있었고 漢中 太守를 역임하였다. 진선의 曾孫인 陳寶(진보) 역시 강직하여 진선의 풍모가 있었는데 자사의 別駕從事를 지냈고 향리에 이름이 났었다.

❸ 龐參

原文

龐參字仲達, 河南緱氏人也. 初仕郡, 未知名, 河南尹龐奮見而奇之, 擧爲孝廉, 拜左校令. 坐法輸作若盧. 永初元年, 涼州先零種羌反畔, 遣車騎將軍鄧騭討之.

參於徒中使其子俊上書曰,

「方今西州流民擾動, 而徵發不絶, 水潦不休, 地力不復. 重之以大軍, 疲之以遠戍, 農功消於轉運, 資財竭於徵發. 田疇不得墾闢, 禾稼不得收入, 搏手困窮, 無望來秋. 百姓力屈, 不復堪命. 臣愚以爲萬里運糧, 遠就羌戎, 不若總兵養衆, 以待其疲. 車騎將軍騭宜且振旅, 留征西校尉任尙使督涼州士民, 轉居三輔. 休徭役以助其時, 止煩賦以益其財, 令男得耕種, 女得織紝, 然後畜精銳, 乘懈沮, 出其不意. 攻其不備, 則邊人之仇報, 奔北之恥雪矣.」

書奏, 會御史中丞樊準上疏薦參曰,

「臣聞鷙鳥累百, 不如一鶚. 昔孝文皇帝悟馮唐之言, 而赦魏尙之罪, 使爲邊守, 匈奴不敢南向. 夫以一臣之身, 折方面之難者, 選用得也. 臣伏見故左校令河南龐參, 勇謀不測, 卓爾奇偉, 高才武略, 有魏尙之風. 前坐微法, 輸作經時. 今羌戎爲患, 大軍西屯, 臣以爲如參之人, 宜在行伍. 惟明詔采前世之擧, 觀魏尙之功, 免赦參刑, 以爲軍鋒, 必有成效, 宣助國威.」

鄧太后納其言, 卽擢參於徒中, 召拜謁者, 使西督三輔諸軍屯, 而徵鄧騭還.

| 註釋 | ㅇ龐參(방참) - 龐은 클 방. 성씨. ㅇ緱氏 - 今 河南省 洛陽市 관할 偃師市(언사시)의 緱氏鎭(구씨진). 緱는 칼자루 감을 구. ㅇ左校令 - 前漢에는 종묘와 궁궐 건축, 陵園의 토목공사를 주관하는 將作大匠(장작대장, 질록 二千石)의 속관으로 기술자는 노동에 종사하는 죄수를 지휘 감독하는 左, 右校令이 있었다. 후한에서는 처음에는 설치하지 않았다가 나중에 설치했다(질록 6백석). ㅇ若盧(약로) - 若盧獄(약로옥)은 少府가 관리하는 감옥. 죄를 지은 將相이나 大臣을 치죄했다. ㅇ先零(선련) - 서남이로 분류되는 羌族은 대개 그들 거주지에 따른 이름으로 구분하였다. 先零(선련)은 羌族(강족)의 한 갈래. 零 조용히 내리는 비 령. 부족 이름 련. ㅇ西州 - 涼州와 朔方郡 지역. 중원의 서쪽 지역이라는 뜻. 지금의 河西走廊에서 玉門關에 이르는 지역. ㅇ水潦不休, 地力不復 - 潦는 큰비 료. 장마. 소모가 많아 다시 예전과 같아질 수 없다는 뜻. ㅇ搏手困窮 - 두 손이 묶인 듯 아무 방책이 없다는 뜻. ㅇ三輔(삼보) - 京兆尹(경조윤)과 左馮翊(좌풍익), 右扶風(우부풍). 長安 주변의 여러 縣을 나눈 행정구역이며 행정 책임자. ㅇ女

得織絍 – 옷감을 짜다. ㅇ鷙鳥累百, 不如一鶚 – 鷙는 맹금 지. 鷙鳥는 잡새. 鶚은 물수리 악. 큰 독수리(大鵰也). ㅇ馮唐(풍당) –《漢書》50권, 〈張馮汲鄭傳〉 참고.《史記 張釋之馮唐列傳》 참고.

[國譯]

龐參(방참)의 字는 仲達(중달)로 河南 緱氏縣(구씨현) 사람이다. 처음에 郡에 출사할 때는 이름이 알려지지 않았지만 河南尹인 龐奮(방분)이 만나보고서는 특별하게 여겨 孝廉(효렴)으로 천거하여 左校令이 되었다. 방참은 법을 어겨 若盧獄(약로옥)에 갇혔다. (安帝) 永初 元年(서기 107), 涼州의 先零(선련) 종족의 강족이 배반하자 車騎將軍 鄧騭(등즐)을 보내 토벌했다. 방참은 갇혀 있으면서 아들 龐俊(방준)을 보내 상서하였다.

「지금 西州의 流民이 동요하는데 각종 징발은 끝이 없고 큰 장마도 그치지 않으며 地力은 다시 회복하지 못하고 있습니다. 거기다가 大軍을 크게 동원하고 먼 변방의 防戍(방수)에 동원되고, 농사지을 힘은 轉運(전운)에 다 소모되었으며 資材는 징발되어 바닥이 났습니다. 경지는 더 넓혀지지 못하고 농사를 지어도 거둘 것이 없으며 손을 쓸 수도 없는 궁지에 몰렸고 가을 추수도 기대할 수 없습니다. 백성은 탈진하여 다시 살아날 힘도 없습니다. 臣의 어리석은 생각이지만 1만 리 밖 강족이 있는 곳까지 군량을 운반하기보다는 군사를 모아 휴식케 하면서 적이 지치기를 기다리는 것만 못하다고 생각합니다. 車騎將軍 鄧騭(등즐)은 잠시 군사를 정돈하여 쉬면서 征西校尉 任尙(임상)으로 하여금 涼州(양주) 일대의 관리와 백성을 감독케 하여 三輔(삼보) 지역으로 이주시켜야 합니다. 徭役(요역)을 쉬게 하여 농사 때를 맞춰야 하고 여러 가지 물자 징발을 중지하여 농민의 재산을 늘릴 수 있게 하며, 사내는 농사를, 부녀자는 길쌈을 하여 힘을 기른 뒤 적의 나태한 틈을 타서 갑자기 공격해야 합니다. 대비하지 못할 때에 공격하여 변방 백성의 원한을 풀어주고 후퇴의 치욕을 설욕해야 합니다.」

상서가 보고되자 御史中丞인 樊準(번준)은 글을 올려 방참을 천거하였다.

「臣이 알기로, 잡새 수백 마리는 큰 독수리 한 마리만 못합니다. 옛날 孝文皇帝께서는 馮唐(풍당)의 말에 따라 魏尙(위상)의 죄를 사면하여 변방을 지키게 하자 흉노가 남쪽을 쳐다보지 못했습니다. 신하 한 사람이 한 쪽의 난관을 극복할 수 있는 자라면 당연히 등용하여야 합니다. 臣이 볼 때 옛 左校令이었던 河南 출신 龐參(방참)은 헤아릴 수 없는 용기와 지모가 있으며, 특이하게 큰 체구에 뛰어난 재능과 武略도 갖춰 魏尙(위상)의 풍모가 있습니다. 앞서 작은 잘못으로 법에 걸려 오랜 기일 노동형을 받았습니다. 지금 강족이 우리의 걱정거리가 되었고 大軍이 서쪽에 출정하였으니 臣은 방참과 같은 사람이 응당 군에 근무해야 한다고 생각합니다. 명철하신 조서로 前代의 천거를 참고하신다면 위상과 같은 공훈을 볼 수 있을 것이니 방참의 형벌을 사면하시어 군사의 선봉에 세운다면 반드시 공을 이루고 국위를 크게 선양할 것입니다.」

鄧(등)太后는 번준의 상주를 받아들여 즉시 受刑 중인 방참을 발탁하여 불러 謁者(알자)를 제수하여 서쪽 三輔 지역의 여러 주둔 부대를 감독케 하고 등즐을 소환하였다.

原文

四年, 羌寇轉盛, 兵費日廣, 且連年不登, 穀石萬餘. 參奏記於鄧騭曰,

「比年羌寇特困隴右, 供徭賦役爲損日滋, 官負人責數十億萬. 今復募發百姓, 調取穀帛, 衒賣什物, 以應吏求. 外傷羌虜, 內困徵賦. 遂乃千里轉糧, 遠給武都西郡. 塗路傾阻, 難勞百端, 疾行則鈔暴爲害, 遲進則穀食稍損, 運糧散於曠野, 牛馬死於山澤. 縣官不足, 輒貸於民. 民已窮矣, 將從誰求? 名救金城, 而實困三輔. 三輔旣困, 還復爲金城之禍矣. 參前數言宜弃西域, 乃爲西州士大夫所笑. 今苟貪不毛之地, 營恤不使之民, 暴軍伊吾之野, 以慮三族之外, 果破涼州, 禍亂至今.

夫拓境不寧, 無益於彊, 多田不耕, 何救饑敝! 故善爲國者, 務懷其內, 不求外利,務富其民, 不貪廣土. 三輔山原曠遠, 民庶稀疏, 故縣丘城, 可居者多. 今宜徙邊郡不能自存者, 入居諸陵, 田戍故縣. 孤城絶郡, 以權徙之, 轉運遠費, 聚而近之, 徭役煩數, 休而息之. 此善之善者也.」

騭及公卿以國用不足, 欲從參議, 衆多不同, 乃止.

| 註釋 | ㅇ隴右 – 지역 명칭. 隴山(농산, 今 陝西省 서부와 甘肅省 경계를 이루는 산맥)의 서쪽 지역이란 뜻. 고대에는 西를 右라고 하였다. 今 甘肅省 今 陝西省 寶雞市 관할 隴縣 서북 서남부 일대, 곧 六盤山 서쪽에서 黃河의 동쪽을 지칭. 후한에서 隴縣은 天水郡(漢陽郡)의 현명. 涼州刺史府의 치

소. 今 甘肅省 天水市 관할 張家川 回族自治縣. 후한의 행정구역으로서 隴西郡의 치소는 狄道, 今 甘肅省 남부 定西市 관할 臨洮縣. ㅇ責數十億萬 - 責은 빚 채(債와 同). 꾸짖을 책. ㅇ衒賣什物 - 衒은 팔 현. ㅇ武都 - 군명. 治所는 下辨縣, 今 甘肅省 남부 隴南市 成縣. ㅇ金城 - 군명. 治所는 允吾縣, 今 甘肅省 臨夏回族自治州 永靖縣.(省都인 蘭州市 서쪽). ㅇ營恤不使之民 - 恤은 구휼할 휼. 걱정하다(憂也). 不使之人은 흉노의 포로. ㅇ故縣丘城 - 丘城은 빈 성. 丘는 空也.

[國譯]

(安帝 永初) 4년, 강족의 노략질은 더욱 심했고 군사비용은 날로 증가하였으며, 또 해마다 흉년이라서 곡식 1석이 1만여 전이나 되었다. 방참은 鄧騭(등즐)에게 건의했다.

「매년 강족의 노략질로 隴右(농우) 지역이 특별히 피폐하였고 요역과 賦稅의 징발로 손실은 날마다 커지면서 官府와 백성 모두 수십억만 전 빚을 지고 있습니다. 지금 다시 백성은 징발되고 곡물이나 비단, 팔 수 있는 물건을 다 동원하여 관리의 요구에 응하고 있습니다. 지금 백성은 외부로는 강족의 노략질에 당하고 안으로는 부역의 징발에 지쳤습니다. 거기다 군량을 운반하여 멀리 천리 떨어진 서쪽 武都郡까지 공급하고 있습니다. 도로는 험한 급경사에 온갖 어려움이 많아 빨리 간다면 강도를 당할 위험이 있고, 천천히 가면 곡식 소모가 많아지며 사실상 군량을 넓은 들에 흘리고 소나 말은 산이나 물가에 죽어 나가고 있습니다. 나라에서는 부족한 것을 백성한테서 빌렸습니다. 백성이 이미 가난해졌는데 앞으로 누구에게서 빌리겠습니까? 명분으로는 金城郡을 구한다고 하지만 실제는 三輔 지역을 곤궁하게 만들었습니다. 三輔 지역이 곤궁해지면 다시 금성군에 해가 닥칠 것입니다. 저 參(참)은 앞서 여러 번 西域을 포기해야 한다고 건의하였지만 그때마다 西州 일대의 士大夫에게 비웃음을 받았습니다. 지금 군이 불모지를 탐하고, 쓸모도 없는 사람들을 먹여 살리려고 군사는 伊吾(이오)의 황야에서 노숙을 했으며 (우리 군사의) 三族에게 걱정을 끼쳤지만 지금 결과적으로 涼州 지역이 격파되었고 환난은 눈앞에 닥쳤습니다.

대체로 국경을 넓혀도 평안하지 못한다면 나라의 강성에 도움이 안 되고, 땅이 많아도 경작하지 않는다면 굶주림과 피폐를 어찌 구제하겠습니까! 그래서 나라를 잘 다스리는 자는 백성을 按撫(안무)하는데 힘쓰고 외부의 이익을 얻으려 하지 않으며, 백성을 부유하게 하려고 애쓰되 넓을 땅을 탐내지 않습니다. 三輔지역의 산과 들은 넓으나 백성은 매우 적어서 옛날 현이나 빈 성에는 살만한 곳이 많이 있습니다. 지금 변방 郡에서 자립할 수 없는 백성을 이사시켜 응당 삼보 지역의 여러 陵縣에 들어가 살게 하거나 옛 현에서 농사지으며 지켜야 합니다. 외진 성이나 단절된 군은 임시 조치로 이주시키고 길이 너무 멀어 비용이 많이 드는 지역은 백성을 모아 가까운 곳으로 이사시켜야 하며, 너무 자주 차출하는 요역을 없애 백성을 쉬게 해야 합니다. 이는 善 중에서도 善일 것입니다.」

등즐과 여러 公卿은 國用의 不足으로 방참의 건의를 따르려 했지만 많은 사람이 찬동하지 않아 그만두었다.

原文

拜參爲漢陽太守. 郡人任棠者, 有奇節, 隱居教授. 參到,

先候之. 棠不與言, 但以薤一大本, 水一盂, 置戶屛前, 自抱孫兒伏於戶下. 主簿白以爲倨. 參思其微意, 良久曰,

"棠是欲曉太守也. 水者, 欲吾淸也. 拔大本薤者, 欲吾擊彊宗也. 抱兒當戶, 欲吾開門恤孤也."

於是歎息而還. 參在職, 果能抑彊助弱, 以惠政得民.

|**註釋**| ㅇ漢陽太守 - 治所 冀縣, 今 甘肅省 天水市 관할의 甘谷縣. 和帝 때 天水郡을 개명. ㅇ薤一大本 - 薤는 염교 해. 백합과의 여러해살이 풀.

[國譯]

龐參(방참)은 漢陽太守가 되었다. 한양 군민 중에 任棠(임당)이란 자는 기이한 지조를 갖고 은거하면서 문도를 교수하고 있었다. 방참이 부임하자 임당은 먼저 찾아와 인사를 올렸다. 임당은 태수와 이야기를 나누지 않고 다만 커다란 염교 한 그루와 물 한 동이를 담 안쪽에 놓고 손자를 안고서 출입문 아래에 엎드려 있었다. 主簿(주부)가 임당이 거만하다고 아뢰었다. 방참은 그 은미한 뜻을 생각하여 한참 만에 말했다.

"임당은 태수인 나를 깨우치려 했다. 물이란 나에게 청렴하라는 뜻이다. 큰 염교 한 뿌리를 뽑아온 것은 내가 강성한 土豪(토호)의 뿌리를 뽑으라는 뜻이다. 어린아이를 안고 문 앞에 엎드린 것은 나에게 문을 열고 고아들을 보살피라는 뜻이다."

그리고 크게 탄식하고 자리로 돌아왔다. 방참은 재직 중에 강자를 억압하고 약자를 도왔으며 자애로운 정사로 민심을 얻었다.

原文

元初元年, 遷護羌校尉, 畔羌懷其恩信. 明年, 燒當羌種號多等皆降, 始復得還都令居, 通河西路. 時先零羌豪僭號北地, 詔參將降羌及湟中義從胡七千人, 與行征西將軍司馬鈞期會北地擊之. 參於道爲羌所敗. 旣已失期, 乃稱病引兵還, 坐以詐疾徵下獄, 校書郎中馬融上書請之曰,

「伏見西戎反畔, 寇鈔五州, 陛下愍百姓之傷痍, 哀黎元之失業, 單竭府庫以奉軍師. 昔周宣獫狁侵鎬及方, 孝文匈奴亦略上郡, 而宣王立中興之功, 文帝建太宗之號. 非惟兩主有明叡之姿, 抑亦扞城有虓虎之助, 是以南仲赫赫, 列在〈周詩〉, 亞夫赳赳, 載於漢策.

竊見前護羌校尉龐參, 文武昭備, 智略弘遠, 旣有義勇果毅之節, 兼以博雅深謀之姿. 又度遼將軍梁慬, 前統西域, 勤苦數年, 還留三輔, 功效克立, 閒在北邊, 單于降服. 今皆幽囚, 陷於法網. 昔荀林父敗績於邲, 晉侯使復其位. 孟明視喪師於崤, 秦伯不替其官. 故晉景並赤狄之土, 秦穆遂霸西戎. 宜遠覽二君, 使參,慬得在寬宥之科, 誠有益於折衝, 毗佐於聖化.」

書奏, 赦參等.

| **註釋** | ○護羌校尉 – 羌族의 침입에 대비하며 영역 내 강족을 통치하는 직책으로 護羌校尉가 있었다. 호강교위는 전한 武帝 때 처음 설치. 질록 比 2천석. 왕망 때 폐지했다가 후한에서 다시 복원했다. 87권, 〈西羌傳〉

참고. ㅇ燒當羌種號多 - 燒當羌(소당강)은 강족의 갈래 명칭. 號多는 인명. ㅇ令居 - 金城郡의 현명. ㅇ北地 - 군명. 治所는 富平縣, 今 寧夏回族自治區 북부, 黃河 東岸의 吳忠市. ㅇ湟中(황중) - 지역 이름. 今 青海省 동북부 西寧市 湟中縣. 湟水 유역, 이 일대에 거주하는 강족의 부족 이름. 87권, 〈西羌傳〉에 입전. ㅇ獫狁侵鎬及方 - 獫狁(험윤)은 흉노족의 이름. 鎬(호)와 方(방)은 당시 北方의 地名. 《詩 小雅 六月》에 '侵鎬及方, 至於涇陽' 이라는 구절이 있다. ㅇ扞城有虓虎之助 - 扞(막을 한)은 干(방패 간, 막다). 虓虎(효호)는 울부짖는 모양. 虓는 울부짖을 효. ㅇ南仲赫赫, 列在〈周詩〉- 南仲(남중)은 장군 이름. 〈周詩〉는《詩 小雅 出車》. ㅇ亞夫赳赳 - 周亞夫는《漢書》40권, 〈張陳王周傳〉에 입전. 赳赳(규규)는 무신의 당당한 모습. 赳는 헌걸찰 규. 용맹한 모양(武貌). ㅇ梁慬(양근) - 本書 47권, 〈班梁列傳〉에 입전. ㅇ昔荀林父敗績於邲 - 晉의 荀林父(순임보)는 楚의 군사와 邲(필)에서 싸웠지만 晉은 패전했다. 순임보가 처형을 자청했지만 晉侯는 사면하고 옛 직위에 다시 임용하였다. ㅇ孟明視~ - 晉은 秦의 군사를 崤(효)에서 물리치고 1백 리의 땅과 孟明視(맹명시)를 사로잡았다가 맹명시를 살려 보냈다. 이에 秦伯은 "나의 잘못" 이라면서 맹명시의 지위를 교체하지 않았다. ㅇ毗佐於聖化 - 毗佐는 보좌하다. 毗는 도울 비.

[國譯]

(安帝) 元初 원년(서기 114), 방참은 護羌校尉(호강교위)로 승진하였는데, 반기를 들었던 강족은 방참의 恩情과 신의를 생각하였다. 다음 해에 燒當羌족의 號多(호다) 등이 모두 歸降하였는데, 그들을 모두 (金城郡) 令居縣에 모여 살게 하자 河西로 가는 길이 열렸다. 그때 先零(선련) 강족의 우두머리는 北地郡에서 호칭을 참칭하고 있었는데, 방참은 조서를 받아 투항한 강족과 湟中(황중)에 거주하며

意氣로 漢에 복속한 흉노족 7천 명을 거느리고 征西將軍 司馬鈞(사마균)과 北地郡에서 기일을 정해 만나서 공격하라는 명을 받았다. 방참은 가는 도중에 강족과 싸워 패배하였다. 이미 정한 기일을 어기게 되자 병을 이유로 군사를 인솔하여 되돌아갔는데, (방참은) 꾀병이라고 소환되어 하옥되자, 校書郞中인 馬融(마융)이 방참을 위해 상서하였다.

「제가 볼 때 西戎(서융)이 반역하며 5州를 노략질하자, 폐하께서는 백성의 상처를 불쌍히 여기고 생업을 잃은 백성을 가엽게 여기시어 국고를 다 소모하면서 군사를 지원하셨습니다. 옛날 周 宣王 때는 玁狁(험윤, 흉노)이 鎬(호)와 方(방)에 침입하였고, 孝文帝 때는 흉노가 上郡에 침입했었습니다. 그런데도 (周) 宣王은 周를 중흥한 공적이, 文帝는 太宗의 시호를 받으셨습니다. 兩主가 모두 명철하고 지혜로울 뿐만 아니라 나라를 지키는 용맹한 무신의 보필을 받으셨으니 南仲(남중)의 혁혁한 무공은 〈小雅〉의 시에, 周亞夫(주아부)의 당당한 모습은 漢策(《漢書》)에 실려 있습니다.

臣이 볼 때 前 護羌校尉인 방참은 문무를 겸비하였고 智略이 아주 뛰어나며, 義勇에 과감하며 굳은 지조가 있고 박식하고도 고상한 지모를 가진 장군입니다. 또 전에 度遼將軍인 梁慬(양근)은 앞서 西域을 몇 년간 통치하고 三輔로 돌아왔는데 서역에서 공을 세웠고 북방에 있는 동안에는 흉노 선우도 투항했었습니다. 그러나 지금은 둘 다 옥에 갇혀 형벌을 받고 있습니다. 예전에 (晉의) 荀林父(순임보)는 邲(필)에서 (楚에) 패전하였지만 晉侯는 그 지위를 회복시켜 주었습니다. (秦의) 孟明視(맹명시)는 崤(효)에서 패전하고 군사를 잃었지만 秦伯은 그 관직을 교체하지 않았습니다. 그래서 晉 景公은 赤狄의 땅을 병합할 수 있었고, 秦 穆公은 西戎(서융) 땅의 覇者(패자)가 될 수 있었습니다. 폐하께서는 예전 二君의 사적을 살피시어 방참과 양근의 형벌에 관용을 베풀어주신다면 나라를 지키는데 큰 이익일 것이며 聖化에 도움이 될 것입니다.」

상서가 올라가자 방참 등을 사면하였다.

原文

後以參爲遼東太守. 永建元年, 遷度遼將軍. 四年, 入爲大鴻臚. 尙書僕射虞詡薦參有宰相器能, (順帝時) 以爲太尉, 錄尙書事. 是時三公之中, 參名忠直, 數爲左右所陷毁, 以所擧用忤帝旨, 司隸承風案之. 時當會茂才孝廉, 參以被奏, 稱疾不得會. 上計掾廣漢段恭因會上疏曰,

「伏見道路行人, 農夫織婦, 皆曰 '太尉龐參, 竭忠盡節, 徒以直道不能曲心, 孤立群邪之閒, 自處中傷之地'. 臣猶冀在陛下之世, 當蒙安全, 而復以讒佞傷毁忠正, 此天地之大禁, 人主之至誡. 昔白起賜死, 諸侯酌酒相賀, 季子來歸, 魯人喜其紓難. 夫國以賢化, 君以忠安. 今天下咸欣陛下有此忠賢, 願卒寵任, 以安社稷.」

書奏, 詔卽遣小黃門視參疾, 太醫致羊酒.

| **註釋** | ㅇ魯人喜其紓難 – 紓는 느슨할 서. 느슨하게 하다. 해결하다. 季子는 魯公子 季友(계우).

[國譯]

뒷날 (龐參은) 遼東太守가 되었다. (順帝) 永建 원년(서기 126) 度遼將軍으로 승진했다. 4년, 조정에 들어가 大鴻臚가 되었다. 尙書僕射(상서복야)인 虞詡(우후)는 방참이 재상의 기량과 능력을 갖추었다고 추천하여 (順帝時) 太尉가 되어 錄尙書事를 겸했다. 이때 三公 중 방참은 忠直하다는 명성이 있었지만 측근에게 여러 번 모함을 당했는데, 추천한 인재가 황제의 뜻을 거스르자 사예교위가 황제의 뜻에 영합하며 방참을 고발하였다. 그 무렵 황제가 茂才와 孝廉을 소집할 때였는데, 방참은 고발을 당해서 병을 핑계로 불참하였다. 上計掾인 廣漢郡의 段恭(단공)이 모임에 참석하며 상소하였다.

「제가 볼 때 길을 가는 사람이나 농부나 길쌈하는 부녀자조차 모두가 '太尉 龐參은 나라에 충성과 지조를 다 바치지만 直道로 正心을 굽힐 수 없어 사악한 무리에게 고립되었고 중상모략을 당하는 중심에 있다.' 는 말을 합니다. 臣은 여전히 폐하 치세에 안전합니다만, 참소와 아부가 충신이나 정직한 사람을 모함하고 해치는 것은 天地의 大禁이며 人主가 가장 경계할 일이라고 늘 생각하고 있습니다. 옛날 (秦의 將軍) 白起(백기)가 賜死되자 제후들은 술잔을 들어 서로 기뻐하였으며, (魯) 季子가 환국하자 백성은 나라의 환난이 잘 수습될 것이라고 기뻐하였습니다. 대체로 나라는 현인이 있어야 교화가 되고, 주군은 충신이 있어야 안정됩니다. 지금 천하 모든 사람이 폐하에게 그런 忠賢이 있다고 경하하고 있으니 끝까지 방총을 신임하시어 사직을 안정시켜야 합니다.」

상서가 보고되자 즉시 小黃門을 보내 방참을 문안케 하고 太醫를 통해 羊과 술을 보내라고 명했다.

原文

後參夫人疾前妻子, 投於井而殺之. 參素與洛陽令祝良不平, 良聞之, 率吏卒入太尉府案實其事, 乃上參罪, 遂因災異策免. 有司以良不先聞奏, 輒折辱宰相, 坐繫詔獄. 良能得百姓心, 洛陽吏人守闕請代其罪者, 日有數千萬人, 詔乃原刑. 陽嘉四年, 復以參爲太尉. 永和元年, 以久病罷, 卒於家.

| **註釋** | ㅇ洛陽令 – 낙양의 현령. 낙양의 치안, 행정 책임자.

[國譯]

뒷날 龐參의 부인이 전처의 아들을 미워하여 우물에 빠트려 살해하였다. 방참은 평소에 洛陽令 祝良(축량)과 사이가 안 좋았는데, 축량이 이를 알고 이졸을 거느리고 太尉府에 들어가 사실을 조사한 뒤에 방참의 죄상을 보고하였는데, 마침 재해가 일어나자 방참은 책서로 면직되었다. 담당자는 축량이 사전에 상주하지 않고 재상을 조사하여 모욕했다 하여 詔獄에 가두어야 한다고 보고했다. 그러나 축량은 백성의 민심을 얻었기에 낙양의 관리나 백성이 관부를 에워싸고 대신 형벌을 받겠다고 자청하는 자가 하루에도 수천 내지 만 명이나 되었기에 조서로 형을 사면하였다. (順帝) 陽嘉 4년(서기 135), 방충은 다시 太尉가 되었다. (다음 해, 順帝) 永和 원년 노환으로 사직하고 집에서 죽었다.

❹ 陳龜

原文

陳龜字叔珍, 上黨泫氏人也. 家世邊將, 便習弓馬, 雄於北州.

龜少有志氣. 永建中, 擧孝廉, 五遷五原太守. 永和五年, 拜使匈奴中郞將. 時南匈奴左部反亂, 龜以單于不能制下, 外順內畔, 促令自殺, 坐徵下獄免. 後再遷, 拜京兆尹. 時三輔彊豪之族, 多侵枉小民. 龜到, 厲威嚴, 悉平理其怨屈者, 郡內大悅.

| 註釋 | ㅇ陳龜 – 龜는 거북 귀. 지명이나 국명은 구. 틀 균. 갈라지다. ㅇ上黨泫氏 – 上黨은 군명. 治所는 長子縣, 今 山西省 동남부 長治市 관할 長子縣. 泫氏(현씨)는 今 山西省 남부 晉城市 관할 高平市. ㅇ五原 – 군명. 治所는 九原縣, 今 內蒙古 包頭市(黃河 북안). ㅇ使匈奴中郞將 – 관직 이름. 흉노에 사신을 보낼 때는 中郞將을 보냈고 평상시 흉노 침입에 대비한 병력을 지휘. 중랑장은 장군 아래 직급. 질록 比二千石.

[國譯]

陳龜(진귀)의 字는 叔珍(숙진)으로 上黨郡 泫氏縣(현씨현) 사람이다. 집안 대대로 변방 장수로 궁술과 승마에 익숙했고 北州 일대의 강자였다.

진귀는 젊어 큰 뜻을 품었다. (順帝) 永建 연간에, 孝廉으로 천거되어 5번 승진하여 五原 太守가 되었다. (順帝) 永和 5년(서기 140),

使匈奴中郎將이 되었다. 그때 南匈奴 左部가 반란을 일으켰는데, 진귀는 선우가 반란을 진압할 수 없고 겉으로는 漢에 순종하나 내심은 반역한다며 자살을 재촉하였는데 이 때문에 소환되어 하옥되었다가 사면되었다. 뒤에 다시 승진하여 京兆尹이 되었다. 그 무렵 三輔 일대에 힘없는 백성을 침탈하는 강한 토호들이 많았다. 진귀가 부임하여 그간 억울한 일을 모두 평결하자 군민이 모두 기뻐하였다.

原文

會羌胡寇邊, 殺長吏, 驅略百姓. 桓帝以龜世諳邊俗, 拜爲度遼將軍. 龜臨行, 上疏曰,

「臣龜蒙恩累世, 馳騁邊垂, 雖展鷹犬之用, 頓斃胡虜之庭, 魂骸不返, 薦享狐狸, 猶無以塞厚責, 答萬分也. 臣至頑駑, 器無鈆刀一割之用, 過受國恩, 榮秩兼優, 生年死日, 永懼不報. 臣聞三辰不軌, 擢士爲相, 蠻夷不恭, 拔卒爲將. 臣無文武之才, 而忝鷹揚之任, 上慙聖明, 下懼素餐, 雖歿軀體, 無所云補. 今西州邊鄙, 土地瘠埆, 鞍馬爲居, 射獵爲業, 男寡耕稼之利, 女乏機杼之饒, 守塞候望, 懸命鋒鏑, 聞急長驅, 去不圖反.

自頃年以來, 匈奴數攻營郡, 殘殺長吏, 侮略良細. 戰夫身膏沙漠, 居人首繫馬鞍. 或擧國掩戶, 盡種灰滅, 孤兒寡婦, 號哭空城, 野無靑草, 室如懸磬. 雖含生氣, 實同枯朽. 往歲幷州水雨, 災螟互生, 稼穡荒耗, 租更空闕. 老者慮不

終年, 少壯懼於困戹. 陛下以百姓爲子, 品庶以陛下爲父, 焉可不日昃勞神, 垂撫循之恩哉! 唐堯親捨其子以禪虞舜者, 是欲民遭聖君, 不令遇惡主也. 故古公杖策, 其民五倍, 文王西伯, 天下歸之. 豈復輿金輦寶, 以爲民惠乎! 近孝文皇帝感一女子之言, 除肉刑之法, 體德行仁, 爲漢賢主.

陛下繼中興之統, 承光武之業, 臨朝聽政, 而未留聖意. 且牧守不良, 或出中官, 懼逆上旨, 取過目前. 呼嗟之聲, 招致災害, 胡虜兇悍, 因衰緣隙. 而令倉庫單于豺狼之口, 功業無銖兩之效, 皆由將帥不忠, 聚姦所致. 前涼州刺史祝良, 初除到州, 多所糾罰, 太守令長, 貶黜將半, 政未踰時, 功效卓然. 實應賞異, 以勸功能, 改任牧守, 去斥姦殘. 又宜更選匈奴烏桓護羌中郎將校尉, 簡練文武, 授之法令, 除幷涼二州今年租更, 寬赦罪隸, 埽除更始. 則善吏知奉公之佑, 惡者覺營私之禍, 胡馬可不窺長城, 塞下無候望之患矣.」

帝覺悟, 乃更選幽,幷刺史, 自營郡太守都尉以下, 多所革易, 下詔「爲陳將軍除幷,涼一年租賦, 以賜吏民.」

龜既到職, 州郡重足震慄, 鮮卑不敢近塞, 省息經用, 歲以億計.

| 註釋 | ㅇ長吏 – 질록 6백석 이상의 관리. 현의 縣長이나 丞처럼 4백석 관리도 때로는 長吏라 호칭했다. ㅇ雖展鷹犬之用 – 사냥매나 사냥의 소임을 다하다. 변방 장수로 외적 방어책임을 다했다. ㅇ 三辰不軌 – 三辰(삼신)은 日, 月, 星. ㅇ鷹揚(응양) – 위엄이나 무용을 떨치다. 勇將의 소

임. ○下懼素餐 – 素은 空也. 공적도 없이 녹봉을 받는 것을 素餐(소찬)이라 한다. ○土地墝埆 – 墝埆(척각)은 척박하다. 墝은 薄土(박토) 척. 埆은 메마를 각. ○數攻營郡 – 郡에는 농사를 짓는 屯兵을 두었는데 護羌校尉는 金城郡에, 烏桓校尉은 上谷郡에 둔병을 두었다. ○室如懸磬 – 집안에 磬(경쇠 경)을 매달은 것 같다. 텅 비다. ○租更空闕 – 租更(조부)는 更을 代役하는 돈. 更은 1개월간 수졸로 복무하는 의무인데, 이를 卒更이라 했다. 貧者에게 대신 시킬 경우에 月 2천전을 납부했는데, 이를 踐更이라 했다. 또 모두가 변경의 초소에 1년에 3일을 근무해야 하는데, 이도 更이라 했다. 그러나 장거리를 가고 오는 것이 어렵기 때문에 빈자를 고용하여 1년을 복무케 했는데 이 경우 3백전을 납부했고, 이를 過更이라 하였다. ○焉可不日昃勞神 – 日昃은 해가 지다. 昃은 기울 측. ○古公策杖 – 古公은 周太王. 名 古公亶父(고공단보). 周 文王의 祖父. 흉노를 피해 岐山(기산)으로 옮겨갔는데 이때부터 周族이 강성해졌다. ○女子之言 – 女子는 太倉令 淳于公의 딸 緹縈(제영)이었다.

[國譯]

그 무렵 강족과 흉노가 자주 변경을 노략질하며 관리를 죽이고 백성을 강제로 몰아갔다. 桓帝는 陳龜(진귀)가 대대로 변방의 사정을 잘 알고 있다 하여 度遼將軍을 제수하였다. 진귀는 부임에 앞서 상소하였다.

「臣 龜(귀)는 여러 대에 걸쳐 황은을 입어 변방에 근무하면서 변방 장수로서의 소임을 다하였습니다만, 어느 날 흉노의 땅에서(胡虜之庭) 갑자기 죽어 혼령이나 시신이 돌아오지 못하고 여우나 삵괭이의 밥이 되더라도 아마 변방의 중책을 저한테 맡기신 은혜에 만분의 일도 갚지 못할 것입니다. 臣은 매우 우매하고 둔하며 기능으로서는 단 한 번도 못 쓰는 둔한 鈆刀(연도, 鈆은 鉛)이지만 과분한 國恩을 입어 최고의 영예와 녹봉을 받았으니 살아 있던 죽는 날이든 영원히 보답하지 못할까 두렵기만 합니다. 臣이 알기로, 三辰(日, 月, 星)이 궤도를 순항하지 않으면 인재를 등용하여 재상으로 삼고, 蠻夷(만이)가 不恭한다면 병졸 중에서 뽑아 장수로 삼는다고 하였습니다. 臣은 文武의 재능도 없이 鷹揚(응양)의 임무를 부여받았으니, 위로는 폐하의 聖明에 부끄럽고, 아래로는 공적도 없이 녹봉이나 축내는 것이 두려고 비록 죽더라도 세상에 도움이 되지 못할 것입니다. 지금 西州 일대는 변방으로 토지가 척박하고 말 안장 위에서 살다시피하며 사냥이 직업이어서 남자는 농경의 이득을 모르고 여인은 베를 짜서 풍요롭게 사는 것을 모릅니다. 그들은 변새를 지키고 보초나 서면서 칼이나 창날에 목숨을 걸었으며 위급 상황에 멀리 도주하면 다시 돌아오려 하지 않습니다.

근년 이래로 흉노는 여러 차례 屯田하는 군영을 공격하여 잔인하게 長吏를 살해하고 약한 백성을 무시하고 노략질을 하였습니다. 戰士는 사막에 죽어나갔고 거주하던 백성의 수급을 그들 말안장에 매달았습니다. 때로는 온 나라가 그들의 노략질을 당해 모두가 잿더미로 변하고 고아나 과부만이 남았으며 텅 빈 성에서는 통곡소리만 들렸고 들에는 푸른빛이 없었으며 집안은 텅텅 비었습니다. 生氣가 있다 하여도 그것은 말라죽은 것과 마찬가지였습니다. 작년에는 幷州(병주) 일대가 수해를 당했고 황충 폐해도 겹쳐서 농사는 완전히 망했고 租更(조경) 수입도 없었습니다. 연노한 자들은 제대로 죽지도 못하겠다고 걱정하였고 젊은이는 곤궁한 액운을 겁냈습니다. 폐하께서는 백성을 자식으로 여기시고 만 백성은 모두 폐하를 어버이로 생각하고 있으니, 어찌 매일 해가 기울도록 고심하시면서 황은을 베풀지 않을 수 있겠습니까! 唐堯(당요)께서 아들을 버려두고 虞舜(우순)에게 선양을 하신 것은 백성이 聖君을 만나고 악한 주군을 만나서는 안 된다는 뜻이었습니다. 그래서 古公亶父(고공단보)가 옮겨가자 그를 따라온 백성이 5배나 되었으며 文王이 西伯이 되자 天下가 귀의하였습니다. 그러하니 금으로 만든 수레와 보옥을 채운 輦(연)이 백성에게 은혜로울 것이라 생각할 수 있겠습니까? 근래에 孝文皇帝께서는 한 여인의 말에 감동을 받아 肉刑의 法을 폐지하였으며 仁德을 베풀어 漢의 賢主가 되었습니다.

폐하께서는 中興의 법통을 이어받았으며 光武帝의 대업을 계승하시어 臨朝聽政에 聖意를 다하셨습니다. 그러나 불량한 지방관이나 조정에서 출장 보내는 환관들은 폐하의 성지를 받들지 않고 눈앞에서 화를 일으키고 있습니다. 백성 탄식소리는 하늘의 재앙을 불러오고, 흉노의 흉악한 악행은 우리의 허약한 틈을 파고 들어옵니다. 우리 국고가 호랑이 같은 흉노 선우의 입에 들어가고 단 한 푼어치의 공적도 남기지 못한다면 그것은 모두 장수들이 불충하기 때문이며 간악한 신하들 때문입니다. 전에 涼州刺史 祝良(축량)은 처음에 양주자사부에 부임하여 속관을 벌주고 太守나 현령을 절반 정도 폄직시켜 방출하자 1년도 넘기지 않아 효과가 확실하게 나타났습니다. 이는 응당 특별히 상을 내려 그 공적과 능력을 권장하고 자사나 태수를 교체하고 간악한 자를 제거해야만 했습니다. 또 응당 匈奴나 烏桓(오환), 護羌中郎將이나 교위를 교체하고 문무관원을 정선하여 훈련하고 법령을 교육하고 병주와 양주의 금년 조경을 면제하고 죄를 지은 예민에게 관용을 베풀고 거듭 새롭게 시작하여야 합니다.

그렇게 되면 착실한 관리들이 공평하게 법을 받들며 폐하를 보필하고 악한 자가 사익을 챙겼다가는 화를 당할 줄 알 것이며, 흉노는 다시 장성을 넘겨보지 못하고 국경지역에서는 보초를 서야 하는 걱정이 없을 것입니다.」

순제는 깨달은 바가 있어 幽州와 幷州의 자사를 다시 선임하였고 둔전을 하는 태수나 도위 이하 많은 자리를 교체하면서 "陳將軍의 건의에 의거 幷州와 涼州의 1년 치 租賦를 면제하여 관리와 백성에게 하사한다는 조서를 내렸다.

진귀가 부임하자 州와 郡에서는 조심조심하며 두려워 떨었으며 선비족은 국경 근처에 나타나지 못하였으며 1년 평상시 군비의 절약이 1억 전이 되었다.

原文

大將軍梁冀與龜素有隙, 譖其沮毁國威, 挑取功譽, 不爲胡虜所畏. 坐徵還, 遂乞骸骨歸田里. 復徵爲尙書. 冀暴虐日甚, 龜上疏言其罪狀, 請誅之. 帝不省. 自知必爲冀所害, 不食七日而死. 西域胡夷, 幷,涼民庶, 咸爲擧哀, 弔祭其墓.

| **註釋** | ○梁冀 - 順帝 順烈梁皇后의 친정 오빠, 34권, 〈梁統列傳〉에 立傳. ○挑取 - 獨取하다. 명예를 혼자 차지하려고 하다.

[國譯]

大將軍 梁冀(양기)는 평소에 陳龜(진귀)와 사이가 나빴는데 진귀가

국위를 훼손하였으며 흉노를 두려워하지 않고 공명을 혼자 차지하려 했다고 무고하였다. 진귀는 소환되자 고향에 돌아가겠다며 사임하였다. 뒷날 다시 부름을 받아 상서가 되었다. 양기의 포악은 날로 심해졌다. 진귀는 양기의 죄상을 모두 열거하며 양기를 죽여야 한다고 상서하였다. 순제는 따르지 않았다. 진귀는 양기에게 해를 당할 것을 알고 단식 7일 만에 죽었다. 서역의 흉노와 幷州 涼州의 백성이 모두 슬퍼하며 그의 무덤에 제사하였다.

❺ 橋玄

原文

橋玄字公祖, 梁國睢陽人也. 七世祖仁, 從同郡戴德學, 著《禮記章句》四十九篇, 號曰 '橋君學.' 成帝時爲大鴻臚. 祖父基, 廣陵太守. 父肅, 東萊太守.

玄少爲縣功曹. 時豫州刺史周景行部到梁國, 玄謁景, 因伏地言陳相羊昌罪惡, 乞爲部陳從事, 窮案其姦. 景壯玄意, 署而遣之. 玄到, 悉收昌賓客, 具考臧罪. 昌素爲大將軍梁冀所厚, 冀爲馳檄救之. 景承旨召玄, 玄還檄不發, 案之益急. 昌坐檻車徵, 玄由是著名.

| **註釋** | ㅇ橋玄(교현, 110 - 184年) - 젊은 날의 曹操를 격려해준 사람. ㅇ睢陽 - 梁郡의 치소, 縣名. 睢는 '우러러 볼 휴', '눈 부릅뜰 휴', '땅 이

름 수' 에서 '睢陽' 은 지명이기에 '수양' 으로 읽어야 한다. 今 河南省 동쪽 끝 商丘市 睢陽區. ㅇ東萊－군명. 治所는 黃縣, 今 山東省 烟臺市 관할 龍口市.

[國譯]

橋玄(교현)의 字는 公祖(공조)로 梁國 睢陽縣(수양현) 사람이다. 7世祖인 橋仁(교인)은 同郡의 戴德(재덕)에게 배워서《禮記章句》49편을 저술하였는데, 세상에서는 이를 '橋君學' 이라 불렀다. 교인은 成帝 때 大鴻臚였다. 祖父인 基(기)는 廣陵太守였다. 부친 肅(숙)은 東萊(동래) 태수였다.

교현은 젊어 縣의 功曹였다. 그때 豫州刺史인 周景(주경)이 관내를 순찰하며 梁國에 왔는데, 교현은 주경을 알현하고 땅에 엎드려 陳國 相인 羊昌(양창)의 죄악을 진술하면서 자신을 從事로 삼아줄 것과 陳國에 가서 양창의 불법을 조사하겠다고 주청하였다. 주경은 교현의 뜻을 장하다 생각하며 교현을 陳國에 보내 조사케 하였다. 교현은 陳國에 가서 양창의 빈객을 모두 체포하고 그의 불법을 다 조사하였다. 그런데 양창은 평소 大將軍 梁冀(양기)와 아주 가까웠는데 양기는 급한 격문을 보내 양창을 구제하려고 하였다. 주경은 양기의 뜻에 따라 교현을 불렀으나 교현은 아직 격문이 도착하지 않았다며 더욱 급하게 조사를 마쳤다. 양창은 함거에 실려 소환되었고, 교현은 이 때문에 이름이 알려졌다.

原文

擧孝廉, 補洛陽左尉. 時梁不疑爲河南尹, 玄以公事當詣府受對, 恥爲所辱, 弃官還鄕里. 後四遷爲齊相, 坐事爲城旦. 刑竟, 徵, 再遷上谷太守, 又爲漢陽太守. 時上邽令皇甫禎有臧罪, 玄收考髡笞, 死於冀市, 一境皆震. 郡人上邽姜岐, 守道隱居, 名聞西州. 玄召以爲吏, 稱疾不就. 玄怒, 勑督郵尹益逼致之, 曰, "岐若不至, 趣嫁其母." 益固爭不能得, 遽曉譬岐. 岐堅臥不起. 郡內士大夫亦競往諫, 玄乃止. 時頗以爲譏. 後謝病免, 復公車徵爲司徒長史, 拜將作大匠.

| 註釋 | ㅇ上邽(상규) – 漢陽郡(前 天水郡)의 현명. 今 甘肅省 天水市의 秦州區 일대. 세계문화유산에 등재된 유명한 麥積山(맥적산) 石窟(석굴)이 있다. ㅇ髡笞 – 髡은 머리 깎을 곤. 笞는 볼기칠 태. ㅇ冀縣 – 漢陽郡의 치소, 현명. 今 甘肅省 남부 天水市 관할 甘谷縣. ㅇ趣嫁其母 – 趣(촉)은 재촉하다. 독촉하다. 嫁는 허물이나 죄를 떠넘기다. 여기서는 '잡아오다' 정도의 뜻. '시집보내다' 라는 뜻이 아님.

[國譯]

교현은 孝廉으로 천거 받아 洛陽縣 左尉가 되었다. 그때 梁不疑(양불의)란 사람이 河南尹이었는데, 교현은 공무로 하남윤에게 보고하러 갔다가 모욕을 당하자 관직을 버리고 귀향하였다. 그 뒤에 4번 승진하여 齊國 相이 되었다가 업무상 잘못으로 변방의 城에서 노역에 종사하였다. 형을 마치자 다시 부름을 받았고 거듭 승진하여 上谷太守가 되었고 다시 漢陽太守로 전근했다. 그때 (한양군의) 上邽

(상규) 현령인 皇甫禎(황보정)이 불법을 저지르자, 교현은 그를 체포해 머리를 깎고 태형을 가한 뒤 冀縣(기현)의 거리에서 처형하자 관내가 두려워떨었다.

군내 상규현 사람 姜岐(강기)는 도를 지키며 은거했는데 그 이름이 西州에 널리 알려졌다. 교현이 불러 관리로 삼으려 했지만 강기는 병을 핑계로 응하지 않았다. 교현은 화가 나서 督郵(독우)인 尹益(윤익)을 보내 강제로 데려오게 하면서 "강기가 오지 않겠다면 그 모친을 데려 오너라."고 말했다. 윤익이 재촉해도 데려올 수가 없자, 깜짝 새벽에 가서 설득하였다. 그래도 강기는 일어나려고 하지 않았다. 또한 군내 사대부들이 교현을 찾아가 설득하자 교현은 중지하였다. 그 당시 이를 비난하는 사람이 많았다. 뒤에 교현은 병으로 사임하였는데, 다시 公車令의 부름을 받아 司徒長史가 되었다가 將作大匠을 제수 받았다.

原文

桓帝末, 鮮卑,南匈奴及高句驪嗣子伯固並畔, 爲寇鈔, 四府擧玄爲度遼將軍, 假黃鉞. 玄至鎭, 休兵養士, 然後督諸將守討擊胡虜及伯固等, 皆破散退走. 在職三年, 邊境安靜.

靈帝初, 徵入爲河南尹, 轉少府,大鴻臚. 建寧三年, 遷司空, 轉司徒. 素與南陽太守陳球有隙, 及在公位, 而薦球爲廷尉. 玄以國家方弱, 自度力無所用, 乃稱疾上疏, 引衆災以自劾. 遂策罷. 歲餘, 拜尚書令. 時太中大夫蓋升與帝有舊恩, 前爲南陽太守, 臧數億以上. 玄奏免升禁錮, 沒入財賄. 帝不從, 而遷升侍中. 玄託病免, 拜光祿大夫. 光和元年, 遷太尉. 數月, 復以疾罷, 拜太中大夫, 就醫里舍.

| **註釋** | ㅇ四府 - 三府(太尉, 司徒, 司空府)와 大將軍府. ㅇ假黃鉞 - 假는 임시로. 빌려주다. 黃鉞은 황금도끼. 천자의 정벌을 상징. 鉞은 도끼 월. ㅇ拜光祿大夫 - 光祿大夫는 여러 사람이라서 일정한 직역이 없었다. 태중대부 역시 그러하였으니 원로를 대우하는 한 방법이었다.

[國譯]

桓帝 말년에 鮮卑(선비)와 南匈奴, 그리고 高句驪(고구려)의 嗣子(사자)인 伯固(백고) 등이 함께 반기를 들고 노략질을 하자 四府에서는 교현을 천거하여 度遼將軍을 제수하고 黃鉞(황월)을 내려주었다. 교현은 진영에 부임하여 병사를 쉬게 하면서 사기를 올린 뒤에 여러 장군과 태수를 독려하여 흉노 및 고구려의 백고 등을 토벌 공격케 하자 모두 패퇴, 도주하였다. 교현이 재직 3년에 변경이 안정되었다.

靈帝(영제) 초에 조정의 부름을 받아 河南尹이 되었다가 이어 少府와 大鴻臚(대홍려)를 역임하였다. (靈帝) 建寧 3년(서기 170), 司空으로 승진하였다가 司徒가 되었다. 교현은 평소에 南陽太守인 陳球(진구)와 사이가 안 좋았지만 삼공의 지위에 오르자 진구를 천거하여 廷尉가 되게 하였다. 교현은 국가가 너무 허약하여 힘을 쓸 수 없다고 생각하여 병을 이유로 상소하며 여러 재해가 모두 자신의 부덕이라고 자책하였다. 결국 파직되었다. 일년 남짓에 尙書令을 제수받았다. 그때 太中大夫인 蓋升(개승)은 평소에 영제와 舊恩이 있어

南陽 태수로 있으면서 수억 이상을 착복하였다. 교현은 개승을 파면하고 금고에 처하며 재물을 압수해야 한다고 상주하였다. 그러나 영제는 따르지 않으면서 개승을 侍中으로 승진시켰다. 교현은 병을 핑계로 사직을 신청하자, 광록대부를 제수 받았다. (영제) 光和 원년(서기 178), 太尉가 되었다. 몇 달 뒤 병을 이유로 다시 사직하자 太中大夫를 제수 받았고 집에서 요양케 하였다.

原文

玄少子十歲, 獨遊門次, 卒有三人持杖劫執之, 入舍登樓, 就玄求貨, 玄不與. 有頃, 司隸校尉陽球率河南尹,洛陽令圍守玄家. 球等恐並殺其子, 未欲迫之. 玄瞋目呼曰, "姦人無狀, 玄豈以一子之命而縱國賊乎!" 促令兵進. 於是攻之, 玄子亦死. 玄乃詣闕謝罪, 乞下天下, "凡有劫質, 皆並殺之, 不得贖以財寶, 開張姦路." 詔書下其章. 初自安帝以後, 法禁稍弛, 京師劫質, 不避豪貴, 自是遂絕.

玄以光和六年卒, 時年七十五. 玄性剛急無大體, 然謙儉下士, 子弟親宗無在大官者. 及卒, 家無居業, 喪無所殯, 當時稱之.

| **註釋** | ㅇ劫質 – 劫迫(겁박)하여 볼모로 잡다.

[國譯]

橋玄의 막내아들은 10여 세였는데, 혼자 대문 앞에서 놀고 있었는데 갑자기 세 사람이 몽둥이로 위협하며 아들을 잡아놓고 집안 누각에 올라 교현에게 돈을 요구하였지만 교현은 주지 않았다. 얼마 뒤 司隸校尉 陽球(양구)가 河南尹과 洛陽令 등을 인솔하여 교현의 집을 포위하였다. 양구 등은 교현의 아들이 죽을까 두려워 범인을 공격하지 못했다.

그러자 교현은 눈을 부릅뜨고 호령하였다. "죄인이 나쁜 짓을 했거늘 나 교현이 아들 하나 때문에 국법을 어긴 도적을 풀어줘야 하겠는가!" 그러면서 공격을 재촉하였다. 이에 적을 공격했고 막내아들도 죽었다. 교현은 입궐하여 사죄하며 "인질을 잡고 협박하는 자는 모두 죽일 것이며, 재물로 속죄하게 하여 또 다른 불법을 저지를 길을 열어주지 않겠다."고 천하에 공포해줄 것을 주청하였다. 이를 조서로 천하에 반포하였다. 그전에 安帝 이후로 법금이 해이하여 낙양에 인질 협박이 권세가나 부호를 가리지 않았는데 이후 근절되었다.

교현은 (靈帝) 光和 6년(서기 183)에 죽었는데, 그때 75세였다. 교현은 강직하고 성급하며 체면을 따지지 않았지만 아랫사람에게는 겸손하였으며 자제나 종친으로 고관에 오른 자가 없었다. 교현이 죽을 때 농토 같은 자산이 없었고 장례 치를 비용도 없어 당시 사람들이 칭송하였다.

原文

初, 曹操微時, 人莫知者, 嘗往候玄, 玄見而異焉, 謂曰,

| 註釋 | ○結甕牖而辭三命 – 結은 構也. 깨진 항아리를 벽에 끼워 창문을 대신했다는 뜻. 빈자의 살림. ○《語》曰 –「子曰, “三軍可奪帥也, 匹夫不可奪志也.”」《論語 子罕》. 필부가 守志하면 三軍의 죽은 장수보다도 더 중하다는 뜻. ○段干木(단간목) – 晉人. 魏文侯가 대문 앞에 찾아오자 담을 넘어 도망쳤다고 한다. ○泄柳(설류) – 魯의 賢人. 魯 穆公이 불렀지만 설류는 대문을 닫고 사자를 들이지 않았다.《孟子》에 보인다.

[國譯]

范曄(범엽)의 史論 : 任棠(임당)과 姜岐(강기)는 世人이 그 청렴을 알아주었다. 항아리를 매어 창문을 만든 가난이었지만 3번이나 부름을 사양하였으니 아마도 漢陽郡의 幽人이 아니겠는가?

龐參(방참)은 求賢의 禮를 다 갖추었기에 백성은 그의 정사를 좋아했을 것이다. 橋玄(교현)은 태수의 권위를 세우려 했기에 백성은 그 진심을 몰랐다. 어찌 힘이 부족했겠는가? 正道가 있어야 했을 것이다. 만약 바른 도를 잊었다면 어찌 강력한 힘으로 이길 수 있겠는가.

《論語》에서도 '三軍의 장수는 뺏을 수 있지만 필부의 뜻을 빼앗을 수 없다.' 고 했다. 子貢(자공)은 '차라리 千金을 잃을지언정 사인의 마음을 잃어서는 안 된다.' 고 하였다. 옛날 (晉人) 段干木(단간목)은 담을 넘어 文侯의 命을 피했고, (魯의) 泄柳(설류)는 대문을 닫고 穆公(목공)의 초청을 거절하였다. 貴人도 굽힐 때가 필히 있어야 하고 賤者일지라도 자기 뜻을 펼 수 있어야 한다.

"今天下將亂, 安生民者其在君乎!" 操常感其知己. 及後經過玄墓, 輒淒愴致祭. 自爲其文曰,

「故太尉橋公, 懿德高軌, 泛愛博容. 國念明訓, 士思令謨. 幽靈潛翳, 懇哉緬矣! 操以幼年, 逮升堂室, 特以頑質, 見納君子. 增榮益觀, 皆由獎助, 猶仲尼稱不如顏淵, 李生厚歎賈復. 士死知己, 懷此無忘. 又承從容約誓之言, '徂沒之後, 路有經由, 不以斗酒隻雞過相沃酹, 車過三步, 腹痛勿怨.' 雖臨時戲笑之言, 非至親之篤好, 胡肯爲此辭哉? 懷舊惟顧, 念之淒愴. 奉命東征, 屯次鄉里, 北望貴土, 乃心陵墓. 裁致薄奠, 公其享之!」

玄子羽, 官至任城相.

| 註釋 | ○曹操(조조, 155 – 220) – 字 孟德, 小名 吉利, 小字 阿瞞(아만), 沛國 譙縣(초현, 今 安徽省 亳州市) 출신. 曹操는《三國演義》의 主人公이다. 劉備나 諸葛亮, 孫權의 행적은 거의 曹操와 관련이 있다고 볼 수 있다. 小說에서 뿐만 아니라 歷史에서도 曹操는 劉備나 孫權보다 훨씬 큰 비중을 차지한다. 政治, 軍事的으로 중요한 인물일 뿐만 아니라 뛰어난 詩人이었기에 中國文學史에도 등장한다. 曹操의 직위는 漢 丞相, 작위는 魏王, 사후에 시호 武王. 曹丕가 稱帝한 후 武皇帝, 廟號 太祖로 추존. 조조는 身長 七尺에 細眼長髥인데《三國演義》에 처음 등장할 때는 騎都尉였다. 汝南의 許劭(허소)란 사람은 관상을 잘 보기로 유명했는데 조조를 처음 보고서는 아무 말도 하지 않았다. 이에 조조가 채근하자, 허소는 "당신은 治世에는 能臣이나 亂世에는 奸雄(간웅)이다."라고 말했다. 그 말에 조조는 크게 기뻐했다고 한다. ○安生民者其在君乎 – 其는 아마도, 추측의 어기를 표시.

ㅇ邈哉緬矣 - 邈은 아름다울 막. 업신여기다. 緬은 가는 실 면. 멀다. 아득하다. ㅇ猶仲尼稱不如顔淵 - 孔子가 子貢에게 "너와 안회는 누가 더 낫다고 생각하느냐?" 고 묻자, 子貢은 "제가 어찌 안회를 쳐다볼 수 있겠습니까?" 라고 대답했다. 그러자 공자께서는 "나도 너처럼 안회만 못하다." 고 말했다. 《論語 公冶長》. ㅇ李生厚歎賈復 - 賈復(가복)은 젊어 호학하였는데 舞陰의 李生에게 배웠다. 李生은 가복을 '國器' 라고 칭찬해 주었다. 賈復(가복)은 17권, 〈馮岑賈列傳〉에 立傳. ㅇ徂沒之後 - 徂沒은 죽다. 徂는 갈 조. 일정한 곳으로 가다.

[國譯]

그전에 조조가 낮은 관직에 있을 때 알아주는 사람이 없었는데, 조조가 문안차 교현을 찾아갔는데 교현이 만나보고서는 특이하다 생각하며 조조에게 말했다.

"지금 천하가 한창 어지러운데 백성을 안정시킬 사람은 아마 그대일 것이요!"

조조는 자신을 알아준 은공에 늘 감사하였다. 뒷날 교현의 묘소를 지나가다가 옛일을 갑자기 떠올리고 슬퍼하며 제사를 지냈다. 조조는 스스로 제문을 지었다.

「옛 太尉 橋公(교공)은 훌륭한 仁德에 고상한 행실로 모두를 사랑하고 포용하셨습니다. 나라는 공의 명철한 훈계를 생각하고 士人은 크신 가르침을 그립니다. 지하에 잠드신 혼령이시니, 성심으로 마음을 모으나니 아름다우며 아득하도다. 조조가 젊은 나이에 댁으로 찾아 만나 뵐 때 우매한 사람인데도 公께서는 만나주셨습니다. 저의 영광이 갈수록 커지는 것은 모두 公의 장려에 힘입었습니다. 마치 孔子께서 子貢(자공)에게 顔淵(안연)만은 못하다면서 격려해 주신 것처럼, 또 李生이 賈復(가복)을 '國器' 라 칭찬한 것 같았습니다. 士人은 知己를 위해 죽을 수 있으니, 이를 가슴에 품고 잊지 않았습니다. 그리고 이어 조용히 맹서의 말씀을 드렸습니다.

'돌아가신 뒤라도 가는 길에 들릴 수 있는데도 한 잔 술과 닭 한 마리로 잔을 올리지 않는다면 수레를 타고 3보를 가서 복통이 나더라도 원망하지 않겠습니다.'

비록 즉석에서 웃으려고 한 말이었지만 진심으로 친애하지 않았다면 어찌 이런 말씀을 드릴 수 있었겠습니까? 지난 옛일을 생각하고 돌아보니 슬프기만 합니다. 지금 명을 받아 동쪽 원정길에 鄕里에 잠시 주둔하고 북쪽으로 사시던 곳을 바라보니 마음은 능묘에 와 있습니다. 이에 보잘 것 없는 안주에 술을 올리오니 공께서는 흠향하소서!」

교현의 아들 橋羽(교우)는 任城國 相을 역임하였다.

原文

論曰, 任棠,姜岐, 世著其淸. 結甕牖而辭三命, 殆漢陽之幽人乎? 龐參躬求賢之禮, 故民悅其政. 橋玄厲邦君之威而衆失其情. 夫豈力不足歟? 將有道在焉. 如令其道可忘, 則彊梁勝矣. 《語》曰, '三軍可奪帥, 匹夫不可奪志.' 子思曰, '寧喪千金, 不失士心.' 昔段干木踰牆而避文侯之命, 泄柳閉門不納穆公之請. 貴必有所屈, 賤亦有所申矣.

原文

贊曰, 李叟勤身, 甘饑辭饋. 禪爲君隱, 之死靡貳. 龜習邊功, 參起徒中. 橋公識運, 先覺時雄.

| **註釋** | ○李叟勤身 - 李叟는 李恂. 叟는 늙은이 수. ○先覺時雄 - 時雄은 曹操.

[國譯]

贊曰,

李恂(이순)은 勤身하면서도 가난했지만 곡식을 사양했다.

陳禪(진선)은 주군을 모셨고 죽더라도 두 마음이 없었다.

陳龜(진귀)는 변방서 立功했고, 龐參(방참)은 刑徒에서 起身했다.

橋玄은 국운을 예견하며 당대의 영웅을 알아주었다.

저자 약력

陶硯 진기환陳起煥

서울 대동세무고등학교 교장을 역임하였고 개인 문집으로《陶硯集》출간.

주요 저서로는 중국 고전소설《儒林外史》국내 최초 번역,《史記講讀》,《史記 人物評》,《中國의 土俗神과 그 神話》,《中國의 신선이야기》,《上洞八仙傳》,《三國志 故事成語 辭典》,《三國志 故事名言 三百選》,《三國志의 지혜》,《三國志 人物評論》,《精選 三國演義 原文 註解》,《中國人의 俗談》,《水滸傳 評說》,《金瓶梅 評說》,《논술로 읽는 論語》,《十八史略 中(下)·下(上)·下(下)》,《唐詩三百首 上·中·下》共譯,《唐詩逸話》,《唐詩絶句》,《王維》,《漢書》全 10권,《後漢書 (一)·(二)·(三)·(四)·(五)권》외

E-mail : jin47dd@hanmail.net

原文 譯註

後漢書(六)
후 한 서

초판 인쇄 2018년 9월 14일
초판 발행 2018년 9월 20일

역 주 | 진기환
발행자 | 김동구
디자인 | 이명숙·양철민
발행처 | 명문당(1923. 10. 1 창립)
주 소 | 서울시 종로구 윤보선길 61(안국동)
우체국 010579-01-000682
전 화 | 02)733-3039, 734-4798(영), 733-4748(편)
팩 스 | 02)734-9209
Homepage | www.myungmundang.net
E-mail | mmdbook1@hanmail.net
등 록 | 1977. 11. 19. 제1~148호

ISBN 979-11-88020-66-9 (04910)
ISBN 979-11-88020-43-0 (세트)
30,000원

"今天下將亂, 安生民者其在君乎!" 操常感其知己. 及後經過玄墓, 輒淒愴致祭. 自爲其文曰,

「故太尉橋公, 懿德高軌, 泛愛博容. 國念明訓, 士思令謨. 幽靈潛翳, 邈哉緬矣! 操以幼年, 逮升堂室, 特以頑質, 見納君子. 增榮益觀, 皆由獎助, 猶仲尼稱不如顏淵, 李生厚歎賈復. 士死知己, 懷此無忘. 又承從容約誓之言, '徂沒之後, 路有經由, 不以斗酒隻雞過相沃酹, 車過三步, 腹痛勿怨.' 雖臨時戲笑之言, 非至親之篤好, 胡肯爲此辭哉? 懷舊惟顧, 念之淒愴. 奉命東征, 屯次鄉里, 北望貴土, 乃心陵墓. 裁致薄奠, 公其享之!」

玄子羽, 官至任城相.

| **註釋** | ㅇ曹操(조조, 155 – 220) – 字 孟德, 小名 吉利, 小字 阿瞞(아만), 沛國 譙縣(초현, 今 安徽省 亳州市) 출신. 曹操는 《三國演義》의 主人公이다. 劉備나 諸葛亮, 孫權의 행적은 거의 曹操와 관련이 있다고 볼 수 있다. 小說에서 뿐만 아니라 歷史에서도 曹操는 劉備나 孫權보다 훨씬 큰 비중을 차지한다. 政治, 軍事的으로 중요한 인물일 뿐만 아니라 뛰어난 詩人이었기에 中國文學史에도 등장한다. 曹操의 직위는 漢 丞相, 작위는 魏王, 사후에 시호 武王. 曹丕가 稱帝한 후 武皇帝, 廟號 太祖로 추존. 조조는 身長 七尺에 細眼長髥인데 《三國演義》에 처음 등장할 때는 騎都尉였다. 汝南의 許劭(허소)란 사람은 관상을 잘 보기로 유명했는데 조조를 처음 보고서는 아무 말도 하지 않았다. 이에 조조가 채근하자, 허소는 "당신은 治世에는 能臣이나 亂世에는 奸雄(간웅)이다."라고 말했다. 그 말에 조조는 크게 기뻐했다고 한다. ㅇ安生民者其在君乎 – 其는 아마도, 추측의 어기를 표시.

○懇哉緬矣 – 懇은 아름다울 막. 업신여기다. 緬은 가는 실 면. 멀다. 아늑하다. ○猶仲尼稱不如顏淵 – 孔子가 子貢에게 “너와 안회는 누가 더 낫다고 생각하느냐?” 고 묻자, 子貢은 “제가 어찌 안회를 쳐다볼 수 있겠습니까?” 라고 대답했다. 그러자 공자께서는 “나도 너처럼 안회만 못하다.” 고 말했다. 《論語 公冶長》. ○李生厚歎賈復 – 賈復(가복)은 젊어 호학하였는데 舞陰의 李生에게 배웠다. 李生은 가복을 ‘國器’ 라고 칭찬해 주었다. 賈復(가복)은 17권, 〈馮岑賈列傳〉에 立傳. ○徂沒之後 – 徂沒은 죽다. 徂는 갈 조. 일정한 곳으로 가다.

[國譯]

그전에 조조가 낮은 관직에 있을 때 알아주는 사람이 없었는데, 조조가 문안차 교현을 찾아갔는데 교현이 만나보고서는 특이하다 생각하며 조조에게 말했다.

“지금 천하가 한창 어지러운데 백성을 안정시킬 사람은 아마 그대일 것이요!”

조조는 자신을 알아준 은공에 늘 감사하였다. 뒷날 교현의 묘소를 지나가다가 옛일을 갑자기 떠올리고 슬퍼하며 제사를 지냈다. 조조는 스스로 제문을 지었다.

「옛 太尉 橋公(교공)은 훌륭한 仁德에 고상한 행실로 모두를 사랑하고 포용하셨습니다. 나라는 공의 명철한 훈계를 생각하고 士人은 크신 가르침을 그립니다. 지하에 잠드신 혼령이시니, 성심으로 마음을 모으나니 아름다우며 아득하도다. 조조가 젊은 나이에 댁으로 찾아 만나 뵐 때 우매한 사람인데도 公께서는 만나주셨습니다. 저의 영광이 갈수록 커지는 것은 모두 公의 장려에 힘입었습니다. 마치 孔子께서 子貢(자공)에게 顏淵(안연)만은 못하다면서 격려해 주신 것처럼, 또 李生이 賈復(가복)을 '國器'라 칭찬한 것 같았습니다. 士人은 知己를 위해 죽을 수 있으니, 이를 가슴에 품고 잊지 않았습니다. 그리고 이어 조용히 맹서의 말씀을 드렸습니다.

'돌아가신 뒤라도 가는 길에 들릴 수 있는데도 한 잔 술과 닭 한 마리로 잔을 올리지 않는다면 수레를 타고 3보를 가서 복통이 나더라도 원망하지 않겠습니다.'

비록 즉석에서 웃으려고 한 말이었지만 진심으로 친애하지 않았다면 어찌 이런 말씀을 드릴 수 있었겠습니까? 지난 옛일을 생각하고 돌아보니 슬프기만 합니다. 지금 명을 받아 동쪽 원정길에 鄕里에 잠시 주둔하고 북쪽으로 사시던 곳을 바라보니 마음은 능묘에 와 있습니다. 이에 보잘 것 없는 안주에 술을 올리오니 공께서는 흠향하소서!」

교현의 아들 橋羽(교우)는 任城國 相을 역임하였다.

原文

論曰, 任棠, 姜岐, 世著其清. 結甕牖而辭三命, 殆漢陽之幽人乎? 龐參躬求賢之禮, 故民悅其政. 橋玄厲邦君之威, 而衆失其情. 夫豈力不足歟? 將有道在焉. 如令其道可忘, 則彊梁勝矣.《語》曰, '三軍可奪帥, 匹夫不可奪志.' 子貢曰, '寧喪千金, 不失士心.' 昔段干木踰牆而避文侯之命, 泄柳閉門不納穆公之請. 貴必有所屈, 賤亦有所申矣.

| 註釋 | ㅇ結甕牖而辭三命 – 結은 構也. 깨진 항아리를 벽에 끼워 창문을 대신했다는 뜻. 빈자의 살림. ㅇ《語》曰 –「子曰, "三軍可奪帥也, 匹夫不可奪志也."」《論語 子罕》. 필부가 守志하면 三軍의 죽은 장수보다도 더 중하다는 뜻. ㅇ段干木(단간목) – 晉人. 魏文侯가 대문 앞에 찾아오자 담을 넘어 도망쳤다고 한다. ㅇ泄柳(설류) – 魯의 賢人. 魯 穆公이 불렀지만 설류는 대문을 닫고 사자를 들이지 않았다.《孟子〉에 보인다.

[國譯]

范曄(범엽)의 史論 : 任棠(임당)과 姜岐(강기)는 世人이 그 청렴을 알아주었다. 항아리를 매어 창문을 만든 가난이었지만 3번이나 부름을 사양하였으니 아마도 漢陽郡의 幽人이 아니겠는가?

龐參(방참)은 求賢의 禮를 다 갖추었기에 백성은 그의 정사를 좋아했을 것이다. 橋玄(교현)은 태수의 권위를 세우려 했기에 백성은 그 진심을 몰랐다. 어찌 힘이 부족했겠는가? 正道가 있어야 했을 것이다. 만약 바른 도를 잊었다면 어찌 강력한 힘으로 이길 수 있겠는가.

《論語》에서도 '三軍의 장수는 뺏을 수 있지만 필부의 뜻을 빼앗을 수 없다.' 고 했다. 子貢(자공)은 '차라리 千金을 잃을지언정 사인의 마음을 잃어서는 안 된다.' 고 하였다. 옛날 (晉人) 段干木(단간목)은 담을 넘어 文侯의 命을 피했고, (魯의) 泄柳(설류)는 대문을 닫고 穆公(목공)의 초청을 거절하였다. 貴人도 굽힐 때가 필히 있어야 하고 賤者일지라도 자기 뜻을 펼 수 있어야 한다.

原文

贊曰, 李叟勤身, 甘饑辭饋. 禪爲君隱, 之死靡貳. 龜習邊功, 參起徒中. 橋公識運, 先覺時雄.

| 註釋 | ○李叟勤身 – 李叟는 李恂. 叟는 늙은이 수. ○先覺時雄 – 時雄은 曹操.

[國譯]

贊曰,

李恂(이순)은 勤身하면서도 가난했지만 곡식을 사양했다.

陳禪(진선)은 주군을 모셨고 죽더라도 두 마음이 없었다.

陳龜(진귀)는 변방서 立功했고, 龐參(방참)은 刑徒에서 起身했다.

橋玄은 국운을 예견하며 당대의 영웅을 알아주었다.

저자 약력

陶硯 진기환陳起煥

서울 대동세무고등학교 교장을 역임하였고 개인 문집으로《陶硯集》출간.

주요 저서로는 중국 고전소설《儒林外史》국내 최초 번역,《史記講讀》,《史記 人物評》,《中國의 土俗神과 그 神話》,《中國의 신선이야기》,《上洞八仙傳》,《三國志 故事成語 辭典》,《三國志 故事名言 三百選》,《三國志의 지혜》,《三國志 人物評論》,《精選 三國演義 原文 註解》,《中國人의 俗談》,《水滸傳 評說》,《金瓶梅 評說》,《논술로 읽는 論語》,《十八史略 中(下)·下(上)·下(下)》,《唐詩三百首 上·中·下》共譯,《唐詩逸話》,《唐詩絶句》,《王維》,《漢書》全 10권,《後漢書 (一)·(二)·(三)·(四)·(五)권》외

E-mail : jin47dd@hanmail.net

原文 譯註

後漢書(六)
후 한 서

초판 인쇄 2018년 9월 14일
초판 발행 2018년 9월 20일

역　주 | 진기환
발행자 | 김동구
디자인 | 이명숙 · 양철민
발행처 | 명문당(1923. 10. 1 창립)
주　소 | 서울시 종로구 윤보선길 61(안국동)
우체국 010579-01-000682
전　화 | 02)733-3039, 734-4798(영), 733-4748(편)
팩　스 | 02)734-9209
Homepage | www.myungmundang.net
E-mail | mmdbook1@hanmail.net
등　록 | 1977. 11. 19. 제1~148호

ISBN 979-11-88020-66-9 (04910)
ISBN 979-11-88020-43-0 (세트)
30,000원